UN RÈGNE BRISÉ

If you can bear to hear the truth you've spoken
  Twisted by knaves to make a trap for fools,
Or watch the things you gave your life to, broken,
  And stoop and build 'em up with worn-out tools . . .

Si tu peux supporter d'entendre travesties
  Tes paroles par des gueux pour abuser des fous
Et voir ainsi brisé l'ouvrage de ta vie
  Et toi-même brisé, rebâtir, malgré tout . . .

Rudyard Kipling, *If.*

UN RÊGNE BRISÉ

Léopold III 1901-1941

Roger Keyes

Lord Keyes of Zeebrugge and Dover

Traduit de l'anglais
par Charles de Trazegnies
avec la collaboration de
France Bastia

Duculot

L'édition originale de cet ouvrage a paru en 1984
chez Martin Secker & Warburg à Londres, sous le titre
« Outrageous Fortune. The Tragedy of Leopold III of the Belgians. 1901-1941 »

(Imprimé en Belgique sur les presses Duculot)

D.1985.0035.25
Dépôt légal : juin 1985

ISBN 2-8011-0558-9
(Édition originale : ISBN 0-436-23320-7)

À mon père, l'Amiral de la Flotte Lord Keyes of Zeebrugge and Dover, dont la préoccupation constante, jusqu'à la fin de sa vie, a été que les faits rapportés dans cette biographie soient entièrement révélés.

Il aimait la chevalerie, la vérité et l'honneur, la liberté et la courtoisie... C'était un pur chevalier.

Geoffrey CHAUCER,
Les contes de Canterbury.

Avant-propos

Lorsque le roi Léopold III mourut le 25 septembre 1983, ma tristesse fut d'autant plus vive que la biographie que je lui avais consacrée et dont ceci est le premier tome, n'avait pas encore été publiée. Il en attendait la parution et moi, le plaisir de lui en faire découvrir le premier exemplaire. Je lui avais auparavant envoyé le manuscrit pour recueillir ses commentaires sur l'ensemble, mais, à mon grand regret, il avait préféré ne pas le lire pour éviter de m'influencer. Au début de mes travaux cependant, le Roi — ainsi d'ailleurs que son épouse, la princesse Lilian — m'avait accordé son entière collaboration durant les trois semaines que j'avais passées à Laeken en 1953, répondant avec une totale franchise à mes innombrables questions et me confiant les souvenirs personnels de chacune des étapes de sa vie.

La chaleur avec laquelle le Roi m'accueillit à cette occasion et à toutes celles qui suivirent comme d'ailleurs le privilège exceptionnel que constituaient déjà en soi ces rencontres, j'en étais redevable au fait d'être le fils de l'homme dont il disait: «Personne n'a jamais eu de meilleur ami.» Comme son père, le roi Albert Ier, le Roi avait beaucoup d'affection et d'admiration pour l'amiral Keyes et celui-ci éprouvait les mêmes sentiments à son égard. Les trois hommes au demeurant se ressemblaient sur bien des points. Les mêmes hauts principes les animaient, le même courage indomptable, le même engagement et la même ténacité dans les décisions et ils avaient encore en commun une pareille simplicité et une égale courtoisie. Tous trois avaient aussi le don d'inspirer une admiration fervente à leurs subordonnés.

Quand mon père mourut en décembre 1945, j'héritai non seulement des carnets et des papiers dans lesquels il rendait compte de la conduite courageuse et de la coopération toute de loyauté du roi Léopold vis-à-vis de ses Alliés et dont il avait été directement le témoin en mai 1940, mais j'héritai en même temps de sa volonté déterminée de rétablir les faits dans leur vérité et de rendre ainsi justice à ce souverain si injustement diffamé. Ses premières tentatives en ce sens — laver le roi du «grand mensonge» par lequel, le 28 mai 1940, le Premier Ministre français Paul Reynaud avait fait d'un souverain jusque-là respecté et de son armée, les boucs émissaires couverts d'ignominie de la défaite française et de la défaite britannique — avaient rencontré l'opposition du gouvernement de Winston Churchill. Mais ainsi que je le dis à la fin de ce volume, en juin 1941, l'action en diffamation que mon père avait introduite contre le *Daily Mirror* en dépit des pressions exercées par le Cabinet, aboutit à une totale réhabilitation du Roi, aussitôt répercutée dans la presse mondiale où l'on alla jusqu'à titrer «Léopold est un héros». Mais l'assassinat moral perpétré par Reynaud avait couvert le Roi d'une telle boue que cette réhabilitation ne fut pas suffisante pour mettre un terme aux calomnies qui, à ce jour, continuent encore et toujours de l'éclabousser.

D'où la nécessité, à laquelle j'ai tenté de répondre, d'exposer de la façon la plus complète possible, la vérité au sujet du roi défunt, en me basant sur des documents irréfutables et sur le témoignage de tous ceux qui furent concernés par ces événements. Depuis que je me suis attelé à la réalisation de ce projet après avoir, en 1949, quitté la Royal Navy, je lui ai consacré tout le temps qu'il m'était possible de soustraire à mes autres engagements, complétant petit à petit cette biographie avec les multiples éléments qui venaient s'ajouter à ceux fournis par les archives (certaines toujours secret d'état et donc non publiées) de mon père. En rassemblant ces témoignages au fil des ans, j'ai reçu les appuis, les conseils et les encouragements de tant de personnes qu'il me serait impossible de trouver et le temps et la place pour les nommer toutes.

Mes remerciements chaleureux vont tout d'abord à ma famille qui m'a soutenu et épaulé du début à la fin de mon entreprise. Je veux également exprimer ma gratitude aux personnes suivantes pour leur collaboration au cours des premières étapes de mes travaux: à Tom Lindsay pour son aide lors de la rédaction du manuscrit original; au major Claude Knight, ancien directeur de la section belge de la SOE *, pour ses souvenirs; au professeur Cammaerts qui m'a procuré tant d'informations et ouvert la source de tant d'autres; à Sir Basil Liddel Hart pour avoir fait de même à une plus grande échelle et, par dessus tout, au général de brigade George Davy pour m'avoir raconté ses expériences à la tête de la Mission Britannique de Liaison au GQG du roi Léopold et pour m'avoir autorisé à citer ses rapports et ses mémoires inédits. Au cours de cette même période, j'ai

* N.d.T. *Special Operations Executive,* service secret britannique créé pendant la seconde guerre mondiale pour travailler avec la résistance armée.

reçu l'aide inappréciable de nombre de personnalités belges parmi lesquelles le professeur Pirenne, le vicomte Gatien du Parc, le comte Willy de Grunne, le colonel Hubert Rombauts, le colonel Bill Grisar et le commandant Georges Cuissart de Grelle. A Jean Vanwelkenhuysen que j'ai rencontré dès les premiers jours et qui devint par la suite directeur du Centre de Recherches et d'Études Historiques de la Seconde Guerre Mondiale, ma gratitude toute spéciale pour son amicale collaboration au fil des années. Je remercie également M. Verhaeghe de la B.R.T. pour m'avoir communiqué les résultats de ses recherches historiques approfondies sur la question royale.

Pour leur collaboration au cours de ces dernières années, je tiens à remercier Ronald Lewin qui m'a aidé à ramener un manuscrit démesuré à des proportions raisonnables, le docteur Briand Bond, le docteur Noble Frankland et le professeur John Rogister qui, ayant pris connaissance de celui-ci, me firent d'utiles suggestions et me fournirent de bien précieux renseignements. Pour m'avoir rendu les mêmes services, ma gratitude va encore au colonel baron van Caubergh, à Mme Marjory Taylor et à Mme Barbara Emerson, auteur d'une récente biographie de Léopold II, qui vit en Belgique.

Et pour terminer, merci à tous les auteurs ou éditeurs des livres, des articles et des lettres dont il a été fait mention au fil de ces pages.

KEYES.
West Farleigh,
avril 1984.

Chapitre I

Le champ de bataille de l'Europe

«La Belgique nous ouvre la porte de l'Allemagne. Nous pouvons, le moment venu, déboucher sur le Bas Rhin. Nous contournons toutes les forteresses allemandes et prenons la Hollande, Hanovre, etc... l'armée belge une fois conquise augmentera nos effectifs de 100.000 hommes.»

Napoléon III, 1866.

Etre le fils d'un homme célèbre et universellement respecté peut s'avérer une *damnosa hereditas.* Les qualités de parents hors du commun peuvent ne pas se transmettre à la génération suivante. Mais qu'en est-il lorsqu'un fils doté de ces mêmes qualités suit fidèlement l'exemple de son père, s'efforce d'être un digne héritier, puis se voit traduit devant le tribunal de l'histoire pour avoir trompé la mémoire de ce père, trahi son pays en détresse, préféré son intérêt personnel au patriotisme, et pour avoir, enfin, fait preuve de pusillanimité et de couardise? Et qu'en est-il lorsque ces accusations sont répandues ou confirmées par des hommes politiques et des militaires, des compatriotes et des alliés? Et si en outre elles sont fausses? Tels sont les éléments de la tragédie et du destin de Léopold III, le roi des Belges.

Le père de Léopold ne s'était jamais attendu à devenir roi. Fils cadet d'un fils cadet, Albert avait seize ans lorsque en 1891, la mort de son frère aîné Baudouin fit inopinément de lui l'héritier de son redoutable vieil oncle, Léopold II. A vingt-cinq ans, Albert épousa Elisabeth, duchesse en Bavière, et, durant les neuf années suivantes, ils résidèrent à l'Hôtel d'Assche, une demeure spacieuse mais sans prétention du quartier Léopold à Bruxelles. C'est là que naquit, le 3 novembre 1901, le futur roi Léopold III, suivi en 1903 par un frère, Charles, et trois ans plus tard par une sœur, Marie-José (qui devait épouser Umberto, prince héritier et roi éphémère d'Italie).

Comme il était logique de présumer que le prince Baudouin et ses descendants régneraient sur la Belgique, la formation initiale d'Albert avait été moins complète qu'il l'eût souhaité. Mais Léopold était, lui, dans la ligne de succession directe et, par conséquent, son éducation fut totalement orientée dans cette perspective et marquée à la fois par les impératifs modernes et par la rigueur victorienne.

L'éducation des enfants était simple et austère, basée sur des horaires réguliers et un régime sain. Bien que strict, soucieux de ponctualité et de bonne forme physique, Albert se révélait un père doux, gentil et attentionné et son sens aigu de l'humour atténuait son air sérieux. Si les relations de Léopold et de son père avaient un côté formaliste, elles étaient beaucoup plus étroites que la norme à cette époque, et une solide affection les liait tous deux. L'admiration fervente que Léopold vouait à son père jouera par la suite un rôle décisif sur sa pensée comme sur ses actes.

Une vieille photographie évoque les promenades à vive allure qu'Albert affectionnait lorsqu'il ne pouvait s'adonner à son passe-temps favori, l'alpinisme. Durant ces promenades, ce père immense et haut perché fonçait droit devant lui, à du six kilomètres à l'heure, tandis qu'un Léopold modèle réduit tricotait des mollets pour ne pas être distancé. Mais il restait à sa hauteur. Il n'y avait rien de répressif dans ce régime spartiate. Léopold faisait partie d'une famille heureuse et très unie — et il était particulièrement proche d'Albert parce qu'il répondait à ses attentes, au contraire de son cadet, Charles, qui était une déception pour ses parents et dont les excès et les emportements laissaient prévoir la future instabilité. Au fur et à mesure que Léopold mûrissait et gagnait la confiance paternelle, Albert lui fit part de ses inquiétudes au sujet du caractère «difficile» de son benjamin.

Au contraire de Léopold II, que ses manières autocratiques et sa vie privée irrégulière avaient éloigné de ses sujets, Albert menait un train de vie démocratique et se comportait en père de famille irréprochable. La vie mondaine de Bruxelles n'attirait guère Albert ou Elisabeth et ceux qui l'animaient ne figuraient que rarement parmi leurs hôtes. Leur foyer était cependant fréquenté par quelques-uns des meilleurs esprits et des gens les plus cultivés du monde occidental. C'est grâce à cette soif de connaissances d'Albert et à son goût pour la compagnie d'hommes et de femmes versés dans des domaines aussi divers que la politique, l'économie, les mathématiques, les sciences, la technique ou l'exploration, que l'atmosphère où Léopold grandit et où se formèrent ses propres centres d'intérêt, fut caractérisée par une ferveur éclairée pour les mondes de la pensée et de l'action. Au royaume de la culture, il avait pour mentor Elisabeth, passionnée d'art et de musique. Elle comptait parmi ses amis des hommes et des femmes du monde de la musique, du théâtre, de l'art, de la poésie, de l'architecture, de la littérature, de la médecine, voire du journalisme.

La famille passait ses vacances d'été dans de simples villages de la côte bretonne ou dans la modeste station balnéaire belge qu'était alors La Panne. C'est là que Léopold apprit à nager, pêcher, naviguer et monter à cheval, avant de devenir par la suite, sous la férule de son père, un alpiniste habile et un skieur hors de pair. Dès qu'il avaient un peu de temps, père et fils se rendaient en Ardenne ou dans les Alpes pour se livrer à ces deux passions. Lorsqu'ils escaladaient des rochers, le Roi et son héritier s'encordaient l'un à l'autre, et quand Léopold fut un jeune homme suffisamment fort, il devint premier de cordée.

En 1909, peu après le huitième anniversaire de Léopold, le vieux roi Léopold II mourut et le père de Léopold lui succéda sous le nom d'Albert Ier. Léopold devint alors Duc de Brabant, titre traditionnel du prince héritier. La famille dut s'installer au château de Laeken, résidence des souverains. Situé dans les faubourgs de Bruxelles, entouré de magnifiques jardins et d'un vaste parc boisé, Laeken, avec ses 140 hectares et ses gigantesques serres remplies de plantes et de fleurs exotiques en provenance du Congo, se révéla pour les enfants un immense terrain de jeu.

Lorsqu'Albert monta sur le trône, sa popularité auprès du peuple belge reposait moins sur les qualités dynamiques dont il allait bientôt faire preuve, que sur les solides vertus domestiques d'une vie familiale heureuse qui plaisait aux Belges et qui avait été notablement absente du Palais sous le règne de son prédécesseur. Mais les Belges avaient sous-estimé ses qualités car il était mû par des principes élevés et doté d'une forte volonté. Les politiciens auraient souhaité un roi béni-oui-oui, mais la docilité était tout à fait étrangère au caractère d'Albert. Les socialistes, qui avaient fait circuler des pamphlets scandaleux lors des funérailles de Léopold II, se manifestèrent le jour de l'intronisation d'Albert aux cris de «Vive la République». Mais la sincérité et la fermeté ardente de son discours du trône les impressionnèrent profondément. En fait, Albert fut par la suite en si bons termes avec les socialistes que l'un de leurs leaders déclara un jour que si la République était instaurée en Belgique, il choisirait Albert comme Président.

Albert fut confronté aux mêmes problèmes prioritaires que ses prédécesseurs: la bonne entente intérieure, les relations étrangères et la défense. Avant toutes choses, il adopta une position sans compromis au sujet du statut de neutralité de la Belgique qui avait été garanti par les cinq grandes puissances, la Grande-Bretagne, la France, la Prusse, l'Autriche et la Russie, au début du règne de son grand-père, le fondateur de la dynastie. Ces problèmes ayant été les principaux sujets de préoccupation de Léopold au cours de son règne, il nous faut relater ici quelques événements-clés de la brève histoire de la Belgique qui devaient fournir au Roi des précédents et une ligne de conduite.

Jusqu'en 1830, la Belgique n'a eu ni histoire propre, ni identité nationale. Dominée successivement par des puissances étrangères — l'Espagne, l'Autriche, la France et la Hollande —, elle avait été pendant des siècles un champ de bataille et un butin de victoire. Les armées de Marlborough et de Turenne, de Wellington et de Napoléon avaient foulé son territoire dans tous les sens à maintes reprises. C'est à peine si, sur sa carte, un nom de lieu ne rappelle pas quelque grande bataille du passé : Ramillies, Audenarde et Waterloo, à côté de ceux qui évoquent la guerre 1914-1918 comme Passendale, Ypres, Mons, Zeebrugge et l'Yser. Aucun pays de l'Europe contemporaine n'a en effet connu d'histoire aussi balayée par les tempêtes.

Après la défaite de Napoléon, le Congrès de Vienne remit toutes les provinces des Pays-Bas espagnols à la Hollande mais le sud catholique se révolta en 1830. La Conférence de Londres tenue par la Grande-Bretagne, la France, la Russie, l'Autriche et la Prusse, reconnut un nouveau pays, la Belgique, à partir des régions dissidentes qui rejetaient le gouvernement du nord calviniste. Pour stabiliser une région qui, en vertu de sa situation géographique et de son importance stratégique, constituait une tentation permanente pour un agresseur, les articles du traité, confirmé officiellement en 1839, déclaraient que les cinq puissances «garantissaient la neutralité perpétuelle, l'intégrité et l'inviolabilité du territoire belge», et stipulaient que «la Belgique serait tenue d'observer cette neutralité vis-à-vis de tous les autres Etats». Ainsi fut donc établi un principe qui allait, par la suite, revêtir une signification cruciale pour Albert et Léopold, puisque c'est ce statut de neutralité que l'Allemagne, la France et la Grande-Bretagne estimèrent chacune encombrant et qu'elles envisagèrent de violer avant la première et la deuxième guerre mondiale.

Le 21 juillet 1831, l'oncle révéré de la reine Victoria, le prince Léopold de Saxe-Cobourg, prêta serment comme premier roi des Belges. Quelques mois plus tôt, le Congrès National (Belge) avait opté pour la monarchie constitutionnelle de préférence à la république, par 152 voix contre 13. Seule une petite minorité de révolutionnaires penchait pour la république car les modérés avaient fait comprendre au Congrès qu'un État aussi menacé tant sur le plan intérieur que sur le plan international devait avoir des institutions stables. Or la présidence d'une république, nécessairement assurée par un Wallon ou un Flamand, par un homme appartenant à une tendance politique ou à une autre, ne pourrait être qu'un élément d'instabilité supplémentaire alors qu'un roi, placé au-dessus des luttes de partis et des rivalités communautaires, exercerait une influence à la fois forte et unificatrice.

Le prince Léopold, soutenu par la Grande-Bretagne, avait été choisi comme roi par le Congrès qui, ce faisant, avait agi avec sagesse, car il était considéré comme le prince le plus capable de son temps et il était allié à la plupart des familles régnantes d'Europe. Il avait épousé Charlotte, fille du Prince Régent, et Princesse Royale qui mourut en couches dix-huit mois plus tard. Il était devenu sujet britannique, Maréchal et Conseiller Privé. Si sa femme et son fils n'avaient pas connu une fin aussi tragique, il eût été Prince consort et père du futur Roi d'Angleterre.

La constitution libérale dont se dota alors la Belgique n'a connu que peu de modifications jusqu'à ce jour. Au contraire des souverains britanniques, le roi des Belges a d'importants pouvoirs et devoirs politiques. Le roi, outre qu'il détient la présidence formelle du Cabinet, donne non seulement des directives à ses ministres, mais a le droit de prendre des initiatives politiques. Il ne se contente pas d'approuver les actes du Parlement comme un monarque britannique, il peut également promulguer des textes légaux qui sont constitutionnellement valides pour autant qu'un seul ministre les contresigne, encore que celui-ci ne signera qu'avec l'accord de ses collègues du gouvernement. Lorsque Léopold monta sur le trône, il n'assumait donc pas la sinécure conventionnelle de la monarchie mais une fonction active et responsable.

La question du «contreseing ministériel» allait revenir sur le tapis lors des dissensions de 1940. Bien que le roi ne doive pas assister aux conseils des ministres ordinaires, c'est lui, en tant que président de ce Conseil, qui est le véritable chef du gouvernement et non son Premier Ministre. Ainsi, l'expression «ministre de la couronne» garde-t-elle en Belgique une signification effective qu'elle n'a plus en Grande-Bretagne [1]. La position du souverain belge en période de crise ou de controverse peut donc être isolée et exposée. Cela, Léopold allait le découvrir en montant sur le trône, de même qu'il apprendrait la pleine signification d'une autre disposition de la constitution originale qui distingue les monarques belges de leurs homologues britanniques. Selon l'article 68, le roi n'est pas seulement commandant en chef des forces armées, il commande effectivement sur le terrain lorsque le pays est en guerre. Ce devoir de commandement personnel est implicite dans le serment d'accession au trône par lequel le roi jure de «maintenir l'indépendance nationale et l'intégrité du territoire». C'est pour respecter cet engagement qu'Albert et Léopold assurèrent le commandement de l'armée belge tout au long des hostilités pendant les deux guerres mondiales.

Les énormes pouvoirs et responsabilités que ces articles de la Constitution confèrent aux rois des Belges se sont avérés très bénéfiques à l'Etat en de multiples occasions, mais ils ont plus d'une fois représenté un danger pour la personne des souverains et menacé la stabilité de la monarchie. En de telles périodes de crise ou de guerre, des hommes malintentionnés ont pu exploiter ou interpréter à leurs propres fins les pouvoirs et la position du roi prévus par la Constitution. Une succession de rois de valeur et les hasards de l'histoire ont réussi à préserver la Couronne belge. Léopold devait toutefois payer chèrement le fait d'être exposé à passer pour responsable du déroulement des événements. Le «Blitzkrieg» de 1940 était simplement la dernière d'une série de menaces ou d'agressions contre la neutralité de la Belgique de la part des grandes puissances qui l'avaient communément garantie en 1830. En 1866, peu après l'accession au trône de Léopold II, l'empereur Napoléon III conclut avec Bismarck un accord secret qui laissait à la France la liberté d'annexer la Belgique par la force. L'Empereur ordonna donc à son Etat-major de dresser un plan pour l'invasion du pays. «La Belgique nous ouvre la porte de l'Allemagne, écrivait-il à son ministre de la Guerre. Nous pouvons, le moment venu, déboucher sur le Bas Rhin. Nous contournons toutes les forteresses allemandes et prenons la Hollande, Hanovre, etc... l'armée belge une fois conquise augmentera nos effectifs de 100.000 hommes. Si nous laissons passer cette occasion, quand s'en présentera-t-il une autre?»

La Prusse et la Grande-Bretagne cependant, bloquèrent ce projet. L'influence de cette dernière fut en partie ce qui sauva la Belgique de l'invasion, lorsqu'éclata la guerre franco-prussienne de 1870 bien qu'en la circonstance ni l'un ni l'autre des belligérants ne considérât cette incursion comme nécessaire à ses plans stratégiques. Mais après la guerre, par une suprême ironie, Bismarck, craignant qu'une France revancharde n'envoie ses armées au-delà de la Meuse, pria Léopold II de construire aux confluents des rivières ces mêmes forts qui en 1914 et en 1940 jouèrent un rôle si important dans le retard apporté à la progression allemande. Léopold II saisit immédiatement l'occasion et pressa son gouvernement de réaliser ce renforcement de la défense du pays. Il écrivit dans une lettre à son Premier Ministre :

> «Nous devrions empêcher qu'on puisse, sans coup férir, traverser avec des armées la Belgique. Ne pas le faire serait un véritable suicide; ce serait redevenir volontairement le champ de bataille de la France et de l'Allemagne... Il importe d'agir sans perdre de temps.»

Avant, pendant et après la Grande Guerre, Albert connut la plupart des problèmes auxquels Léopold aurait à faire face — ni la capitulation, il est vrai, ni la captivité, ni l'ignoble diffamation, mais un ensemble de problèmes politiques et militaires qui préfiguraient l'expérience de son fils. Avant les deux guerres mondiales, non seulement l'Allemagne, mais aussi la Grande-Bretagne et la France envisagèrent d'envahir la Belgique au mépris de leurs engagements. Les archives officielles britanniques publiées en 1932 révèlent une note, annexée à un mémorandum du Foreign Office de novembre 1908, précisant que, si la neutralité belge devait être violée par la France, il était «douteux que la Russie ou la Grande-Bretagne lèvent le petit doigt pour la défendre». Et durant la crise d'Agadir de 1911, il entra dans les intentions de la Grande-Bretagne de débarquer des troupes sur la côte belge sans en avoir été priée, si la guerre éclatait. Lorsque l'attaché militaire britannique le reconnut par la suite devant le chef d'Etat-major belge et lui demanda quelle serait la réaction de la Belgique en pareil cas, ce dernier répliqua: «Nous vous recevrions à coups de canon».

En 1912, Joffre élabora un plan pour prévenir une attaque allemande en faisant passer des troupes à travers la Belgique sans l'accord préalable d'Albert et il fallut que la Grande-Bretagne lui rappelle qu'elle devrait défendre la neutralité de la Belgique pour qu'il l'abandonne. Aucune de ces menaces n'atteignit cependant la gravité du plan Schlieffen mis au point en 1904 par le chef d'Etat-major de l'empereur Guillaume II, en vue de mettre la France à genoux par une brève attaque surprise à travers la Belgique avant que le lourd allié russe puisse mobiliser et se déployer. Mais il y avait deux autres préalables à la réussite de ce plan. Premièrement, les Belges devaient autoriser la ruée massive de l'aile droite allemande à travers leur territoire pour que celle-ci puisse déborder les défenses frontalières de la France et, espérait-on, atteindre Paris en quelques semaines. Deuxièmement, il était essentiel que les Britanniques n'interviennent pas — ou s'ils le faisaient, qu'ils arrivent trop tard et trop peu nombreux pour empêcher l'écrasement de la France.

Comme Hitler, le Kaiser usait à la fois de la menace et de la corruption. Lorsque le vieux Léopold II lui rendit visite à la fin de cette même année 1904 pour le sonder sur ces plans d'agression qui avaient fait l'objet de «fuites» — peut-être délibérées —, l'Empereur lui déclara :

> «Dans la lutte formidable qui va se dérouler, l'Allemagne est sûre de la victoire, mais cette fois, vous devrez choisir. Vous serez avec nous ou contre nous. Si vous êtes avec nous, je vous rendrai les provinces que la France vous a enlevées... Je reconstituerai pour vous le Duché de Bourgogne.»

Le Kaiser traça alors la vision éblouissante d'une «Grande Belgique» qui incluerait la Flandre française, l'Artois et l'Ardenne française. Le vieux Roi en fut si ébahi qu'il porta son casque de dragon prussien à l'envers tout au long du trajet de la voiture jusqu'à la gare. Mais à son retour en Belgique, il reprit immédiatement sa campagne pour persuader son gouvernement et son peuple — quoique sans grand succès — de renforcer l'armée et la défense de la Belgique, afin, disait-il,

> «que nous puissions nous défendre et ainsi, conformément à nos obligations internationales, empêcher qu'on ne passe chez nous, rendre le passage le plus onéreux possible à celui qui voudrait l'essayer, afin qu'il n'en ait pas la tentation.» [2]

Un thème qui allait devenir un leitmotiv pour ses successeurs. Dix ans plus tard, le Kaiser n'eut pas plus de succès en tentant d'obtenir d'Albert une complicité qui eût mis fin à l'intégrité de son territoire et de son indépendance. Cette fois, il se contenta de brandir des menaces, en affirmant au roi à Postdam, le 6 novembre 1913, que la guerre avec la France était «inévitable et proche», et en chargeant ses généraux de lui démontrer par leurs rodomontades qu'il était «capital pour le faible de s'allier au fort». La réaction d'Albert à cette tentative d'intimidation fut la même que celle de son oncle: il fit accélérer le renforcement de la défense de son pays.

Soumis à la pression constante de l'une ou de l'autre des Grandes Puissances pour prendre une initiative qui ouvrirait une brèche dans le statut de neutralité de la Belgique, le roi Albert se montra intransigeant jusqu'au jour même de l'invasion allemande en 1914. On savait depuis longtemps en Belgique que l'envahisseur s'emparerait de n'importe quel prétexte pour justifier son action et que toute manœuvre d'une des parties provoquerait immédiatement une incursion armée de l'autre. Si la Belgique avait conclu avec la France ou la Grande-Bretagne un accord permettant à leurs troupes de traverser ses frontières avant ou après une attaque allemande, elle aurait porté la responsabilité d'avoir rompu le traité qui garantissait son inviolabilité et l'Allemagne y aurait trouvé la justification dont elle avait besoin pour déclencher son invasion. C'est la stricte observance du traité qui avait préservé la sécurité de la Belgique pendant quatre-vingts ans et Albert était décidé à ne pas compromettre l'intégrité de son pays en inclinant d'un côté ou de l'autre, quelle que fût son opinion sur les mérites de leurs causes respectives.

Lors de la Seconde Guerre mondiale, les puissances adverses supposèrent que la neutralité n'était en réalité qu'un écran derrière lequel le souverain belge se préparait à se ranger du côté du vainqueur probable. De plus, les Français suspectaient les Belges d'être de mèche avec les Allemands et vice-versa, dans ce conflit comme dans le précédent. Au cours des deux guerres mondiales pourtant, les souverains belges respectèrent d'une manière également scrupuleuse les pactes qui garantissaient l'inviolabilité de leur pays et ne fournirent aux belligérants aucune raison de les rompre. Le professeur Emile Cammaerts, grand patriote belge et anglophile, souligne les différences essentielles entre l'attitude des Belges et celles des Anglo-Français: «Les admirateurs les plus enthousiastes du roi Albert en Grande-Bretagne et en France le considéraient comme le champion de leur cause contre les Puissances centrales. Il ne leur vint jamais à l'esprit que, si la Belgique s'était mise délibérément du côté des alliés, elle aurait commis une erreur aussi grave que si elle avait permis à l'armée allemande de traverser son territoire pour attaquer les Français.»[3] Léopold fut très tôt conscient de ces faits car, à la déclaration de guerre, Albert mobilisa sa petite armée et laissa clairement entendre qu'il combattrait toute armée étrangère qui envahirait le territoire national sans y avoir été invitée, — mais seulement à ce moment. Les militaires, les politiciens et tous ceux qui se demandèrent à l'époque hitlérienne pourquoi Léopold rejetait pareillement toute tentative pour attirer la Belgique dans un engagement militaire qui l'exposerait à des hostilités avant d'avoir subi la moindre attaque, oubliaient l'étoile qui lui servait de guide. Mesurer ce que représentait pour le père comme pour le fils, en tant que souverains de leur petit pays, d'exposer deux fois celui-ci, au cours d'une même génération, à une attaque massive du même agresseur, et d'agir ainsi de leur plein gré, exige un intense effort d'imagination et de sympathie. Outre la dévastation de leur pays et le massacre de leurs sujets civils et militaires, l'occupation ennemie signifiait inévitablement pour le peuple belge des souffrances qu'illustrèrent assez les atrocités de 1914-1918 et du joug nazi après 1940. Ils auraient pu, chacun, opter pour la solution pragmatique, et estimer que leurs forces défensives étaient si disproportionnées que toute résistance était inutile et, acceptant de perdre la face, permettre à l'armée allemande de traverser sans encombre leur territoire. Tous deux choisirent l'immense sacrifice que constituait la résistance, dans l'espoir que le droit finirait par prévaloir.

La «Note» allemande qu'Albert reçut le 2 août 1914 affirmait que les Français avaient l'intention de traverser le territoire belge pour attaquer l'Allemagne et «qu'il était essentiel pour sa propre défense» que l'armée de celle-ci pénètre en Belgique pour parer à cette attaque. La Note poursuivait en disant que si la Belgique «maintenait une attitude de neutralité amicale» envers l'Allemagne, celle-ci «garantirait pleinement les biens et l'indépendance du royaume de Belgique... et l'indemniserait à la signature de l'armistice, pour tout dommage causé par les troupes allemandes». Par contre, si la Belgique s'opposait aux troupes allemandes, elle serait considérée comme un ennemi. La Note, qui accordait aux Belges douze heures pour prendre la décision de laisser ou de refuser le passage de l'armée allemande, se terminait sur le vœu pieux de voir la Belgique agir dans le sens souhaité, ce qui «renforcerait les liens d'amitié qui unissent les deux Etats voisins». La réaction du Roi et de son gouvernement fut sans équivoque. Rejetant cette proposition cynique, Albert répéta que la Belgique résisterait à toute invasion, d'où qu'elle vienne. Malgré le ton résolu de cette réponse, le Haut Commandement allemand demeura convaincu que l'armée mal équipée de la Belgique qui ne totalisait que 117.000 hommes, n'essaierait pas de résister à l'attaque massive de son armée ou que, au pire, elle ferait seulement preuve d'une résistance symbolique.

Persuadés que tout se passerait comme ils l'imaginaient et convaincus que la Grande-Bretagne n'entrerait pas en guerre, les stratèges allemands déclenchèrent quand même l'invasion de la Belgique; mais, ce faisant, ils commirent une fatale erreur d'appréciation car l'attitude d'Albert — attendre que son territoire soit effectivement violé avant de solliciter l'aide militaire de ses garants français et britanniques et seulement alors résister de toutes ses forces à l'envahisseur — lui valut une incalculable victoire morale.

Son adhésion scrupuleuse aux termes des traités de garantie des Grandes Puissances, que l'Allemagne avait violés de manière si flagrante, eut pour résultat que cette dernière apparut aux yeux du monde comme un indéniable agresseur, facteur qui, selon les termes de Sir Basil Liddell Hart, fut «décisif pour amener l'opinion britannique à se prononcer en faveur d'une intervention.» [4]

Jusque là, la politique du gouvernement britannique et le souhait du peuple étaient de se maintenir à l'écart de la guerre en Europe. Or, non seulement l'Empire britannique tout entier entra dans la guerre, mais les alliés bénéficièrent d'un avantage inappréciable sur le plan de la propagande idéologique. Ce conflit qui était en réalité une guerre des Grandes Puissances pour l'hégémonie en Europe, ils pouvaient, désormais, le présenter comme une croisade pour la libération d'un petit pays innocent et ils œuvrèrent en ce sens avec beaucoup d'efficacité. De plus, la résistance opiniâtre de l'armée belge, outre qu'elle mit un frein fatal au plan Schlieffen fournit aux alliés, non préparés, le temps de mobiliser et de déployer leurs armées.

Les Allemands furent si déconcertés par la résistance des Belges qui avait cristallisé l'opinion mondiale contre eux et déjoué leur plan de guerre victorieuse, qu'ils envoyèrent le 9 août au roi Albert une note comme pour s'excuser, dans laquelle ils louaient les courageux défenseurs de Liège et proposaient de rétablir l'indépendance de la Belgique si l'armée allemande recevait l'autorisation de traverser son territoire, maintenant que la Belgique avait «sauvé son honneur par une résistance héroïque contre des forces très supérieures» et «pour lui épargner de supporter plus longtemps les horreurs de la guerre». Mais le roi et ses ministres rejetèrent fermement cette proposition. Les Allemands répliquèrent en mettant d'une part en œuvre leur nouvelle «arme secrète», d'énormes canons de siège, destinés à pulvériser, dans un premier temps, les fortifications belges qui couvraient la Meuse et par la suite celles d'Anvers, et en intensifiant d'autre part la terreur exercée contre la population civile.

Pour se venger de la résistance acharnée de l'armée belge qui faisait échouer leur plan de victoire rapide sur la France, les Allemands se lancèrent dans une opération sauvage d'exécutions massives, d'incendies et de pillage. Villes, villages et fermes furent rasés — le pire étant commis lors du sac et l'incendie de la vieille ville de Louvain, réputée pour ses églises, son université et sa précieuse bibliothèque. Ce n'était cependant qu'un avant-goût de la dureté du gouvernement militaire allemand qui allait être imposé aux malheureux Belges sous le général von Bissing.

En dépit d'attaques massives et soutenues qui les détruisirent complètement, les forts de Liège ne tombèrent pas avant le 16 août. Par ailleurs, six divisions allemandes disposant de cinq cents canons durent lutter cinq jours pour venir à bout des fortifications désuètes de Namur. La résistance de l'armée belge «affaiblit sérieusement l'aile droite allemande», écrivit Liddell Hart, lorsque celle-ci se heurta à l'aile gauche alliée dans les batailles cruciales de Charleroi et de Mons». Et après la guerre, le général français Baratier rappela que «l'avance allemande fut retardée de quinze jours..., un délai d'une extrême importance, puisque la rapidité était une condition essentielle au succès de leurs opérations.» [5]

Entre-temps, Albert faisait l'objet de pressions insistantes de la part des alliés et de son propre gouvernement qui voulaient le voir partir pour l'Angleterre ou pour le sanctuaire éloigné du Havre où ses ministres s'étaient réfugiés. Mais comme le fit exactement son fils trente-six ans plus tard, Albert déclina ces offres importunes et déclara fermement qu'il n'abandonnerait jamais son armée et son peuple, quoi qu'il puisse arriver. Albert s'était attendu à ce que les armées alliées se précipitent à son aide alors que ses troupes et ses forteresses résistaient à la grande offensive ennemie; mais les Français préférèrent concentrer leur armée le long de leur frontière est avec l'Allemagne tandis que le corps expéditionnaire britannique, qui ne comptait que quatre divisions, était envoyé, non en Flandre, mais à quatre-vingts kilomètres du front belge comme soutien de l'aile gauche française. Ainsi la Belgique fut-elle contrainte de supporter seule le choc de l'attaque massive des Allemands.

Après deux semaines de combats désespérés, Albert apprit que cinq cent mille soldats allemands se dirigeaient vers ses positions. Comme les alliés ne lui procuraient aucun renfort, il décida — malgré les vives critiques du Haut Commandement français — de ramener son armée dans le camp retranché qui défendait Anvers plutôt que de répondre aux injonctions des Français de rejoindre leur aile gauche. Le colonel Adalbert, membre de la mission française de liaison auprès du Grand Quartier Général d'Albert, protesta avec véhémence, accusant le Roi «d'abandonner ses alliés». Mais le retrait de l'armée belge sur cette ligne fortifiée derrière l'Escaut et la Lys fut extrêmement favorable à la cause alliée, comme ils le reconnurent par la suite, car elle constituait à présent une sérieuse menace pour le flanc droit allemand. De plus, la série de contre-attaques qu'Albert lança alors, de sa propre initiative, soulagea fortement la pression exercée sur les armées française et britannique à Mons et le long de la Sambre.

Selon Liddell Hart, «la défense acharnée d'Anvers de la part du roi Albert eut pour conséquence d'attirer dans ce secteur une partie importante des forces allemandes et provoqua une irritation chronique de leur système nerveux», tandis que la dernière de ces contre-attaques imprévues, qui correspondit au jour le plus critique de la bataille de la Marne, «eut les inappréciables effets psychologiques d'une nouvelle menaçante à un moment de crise. La retraite allemande s'accéléra et s'amplifia et le combat changea d'âme.» En outre, la nécessité de «contenir» l'armée belge dans la forteresse d'Anvers priva l'armée de von Kluck, engagée dans cette bataille capitale, des quatorze divisions dont elle avait désespérément besoin. Ainsi que le résume le général Baratier: «Sans la présence de l'armée britannique, sans la résistance héroïque des Belges... les Français auraient été numériquement inférieurs... Si ces forces (allemandes) avaient été disponibles, il n'y aurait pas eu de victoire de la Marne. Nous ne devons jamais l'oublier.»

Ce n'est qu'après plus de deux mois de lutte de l'armée belge que de légers renforts alliés, parmi lesquels le contingent naval de Winston Churchill, furent envoyés à son aide dans la défense d'Anvers. Malheureusement, seuls le Roi et Churchill — qui était alors Premier Lord de l'Amirauté — comprirent l'importance stratégique pour les alliés de tenir la côte et les ports de la Manche sur le flanc droit, vulnérable, de l'ennemi. Malgré leurs appels pressants, ces renforts furent trop maigres et trop tardifs pour permettre à Albert de garder la forteresse d'Anvers et, par conséquent, les ports vitaux d'Ostende et de Zeebrugge aux mains des alliés. Après trois semaines de bombardements impitoyables par des centaines de canons lourds, Albert fut donc forcé d'abandonner, le 8 octobre, ce formidable bastion et obstacle à la progression de l'ennemi. «L'attitude du Roi et de la Reine au cours de ces journées tragiques fut magnifique», écrivit Churchill. «L'image de ce Roi-soldat, grave et calme, présidant le Conseil, encourageant ses troupes et leurs chefs, conservant une noblesse invincible parmi les ruines de son royaume, ne s'effacera jamais de ma mémoire.»

Le retrait le long de la côte des survivants meurtris de l'armée du roi Albert fut entravé par le million et demi de réfugiés pitoyables qui encombraient cette région côtière, dans des conditions épouvantables de privations et de détresse. La situation était très grave mais Albert, ayant déjà refusé de suivre son gouvernement qui l'adjurait de le rejoindre dans sa fuite en exil, refusa également de prêter l'oreille aux instances des chefs alliés qui souhaitaient le voir remettre le commandement de son armée à l'un de leurs généraux, pour l'acheminer vers la France et la fusionner avec les armées alliées.

Le Roi préféra rejoindre ses troupes épuisées pour remporter la bataille épique de l'Yser et préserver ainsi jusqu'à la fin de la guerre cinquante kilomètres carrés du sol belge à l'arrière des rives délibérément inondées de ce fleuve. En agissant de la sorte, il permit aux alliés de conserver au moins les ports français de la Manche et d'accrocher solidement leur flanc gauche à la côte.

Le général Brécard, le chef de la mission française de liaison auprès du Grand Quartier Général du Roi, qui s'était plaint auparavant de son entêtement à vouloir se retirer sur Anvers plutôt que vers la France, écrivit que

> «son armée qui a déjà supporté tant de pertes, ... séparée jusqu'ici de tous ses alliés, défend avec la dernière énergie le petit lopin de terre qui constitue encore la Belgique... Le Roi est seul... avec la Reine, en face de ses responsabilités. L'un et l'autre ont pour se soutenir leur ardent patriotisme et le profond sentiment du devoir qu'ils ont à remplir vis-à-vis de leur peuple. Quel exemple et quelle leçon!» [6]

Et le général Azan, l'historien en chef de l'Etat-Major Général français qui avait d'abord tellement critiqué le roi Albert, répondit de la manière suivante à la question de savoir ce qui serait arrivé au front allié si l'armée belge n'avait pas arrêté l'assaut allemand sur l'Yser:

> «Elle aurait été elle-même prise au flanc, et les Alliés eussent été débordés par la mer... En refusant à son état-major de donner un ordre de retraite malgré une situation critique, il a fait preuve dans l'action d'une fermeté admirable... Pour les Alliés, il a été l'auxiliaire calme, réfléchi, pondéré... qui a réalisé une manœuvre stratégique d'où a peut-être dépendu le sort de la guerre, Il a fermé la porte du Nord à l'invasion allemande, et il l'a tenue fermée avec des troupes à bout de forces, surmenées, haletantes, jusqu'à ce que le secours arrive.» [7]

Ces incontestables résultats obtenus par l'armée belge et son chef constituèrent un précédent majeur pour son fils lorsque, une génération plus tard, il dut affronter les mêmes défis face au même agresseur — et les mêmes appels de son propre camp pour abandonner son armée et son pays.

Chapitre II

L'héritier présomptif

«Mon fils est bien préparé».

Albert Ier, 1934.

Le 4 août 1914, le prince Léopold, qui n'avait pas encore treize ans, fut emmené par sa mère à la session commune du Parlement où il entendit son père, en uniforme de général, prononcer le vibrant discours dans lequel il affirmait qu'en tant que roi, jamais il ne trahirait son serment constitutionnel. Après que le roi Albert eut pris la tête de l'armée, la famille royale demeura quelque temps à Laeken, mais la progression allemande la contraignit à se retirer à Anvers avec le gouvernement. Au cours du même mois, lorsque les zeppelins commencèrent leurs bombardements, il parut toutefois prudent d'envoyer les deux jeunes princes et leur sœur en Angleterre, accompagnés de leur mère. Lord et Lady Curzon, amis de la famille, leur avaient offert l'hospitalité de leur maison de campagne à Hackwood, et les enfants y demeurèrent sous la garde de leur gouvernante anglaise, miss Hammersley.

La Reine retourna rapidement aux côtés d'Albert dans Anvers assiégé et, lorsque la ligne du front belge se fut stabilisée derrière l'Yser, le couple royal s'installa dans sa modeste villa de La Panne où il resta jusqu'à la fin de la guerre. Durant le premier hiver, Léopold demeura près de ses parents à La Panne et accompagna sa mère dans ses visites aux hôpitaux et aux centres de secours. Mais ces visites occasionnelles dans la dernière bande de territoire belge libre, en compagnie de civils bénévoles, ne le satisfaisaient pas. Il insista auprès de son père pour être enrôlé comme soldat. Il était déjà assez étonnant que le roi Albert réponde au vœu courageux de son fils et lui permette de s'engager si jeune, mais faire de l'héritier du trône un simple troupier ne s'était vraiment jamais vu.

Le 5 avril 1915, le douzième régiment de Ligne était rangé sur la plage de La Panne lorsque le Roi lui présenta le jeune héritier présomptif, sanglé dans l'uniforme kaki taillé à sa mesure d'un simple soldat belge. Le Roi expliqua que son fils avait réclamé le privilège de porter cet uniforme et qu'il serait fier de servir dans un régiment doté d'une si belle réputation.

> «Les princes, proclama-t-il, doivent être élevés de bonne heure à l'école du devoir.»

Ensuite, le régiment défila avec Léopold au sein de la troisième section de la quatrième compagnie du premier bataillon.

Rentré à la villa royale, le Roi ordonna au colonel du régiment d'imposer à Léopold le même entraînement que les autres, en partageant les obligations et les devoirs de ses camarades.

> «Faites-lui creuser des tranchées pour qu'il sache ce que c'est que d'avoir des cloches aux mains.»

Ainsi, chaque matin, Léopold dut remplir cinquante sacs de sable pour renforcer les parapets. En fait, il subit l'entraînement complet d'un fantassin: exercices physiques, maniement des armes et lancement de grenades, drill et entretien de l'équipement. Bien entendu, un jeune prince ne peut pas être absolument l'égal d'un simple soldat mais Léopold n'oublia jamais ce qu'il apprit ainsi sur le comportement de l'homme du peuple, et la sympathie qu'il manifesta toujours pour les simples gens remonte à son séjour parmi la troupe. Le 4 mai, Léopold insista pour être envoyé au front. Il y occupa un jour un poste avancé à portée de revolver de l'ennemi. Une autre fois, alors qu'il se trouvait dans un abri, un puissant obus explosa à quelques pas de lui. Comme la fumée se dissipait, on vit le jeune prince ramasser des éclats encore tout chauds en guise de souvenirs. Il n'est donc pas étonnant qu'il fut adopté par sa compagnie, surnommée «les Incas» (une déformation de «un-quatre», la quatrième compagnie) et se vit familièrement appelé le «dernier des Incas».

Alors débuta l'une des périodes les plus extraordinaires de la vie de Léopold. Au terme de ses six premiers mois de service dans l'armée, Lord Curzon convainquit le roi Albert d'envoyer Léopold à Eton. Le docteur Lyttleton, qui en était le Principal, se rendit à La Panne pour en discuter avec le Roi qui lui déclara qu'il ne souhaitait nullement voir son fils adopter les manières des riches jeunes Anglais «qui jettent l'argent par les fenêtres et n'ont d'autre ambition que le sport». L'histoire ne dit pas quelle fut la réponse du Principal, mais Léopold entra dans la «Maison» * de Samuel Gurney Lubbock au début du

* N.d.T. «Maison»: bâtiment attaché à une grande école anglaise où logent les élèves. Ces «maisons» sont dirigées par un «housemaster», professeur chargé du soin et de la surveillance.

semestre d'hiver 1915. Au cours des quatre années suivantes, il mena une vie de curieux contrastes — alternant les études en Angleterre et les vacances passées avec son régiment avec de brefs séjours à la maison. Une telle existence aurait entamé la faculté d'adaptation de n'importe quel garçon mais Léopold s'y soumit de bonne grâce et s'y épanouit. Ses «vacances» faisaient évidemment l'envie de tous ses condisciples.

Léopold garda d'Eton un souvenir très agréable, encore qu'il se souvînt d'un premier semestre bien dur car il ne parlait pas encore l'anglais couramment. Léopold eut la chance d'avoir S.G. Lubbock comme directeur d'études. Personnage respecté de la hiérarchie d'Eton, Lubbock était un homme aux qualités remarquables. Léopold avait pour lui une grande admiration et estimait lui devoir beaucoup. Ils demeurèrent d'ailleurs amis toute leur vie.

Lorsqu'en 1956, Léopold fit sa première visite d'après-guerre en Grande-Bretagne (pour recevoir le droit de citoyenneté d'Enniskillen de la part du fameux régiment dont il était colonel en chef), il retrouva Lubbock, alors âgé de quatre-vingt-trois ans, dans la maison de l'auteur de ces lignes. Les deux hommes furent profondément émus de ces retrouvailles. Lubbock se rendit la même année au Palais de Laeken en compagnie d'autres anciens condisciples de Léopold à Eton et le petit groupe y revint fréquemment par la suite. L'année suivante, Léopold retourna à Londres pour participer à la réunion annuelle des étudiants de Lubbock's House, qui avait traditionnellement lieu la veille du match de cricket Eton-Harrow.

Il ressort des nombreuses lettres que l'auteur de ces lignes et son père reçurent des condisciples de Léopold, de Lubbock et d'autres personnes qui l'ont bien connu à cette époque ainsi que de diverses conversations avec plusieurs d'entre eux, que tous conservèrent pour lui leur affection, leur sympathie et leur admiration au travers de toutes ses infortunes. Les sentiments de Lubbock se trouvèrent parfaitement résumés dans une lettre qu'il écrivit à l'auteur en 1953: «Il est évident que dès le début, ni moi ni personne à Eton le connaissant ne crut les mensonges qui furent répandus à son sujet; nous savions tous qu'il était incapable de tout acte déshonorant...» L'une des charges déposées contre lui pendant et après 1940 étant d'avoir traîtreusement abandonné ses alliés anglais, il convient de se rappeler à quel point Eton lui rendit chère l'Angleterre. Il fit un jour remarquer à l'auteur que c'est à Eton qu'il se fit «les meilleurs amis de sa vie» et il ajouta qu'il regrettait profondément que les circonstances l'aient empêché d'y envoyer ses trois fils.

Léopold devint le «fag» * de Lord Kingsborough et fut traité exactement comme les autres garçons — ou peut-être même plus dure-

* N.d.T. Dans certaines écoles britanniques, il est de tradition qu'un petit, le «fag», soit au service d'un grand.

ment — comme le voulait la tradition. Mais au deuxième semestre, il s'était fait beaucoup d'amis et commençait à se plaire. Les «grands» étaient sévères à l'égard de leurs «fags», mais pas méchants. Lubbock gardait toujours un œil amical sur lui et s'avérait plein de tact et de sensibilité, jamais contraignant. Après ses retrouvailles avec Lubbock en 1956, Léopold confia à l'auteur: «J'aimais réellement cet homme; il était comme un second père pour moi et m'indiquait la voie à suivre». Lorsque la Cour séjournait à Windsor, Léopold était parfois invité à déjeuner par le roi George V et la reine Mary. Le Roi faisait de son mieux pour mettre son jeune hôte à l'aise, même s'il n'hésitait pas à le sermonner si ses chaussures n'étaient pas bien cirées.

A Eton, Léopold fut rapidement considéré comme l'égal des autres. Dans une lettre à l'auteur, Olivier Thynne, son ami de toujours, précise: «A cette époque, les enfants de sang royal n'étaient pas rares à Eton, de sorte que le prince Henry (le duc de Gloucester) et le prince Léopold pouvaient vivre leur vie d'élèves d'une manière tout à fait normale. Léopold s'anglicisa (ou s'etonisa) avec une aisance étonnante. A chaque étape de ces quatre années d'Eton, il fut toujours «l'un de nous» à part entière et, je dirais, très populaire. Il était un brillant joueur du Grand Jeu d'Eton et fut pendant sa dernière année membre de la House Library (c'est-à-dire élève des grandes classes chargé de la discipline).» Thynne ajoute que «Léopold acquit à Eton un réel sens de l'humour anglais. En fait, il était un merveilleux compagnon et c'était toujours une grande joie de faire quoi que ce fût avec lui.» Bill Snagge, un autre de ses amis, le décrit ainsi: «Après la période d'observation, Léopold se fit vite des amis — sans aucun effort — et aucun ennemi, je pense. Il savait ce qu'il voulait et se donnait à fond à ce qui l'intéressait, l'ingéniérie, par exemple. Il était très gai et profitait du côté agréable de la vie estudiantine.» Si cet aspect de son caractère doit être souligné, c'est parce qu'après les fausses accusations proférées contre lui en 1940, une légende naquit selon laquelle il était «complètement dénué du sens de l'humour» — ainsi que l'écrivit dans le *Times* un diplomate britannique buté qui ne l'avait rencontré qu'en des circonstances officielles.

Denis Brinton, un autre condisciple de Léopold à Eton, écrivit à un ami, des années plus tard:

> «Il m'impressionnait par sa grande force de caractère. Il ne déviait pas de la ligne de conduite qu'il s'était tracée une fois sa décision prise... Malgré qu'il y eût une poignée d'autres Belges à l'école durant ces années particulières de la première guerre mondiale, Léopold était le seul à nous concurrencer réellement et à se tailler une place au sommet grâce à ses propres mérites.»

L'ancien «fag» de Léopold, Peter Hesketh, décrivit à l'auteur les scènes de joie qui se déroulèrent à Eton le jour de la victoire en 1918 et la grande ovation que reçut Léopold lorsqu'il s'en fut reprendre son uniforme de simple soldat pour participer aux défilés triomphaux de victoire à travers les villes libérées de Belgique. Parmi les personnes que le départ de Léopold attristait le plus, il y avait la «Dame» de Lubbock's House, miss George, qui versa d'abondantes larmes pendant qu'elle aidait Léopold à boucler ses valises [8]. Comme le rappelait Bill Snagge:

> «Certains d'entre nous craignaient de perdre l'un de nos meilleurs joueurs pour le tournoi de football du groupe qui commençait ce même mois. Léopold affirma qu'il ferait tout pour revenir à temps, et il tint parole.»

Tandis que Léopold apprenait à comprendre et à aimer l'Angleterre en même temps que, soldat d'infanterie, il apprenait les dures réalités de la guerre, son père, lui, affrontait ces réalités en tant que roi et commandant en chef, d'une façon qui allait influencer de façon déterminante le comportement ultérieur de Léopold. Le roi Albert avait décidé qu'en aucune circonstance il n'abandonnerait son pays et son peuple et qu'il continuerait à défendre son territoire et à maintenir les positions de son armée à l'extrême gauche du front allié aussi longtemps que le restant de ses troupes serait en mesure de combattre et d'être ravitaillé. Albert était inébranlable au sujet des obligations constitutionnelles qu'il avait juré de remplir: «maintenir l'intégrité du territoire» et commander les forces armées en temps de guerre. Il avait rejeté et continuait de rejeter les nombreuses et pressantes invitations à se rendre en Angleterre ou à suivre son gouvernement en exil au Havre. Autant de sirènes à la voix desquelles son fils allait devoir lui aussi un jour se boucher les oreilles.

Jusqu'à la fin de la guerre, Albert conserva fermement sa souveraineté sur cette partie de son royaume demeurée libre, de même que le commandement de l'armée qui en assurait la défense. Les hommes politiques belges émigrés dans leur lointain refuge en France, ne l'en dénigrèrent pas moins et le critiquèrent constamment. Mais tous les espoirs qu'ils avaient pu entretenir de saper ainsi la position du Roi furent anéantis à l'heure de la victoire, car Albert fut le premier à recevoir l'hommage du peuple belge libéré; ce dernier rejeta les leaders politiques absents et les remplaça par d'autres qui bénéficiaient de sa confiance et de celle du Roi.

La véritable nature des relations du roi Albert avec le gouvernement et le Parlement, ainsi qu'avec ses alliés, tout au long de la Grande Guerre, ne fut connue qu'en 1953 avec la publication de ses carnets [9]. Dans une analyse publiée en 1955 dans *The Listener*, Liddell Hart remarquait:

«La signification majeure de ce livre réside à présent dans le fait qu'il montre indirectement combien le roi Léopold III fut le disciple et l'élève fidèle du roi Albert, partageant les vues de son père et suivant étroitement les préceptes que celui-ci lui avait inculqués. C'est une ironie de l'histoire que le fils fut pour la même action si violemment critiqué et qu'il en perdit son trône alors que le père est demeuré une figure universellement révérée dont la réputation ne fut en aucune façon jamais entachée. Le fils pourtant n'a rien fait d'autre que de tenter loyalement de mettre en application l'enseignement paternel...

Ces carnets révèlent que durant toute la guerre, la préoccupation du roi Albert fut d'empêcher que la Belgique ne devint un satellite de ses puissants partenaires, la France et la Grande-Bretagne, et ne s'associe trop étroitement à leurs objectifs, ce qu'il considérait comme dangereux pour la paix future et la stabilité de l'Europe... Il est également évident qu'il eut plus de problèmes avec ses ministres et subit plus de pressions de ses alliés qu'il ne fut jamais rendu public. Il est clair, en outre, qu'il respectait profondément les intérêts humains et était doté d'un sens des réalités militaires beaucoup plus aiguisé que les chefs militaires alliés.

A partir de 1915, de nombreux passages révèlent qu'il prévoyait la longue durée de la lutte et la futilité des offensives forcées et aussi qu'il avait un sens aigu des conditions nécessaires à la réussite. Il ne partagea jamais les illusions optimistes de Joffre, Foch et Haig. Ce sens de la réalité le rendait anxieux de ne rater aucune occasion qui permit de rétablir la paix sur une base raisonnable et négociée. Il fut le seul leader d'Europe doté de la perception d'un grand stratège — celui qui mène la guerre en tenant compte de l'état de paix qui lui succédera.»

Bien qu'Albert détestât ce rôle, les circonstances et la propagande alliée le forcèrent à jouer le héros légendaire combattant courageusement pour une cause sacrée. Il fut presque déifié comme le symbole du «Droit défiant la Puissance» et on fit croire au monde qu'il avait complètement subordonné les intérêts de son pays à ceux des alliés. Ce fut loin d'être le cas; mais, comme Léopold le découvrit tant lors de la Première que de la Seconde Guerre mondiale, les gouvernements britannique et français avaient un immense avantage, sur le plan et de la propagande et de la psychologie, à soutenir que les intérêts et les objectifs belges étaient identiques aux leurs et qu'ils se battaient autant pour la pauvre petite Belgique que pour eux-mêmes. En fait, le roi Albert affirma à plusieurs reprises que la position et les objectifs de la Belgique étaient quasi opposés à ceux de ses alliés, mais à l'époque on passa ces déclarations sous silence en raison de la servilité du gouvernement belge en exil envers la France et la Grande-Bretagne. Les sentiments d'Albert sur des «pays comme la Belgique» sont clairement définis dans deux passages de ses carnets datant de novembre 1915:

3 Novembre 1915: «entraînés dans la lutte malgré eux, contre leur désir, ils ont tout à perdre d'être rivés à un empire indestructible comme l'empire britannique. Ils reçoivent somme toute les coups qui ne leur sont pas destinés.»

10 Novembre 1915: «La Belgique ne doit s'inféoder à personne, ni à l'Angleterre, ni à la France. Elle était neutre avant la guerre; la masse de la population ne veut de liens avec aucun de ses voisins.»

C'était une attitude avec laquelle Lord Curzon était d'accord, car il fit un jour remarquer au roi Albert: «Je suis partisan de la neutralité belge parce que je ne vois pas d'autre solution. Le choix réside entre la neutralité et les alliances — mais des alliances avec qui? Car l'alliance d'une petite nation avec une grande puissance n'est jamais rien d'autre qu'une sujétion.» Lorsque la Belgique fut envahie, Albert ne put préserver l'intégrité que d'une petite partie de son territoire. Mais à ses yeux, il y avait une autre intégrité à préserver: rejeter la sujétion. S'il apparaissait que les intérêts vitaux de la Belgique divergeaient de ceux de l'Entente, il se devait de les défendre malgré tout.

On vit un exemple de ces divergences lorsque, vers la fin de 1916, le gouvernement allemand tâta le terrain en vue d'aboutir à un accord de paix. Le roi Albert et le roi George V [10] recommandèrent d'examiner sérieusement cette approche allemande, mais la réaction des gouvernements britannique et français fut un rejet brutal, accompagné de la demande que les Belges contresignent simplement leur réponse. Mais comme Albert le déclara à ses ministres: «Nous ne pouvons pas identifier notre réponse avec celle des Grandes Puissances. Le point de vue belge n'est pas le même.»

Quoique les alliés ne tinssent pas compte des vues d'Albert, celui-ci continua de déplorer leur refus de considérer toute possibilité d'une paix négociée et leur persistance à exiger une «reddition sans condition». Il estimait que celle-ci ne ferait que prolonger le carnage et la destruction sans garantir ni l'anéantissement de l'ennemi ni une paix durable par la suite — point de vue que partagèrent beaucoup d'hommes sensés au cours des deux guerres mondiales. En juillet 1918, il déclarait encore à Lloyd George, en des termes presque semblables à ceux dont s'était servi George V à l'adresse de ce dernier, que «l'ampleur des buts de guerre des Gouvernements alliés et la violence de leurs propos avaient servi les intérêts du parti militariste allemand tout en constituant un obstacle à l'action des modérés.» Ainsi, tandis que Léopold faisait la navette entre Eton et le front belge, le Roi Chevalier énonçait des principes d'action qui auraient une signification cruciale pour son fils lorsque celui-ci deviendrait roi et commandant en chef: solidarité avec les amis de la Belgique mais non une solidarité que désavouent la raison, la justice et les intérêts les plus élevés de son royaume.

Durant toute la guerre, les policiens belges réfugiés loin du front en France, continuèrent à se chamailler et à récriminer. Ces querelles culminèrent en 1916 lorsque le Premier Ministre, le comte de Broqueville, rapporta au Roi que certains membres du gouvernement en exil en France l'accusaient d'adopter une ligne différente de la leur. Albert nota dans ses carnets: «La monarchie est évidemment dans leur chemin; aussi cherchent-ils à répandre des interprétations désavantageuses des actes du Monarque» et il écrivit à Broqueville en guise de réponse: «C'est là un jeu dangereux. Le Monarque... a une responsabilité propre en temps de guerre. On le rendra responsable des malheurs du pays.» C'était là un mauvais présage, mais ce ne fut pas le roi Albert, ce fut son fils qu'on accusa des malheurs de son pays, car le père parvint à conserver une partie de son royaume et il rentra dans la capitale comme le champion victorieux d'un peuple martyr — position inattaquable qui réduisait au silence ses détracteurs ingrats et malveillants. Son fils, au contraire, qui s'était comporté de manière aussi loyale vis-à-vis de ses alliés et qui avait combattu avec autant de courage à leurs côtés pour défendre l'intégrité et l'honneur de son pays, allait être privé de ces deux avantages et en subirait toutes les conséquences.

C'est au cours de la dernière année de la guerre 1914-1918 que se noua entre la famille royale belge et Roger Keyes, une amitié qu'allaient cimenter des expériences communes au cours des deux guerres mondiales et qui influerait profondément sur la vie de Léopold. Peu après avoir pris le commandement de la Patrouille de Douvres dont il devait faire la célébrité, le vice-amiral Keyes rencontra le 1er janvier 1918 le roi Albert et la reine Elisabeth et leur voua l'admiration et le respect profonds que, devenu homme d'Etat, il allait plus tard éprouver pour Léopold. Keyes fut rapidement admis dans le cercle des amis intimes du couple royal, ce que révèle le ton affectueux des nombreuses lettres qu'il reçut d'eux. Il y avait pas mal de personnalités qui transitaient par Douvres, et l'Amiral fit mettre un de ses destroyers à la disposition de la famille royale belge pour ses traversées du Pas de Calais. Le prince Léopold en effet se trouvait à Eton, le prince Charles était élève officier à l'Ecole Navale à Dartmouth, et la princesse Marie-José fréquentait un institut pour jeunes filles en Angleterre. Ils devaient tous être les bienvenus à la Maison de la Flotte de Douvres et l'Amiral veillait à ce qu'ils arrivent sains et saufs à leurs destinations respectives. La reine Elisabeth était de passage à Douvres le 24 avril 1918, le lendemain du fameux raid de la Saint George sur Zeebrugge que Lloyd George décrivit comme «le seul exploit naval de la guerre qui frappa et frappe encore l'imagination de la nation», ajoutant que «Sir Roger Keyes, qui dirigea l'attaque, avait incontestablement la classe de Nelson». Winston Churchill déclara de son côté que ce raid «serait sans doute considéré comme le plus haut fait d'armes de la Grande Guerre et sûrement comme un épisode sans équivalent dans l'histoire de la Royal Navy». La reine déjeuna avec l'Amiral et son épouse et rencontra plusieurs des officiers qui avaient pris part au combat, bénéficiant ainsi de la primeur de leur compte rendu. Le roi Albert fut l'un des premiers à féliciter Keyes par écrit et à «exprimer son respect et son admiration» pour les officiers et les marins engagés dans ce qu'il appela «l'action la plus audacieuse de toute la guerre». Quelques jours après le raid, Sir Roger — il était devenu «Sir» entre-temps — fut invité par Albert et Elisabeth à un déjeuner privé à La Panne. «Après le déjeuner, écrivit l'Amiral dans ses carnets, le roi m'emmena dans les dunes en face de la villa où il me remit, avec une grande timidité, l'étoile de Grand Officier de l'Ordre de Léopold, tout en me congratulant pour mon exploit.» Une année plus tard, lorsque fut lancée une souscription en vue d'élever un mémorial à la Patrouille de Douvres, le roi Albert envoya à Keyes un chèque personnel de 1.000 livres avec une lettre d'accompagnement signée: «Votre Albert très affectionné» — preuve de l'amitié intime qui liait dorénavant les deux hommes.

Jusqu'à la fin de la guerre, l'amiral Keyes demeura en relation étroite avec le roi et la reine des Belges, tandis que les nombreux vaisseaux, bombardiers, chasseurs et avions de reconnaissance des Royal Naval Air Services placés sous son commandement, soutenaient activement l'armée belge qui, de son côté, avait comme rôle essentiel d'appuyer l'aile gauche extrême du front allié sur les côtes de la Manche [11]. L'Amiral et le couple royal allèrent même un jour jusqu'à partager une dangereuse aventure dont les conséquences auraient pu être fatales. Le 17 octobre 1918, lorsqu'on apprit que les Allemands se retiraient d'Ostende — première ville de Belgique à être évacuée —, le Roi et la Reine obtinrent de Keyes de les y mener à bord du destroyer HMS Termagant et de les débarquer après la tombée de la nuit. Ils gagnèrent la côte en barque, puis empruntèrent une échelle de fer assez glissante pour atteindre le quai. Le premier instant d'incrédulité passé, les habitants réservèrent à leurs «libérateurs» un accueil délirant mais tandis qu'ils célébraient l'événement au champagne en compagnie du bourgmestre et du conseil municipal, les Allemands se mirent à pilonner la ville et le Roi et la Reine se virent obligés de regagner en toute hâte le Termagant. Ils prirent place avec l'Amiral sur un petit caboteur qui, filant 40 nœuds, prit la direction de La Panne. L'embarcation perdit son escorte et, comble d'infortune, tomba en panne au beau milieu de la Manche où le petit groupe dut attendre plusieurs heures avant d'être retrouvé. Des années après, Keyes frissonnait encore à la pensée des risques qu'il avait courus cette nuit-là. Mais le Roi et la Reine s'étaient fort divertis de cette équipée et le couvrirent de remerciements pour «cette merveilleuse expérience».

Quelques jours plus tard, le roi Albert insista pour que l'Amiral se joignît à lui dans son entrée triomphale à Bruges à la tête de son armée. Keyes chevauchait immédiatement derrière le Roi, la Reine et le prince héritier Léopold qui portait un casque d'acier et son uniforme de simple soldat. Après la signature de l'Armistice, tous quatre firent leur entrée solennelle à Bruxelles, chevauchant à nouveau groupés, en compagnie du prince Albert, le futur roi George VI. Le «journal belge» de l'amiral Keyes décrit ainsi la scène dans la capitale, au milieu du peuple en délire et de la jubilation des cloches sonnant à toute volée:

> «Le long des rues bondées s'alignaient les régiments de vétérans aux pieds desquels on avait permis aux enfants de s'asseoir. Nous parcourûmes le chemin entre Laeken et la Chambre des Représentants sous les vivats de la foule. Nous descendîmes de cheval et le Roi s'adressa au Parlement, faisant généreusement allusion aux services rendus par la marine britannique et les forces qui étaient sous mon commandement...»

Sur un fond de souffrances et de ruines, la population tout entière rendait un hommage vibrant à son Roi qui, pendant quatre ans, avait été le symbole de sa résistance et de ses espoirs. Les Allemands laissaient derrière eux un pays affreusement ravagé, dont la monnaie était pratiquement sans valeur. Ils avaient détruit toutes les communications de la Belgique, les routes, les chemins de fer, les lignes téléphoniques et la plupart des usines. Il ressortit clairement des discussions que le roi Albert eut avec des personnalités demeurées au pays sous l'occupation et des représentants du gouvernement émigré au Havre que ce dernier avait perdu tout crédit aux yeux de la population libérée et qu'il ne restait plus au Premier Ministre qu'à démissionner. Le Roi nomma alors une personnalité non politique, Delacroix, à la tête d'un gouvernement d'union nationale qui obtint le vote de confiance quelques jours plus tard, lorsque le roi Albert se présenta lui-même devant le Parlement pour rendre compte de sa gestion durant les quatre dernières années.

Le désenchantement et les querelles de la Conférence de Paix qui s'ouvrit à Paris en janvier 1919 balayèrent rapidement les brillants espoirs nés de l'immédiat après-guerre. La «déclaration de Sainte-Adresse» spontanément rédigée par les Alliés en 1916 et qui garantissait à la Belgique une place à la table de ces négociations fut virtuellement ignorée. La Conférence répartit les vingt-sept Etats alliés en deux catégories: ceux qui avaient «tout donné, leur sol, leur sang et leur trésor, à la cause commune» et ceux ayant des «intérêts restreints». La Belgique, contre toute logique, prit rang parmi les vingt-trois nations qui, comme le Siam ou Cuba, n'avaient consenti que peu ou pas de sacrifices. Il en résulta que les représentants de la Belgique furent, pour reprendre les termes d'Emile Cammaerts, «maintenus dans l'antichambre de la Conférence et purent à peine exposer leur point de vue».

Le roi Albert fut choqué par ce manque de gratitude et de considération de la part d'alliés qui n'avaient ménagé ni leurs louanges ni leurs promesses à l'égard de la Belgique lorsque celle-ci tenait la Manche à la fin de la Grande Guerre et quand son courage et ses souffrances leur fournissaient leur principal thème de propagande. Il décida donc d'en appeler directement et personnellement aux trois grands, Wilson pour les Etats-Unis, Lloyd George pour la Grande-Bretagne et Clemenceau pour la France. Evoquant cette intervention qui, couronnée de succès, permit d'entreprendre la formidable tâche de reconstruction dont dépendait tout l'avenir du pays, Albert rappelait: «Ce fut un dur combat. A un moment, on me dit même, assez sèchement, que la Belgique cherchait à imposer des sacrifices excessifs à ses alliés. Je ne pus m'empêcher de répondre: «Ces sacrifices sont la conséquence de la fidélité des Belges à leurs promesses. Je vous demande de tenir les vôtres.»

Après la guerre, l'amitié qui unissait la famille royale belge et Sir Roger Keyes se poursuivit au travers d'une correspondance régulière et de plusieurs visites réciproques, officielles et privées. L'Amiral allait se trouver invariablement attaché soit au roi Albert soit au représentant de la royauté britannique, lors de cérémonies officielles anglo-belges. C'est à l'une de ces occasions, la visite officielle des souverains belges à Londres en 1921, qu'Albert, au cours d'une promenade à Hyde Park, déclara que, à ses yeux, Winston Churchill avait été à l'origine des deux manœuvres stratégiquement les mieux réussies de la guerre: le débarquement de la Division Navale à Anvers et le plan en vue de forcer en 1915 le détroit des Dardanelles à l'aide de navires de guerre uniquement. Il avait toujours été reconnaissant envers Churchill pour les renforts envoyés à l'armée belge à Anvers, renforts qui lui avaient permis de retarder l'avance allemande et de rester sur le sol belge derrière l'Yser. Quant à l'opération des Dardanelles, estimait le Roi, elle avait été une brillante idée stratégique qui, si elle n'avait pas été contrecarrée [12], aurait brisé l'impasse du front ouest, sauvé la Russie, abrégé considérablement la guerre et épargné aux Britanniques les coûteuses campagnes de Gallipoli, de Mésopotamie et de Palestine.

Keyes était un vieil admirateur et ami de Winston Churchill et lorsqu'il demanda au roi Albert s'il aimerait répéter lui-même cette appréciation à Churchill, le Roi accepta aussitôt. Comme il savait que, cette même après-midi, Churchill jouait au polo à Roehampton, Keyes y conduisit Albert en voiture. Il relata cette rencontre dans son journal en ces termes: «J'amenai Churchill — en nage et couvert de poussière — devant le Roi qui lui répéta de sa voix posée ce qu'il venait de me confier. Ces compliments durent fameusement réconforter Churchill, alors toujours l'objet de nombreuses attaques et critiques au sujet de ces deux épisodes.»

Cette rencontre aurait pu avoir des conséquences extrêmement importantes. Il est en effet notoire que lorsqu'il fut Premier Ministre, Churchill, doué d'une excellente mémoire et d'un sens peu commun de la loyauté, s'efforça de favoriser les fils de ceux qui l'avaient soutenu dans le passé, particulièrement au début de sa carrière militaire et aux époques où il connut des déboires politiques. Il éprouva toujours un mépris furieux pour les dénigreurs des opérations d'Anvers et des Dardanelles et, inversément, une vive sympathie pour ceux qui avaient reconnu leurs mérites. Dieu sait pourquoi, il refusa toutefois au fils du roi Albert cette générosité d'esprit dont le père l'avait gratifié, lui, lors de cette rencontre fortuite.

Le rétablissement de la paix — juste avant le dix-septième anniversaire de Léopold — signifia pour lui l'adieu au douzième régiment de Ligne, mais lorsque les citoyens de Liège libérés réservèrent à leur propre régiment un accueil délirant, le prince Léopold, héritier de la couronne et le plus jeune soldat de l'armée belge, défila dans ses rangs, revêtu de son simple uniforme kaki. En septembre de l'année suivante, Léopold accompagna ses parents lors de leur visite officielle aux Etats-Unis et, en novembre, retourna pour un mois à Eton, qu'il quitta définitivement, avec beaucoup de regret, à la Noël 1919.

Pour préparer l'héritier présomptif à son rôle, le roi Albert commença alors à le former à ce qu'il appelait «le difficile métier de roi». En 1920, les études de Léopold se poursuivirent sous l'égide de quatre Belges distingués. Ses matières préférées à Eton avaient été la géographie, les mathématiques et les sciences. Sous la houlette de Jacques Pirenne, le fils du grand historien Henri Pirenne, il étudia alors l'histoire et apprit à mettre les problèmes politiques de l'heure en perspective historique. Le droit, l'économie politique et la Constitution lui furent enseignés par deux ministres, Georges Theunis et Henri Jaspar, tandis que son précepteur de philosophie, le cardinal Mercier, primat de Belgique, qui avait défendu de manière stoïque la liberté spirituelle des Belges sous l'occupation allemande, exerça sur lui une influence plus personnelle. Mais parmi tous les devoirs princiers de Léopold, l'un des plus impératifs était de maîtriser la langue flamande.

Après 1918, le roi Albert lutta rudement pour créer l'*Union sacrée* qui devait rassembler Flamands et Wallons, mais les réminiscences du passé étaient trop fortes: un nouveau parti à tendance d'extrême droite exhuma toutes les vieilles exigences du régionalisme flamand tandis que les séparatistes wallons se rangeaient à l'extrême gauche du spectre politique. Ces rivalités exacerbées allaient continuer à perturber la vie et l'unité du royaume pendant tout le règne de Léopold et au-delà.

Le 20 novembre 1920, peu après son dix-neuvième anniversaire, Léopold entra à l'Ecole Militaire — l'équivalent de Sandhurst en

Grande-Bretagne. Il travailla avec acharnement dans ce milieu spartiate et se distingua dans plusieurs sports, notamment la natation, le football et l'équitation surtout. En 1922, il se classa parmi les meilleurs de sa promotion avec le grade de sous-lieutenant et fut affecté, comme le voulait la tradition, au premier régiment des Grenadiers. Trait caractéristique, peu après sa nomination, il rendit visite à son ancien régiment à Liège.

L'avenir de l'héritier du trône fut vite tracé. Bien que la haute position à laquelle on le préparait impliquât de lourdes responsabilités et de nombreux devoirs, Léopold était décidé à conserver son individualité tout en remplissant efficacement et consciencieusement ses obligations de prince. Ayant dès ce moment acquis une base solide dans toutes les branches que se doit de connaître un héritier présomptif, il put développer son intérêt pour l'exploration, les sciences, l'archéologie, la botanique, l'histoire naturelle ainsi que tout autre sujet qui le tentait.

Alors commença la période la plus épanouissante de la vie du jeune prince car, tout en continuant à se former sous l'égide de son père dont il devenait le confident et l'assistant de plus en plus proche, il put entreprendre une série de voyages officiels et privés qui allaient notablement accroître son expérience et son capital intellectuel. Explorateur insatiable, mû par un intérêt profond pour les parties les plus éloignées du monde, Léopold acquit de vastes connaissances sur d'innombrables sujets, montrant une aptitude particulière pour la recherche scientifique.

On trouvera une description plus détaillée des nombreux et fructueux voyages entrepris par Léopold avant et après la deuxième guerre mondiale dans le second tome de la présente biographie. Au nombre des fruits de ces trente et une expéditions figurent une remarquable collection de photographies, huit films documentaires, quatre livres rédigés de sa main et quatre autres dont il a favorisé la publication, plus un très grand nombre de spécimens végétaux et animaux, y compris des sujets vivants qu'il offrit à des musées et à des zoos. N'eut-il fait que cela, ses travaux d'explorateur, de collectionneur, d'auteur, de producteur de films, d'innovateur scientifique et de réformateur colonial, constitueraient à eux seuls un ensemble suffisant pour combler les aspirations de tout homme.

Son premier voyage qui l'emmena en Egypte, au Soudan et aux frontières de l'Ethiopie, fut marqué par un épisode exceptionnel. La reine Elisabeth, aux centres d'intérêt si nombreux, était entre autres une égyptologue passionnée. La nouvelle de la découverte de la tombe de Toutânkhamon par Howard Carter lui fit donc rapidement prendre le chemin de Luxor, accompagnée de Léopold. Lord Carnavon retarda l'ouverture de la tombe de vingt-quatre heures pour leur permettre de vivre, le 26 novembre 1922, le moment que Carnavon décrivit en ces termes: «Jamais personne auparavant dans l'histoire des fouilles archéologiques n'avait pu admirer un spectacle aussi stupéfiant que celui que nous révélait la lueur de nos torches».

A Luxor, la Reine et son fils rencontrèrent le colonel anglais Watson Pasha, petit homme nerveux arborant une moustache en brosse et portant en permanence une badine sous le bras, qui avait fait partie de l'Etat-major de Kitchener. Ils se lièrent rapidement d'amitié grâce à quoi Léopold eut l'autorisation d'accompagner le colonel lors d'un aventureux périple de deux mois. Pour la première fois de sa vie, il était une simple personne et non un prince. Certes Watson le chaperonnait mais cela n'empêcha pas Léopold de prendre quelques initiatives. Pour reprendre ses propres mots, «il se mit à vivre». Ils se rendirent d'abord à Karthoum et de là, par le Nil bleu, dans ce qui était encore l'Abyssinie. Durant ce voyage, Léopold tua son premier crocodile mais il préférait chasser le gros gibier à la caméra plutôt qu'au fusil.

En 1925, Léopold s'embarqua pour le Congo dont il parcourut de long en large le territoire pendant sept mois, étudiant tous les aspects de la vaste colonie de son pays. Le programme de ce voyage du prince royal avait été soigneusement mis au point par le roi Albert et ses conseillers, et son objectif était sérieux [13]: établir un rapport détaillé de ses découvertes pour le présenter au deuxième Congrès Colonial qui devait se tenir l'année suivante. A son retour en janvier 1926, Léopold s'adressa donc au Congrès qui se tenait au Sénat.

Dans ce compte rendu direct et lucide, Léopold décrivit et salua les réalisations de ses compatriotes aux fins d'accroître la prospérité des possessions belges d'outremer et affirma sa confiance dans leur avenir. Mais il n'hésita pas à s'attaquer franchement et vigoureusement au revers de la médaille. Durant le règne de son fondateur, Léopold II [14], le Congo avait été administré de manière répressive et, bien qu'Albert y eût introduit de larges réformes après avoir visité la colonie, son fils estimait qu'il était urgent d'imposer d'autres améliorations. Au cours de son périple, Léopold avait cherché à interroger les plus humbles des sujets africains de son père et étudié leurs conditions de logement, de travail, ainsi que leurs problèmes de santé. Dans son discours, il se prononça donc pour une série de mesures progressistes en vue d'améliorer ces conditions de vie et de protéger les travailleurs indigènes de l'exploitation. Bien que salué par de vifs applaudissements, son discours ne plut pas à tout le monde car il menaçait certains intérêts; ses recommandations suscitèrent sans aucun doute les premiers remous d'une vague d'antipathie dans les milieux d'affaires qui s'empresseraient de lui retirer leur soutien quand viendrait l'heure de l'adversité.

Il y eut cependant la même année un événement bien accueilli de tous. Le prince héritier avait maintenant vingt-quatre ans. Il était populaire, beau garçon, charmant et modeste, bref un célibataire royal de premier choix. A l'automne, Léopold et sa mère, voyageant incognito sous le pseudonyme de «Rethy», visitèrent Stockholm et c'est là que Léopold rencontra Astrid, la troisième fille du prince Charles et de la princesse Ingeborg de Suède. Léopold ne connaissant pas le suédois et Astrid ne comprenant pas le français, ils s'exprimèrent en anglais et ce qui aurait pu être une machination dynastique devint une idylle qui passionna les foules. Astrid confia à une amie: «Je ne crois pas qu'il y ait sur terre un homme qui mérite davantage d'être aimé», tandis que Léopold, écrivant à son ancien professeur d'Eton, S.G. Lubbock, décrivait sa future fiancée en termes éblouissants. Le 10 novembre 1926, six jours après la cérémonie du mariage civil à Stockholm, le mariage religieux fut célébré en grande pompe par le cardinal Van Roey, archevêque de Malines, dans la collégiale Saints Michel et Gudule. Le mariage fut l'occasion de réjouissances générales et comme le carrosse nuptial se frayait un chemin à travers les rues envahies par une foule en liesse, les condisciples de Léopold à l'Ecole Militaire dételèrent les chevaux et tirèrent triomphalement la voiture jusqu'au Palais.

Suivirent alors sept années d'une vie conjugale heureuse, d'abord à l'Hôtel de Belle-Vue (Place des Palais) où naquit le 11 octobre 1927 la princesse Joséphine-Charlotte, puis au château de Stuyvenberg où le futur héritier du trône, le prince Baudouin, vit le jour le 7 septembre 1930. Le plus jeune enfant allait naître quatre ans plus tard — quelques mois après l'accession au trône de Léopold — et serait nommé Albert en mémoire de ce grand-père qu'il n'aurait jamais connu.

Durant cette période, Léopold travailla durement, aidant son père à examiner et à rédiger des rapports et le représentant à de nombreuses cérémonies, le plus souvent accompagné de la princesse Astrid. La vie privée du jeune couple était calme et simple. Comme tous les membres de sa famille, Léopold était un grand lecteur aux goûts très éclectiques. Il était également habile mécanicien et automobiliste adroit, de sorte que quand Astrid et lui étaient durant un jour ou deux libres d'engagements officiels, ils partaient en voiture et allaient jouer au golf, pêcher, nager, ou encore faire de l'alpinisme ou du ski. En Astrid, Léopold avait trouvé une compagne partageant non seulement sa vie publique et familiale, mais aussi les aventures de ses voyages outremer.

Le premier de ces voyages effectués par le jeune couple commença en novembre 1928 et dura sept mois. Léopold se rendait en Extrême-Orient dans un triple but: satisfaire sa passion pour l'exploration des contrées lointaines, rassembler des spécimens pour le musée d'Histoire

Naturelle de Bruxelles et étudier les méthodes agricoles et le système colonial hollandais afin de s'en inspirer au profit de la colonie belge moins avancée sur ce plan. Le couple traversa tout d'abord Sumatra et Java et parcourut Bali à pied du nord au sud. Après avoir visité Bornéo et les Moluques, ils se rendirent dans la région de Vogelkop en Nouvelle-Guinée. A Java, où se trouvaient les principaux postes et plantations, Léopold recueillit d'innombrables informations tout en scellant de nombreuses amitiés avec les responsables hollandais. Léopold rassemblait toutes ces données dans des rapports détaillés assortis de recommandations qui auraient été extrêmement profitables au Congo, si on les y avait appliquées. Mais, malheureusement, les colonies belges ignorèrent les informations qu'il avait réunies avec tant de méticulosité à leur intention, alors que les Hollandais tirèrent grand profit des rapports et des échantillons que le prince leur envoya du Congo, à titre de réciprocité. Les voyages du prince eurent quand même un résultat positif pour la Belgique: la création de l'Institut National pour l'Etude Agronomique du Congo Belge.

En 1932, à la veille d'un autre grand voyage en Extrême-Orient, le jeune prince et son épouse déjeunèrent à Paris en compagnie du ministre des Colonies, Paul Reynaud, pour obtenir des introductions dans le cadre d'une étude des méthodes coloniales françaises. (C'est la première et la seule fois qu'il rencontra l'homme qui devait plus tard précipiter sa ruine). Après avoir visité Singapour, traversé la Malaisie et séjourné chez le roi du Siam à Bangkok, ils se lancèrent dans un long et périlleux voyage par le rail et la route, à cheval, à pied ou en canot jusqu'à Luang Prabang, le «royaume des mille éléphants», puis à Hanoï. Du Tonkin, ils se rendirent dans le pays voisin pour y rencontrer la Légion Etrangère française alors commandée par le général Billotte qui, en 1940, influença également le destin de Léopold.

Après une étape à Hong Kong, le couple parcourut les Philippines où le gouverneur, Théodore Roosevelt, leur prêta son yacht à bord duquel ils découvrirent ce merveilleux archipel. Ils visitèrent pour la seconde fois Bali, Java et Surabaya, puis le prince s'aventura seul sur la rivière Banto pour atteindre le cœur de Bornéo, expédition jugée trop dangereuse pour les femmes. Ils regagnèrent alors la Belgique en bateau, rapportant avec eux bon nombre d'informations scientifiques, dont plusieurs spécimens rares destinés au musée d'Histoire Naturelle de Bruxelles.

En 1933 le prince, une nouvelle fois accompagné par son épouse, effectua sa deuxième visite officielle au Congo mais cette fois en mission spéciale pour le ministère des Colonies. Au bout de trois mois, ils rentrèrent par avion et Léopold fit aussitôt rapport au Sénat. De nouveau, l'intransigeance de ses conclusions renforça l'antagonisme de ceux qui croyaient que leurs intérêts seraient affectés par les réformes proposées.

Le prince affirma que la surexploitation des mines et d'autres projets industriels avaient déséquilibré l'économie, puis il formula des propositions détaillées pour développer scientifiquement l'agriculture et accroître la prospérité de la colonie. Et, une fois encore, il insista sur les mesures radicales à prendre pour améliorer le bien-être moral et matériel de la population indigène. Le ton nettement progressiste de son discours lui valut des commentaires favorables à l'étranger comme en Belgique. Un gouverneur britannique eut une si haute opinion de son rapport qu'il conseilla au «Colonial Office» d'en envoyer une copie à tous ses fonctionnaires. Au cours de la même année, le prince fut invité à donner une conférence à «l'African Society» de Londres et, lors du banquet, le prince de Galles porta un toast en son honneur. Finalement, sa politique coloniale, à la fois vigoureuse et humaine, fut inscrite dans la législation belge par le décret du 5 décembre 1933.

Si cette période fut heureuse et fructueuse pour Léopold, le roi Albert, pour sa part, connut des heures de grande inquiétude et de désenchantement. Il devait régner encore quinze ans après l'Armistice mais ce furent des années de crises continuelles. Le Roi dut intervenir régulièrement pour apaiser l'opinion publique, soutenir les gouvernements successifs et les empêcher de tomber — les mêmes problèmes et dilemmes auxquels serait confronté Léopold à sa succession. Dès 1921, Albert avait déclaré: «Si nous ne retournons pas vers une certaine forme d'équilibre, le désarmement sera impossible». En 1928, le Roi soutint fermement le gouvernement catholique dans sa lutte contre l'opposition socialiste pour imposer un service militaire obligatoire de huit mois et obtint la totale réorganisation de la défense de la Belgique, qui fut achevée en 1931. Comme la situation internationale continuait à se détériorer, il était résolu à rendre son pays aussi fort que possible, politique qu'il légua à son fils et que celui-ci poursuivit activement.

Après le boom éphémère du début des années vingt, la Belgique glissa peu à peu vers une crise financière qui, en 1926, causa la chute du gouvernement. Mais Albert parvint à former un gouvernement d'union nationale doté de pouvoirs spéciaux et à confier au brillant économiste Emile Francqui la direction des finances nationales, ce qui mit fin à la crise. Le souci d'Albert à cette époque transparait nettement dans ses lettres à Sir Roger Keyes. La crise économique mondiale de 1929 frappa de plein fouet la Belgique qui eut à subir des grèves et des manifestations d'extrême gauche contre la monarchie. Son unité politique et ethnique — toujours précaire — fut secouée par des intrigues politiciennes intensifiées par la montée de la gauche. Il arriva même à Albert d'envisager quelquefois avec Léopold la possibilité d'une abdication.

Pour échapper à ces soucis, le Roi se retirait de temps à autre en Ardenne pour faire du rocher et c'est ainsi qu'une après-midi de février 1934, il décida d'escalader la Roche du Bon Dieu, le long de la Meuse, près de Namur. Il avait l'intention de faire seulement un peu d'exercice en prévision de vacances à Cortina d'Ampezzo où il comptait faire de l'alpinisme avec Léopold. Il était seul, aucun de ses habituels compagnons de rocher n'ayant pu pour l'une ou l'autre raison se libérer. Son chauffeur ne le voyant pas arriver au rendez-vous fut pris d'inquiétude. Des recherches fiévreuses s'organisèrent dans l'obscurité. On le retrouva peu après minuit, gisant sur le dos, avec une profonde blessure à la tête. L'escalade ne présentait aucune difficulté particulière mais il apparut qu'un roc auquel il avait voulu s'agripper s'était détaché de la paroi [15].

Léopold et Astrid revinrent en hâte de Suisse où ils avaient été skier. Quatre jours plus tard, au milieu d'une énorme foule en deuil, Léopold suivit le cercueil de son père jusqu'à sa dernière demeure, à Laeken. A côté de lui dans le cortège funèbre marchait le prince de Galles, accompagné de l'Amiral de la Flotte, Sir Roger Keyes. Quelques jours auparavant, Albert avait écrit à son vieil et fidèle ami: «Je suis en parfaite santé et dans la fleur de l'âge.» Sir Basil Liddell Hart a fort bien résumé la vie d'Albert en ces lignes:

> «Le roi Albert fut le premier héros mondial de la guerre et, contrairement à d'autres, sa célébrité ne fut ni ternie, ni diminuée par le cours languissant de ce combat interminable. Il est inscrit dans la mémoire non seulement de son propre peuple mais aussi des peuples alliés, comme le modèle du roi soldat qui associe le courage intrépide au comportement chevaleresque.»

Le monde entier regretta la mort prématurée d'un grand roi. Le «Roi Chevalier» de la Grande Guerre ne pouvait plus guider le pays qu'il avait si bien aimé et servi. L'héritier présomptif devait accepter son propre destin, mais comme Albert l'avait dit quelques mois plus tôt: «Mon fils est bien préparé».

Chapitre III

Un héritage difficile

«Je me donne tout entier à la Belgique»
Le roi Léopold III.

L'accession au trône de son nouveau Roi fut un joyeux événement pour la Belgique malgré la récente tragédie de la mort du roi Albert. Si les Belges vouaient à ce dernier une affection et une admiration sans bornes, le jeune héritier, sa jolie épouse et ses beaux enfants apportaient au trône un brin de romantisme et un sens nouveau pour l'avenir. Mais en se préparant à Laeken à la cérémonie de l'intronisation le 23 février 1934, Léopold, lui, avait le cœur bien lourd d'avoir à peine accompagné son père bien-aimé jusqu'au caveau familial. Quant au règne qui s'ouvrait devant lui, il était conscient des difficultés et des dangers qui le menaçaient et au travers desquels il aurait à guider son peuple.

Tel un heureux présage, le brouillard qui stagnait depuis une semaine se dissipa et le cortège royal s'éloigna du palais sous un ciel bleu et clair, Léopold dans son uniforme de lieutenant-général chevauchant à sa tête. Comme ils approchaient de Bruxelles, les trompettes se mirent à sonner et une salve d'honneur salua le nouveau Roi, accueilli par le bourgmestre aux portes de la ville. La foule s'agglutinait dans les avenues et aux carrefours, acclamant son nouveau chef, tandis que des milliers de fleurs tombaient des fenêtres bordant le parcours. Les gestes qu'esquissait le Roi pour répondre à cette ferveur populaire trahissaient sa profonde émotion, mais la gravité de son attitude était atténuée par le sourire et les saluts chaleureux de la reine Astrid et des enfants.

Pendant ce temps, dans la grande salle du Palais de la Nation, les membres du gouvernement et les deux Chambres étaient réunis pour entendre la prestation de serment. Autour du trône au dais de couleur pourpre, surmonté de la couronne royale, se tenait une impressionnante assemblée d'Altesses étrangères (notamment le prince de Galles, qui, accompagné de Sir Roger Keyes, représentait le roi George V), d'ambassadeurs et de dignitaires de l'Etat, de l'Eglise et de l'Armée. Comme le jeune et svelte Roi s'avançait au son des trompettes, on entendit les communistes (l'un d'entre eux, Lahaut, apparaît à plus d'une reprise dans l'histoire de Léopold) crier «Vive la République!», mais leur intervention se fondit dans les ovations lorsque l'assemblée se leva pour acclamer son nouveau roi. Debout devant le trône, le bras droit tendu, Léopold jura «d'observer la Constitution et les lois du peuple belge, de maintenir l'indépendance nationale et l'intégrité du territoire». Il prononça ensuite son discours d'investiture en français et, pour la première fois dans l'histoire de la Belgique, le répéta mot pour mot en flamand, soulignant ainsi d'emblée que son règne était placé sous le signe de l'unité et qu'il était le roi de tous les Belges.

En jurant d'être fidèle à la Constitution, le Roi déclara qu'il établissait ainsi un pacte de confiance réciproque entre le souverain et le peuple. Il lui rappela les dangers qui le guettaient et s'engagea à protéger sa liberté et l'intégrité du pays. «La Belgique indivisible et indépendante, dit-il, est un facteur historique de l'équilibre européen.» Il évoqua le dévouement de son père pour son armée, dont il avait lui aussi fait partie, et promit à ses soldats un dévouement identique. Après avoir abordé des sujets tels que les colonies, le progrès social, l'industrie, etc. et assuré le pays de l'entier dévouement de la Reine, le Roi déclara : «Je me donne tout entier à la Belgique».

Un observateur se rappelle que l'assemblée était si émue par l'évidente sincérité de Léopold que ses dernières paroles furent noyées sous un tonnerre d'applaudissements qui «atteignirent les sommets» lorsque les dignitaires brandirent leurs chapeaux de plumes et que, parmi d'autres, certains ministres socialistes «pleuraient de joie» [16]. Rentré au palais royal sous les acclamations de la foule, le couple royal fut plusieurs fois rappelé au balcon. Cette journée triomphale se termina sur l'image de Léopold élevant son petit héritier de trois ans, le prince Baudouin, à bout de bras pour que le peuple puisse le voir.

Le nouveau souverain avait, comme son père, une foi chrétienne profonde et un sens élevé du devoir. S'exprimant posément et avec simplicité, ses rapports avec les gens étaient, en toutes circonstances, empreints de gentillesse et de courtoisie. Mais sous cet aspect presque timide, se cachaient une grande force de caractère et une non moins grande détermination. Il prêtait une oreille attentive aux conseils et examinait soigneusement les données et les solutions potentielles de tout problème, mais quand il avait choisi la voie qui lui semblait la bonne, rien ne pouvait plus l'en détourner. Même si Léopold avait eu en son père un remarquable exemple de monarque éclairé, son accession au trône de la Belgique en ces troubles années trente l'exposait à une série de problèmes qui auraient mis à l'épreuve le chef d'Etat le plus expérimenté.

Il était pleinement conscient de la solitude et la vulnérabilité de son pays lorsque, comme ses prédécesseurs, il se voua publiquement au service de son peuple. La plupart des problèmes qui avaient affligé le roi Albert durant les dernières années de sa vie s'aggravèrent considérablement au cours des premières années du règne de son fils. L'Allemagne nazie, enhardie par la politique de conciliation britannique et l'apathie française, se fit de plus en plus menaçante tandis que la Belgique se trouvait elle-même dans un état désastreux. Le chômage augmentait et l'on s'attendait à un grave déficit budgétaire. La dépression mondiale menaçait de ruiner financièrement le pays déjà profondément divisé et politiquement instable. En Flandre comme en Wallonie, les mouvements indépendants prenaient de l'ampleur. S'il voulait tenir les promesses qu'il avait faites au pays, le Roi allait avoir à résoudre de nombreux et difficiles problèmes, tant sur le plan intérieur qu'extérieur, mais il était pour ce faire doté d'importants pouvoirs personnels.

Comme nous l'avons vu, la Constitution belge de 1831 accorde au roi des pouvoirs militaires et politiques beaucoup plus importants que le modeste droit de la monarchie britannique «d'être consulté, d'encourager et de prévenir», ainsi que l'a résumé Walter Bagehot. Mais, paradoxalement, la force même de la position personnelle du roi était une faiblesse. Il était le seul élément stable résistant à la marée. Le système parlementaire belge, miné par les dissensions et les intrigues de partis, est essentiellement instable. Si le souverain exerce lui-même ses droits pour guider et contrôler le pays, il court le risque de se voir attaqué de tous les côtés par les mécontents. Comme Léopold l'a dit un jour à l'auteur, c'était son destin *d'attraper les coups*. Pourtant, le besoin d'un chef d'Etat placé au-dessus des conflits partisans était indispensable si on sait qu'entre février 1934 et mai 1940, il n'y eut pas moins de douze crises, quatre remaniements ministériels et six Premiers Ministres différents. Mais sans la vigilance du Roi, ce record eut été encore dépassé ; en effet, comme sous le règne de son père, il fallut souvent l'énergique intervention du souverain pour former ou raccommoder les gouvernements, ou encore pour les empêcher de démissionner pour des questions insignifiantes.

En Belgique, aucun parti n'est suffisamment fort pour former seul un gouvernement comme en Grande-Bretagne ou aux Etats-Unis. Le système électoral est basé sur la représentation proportionnelle — un parlementaire pour 40.000 électeurs — et le vote est obligatoire. Le parti le plus important était alors le Parti Catholique (qui transforma sa dénomination en Parti Social Chrétien en 1945), qui réunissait généralement plus de voix que les socialistes et communistes réunis. Le Parti Libéral, trop petit et trop faible pour constituer un gouvernement, jouait dès lors un rôle d'arbitre. La tâche du Roi de trouver un politicien capable de former un gouvernement dans de telles conditions, était donc loin d'être facile. Les coalitions éphémères se succédaient et la plupart du temps tournaient en rond. Seul le monarque pouvait apporter la stabilité et se tenir au-dessus de la mêlée, ne représentant aucun parti politique, ni la Flandre, ni la Wallonie mais la Belgique.

En Belgique, les souverains ont toujours dû s'accommoder d'un parlement beaucoup moins discipliné que la Chambre des Communes britannique. L'atmosphère y est beaucoup plus passionnelle et nerveuse, avec de constantes querelles partisanes ou linguistiques. En outre, bon nombre de parlementaires ne siégeaient pas par idéal mais considéraient leur fonction comme une carrière rémunératrice avec des à-côtés non négligeables. Mais l'alignement sur la «doctrine» du comité directeur du parti était de rigueur, toute incartade étant fatale à la carrière du dissident. En fait, la discipline était si sévère et si efficace au sein des partis que la plupart des problèmes étaient abordés en fonction de cet étroit point de vue plutôt que dans l'intérêt national. Sur les dix-huit gouvernements qui se succédèrent pendant l'entre-deux-guerres, aucun ne tomba à la suite d'un vote de méfiance du Parlement mais bien d'intrigues de partis. L'expression méprisante «espèce de député», utilisée en France, aurait parfaitement pu s'employer à Bruxelles.

La situation politique à laquelle Léopold fut confronté en 1934 avait de profondes racines. Les divisions politiques du pays ont des causes à la fois historiques et contemporaines. Le pays était né dans les dissensions. La gauche était alors profondément imprégnée des idées de la Commune française. Les communistes, les trotskistes, les séparatistes wallons et les socialistes étaient fondamentalement républicains, antimonarchistes et anti-cléricaux encore que tous les socialistes, autres que les membres du groupe d'obédience marxiste, ne défendaient pas publiquement le républicanisme prôné par leur parti. En fait, les socialistes, en majorité wallons, se considéraient toujours comme les héritiers des révolutionnaires français et avaient inscrit leur attachement aux «principes républicains» dans la charte de leur parti fondé en 1885. Ils ne manquaient donc aucune occasion d'attaquer la Couronne et la monarchie. En décembre 1909, par exemple, le Conseil du Parti Socialiste publia un manifeste contenant les affirmations suivantes:

> «Entre le socialisme et la monarchie, il n'y a pas de réconciliation possible et pendant que la Belgique officielle se prépare à acclamer Albert Ier... un cri vibrant d'espoir et de défi jaillira de toutes les poitrines des travailleurs: Vive la République Sociale!»

Il est exact que certains leaders socialistes, parmi lesquels Emile Vandervelde, témoignèrent de l'admiration et du respect pour le roi

Albert mais seulement en tant que «premier citoyen» du pays, et non comme son roi. Les sentiments républicains et anti-monarchistes du parti n'en étaient pas moins réels, et après la mort du roi Albert, Vandervelde fut critiqué par son parti pour «avoir trahi nos principes républicains en devenant un des ministres du Roi». Vandervelde accorda encore son appui au fils du roi Albert, mais, comme on le verra, d'autres leaders socialistes allaient saisir tous les prétextes pour raviver la flamme du sentiment anti-royaliste qui animait la majorité des membres du parti.

Bien que n'étant pas fondamentalement anti-royalistes, les libéraux — ou la «gauche libérale» comme ils préféraient se situer eux-mêmes — tout comme les socialistes, s'opposaient fermement aux catholiques royalistes. L'anti-cléricalisme était particulièrement fort parmi les libéraux regroupés autour de la puissante Loge franc-maçonne, le Grand Orient, qui contrôlait secrètement le parti et influençait ses votes. Au contraire de la franc-maçonnerie britannique, cette loge était alors farouchement anticléricale, matérialiste, secrète et animée d'ambitions politiques. Les libéraux se recrutaient principalement parmi les francophones, les communautés juives, les classes aisées et certaines professions libérales, notamment les juristes, dans toute la Belgique mais principalement à Bruxelles et dans les villes wallonnes.

C'était surtout la grande force politique de la communauté catholique qui suscitait l'hostilité des socialistes et de la gauche libérale envers l'Eglise. Les Belges ont tendance à être soit catholiques, soit anti-catholiques. La liberté de culte est totale mais il y a peu de protestants en Belgique. L'influence de l'Eglise est plus forte dans les provinces flamandes que dans les provinces wallonnes. Mais le catholicisme imprégnait alors fortement toute la vie quotidienne et son autorité s'accrut encore pendant et après les deux guerres mondiales, grâce à la résistance ferme et digne qu'il opposa à l'envahisseur au cours de ces conflits. Suivant les traces du cardinal Mercier, primat de Belgique durant la première guerre mondiale, le cardinal Van Roey fut, lui aussi, un exemple de force morale durant la dernière guerre. Les documents qui ont été publiés révèlent sa lutte épistolaire contre le Gouverneur Général allemand qu'il refusa toujours de rencontrer. A la fin de la guerre, 528 prêtres avaient été arrêtés par les Allemands, 33 avaient été exécutés ou étaient morts dans les camps de concentration et 135 étaient toujours emprisonnés.

Le Parti Catholique ou Social Chrétien englobait la majorité de l'aristocratie, de la hiérarchie militaire ainsi que de vastes couches des classes moyennes et ouvrières qui étaient fondamentalement pour Dieu, le Roi et la Patrie, et très attachées aux solides vertus d'un catholicisme pratiquant, du travail et de la famille. Il s'ensuivait que les syndicalistes belges n'étaient pas tous partisans des partis de gauche; ils se répartissaient de façon presque équivalente entre les syndicats chrétiens (fermement royalistes) et ceux de gauche contrôlés par les socialistes et les communistes. En outre, les membres des syndicats de gauche n'étaient pas nécessairement contre la monarchie ou leur souverain, malgré l'option républicaine des partis de gauche, ainsi que l'a montré la consultation populaire de 1950 où un grand nombre de socialistes et une majorité de libéraux votèrent pour le retour de Léopold de son exil forcé. Mais au-delà de ces barrières politiques, religieuses et sociales, il y a en permanence depuis 1830 l'antipathie et la rivalité entre Flamands et Wallons.

Ce problème communautaire était en effet sous-jacent dans chacune des crises politiques qui éclatèrent sous le règne de Léopold. Les Flamands partagent leur langue et leurs coutumes avec leurs voisins d'outre-Moerdijk. Ils sont plus nombreux que les Wallons, dans une proportion d'environ deux tiers. Tout au long du dix-neuvième siècle, les Flamands avaient subi des brimades sur les plans politique et culturel car le français était la langue officielle du gouvernement, de la bonne société, des tribunaux et des universités. Ils apprirent cependant aisément le français alors que très peu de Wallons se donnaient la peine d'apprendre le néerlandais. Ainsi les Flamands remportèrent-ils progressivement la bataille qu'ils menaient pour l'égalité et aucun obstacle linguistique ne les empêcha plus d'avoir accès aux universités et aux professions libérales.

Au cours des deux guerres mondiales, les Allemands tentèrent de ranimer l'extrémisme flamand. Il en résulta une vive réaction de la part d'une minorité wallonne qui, après les conflits, accusa exagérément les Flamands de collaboration avec l'ennemi. Cet antagonisme communautaire suscita également l'expansion de mouvements séparatistes extrémistes avant, pendant et après la deuxième guerre mondiale, les mouvements wallons se situant à gauche tandis que les nationalistes flamands étaient de droite. Dans un tel climat, il est heureux que la Belgique ait eu d'une part une constitution exigeant du souverain de jouer un rôle d'unification dans la conduite du pays, et d'autre part un Roi faisant preuve du dévouement et de la force nécessaires à l'accomplissement de sa tâche. A cette époque, pratiquement tout le monde l'admettait, même ceux qui, après la capitulation de l'armée belge, allaient critiquer Léopold pour la manière dont il avait exercé ces droits et ces pouvoirs.

Le Premier Ministre dont Léopold hérita de son père était le comte de Broqueville, un homme d'Etat expérimenté de la vieille école qui avait longtemps joui de la confiance du roi Albert. Il lui manquait toutefois la poigne nécessaire au contrôle d'un gouvernement qui ne comprenait aucune personnalité apte à faire face à une crise économique. Pendant quatre mois, Broqueville poursuivit, sans grande conviction, une politique déflationniste puis, découragé par l'absence de soutien du Parlement, il remit sa démission.

C'était la première fois que le Roi affrontait un changement de gouvernement. En dépit de tous ses efforts, plusieurs cabinets tombèrent rapidement l'un après l'autre, tandis que la situation économique empirait de jour en jour. Finalement, en mars 1935, pour sauver son pays de la ruine, Léopold, faisant pleinement usage de ses pouvoirs constitutionnels, fit appel à un extra-parlementaire, le gouverneur de la Banque Nationale, Paul Van Zeeland, brillant économiste formé à Princeton. Cet homme du centre put constituer un gouvernement national relativement stable qui regroupait catholiques, libéraux et socialistes et qui demeura en place jusqu'en octobre 1937, avec un effet bénéfique immédiat sur l'économie du pays. Fort du soutien total de Léopold, van Zeeland introduisit des réformes économiques radicales qui en dix-huit mois réduisirent de moitié le chômage et accrurent d'un tiers les exportations. Le Roi fut unanimement approuvé pour avoir pris des mesures positives en vue d'arrêter le dérapage économique du pays.

Devenu roi, Léopold ne changea quasiment rien à son mode de vie personnel. La reine Astrid et lui continuèrent de résider avec leurs enfants — au nombre de trois, depuis la naissance du prince Albert en juin 1934 — dans le modeste château du Stuyvenberg. Léopold pouvait s'y détendre, confier ses problèmes à son épouse et s'occuper de ses enfants, en mari et en père qui profite de l'intimité de sa maison. Mais cette vie familiale heureuse allait être cruellement interrompue. Au cours de l'été 1935, la reine Astrid trouva la mort dans un accident de voiture, que conduisait le Roi, en Suisse. A son retour de vacances d'alpinisme dans les Dolomites, le couple royal avait fait halte durant quelques jours dans sa villa au bord du lac de Lucerne. Le matin du 29 août, tous deux étaient partis pour une nouvelle course de montagne, suivis d'une seconde voiture ; Léopold conduisait la première avec sa femme à ses côtés, le chauffeur ayant pris place sur le siège arrière. La route qu'ils avaient empruntée pour atteindre le petit village de Küssnacht était en bon état, mais étroite et sinueuse et bordée d'un muret d'une vingtaine de centimètres de hauteur. La Reine détourna l'attention du Roi en lui posant une question au sujet de la carte qu'elle examinait et à cet instant, la roue de la voiture chevaucha la bordure. Le Roi perdit le contrôle du véhicule. En contrebas de la route, une prairie avec quelques poiriers descendait vers un lac. L'un des arbres se trouvait tout près de la bordure et le dernier souvenir du Roi fut cet arbre surgissant devant lui. Tous deux furent projetés hors de la voiture. Lorsque Léopold reprit conscience, il avait la tête posée sur les genoux d'une inconnue qui l'aida à se diriger vers le corps étendu d'Astrid. Il entendit le médecin qui prenait le pouls de la Reine dire: «Elle est morte». Il demeura un moment incrédule, puis remarqua que sa femme avait été blessée au même endroit que son père: elle avait la tête profondément entaillée. Lui-même souffrait de plusieurs fractures aux côtes. Couvert de sang, il se dirigea vers une voiture soutenu par le médecin et remarqua un photographe dirigeant son appareil vers lui et un témoin furieux le lui arracher des mains.

Cinq jours plus tard, après le service funèbre célébré à la collégiale Sainte Gudule de Bruxelles, la Reine fut inhumée à Laeken. En dépit des ordres de son médecin, Léopold suivit le corbillard à pied pendant six kilomètres, en boitillant, le bras en écharpe et la tête pansée; il était toujours faible et sous le choc de l'accident. Cette perte soudaine, dix-huit mois à peine après celle de son père, éprouva à l'extrême sa force d'âme. Sensible de nature et très dépendant de la chaleur et de l'intimité de la vie familiale, il devait maintenant faire face dans la solitude à ses responsabilités royales. Plus proche que jamais de ses enfants orphelins, le jeune souverain affronta cette épreuve avec l'esprit de Lord Weir de Hermiston dans le roman de Stevenson: «Il gravit le grand escalier dépouillé de son devoir».

Le tempérament de Léopold, son intense souci du bien-être de son pays et de son peuple et le décès tragique de son épouse bien-aimée concoururent à façonner au regard du public une image de lui différente de sa personnalité réelle. L'être chaleureux, courtois et plein d'humour, le Léopold tel que le voyaient sa famille et ses amis, semblait se couvrir progressivement d'un masque: une carapace d'austérité, de réserve, de repliement. La «chape de plomb des responsabilités» pesait sur ses épaules. Admiré et respecté, il suscitait la sympathie et le dévouement mais, durant de nombreuses années après la mort de sa femme, il apparut comme un homme à part. Astrid avait introduit un bonheur serein et profond dans sa vie; son amour et sa présence avaient aplani les obstacles qui se dressaient devant le jeune Roi. Elle avait partagé la passion que Léopold avait héritée de son père pour le sport et le grand air et ils avaient parcouru le monde ensemble.

Lorsque Léopold ramena de Suisse le corps de la Reine, son train, dont les stores avaient été tirés, fut accueilli à la frontière par les principales figures parlementaires du pays. Il reçut ainsi dans son compartiment le socialiste Paul-Henri Spaak, alors ministre des Transports et des P.T.T. Spaak demeura seul avec le Roi et trouva les mots justes (comme il savait si bien le faire) pour réconforter Léopold. Les deux hommes étaient profondément émus, et, à dater de cette rencontre, le Roi accorda à Spaak son amitié et sa confiance. Ainsi fit son entrée dans l'arène, cet homme qui, plus que tout autre, devait jouer dans la vie de Léopold le rôle d'un aimable Judas [17]. Pour ceux qui ne connaissent Spaak que d'après sa réputation d'après guerre, un tel jugement peut paraître très sévère.

Le pionnier de l'Union de l'Europe Occidentale qui permit à la Belgique de devenir le siège de l'OTAN et le centre du Marché Commun, semble en effet inapte à jouer le rôle d'un Judas. Mais on ne peut comprendre la personnalité de Spaak qu'au regard de ses propres contradictions intérieures. Le comte Capelle, le secrétaire privé de Léopold, rappelle comment Spaak passa de l'extrême gauche au centre-droit «moins par conviction que par tactique». «Il trouve des formules qui lui donnent la réputation de retourner fréquemment «sa veste»... Il lui arrive de s'étonner, sinon de s'effrayer de son propre courage; c'est d'ailleurs un sensitif, il a des mains de femme.» [18]

Paul-Henri Spaak est né dans un faubourg chic de Bruxelles en 1899. Son père, Paul, était un dramaturge à succès qui devint directeur de la Monnaie, l'opéra royal de Bruxelles. Sa mère était la fille de Paul Janson et la sœur de Paul-Emile Janson, tous deux éminents leaders libéraux. En 1921, elle entra elle-même au Sénat. L'un des frères de Spaak, Claude, fut également dramaturge et l'autre, Charles, un producteur de films dont la fille, Catherine Spaak, fut actrice de cinéma. Issu d'un tel milieu, on peut s'étonner que Spaak, après avoir obtenu son diplôme d'avocat en 1932, fit ses débuts politiques comme député socialiste d'extrême gauche, à la fois révolutionnaire et anti-militariste. Spaak «adorait conduire des émeutes», rappelle H.D. Ziman, correspondant britannique à l'étranger qui l'a bien connu, et il ajoute: «Les responsables d'un journal conservateur me montrèrent «la grille anti-Spaak» qu'ils avaient fait placer après que ce dernier et ses amis eurent brisé leurs vitres en 1934 [19].

C'est au cours de cette période d'action révolutionnaire que Spaak commença à mûrir l'idée, en étroite collaboration avec son ami et mentor Henri De Man, d'une forme autoritaire de socialisme. Dans son autobiographie *Cavalier seul*, De Man explique comment Spaak et lui-même, n'ayant plus foi dans le système parlementaire, développèrent «des principes... autoritaires clairement opposés à la conception traditionnelle de la démocratie sociale...» «Le socialisme, poursuit De Man, devait rompre résolument avec la conception bourgeoise et libérale de l'Etat démocratique, pour réclamer ce que P.-H. Spaak et moi appelions une «démocratie autoritaire.»» [20] La mise en œuvre des idées formulées par Spaak et De Man allait permettre à ce dernier de passer sans peine à la conception nazie du socialisme après l'occupation de la Belgique en mai 1940. Il allait alors dissoudre le Parti Socialiste Belge dont il était le président, et persuader ses anciens dirigeants et membres d'adhérer au mouvement National Socialiste qu'il constitua en rem-

Ceci est INEXACT. J'y étais. Il n'a jamais créé de nouveau parti. Erreur monumentale de l'écrivain

placement de l'ancien parti dans l'optique d'une collaboration avec l'Ordre Nouveau d'Hitler en Europe. Lors du discours inaugural adressé aux membres du nouveau parti, De Man déclara qu'il convenait de ne pas résister aux forces d'occupation allemandes et que «la débâcle du régime parlementaire..., loin d'être un désastre..., est une délivrance pour les classes laborieuses».

Spaak aurait-il suivi De Man sur la voie du National Socialisme après la capitulation, comme le firent beaucoup d'autres socialistes belges? Nous ne le saurons jamais, car il n'en eut pas l'occasion. En effet, son plan — et celui de ses collègues du gouvernement qui, comme lui, avaient fui en France — de traiter avec les Allemands et de rentrer en Belgique occupée pendant l'été de 1940 fut contrecarré par Léopold, comme Spaak l'admit franchement lors d'une interview télévisée vingt-huit ans plus tard. Il déclarerait alors devant les caméras: «Heureusement, on n'avait pas pris nos ouvertures à Bruxelles au sérieux: on n'avait rien répondu et ainsi nous avons été sauvés» [21]. Mais au cours des années soixante, Spaak s'était fort adouci, étant devenu, après une série ahurissante de volte-face, un homme d'Etat européen de premier plan, un capitaliste prospère et un administrateur de sociétés [22].

La première de ces volte-face eut lieu en 1935, au sommet de son activité d'extrême gauche. En février 1934, le député Spaak avait refusé de voter la motion de fidélité au Roi rédigée par les deux Chambres, parce qu'il était républicain. En novembre, il s'opposa fermement à l'entrée des socialistes dans un gouvernement comprenant également des capitalistes et réclama la création d'un Front Populaire avec les Communistes; mais trois mois plus tard, il entrait dans un gouvernement de coalition à prédominance bourgeoise, sous prétexte que «les braconniers font les meilleurs gardes-chasse». Plus tard, avec l'appui du Roi, il deviendra successivement ministre des Affaires Etrangères et Premier Ministre.

L'agitateur public devenu un ardent royaliste, le confident et le bras droit du Roi, et qui par la suite, devait le trahir, allait malgré tout et contre toute attente, conserver l'affection du souverain. Ils subsistera en effet chez Léopold un sentiment de tolérance quelque peu narquoise après la détérioration de leurs relations. Ministre du Roi, Spaak ne cessa de faire son éloge au cours des années trente; il le dénonça en 1940, le couvrit à nouveau de louanges de 1941 à 1944 pour retourner à nouveau sa veste en 1945; en 1950 il était à la tête de la populace marchant vers le Palais lors du retour du Roi; et finalement, en 1972, quatre ans avant sa mort, il désavoua publiquement ses actes antérieurs. Le roi Léopold déclara un jour à l'auteur: «Les hommes ne sont pas responsables de leur caractère. Si je devais encore le rencontrer, je lui tendrais la main en souvenir de la profonde amitié qui nous unissait jadis et de tous les événements que nous avons traversés ensemble. Il est corpulent, jovial, aime les bonnes choses de la vie, dont il voit toujours la face la plus agréable. Nous nous assiérions l'un près de l'autre et très vite il me ferait rire, sans doute avec une histoire scandaleuse au sujet de ses collègues. Je peux tout lui pardonner pour de tels moments». [23]

Spaak était un personnage ambivalent, un homme aux «sincérités successives», ainsi que l'a décrit l'un de ses contemporains. «En considérant cette haute girouette dressée au-dessus de la plaine belge, écrit l'auteur français, Fabre-Luce, on peut toujours savoir dans quel sens souffle le vent de l'Europe» [24]. Le côté féminin de son caractère, qui lui permit de réagir avec une délicatesse instinctive lorsqu'il rencontra le Roi endeuillé, l'affaiblissait quand il subissait des pressions. C'était un opportuniste né, mais les opportunités dont il s'emparait lui servaient toujours à tirer son épingle du jeu. Dans les années trente, Léopold vit en Spaak, son aîné de deux ans seulement, un jeune politicien sympathique, prometteur, à l'esprit vif sur lequel il pouvait compter. Il est indubitable que Spaak soutint le Roi fermement et sans arrière-pensée. Cependant lorsqu'en 1940, la situation de Léopold devint extrêmement délicate, Spaak délaissa le Roi avec autant de rapidité et d'aisance qu'il prononça à Londres, en octobre de la même année, le slogan: «Je suis pour le Roi!» Eloquent, large d'esprit mais se laissant trop facilement guider par son propre intérêt, cet homme aux multiples facettes exerçait plus d'attrait qu'Hubert Pierlot qui allait, avec Spaak, abandonner le Roi sur le champ de bataille et encourir la réprobation générale pour les événements qui devaient suivre.

Pierlot doit sa renommée au fait qu'il était Premier Ministre lors de l'invasion allemande et qu'il devint, après moult vicissitudes, chef du «gouvernement belge en exil» de Londres. Antithèse de Spaak, ni visionnaire ni sensible, il poursuivait ses objectifs sans en dévier d'un pouce. Un historien contemporain, Georges-Henri Dumont, le décrit ainsi: «M. Hubert Pierlot est un être timide, froid et peu sûr de lui-même. Sa conception de la vie est plutôt étroite; il n'a guère voyagé, ni dans le temps ni dans l'espace. Il ne connaît pas les hommes d'Etat étrangers; il connaît à peine ceux de son pays. Toute situation un peu exceptionnelle affole ce docteur en droit plus familier des textes de loi que des réalités.» Spaak aurait pu dire de lui-même, comme Walt Whitman *. «Est-ce que je me contredis moi-même? Bon, très bien, je me contredis. Un homme comme moi contient tous les possibles». Mais l'esprit de Pierlot n'avait ni cette souplesse ni cette diversité. Il perdit

* N.d.T. Poète américain, 1819-1892.

pied dans le maelström des années trente et quarante. Comme Premier Ministre en temps de paix, il était terne et indécis: un politicien qu'il avait convoqué déclara qu'après trois quarts d'heure d'entretien, il ne savait toujours pas quel était l'objet de cette convocation. Dans ses mémoires, l'exubérant et versatile Spaak décrit Pierlot comme «sérieux jusqu'à la sévérité, honnête jusqu'au scrupule, travailleur infatigable, chrétien fervent (Spaak n'était pas croyant), patriote, modèle des vertus civiques, professionnelles et familiales» [25]. Ses faiblesses, selon Spaak, étaient un souci exagéré du détail, un manque de chaleur humaine et une pensée trop rigide. Lorsque les Allemands envahirent la Belgique, c'est ce manque de souplesse qui l'empêcha d'évaluer correctement une situation qui le dépassait. Et pourtant, tels étaient les hommes sur lesquels devait s'appuyer Léopold.

Lors des négociations qui suivirent la démission de Van Zeeland en novembre 1937, le Roi fit preuve d'énormément de tact, de patience et de sens de l'Etat. Il chargea — notamment — Pierlot et Spaak de tenter de former un gouvernement, mais ni l'un ni l'autre n'y parvint. Après avoir appelé sans plus de succès Henri De Man et le vétéran Emile Vandervelde, le Roi suivit le conseil que lui donna ce dernier «non par réelle conviction, mais parce que c'est le moindre mal», et convoqua Spaak au Palais. Dans ses mémoires, le comte Capelle évoque parfaitement l'atmosphère du Parlement, quand il décrit la première tentative de Spaak de former un gouvernement:

> «Pendant ces palabres, les couloirs de la Chambre ressemblent à un marché arabe. On offre des portefeuilles; les amateurs sont nombreux. M. Spaak est épié comme un nabab. Des sourires avenants l'accueillent de toutes parts. De son côté, il fait du racolage, directement ou par personne interposée. On a l'impression qu'il se brûle les ailes».

Après l'échec de cette tentative, le Roi chargea le leader libéral, Paul-Emile Janson (l'oncle de Spaak), de négocier avec les chefs des autres partis et de chercher une issue à l'impasse, mais ses efforts ne furent pas davantage couronnés de succès.

Une fois de plus, le Roi convoqua au Palais les leaders des trois partis principaux et insista devant eux sur la gravité de la situation. Les partis politiques en étaient arrivés à se substituer au Parlement, la seule instance habilitée à donner ou refuser la confiance à un nouveau gouvernement. Les partis affirmaient vouloir l'union nationale mais bloquaient toute tentative d'y parvenir. Aux yeux du Roi, une coalition des trois partis principaux était la seule solution possible et il pressa les politiciens de mettre un terme aux intrigues de coulisses qui empêchaient les premiers ministres potentiels de former un gouvernement. Le 23 novembre, Janson réussit à mettre sur pied une équipe gouvernementale (avec Spaak comme ministre des Affaires Etrangères) acceptable pour la majorité. Le Roi, et le Roi seulement, avait sorti le pays d'une impasse qui durait depuis trente jours.

Mais tout ne tournait pas rond dans le système parlementaire belge. Lors de la première audience qu'il accorda à son nouveau Premier Ministre, le Roi le mit en garde contre la tendance croissante à publier des communiqués de presse après les réunions du Cabinet. Ces communiqués parlaient trop souvent de «décisions» du gouvernement, comme si celui-ci pouvait prendre des décisions sans l'approbation formelle du souverain. En fait, aucune proposition du Cabinet ne pouvait devenir «décision» sans que le Roi la contresignât. Lorsque, six mois plus tard, le gouvernement Janson tomba sur des problèmes financiers, le Roi comprit que seule une procédure rapide pourrait éviter une crise longue et démoralisante. Spaak avait retenu la leçon du «marché arabe»; et quand le Roi le chargea de former un gouvernement, il mena les négociations de son bureau et réussit à présenter au Roi la liste des futurs ministres dans les vingt-quatre heures, ce qui constituait un record.

Les difficultés continuèrent cependant à se succéder. Elles étaient principalement dues au fait que le parti socialiste traitait le Premier Ministre et les autres membres socialistes du gouvernement comme ses candidats plutôt que comme des ministres de la Couronne. Spaak menaça de démissionner plutôt que d'entrer en conflit avec son parti. L'ironie voulut qu'après avoir survécu à toute une série de crises politiques et internationales majeures, Spaak tomba en février 1939 sur une banale affaire de politique intérieure connue sous le nom d'«affaire Martens».

Cette affaire illustre parfaitement l'instabilité politique de l'époque et la manière dont les circonstances forçaient le Roi à gouverner autant qu'à régner. Un groupe d'extrémistes flamands cherchait depuis longtemps à contourner un arrêté empêchant ceux qui avaient collaboré pendant l'occupation allemande de 1914-18 d'accéder à des fonctions publiques. L'occasion se présenta pour eux, lorsqu'il fallut nommer les membres de l'Académie royale flamande de Médecine. Le ministre compétent, Merlot (un Wallon), accepta trop facilement la présence sur la liste d'un certain docteur Martens dont le nom était entaché par ses activités au cours de la première guerre mondiale. Bien que Merlot suggérât au Premier Ministre d'avertir le Roi de cette circonstance, Spaak répliqua: «Ne vous en faites pas, cela n'en vaut pas la peine». De plus, la liste portait la mention «Après délibération gouvernementale», quoiqu'il apparût par la suite que trois ministres n'avaient pas été consultés. Mais le comble fut que le contenu du décret fut publié avant d'avoir été soumis à la signature. Le Roi se vit donc obligé de le signer pour éviter d'afficher ses divergences avec le gouvernement. Il s'ensuivit de tristes scènes au Parlement et lorsque des groupes d'anciens combattants manifestèrent dans les rues, Spaak fut attaqué et malmené. La réaction du Roi ne se fit pas attendre. Le 2 février 1939, il convoqua au Palais une réunion du Cabinet.

> «Vous êtes mes ministres et collaborateurs; mes paroles s'adressent à vous seuls. Un conseil des ministres constitue l'unique occasion qui me soit donnée d'exprimer ma pensée sans réticence...
>
> Devenus désormais une image réduite du Parlement, où toutes les nuances politiques de la majorité doivent être représentées et dosées, les ministères deviennent de plus en plus éphémères et difficiles à constituer... Les ministres deviennent les mandataires de leur parti, les Gouvernements se disloquent et démissionnent sans être renversés par le Parlement.
>
> Les responsabilités sont déplacées, c'est la crise de l'autorité, le désordre, la confusion, la démagogie quelquefois, au moment où les dangers s'accumulent et où la situation du Pays exige le plus de fermeté dans son Gouvernement, le plus d'ordre et d'économie dans son administration, le plus d'union et de discipline de sa vie publique.
>
> Messieurs, nos institutions ne sont pas responsables de ce désarroi: la cause en réside avant tout dans la défaillance des hommes qui détiennent les pouvoirs de la Nation.»

En outre, relevait le Roi, on lui présentait souvent pour signature des décrets dont le contenu avait déjà été, volontairement ou non, communiqué au public. L'affaire Martens en était un exemple. «Ces indiscrétions sont inadmissibles... De telles pratiques ne permettent plus au Chef de l'Etat de remplir son rôle constitutionnel: il n'est plus couvert par ses ministres — c'est lui, au contraire, qui les couvre.»

Mais même le Roi ne pouvait protéger Spaak. Les ministres libéraux dirent au Premier Ministre qu'ils démissionneraient si la nomination de Martens n'était pas annulée, et une semaine plus tard, le gouvernement tomba. C'était la fin d'une vaine tentative de former une coalition nationale et, lorsqu'à la requête du Roi, Pierlot parvint à réaliser une alliance entre les catholiques et les socialistes, celle-ci ne tint pas plus de cinq jours. C'est contre son gré que le Roi, conscient de la gravité de la situation internationale, décréta la dissolution du Parlement. Lorsqu'il écrivit à Pierlot pour déplorer la nécessité de faire appel au pays, il revint sur ses commentaires précédents, relatifs aux irrégularités ministérielles. «Si les principes de notre charte nationale sont ainsi oubliés, le Chef de l'Etat ne peut plus remplir le rôle qui lui incombe et, fort indûment, la Couronne est mise en cause, alors que seuls les ministres doivent porter devant les Chambres la responsabilité des actes portant la signature du Roi.»

Les élections se déroulèrent le 2 avril. Le même jour, Martens retira sa candidature à l'Académie de Médecine. Mais, bien que Pierlot émergeât comme le leader du plus grand parti, il s'ensuivit dix jours de querelles pendant lesquels les socialistes chicanèrent sur les termes de leur soutien au gouvernement. Le Roi intervint à nouveau en réunissant les chefs de parti, implorant ceux-ci de placer les intérêts du pays avant ceux de leur parti. La situation était extrêmement grave, déclara-t-il, «parce qu'au lieu de se préoccuper des questions de principes et d'idées, ils perdent leur temps à discuter des dosages d'influence et à satisfaire des intérêts de parti.» Après avoir dénoncé les intérêts politiques et personnels qui menaçaient de bloquer complètement le fonctionnement du gouvernement, il conclut:

> «De toutes les réformes à réaliser, la plus importante est celle de la mentalité des hommes au pouvoir, des ministres. Sans cette réforme, qui n'exige aucune légifération nouvelle, les autres sont vaines et impossibles.»

Cet appel demeura quasiment sans réponse. Tout d'abord, les socialistes, puis les libéraux exprimèrent leur mécontentement pour les postes qui leur étaient proposés, et il fallut attendre le 17 avril pour qu'une liste soit présentée au Roi. Cinq heures plus tard, une réunion du Congrès du Parti Socialiste décida à une large majorité de ne pas soutenir le gouvernement Pierlot et tous les ministres socialistes furent forcés de démissionner immédiatement. Pierlot dirigea une coalition catholique-libérale jusqu'à la déclaration de la guerre en septembre, quand les socialistes le rejoignirent à nouveau pour former un gouvernement national.

Si l'évocation de toutes ces tergiversations dans les coulisses de la politique belge peut paraître fastidieuse, elle illustre de manière éclatante comment le Roi, déchiré entre son chagrin et sa profonde inquiétude pour la sécurité de son pays, était poussé à intervenir, à morigéner ses ministres, à exercer son autorité royale. Mais y avait-il une autre solution? L'apathie? A l'heure où la Belgique avait connu ses premiers troubles, il savait que son père avait rappelé franchement aux hommes politiques ce qu'il considérait comme le plus haut intérêt de la Nation. Au cours des années trente, la menace que représentait le Führer était plus grande que celle du Kaiser. «Si une maison est rongée par les divisions internes, elle ne peut tenir debout.» Il considérait que son devoir était de rendre au gouvernement central le sens de ses responsabilités. Si ses méthodes parurent parfois trop énergiques, c'est parce qu'il s'efforçait d'être un véritable homme d'Etat malgré le peu d'hommes sages, désintéressés ou dignes de confiance qui l'entouraient. Bien que sa fermeté fût acceptée et approuvée à l'époque, on y vit par la suite la «preuve» qu'il avait tenté d'imposer des méthodes de gouvernement autocratiques à un Parlement réticent.

L'ironie voulut que ce fût Pierlot qui réfuta ces charges — du moins certaines d'entre elles — lorsqu'elles furent lancées contre Léopold après la guerre. Dans ses mémoires, Pierlot écrivit: «Il ne faut pas conclure... qu'entre le Roi et les ministres ait existé une inimitié quelconque. Le contraire est vrai. Appuyé ou non sur des raisons de principe monarchique, l'attachement de tous les ministres au Roi était profond. Le prestige de la fonction et de la personne royale était immense en Belgique. Les membres du gouvernement échappaient, sans doute moins que d'autres, à son rayonnement» [26].

Mais la difficulté d'établir un compte rendu objectif de la vie de Léopold réside dans le fait que les animosités de la période de guerre et la virulence des années d'après guerre ont déformé les souvenirs. A ce sujet, il importe de se rappeler la réflexion de Thucydide sur les luttes partisanes au sein des villes grecques pendant la guerre du Péloponnèse: «Les mots devaient abandonner leur sens ordinaire et adopter celui qu'on leur attribuait alors. La témérité était considérée comme le courage d'un allié fidèle; l'hésitation prudente comme de la couardise; la modération comme moyen de masquer l'absence de virilité; la faculté d'envisager tous les aspects d'une situation comme l'incapacité d'en résoudre un seul...» Ainsi, en ce qui concerne Léopold, sa fermeté serait-elle interprétée comme de l'autocratie, son impartialité comme un parti pris, son patriotisme comme de l'intérêt personnel.

Tel était le climat d'incertitude politique au milieu duquel le Roi s'efforçait de protéger son pays contre la menace grandissante de l'Allemagne nazie. Et, conclusion de ce chapitre, il est significatif de rappeler qu'une quinzaine de jours à peine avant le début du Blitzkrieg, Léopold dut surmonter une ultime manifestation d'irresponsabilité. Dans les derniers jours d'avril 1940, une dispute éclata au sujet d'une proposition gouvernementale pour la réforme linguistique et lorsque le 25 avril, les libéraux refusèrent de voter le budget de l'éducation, Pierlot laissa tomber les bras. Léopold fut intransigeant. «Le temps n'est pas, dit-il, à une crise ministérielle ouverte sur des questions de politique intérieure.» C'est donc grâce au Roi que le 10 mai 1940, date de l'invasion allemande, la Belgique avait encore un gouvernement en place — et c'est là toute l'ironie — dirigé par Pierlot et Spaak, les hommes qui allaient jouer un rôle majeur dans les événements qui menèrent Léopold à l'abdication.

Chapitre IV

La corde raide

> «Le monde entier, et spécialement les petites nations, se tournent aujourd'hui vers l'Angleterre. Si l'Angleterre agit maintenant, elle peut diriger l'Europe... c'est votre dernière chance. Si vous n'arrêtez pas l'Allemagne maintenant, tout est perdu. La France ne peut plus garantir la Tchécoslovaquie, parce que cela deviendra géographiquement impossible. Si vous ne maintenez pas le traité de Locarno, tout ce qu'il vous restera à faire sera d'attendre le réarmement de l'Allemagne contre lequel la France ne peut rien... Si vous n'arrêtez pas l'Allemagne par la force aujourd'hui, la guerre est inévitable, même si vous concluez un pacte temporaire avec l'Allemagne.»
>
> Pierre-Etienne FLANDIN,
> Ministre français des Affaires Etrangères,
> à Londres en mars 1936.

Nous avons vu que le royaume dont hérita Léopold, était davantage considéré par les grandes puissances européennes comme un outil stratégique que comme un pays indépendant et souverain. En fait, dans ce monde de la «Machtpolitik», le rôle de la Belgique était celui d'un champ de bataille bien situé ou d'une voie de passage pour ses voisins plus puissants.

Lorsque Léopold monta sur le trône, Hitler était Chancelier de l'Allemagne nazie depuis un an et son programme de réarmement clandestin était déjà bien avancé. Et si «Mein Kampf» était vrai? Et s'il lançait ses troupes? La Belgique n'était pas la Suisse, en sécurité derrière de hautes montagnes; c'était le champ de bataille de l'Europe. Des vents glacés soufflaient et la Belgique semblait exposée à la moindre rafale. Tel était le climat dans lequel le Roi et ses ministres étaient tenus d'élaborer une politique nouvelle pour la Belgique. Léopold devait marcher sur une corde raide tendue au-dessus d'un gouffre.

Albert et Léopold avaient assisté avec une profonde consternation à la désintégration de l'Europe depuis 1919 et à la montée des forces qui menaçaient de profiter impitoyablement de la faiblesse et de la discorde des anciens alliés. Car à côté du réarmement de l'Allemagne et de la timidité que montraient la Grande-Bretagne et la France vis-à-vis d'Hitler, le désaccord continuel entre ces deux pays exerça une profonde influence sur le changement de politique en Belgique. Les Français étaient en particulier profondément irrités par la politique britannique d'encouragement au redressement et au réarmement de l'Allemagne et d'affaiblissement de leur propre capacité défensive. Un mois après son intronisation, le Roi convoqua à Laeken cinq de ses ministres en vue de débattre des problèmes de politique étrangère et de défense nationale. Ils tombèrent d'accord pour dire que la Belgique devait se comporter en intermédiaire honnête vis-à-vis de la Grande-Bretagne et de la France, mais sans s'engager dans une alliance avec l'une ou avec l'autre et qu'elle devait renforcer sa défense afin de dissuader tout agresseur potentiel.

L'Europe sortant peu à peu de la récession économique, les espoirs d'une paix durable s'étaient portés sur la Société des Nations, avec sa théorie de la sécurité collective, et sur le Pacte de Locarno signé en 1925 à l'initiative de Gustav Stresemann, le ministre allemand des Affaires Etrangères. Par ce traité, l'inviolabilité des frontières belgo-allemandes et franco-allemandes était garantie par les pays concernés en même temps que par la Grande-Bretagne et l'Italie. Les cinq signataires s'étaient engagés à maintenir la paix et à s'unir contre celui d'entre eux qui romprait le pacte, ainsi qu'à ne rien modifier au statut de démilitarisation de la Rhénanie, voulu par le Traité de Versailles et qui constituait pour la Belgique et la France la principale garantie contre une nouvelle agression allemande. Ces deux pays considéraient d'ailleurs la mise en place de cette barrière protectrice comme une juste compensation d'autres clauses qu'ils avaient dû concéder à leurs alliés et qui affectaient leur propre sécurité nationale.

Ainsi la Belgique avait-elle été priée d'abandonner son statut de neutralité garantie de l'avant-guerre et la France de renoncer à l'exigence du maréchal Foch d'étendre la frontière du pays jusqu'à la rive gauche du Rhin. (Lorsque Foch apprit que le Traité de Versailles laissait pratiquement intact le territoire de l'Allemagne, il fit cette réflexion prophétique: «Ce n'est pas la paix. C'est un armistice pour vingt ans.»)

La zone démilitarisée revêtait une importance plus grande encore pour la Belgique, car, comme le fit observer le Premier Ministre Van Zeeland après sa réoccupation par les troupes d'Hitler:

> «C'est la Belgique qui, proportionnellement à l'étendue de son territoire, a avec l'Allemagne la frontière la plus longue et aussi la plus exposée.»

En signant le Pacte de Locarno, sur la base que son intégrité territoriale serait protégée par la zone démilitarisée, la Belgique avait en fait échangé son statut de pays garanti contre celui de garant, car, bien qu'elle fût une nation beaucoup plus petite que les quatre autres, elle s'était engagée à fournir une assistance militaire à toute puissance cosignataire qui serait victime d'une agression non provoquée de la part d'une autre. Ainsi la Belgique, la Grande-Bretagne et l'Italie s'engageaient-elles à voler au secours de la France ou de l'Allemagne si l'un de ces deux pays se voyait attaqué par l'autre sans l'avoir provoqué.

Winston Churchill voyait Locarno de la manière suivante: «Aussi longtemps que la France demeurait armée et l'Allemagne désarmée, cette dernière ne pourrait pas l'attaquer; d'autre part, la France n'attaquerait jamais l'Allemagne si cette attaque entraînait automatiquement la Grande-Bretagne à devenir l'alliée de l'Allemagne... J'étais donc, en raison du grand danger que cela représentait dans l'immédiat pour la Grande-Bretagne, tout aussi opposé au désarmement de la France qu'au réarmement de l'Allemagne.» [27] Tant que celle-ci ne réarmait pas, que la zone rhénane demeurait démilitarisée, et que la France et la Grande-Bretagne conservaient leur supériorité militaire et leur volonté de se battre pour remplir leurs engagements de Locarno, la Belgique n'avait pas grand-chose à craindre.

Peu après l'accession d'Hitler au pouvoir se déclencha cependant une suite d'événements qui allaient anéantir ces sauvegardes et placer la Belgique dans une situation si dangereuse que le Roi et ses ministres se virent obligés de réorienter leur politique étrangère et militaire. En juillet 1933, l'Allemagne nazie quitta la Conférence sur le Désarmement après que les Français se furent opposés à son exigence catégorique de supprimer toutes les restrictions relatives à son réarmement. Hitler avait été encouragé par le soutien qu'il avait reçu de certains milieux britanniques. Le *Times*, par exemple, avait parlé de «réparation opportune de l'inégalité» et le journal socialiste *New Statesman* de «reconnaissance sans réserve du principe de l'égalité des Etats». La Grande-Bretagne persévéra sur ce thème et fit pression sur le gouvernement français, qui amadoua les Allemands et les ramena à la conférence. Ce retour fut salué par la gauche comme une «victoire pour la paix».

Le Premier Ministre socialiste du gouvernement de coalition britannique, Ramsay MacDonald, élabora ensuite le «Plan MacDonald» qui, selon les termes de Winston Churchill, «demandait à la France de réduire son armée de moitié pendant que l'Allemagne doublait la sienne». Il stipulait également que la France devait détruire toutes ses armes lourdes. Lors d'un débat parlementaire, Churchill dénonça sévèrement ce plan d'affaiblissement de la France et de renforcement de l'Allemagne alors que celle-ci affichait une «résurgence d'agressivité et d'esprit belliqueux...».

En octobre 1933 cependant, le gouvernement britannique, après avoir prié la France de s'y conformer, soumit le Plan MacDonald à la Conférence sur le Désarmement. Mais Hitler, qui poursuivait avec acharnement son programme clandestin de réarmement, repoussa dédaigneusement cette offre chevaleresque des alliés et retira l'Allemagne non seulement de la Conférence mais aussi de la Société des Nations. Nullement découragé par ces rebuffades et ces signaux d'alarme, Ramsay MacDonald, soutenu par Stanley Baldwin, continua à insister jusqu'en 1934 pour que la France désarme. Après un discours dans lequel Churchill prévoyait que l'Allemagne posséderait bientôt une puissante aviation et plaidait pour le renforcement de la RAF, Baldwin déclara: «M. Winston Churchill n'a été soutenu que par une poignée de députés» [28]. Ce qui, hélas, resta vrai jusqu'en 1939.

Pendant l'été 1934, Hitler consolida sa position en faisant assassiner froidement 6.000 opposants. «Ce massacre, écrivit Churchill, montrait que le nouveau maître de l'Allemagne ne reculerait devant rien et que la vie en Allemagne n'était plus comparable à celle des Etats civilisés. Une dictature fondée sur la terreur et souillée de sang se dressait à la face du monde. L'antisémitisme féroce et cynique y régnait et le système concentrationnaire fonctionnait déjà à plein...» Mais tout cela ne semblait pas troubler le gouvernement MacDonald-Baldwin qui continuait à agir, comme si le «Chancelier allemand» était le plus raisonnable des hommes d'Etat.

Les socialistes et les libéraux britanniques semblaient encore moins affectés par ces sinistres présages. Les deux partis continuaient à réclamer le désarmement unilatéral et à voter contre le budget de défense proposé par le gouvernement, en dénonçant tous ceux qui ne partageaient pas leurs vues comme des «traîneurs de sabre» ou des «bellicistes». L'année où Hitler accéda au pouvoir, le professeur C.E.M. Joad, qui devint plus tard une vedette de la BBC, suggérait aux membres de l'Union d'Oxford d'adopter la résolution: «Cette chambre refuse de combattre pour le Roi et le pays» et adjurait le Congrès des Universités réuni à Cambridge, en ces termes: «Si jamais votre pays était envahi, désobéissez aux ordres. En cas de grève générale..., si les fonctionnaires refusaient d'obéir aux ordres, aucune puissance ennemie ne pourrait envahir le pays».

Sir Stafford Cripps, qui devint après la guerre Chancelier de l'Echiquier travailliste, alla même plus loin en adjurant les forces armées de ne pas combattre et les travailleurs de refuser de travailler, si de telles circonstances se produisaient, mais d'accueillir les envahisseurs comme des frères; tandis que le leader du Parti Travailliste, George Lansbury, insistait pour que toutes les nations «s'alignent sur le niveau de désarmement de l'Allemagne comme prélude à un désarmement total».

Lorsqu'en juillet 1934, le gouvernement Baldwin proposa quelques mesures d'ailleurs inadéquates pour renforcer la Royal Air Force, dotée d'un matériel démodé, le Parti Travailliste, soutenu par les libéraux, déposa une motion de censure. Flétrissant ceux qui mettaient ainsi en danger la sécurité du royaume, Winston Churchill lança cet avertissement: «Rappelons-nous ceci: notre faiblesse ne concerne pas que nous-mêmes; elle met en péril la stabilité de l'Europe.» Mais Clement Attlee répliqua au nom de l'opposition travailliste: «Nous nions la nécessité d'accroître les armements... Nous rejetons l'hypothèse selon laquelle une aviation britannique plus forte contribuera à la paix mondiale, de même que nous rejetons toute revendication de parité» (avec la Luftwaffe). Quelques jours plus tard, George Hall (qui devint ensuite vicomte et Premier Lord travailliste de l'Amirauté) déclara: «... c'est une folie d'affirmer que des armes plus nombreuses et plus importantes sont nécessaires pour préserver la paix, procurer la sécurité et décourager l'agression... Nous voterons contre ce budget à tous les stades». Lors du même débat, le leader libéral, Sir Archibald Sinclair, déclara à son tour: «Nous tous qui siégeons ici nous sentirons obligés de faire tout ce qui est en notre pouvoir, par la parole et par le vote, pour détourner la politique du gouvernement de son cours actuel, dangereux et inutile». Une année plus tard, quand le pays eut appris que l'Allemagne avait déjà dépassé la Grande-Bretagne dans la maîtrise de l'air, Clement Attlee poursuivait encore sur ce thème: «Notre politique n'est pas de chercher la sécurité par le réarmement mais par le désarmement».

Le 4 mars 1935, le gouvernement britannique publia un Livre Blanc faisant timidement état des «inquiétudes» causées par le réarmement allemand. Les Belges, et le monde entier, furent les témoins sidérés du tollé soulevé par la gauche en Grande-Bretagne contre ce document inoffensif. Le «National Peace Council» le décrivit comme le «document le plus incroyable qui ait jamais été publié par un gouvernement». La presse libérale et socialiste se rangea à cet avis. Le *News Chronicle* écrivit que ce Livre Blanc entraînerait chez les Allemands «une suspicion et une crainte d'encerclement accrues. Nous espérons que le gouvernement britannique n'épargnera aucun effort... pour apaiser la colère qui gronde en Allemagne». Le *Daily Herald* (organe officiel du Parti Travailliste) écrivit: «Le Livre Blanc n'est pas seulement une insulte à l'Allemagne, c'est aussi le rejet de tout le système de Sécurité Collective... L'Allemagne est constamment accusée de rompre le traité, d'aggraver la situation et de créer une situation qui menace la paix... Espérons que les effets n'en seront pas catastrophiques... Mais que le monde comprenne... que ce n'est pas la voix du peuple anglais». La joie incrédule manifestée dans les milieux nazis par ces déclarations n'eut d'égale que la désillusion des petits pays qui en conclurent que la Grande-Bretagne qu'ils avaient toujours respectée, était tombée bien bas.

Léopold suivait tout cela avec tristesse et à mesure que se précisaient les événements qu'une telle attitude contribuait à engendrer, il fut de plus en plus convaincu du danger d'une nouvelle guerre et de l'incapacité des garants de la Belgique de préserver sa sécurité en application des accords de Locarno. A la suite d'une discussion avec ses ministres, il fut donc décidé que l'on tâcherait de savoir avec précision quelle aide la Belgique pourrait attendre de la France et de la Grande-Bretagne en cas d'invasion allemande. Le chef de l'état-major belge, le général Cumont, fut envoyé à Paris pour avoir des entretiens militaires confidentiels de haut niveau et reçut l'ordre d'approcher l'état-major britannique dans le même but. Mais l'attaché militaire britannique à Bruxelles répondit que son gouvernement était opposé à des entretiens à ce niveau et regrettait sa déclaration antérieure selon laquelle les «frontières britanniques allaient jusqu'au Rhin».

Comme l'explique l'historien officiel britannique, le major Ellis, la Grande-Bretagne rejeta la requête belge «de peur que le déroulement de tels entretiens puisse donner à Hitler prétexte à des contre-mesures» [29]. L'attitude britannique fut la même vis-à-vis des Français et il fallut attendre mars 1939, six mois avant la déclaration de guerre, pour que les Britanniques acceptent avec réticence que des entretiens aient lieu entre les deux Hauts Commandements. «De telles discussions d'états-majors, poursuit Ellis, pouvaient faire croire à une alliance militaire et sous-entendre des engagements militaires précis. A cette époque, le gouvernement britannique (et ses conseillers militaires) ne voulaient pas s'engager aussi loin alors qu'ils poursuivaient toujours leur politique de conciliation [30]. Après le refus britannique, le mandat du général Cumont fut limité à Paris et à dater de ce moment, des échanges secrets d'informations militaires eurent lieu entre les états-majors généraux belges et français, comme on le verra au chapitre dix.

Le premier coup fatal à la paix et à la sécurité européenne fut asséné en 1935. En mars de cette année, Hitler, faisant fi des clauses militaires du Traité de Versailles, annonça la création officielle de la Luftwaffe (elle avait été constituée en secret huit ans plus tôt et s'était rapidement développée avec l'aide de la Russie) [31] et, une semaine après, l'instauration du service militaire obligatoire ainsi qu'un accroissement de ses forces armées, portées à trente-six divisions. La France exigea immédiatement une réunion d'urgence du Conseil de la

Société des Nations tandis que la Grande-Bretagne se contentait de formuler une «protestation solennelle».

Pour Hitler, c'était un signe évident que sa politique de réarmement ne rencontrerait aucune opposition sérieuse de la part de la Grande-Bretagne. En fait, le Führer était véritablement encouragé dans cette voie par le gouvernement britannique ; car même si la Grande-Bretagne se joignit bien à la France et aux autres pays pour condamner devant la Société des Nations la violation par Hitler des clauses militaires du Traité de Versailles, elle incita ce dernier à rompre les clauses navales de ce traité. Lorsque l'acte impudent d'Hitler fut porté à la connaissance du monde, on pensa que, face à cette insulte, Sir John Simon et Anthony Eden annuleraient le voyage qu'ils comptaient faire à Berlin mais il n'en firent rien. C'est au cours de leurs discussions que Ribbentrop fut invité à participer à des conversations secrètes à Londres afin de négocier le désastreux Traité Naval anglo-allemand du 18 juin 1935.

Bien que les détails de ce traité eussent été tenus secrets, le gouvernement britannique, rompant ainsi avec au moins six accords internationaux, avait non seulement cautionné la mise en chantier d'une flotte allemande puissante et moderne, mais approuvé la construction d'un nombre de sous-marins (ce qu'avait interdit le Traité de Versailles) égal à celui de la Royal Navy. William L. Shirer, un influent correspondant américain qui se trouvait à Berlin à l'époque, nota dans ses carnets: «Toute la Wilhelmstrasse exulte. L'Allemagne sera dotée de sous-marins d'un tonnage égal à celui de la Grande-Bretagne. Je ne comprends pas pourquoi celle-ci a fait une telle concession. Les sous-marins allemands l'ont presque vaincue pendant la dernière guerre, et pourraient y arriver au cours de la prochaine» [32]. La France et l'Italie protestèrent avec fureur car, en dépit du fait qu'elles étaient les alliées des Britanniques, cosignataires des traités de Versailles, de Locarno et de Stresa, et de grandes puissances maritimes elles aussi, elles n'avaient été ni consultées ni informées. La Société des Nations avait été pareillement ignorée. Les avantages étaient incalculables pour Hitler. La Grande-Bretagne avait montré au monde qu'elle était prête à pardonner et même à encourager des ruptures de traités, et à favoriser le réarmement allemand. Dans la foulée, Mussolini se crut autorisé à penser que le Royaume-Uni ne réagirait pas davantage à la pareille violation de la convention de la Société des Nations que signifierait son invasion de l'Abyssinie.

Et, en effet, lorsque le Duce, fort de cette hypothèse, frappa son coup, le 3 octobre 1935, la Grande-Bretagne, après avoir incité 50 des 54 membres du Conseil de la Société des Nations à condamner l'Italie pour sa violation de la convention et en avoir appelé à la «résistance collective contre tout acte d'agression non provoquée», fut la première à retirer la menace d'un blocus pétrolier — la seule action qui, en dehors de l'intervention armée, aurait pu être efficace — quand Mussolini affirma que de telles sanctions déclencheraient la guerre. Les tièdes réactions de la Société des Nations n'empêchèrent pas Mussolini de conquérir l'Abyssinie mais elles valurent à l'Italie la perte de son amie traditionnelle, la Grande-Bretagne, et la poussèrent à conclure une alliance avec l'Allemagne, étape qu'Hitler avait décrite dans «Mein Kampf» comme nécessaire à ses plans de domination mondiale.

Ainsi naquit l'axe Rome-Berlin (auquel se joignit le Japon en novembre 1936 lorsque fut signé le Pacte Anti-Komintern), qui permit au Führer de poursuivre le funeste itinéraire qu'il s'était tracé. Mussolini jusqu'alors, avait protégé l'indépendance de l'Autriche et voilà que l'Italie, l'un des principaux alliés de la Grande-Bretagne durant la première guerre mondiale, se trouvait dans le camp adverse. Tout l'équilibre des forces était maintenant en défaveur des nations démocratiques et les petits pays prenaient conscience qu'il serait absurde de compter sur la Grande-Bretagne et la France en cas d'agression. La Société des Nations s'était en outre avérée complètement impuissante.

Un autre facteur critique non seulement pour Léopold et la politique belge mais pour l'avenir de la paix mondiale, se fit jour à ce moment. Le 7 mars 1936, Hitler joua son avenir en réoccupant la zone démilitarisée de la Rhénanie. C'était une violation flagrante du Traité de Versailles qui avait certes été imposé à l'Allemagne mais aussi du Pacte de Locarno, qu'elle avait, lui, suscité et librement signé en 1925.

Les généraux et l'entourage d'Hitler étaient quasi unanimement opposés à cette initiative, leurs faibles doses symboliques de trois bataillons ne pouvant faire le poids face aux cent divisions que les Français pouvaient lancer contre elles. Ainsi, le général Jodl affirma, lors du procès de Nüremberg, que la seule force française de couverture «aurait pu nous tailler en pièces» et qu'Hitler avait ordonné à ses troupes de battre rapidement en retraite de l'autre côté du Rhin, si l'armée française entamait la moindre contre-attaque.

Hitler reconnut par la suite que si l'armée française était entrée en Rhénanie ou avait simplement menacé de le faire, le fiasco qui en serait résulté aurait mis fin à sa carrière. Il déclara effectivement: «Une retraite de notre part aurait signifié l'effondrement», tandis que le docteur Schmidt, son interprète, rapporte qu'il entendit souvent son maître dire: «Les quarante-huit heures qui ont suivi l'occupation de la Rhénanie furent les plus éprouvantes de ma vie. Si les Français avaient marché contre nous, nous aurions dû nous retirer la queue entre les jambes...» [33] Mais comme le révéla la publication de documents d'Etat français en 1964 [34], leurs généraux n'avaient pas le cœur d'expulser manu militari la poignée des régiments de Hitler qui, derrière les fanfares de trompettes, sans véhicules blindés et sans équipement pour se battre, paradaient dans la zone interdite.

Lors d'une réunion avec le général Gamelin et les autres chefs militaires, le 9 mars, le Premier ministre Sarraut et le ministre des Affaires Etrangères Flandin, manifestèrent le désir qu'une simple action de police soit entreprise pour bouter les faibles forces allemandes hors de Rhénanie. Mais les généraux tergiversèrent, prétendant qu'une telle action provoquerait une désastreuse guerre généralisée, accompagnée d'une pluie de bombes sur les villes alliées, et exagérant de manière ridicule la puissance des forces terrestres et aériennes allemandes. Bien que Sarraut et Flandin continuassent à réclamer une action positive, ils ne reçurent qu'un faible soutien de la majorité de leurs collègues du gouvernement intérimaire. Ceux-ci, accaparés par les élections générales toutes proches, étaient découragés par le défaitisme des chefs militaires et, surtout, par l'active dissuasion qu'exerçait sur eux le gouvernement britannique. Or, la France, la Grande-Bretagne, l'Italie et la Belgique étaient pleinement habilitées, pour ne pas dire obligées, à entreprendre une action militaire, en vertu du Traité de Versailles et comme signataires du Pacte de Locarno. La France disposait de plus, d'une immense supériorité militaire qui aurait garanti sa réussite même sans le soutien de ses alliés de Locarno. En fait, le gouvernement belge, qui avait annulé toutes les permissions de son armée, fut le seul signataire de Locarno qui offrit à la France une assistance militaire immédiate, bien que la Russie, la Pologne, la Tchécoslovaquie, la Yougoslavie et la Roumanie eussent spontanément promis leur appui militaire et moral.

L'armée britannique, constituée uniquement de volontaires, était alors quasi inexistante ; mais c'était un soutien moral et non militaire que les ministres français attendaient des Britanniques. En lieu et place, ils se heurtèrent à des atermoiements verbeux et au refus de toute action qu'entreprendraient la France et la Belgique pour chasser la dérisoire force allemande du couloir de protection dont leur sécurité dépendait de manière si cruciale. Les insulaires britanniques ne virent aucune menace dans l'occupation et la remilitarisation de la Rhénanie par un envahisseur potentiel de la Belgique et de la France, et ils résolurent fermement d'accepter la manœuvre d'Hitler comme un fait accompli.

En apprenant ce coup de force, Anthony Eden, le tout nouveau ministre britannique des Affaires Etrangères, insista immédiatement et «avec le maximum d'énergie» auprès du Quai d'Orsay pour que la France ne prenne aucune mesure militaire «avant consultation préalable du gouvernement britannique». Le Premier Ministre, Stanley

Baldwin, «ne dit pas grand-chose, comme c'était son habitude en ce qui concernait la politique extérieure, rapporta Eden. Il était clair à ses yeux que la Grande-Bretagne ne soutiendrait aucune action militaire des Français. Je ne pouvais que l'approuver» [35]. En conséquence, Eden fit savoir au Cabinet «qu'il fallait décourager toute action militaire entreprise par la France contre l'Allemagne» et que «nous devons nous opposer à toute tentative d'appliquer des sanctions financières et économiques».

Eden proclama à la Chambre des Communes: «Il n'y a heureusement aucune raison de croire que la présente action de l'Allemagne constitue une menace d'hostilités», et il ajouta que le gouvernement examinerait les nouvelles propositions de paix d'Hitler «sérieusement et objectivement», avant de conclure: «Si nous voulons la paix, c'est notre devoir manifeste de rebâtir». C'était un écho de l'éditorial publié le matin même par le *Times*, prônant une fois de plus son abjecte politique d'apaisement avec l'Allemagne nazie [36]. L'éditorial s'intitulait «Une occasion de rebâtir». Cette attitude était partagée par la majorité des journaux britanniques, le *Daily Herald* travailliste en tête. La plupart exprimaient leur foi en la sincérité des «propositions de paix» d'Hitler et saluaient comme une «garantie de paix» son offre pleine d'ironie de réintégrer la Société des Nations. Le public britannique ne comprenait rien à tout ce remue-ménage et faisait même preuve de sympathie à l'égard des Allemands. La phrase maladroite mais bien connue de Lord Lothian: «Après tout, ils ne font que se rendre dans leur propre arrière-cour» résumait bien l'opinion commune de la presse et du public. Lors de la réunion du Conseil de la Société des Nations réclamée par la France et la Belgique, von Ribbentrop déclara que le Pacte de Locarno n'existait plus, car il avait été rompu par la France en s'alliant militairement à l'Union Soviétique, alliance «dirigée exclusivement contre l'Allemagne». Eden n'en continua pas moins à négocier avec lui pour un «nouveau Locarno», comme s'il ne s'était rien passé.

Le 11 mars, Flandin s'envola pour Londres et tenta le maximum pour obtenir le soutien britannique en vue d'une action énergique contre les Allemands. Ses exhortations ne lui valurent que des réponses décourageantes de la part de Baldwin et de Chamberlain, alors Chancelier de l'Echiquier. Flandin s'en revint tristement en France, convaincu que, eu égard à l'opposition persistante des Britanniques, il ne lui resterait plus qu'à adopter une politique de compromis vis-à-vis d'une Allemagne nazie de plus en plus agressive.

Le 10 mars, la France et la Belgique convoquèrent à Paris une réunion des partenaires de Locarno à l'exclusion de l'Allemagne. Eden continua à tergiverser, mais l'éloquence avec laquelle Paul van Zeeland, le Premier Ministre belge, présenta la cause de son pays et tenta de rapprocher les positions française et britannique fit une forte impression sur ses auditeurs. On peut résumer comme suit le thème de son intervention:

> «Si vous marchez, la Belgique marchera avec vous, et si vous ne parvenez pas à vous mettre d'accord, je ferai le maximum pour que vous finissiez par vous entendre».

Il expliqua en termes émouvants l'inquiétude causée en Belgique par le coup de force allemand et rappela à ses auditeurs que, comme la France, la Belgique était à présent directement menacée par l'occupation hitlérienne de la zone de protection. Il pria donc les signataires du Pacte de Locarno de remplir leurs obligations et d'agir sans tarder, mais, tous ses efforts hélas, s'avérèrent vains.

Le seul résultat de cette réunion et de celle qui réunit ensuite à Londres les pays du Traité de Locarno et du Conseil de la Société des Nations, fut une «déclaration commune» dans laquelle ils réitéraient leur confiance dans la Sécurité Collective et dans la Société des Nations, réaffirmaient les obligations de Locarno, autorisaient des entretiens au niveau des états-majors militaires, invitaient l'Allemagne à se présenter devant la Cour de Justice de La Haye et lui demandaient d'interrompre son envoi de troupes en Rhénanie. Les carnets du général Henry Pownall [37] révèlent en date du 30 mars qu'il considérait «les conversations d'état-major envisagées entre les Français et les Belges comme un geste politique pour apaiser les Français sans plus» et il ajoutait «l'Allemagne ne croira pas que ces entretiens sont en fait consacrés à des banalités, ce qui ne fera qu'augmenter ses craintes et ses suspicions...» [38].

Pratiquement cette déclaration commune et ces entretiens de deux jours à Londres n'aboutirent à rien. La Belgique était toujours tenue d'apporter une assistance militaire à la France, si celle-ci subissait une attaque non provoquée de l'Allemagne, un «arrangement» ayant été bricolé à la hâte le 19 mars pour remplacer les obligations de Locarno. Cet expédient temporaire devait couvrir la période pendant laquelle Anthony Eden poursuivrait ses malencontreuses tentatives pour ramener au bercail l'Allemagne et l'Italie et négocier un «nouveau Locarno» avec les deux dictateurs. Selon les termes de cet accord provisoire, la Grande-Bretagne et la France renouvelaient leurs garanties d'assistance militaire à la Belgique pour la durée de ces négociations, en échange d'une réaffirmation de l'engagement de cette dernière à leur venir en aide si elles-mêmes étaient victimes d'une agression non provoquée.

Les Belges ne purent que s'incliner devant le fait que les gouvernements français et britanniques avaient permis à Hitler de s'en tirer après son coup de force. Les bases de l'armée allemande avaient été avancées de 160 kilomètres et la sécurité de la Belgique serait désormais constamment menacée par la présence des troupes allemandes à ses frontières. Les Belges étaient consternés à la fois par l'attitude timorée de la France et la volonté évidente de la Grande-Bretagne de réfréner celle-ci si elle levait seulement le petit doigt à l'encontre des pays totalitaires. Si l'armée française ne s'avançait pas dans une Rhénanie sans défense, pouvait-on espérer qu'elle le fasse lorsque celle-ci serait hérissée de fortifications?

La construction de la ligne Siegfried s'accélérait, l'armée, la marine et l'aviation allemandes se développaient à toute allure, équipées et entraînées sur une vaste échelle en vue de nouveaux actes d'agression. La Luftwaffe, déjà supérieure à la Royal Air Force en 1935, accroissait son avance de manière continue. Les usines de guerre allemandes travaillaient à plein régime jour et nuit. Alors que la position de la Grande-Bretagne et de la France s'était fortement affaiblie aux yeux du monde, la puissance et le prestige d'Hitler avaient nettement progressé grâce à la réussite de son coup de force. Ce succès renforçait son emprise sur le Reich et affaiblissait l'influence de ceux qui jusqu'alors avaient tenté de freiner sa mégalomanie, celle des généraux surtout, seul groupe capable de le renverser.

Au cours de cette même période, la France se trouva progressivement affaiblie sur les plans militaire, économique et social, sous le gouvernement socialo-communiste du Front Populaire formé peu après la réoccupation de la Rhénanie et dirigé par Léon Blum. Comme l'a résumé Winston Churchill: «Une grande nation était rongée de l'intérieur avant d'être attaquée de l'extérieur». En Grande-Bretagne, seul Churchill et les amis, parmi lesquels Sir Roger Keyes, qui partageaient ses vues, pressentaient le désastre qui ne pouvait manquer de se produire si on laissait Hitler poursuivre son jeu. Churchill fut en effet l'une des rares voix à s'insurger violemment contre l'inertie. «Il vaut sûrement la peine de faire un suprême effort, écrivit-il le 3 avril, afin d'influer sur le cours des graves événements qui se préparent et de ne pas laisser le malheur s'abattre sur nos foyers». Et au Parlement, il fit cette déclaration: «La violation de la Rhénanie est grave à cause de la menace qu'elle représente pour la Hollande, la Belgique et la France...». Mais lorsque Churchill réclama une session secrète du Parlement, cette requête fut écartée sous le prétexte que cela susciterait une alarme inutile.

En juillet cependant, Churchill persuada le Premier Ministre, Stanley Baldwin, de recevoir une députation de personnalités politiques et militaires éminentes pour lui exposer, ainsi qu'à ses conseillers militaires, leurs raisons de craindre pour la sécurité du Royaume et de souhaiter le renforcement sans délai de ses défenses. (Le leader travailliste Clement Attlee et le libéral Sir Archibald Sinclair, déclinèrent l'invitation.) Cette honorable délégation était dirigée par le frère de Neville Chamberlain, Sir Austen, et comprenait l'Amiral de la Flotte, Sir Roger Keyes, et le Maréchal de la Royal Air Force, le vicomte Trenchard. Churchill conclut son exposé sur ces mots:

> «Nous sommes confrontés au plus grand danger de notre histoire... nous devons éviter tout obstacle à l'accroissement de nos forces... nous devons développer notre puissance aérienne avant toute autre considération... si nous tardons à rétablir notre défense, nous risquons qu'une puissance supérieure vienne nous en empêcher...»

Malheureusement Neville Chamberlain, qui allait bientôt succéder à Baldwin comme Premier Ministre et remplacer la politique passive d'apaisement de ce dernier par sa version plus active n'assista pas à cette réunion et ne put donc entendre les avertissements énergiques de la députation. Il faut naturellement se souvenir que toutes les mesures tièdes et tardives prises pour renforcer la défense quasi inexistante de la Grande-Bretagne par les administrations Baldwin et Chamberlain — y compris l'instauration «symbolique» de la conscription en 1939 (pour apaiser les Français) et la tentative de réarmement qui suivit Munich — furent constamment dénoncées par les leaders travaillistes, libéraux et syndicaux, au Parlement, dans la presse et dans tout le pays.

En novembre 1936 — mois où le Japon se joignit à l'Allemagne et à l'Italie en signant le Pacte Anti-Komintern —, Stanley Baldwin fit la deuxième de ses fameuses «confessions» au Parlement. En mai 1935, il avait reconnu qu'il s'était «complètement trompé» à propos de la puissance relative de la RAF et de la Luftwaffe. Il expliqua cette fois pourquoi il avait renoncé à tenter de rallier ses compatriotes à l'idée d'un réarmement britannique parallèle au réarmement allemand, pour la bonne raison qu'«une telle tentative l'aurait certainement conduit à la perte des élections».

L'historien officiel, le major Ellis, trouve une fois de plus les mots adéquats pour décrire l'orientation désastreuse que prenait dorénavant le gouvernement britannique:

> «Jusqu'à la dernière minute, le désir de paix du peuple britannique et la certitude du gouvernement que nous n'étions pas en mesure de faire face à une guerre, se conjuguèrent dans une politique d'apaisement à laquelle le gouvernement s'accrocha obstinément, espérant contre tout espoir parvenir à un accord avec Hitler...»

La vigoureuse politique de réarmement que Léopold et ses ministres tentaient de faire adopter à leurs compatriotes en vue de préserver l'intégrité et l'indépendance du pays, offrait le contraste le plus flagrant avec cette funeste passivité.

Chapitre V

La politique d'indépendance armée

> «Les tensions croissantes qui résultaient du comportement de l'Allemagne, de l'Italie et de la Russie annonçaient une grande guerre idéologique. Avec un voisin dangereux à l'est, la fin des illusions sur la Sécurité Collective, le désavœu de Locarno et la France affublée d'un allié suspect, le peuple belge sentait que les bases de sa politique étrangère devaient radicalement changer. Le 14 octobre 1936, son jeune Roi lui désigna l'orientation qu'il cherchait.»
>
> J. K. Miller, «La politique étrangère belge entre les deux guerres»

La carrière du roi Léopold a connu trois moments critiques: sa décision de capituler en 1940, son abdication en 1951 et ce moment de l'année 1936 où il exposa une politique nouvelle pour la Belgique. Il s'agissait de «l'indépendance armée», principe dont les différences subtiles mais essentielles avec la «neutralité» continuent à égarer ses opposants.

Les Belges ne s'étaient jamais sentis à l'aise en compagnie des grandes puissances de Locarno car les clauses de réciprocité de ce pacte exigeaient de leur petit pays qu'il apporte une aide militaire à la France ou à l'Allemagne dans le cas où l'une de celles-ci subissait une attaque non provoquée de la part de l'autre. Depuis la fin de la grande guerre, une bonne partie de l'opinion publique belge se méfiait des intentions françaises et, malgré Locarno, redoutait une nouvelle guerre franco-allemande. Cette méfiance n'était pas injustifiée, car les généraux et les hommes politiques français de toutes tendances avaient maintes fois fait comprendre qu'ils considéraient la Belgique comme un pays vassal et son territoire comme un parfait champ de bataille que la France aurait le droit de fouler sans autorisation préalable en cas de guerre avec l'Allemagne.

Toute l'attitude de la France vis-à-vis de la Belgique entre les deux guerres se trouve résumée dans une indiscrétion du maréchal Pétain. En décembre 1933, l'ambassadeur de Belgique à Paris rapporta au roi Albert qu'au cours d'une longue conversation qu'il avait eue avec Pétain, celui-ci lui avait exprimé sa conviction que l'Allemagne hitlérienne se déciderait un jour à attaquer la France. L'ambassadeur lui fit remarquer que la Belgique s'était réservé le droit de décider si l'accord militaire franco-belge devait ou non être d'application. «*Nous vous attaquerons*», fut la réponse de Pétain.

L'une des calomnies propagées après la capitulation de l'armée belge et qui a toujours cours aujourd'hui, était que le roi Léopold avait «refusé aux Français l'autorisation d'étendre la ligne Maginot jusqu'à la mer». La vérité est que, dès que la ligne Maginot fut terminée, le gouvernement belge, à l'initiative du roi Albert d'abord, à celle de Léopold ensuite, entreprit des démarches répétées auprès du gouvernement français pour le persuader de prolonger cet important obstacle militaire le long de la frontière belge, de Sedan à Dunkerque [39]. Ces démarches restèrent cependant vaines, comme l'a établi la Commission d'Information instaurée après la guerre.

> «L'absence de fortifications sur la frontière Nord de la France devait inciter l'Allemagne à envahir la Belgique pour atteindre cette frontière.
>
> Ces démarches échouèrent, le maréchal Pétain, et avec lui la majorité du Conseil Supérieur de la Guerre, restant favorables à une guerre de mouvement se développant par la Belgique.»

Les délégations belges se succédèrent et les entretiens à ce sujet se poursuivirent avec Daladier, Gamelin et le Président de la Commission militaire du Sénat. En novembre 1936, un communiqué belge, publié avec l'accord du Quai d'Orsay et du ministère français de la Guerre, déclarait:

> «En 1932, le baron de Gaiffier d'Hestroy, ambassadeur de Belgique à Paris, avait reçu de son gouvernement la mission de faire savoir dans les milieux officiels français que la Belgique serait heureuse de voir la France fortifier sa frontière septentrionale et procurer ainsi à la défense de notre territoire contre une possible attaque venant de l'est, un matériel important de même qu'un soutien moral.»

Outre le fait que ni Albert ni Léopold n'auraient pu empêcher les Français de construire une extension de la ligne Maginot le long de leur propre frontière septentrionale, ils étaient évidemment très désireux de voir ce projet se réaliser, ce qui aurait fortement amoindri le danger d'une attaque allemande à travers la Belgique. Il est plutôt piquant de constater qu'après que les Français eurent subi les conséquences de leur refus d'étendre leur ligne fortifiée jusqu'à la mer, ce furent les Belges — et principalement leur Roi — que l'on critiqua pour cette fatale omission. Cette affaire de la ligne Maginot était étroitement associée aux difficultés rencontrées par le gouvernement du roi Albert en mai 1930 pour lever les énormes fonds nécessaires à l'achèvement du puissant système de fortifications le long du canal Albert. Si les socialistes et les communistes s'opposaient invariablement à ces crédits, arguant que cet argent devait être dépensé pour la sécurité sociale plutôt que pour la sécurité nationale, les Flamands pour une fois se joignirent à eux pour différentes raisons. Un de leurs leaders, le sénateur Lindekens, précisa notamment:

> «La Flandre ne veut pas être sacrifiée au profit de la France... Laissons la France fortifier sa frontière septentrionale, et l'Allemagne laissera la Belgique en paix».

Tandis que l'Allemagne réarmait et que la France se cherchait de tous côtés de nouveaux alliés, en Belgique, la méfiance vis-à-vis de ces deux pays grandissait dans toutes les couches de la population. Lorsqu'en mai 1935, la France conclut des pactes avec la Tchécoslovaquie et la Russie communiste — un régime que la majorité des Belges détestait autant que les Nazis — en plus de celui déjà signé avec la Pologne, il devint évident que ces nouveaux engagements rendaient le risque d'un conflit avec l'Allemagne plus grand encore et que la France appellerait dans ce cas la Belgique à la rescousse et la ferait ainsi entrer dans un conflit qui ne la concernait pas. Ce danger s'était encore accru depuis le coup de force d'Hitler en Rhénanie car, malgré la désintégration des accords de Locarno, la Belgique demeurait susceptible de fournir — selon l'accord temporaire du 19 mars 1936 — une assistance militaire à la France et à la Grande-Bretagne, en cas d'attaque allemande non provoquée. Et aux yeux des Belges, ce risque n'était pas atténué par les garanties provisoires reçues de deux puissances qui venaient de se dérober si docilement à leurs obligations de Locarno.

La rapide aggravation de la situation internationale rendit impératif l'accroissement maximal des défenses militaires de la Belgique; celle-ci devait en outre se libérer de ses engagements vis-à-vis d'autres pays susceptibles de l'entraîner dans une guerre et dont la faiblesse et l'attentisme avaient détruit la crédibilité d'alliés et de garants. En fait, depuis le printemps 1935 au cours duquel Hitler avait annoncé la formation d'une vaste armée de conscrits, le gouvernement avait été soumis à une pression croissante de l'opinion pour libérer la Belgique de ses dangereux engagements extérieurs. Mais si beaucoup de Belges reconnaissaient la nécessité urgente de réarmer, peu d'entre eux étaient disposés à accroître les forces armées de la Belgique quand celle-ci, en raison des traités qui la liaient, était tenue de les mobiliser pour collaborer aux opérations militaires de la France et la Grande-Bretagne. Le gouvernement pouvait donc tout juste espérer obtenir les hommes et l'argent indispensables à la sécurité de la Belgique en assurant le Parlement que l'armée ne serait utilisée que pour la défense du royaume. On en eut la preuve en février 1936, lorsqu'un projet de Loi Militaire visant à accroître la capacité défensive de la Belgique et le temps du service militaire, suggéré par le Roi et présenté au Parlement par le gouvernement, fut rejeté à cause de l'opposition tant des Flamands que des partis socialistes.

Sur le plan militaire, la Belgique se devait d'être à la fois prête et indépendante. Pour elle, la seule façon d'unir les différentes factions politiques et communautaires et de les persuader de faire les sacrifices indispensables à sa sécurité, était de convaincre la Grande-Bretagne et la France de libérer la Belgique de ses engagements envers elles et de lui reconnaître le statut «d'indépendance armée». Lorsque le Roi et ses principaux ministres discutèrent de ce problème, tous admirent qu'en appliquant de façon plus énergique la politique de ses prédécesseurs, le gouvernement non seulement sauvegarderait l'intégrité territoriale du pays mais apporterait encore la meilleure contribution possible à la sécurité de la France et à la préservation de la paix en Europe. Ils pensaient qu'une Belgique mieux défendue, plus unie et indépendante, s'avérerait un considérable facteur de dissuasion dans le cas d'un nouvel affrontement franco-allemand car le belligérant serait ainsi obligé pour attaquer son adversaire de franchir les puissantes fortifications situées le long de la frontière franco-allemande. Ou bien, s'il choisissait de pénétrer en Belgique par la force — afin d'utiliser son territoire comme voie de passage ou comme champ de bataille — il se heurterait à une vive résistance et l'opinion mondiale se dresserait contre lui comme en 1914.

Comme le montra la suite des événements, ces facteurs de dissuasion furent bien près de fonctionner. Ils auraient contribué à décourager Hitler de déclencher le Blitzkrieg de 1940 si, en plus, la France et la Grande-Bretagne avaient été bien armées et bien préparées. La décision d'envahir la Belgique fut en effet prise par Hitler seul contre l'avis d'une grande partie de son opinion. Parmi les opposants figuraient presque tous ses généraux, y compris le commandant en chef, et même Franco et Mussolini le mirent en garde contre une violation de la neutralité belge et une répétition de l'erreur commise par le Kaiser en 1914.

Au cours des six mois qui suivirent la réoccupation de la Rhénanie, il devint de plus en plus évident pour le Roi et ses principaux ministres que les futiles efforts d'Anthony Eden en vue de négocier un nouveau Pacte de Locarno avec les puissances nazie et fasciste tomberaient rapidement en quenouille, que l'Europe se raidissait en deux camps opposés, que la Sécurité Collective était une chimère et enfin que la Société des Nations agonisait si elle n'était pas déjà morte. L'opinion mondiale sut pour la première fois que le gouvernement belge avait envisagé une nouvelle stratégie lorsque en juillet 1936, Spaak, s'adressant à l'Union de la Presse Etrangère, déclara:

> «Je ne veux qu'une chose: une politique exclusivement et intégralement belge.»

Toutefois, on ne releva guère la chose à l'étranger et il en fut de même pour un discours semblable du Premier Ministre van Zeeland en septembre, répétant que le gouvernement utilisait deux moyens pour éviter d'être entraîné dans une guerre entre des pays tiers: un puissant système défensif et un retrait volontaire de ses engagements extérieurs.

C'était, en fait, ce qui se passait dans les coulisses. Le ministère belge des Affaires Etrangères déployait une grande activité diplomatique pour faire admettre par Londres et par Paris la nouvelle politique d'«indépendance armée». Les désirs du gouvernement belge furent discrètement exposés à Londres en juillet. M. Orme Sargent (qui devint Sir par la suite), du Foreign Office, répondit que la Grande-Bretagne serait favorable à une telle politique mais qu'il était persuadé que les Français ne le seraient pas, leur arrière-pensée ayant toujours été de se servir de la Belgique comme champ de bataille. Par une note datée du 17 septembre 1936, la Grande-Bretagne approuva la nouvelle politique belge, précisant que si l'on négociait un nouveau traité pour remplacer celui de Locarno, l'on demanderait des garanties mutuelles à tous les signataires, à l'exception de la Belgique.

Les Belges remercièrent et prièrent la Grande-Bretagne de les aider à résoudre les difficultés que les Français n'allaient pas manquer de leur opposer face à la même démarche. Jusqu'alors, les émissaires belges avaient fait remarquer à René Massigli, au Quai d'Orsay, que la France avait tout à gagner à cette nouvelle politique car une Belgique forte et unie serait un formidable rempart contre une agression allemande. Mais les Français se montrèrent dès l'abord réticents, comme l'avait prévu Orme Sargent: la France souhaitait en effet se servir du territoire belge pour lancer une attaque contre l'Allemagne (ou résister à une attaque de cette dernière) au cas où des hostilités résulteraient des obligations prévues dans les traités signés par elle avec ses alliés de l'est. La France avait compris trop tard son erreur d'avoir laissé l'Allemagne réoccuper et fortifier la Rhénanie, car elle ne pouvait dorénavant secourir ses alliés qu'en traversant le territoire belge. Mais comme Spaak le rappela au ministre français des Affaires Etrangères, Yvon Delbos, selon l'article 16 de la Charte de la Société des Nations, aucune nation n'était obligée d'autoriser le passage de troupes sur son territoire, et il contesta fermement à la France le droit d'utiliser la Belgique comme champ de bataille en cas de guerre avec l'Allemagne.

Les dangers encourus par le pays en raison de sa situation et la nécessité d'une politique nouvelle étaient plus évidents pour Léopold et certains de ses ministres que pour bon nombre de leurs concitoyens. Tous les ministres et tous les membres du Parlement n'étaient pas convaincus de la nécessité d'une meilleure sécurité et d'une plus forte indépendance en dépit des avertissements éloquents de Spaak concernant la vulnérabilité de la Belgique. En fait, le Parti Socialiste, le propre parti de Spaak, dont la plupart des troupes se recrutait en Wallonie, n'avait pas apprécié son discours de juillet sur «l'indépendance», le considérant comme anti-Français. De plus, les socialistes belges, comme leurs camarades britanniques, prônaient le désarmement et s'opposaient traditionnellement aux dépenses militaires et à la conscription. Le bureau du parti ressentit ce discours comme une attaque contre les principes de la Société des Nations et de la Sécurité Collective et demanda des explications. Spaak répliqua que, depuis que le vieux leader socialiste, Emile Vandervelde, avait publiquement déclaré que la Société des Nations était un échec, la nécessité d'une nouvelle politique était évidente. Vandervelde, néanmoins, s'en tint à la ligne de son parti sur la question de l'armement, comme il l'expliqua alors au secrétaire du Roi, le comte Capelle:

> «Après cinquante ans de lutte antimilitariste, je ne pourrais voter la prolongation du temps de service. Je ne veux pas me désolidariser de mes camarades...»

Les libéraux et les catholiques, auxquels le discours de van Zeeland en faveur de la nouvelle politique s'adressait particulièrement, étaient profondément inquiets de la «menace bolchévique» qu'ils considéraient comme partie intégrante de l'alliance militaire conclue entre la France du Front populaire et la Russie soviétique. Ils étaient également très préoccupés par le soutien et la fourniture d'armes de ces deux pays aux Républicains engagés dans la guerre civile espagnole. Cette situation exigeait une conduite énergique et claire. Elle fut assumée par le Roi.

Comme monarque constitutionnel, Léopold ne pouvait pas «s'adresser directement au pays» (comme Stanley Baldwin aurait pu le faire) pour expliquer à ses compatriotes les risques d'une agression étrangère susceptible de les entraîner dans une guerre, et la nécessité de réarmer pour éviter ce danger. Mais comme président du Conseil des ministres, le Roi pouvait carrément exposer les faits aux membres de son gouvernement issus des trois principaux partis politiques, et les adjurer d'expliquer la situation à leurs partisans afin d'obtenir leur soutien aux mesures essentielles à la sécurité nationale et au maintien de la paix.

Léopold souhaitait plus particulièrement que la Loi Militaire, longtemps différée, soit votée dans les plus brefs délais. La situation était si critique que le Roi convoqua une réunion plénière du gouvernement le 14 octobre 1936. «Il ouvrit la séance, écrit J.K. Miller, par un discours qui exprimait si bien les désirs, les craintes et les espoirs de ses sujets qu'il devint la déclaration officielle de la politique étrangère belge et fut accepté comme tel à l'intérieur et à l'extérieur [40]».

> «En prêtant le serment constitutionnel, les Souverains belges s'engagent à maintenir l'intégrité et l'indépendance du pays. Comme mes prédécesseurs, j'entends exécuter cette promesse solennelle. C'est pourquoi j'ai tenu à présider ce conseil, qui doit arrêter les mesures à soumettre au Parlement en vue de doter la Belgique d'un statut militaire adapté aux circonstances actuelles. Le Gouvernement s'est posé, depuis plus d'un an déjà, le problème du renforcement de notre état militaire.»

Le Roi exposa ensuite les raisons d'une telle initiative. Après avoir évoqué le réarmement de l'Allemagne, de l'Italie et de la Russie, il ajouta avec une singulière prescience:

> «La transformation des méthodes de guerre sous l'influence des progrès techniques, notamment en matière d'aviation et de motorisation, permet d'imprimer désormais aux opérations initiales d'un conflit armé une puissance, une rapidité et une amplitude particulièrement alarmantes pour des pays de faible étendue comme la Belgique.»

Le Roi affirma alors que la réoccupation de la Rhénanie avait mis la Belgique à la merci d'une invasion allemande et que la sécurité internationale avait été minée par la rupture des pactes — même librement signés — et l'incapacité de la Société des Nations à empêcher ou à sanctionner de telles violations. Dans une allusion à la guerre civile espagnole qui faisait rage depuis juillet, le Roi remarqua que

> «les dissessions intestines de certains Etats risquent de s'enchevêtrer dans les rivalités de systèmes politiques et sociaux d'autres Etats et de déchaîner une conflagration plus acharnée et plus dévastatrice que celle dont nous subissons encore le contrecoup.»

Léopold rappela à ses auditeurs que «la nécessité de proportionner nos forces militaires aux risques des dangers extérieurs se manifesta dès le printemps de 1935» (lorsqu'Hitler avait annoncé la création d'une immense machine militaire) et qu'il avait donné au mois de novembre de cette même année son approbation royale au programme défensif mis au point avec son grand Etat-major. Il retraça alors la lente progression de la Loi Militaire, conçue en fonction de ce programme — mais qui ne reçut pas l'approbation de la Chambre — et insista sur le fait que les points majeurs de son contenu (la formation d'une force de couverture permanente, l'achat de matériel, la défense anti-aérienne, les fortifications et le système de mobilisation) demandaient une décision immédiate. Il importait surtout que la nouvelle loi sur la milice soit votée avant le 1er décembre de sorte que puisse commencer à cette date l'appel de la classe 1937.

«Devant les dangers de la situation internationale, le pays ne comprendrait pas que le Gouvernement tardât à soumettre au Parlement les propositions qui s'imposent.»

Il demanda alors — c'était un des principaux objectifs de son discours — que tous ceux qui l'écoutaient exposent à leur tour le problème au public [41].

Le Roi termina son discours en exprimant sa confiance que le gouvernement résoudrait le problème militaire dans un esprit d'union et de patriotisme, et donnerait ainsi, face aux événements extérieurs, un sentiment de sécurité si important pour le bien-être de la Nation. «Vous aurez ainsi établi une fois de plus, devant le pays, que la préoccupation essentielle du Gouvernement d'union nationale est de placer au-dessus de tout l'intérêt supérieur de la Belgique.»

Ce que Léopold exposait n'était pas une politique de neutralité passive mais la promesse que, si la défense de la Belgique pouvait être transformée comme il le fallait, le pays risposterait immédiatement à tout agresseur. Par la même occasion, il réaffirmait ne pas être disposé à se laisser entraîner dans une guerre résultant de pactes signés avec d'autres pays dont la faiblesse et l'instabilité en tant qu'alliés et que garants avaient été suffisamment démontrées. La déclaration vigoureuse et lucide du Roi fit une impression profonde et l'assemblée fut unanime pour l'acclamer.

Les résultats de ce discours confidentiel du Roi à ses ministres furent remarquables. Tous les membres du gouvernement, suivis peu après par le pays entier, y compris tous les partis politiques à l'exception des communistes, se rangèrent aux côtés du Roi et adoptèrent la nouvelle politique. On en eut la preuve quelque temps plus tard, le 2 décembre, lorsque la Loi Militaire fut votée à la plus grande majorité jamais accordée à un projet de loi sur la défense (la Chambre vota par 137 voix contre 43 et 8 abstentions et le Sénat par 122 contre 19 et 6 abstentions). Mais il y eut d'autres prolongements. La politique définie par Léopold était la seule à pouvoir unir les partis de gauche et de droite, aussi bien que les Flamands et les Wallons, et à rendre à la fois possibles la conscription des jeunes gens, les énormes dépenses nécessaires au réarmement et le renforcement des fortifications entreprises après 1936. Qui plus est, l'efficacité de ces mesures fut amplement démontrée par les événements qui suivirent. Lorsqu'il envisagea l'invasion de la Belgique, des Pays-Bas et de la France, l'Etat-major général allemand — et Hitler en particulier — fut dissuadé de lancer le Blitzkrieg, quand il apprit que la Belgique avait les moyens de riposter et qu'elle serait un morceau très difficile à avaler (L'enregistrement de «propos de table» d'Hitler révéla que celui-ci estimait ses pertes à un million d'hommes pour briser la défense de la Belgique). Et lorsque le Blitzkrieg éclata réellement, la résistance prolongée de l'armée belge jusqu'au deuxième jour de l'évacuation de Dunkerque, permit au noyau indispensable de l'armée britannique de fuir par la mer. Les Belges contribuèrent ainsi d'une manière décisive à la victoire finale, ce qui n'eût pas été le cas sans les initiatives du Roi en faveur du réarmement.

Le Roi dut encore accepter les conséquences de ses initiatives quand, son discours ayant été publié, il fut pris à partie par ses détracteurs (d'abord en France, puis de partout après la capitulation de l'armée belge) criant haut et fort que cette prise de position constituait une rupture unilatérale par la Belgique de ses alliances avec la France et la Grande-Bretagne. Ils la stigmatisèrent enfin comme une politique autocratique et personnelle favorisant l'Allemagne, et imposée au peuple réticent par un Roi profasciste. Il est clair aujourd'hui que c'était faux à tous égards. Le Roi n'avait jamais parlé de «rupture», et par ailleurs aucun traité d'«alliance» n'avait jamais existé entre les trois pays. En vérité, tout l'objet de son discours tendait à ce que les citoyens de cette démocratie parlementaire qu'est la Belgique soient mis au courant des menaces qui pesaient sur sa sécurité, afin qu'ils soient en mesure de décider par leurs votes le renforcement des défenses de leur patrie contre une éventuelle agression allemande. De plus, la publication du discours à la requête de tous les membres de la coalition tripartite, confirma que le gouvernement belge approuvait pleinement son contenu.

Le Roi avait toujours dit que les réunions du Cabinet étaient pour lui la seule occasion d'exprimer librement et franchement ses opinions. Il avait donc prononcé son discours à la seule intention du gouvernement et non à celle du public belge ou étranger. Ce n'est que sur l'insistance particulière de ses ministres qui estimaient que la publication immédiate du discours servirait l'intérêt général et constituait un «puissant moyen d'éclairer le public et d'inciter ses représentants à voter la Loi Militaire», que le Roi autorisa cette publication. Ô ironie, Emile Vandervelde, le pacifiste, l'opposant de toujours à la conscription et qui, la veille du discours, avait déclaré au comte Capelle qu'il ne soutiendrait jamais la thèse du réarmement, fut le premier à demander cette publication et à remercier le Roi pour son initiative. Il promit également le soutien total des socialistes à la politique d'indépendance armée, promesse qui fut dûment ratifiée par le parti. En outre, comme il rendait hommage au Roi pour avoir promu cette politique, Spaak, dix-huit mois plus tard, parla devant le Parlement d'un «discours qui reçut l'approbation unanime des ministres et qui fut publié avec l'accord de tous, discours dont chaque thème fut couvert d'applaudissements au Parlement». Et Spaak d'enchaîner:

> «Il est, dès lors, tout aussi absurde qu'inconvenant de prétendre, comme cela se fait dans certaine presse et dans certains milieux, qu'il existerait une politique personnelle du Roi, en opposition avec celle de la Nation. La vérité plus simple et bien plus heureuse c'est que le Chef de l'Etat a su, dans un moment difficile, s'inspirant des intérêts permanents de notre pays, traduire en termes excellents la volonté de l'immense majorité.»

La presse belge accueillit avec un égal enthousiasme le discours de Léopold. *Le Peuple,* l'organe officiel du Parti Socialiste, écrivit le 17 octobre:

> «En s'exprimant comme il le fit, le Roi a usé d'une méthode strictement constitutionnelle. Il n'est pas sorti des prérogatives que notre droit public lui confère... Les suggestions contenues dans le discours royal sont dominées par le souci légitime d'écarter la Belgique de toute complication internationale... Cette préoccupation est partagée par toute la population. Elle répond aux sentiments profonds de tous les citoyens belges.»

Le 16 octobre, *La Dernière Heure,* quotidien libéral, écrivait de son côté:

> «Le Roi et le Gouvernement ont pris sagement leurs responsabilités... L'avertissement vient de haut, du représentant d'une dynastie qui a glorieusement contribué à la grandeur de la Belgique, d'un Roi dont toutes les paroles et tous les actes, depuis son avènement, ont démontré qu'il entendait suivre honnêtement les nobles traditions paternelles.»

Le même jour, *Le Soir,* influent quotidien indépendant, déclarait pour sa part:

> «Le Roi agissait en sa double qualité de Chef de l'armée et de Chef de l'Etat, au plus haut point préoccupé d'assurer à la Belgique la paix et la sécurité. C'est un terrain sur lequel, en effet, tous les citoyens ont le devoir impérieux de se retrouver, en un bloc compact, autour du Souverain... C'est ce qu'on appelle une politique exclusivement et intégralement belge.»

Et à l'étranger? Malheureusement le ministère des Affaires Etrangères dirigé par Spaak avait omis de préparer l'opinion internationale au discours du Roi en lui expliquant sa signification, ses implications et les circonstances dans lesquelles il avait été prononcé. De plus, il ne réussit pas à réagir assez vite pour dissiper les malentendus que le discours souleva, principalement en France. Spaak fut donc obligé de fournir un tas d'explications tant en Belgique qu'à l'étranger, par le biais de la diplomatie ou en s'adressant personnellement au Parlement. Il précisa donc:

1. Que le gouvernement n'avait pas l'intention de revenir à la neutralité (un terme, releva-t-il, qui ne figurait même pas dans le discours).

2. Que le gouvernement respecterait toutes ses obligations de membre de la Société des Nations.

3. Qu'un discours ne supprimait pas des accords internationaux solennels et que l'entente provisoire obtenue à Londres le 19 mars était toujours valable, tandis que se poursuivaient les négociations pour conclure un nouveau pacte.

4. Que dans le cadre d'un tel pacte, la Belgique ne ferait qu'une promesse: «se défendre soi-même contre tout envahisseur et ne pas permettre à d'autres de se servir de son territoire comme d'une voie de passage».

Entre-temps, la réaction de la presse française au discours du Roi frisait l'hystérie; un journal allait jusqu'à comparer Léopold à Hitler sur le plan de la mauvaise foi. «La Belgique nous abandonne», titrait l'un, tandis qu'un autre décrivait les réactions françaises comme de l'«indignation chez les uns, de la peine chez les autres, et de la stupéfaction chez tous». Le fameux «Nous sommes trahis» retentit une fois de plus (comme en 1870 et en 1914 et comme on l'entendrait en 1940). La presse française avait à peine réagi lorsque, quelques mois auparavant, le Premier Ministre et le ministre des Affaires Etrangères avaient publiquement exposé cette politique d'indépendance armée. Mais quand Léopold s'exprima dans le même sens, ce fut immédiatement présenté comme une proclamation de rupture unilatérale de «l'alliance» de la Belgique avec la France et la Grande-Bretagne.

La réaction du Cabinet français fut plus réaliste car il avait depuis longtemps engagé des discussions avec des diplomates et des hommes d'Etat belges sur le désir de la Belgique d'obtenir ce statut d'indépendance, et il comprit que le discours du Roi ne contenait rien de nouveau. Bien que la commission du Sénat pour les Affaires Etrangères fît rapidement passer une motion regrettant «la dénonciation unilatérale du Pacte de Locarno», le ministre des Affaires Etrangères, Yvon Delbos, reconnut le jour suivant que le discours du Roi n'avait dénoncé aucune alliance, ni rompu avec la Société des Nations, ni en rien modifié les relations de la Belgique avec la France. Cependant, dans ses rapports ultérieurs avec Bruxelles, Paris se comporta comme si le Pacte de Locarno était toujours en vigueur bien que deux de ses principaux signataires, l'Allemagne et l'Italie, n'en fissent plus partie et que la pierre angulaire de ses dispositions, la Rhénanie démilitarisée, n'était plus qu'un souvenir. Les Français continuèrent de plus à chicaner sur une foule de détails techniques et à réclamer pour leur armée un droit de passage à travers la Belgique.

En Grande-Bretagne par contre, la réponse de la presse et du gouvernement au discours de Léopold fut empreinte de sympathie. L'attitude britannique avait été suffisamment explicitée dans une série de déclarations publiques, notamment celle du Foreign Office renouvelant sa promesse de garantie à la Belgique, sans engagement réciproque de celle-ci, hormis celui de résister à tout agresseur. Et Anthony Eden, le ministre des Affaires Etrangères, confirma que les armes britanniques ne seraient jamais utilisées à des fins agressives mais uniquement pour défendre le Royaume-Uni, le Commonwealth, la France et la Belgique «dans le cas d'une agression non provoquée».

Le 26 novembre, Van Zeeland se rendit à Londres. Lors d'un banquet donné en son honneur, Eden fit son éloge et lui réitéra une fois de plus l'amitié chaleureuse de la Grande-Bretagne pour la Belgique et sa volonté de lui apporter son soutien, quoi qu'il arrive:

> «Permettez-moi de vous dire, une fois de plus, que l'indépendance et l'intégrité de la Belgique représentent un intérêt essentiel pour notre pays et que la Belgique peut compter sur notre assistance si elle était la victime d'une agression non provoquée. Je dis cela en pleine connaissance de cause, car je sais que telle est la volonté du peuple britannique, et l'affirmer clairement, c'est servir la paix.»

Le jour suivant, Sir Esmond Ovey, l'ambassadeur de Grande-Bretagne à Bruxelles, confia au comte Capelle: «La nouvelle orientation politique de la Belgique contribue d'une manière vitale au maintien de la paix en Europe... Nous ne pouvons suffisamment remercier sa Majesté d'avoir pris cette initiative». Quatre mois plus tard, le 11 mars 1937, à l'issue d'un entretien privé avec le Roi, Ovey rapporta à Eden que Léopold restait «strictement fidèle à sa ligne de conduite, mais totalement pro-Anglais. Il est décidé à épargner une autre guerre à son pays et veut être libre de tout engagement qui pourrait fournir à tout autre pays un prétexte pour attaquer la Belgique ou pour traverser son territoire» [42].

Bien qu'Anthony Eden considérât les Belges et leur nouvelle politique avec un certain cynisme — comme le montrent ses commentaires parfois moqueurs en marge de certains documents du Foreign Office —, il n'y a aucune raison de mettre en doute la sincérité de ses déclarations publiques en leur faveur. En outre, les dossiers du gouvernement confirment qu'il s'agissait là d'une politique mûrement réfléchie, fondée sur l'intérêt propre du pays. Le 3 décembre 1937, par exemple, les chefs d'état-major soumirent au Cabinet un «mémorandum ultra secret» intitulé: «Comparaison entre les forces de la Grande-Bretagne et celles de certains autres pays en janvier 1938». En avalisant de manière pragmatique la politique exposée par le roi Léopold, ils affirmaient:

«L'attitude de la Belgique est toujours purement défensive. La récente affirmation de sa politique montre le désir qu'elle a d'éviter les engagements et les garanties et de préserver sa neutralité dans une guerre à l'ouest de l'Europe. Parallèlement, la Belgique s'est lancée dans une mise en ordre de sa défense; la réalisation de cette volonté accroît ses chances de rester neutre, une attitude qui, du point de vue militaire, est tout à l'avantage de la France et de nous-mêmes» [43].

La réaction suivante vint de Berlin et réussit davantage à ébranler les Français que tous les efforts de la Belgique et la Grande-Bretagne. Le 22 décembre 1936, l'ambassadeur d'Allemagne à Bruxelles fit savoir que son pays était disposé à garantir l'indépendance de la Belgique et laissa entendre qu'une approche de la part de Bruxelles ne serait pas mal accueillie. Les Belges répondirent plutôt froidement qu'ils ne voyaient pas d'objection à ce que des pays autres que la Grande-Bretagne et la France leur fournissent des garanties mais qu'ils n'étaient pas demandeurs.

Le 30 janvier 1937, Hitler prononça un important discours au Reichstag, dans lequel il se déclara prêt à «garantir en tous temps l'inviolabilité et la neutralité de la Belgique et de la Hollande.» Ces ouvertures furent reçues avec des sentiments très mélangés en Belgique et le gouvernement se contenta d'en prendre poliment acte, mais en France, elles servirent la cause des Belges. En effet, le 6 mars, le Quai d'Orsay informa l'ambassadeur de Belgique que la France ne s'opposerait plus au désir de son pays d'être libéré des obligations réciproques prévues dans l'accord provisoire du 19 mars 1936. Peu après, les Allemands et les Italiens annoncèrent, après de nombreux mois de tergiversations et dans des termes totalement inacceptables, qu'ils étaient disposés à participer à un nouveau Pacte de Locarno. Il apparut enfin clairement aux Français et aux Britanniques que ces propositions sonnaient le glas de leurs espoirs de parvenir à un pareil accord avec les dictatures nazie et fasciste et qu'il ne fallait plus faire attendre la Belgique.

Au cours des diverses rencontres au plus haut niveau qui eurent lieu à Londres et à Bruxelles en vue de formuler les termes du pacte prévu entre les trois pays démocratiques, Léopold agit comme le «représentant officieux» de la Belgique et parvint à arrondir les angles de la négociation pour la mener à son heureuse conclusion. Ce fut la déclaration franco-britannique du 24 avril 1937, ratifiant sur toute la ligne la politique adoptée en octobre de l'année précédente par le gouvernement belge, à l'initiative de son Roi. Pour donner à la déclaration la force d'un traité, la France et la Grande-Bretagne la firent enregistrer officiellement auprès de la Société des Nations. Ayant pris acte de la nouvelle politique belge, la déclaration poursuivait:

«Les Gouvernements de la République française et du Royaume-Uni: déclarent qu'ils considèrent la Belgique comme dès maintenant déliée de toute obligation résultant pour elle, à leur égard, soit du Traité de Locarno, soit des engagements intervenus à Londres le 19 mars 1936; déclarent qu'ils maintiennent, à l'égard de la Belgique, les engagements d'assistance qu'ils ont pris envers elle par ces mêmes actes.»

Ceci constituait un résultat remarquable pour Léopold et pour Spaak. La Belgique avait maintenant les mains libres tout en conservant la garantie du soutien franco-britannique en cas d'attaque allemande. Et théoriquement pareille attaque ne devait pas se produire, puisqu'en octobre, Hitler tint, à son tour, la promesse qu'il avait annoncée. Le 13 de ce mois, il déclara que le gouvernement allemand ne romprait jamais «l'inviolabilité et l'intégrité de la Belgique, sauf évidemment si la Belgique prenait part à une action militaire contre l'Allemagne».

Pour le Roi, la déclaration franco-britannique revêtait une immense signification personnelle. Par la suite, aucun autre pacte n'interviendrait entre la Belgique, la Grande-Bretagne et la France, ni aucun amendement aux promesses solennelles des Alliés de protéger l'inviolabilité et de maintenir l'indépendance de la Belgique. Et pourtant, la Grande-Bretagne et la France envisagèrent, non seulement d'envahir la Belgique avant l'attaque allemande, mais après la capitulation de l'armée belge en 1940, le Président du Conseil français, Paul Reynaud — et sur sa lancée les Britanniques — accusa faussement Léopold d'avoir trahi la France et la Grande-Bretagne et de s'être rendu sans les prévenir. Et l'on clama haut et fort que les Français et les Britanniques avaient noblement répondu à «l'appel angoissé» de la Belgique, qu'ils s'étaient précipités à sa «rescousse» et, que le Roi avait, de sa propre initiative, dénoncé «l'alliance» belgo-française dans son discours du 14 octobre 1936.

Or pareille alliance n'avait jamais existé, et lorsque l'Allemagne attaqua la Belgique le 10 mai 1940 et que la France et la Grande-Bretagne lancèrent leurs armées à travers ce pays, elles ne faisaient que remplir les promesses contenues dans leur déclaration de 1937. Et, du même coup, elles mettaient en œuvre la stratégie la plus favorable à leurs intérêts et qu'elles avaient depuis longtemps décidé d'appliquer si la Belgique ne les appelait pas. De plus, en demandant l'assistance de ces deux pays au début du Blitzkrieg, la Belgique ne faisait qu'accepter l'offre qui lui avait été faite librement trois ans auparavant; et en résistant durement à l'envahisseur au lieu de s'incliner devant une force écrasante comme le firent les Danois et les habitants des îles anglo-normandes, les Belges respectaient la parole donnée aux Alliés.

Paul Reynaud étant à l'origine de ces calomnies, il n'est pas surprenant de constater que tout au long de ses écrits justificatifs, — les

1.200 pages des deux volumes de ses mémoires curieusement intitulés *La France a sauvé l'Europe* et les 1.000 pages de son ouvrage «entièrement rénové», *Au cœur de la mêlée,* — il maintient avec insistance que Léopold «dénonça l'alliance» entre la France et la Belgique et que ce fut là la cause primordiale du désastre militaire de la France en 1940. Pour ne citer qu'un exemple:

> «Sur l'intervention personnelle du Roi, le gouvernement belge décide, le 14 octobre 1936, de rompre l'alliance et les accords militaires qui liaient la Belgique et la France... Du fait de son retour à la neutralité, la Belgique n'appelle plus l'armée française en cas de tension diplomatique.» [44]

Mais, comme nous l'avons vu, le discours de Léopold n'avait en rien modifié les liens de la Belgique avec la France et «l'accord provisoire du 19 mars 1936, qui n'était pas une alliance, fut révoqué par consentement mutuel une année plus tard. De même, «l'accord militaire» auquel Reynaud fait allusion avait été suspendu par la déclaration commune du 6 mars 1936, sept mois avant le discours de Léopold sur «l'indépendance armée». En outre, aucun accord ne prévoyait que la Belgique devait appeler l'armée française à son secours en cas de «tension diplomatique». En septembre 1920, la Belgique avait signé un accord militaire, qui n'était pas davantage une alliance, pour s'assurer la collaboration technique de la France durant leur occupation commune de la Rhénanie. Mais cet accord était devenu caduc après que les deux pays eurent retiré leurs troupes en 1930 et que leurs obligations mutuelles eurent été redéfinies à Locarno. La position de la Belgique vis-à-vis de ses voisins, juste avant l'attaque allemande de mai 1940, a été clairement résumée par Spaak, en ces termes:

> «L'impuissance de la Société des Nations face à l'affaire d'Abyssinie et l'incapacité de mettre le Pacte de Locarno en application, ont incité le gouvernement, sous la houlette du Roi, à envisager d'autres solutions en vue d'assurer la sécurité du pays. Simultanément la nécessité urgente de renforcer l'armée et d'obtenir du Parlement et du pays l'effort et les sacrifices indispensables à la réalisation de ce but, ont obligé le gouvernement à mettre l'accent sur le caractère strictement pacifique et défensif de sa politique.
>
> Une telle conception impliquait une indépendance absolue, exempte de toute alliance avec nos puissants voisins dont les politiques extérieures soulevaient des dangers de guerre manifestes. Tous les gouvernements successifs firent ce qui était en leur pouvoir pour renforcer cette politique... L'Histoire prouvera que grâce à leur persévérance et à leur loyauté lors de la réalisation de cette politique d'indépendance, le pays y adhéra presque entièrement à la veille de la guerre.
>
> Consciente toutefois de son impossibilité de se défendre seule en cas d'agression, la Belgique accepta en 1937 les garanties de la France, de la Grande-Bretagne et de l'Allemagne... Il importe de souligner que le

gouvernement belge a toujours maintenu que... leurs Déclarations ne liaient pas la Belgique et qu'en outre les garanties promises ne pouvaient devenir effectives qu'à la demande expresse de la Belgique...

Il convient d'insister sur le fait que durant toute cette période, aucune divergence d'opinion sur les points essentiels de notre politique extérieure ne troubla les relations entre le Roi et le gouvernement».

Lorsque Léopold se rendit en Angleterre en mars 1937, son but était non seulement de faciliter les négociations qui devaient aboutir à la déclaration franco-britannique mais aussi de prendre contact avec des personnalités influentes pour leur expliquer la nouvelle politique de son pays et les raisons de son adoption. Le Roi désirait notamment dissiper les craintes exprimées dans certains milieux, de voir la Belgique se détourner de son amitié traditionnelle avec la Grande-Bretagne. Il souhaitait vivement préserver et resserrer les liens qui unissaient la Belgique et le pays qu'il affectionnait le plus après le sien. Comme son père, Léopold avait toujours eu de l'admiration pour Winston Churchill qui partageait leurs vues sur la nécessité d'un armement adéquat et d'une résistance résolue vis-à-vis de tout agresseur. Albert et Léopold, comme beaucoup d'autres personnes à l'étranger, avaient été impressionnés par les tentatives de Churchill pour amener le peuple britannique à affronter les dangers d'une agression nazie. Bien que Churchill ne fût pas aux commandes, le Roi souhaitait rencontrer le grand opposant à la politique pacifiste qui conduisait la Grande-Bretagne au désastre et qui avait contraint la Belgique d'adopter sa politique d'indépendance armée. Il espérait pouvoir lui expliquer en privé les raisons de cette politique.

Comme le Roi le fit remarquer à l'auteur de cet ouvrage en 1950: «Nous n'aurions pas hésité à nous placer nous-mêmes sous votre protection si la Grande-Bretagne avait eu une politique ferme et un chef de la trempe de Winston Churchill. Mais malheureusement, les partisans de l'apaisement étaient au pouvoir et votre pays semblait avoir perdu son leadership dans le monde». Malheureusement aussi, la rencontre entre ces deux hommes — la seule conversation que Léopold eut jamais avec Churchill — se révéla infructueuse.

Etant donné que la nouvelle d'une entrevue privée avec Churchill n'aurait pu rester secrète, l'ambassadeur de Belgique, le baron de Cartier de Marchienne, organisa un dîner où Churchill fut invité en même temps qu'Eden, Simon et Hore-Belisha. Après le dîner, le baron attira Churchill et le Roi dans un coin tranquille. Mais Churchill se lança dans un récit animé de ses jours de gloire avec la Brigade Navale à Anvers en 1914 et Léopold ne parvint pas à le ramener à la situation présente ni à exercer une quelconque impression sur l'homme qui devait jouer un rôle aussi déterminant sur son avenir. Après son abdication, le Roi avoua à l'auteur: «Ce fut vraiment dommage. Il aurait sans doute été par la suite plus aimable et plus compréhensif à mon égard.»

La rencontre entre Léopold et Churchill coïncida avec le recul important d'une organisation dont le nom avait été associé, tout à fait indûment, à la royauté, en l'occurrence le Parti Rexiste que dirigeait Léon Degrelle. Après 1940, ceux qui s'efforcèrent de flétrir le «gouvernement personnel» du Roi en l'accusant de sympathies fascistes trouvèrent facile de l'associer à ce groupe. Mais le rexisme n'avait rien à voir avec les rois terrestres, puisque Degrelle avait tiré cette dénomination du latin *Christus Rex* et l'avait d'abord donnée à sa maison d'édition, puis à un hebdomadaire et enfin au parti politique qu'il créa en 1936. Comme les Nazis, les militants du mouvement fascisant de Degrelle profitaient de la crainte — très répandue dans la Belgique bourgeoise — du communisme. En mai 1936, le parti obtint ses vingt-et-un premiers sièges à la Chambre, ce qui fit croire à une redoutable percée. Mais celle-ci ne fut que de courte durée.

L'une des causes de la perte rapide de popularité qu'enregistrèrent Degrelle et son parti fut, comme l'affirme J.K. Miller, «la direction active du pays par le roi Léopold». Cet auteur explique comment le discours du Roi à ses ministres «fut si bien accueilli par bon nombre de ses sujets qu'ils s'empressèrent d'abandonner Degrelle et de revenir à leur parti traditionnel» [45]. Quelques jours plus tard, le 25 octobre, Degrelle convia ses sympathisants à une grande manifestation rexiste destinée à renverser le Premier Ministre, van Zeeland. Mais au lieu des 250.000 personnes attendues, 5.000 seulement descendirent dans les rues, la plupart par simple curiosité. Peu après, Léopold asséna un coup décisif à Degrelle et à son mouvement dans un discours, les accusant de saboter leur pays.

Van Zeeland avait formé son deuxième cabinet en juin. Le succès des communistes, qui obtinrent neuf sièges aux élections de mai, inquiéta le public belge et aurait bien pu favoriser Degrelle, s'il n'y avait eu quatre éléments nouveaux. Le premier fut la condamnation publique des rexistes par le Roi; le deuxième, la révélation que Degrelle avait rendu une visite secrète à Hitler; le troisième, la vigueur du Parti Catholique reconstitué; et le quatrième, une condamnation sans équivoque du mouvement par le cardinal Van Roey, primat de Belgique. Celui-ci déclara dans une lettre pastorale: «Le rexisme constitue un danger pour le pays», et mit en garde tout catholique qui voterait pour Degrelle ou qui déposerait même un vote nul lors des prochaines élections partielles. Ainsi, lorsque Degrelle se trouva en position d'être élu à la Chambre en avril 1937, les trois principaux partis politiques s'unirent-ils pour persuader van Zeeland de contester son siège et Degrelle fut battu par une majorité de quatre contre un. Cette humiliation lui donna le coup de grâce. Le rexisme ne s'en remit pas, mais Degrelle allait encore jouer un rôle important de collaborateur sous l'occupation allemande.

En octobre 1937, Léopold se rendit à Paris pour l'inauguration d'un monument élevé à la mémoire de son père par le gouvernement français. Il fut accueilli avec enthousiasme par les Parisiens et son discours fut chaleureusement applaudi par la foule comme par la presse française. Evitant les habituelles phrases creuses, le Roi profita de l'occasion pour expliquer et justifier la politique de son pays. La réponse des Français fut généreuse. Beaucoup d'entre eux comparèrent le jeune Roi à son père et un journaliste écrivit que «la Belgique libre, indépendante, seule maîtresse de sa propre destinée, demeure fidèle à son amitié avec la France». Mais l'impression créée par la franchise et la sincérité de Léopold s'estompa trop vite. Il ne fallut pas longtemps pour que le ciel de France se couvre à nouveau de sombres nuages chargés de méfiance, de malveillance, de jalousie et de calomnies envers la Belgique et son Roi.

En novembre, la visite officielle que le Roi, accompagné de Spaak, fit à Londres lui valut un remarquable succès personnel. Un éditorial du *Times* affirmait le 18 novembre: «Londres a reçu le roi Léopold avec une chaleur qui doit l'avoir convaincu de la profonde sympathie que nous ressentons ici pour sa personne et son pays. Une cordialité exceptionnelle a marqué les cérémonies traditionnelles...». En réponse au toast du roi George lors du banquet officiel, le roi Léopold affirma sa conviction que bien que les petites nations puissent manquer de force militaire, elles sont capables d'engendrer une grande force morale. Moins impliquées dans une politique de puissance, elles peuvent, au moins, être les porte-parole du bon sens. Il plaida ensuite pour que l'Empire Britannique joue un rôle de précurseur dans la résolution des difficultés économiques qui «sont à la base des problèmes internationaux qui harcèlent le monde».

Chapitre VI

La pente glissante

> «Tout le monde m'écrit depuis qu'il m'arrive de dire ce que je pense de la paix par l'apaisement à tout prix. Personnellement, je pense que nous sommes sur une pente glissante qui nous entraîne d'une capitulation à l'autre et nous fait accepter insulte sur insulte, pourvu que nous ayons la paix.»
>
> Sir Roger KEYES, Député, dans une lettre à l'une de ses filles, en décembre 1938.

En juin 1938, Joseph E. Davies devint le nouvel ambassadeur des Etats-Unis à Bruxelles et au cours de sa mission, qui prit fin en janvier 1940, il eut avec le Roi plusieurs longues conversations, sur des problèmes aussi bien intérieurs qu'extérieurs. «Je le quittais toujours frappé par la force morale qui émanait de lui», écrivit-il.

> «Le roi des Belges m'apparaissait comme un homme dont les caractéristiques les plus frappantes étaient un physique superbe et athlétique, une extrême dignité, une simplicité inhabituelle et une personnalité qui trahissait une force tranquille et résolue ainsi qu'une grande détermination morale.
>
> C'était un grand travailleur; il abordait toutes ses responsabilités avec le plus grand sérieux; son existence était limpide et sa réputation au-dessus de tout soupçon. La direction du pays l'absorbait entièrement. Il n'était pas seulement le chef attitré, il était le leader effectif de son gouvernement. A côté de son travail et de sa famille, son intérêt majeur était l'alpinisme. Il veillait à garder la forme et semblait toujours au mieux de sa condition physique. A mon sens, il était un homme exceptionnellement capable, sérieux et fort...» [46].

Durant toutes ces années de crise, le Roi se préoccupa constamment de l'éducation de ses enfants orphelins. En 1937, la jolie et vive Joséphine-Charlotte avait dix ans, Baudouin en avait sept et Albert trois. Leurs études étaient supervisées par le dévoué comte Gatien du Parc qui avait été élevé en Grande-Bretagne et parlait l'anglais comme un Britannique. Au cours des mois d'été de la fin des années trente, les enfants de Léopold jouaient sur les belles plages de la côte belge, aussi insouciants que leur père avant le conflit de 1914.

Entre-temps, alors que le monde se dirigeait inexorablement vers la guerre, le Roi dénonçait la montée des périls et tentait d'unir ses compatriotes. Léopold avait toujours défendu les intérêts des travailleurs et sa popularité avait grandi à l'occasion de ses fréquentes visites dans le pays, où il était acclamé par des foules exubérantes. En juillet 1939, il déclara devant un groupe d'ouvriers: «L'arme au pied, nous entendons rester maîtres chez nous».

La réaction de toutes les couches de la population aux initiatives du Roi pour renforcer la défense du pays était remarquable. A l'inverse de leurs homologues britanniques qui s'opposaient aux molles tentatives de réarmement du Royaume-Uni (même après Munich), les socialistes eux-mêmes et leurs syndicats lui accordèrent leur soutien enthousiaste et acceptèrent les sacrifices et les impôts exigés par le programme de réarmement. Bien que la paie des soldats et les allocations attribuées à leurs familles fussent relativement faibles, le coût de l'effort de défense du pays était écrasant par rapport à ses ressources. En septembre 1939, pas moins de 24% du budget total étaient consacrés au maintien de la mobilisation des forces armées et au renforcement de la défense. Au début de 1940, les dépenses quotidiennes de la Belgique pour maintenir l'armée en état d'alerte s'élevaient à 24,5 millions de francs, alors que le budget annuel ordinaire s'élevait à 12 milliards. Le déficit budgétaire pour 1940 était évalué à 7 milliards 408 millions de francs.

En raison de sa faible superficie, la Belgique n'avait jamais été et ne pourrait jamais devenir une puissance militaire de premier plan. Quand on pèse tous les facteurs négatifs qui entravaient la tâche du Roi et celle de son chef d'état-major, leur énergie et leur détermination sont clairement illustrées par le fait qu'en septembre 1939, la Belgique, avec seulement huit millions d'habitants (moins que la population de Londres), avait 650.000 hommes sous les drapeaux (contre 152.000 hommes que la Grande-Bretagne réussit à déployer en France ce même hiver) ce qui signifiait que plus de la moitié des hommes âgés de vingt à quarante ans étaient mobilisés. L'ordre de mobilisation générale du 10 mai 1940 porta l'armée belge à 900.000 hommes, alors que le Corps Expéditionnaire britannique n'en comptait que 237.000.

La politique militaire suivie par le gouvernement britannique à la même époque était très différente de la politique belge; en fait, comme le rappelle Michael Howard dans *The Continental Commitment*, elle passa de la responsabilité limitée à la «responsabilité zéro», conséquence de la politique de conciliation du gouvernement Chamberlain. La «Field Force» fut donc réorganisée en février 1938, ce qui la ramena à trois divisions sous-équipées et mal préparées à la guerre. La force terrestre avait été longtemps privée de fonds et même dans ce soi-disant programme de réarmement, elle était loin derrière la Royal Air Force et la Royal Navy dont les ressources étaient déjà assez maigres comparées à celles des forces armées allemandes.

Cinq mois avant Munich, en avril 1938, le général Ironside affirmait: «Nous ne devons plus prévoir d'aide terrestre à un pays étranger. Notre contribution doit être assurée par la Navy et la RAF». Mais l'état de la RAF était tel que son chef d'état-major écrivait le même mois: «Nous ne sommes pas en mesure de résister à une quelconque attaque allemande, et si nous tentions de le faire, je pense que nous serions battus par knock-out.»

Neville Chamberlain détenait maintenant le contrôle virtuel de la politique étrangère britannique et lorsqu'Anthony Eden démissionna de son poste de ministre des Affaires Etrangères, il le remplaça par Lord Halifax, un homme estimable mais complaisant et incolore. Comme le montrent de manière inquiétante les carnets de Sir Alexander Cadogan, c'est ce dernier, alors sous-secrétaire d'Etat permanent au Foreign Office, qui exécutait la fatale politique d'apaisement envers les dictateurs décidée par Chamberlain et Halifax, et qui l'appliquait en usant à cet effet des pouvoirs extraordinaires qui lui avaient été accordés. Le journal de Cadogan, en date du 15 février, est un exemple typique de l'état d'esprit qui dominait la politique étrangère britannique pendant cette désastreuse période de l'avant-guerre. «J'ai été convoqué de grand matin au Foreign Office où soufflait un vent de panique au sujet de l'Autriche. Personnellement, je souhaite presque que l'Allemagne en finisse avec l'Autriche et l'annexe. C'est de toute façon ce qu'elle va probablement faire et nous ne pouvons pas l'en empêcher. Pourquoi faire tant d'histoires à ce sujet?... Cela ne me déplairait pas si l'Autriche était *gleichgeschaltet*» *. La politique de fermeté que Cadogan décriait — et que fustigent ses commentaires méprisants tout au long de ses carnets — est illustrée par un procès-verbal que rédigea Sir Robert Vansittart le 4 mars: «J'admets honnêtement que nous prenons une énorme responsabilité en ne nous adressant pas à Hitler d'une manière beaucoup plus ferme et explicite... S'il n'est pas contrecarré... il peut entraîner tout le monde au désastre». Les avertissements de Vansittart ne furent malheureusement pas écoutés par les membres du gouvernement dont il était le conseiller diplomatique en chef. A partir de ce moment, les vues et les décisions de Cadogan

* N.d.T. De *Gleichschalten*: mettre au pas, unifier.

allaient prévaloir tandis que Chamberlain et Halifax poursuivaient leur désastreuse série de capitulations devant les menaces du pouvoir totalitaire.

Quelques jours plus tard, Hitler envahit et annexa l'Autriche au Troisième Reich. C'était une nouvelle leçon, non seulement pour le Roi, le gouvernement et le peuple belges, mais pour toutes les petites nations dont l'existence pouvait gêner les plans d'agression décrits avec toute la clarté voulue par Hitler dans *Mein Kampf*. Et cependant, on trouve dans un document du Foreign Office cette remarque de Cadogan: «Tout cela est très troublant et humiliant, mais si nous nous sommes préparés à accepter le fait accompli (comme en Abyssinie), nous ne changerons pas le cours des événements à les accepter de mauvaise grâce». Il rapporte que telle était également l'opinion d'Halifax.

Maintenant que la Tchécoslovaquie était entourée de trois côtés par les Allemands, il apparaissait évident qu'elle allait être la prochaine sur la liste. Les carnets de Cadogan, en date du 16 mars, rapportent que la Commission de Politique étrangère du gouvernement britannique était «unanime à estimer que la liberté de la Tchécoslovaquie ne valait pas une goutte de sang d'un seul grenadier britannique»; et Cadogan ajoute: «Ils ont totalement raison» [47].

En septembre 1938, la crise des Sudètes fit la une. Le 18 juin, dans ses directives à Keitel pour l'attaque de la «démocratie modèle» de l'Europe, Hitler avait écrit: «Je ne déciderai d'agir contre la Tchécoslovaquie que si je suis fermement convaincu, comme lors de la réoccupation de la zone démilitarisée et l'annexion de l'Autriche, que la France ne nous attaquera pas et que, par conséquent, l'Angleterre n'interviendra pas non plus». Mais s'il subsistait encore des doutes chez Hitler, ceux-ci s'évanouirent lorsque Chamberlain de sa propre initiative lui rendit visite à Berchtesgaden, et quelques jours plus tard à Godesberg. Il acceptait sans réserves les exigences territoriales allemandes en Tchécoslovaquie après les avoir, — de concert avec la France, l'alliée et le garant de longue date des Tchèques — imposées aux Tchèques en les menaçant de les abandonner à leur sort en cas de refus. Mais entre-temps, Hitler avait accru ses exigences et il rejeta l'offre résignée de Chamberlain au profit d'un diktat qui stipulait que si la totalité des territoires sudètes comprenant la ligne de défense située dans les montagnes puissamment fortifiée n'étaient pas cédés à l'Allemagne le 28 à 14 heures, l'armée allemande envahirait le pays. Cadogan décrit la scène qui se déroula à Whitehall le lendemain (le 24) de la manière suivante: «P.M. (Chamberlain) nous a fait son rapport... il était tout à fait favorable à une complète capitulation... H. (Halifax)... en parfait pacifiste-défaitiste, se montrait satisfait...»

Au cours de la même journée, Chamberlain dit à ses collègues du Cabinet qu'il pensait avoir «exercé une certaine influence personnelle sur Herr Hitler» qui, il en était certain, «ne reviendrait pas sur sa parole», le Führer lui faisant confiance et se montrant désireux de coopérer avec lui. Le soir du 27, Chamberlain prononça la pathétique allocution radiodiffusée dans laquelle il déclara:

> «Comme il est terrible, fantastique, incroyable de penser que nous serions obligés de creuser ici des tranchées et d'essayer des masques à gaz pour une querelle lointaine entre des peuples dont nous ne savons rien... Nous ne pouvons engager tout l'Empire britannique dans la guerre pour un motif quelconque. Si nous devons combattre, cela doit être pour des causes plus importantes...»

Malheureusement pour l'humanité, les paroles défaitistes du Premier Ministre ranimèrent le moral d'Hitler fortement ébranlé par les mauvaises nouvelles qui s'étaient accumulées tout au long de ce «mercredi noir». En effet, comme son interprète, le docteur Schmidt, l'a expliqué à l'auteur et l'a écrit dans ses mémoires, Hitler était en train de reculer devant l'idée de franchir ce «pas décisif» [48] (l'expiration de son ultimatum était fixée à 14 heures le jour suivant). Il avait réalisé que son peuple était opposé à la guerre [49] et ses chefs militaires étaient parvenus à le convaincre que l'Allemagne allait au devant d'une défaite catastrophique si elle tentait d'envahir la Tchécoslovaquie.

Hitler savait donc que s'il ordonnait à son armée d'attaquer la Tchécoslovaquie, cette agression inciterait la France à honorer sa garantie d'assistance militaire à son alliée. Lorsqu'il témoigna à Nüremberg, le général Jodl affirma qu'il eut été «militairement impossible» pour les «cinq divisions de combat et les sept divisions de réserve allemandes cantonnées le long des fortifications occidentales, — qui n'étaient rien d'autre alors qu'un immense chantier, — de résister à 100 divisions françaises»; tandis que le maréchal von Manstein déclarait devant le même tribunal:

> «Si la guerre avait éclaté, nous n'aurions pu défendre efficacement ni notre frontière occidentale ni notre frontière avec la Pologne et il ne fait aucun doute que si la Tchécoslovaquie s'était défendue elle-même, nous aurions été arrêtés par ses fortifications car nous n'avions pas les moyens de les investir.»

Hitler, qui était à présent dans un «état d'extrême nervosité» [50], se trouvait devant l'alternative, soit de subir une défaite militaire sur trois fronts en cas d'attaque de sa part, soit de perdre gravement la face s'il attaquait par les montagnes et ne pouvait les franchir. C'est le moment, le 27 à 20 heures, que choisit Chamberlain pour prononcer son allocution résignée, fournissant à Hitler l'occasion souhaitée pour sortir de cet angoissant dilemme. Il concocta donc à l'adresse de Chamberlain une réponse très habile, pleine de fausses promesses et d'arguments destinés à toucher ses penchants pacifistes et à lui faire croire à une capitulation sans effusion de sang. Chamberlain reçut ce simulacre de rameau d'olivier par télégraphe, le même soir à 22 h 30, et tomba dans le panneau. Malgré toutes les fausses promesses antérieures d'Hitler, il lui télégraphia immédiatement pour l'assurer qu'il pourrait obtenir «l'essentiel sans guerre et sans délai» et lui proposer de lui rendre visite une troisième fois.

A la conférence de Munich du 29 septembre 1938, les représentants de la Tchécoslovaquie ne furent même pas admis à entendre prononcer la sentence de mort de leur pays, décidée tout ensemble par leurs ennemis et par leurs amis d'autrefois. Comme Chamberlain et Daladier se retiraient, le Führer se tourna vers Ribbentrop et lui dit: «C'est terrible. Je dois toujours traiter avec des nullités». Quelques jours plus tard, lors d'un discours à Saarbrücken, il s'exclama: «Nous ne tolérerons pas plus longtemps la tutelle des gouvernantes!» Ce mois de grande tension se termina dans l'euphorie pour beaucoup de gens (y compris beaucoup d'Allemands) lorsque Chamberlain, à son retour à Londres, affirma au monde qu'il avait conclu une «paix honorable» et une «paix pour notre temps», en brandissant le morceau de papier qu'il avait fait signer par Hitler.

Bien que les observateurs les plus lucides en Europe et dans le monde déplorassent la trahison des Tchèques commise par les Français et les Britanniques, en Grande-Bretagne même, très peu de gens partagèrent l'opinion que Winston Churchill exprima avec véhémence au Parlement soulevant une tempête d'hostilité: d'après lui, Munich avait été «une défaite totale et absolue». Et il n'y eut que quarante membres conservateurs (parmi lesquels Sir Roger Keyes) pour s'abstenir lorsque la Chambre des Communes approuva la politique du gouvernement, «qui a permis d'éviter la guerre durant la récente crise».

L'une des raisons avancées pour expliquer la honteuse capitulation des deux Premiers Ministres devant le bluff d'Hitler était leur crainte de voir Londres et Paris complètement détruites par des attaques aériennes massives. Mais la Luftwaffe, comme l'armée de terre, était concentrée du côté tchécoslovaque et ses bombardiers comme ses chasseurs n'avaient pas encore un rayon d'action suffisant pour inquiéter sérieusement l'ouest. C'est pour cette raison que le général Felmy déclara à Goering que sans occupation allemande de la Belgique, de la Hollande et du nord de la France, il serait impossible de mener une guerre aérienne contre la Grande-Bretagne.

On prétendit également que Munich donna à la France et à la Grande-Bretagne presque une année pour remédier à leurs insuffisances en armement, et particulièrement en puissance aérienne. Mais

Churchill avait raison lorsqu'il écrivait: «L'année de répit prétendûment gagnée par Munich a placé la Grande-Bretagne et la France dans une position encore plus mauvaise par rapport à l'Allemagne d'Hitler que celle qu'elles occupaient lors de la crise de Munich».

A propos de Munich, il faut rappeler la réponse du général Keitel lorsque les représentants tchèques lui demandèrent au procès de Nuremberg: «Le Reich aurait-il attaqué la Tchécoslovaquie en 1938 si les puissances occidentales avaient soutenu Prague?». La réponse de Keitel fut: «Certainement pas. Notre puissance militaire n'était pas suffisante. Le but de Munich était de maintenir la Russie en dehors de l'Europe, de gagner du temps et d'achever le réarmement de l'Allemagne». Mais ce que ni Hitler, ni Jodl, ni Keitel ne savaient le 27 septembre, c'était que la plupart des autres généraux allemands, de Brauchitsch, le Commandant en Chef, au plus modeste d'entre eux, étaient au courant ou faisaient partie d'un complot ourdi par la puissante clandestinité anti-nazie pour éliminer Hitler et son régime au moyen d'une vaste opération militaire et policière prévue le jour suivant [51].

Le rapport entre les activités de ces opposants jurés à Hitler et la présente biographie réside dans le fait que le comportement et les décisions de Léopold — et plusieurs des événements qui s'ensuivirent — furent influencés par ses contacts secrets avec certains chefs de cette organisation. La chronique de cette lutte anti-nazie révèle en outre à quel point le cours de l'histoire aurait pu être redressé si seulement les responsables britanniques et français avaient suivi le conseil de ces opposants — comme le firent Léopold, Churchill et d'autres hommes perspicaces — à savoir que la seule manière de traiter avec Hitler était d'adopter à son égard une politique de fermeté. C'était aussi la seule façon de les aider à le renverser, lui et son régime maléfique.

Le mouvement allemand de résistance touchait toute la hiérarchie: les forces armées, la police, le ministère des Affaires Etrangères, des milieux importants de la population civile, les églises, les universités et même les services secrets (l'Abwehr). Le leader du Putsch qui faillit liquider Hitler et le régime nazi en septembre 1938 était le général Franz Halder, le chef du grand état-major de l'armée de terre. Le plan prévoyait de s'emparer d'Hitler et de ses acolytes dès que l'ordre serait donné d'attaquer la Tchécoslovaquie (l'ultimatum expirait le 28) et de l'empêcher ainsi de précipiter l'Allemagne dans une guerre ruineuse. «La population de Berlin, écrivit William L. Shirer, que la menace d'une guerre provoquée par Hitler alarmait profondément, aurait (pour autant que cet auteur ait pu en juger sur place) spontanément soutenu le coup d'état» [52].

La planification militaire de l'opération dépendait du colonel Hans Oster. Celui-ci allait rendre d'immenses services à la Belgique — comme nous le verrons plus loin — et aux autres démocraties menacées en les avertissant régulièrement, au péril de sa vie, des projets agressifs d'Hitler. Le capitaine Friedrich Heinz, le commandant du détachement spécial qui devait s'emparer de la chancellerie du Reich, avait reçu l'ordre d'arrêter Hitler, mais d'un commun accord, lui-même et Oster décidèrent qu'Hitler et les autres leaders nazis seraient abattus «en résistant à leur arrestation» ou «en tentant de s'échapper».

Halder disposait d'une formidable force armée prête à combattre, dont un corps d'armée, une division d'infanterie d'élite et la sixième division blindée du général Höpner. L'ironie voulait que deux des plus farouches opposants d'Hitler, les généraux Beck et von Hammerstein, qui n'avaient nullement l'intention d'attaquer la Tchécoslovaquie, commandaient la première et la quatrième armée qui avaient été disposées le long de la frontière. Les deux principaux chefs de la police de Berlin étaient également dans le coup et prêts à déployer d'importantes forces de police. Parmi les autres conjurés figuraient l'amiral Canaris, chef de l'*Abwehr*, Ernst von Weizsäcker, du ministère des Affaires Etrangères, et son confident, Carl Goerdeler. Tous trois devaient jouer un rôle dans l'histoire de Léopold.

Au paroxysme de la crise des Sudètes, Halder ordonna que l'on passe à l'action le 28 septembre à 14 h 00, jour où l'ultimatum lancé par le Führer à Godesberg expirait. Mais, comme Halder l'expliqua à Nüremberg en 1946, il dut annuler l'opération à midi ce jour-là, au moment où il allait donner au général Witzleben l'ordre d'exécution définitif, parce que «nous apprîmes que le Premier Ministre britannique avait accepté de se rendre à nouveau chez Hitler, ce qui nous coupait l'herbe sous le pied».

L'un des conjurés ajouta au procès de Nüremberg: «L'impossible s'était produit. Chamberlain et Daladier se précipitaient à Munich. Notre rebellion était finie..., Chamberlain avait sauvé Hitler». Plus jamais par la suite il n'y eut d'occasion aussi favorable pour renverser la tyrannie nazie. Il y eut certes encore plusieurs tentatives manquées d'assassinat d'Hitler [53], dont celle du comte von Stauffenberg, le 20 juillet 1944, qui eut pour résultat la torture et l'exécution par la Gestapo de presque tous les opposants clandestins d'Hitler.

En fait, depuis 1937, le roi Léopold et son entourage étaient en contact avec des membres importants de la clandestinité allemande dont ils reçurent régulièrement de précieuses informations, et notamment bon nombre d'avertissements au sujet des intentions agressives d'Hitler. L'une des sources les plus intéressantes était le général von Falkenhausen, qui devint gouverneur militaire de la Belgique pendant l'occupation au cours de laquelle il fit preuve d'une certaine clémence qui lui valut des ennuis avec les SS. Il avait d'ailleurs été durant un certain temps choisi par l'opposition pour exercer les fonctions de chef d'Etat dans l'Allemagne libérée du nazisme [54]. Ces «bons Allemands» étaient des hommes très influents qui avaient accès à de nombreux dossiers secrets et agissaient au péril de leur vie. Leur promptitude à informer et à avertir les Belges, et les relations confiantes qu'ils entretenaient avec le Roi réduisent à néant les accusations de ceux qui disaient celui-ci pro-Hitler.

Grâce à ces contacts avec les dissidents allemands haut placés, dont la plupart étaient catholiques ou protestants fervents et tous ennemis d'Hitler, le Roi fut en mesure de baser ses actions non seulement sur une évaluation correcte des intentions du dictateur mais encore sur une estimation précise de son insécurité personnelle. Informé des fêlures et des tensions de l'Etat nazi, Léopold comprit que l'apparence de force monolithique qui en émanait n'était qu'illusoire, que le Reich comptait beaucoup de gens prêts à se rebeller contre Hitler et qu'à terme, la menace de l'Allemagne nazie pourrait se dissoudre dans une explosion intérieure. Tout au long de la période de grande tension qui précéda la guerre, la volonté de gagner du temps devint donc un élément essentiel de la politique de Léopold.

On peut évidemment alléguer que le facteur temps constituait aussi l'objectif principal du gouvernement Chamberlain. Mais alors que Léopold accordait toute son attention et sa sympathie aux dissidents allemands, répondait à leurs initiatives anti-nazies et agissait en fonction des informations qu'ils lui transmettaient, Chamberlain les considérait comme des traîtres à leur pays et les tenait dédaigneusement à distance. Le contraste est particulièrement net dans le cas de Carl Goerdeler dont les relations personnelles avec Léopold ont joué un rôle important dans l'histoire du Roi. Chrétien fervent et ancien maire de Leipzig, Goerdeler était le civil le plus en vue du mouvement anti-Hitler.

En Belgique, l'indigne trahison commise à Munich par la Grande-Bretagne et la France à l'encontre d'une petite nation démocratique dont la protection contre l'agression nazie dépendait d'elles, fut ressentie comme un argument de plus en faveur de la politique d'indépendance armée. Quelques jours plus tard à la Chambre, Spaak se fit une fois de plus le porte-parole de l'hommage que le pays tout entier rendait au souverain pour s'être fait le champion de cette politique:

> «Nos cœurs sont unis autour du Roi auquel, je ne me lasserai jamais de le dire, nous devons tant; le Roi dans lequel tous ceux qui l'ont approché au cours de ces derniers jours ont clairement reconnu les hautes valeurs morales, le courage tranquille, l'amour passionné de son pays et la loyauté à la parole donnée qui, en août 1914, firent d'Albert Ier le noyau de notre résistance.»

Au cours des négociations qui précédèrent la déclaration franco-britannique, Anthony Eden s'était montré amical et coopérant mais la confiance de Léopold dans la sincérité et les intentions de ses interlocuteurs eût été moins vive s'il avait su que les Britanniques étaient toujours prêts à se servir de la Belgique comme d'un pion dans le jeu de l'apaisement. Comme Neville Chamberlain le confia à Flandin durant la crise de la Rhénanie en 1936, il aurait de bon gré cédé une colonie, si cela avait pu garantir la paix. Le 26 novembre 1937, il écrivit à sa sœur que les Allemands «veulent le Togo et le Cameroun... mais ils n'insisteront pas pour le Tanganyika pour autant qu'on leur concède quelque autre territoire raisonnable de la côte ouest, territoire que l'on pourrait peut-être détacher du Congo Belge et de l'Angola» [55].

Le 3 mars de l'année suivante, lors d'un entretien avec Hitler, Ribbentrop et Goering, juste avant l'invasion de l'Autriche par les Allemands, Sir Nevile Henderson, l'ambassadeur de Grande-Bretagne à Berlin, fit une autre offre en ce sens pour tenter d'«acheter» les dirigeants allemands. Il les pria de garder cette affaire absolument confidentielle et de n'en pas souffler mot aux gouvernements belge, portugais et français. La proposition était de céder une partie des colonies africaines appartenant à ces nations, plus un gros morceau de la Rhodésie du Nord, soit une zone «d'à peu près la même superficie que le bassin du Congo...». «Lorsque Henderson eut terminé son exposé plutôt longuet, rapporte le docteur Schmidt, Hitler ne marqua pas le moindre intérêt et déclara que la question des colonies ne présentait vraiment aucune urgence.» Le biographe de Chamberlain relate également cette scène: «Ce fut en vain qu'Henderson désigna des endroits sur la mappemonde et laissa entrevoir au Führer la part qui échoirait à l'Allemagne dans un bassin du Congo redistribué et philanthropique...» [56]

Les détails de cette offre du gouvernement britannique à l'Allemagne conçue en 1938, à la fin du premier mandat d'Anthony Eden comme ministre des Affaires Etrangères, ne furent révélés qu'après la guerre lorsque la Russie publia les archives du ministère allemand des Affaires Etrangères dont elle s'était emparée. En juillet 1943, Sir George Gater fit part à Sir Alexander Cadogan de «l'embarras» que ne manquerait pas de provoquer la publication de ces documents. «Par crainte de l'Allemagne, écrivait-il, nous étions prêts à lui céder de vastes étendues de l'empire colonial sans consulter les habitants...» Churchill estima qu'«il serait regrettable que le nom de M. Eden soit directement mêlé à cette politique d'apaisement... Il n'y a aucune urgence à publier ce livre». En mars 1944, Eden, redevenu ministre des Affaires Etrangères, annonça que «les documents les plus importants des archives du Foreign Office de 1919 à 1939» devaient être rendus publics. Ceux concernant les propositions coloniales furent toutefois placés à la fin de la longue série des volumes à publier.

L'Europe glissait vers l'apocalypse. Léopold n'avait guère de raisons d'être optimiste mais son pessimisme se serait encore accru s'il avait été au courant des faits que nous venons de relater, du manque de ressources et de préparation militaires de la Grande-Bretagne ou de la corruption qui se dissimulait derrière la façade du pouvoir français.

Après Munich, Neville Chamberlain, qui pensait avoir gagné le respect et l'amitié d'Hitler, se préoccupa d'obtenir une réconciliation avec Mussolini. Accompagné de Lord Halifax, il se rendit donc en Italie et fut reçu par le Duce le 11 janvier 1939. Mais cette initiative malencontreuse fit descendre la Grande-Bretagne et son gouvernement encore plus bas dans l'estime des dirigeants de l'Axe, ainsi que le révèlent les carnets de Ciano:

> «Comme nous sommes éloignés de ces gens! Ces hommes, disait Mussolini, ne sont pas de la même étoffe que Francis Drake et les autres magnifiques aventuriers qui ont créé l'Empire... Les Britanniques ne veulent pas se battre. Ils essaient de se replier aussi lentement que possible, pour éviter tout affrontement... Nos conversations avec les Britanniques sont terminées. J'ai téléphoné à Ribbentrop pour lui dire que c'était un fiasco, absolument inoffensif...»

Une quinzaine de jours plus tard, Ciano écrivait encore:

> «Lord Perth a soumis à notre approbation les grandes lignes d'un discours que Chamberlain doit prononcer à la Chambre des Communes, pour que nous y apportions les modifications que nous jugerions nécessaires. Le Duce l'a approuvé et a fait remarquer: «Je crois que c'est la première fois que le chef d'un gouvernement britannique soumet le schéma d'un de ses discours à un gouvernement étranger. Cela n'est pas de bon augure pour eux» [57].

Le 15 mars, enhardi par la mollesse de la Grande-Bretagne et de la France, Hitler fit entrer son armée dans Prague et mit toute la Tchécoslovaquie sous sa férule. Le même jour, Chamberlain déclara aux Communes qu'il «regrettait amèrement» la dernière conquête d'Hitler mais que, puisque cet Etat dont la Grande-Bretagne avait garanti l'indépendance et les frontières était la victime de ses propres dissensions internes, «le gouvernement de Sa Majesté ne peut donc se considérer comme lié par cette obligation». Hitler contrôlait maintenant 6.750.000 Autrichiens et 14.000.000 de Tchèques, y compris les trente-cinq divisions de leur armée de terre, le personnel de leur force aérienne, tous leurs avions, leurs tanks, leurs canons et leur équipement ainsi que la puissante industrie d'armement Skoda.

Le même mois, Hitler dénonça le statut de Dantzig et occupa le port de Memel en Lithuanie. Trois semaines plus tard, il déchira le traité naval anglo-allemand et le pacte de non-agression germano-polonais. Mussolini, entre-temps, et pour ne pas être en reste, choisit le vendredi saint, 7 avril, pour envahir l'Albanie tandis qu'en Extrême-Orient, le Japon, devenu l'allié de l'Allemagne et de l'Italie, attaquait la Chine.

Dans son ouvrage *The Second World War*, Winston Churchill décrit le dilemme devant lequel se retrouvait la Belgique avec une compréhension et une sympathie qu'on ne retrouve pas dans ses autres écrits et propos sur ce pays et ses dirigeants:

> «Les dirigeants belges voyaient d'un regard navré la faiblesse intérieure de la France et le pacifisme vacillant de la Grande-Bretagne... Il faut comprendre ces graves problèmes d'un petit Etat placé dans une situation aussi désespérée [58].
>
> Naturellement, si la politique française et britannique au cours des cinq années qui ont précédé la guerre avait été virile et plus résolue... la Belgique aurait pu demeurer aux côtés de ses anciens alliés et permis la constitution d'un front commun... Quand on se rappelle la réserve des Etats-Unis; la campagne de Ramsay MacDonald pour le désarmement de la France; les rebuffades et les humiliations répétées que nous avons essuyées lors des diverses infractions allemandes aux clauses de désarmement du Traité; notre soumission devant la réoccupation de la Rhénanie ; notre acquiescement à l'absorption de l'Autriche ; notre acceptation à Munich de l'occupation allemande de Prague, quand on se rappelle tout cela, aucun Britannique et aucun Français exerçant à cette époque une responsabilité officielle n'a le droit de blâmer la Belgique [59].

Chapitre VII

Le fil du couteau

«Il faut que je remercie publiquement le Roi pour l'effort magnifique qu'il fait depuis plusieurs années pour épargner à notre pays les horreurs de la guerre (vifs applaudissements), des sages conseils qu'il n'a cessé de prodiguer aux divers gouvernements qui se sont succédé, de la fermeté d'âme avec laquelle il remplit sa tâche si lourde, de l'exemple qu'il n'a cessé de donner à tous ceux qui l'approchent, exemple qui force le respect, l'admiration et l'affection.»

Paul-Henri Spaak à la Chambre
en décembre 1939.

Le 23 août 1939, la signature à Moscou du pacte germano-soviétique porta un coup fatal à la cause de la paix. Aux termes de ce pacte, Staline, dont le pays était allié à la France par l'accord franco-russe, donnait à Hitler, entre autres feux verts, celui d'attaquer la Pologne à l'ouest, l'Armée Rouge se réservant l'attaque par l'est et les deux se partageant le territoire et le butin. Staline fournissait en outre l'essentiel de ce qui était nécessaire, y compris de grandes quantités d'essence et de pétrole [60], pour soutenir cette attaque et les grandes offensives que le Führer serait ensuite amené à lancer contre les démocraties occidentales. On ne tient généralement pas assez compte du fait que sans cette coopération et ce total soutien que lui offrit Staline, jamais Hitler n'eût été en mesure d'entraîner le monde dans la guerre et dans son cortège de catastrophes.

Donnant, donnant, Hitler laissait le champ libre à Staline en Baltique orientale et en Bessarabie, que la Russie avait perdue au profit de la Roumanie en 1919. La Finlande, l'Estonie, la Lettonie et la Lithuanie étaient reconnues comme faisant partie de la «sphère d'influence» soviétique et seraient donc envahies par l'armée rouge en temps utile.

Ainsi fut scellée entre les dictatures nazie et communiste «l'alliance impie» qui devait, de façon inexorable, déboucher sur la déclaration de guerre.

Deux semaines plus tôt seulement, une délégation franco-britannique constituée de fonctionnaires et d'officiers inconnus était arrivée à Moscou dans le but de poursuivre les timides entretiens que Chamberlain avait approuvés en juin non sans réticence. Ces entretiens se soldèrent par un échec complet car, avant leur terme, Ribbentrop et Molotov mettaient la dernière main à leur pacte de non-agression et à leur traité d'alliance secret tandis que Staline portait un toast à la santé du Führer dans un autre coin de Moscou. Chamberlain entre-temps poursuivait sa folle politique d'alliance unilatérale avec de petites nations éloignées: la Roumanie, la Grèce et la Turquie. Quoique incapable de les aider militairement, la Grande-Bretagne se portait garante de leur sécurité.

Bien que les détails du protocole secret du pacte germano-soviétique ne devaient être connus qu'à la fin de la guerre après la saisie des archives allemandes, Léopold en comprit aussitôt la portée, tant pour la Belgique que pour le reste du monde. Lorsque l'Allemagne avait attaqué en 1914, l'armée russe la menaçait par derrière. A présent, grâce à ce machiavélique retournement de politique, le risque d'un conflit majeur sur deux fronts était ajourné et l'Allemagne avait considérablement accru sa liberté d'attaque à l'ouest.

Le jour qui suivit la signature du pacte germano-soviétique, Hitler réunit ses généraux pour leur donner ses instructions relatives à l'attaque imminente contre la Pologne. Avant la grande démonstration avec l'ouest, expliqua-t-il, il était nécessaire de «tester la machine militaire», et la Pologne était un terrain d'expérience tout trouvé. Quand il eut exprimé sa conviction que les Français et les Britanniques (qu'il traita de «vermisseaux, je les ai vus à Munich») ne seraient pas en mesure d'aider la Pologne, il conclut: «Ma seule crainte est de voir, à la dernière minute, quelque *Schweinehund* * proposer une médiation». Ces craintes avaient tout lieu d'être fondées car s'il décidait d'ignorer une telle démarche, son peuple se serait aperçu combien Hitler mentait en lui affirmant que les puissances occidentales recherchaient seules la guerre en encerclant l'Allemagne.

La contrariété d'Hitler fut donc extrême quand le lendemain de ce même jour, le roi des Belges, s'exprimant sur les ondes, lança au monde un appel émouvant à la paix et à la raison depuis la Conférence des Pays Neutres qu'à l'annonce du pacte germano-soviétique, il avait réunie en toute hâte à Bruxelles. Au nom de la reine Wilhelmine, de la

* N.d.T. *Schweinehund*, terme familier: cochon.

Grande-Duchesse de Luxembourg, du Président de la Finlande et des rois de Norvège, de Suède et du Danemark, comme en son nom propre, «chacun de nous agissant d'accord avec son Gouvernement», Léopold déclara que leur but était de:

«Constituer une nouvelle grande Puissance, d'un genre nouveau, inconnu dans l'Histoire; elle n'est pas le résultat d'une conquête; elle ne représente aucune force matérielle, ni militaire, ni économique, ses éléments constitutifs étant dispersés et isolés. Mais elle peut constituer une grande Puissance morale et spirituelle, capable de provoquer un mouvement d'opinion à travers le monde. Par l'union des petits Etats — dans un but pacifique, dont personne ne peut douter — cette nouvelle grande Puissance, de plus de cent millions d'habitants, est d'un poids considérable dans la balance de la paix.»

«Nous exprimons l'espoir que d'autres chefs d'Etat joindront leur voix à la nôtre dans le même souci de la paix et de la sécurité de leur peuple. Demain, des centaines de millions d'hommes seront de cœur avec nous pour arrêter la course à la guerre. Que ceux entre les mains desquels repose le sort du monde répondent à ces sentiments et réalisent le désir maintes fois manifesté par eux de régler en paix les difficultés qui les séparent.

La psychose de guerre envahit nos foyers et, bien que conscients de la catastrophe inimaginable qu'une conflagration constituerait pour l'humanité entière, l'opinion publique s'abandonne de plus en plus à l'idée que nous y sommes fatalement entraînés. Il importe de réagir contre une résignation aussi funeste...

Certes, les intérêts des Etats ne sont pas tous les mêmes. Mais existe-t-il des intérêts qui ne puissent être conciliés infiniment mieux avant qu'après une guerre? Que la conscience du monde se réveille. L'évolution des événements peut bientôt rendre tout contact direct encore plus difficile.»

Hitler était furieux. Cet appel à la paix et au bon sens, auquel s'associèrent immédiatement le Pape et les gouvernements britannique et français, était embarrassant et gênant pour lui parce qu'il entravait sa propagande du moment. C'était, — à la veille de sa campagne de Pologne — la proposition de paix qu'il redoutait précisément. Si cette allocution radio ne le fit pas reculer, elle attira au moins l'attention sur sa totale absence de principes.

Or, deux jours après l'annonce du pacte germano-soviétique, Chamberlain — le «vermisseau» des sarcasmes d'Hitler — fit volte-face et donna à la Pologne sa totale garantie [61], que la Grande-Bretagne n'était d'ailleurs pas en mesure d'honorer. Ce faisant, il déclenchait quasiment l'attaque allemande contre la Pologne et risquait de plonger la Grande-Bretagne dans la guerre, au moment le plus défavorable. Le même jour, Hitler déclara que «sa patience était à bout» et que l'annexion de Dantzig était imminente.

Le 26 août, Léopold, après avoir consulté ses ministres, ordonna la phase A, l'étape préliminaire de la mobilisation générale belge. Plus tard dans la journée, l'ambassadeur d'Allemagne demanda audience au Roi et lui lut un message de son gouvernement lui réaffirmant les garanties allemandes du 13 août 1937. Des notes similaires lui furent présentées par les ambassadeurs de Grande-Bretagne et de France, respectivement le 27 et le 28. Après avoir ordonné la phase B de la mobilisation, le 28, Léopold se joignit à la reine Wilhelmine pour offrir en commun leurs bons offices aux gouvernements de Grande-Bretagne, de France, d'Allemagne, d'Italie et de Pologne, en vue de rechercher un règlement pacifique de la situation.

En réponse à cette offre, Londres rejeta la responsabilité sur Berlin et Varsovie, tandis que les Allemands, bien que «reconnaissant volontiers les efforts des deux Souverains en vue du maintien de la paix» veillèrent soigneusement à ce qu'aucune mention n'en soit faite dans la presse. Quant à la France, elle se demanda, si tant de générosité pourrait encore réconcilier des points de vue aussi diamétralement opposés.

Tandis que les armées allemandes se tenaient prêtes à envahir la Pologne (en traversant trois frontières) et que la France et la Grande-Bretagne se préparaient à la guerre, Hitler hésitait. Le 28 août cependant, un de ses informateurs lui rapporta que Sir Samuel Hoare avait déclaré à ses collègues qu'une intervention de la Grande-Bretagne en cas d'invasion de la Pologne n'était pas nécessaire. Ainsi après avoir déclaré la guerre à l'Allemagne, il lui suffisait d'attendre passivement la défaite de la Pologne et de conclure ensuite la paix. D'autres «colombes», tels que Lord Halifax et R. A. Butler, son sous-secrétaire, «travaillaient d'arrache-pied pour organiser un second Munich» durant cette période lourde de menaces. Cherchant un compromis Halifax communiquait encore par téléphone avec les capitales européennes lorsque les premières bombes tombèrent sur Varsovie.

A Berlin, Hitler fut rapidement convaincu, mais non tous ses collaborateurs, que la Grande-Bretagne ne se battrait pas pour la Pologne. Cette impression fut renforcée par Sir Nevile Henderson, l'ambassadeur de Grande-Bretagne, qui plaida ouvertement pour que son pays et la France obligent la Pologne (comme elles l'avaient déjà fait avec la Tchécoslovaquie) à céder aux exigences allemandes et à ainsi éviter la guerre. En conséquence, lorsqu'à l'aube du 1er septembre — sans déclaration de guerre et après de violents bombardements des champs d'aviation polonais — Hitler déclencha le Blitzkrieg sur la Pologne, Léopold ordonna immédiatement la phase C du plan de mobilisation de la Belgique.

Quand le Cabinet britannique se réunit trente-six heures plus tard, ni la Grande-Bretagne, ni la France n'avaient levé le petit doigt pour soutenir leur allié de l'est. Des scènes furibondes éclatèrent ce soir-là au Parlement lorsque Chamberlain, au lieu d'annoncer l'ultimatum décidé par le Cabinet, continua à temporiser, le gouvernement français n'ayant pas réussi à se mettre d'accord pour adopter la même attitude. C'est finalement sous la pression que Chamberlain fit présenter l'ultimatum de la Grande-Bretagne à l'Allemagne le jour suivant à 9 heures, ultimatum suivi deux heures plus tard de la déclaration de guerre alors que l'invasion de la Pologne en était à son troisième jour. Après un délai — très angoissant pour la Grande-Bretagne — de six heures, le gouvernement français déclara la guerre à contrecœur.

En dix jours, l'armée polonaise — près de deux millions d'hommes — fut écrasée par la Luftwaffe et les coups de butoir mécanisés de l'armée allemande, qui travaillaient dans une parfaite coordination. La Russie envahit alors le pays par l'est pour cueillir les fruits de son marché avec les nazis et après que les troupes soviétiques et allemandes eussent fait leur jonction à Brest Litovsk le 18 septembre, la Pologne submergée, à l'ouest par la Wehrmacht et à l'est par l'armée rouge, fut coupée en deux. Comme le gouvernement polonais avait fui, il n'y avait plus personne pour négocier un armistice avec les Allemands. Avant même que la Wehrmacht se retire, la police politique d'Himmler s'installa et instaura un régime de terreur atroce. Sous la férule du sinistre gouverneur général Hans Frank, le système imaginé par Hitler, Himmler et Heydrich pour détruire la Pologne en tant que nation fut mis en œuvre. Le plan prévoyait l'extermination de l'aristocratie, de l'intelligentsia, du clergé et des militaires polonais dans le but de décapiter le peuple polonais de toutes ses élites. Les Juifs furent parqués dans des ghettos et progressivement éliminés tandis que le pays était systématiquement pillé et exploité au profit de l'Allemagne.

Les preuves d'une alliance complète entre les Allemands et les Russes étaient maintenant établies mais le gouvernement britannique détournait pudiquement les yeux, de même qu'il semblait ignorer les terrifiantes atrocités que les forces d'occupation soviétiques et le NKVD * perpétraient en Pologne. En fait, la Grande-Bretagne s'efforçait encore de nouer des relations amicales avec les Russes. Les Belges et les autres pays neutres qui avaient compté sur la Grande-Bretagne et la France pour les protéger contre l'agression, considérèrent avec consternation l'incapacité complète de ces puissances à agir sur les plans militaire, naval ou aérien pour soutenir la Pologne — raison de leur entrée en guerre — ou condamner les Russes de s'être associés aux Allemands dans le brutal asservissement du peuple polonais.

Une quatrième nation était rayée de la carte d'Europe, seulement cette fois Hitler avait été assisté par l'URSS qui se posait depuis si longtemps en championne des peuples opprimés. Le pire n'était cependant pas encore arrivé, car Staline se dépêcha d'exploiter impitoyablement les

* N.d.T. NKVD: la police d'Etat.

«sphères d'influence» que le Führer lui avait cédées et d'étouffer la liberté de trois autres Etats neutres: l'Estonie, la Lettonie et la Lithuanie. Cette agression des Soviétiques passa pourtant presque inaperçue du reste du monde. Grâce au marché conclu avec les nazis, la Russie avait, au moindre coût, renforcé considérablement sa position et s'était emparée de toute la côte orientale de la mer Baltique.

Lorsque la guerre éclata le 3 septembre, Léopold, conformément à la Constitution, prit immédiatement le commandement suprême des forces armées et, ce même jour fatidique, le gouvernement publia une déclaration officielle de neutralité. A l'étranger, d'aucuns estimèrent qu'il s'agissait là du résultat d'une politique personnelle voulue par Léopold et même que son but était de jouer le jeu d'Hitler. Dans son livre *Assignment to Catastrophe*, le général Sir Edward Spears décrit la visite que Churchill et lui rendirent en France au général Georges, en août 1939. Selon celui-ci, «les Français éprouvaient quelques craintes quant à l'attitude du Roi des Belges en cas de guerre. Léopold avait la réputation de subir l'influence allemande. Il avait apparemment l'intention de jouer cavalier seul, en tenant les alliés occidentaux à distance et en espérant obtenir ainsi l'indulgence des Allemands [62].»

A côté de cette opinion suspicieuse et erronée, citons les observations plus objectives de l'ambassadeur américain Joseph F. Davies:

> «La pierre angulaire de toute sa politique étrangère était le maintien de la neutralité belge... Il pensait profondément que cette politique était non seulement le meilleur moyen de servir la Belgique, mais qu'elle protégeait également la paix en Europe... Tout de suite après l'invasion de la Pologne, la Belgique fut soumise à de très grandes pressions des deux côtés pour s'écarter de cette stricte neutralité... Il résista comme un roc à ces pressions, ce qui exigeait un grand courage et beaucoup de fermeté. On l'accusa donc d'être à la fois pro-Alliés et pro-Allemand. En vérité, il n'était ni l'un ni l'autre, mais entièrement et totalement pro-Belge» [63].

Les pressions des Alliés visaient naturellement à faire sortir la Belgique de sa neutralité pour passer dans leur camp. Du côté allemand, on tenta, mais sans succès, comme l'explique Davies, de «forcer la Belgique à résister au blocus britannique» [64]. La thèse allemande était que ce blocus constituait une agression contre la souveraineté de la Belgique et Berlin fit savoir que si la Belgique ne défendait pas elle-même sa souveraineté, l'Allemagne devrait intervenir pour la défendre à sa place» [65].

Ce qu'oubliaient la malveillance française et la cécité britannique étaient deux faits simples et essentiels. L'indépendance armée était l'attitude la plus engagée que Léopold pouvait légitimement adopter dans le cadre des garanties données par les grandes puissances, garanties dont la validité avait été spécialement réitérée dans les Notes reçues de l'Allemagne, de la Grande-Bretagne et de la France à la fin du mois d'août. En des termes tout à fait semblables, ces deux derniers pays affirmaient que «si la Belgique adoptait une attitude de neutralité», ils seraient «résolus et déterminés à la respecter pleinement»; ils garantissaient en outre qu'ils rempliraient l'engagement d'assistance militaire pris en avril 1937 et qui, déclaraient-ils, «conservait évidemment tous ses effets dans le cas d'une violation de cette neutralité par une autre puissance».

Dès le début de la guerre, la politique unanime du Roi et de son gouvernement de coalition fut donc entièrement acceptée et formellement ratifiée par leurs futurs alliés. Au cours des mois qui suivirent, les Français et les Britanniques firent néanmoins le maximum pour amener la Belgique à renier sa politique d'indépendance armée et critiquèrent amèrement le Roi et son gouvernement pour leur refus de se plier à leur volonté.

Quoi qu'il en soit, la thèse selon laquelle il s'agissait d'une politique personnelle du Roi ignore le fait qu'à la déclaration de guerre et jusqu'à l'invasion allemande de mai 1940, cette politique était approuvée avec enthousiasme par le Parlement et le peuple belges. On ne soulignera jamais assez les résultats obtenus par le Roi pour unifier un pays aussi divisé de l'intérieur sur les plans linguistique, social, politique et religieux. La Belgique qui se mobilisa avec une ferveur unanime en 1939 était d'une solidité qu'on n'aurait peu imaginé lorsque Léopold monta sur le trône. S'il est vrai que c'est lui qui élabora la politique de l'indépendance armée avec le concours de ses principaux ministres, il n'en est pas moins vrai que cette politique obtint l'adhésion des Belges qui s'imposèrent, pour assurer leur propre défense, un effort excédant de loin celui de la France et de la Grande-Bretagne, proportionnellement à leur population et à leurs ressources.

Que la Belgique se battrait si on l'attaquait, nul ne pouvait l'ignorer. Le 30 octobre, Léopold ordonna à son aide de camp et principal conseiller militaire, le général Van Overstraeten, de convoquer l'attaché militaire allemand à Bruxelles pour le mettre officiellement au courant des raisons poussant la Belgique à entreprendre d'importants ouvrages défensifs le long de sa frontière est, et pour lui donner cet avertissement: «Je désire attirer votre attention sur l'opinion publique belge... Si jamais une troupe allemande pénétrait en territoire belge, la Nation entière se dresserait comme un seul homme contre vous» [66]. C'était pour Hitler une confirmation directe de la promesse faite trois jours plus tôt par le Roi dans une allocution radiodiffusée à l'intention des Etats-Unis. Après avoir évoqué les exploits de l'armée belge sous le commandement de son père pendant la Grande Guerre, le Roi avait continué: «Si nous étions attaqués — et que Dieu nous préserve d'un tel sort — au mépris des engagements solennels et catégoriques qui nous ont été donnés en 1937 et renouvelés à la veille de la guerre, nous nous battrions sans hésitation, mais avec des moyens décuplés; et cette fois encore, le pays entier serait derrière l'armée» [67].

Au début octobre, le gros de l'armée allemande qui avait conquis la Pologne à la vitesse de l'éclair était de retour sur le front occidental et prenait position devant la Belgique et le Luxembourg, prêt pour le «Fall Gelb», le Plan Jaune, la grande offensive à l'ouest. Comme la version originale de ce plan se limitait, selon les directives d'Hitler, à «gagner les côtes de la Manche» et qu'aucune invasion de la Hollande n'était prévue hormis la traversée de la poche de Maastricht [68], le groupe d'armée B de von Bock, qui comprenait quarante-trois divisions dont neuf divisions blindées et quatre motorisées, était massé devant la frontière, paré pour frapper directement le cœur de la Belgique. Derrière cette formidable force de choc se tenaient neuf divisions de réserve OKH *, dont une blindée et deux motorisées, tandis que dix autres divisions d'infanterie de réserve attendaient d'entrer éventuellement en lice.

Fraîchement revenues du raid en Pologne, comme les panzers qu'elles avaient soutenus avec tant d'efficacité dévastatrice, la Luftflotte 2 de Felmy et la Luftflotte 3 de Sperrle, totalisant environ 3.700 avions, étaient prêtes à jouer le même rôle dans le Blitzkrieg contre l'Ouest. Sur la gauche de von Bock, devant la frontière du Luxembourg, se tenait le groupe d'armée A de von Rundstedt, qui comprenait vingt-deux divisions sans blindés et dont la mission était de franchir la Meuse de part et d'autre de Namur pour donner à la puissante poussée de von Bock à travers le centre de la Belgique une protection latérale contre d'éventuelles attaques françaises en provenance du sud-ouest. Comme les Allemands n'avaient pas l'intention d'attaquer la ligne Maginot, le groupe d'armée C de von Leeb qui lui faisait face, ne comprenait que dix-huit divisions de fantassins plus âgés dont le rôle était purement défensif, hormis des opérations de diversion destinées à maintenir les forces françaises sur leurs positions et à les empêcher d'accourir en renfort ailleurs.

Derrière la frontière orientale de la Belgique, longue de 400 km, décidées à défendre leur sol contre la formidable puissance mécanisée et aérienne de l'armée allemande, se tenaient les vingt-deux divisions de l'armée de terre belge et une minuscule force aérienne. En France, rangées le long de la frontière ouest de la Belgique (d'une longueur sensiblement identique), se trouvaient quatre armées françaises, tandis que les quatre divisions du Corps Expéditionnaire britannique s'interposaient sur un front de 40 km de Halluin à Maulde, entre la septième

N.d.T. OKH: Réserve générale du Haut Commandement de l'armée.

armée de Giraud à l'extrême gauche et la première armée de Blanchard à droite. La neuvième et la deuxième malheureuses armées françaises commandées par Corap et Huntziger couvraient le reste de la frontière jusqu'à Montmédy où commençait la ligne Maginot proprement dite.

Tout au long des mois d'octobre et de novembre, le Plan Jaune fut constamment remanié par Hitler et par ses généraux, ces derniers s'opposant unanimement à une attaque à l'ouest. Mais la base et les objectifs fondamentaux du plan demeurèrent les mêmes. Une poussée rapide et puissante devait être lancée à travers le centre de la Belgique jusqu'aux côtes de la Manche, avec comme fers de lance neuf des divisions blindées de von Bock et quatre divisions motorisées, soutenues par la quasi totalité de la Luftwaffe. Bien qu'Hitler ait provisoirement écarté la perspective d'une guerre sur deux fronts grâce à son pacte avec Staline, il ne s'attendait pas à détruire d'un coup l'armée française. Son objectif n° 1 était la Grande-Bretagne qu'il considérait comme «l'ennemi principal», et comme le rapportent les minutes de la conférence de l'OKW du 27 septembre: «Le Führer n'a pas l'intention de répéter le plan Schlieffen [69], mais d'attaquer par la Belgique et le Luxembourg sous la protection du flanc sud et de gagner les côtes de la Manche». Le 28 octobre, Hitler ordonna donc une attaque avec blindés au nord de Liège qui visait les «forts belges» tandis qu'une concentration de panzers au sud de cette ville devait réaliser la percée vers l'ouest et renverser les armées anglo-françaises cantonnées au nord. Cet objectif devait lui permettre de conquérir la Belgique et le maximum du nord de la France, y compris les côtes, afin d'y installer des bases pour la guerre aérienne et navale contre l'Angleterre tout en formant une zone protectrice pour la Ruhr.

Le 5 octobre, Hitler entra dans Varsovie détruite et le jour suivant, enivré par la victoire, lança son «offensive de paix». Dans son discours au Reichstag radiodiffusé dans le monde entier, il voulut étendre aux alliés sa conception de la branche d'olivier: «Nulle part et à aucun moment, je n'ai agi contre les intérêts britanniques». Ceci accompagné de quelques références magnanimes aux Français et de la déclaration qu'il n'y avait pas de raison de poursuivre la guerre. La Pologne n'existait plus, pourquoi se serait-on battu pour elle? Après la proposition d'une conférence internationale pour la paix «avant que des millions d'hommes ne soient envoyés stupidement à la mort...» et le rappel qu'il n'y a pas de vainqueurs dans une guerre mais seulement des perdants, le Führer conclut: «Que ceux qui considèrent la guerre comme la meilleure solution rejettent ma main tendue». Bien que certaines personnalités, notamment des ministres français et britanniques, fussent prêtes à engager des pourparlers de paix avec Hitler, le Président du Conseil français, Daladier, rejeta promptement et fermement la démarche d'Hitler. Pendant ce temps, le Foreign Office temporisait et soumettait les propositions d'Hitler «à un examen attentif». Le 12 octobre, toutefois, Chamberlain déclara: «Nous devons poursuivre notre devoir jusqu'au bout». Cette réponse fut qualifiée d'insolente par l'adjoint de Goebbels, Otto Dietrich, qui annonça alors — et cette fois, c'était vrai — qu'Hitler avait convoqué ses principaux chefs militaires pour préparer la «guerre pour de bon».

Ce fut la consternation parmi les membres de la hiérarchie militaire allemande car Hitler les avait assurés avant l'attaque contre la Pologne que celle-ci ne provoquerait pas la guerre avec la Grande-Bretagne et la France. Maintenant qu'il avait obtenu ce résultat, il leur disait que, si les Alliés refusaient de répondre à son offre de paix, il lancerait une attaque immédiate contre la France à travers la Belgique et la Hollande, ce qui signifiait le déclenchement d'une nouvelle guerre mondiale. Les chefs de l'armée — et même Goering qui souhaitait un règlement pacifique avec les alliés — étaient horrifiés par le projet d'Hitler. Ils estimaient de plus qu'une attaque à l'ouest ne parviendrait pas à défaire les Alliés mais aboutirait à une guerre d'usure qu'il ne serait pas possible à l'Allemagne de gagner. Presque tous participèrent dès lors à des complots visant à renverser ou même à assassiner le Führer pour l'empêcher de jouer l'avenir de leur pays dans ce qu'ils considéraient comme une partie suicidaire [79].

Tandis que les généraux tentaient de convaincre Hitler d'abandonner ses plans guerriers, Goering continuait à rechercher une paix négociée en tâtant le terrain auprès des Anglais par le biais de ses filières suédoises. Mais balayant les objections de ses généraux, Hitler publia, le 19 octobre, sa «Directive n° 6 pour la conduite de la guerre» qui commençait ainsi: «S'il apparaît dans un proche avenir que l'Angleterre et... la France ne désirent pas mettre fin à la guerre, je suis déterminé à prendre très prochainement l'initiative d'une attaque...» Une attaque massive de blindés à travers la Belgique et la Hollande devait être préparée pour lancer l'offensive au premier signal donné. Dans un mémorandum annexe destiné à persuader les généraux réticents, Hitler soutenait que l'approvisionnement limité de l'Allemagne en nourriture et en matières premières compromettrait la poursuite d'une guerre de longue durée et que l'occupation des côtes belges et des côtes françaises de la Manche renforcerait donc énormément la position de l'Allemagne.

«La Belgique et la Hollande, poursuivait le memorandum, dépendent de l'ouest au plus haut degré» si bien que la Grande-Bretagne et la France pourraient les forcer à «abandonner leur neutralité...» Ces deux pays neutres constituent aussi une «zone protectrice pour la Ruhr», mais l'Angleterre et la France saisiront la première occasion pour les occuper afin de frapper cette région industrielle vitale. Auparavant, il avait dit à ses généraux que «les Belges appelleront les Français à leur aide... nous devons donc prévenir cela par une opération décisive...»

Parmi tous les généraux opposés au plan d'Hitler d'attaquer à l'ouest, ce fut le général von Leeb (commandant le corps d'armée C), un Bavarois catholique pratiquant, qui s'éleva le plus vigoureusement au nom de la morale contre la violation de la neutralité des deux pays. Dès que von Leeb fut au courant des plans d'Hitler, il mit au point un «memorandum sur les perspectives et les conséquences d'une attaque contre la France et la Grande-Bretagne en violation de la neutralité de la Hollande, de la Belgique et du Luxembourg», daté du 11 octobre 1939. «Même la première condition préalable à un succès rapide, c'est-à-dire l'effet de surprise, n'existe pas», arguait von Leeb; «dès à présent... la Belgique achemine des renforts vers Liège...» Après avoir exposé les divers arguments militaires contre l'offensive et remis en question l'affirmation d'Hitler selon laquelle le temps jouait en défaveur de l'Allemagne, Leeb examinait les «répercussions politiques»:

> «Une telle attaque fournira immédiatement à l'Angleterre et à la France un avantage qu'elles n'ont pas jusqu'à présent, à savoir un puissant argument de propagande... Toute violation de la neutralité de la Belgique précipitera ce pays dans les bras de la France. La France et la Belgique auront alors un ennemi commun: l'Allemagne qui attaque pour la deuxième fois en vingt-cinq ans la Belgique neutre! L'Allemagne dont le gouvernement a solennellement garanti et promis de maintenir et de respecter cette neutralité il y a quelques semaines à peine!»

Avant la fin d'octobre, Halder, le chef de l'état-major, von Bock, et von Rundstedt avaient manifesté leur accord avec les vues de von Leeb en publiant leur propre mémorandum contre l'offensive envisagée par Hitler. Le 14 octobre, Brauchitsch, le commandant en chef, et Halder avaient tenu une longue conférence sur la «situation générale». Ils examinèrent trois hypothèses: le plan d'attaque d'Hitler, la politique d'«expectative» de von Leeb et le renversement d'Hitler. Bien qu'ils aient conclu, comme le rapporte Halder, qu'«aucune de ces trois possibilités n'offre de réelle garantie de succès», il décida avec Brauchitsch de «promouvoir toute solution pouvant aboutir à la paix». Le commandant en chef s'efforça donc d'obtenir de plusieurs généraux qu'ils «dissuadent le Führer d'appliquer son plan», comme il s'y employa d'ailleurs lui-même. Mais Hitler écarta leur argumentation en déclarant que «les Britanniques ne seront prêts à négocier qu'après avoir été battus. Nous devons les attaquer le plus vite possible».

Fin octobre, von Leeb et von Rundstedt écrivirent à leur commandant en chef pour lui rappeler toutes leurs objections au déclenchement d'une offensive. Von Runstedt défendait l'idée de forcer la Grande-

Bretagne et la France à lancer une offensive terrestre, ce qui leur ferait endosser la responsabilité d'avoir violé la neutralité belge: «Notre position serait meilleure, écrivit-il, si nous rencontrons l'ennemi traversant la Belgique contre la volonté des Belges, dans une bataille de mouvement, et si nous pouvons ainsi imposer aux Français une attaque qui va pousser à bout leur attitude passive vis-à-vis de la guerre». Après une visite au front, Brauchitsch, prétextant que l'armée n'était pas prête et les conditions atmosphériques défavorables, tenta désespérément une dernière fois de dissuader Hitler. Mais ce faisant il exagéra ses arguments, ce qui eut pour effet de mettre Hitler en colère et mit un point final à son opposition.

L'un des chefs militaires les moins susceptibles de s'opposer à Hitler était le colonel-général Walter von Reichenau, que l'on retrouvera plus loin comme commandant en chef de la sixième armée et qui fit Léopold prisonnier lorsque celui-ci capitula en mai 1940. L'amiral Canaris, en tant qu'opposant secret, avait inspecté les postes de commandement militaires de l'ouest afin de mettre certains officiers au courant des atrocités nazies en Pologne, de les inciter à s'opposer aux plans d'Hitler et d'obtenir leur soutien dans l'optique d'un coup d'Etat. Canaris fut stupéfait d'apprendre que von Reichenau, qui n'appartenait pas à l'opposition, avait protesté directement auprès du Führer contre les atrocités des hommes d'Himmler en Pologne et dénoncé le projet d'invasion de la Belgique et de la Hollande comme «vraiment criminel». Cette prise de position courageuse rendit Hitler fou de rage et, quelques semaines plus tard, coûta à von Reichenau le commandement suprême de la Wehrmacht qu'il était sur le point d'obtenir. Et lorsque, le 6 novembre, Hitler passa outre à toutes les objections de ses généraux et ordonna que le Plan Jaune soit exécuté le 12 novembre, von Reichenau eut l'audace plus grande encore d'en informer le dirigeant de l'opposition clandestine, Carl Goerdeler, en lui demandant de prévenir les Britanniques de l'attaque imminente par le centre de la Belgique. Il espérait ainsi que grâce aux dispositions prises par les Belges et les Alliés, le Haut Commandement allemand reconnaîtrait la disparition de l'effet de surprise et la nécessité d'annuler l'offensive.

«Pour comprendre la logique de Reichenau, écrit Harold Deutsch, il faut noter que deux mois plus tard, l'existence de l'état d'alerte en Belgique et, dans une moindre mesure, en Hollande, joua un rôle majeur dans le report de l'offensive.» L'avertissement urgent de von Reichenau fut correctement transmis en Grande-Bretagne par l'intermédiaire d'une filière d'agents de l'opposition et de personnalités pro-Alliés. Mais comme il n'appartenait pas à l'opposition anti-Nazie, il ignorait que ces opposants, Goerdeler et Oster y compris, avaient établi depuis quelque temps des contacts secrets avec Léopold et d'autres responsables à l'ouest dans le but de contrecarrer les plans d'invasion d'Hitler. Il ne soupçonnait donc pas non plus que ses propres avertissements n'avaient fait que confirmer ceux de l'opposition clandestine. Parallèlement, le baron von Weizsäcker, Secrétaire d'Etat au ministère allemand des Affaires Etrangères et membre éminent de l'opposition, imagina un plan qu'Harold Deutsch décrit comme «rien de moins qu'une campagne visant à persuader le roi des Belges de faire une offre de médiation qu'Hitler pourrait difficilement refuser» [71].

A mesure que le Plan Jaune se précisait, von Weizsäcker devenait de plus en plus inquiet. Son département était un nid d'activités d'opposition et il œuvrait en étroite collaboration avec ses collègues dissidents, du ministère des Affaires Etrangères, comme avec ceux du secteur privé, de la Wehrmacht et de l'Abwehr, pour contrecarrer les plans d'Hitler. Von Weizsäcker avait prit soin de faire placer des membres de l'opposition à la tête des ambassades dans les grandes capitales. En octobre, il chargea son ami Goerdeler de faire parvenir un message oral à l'ambassadeur d'Allemagne à Bruxelles, von Bülow Schwante, pour lui demander de suggérer au Roi de prendre conjointement avec la reine des Pays-Bas une initiative de paix. L'ambassadeur se rendit immédiatement à La Haye pour inciter son confrère, le comte Zech, à approcher la Reine et le gouvernement hollandais dans ce sens. A son retour, von Bülow Schwante invita le comte Capelle (le secrétaire du Roi) à dîner. Lui ayant exprimé son inquiétude sur le sort de la Belgique si une offensive à grande échelle était lancée à l'ouest, il lui fit nettement comprendre qu'une nouvelle démarche du Roi en faveur de la paix pourrait bien empêcher ou au moins retarder la catastrophe. Lorsque Capelle en parla au Roi, celui-ci pria von Bülow Schwante de lui rendre une visite confidentielle et l'ambassadeur fut introduit secrètement dans le Palais de Laeken par une grille arrière pour rencontrer le Roi dans son bureau le matin du jour suivant. Il lui répéta ses avertissements concernant l'imminence d'une attaque et sa proposition d'une démarche du Roi en vue de l'empêcher. Von Bülow envoya alors un message vigoureux à son ministre des Affaires Etrangères (afin que le Führer en prît connaissance) pour le prévenir que Léopold était au courant de l'imminence de l'attaque allemande et que l'armée belge était prête à résister.

Un peu plus tard dans la journée, le Roi reçut d'une autre partie de l'opposition un avertissement plus explicite lui communiquant la date précise de l'attaque. La figure clé de ce groupe était le colonel Oster, chef de la Division centrale de l'Abwehr, sous les ordres de l'amiral Canaris. Au risque permanent de sa vie, Oster transmettait des rapports détaillés sur les plans militaires allemands [72] à son ami le major Sas, adjoint de l'attaché militaire hollandais à Berlin, qui les passait à son tour au colonel Goethals, l'attaché militaire belge. Goethals en informait alors le général Van Overstraeten, lequel en parlait au Roi. Le 6 novembre, Oster apprit qu'on avait lâché le mot code pour l'attaque qui devait être déclenchée le 12 à l'ouest. Il prévint immédiatement Sas qui transmit l'avertissement aux Hollandais et aux Belges. Grâce à Oster, Léopold savait déjà à la fin octobre que les Allemands avaient rassemblé près de soixante-dix divisions, y compris plusieurs divisions blindées, en face du front belge et qu'Hitler avait établi son quartier général personnel à Godesberg, à 55 km seulement de la frontière. L'armée belge était donc en état d'alerte lorsque la nouvelle d'une attaque imminente arriva par l'intermédiaire de von Bülow Schwante et d'Oster.

Après avoir téléphoné à la reine Wilhelmine et consulté son Cabinet, le roi Léopold prit la route de La Haye, accompagné de Spaak et de Van Overstraeten, pour mettre au point avec la Reine une action concertée dans le sens suggéré par l'opposition allemande. Un télégramme commun de Wilhelmine et Léopold fut donc envoyé le lendemain aux gouvernements allemand, français et britannique, comportant les passages suivants: «Souverains de deux Etats neutres... nous sommes disposés à faciliter, par tous les moyens en notre pouvoir qu'il leur plairait de nous suggérer, et dans un esprit d'amicale compréhension, la recherche des éléments d'un accord éventuel. Telle nous paraît être la mission que nous avons à remplir pour le bien de nos peuples et dans l'intérêt du monde entier.» Le message de paix des deux monarques avait auparavant été approuvé par les rois du Danemark et de Suède, le Président finlandais et le Pape Pie XII.

Lorsque ce message parvint à Berlin, le 7 novembre en début de soirée, il échut à Erich Kordt [73], l'un des chefs de l'opposition, de porter le document à la chancellerie du Reich où il trouva Hitler qui se préparait à partir pour Munich afin d'assister à la commémoration annuelle du putsch de la Burgerbrau en 1923. Le Führer se montra extrêmement contrarié et il donna instruction à Kordt de « dire aux Hollandais et aux Belges qu'il était en voyage et qu'on ne pouvait l'atteindre». Ceci faillit être son dernier voyage, car une bombe explosa le lendemain dans la Burgerbraü, quelques minutes après son départ, tuant sept «vieux camarades» nazis et en blessant soixante-trois autres [74]. «La démarche belgo-hollandaise avait effectivement dérangé le tyran, écrit Harold Deutsch, en menaçant de faire échouer ses plans de propagande. Il venait en effet de donner l'ordre de réunir des informations taillées sur mesure pour montrer que les Belges avaient toujours adopté une attitude profrançaise. A cet effet, il avait donné aux compilateurs l'instruction de «laisser libre cours à leur imagination.» Envahir sur le champ les candidats médiateurs représentait une responsabilité politique plus grave encore qu'auparavant. Ce soir-là, Hitler doit avoir quitté Berlin de très mauvaise humeur [75].

Le Führer ordonna tout de suite à Otto Dietrich, l'adjoint de Goebbels, de minimiser dans la presse la portée de cette initiative de paix. Les réactions des Alliés furent plutôt froides. Comme le disait très bien *L'Illustration*: «Londres et Paris recherchent plutôt l'alliance que la médiation des pays neutres». Et Harold Deutsch de remarquer très justement: «Les réponses négatives de Londres et de Paris à l'offre de bons offices furent annoncées en premier lieu, ce qui permit à Hitler de faire croire au public allemand que lui aurait été tout disposé à y répondre plus favorablement» [76].

Les Français et les Britanniques ne réalisèrent pas — tout le monde n'a d'ailleurs pas encore réalisé actuellement — que l'arrivée de ce message de paix à la chancellerie du Reich fut un facteur majeur de la décision prise par Hitler ce même jour de suspendre l'attaque à l'ouest. A 18 heures, Hitler reporta le jour J et ordonna d'arrêter les mouvements de troupes. Il s'ensuivit une série d'annulations et de reports, tous ordonnés par Hitler en vertu de la «situation météorologique», bien que, comme le fait remarquer Telford Taylor dans *The March of Conquest*, «de nombreux signes indiquent qu'Hitler ne regardait pas à utiliser la situation météorologique comme moyen de sauver la face...» [77]. Von Hassel nota peu après dans ses carnets que «Goering était toujours opposé à l'attaque, mais qu'il ne se décidait pas à résister et préférait se limiter à un certain sabotage du plan en prétextant le mauvais temps...»

Après avoir décrit le rôle que lui-même et son réseau du ministère des Affaires Etrangères jouèrent dans cette initiative secrète, von Weizsäcker écrit: «Tout retard était le bienvenu car mon seul but était la paix» [78]. Ce sont le roi Léopold et la reine Wilhelmine que l'on doit créditer du report de l'offensive projetée, car, comme le rapporte le général Westphal dans son livre *The German Army in the West*, «en définitive, Hitler ne retira son ordre d'attaquer le 12 novembre que quand il devint évident que l'ennemi en avait eu connaissance». Les carnets de von Hassel en date du 16 novembre sont également clairs à ce propos:

> «Je commence à croire que l'invasion de la Belgique et de la Hollande a été abandonnée. Depuis des semaines, la presse étrangère se fait l'écho des craintes des Belges et des Hollandais et commente leurs préparatifs. L'initiative du roi Léopold et de la reine Wilhelmine a matérialisé cette inquiétude et perturbé les plans d'Hitler. L'opposition de nos militaires a également joué» [79].

Et Telford Taylor écrit: «Hitler a sans doute jugé que cette démarche désamorçait l'effet de surprise espéré et rendait peu plausible l'accusation selon laquelle la Belgique et la Hollande n'étaient pas vraiment neutres et autorisaient la présence des troupes franco-britanniques sur leur territoire» [80].

Le voyage nocturne de Léopold à La Haye et l'offre immédiate de médiation des deux Souverains eurent un effet instantané, car ils réduisaient à néant les arguments qu'Hitler avait soigneusement préparés pour justifier son attaque. Sur son ordre on avait rédigé une proclamation à l'adresse des peuples belge et hollandais selon laquelle des forces françaises s'apprêtaient à entrer en Belgique. Il avait préparé le terrain en informant le gouvernement belge le 26 août « que l'Allemagne ne romprait en aucune circonstance l'inviolabilité et l'intégrité de la Belgique et respecterait en tout temps le territoire belge à condition que la Belgique demeure neutre et ne tolère aucune violation de cette espèce de la part d'une tierce puissance». Après l'offre de médiation des deux souverains, Hitler pouvait difficilement continuer à prétendre que les Français étaient sur le point d'attaquer. De plus, ses généraux s'opposaient fermement à une offensive, surtout si tard dans l'année, depuis qu'il était devenu évident que les deux pays avaient été informés et qu'une invasion allemande ne bénéficierait plus de l'effet de surprise. L'attaque fut donc annulée.

Il valait la peine d'examiner les détails d'une action qui contrecarra indubitablement les plans d'Hitler et grâce à laquelle les forces franco-britanniques mal préparées et mal équipées échappèrent à la débâcle qui se serait certainement produite si les Allemands avaient lancé contre elles leurs irrésistibles forces blindées et aériennes. On peut donc en conclure que si Léopold fut à même de contrer aussi efficacement le Führer, ce fut grâce aux informations qui lui parvinrent des principales sections de l'opposition allemande: la Wehrmacht, le ministère des Affaires Etrangères, l'Abwehr et les civils que dirigeait Goerdeler. L'acceptation de ces dissidents de risquer leur vie pour informer et prévenir le Roi des Belges est un hommage à l'intégrité de la politique de Léopold et une preuve de la confiance que les Allemands anti-nazis, et non des moindres, étaient prêts à mettre en lui.

Chapitre VIII

La drôle de guerre

«Je frémis à la pensée de ce qui aurait pu se produire si les Allemands avaient attaqué avant l'hiver.»

Maréchal LORD ALANBROOKE

«Dans ce cas, nous n'avons pas la moindre chance.»

Général LORD GORT en apprenant que les Allemands avaient dix divisions blindées sur le front occidental.

L'une des accusations que l'on formula contre le roi Léopold après la capitulation de l'armée belge fut que la politique d'indépendance de la Belgique avait empêché les alliés de venir en aide à la Pologne. Ainsi, dans un discours à la Chambre des Communes, le 4 juin 1940, Winston Churchill déclara que sans cette politique les Alliés auraient pu «sauver la Pologne». Mais il se contredit lorsqu'il écrit dans ses mémoires: «Une fois qu'il eut pris possession de la Pologne, Hitler était beaucoup plus puissant sur terre et dans les airs que les Britanniques et les Français réunis. Il ne pouvait donc pas être question d'une offensive française contre l'Allemagne». Au sujet des Britanniques, Churchill déclara en 1943: «Nous sommes entrés dans la guerre mal préparés et presque désarmés», et plus tard, il écrivit encore dans ses mémoires que «le Corps Expéditionnaire britannique n'était rien d'autre qu'une contribution symbolique. Il ne put déployer que deux divisions la première semaine d'octobre et deux autres la semaine suivante.»

Il se trouvait en France un certain nombre de personnes pour partager cette vision fausse de la politique belge. Le 1er septembre, le Commandant en Chef, Gamelin, écrivit au Président du Conseil, Daladier: «L'attitude actuelle de la Belgique joue entièrement en faveur des Allemands», et il argua que la France ne pourrait apporter une aide rapide et efficace à la Pologne qu'en traversant la Belgique. Mais, en réalité, la politique de Gamelin était purement défensive. Comment aurait-il pu d'ailleurs en être autrement compte tenu de l'immense supériorité des forces terrestres et aériennes allemandes et du fait qu'il aurait fallu plusieurs mois pour mobiliser l'armée des conscrits français? Entre-temps, la Pologne fut conquise en dix-huit jours de Blitzkrieg. Dès le 28 mars 1939, les chefs d'état-major britanniques, qui désapprouvaient la garantie donnée à la Pologne, concluaient que «... ni la Grande-Bretagne ni la France ne pourraient procurer à la Pologne et à la Roumanie un soutien direct par mer, par terre ou par air pour les aider à résister à l'invasion allemande».

Lors du Conseil de guerre qui se tint le 23 août 1939, le jour même de l'annonce du pacte germano-soviétique, l'idée fixe de Gamelin était de gagner du temps. Il espérait vivement que l'armée polonaise forte de deux millions d'hommes résisterait âprement, obligeant les Allemands à engager le gros de leurs troupes sur ce front et les empêchant ainsi de se retourner contre les Français avant le printemps suivant. Bien qu'en théorie les Alliés eussent déclaré la guerre pour défendre la Pologne, ils comptaient en réalité sur la Pologne pour protéger la France. Aucune action offensive de la France ou de la Grande-Bretagne contre l'Allemagne ne fut envisagée à cette réunion, mis à part le blocus et la lutte anti-sous-marine. En conséquence, lors de la toute première réunion du Conseil de guerre suprême des Alliés à Abbeville en fin septembre, Gamelin fit clairement comprendre qu'il n'avait pas l'intention de lancer ses armées contre les défenses allemandes et que l'activité militaire française se limiterait à des opérations de patrouille dans le no man's land. Daladier et les chefs des services alliés approuvèrent tous cette politique, y compris Neville Chamberlain qui déclara que «le temps jouait en faveur des Alliés» [81]. «Manifestement, écrit Benoist-Méchin, notre Etat-major n'a qu'un plan strictement défensif... Tout recommande à notre Etat-major de ne pas se départir d'une prudente circonspection» [82].

Durant le premier hiver de la guerre, les Alliés rassemblèrent donc simplement leurs forces, les alignèrent le long de la frontière française et attendirent. Attendirent que l'Allemagne ait conquis la Pologne, divisé le pays, partagé ses dépouilles avec la Russie et acheminé ses armées vers l'ouest en vue d'y déclencher son offensive à travers la Belgique. Dans cette «drôle de guerre», toute l'initiative était laissée à l'ennemi. L'opinion mondiale, qui ne se doutait pas de la faiblesse pitoyable des armées alliées, comprenait mal cette inertie. La population française était travaillée par de puissants éléments défaitistes et subversifs, la gauche emboîtant le pas à Moscou et dénonçant la guerre comme un acte capitaliste et impérialiste. «Le Front populaire de Blum avait complètement démoralisé le peuple et l'armée, déjà minés par la propagande communiste», écrit le général Fuller [83]. Cette « propagande subversive» était directement financée par le gouvernement allemand à partir d'un quartier général parisien, si l'on en croit John de Courcy, qui raconte comment «l'influence pernicieuse et les intrigues continuelles» de nombreux députés communistes et de gauche à la Chambre «jouèrent un rôle fatal dans l'effondrement qui suivit» [84]. «La Troisième République, poursuit Courcy, était plongée dans une série de querelles et de grèves dont elle ne se remit jamais et cela à une époque où la plus grande production industrielle était nécessaire à la survie même de la France... L'opinion française pouvait être résumée par le mot «défense» et les réactions psychologiques étaient extrêmement dangereuses lorsque personne ne les attaquait...» [85].

Tandis que la France sombrait à nouveau dans l'apathie et qu'une espèce de malaise Maginot s'emparait d'elle, les Britanniques demeuraient joyeusement confiants et insoucieux de ce qui les attendait, attitude qu'expriment des chants populaires comme «Nous irons pendre notre linge sur la ligne Siegfried» et des allusions bon enfant à ce «grand méchant loup» d'Hitler.

Sur le front franco-allemand, tout était calme. «Les Français ne tiraient pas, écrit Gordon Waterfield, parce que, disaient-ils à propos des Allemands, ils ne sont pas méchants, et, si nous tirons, ils tireront à leur tour» [86]. William L. Shirer vit des enfants allemands jouer à quelques mètres des soldats français, des soldats allemands disputer des parties de football et les trains rouler des deux côtés du Rhin: «Pas un coup de feu n'était tiré. Pas un seul avion ne traversait le ciel» rapporte-t-il [87]. De son côté von Weizsächer se souvient: «C'était un sentiment étrange qu'on éprouvait sur la ligne du front, non loin de Trêves, en n'entendant aucun coup de feu et en voyant à l'œil nu des soldats français se déplacer tranquillement sans se soucier de protection» [88]. Selon John de Courcy, «les Allemands ignoraient totalement les patrouilles françaises et vice-versa. Les Allemands faisaient le maximum pour donner aux troupes de la ligne Maginot l'impression que tout cela était une farce. L'armée française s'ennuyait et devenait irritable. Un sentiment de frustration faisait place à un sentiment de futilité ».

La campagne de propagande allemande trouva un terrain favorable dans de nombreux milieux français. Le Reich n'avait rien à reprocher ou à réclamer à la France, disait-elle, les impérialistes britanniques avaient provoqué la guerre en donnant à la Pologne un chèque en blanc et ils avaient entraîné la France dans la guerre contre son gré. «Pourquoi nous battons-nous?» était le leitmotiv. Tout le monde sait aujourd'hui, hélas, que si les Français furent incapables de se battre c'est parce qu'ils n'étaient prêts ni moralement ni matériellement pour mener la guerre ultra-rapide conçue par les Allemands, mettant en œuvre des milliers de tanks, d'avions et d'hommes bien entraînés dont les actions efficacement coordonnées formaient une machine de guerre puissante et extrêmement mobile. Ni les Britanniques, ni les Français n'avaient tiré la leçon de la foudroyante guerre-éclair aérienne et blindée que les Allemands avaient menée en Pologne. En effet, comme le reconnaît tout expert militaire, la seule façon dont une nation pouvait espérer se défendre contre la guerre-éclair était de créer et de déployer une force similaire comprenant tanks et avions, ce que la France et la Grande-Bretagne avaient malheureusement négligé de faire.

Léopold fut un des rares Occidentaux à diagnostiquer cet état de fait. Dans son discours sur «l'indépendance armée» de 1936, il avait déclaré que les nouvelles méthodes de guerre permettaient «aux opérations initiales d'un conflit armé, une puissance, une rapidité et une amplitude particulièrement alarmantes pour des pays de faible étendue comme la Belgique.» (Sir Roger Keyes écrivit aussi en 1939: «La guerre moderne sera menée à une vitesse terrifiante, de sorte que des décisions vitales devront être prises d'heure en heure...») [89]. Néanmoins, les efforts du Roi pour doter son armée de tanks furent anéantis par le veto du Parti Socialiste belge qui joua ainsi le jeu des Allemands. Ceux-ci, bien qu'ils eussent reconnu que la seule réplique possible contre leurs attaques blindées était la mise sur pied d'une défense soutenue en profondeur par des tanks, protestèrent énergiquement, prétendant que les tanks étaient une arme offensive qui n'avait pas place dans l'armée d'un pays neutre. Les conceptions des partisans occidentaux de la guerre mécanisée comme de Gaulle, Liddell Hart et Martell furent malheureusement ou repoussées ou ignorées en France et en Grande-Bretagne (pays inventeur du tank) mais par contre adoptées et développées avec des effets dévastateurs par Heinz Guderian, Erwin Rommel et les autres chefs allemands des divisions blindées. Il s'ensuivit que la Grande-Bretagne aussi bien que la France étaient «nues du point de vue de la guerre moderne», comme l'a dit un expert militaire.

C'est le jugement qu'il portait sur la rapidité de la guerre moderne qui incita Léopold, ainsi que son Etat-Major à prendre, en septembre 1939, une décision militaire qui eut une importance capitale pour la Belgique et ses alliés. Jusqu'alors, l'essentiel de l'armée belge était disposé le long du canal Albert, d'Anvers à Liège et de là, le long de la Meuse, jusqu'à Namur. Cette ligne, abritée derrière un obstacle d'eau continu, était très solide, car sous l'impulsion d'Albert et de Léopold, on avait dépensé d'énormes sommes pour renforcer et compléter les ouvrages existants et les fortifications qui se trouvaient derrière. Ainsi on construisit au confluent de la Meuse et du canal Albert une série de fortifications modernes comparables à celles de la ligne Maginot, et parmi elles l'immense et puissant fort d'Eben-Emael, dans le but de tenir les nœuds de communications. Toutes les anciennes fortifications d'Anvers, Liège et Namur avaient été renforcées et modernisées, tandis que les trois grands forts de Neufchâteau, Battice et Pepinster étaient édifiés pour parachever le système de défense *.

Mais à l'ère du Blitzkrieg, cette ligne, toute puissante qu'elle fût, ne pouvait être considérée que comme une position retardatrice. En effet, comme principale ligne de défense de la Belgique, elle présentait quatre sérieux inconvénients. Tout d'abord, elle manquait de profondeur. Deuxièmement, elle était si éloignée de la frontière française qu'on ne devait pas s'attendre à des renforts avant les premières percées de l'attaque allemande. Troisièmement, elle était trop étendue pour que l'armée belge seule, même complètement mobilisée, puisse la défendre. Et quatrièmement, en raison de sa forme semi-elliptique, elle s'exposait au danger d'attaques latérales. En conséquence, à l'initiative du Roi, on avait en grand secret accéléré la construction d'un nouveau front fortifié dénommé «ligne K-W» parce qu'il allait de Koningshooikt à Wavre en passant par Malines et Louvain, reliant ainsi les villes fortifiées d'Anvers et de Namur.

Il fallait au Roi un grand courage et beaucoup de conviction pour établir la principale défense de son pays sur la ligne K-W. Le choix d'un front qui s'étendait à seulement 16 km à l'est de Bruxelles signifiait le sacrifice inévitable de la moitié de son royaume et exposait la capitale et un certain nombre de villes importantes — Anvers, Malines, Louvain, Gembloux et Namur — à la destruction ou à l'occupation. Mais si l'Allemagne trahissait ses garanties et attaquait, il croyait, avec son gouvernement, que les promesses faites par la Grande-Bretagne et la France en 1937 seraient, elles, tenues. Dans cet esprit, la construction de la ligne K-W était militairement sensée. Le 28 mars 1940, le ministère de la Défense Nationale établit un rapport qui disait:

> Une formidable barrière d'acier divise le pays et constitue un obstacle pratiquement infranchissable pour les chars. Ce mur d'acier, construit par des hommes non entraînés, atteint à présent 70 km de long. L'ossature à elle seule a englouti 34.000 tonnes d'acier; en outre 1.000 tonnes de cables d'acier, 150 tonnes de peinture de camouflage et près de 600 tonnes de matériaux divers entrèrent dans sa construction. Trente-cinq mille tonnes d'acier s'étendent donc à travers champs, bois, marais, rivières et chemins de fer.
>
> Ni l'eau, ni la boue, ni les dénivellations de terrain n'arrêtèrent les bâtisseurs, qui bravèrent la pluie, la neige et le froid. Ils poursuivirent opiniâtrement leur tâche même par des températures atteignant −16°, alors que les lourdes pièces d'acier leur collaient aux mains. Du

* Voir carte en fin de volume.

1er novembre au 31 décembre, pendant la saison la plus pluvieuse et par un rude hiver, nos soldats indifférents à la boue, à l'eau et au froid élevèrent un mur d'acier de 30 km de long.»

C'est vers cette nouvelle position défensive que les armées anglo-françaises allaient avancer en mai 1940, derrière la couverture assurée par l'armée belge qui résistait à l'attaque ennemie sur sa première ligne de défense, le long du canal Albert et de la Meuse.

Grâce aux efforts en faveur du réarmement déployés par le Roi en 1936, lorsque la guerre éclata, la Belgique n'avait pas seulement solidement renforcé ses défenses, elle avait aussi levé une armée de 650.000 hommes soit quatre fois plus que la force déployée par les Britanniques en France cet hiver-là. Quand la guerre-éclair fut lancée en mai 1940, la Belgique mobilisa 900.000 hommes contre les 237.000 fantassins que comptait alors le Corps Expéditionnaire britannique (comme ces 250.000 conscrits belges supplémentaires ne pouvaient pas être suffisamment entraînés, la plupart d'entre eux furent à cette fin envoyés en France). Même sans ces jeunes recrues, l'armée levée par Léopold lors de l'attaque allemande était presque trois fois supérieure à celle du Corps Expéditionnaire britannique et cinq fois supérieure à l'armée du roi Albert en 1914. A la même époque, comme l'a souligné l'homme d'Etat américain Henry Stimson, les Etats-Unis (avec 137 millions d'habitants au début de 1940) n'avaient que 185.000 hommes dans leur armée régulière, et il ajoutait qu'il n'y avait «nulle part d'armée aussi bien entraînée que l'armée belge». Pour prendre une autre comparaison, dans les mêmes conditions que la Belgique, la Grande-Bretagne aurait placé 4.800.000 hommes sous les drapeaux, proportion que n'atteignit aucune nation belligérante au cours des deux guerres mondiales.

Lever une armée aussi nombreuse en Belgique présentait naturellement des handicaps car il s'avéra impossible d'aligner suffisamment d'officiers d'active et de réserve pour encadrer et entraîner tous les conscrits en unités de combat efficaces. De plus, il était difficile de se procurer de l'équipement lourd et spécialisé, notamment les plus grands canons anti-chars et anti-aériens, étant donné que l'Allemagne et les alliés réarmaient de leur côté. L'industrie d'armement de la Belgique produisait toutefois toutes les pièces d'armement léger, tel son excellent canon antichar de 47 mm qu'elle fournissait même aux Britanniques et aux Français. La force aérienne belge était équipée d'avions britanniques mais comme les besoins propres de l'Angleterre augmentaient, celle-ci ne put plus fournir aux Belges les avions modernes dont ils avaient besoin. Neuf Hurricanes seulement ayant été livrés jusque là, la Belgique commanda quarante Brewster Buffaloes aux Etats-Unis qui malheureusement ne furent pas livrés à temps.

C'était donc tout à l'honneur de la Belgique de pouvoir aligner en septembre 1939 vingt-deux divisions, alors que la France en avait cinquante et le Corps Expéditionnaire britannique deux seulement — deux autres suivirent en octobre — sans blindés. Après la conquête de la Pologne, l'Allemagne plaça cent divisions, dont dix divisions blindées et six mécanisées, le long de sa frontière avec la Belgique et la Hollande. Comparant les forces en présence, un commentateur américain bien connu déclara par la suite: «Si, *mutatis mutandis*, la France et l'Angleterre avaient, à la veille de la guerre, accompli un effort égal à celui de la Belgique, l'issue de la bataille de Belgique et de France aurait été toute différente».

Quant à la France, Paul Reynaud, qui était Président du Conseil lorsqu'éclata le Blitzkrieg en mai 1940, écrivit: «Aussi sommes-nous entrés dans la guerre sans corps cuirassé, sans aviation d'assaut, sans état-major de la défense nationale, sans organisation du haut-commandement, sans ministère de l'armement et c'est seulement après quatre mois de guerre, en janvier 1940, que l'on commença, en France, à créer des divisions cuirassées.» [90]. Les critiques du général Weygand ne furent pas moins acerbes: «La France a abordé la guerre sans disposer du matérial adéquat — chars, canons anti-chars, avions, défenses anti-aériennes étaient en nombre insuffisant. De plus, un front occidental solide faisait défaut [91]. Absence de préparation à la fois militaire et diplomatique. C'était un acte criminel d'avoir déclaré la guerre le 3 septembre dans de telles conditions. Il est à peine croyable que les responsables de l'armée n'aient pas averti le gouvernement qu'elle n'était absolument pas en état de combattre» [92].

«Et où étaient les Britanniques, quand on pense à notre contribution dérisoire...?» demande Churchill dans ses mémoires, question à laquelle il avait répondu lorsqu'en janvier 1940, il écrivit à l'amiral Sir Dudley Pound, Premier Lord de l'Amirauté: «Notre armée est insignifiante et notre aviation terriblement inférieure à celle des Allemands». De plus, comme le rappelle l'historien officiel, le major Ellis: «En 1939, les états-majors franco-anglais travaillaient encore selon les méthodes de 1914-1918... le premier objectif des Français était la défense de la ligne Maginot. Quant aux Britanniques, en raison de la maigreur des forces engagées à ce moment, ils ne pouvaient qu'accepter les vues françaises sur le futur cours des opérations terrestres sur le continent» [93].

En dépit des adjurations de Churchill, la Grande-Bretagne n'avait pas profité de la soi-disant «période de grâce» qui suivit Munich et ses industries étaient encore loin d'être sur pied de guerre; sa production d'armes était battue en brèche par l'opposition des partis socialiste et libéral, l'apathie de la classe ouvrière et l'absence de collaboration des syndicats. Même la déclaration de guerre ne l'avait pas réveillée. En fait, les troupes des états-majors généraux et de la force principale du Corps Expéditionnaire n'atteignaient que 237.300 hommes en mai 1940, avec, à l'arrière, 156.846 hommes «peu ou pas entraînés du tout», qui s'occupaient des bases et des installations. Une grande partie de ces hommes étaient sans armes et certains même sans uniforme. On y comptait trois divisions territoriales récemment arrivées mais incomplètes, tout aussi mal équipées et entraînées, et «devant surtout servir à des travaux d'intendance.» [94]

Comme le révèlent les *Despatches* de Gort et l'*Official History*, ce Corps Expéditionnaire britannique réduit souffrait de graves lacunes dans presque tous les types d'équipement, véhicules et armes, y compris les canons anti-chars et anti-aériens, et d'une pénurie de munitions de tous genres. En outre, son matériel et son armement étaient en majeure partie dépassés et inférieurs à ceux des Allemands. C'était particulièrement évident pour les canons anti-aériens et le matériel de communication, notamment les rares appareils de radio, démodés et inefficaces. Quant aux forces blindées, Gort n'avait sous son commandement en mai 1940, qu'un petit nombre de ces engins que Lord Alanbrooke qualifia plus tard de «ridicules tanks légers» (au blindage si mince qu'ils représentaient un danger mortel pour leurs occupants), quelques véhicules blindés qui étaient tous «déclassés» et une centaine de chars d'infanterie solidement blindés mais très lents à se déplacer. Seuls vingt-trois d'entre eux étaient parés pour affronter les tanks ennemis, parce qu'équipés d'un canon double; tous les autres n'étaient pourvus que de mitrailleuses. Dans ses mémoires, Montgomery résume ainsi l'état du Corps Expéditionnaire:

> En septembre 1939, l'armée britannique était totalement inapte à mener une guerre moderne sur le continent européen... Durant les années précédant la déclaration de guerre, aucune manœuvre de grande envergure n'avait été effectuée en Angleterre. En fait, l'armée régulière n'était pas capable de participer à un exercice réaliste. L'armée de terre avait un système de transmission inadéquat, pas de support administratif et pas d'organisation de Haut Commandement; tout cela dut être improvisé à la mobilisation...
>
> La majorité des moyens de transports de ma division consistait en camionnettes et en camions civils en mauvais état. Lorsque nous quittâmes les ports pour gagner notre zone de concentration près de la frontière française, la campagne de France se trouva jonchée derrière nous de véhicules hors service.
>
> Il faut reconnaître à notre honte que nous avons envoyé notre armée dans cette guerre ultra moderne avec des armes et un équipement totalement inadéquats et que nous sommes seuls à blâmer pour les revers désastreux que nous essuyâmes dès l'ouverture des hostilités en 1940» [95].

Il n'est donc pas étonnant que Lord Alanbrooke ait pu avouer: «Je tremble à l'idée de ce qui se serait produit si les Allemands avaient attaqué avant l'hiver.» [96]. Même Gort, qui n'avait pas beaucoup d'imagination, partageait ces craintes et quand il apprit que les Allemands avaient dix divisions blindées sur le front ouest, il confia à son aide-de-camp, Lord Munster: «Dans ce cas, nous n'avons pas la moindre chance» [97]. En fait, qu'ils aient attaqué ou qu'ils eussent été attaqués aurait été tout aussi catastrophique pour les Alliés durant ces mois irréels du début de la guerre. La seule certitude, c'est que la Grande-Bretagne aurait alors subi une défaite encore plus radicale que celle qu'elle essuya en 1940, étant donné les déficiences encore plus graves et l'impréparation de son armée et de la RAF (qui avait alors vingt escadrilles de moins qu'en juillet 1940, quand «si peu» * écartèrent la défaite d'une telle justesse) et l'état d'inachèvement des stations radars le long de ses côtes.

Le facteur essentiel de la guerre était à présent la puissance aérienne, comme la démonstration en avait été faite en Pologne mais sans que les puissances occidentales le réalisent pleinement. La suite des événements démontra que celui qui détenait la maîtrise des airs était le vainqueur certain des combats terrestres et navals. Mais la force aérienne française était réduite, mal entraînée, moralement défaillante et surtout équipée d'avions d'un autre âge [98], pour lesquels on manquait de pièces de rechange et de matériel indispensable. Selon le témoignage de Robert Jackson: «La Force des Bombardiers français (FBF) était totalement démunie de l'équipement nécessaire pour affronter une guerre moderne [99]. Après que Goering lui eût fait visiter la Luftwaffe en 1938, le général Vuillemin, chef de l'état-major de l'aviation française, confia à François-Poncet, l'ambassadeur de France à Berlin: «Si la guerre éclate..., il ne restera plus un seul avion français au bout de quinze jours».

En ce qui concerne la Royal Air Force, elle était également à la traîne tant par le nombre que par la qualité des équipements. En fait, la RAF ne commença à remplacer ses chasseurs biplans qu'en 1938 et elle ne possédait que vingt-six escadrilles de chasseurs monoplans (surtout des Hurricanes) en septembre 1939. De plus, le handicap fatal dont allaient souffrir les opérations militaires et navales de la Grande-Bretagne consistait dans le fait que la RAF — au contraire de la Luftwaffe qui avait été entraînée pour agir en étroite collaboration avec les forces terrestres — veillait jalousement à son statut indépendant et n'était ni motivée, ni entraînée, ni équipée pour de pareilles opérations combinées. En outre, la politique du ministère de l'air voulait que la fonction principale de la RAF soit la défense intérieure et le bombardement stratégique; comme le rappelle encore le major Ellis: «Aucun de ces rôles n'exigeait une

* N. du T. Allusion à la célèbre phrase que prononça Churchill en pleine bataille d'Angleterre: «Never in the field of human conflict has so much been owed by so many to so few». («Jamais, dans un conflit humain, autant d'hommes n'auront dû leur salut à *si peu.*)

participation à des opérations terrestres de grande envergure ou l'envoi d'importantes forces aériennes à l'étranger». Il faut ajouter que les craintes françaises de provoquer des représailles de la Luftwaffe étaient si grandes que la petite composante aérienne du Corps Expéditionnaire ne pouvait utiliser les champs d'aviation français qu'à la condition de ne pas bombarder des objectifs allemands à partir de ces bases. Ainsi, durant toute la «drôle de guerre», les forces aériennes britannique et française ne reçurent jamais l'autorisation de mener des opérations offensives contre l'Allemagne. La RAF devait donc se contenter de «bombarder» l'Allemagne de tracts pendant la nuit.

C'est à la lumière de tout cela qu'il faut juger l'attitude du roi Léopold. Comme le fait remarquer Winston Churchill dans *The Second World War*, il est évident que la politique de la Belgique aurait été bien différente si la Grande-Bretagne et la France avaient disposé d'une armée solide et manifesté plus de résolution. La foi du Roi en la survie ultime de la Grande-Bretagne ne vacilla jamais mais à court terme il était évident que les avantages se trouvaient du côté de l'Allemagne, et il n'était pas disposé à sacrifier son pays avant que l'invasion ne l'y contraigne. Alors il se battrait. Entre-temps, il résisterait à toute tentative de forcer la Belgique à quitter sa neutralité tout en continuant à renforcer au maximum ses forces armées et ses défenses. En même temps, il ne pouvait qu'espérer que la France et la Grande-Bretagne profiteraient du délai précieux offert aux Alliés par cette forte dissuasion opposée aux plans allemands d'invasion pour entreprendre de leur côté de semblables efforts de réarmement.

Le Roi et ses conseillers n'étaient pas aveugles. Ils avaient été témoins de l'impuissance anglo-française au moment de la Rhénanie, de la Tchécoslovaquie, de l'Autriche — sans parler de l'Abyssinie et de l'Albanie — et maintenant de la Pologne pour laquelle ils étaient entrés en guerre. Ils étaient parfaitement conscients de la faiblesse militaire, de l'impréparation et des lacunes des Alliés. Pourquoi la Belgique aurait-elle nié les pactes conclus avec ses garants et déclenché prématurément contre elle une attaque dévastatrice, qui aurait une nouvelle fois fait de son territoire le champ de bataille de l'Europe, alors que la désastreuse issue en était si prévisible et qu'il restait une chance que les Allemands n'attaquent pas?

A ce moment se produisit en coulisse un événement qui en soi était déjà un prélude au désastre: l'acceptation du «Plan D». En dépit de l'infériorité des forces terrestres et aériennes alliées, Gamelin avait décidé en novembre que si les Allemands envahissaient la Belgique, les armées franco-britanniques stationnées dans le nord se déplaceraient instantanément vers la Belgique jusqu'à la ligne K-W. Selon ce plan, la deuxième et la neuvième armée française tiendraient sur la droite la ligne mosane de Montmédy à Namur, la première armée française prendrait position entre Namur et Wavre et les Britanniques défendraient au centre les 28 km de front entre Wavre et Louvain; quant aux Belges, après avoir retenu l'ennemi sur leurs positions avancées le long de la frontière, ils se replieraient pour tenir les 55 km de la gauche du front allié entre Louvain et Anvers. La septième armée française, qui comprenait presque toutes les formations mobiles du pays, devait en outre effectuer une avance rapide vers l'extrémité gauche du flanc pour défendre les rives méridionales de l'Escaut et opérer la jonction avec les forces hollandaises. Par cette manœuvre, que le général Billotte décrivit plus tard à Léopold comme «un geste moral» pour encourager les Hollandais, Gamelin allait se priver lui-même de sa seule «masse de manœuvre» et de sa réserve centrale, — cantonnée jusqu'alors dans la région de Reims —, ce qui allait avoir des conséquences fatales lors de l'attaque allemande de mai 1940.

Quelles motivations poussèrent Gamelin à cette manœuvre — un véritable galop pour la septième armée française — qui n'était certes pas dans la ligne de son habituelle prudence? Lorsque ce plan fut proposé, le chef d'état-major britannique l'avait qualifié d'«insensé» et avait déclaré qu'en l'absence «d'un plan mis au point avec les Belges en vue d'occuper cette ligne suffisamment longtemps avant l'avance allemande..., nous sommes fermement d'avis que la progression allemande doit être contrée à partir de positions préparées le long de la frontière française. Dans ce cas, il serait évidemment nécessaire de bombarder les villes et les centres ferroviaires belges et hollandais utilisés ou occupés par les troupes allemandes». Mais Gamelin donna lui-même les motifs de son plan dans le rapport que Daladier lui demanda le 16 mai 1940 suite à la déroute des armées françaises le long de la Meuse:

> «Sur le plan stratégique, il était du plus grand intérêt de chercher à souder au dispositif allié les vingt divisions belges, dont l'équivalent ne pouvait être obtenu sur notre propre sol, en raison de notre natalité décroissante.
>
> Aller en Belgique, c'était aussi porter la lutte hors de nos provinces industrielles du Nord, intéresser plus directement l'effort britannique à la cause commune, éloigner de Paris la menace ennemie.
>
> Sur ces bases, au début de la campagne, je m'étais arrêté à une première conception, qui consistait, dans l'hypothèse de l'invasion par les Allemands de la Belgique et de la Hollande, à attendre l'ennemi sur notre système fortifié, jusqu'à Condé, prolongé par l'occupation de l'Escaut.
>
> Ultérieurement, en raison du développement des forces dont je disposais, et de ce que je savais des intentions des Belges de présenter une première défense sérieuse sur la ligne du canal Albert et de la Meuse, j'avais prescrit, d'accord avec le haut commandement britannique, de tenter de porter notre front sur la ligne Meuse-Dinant-Namur-Louvain-Anvers.»

Le 17 novembre 1939, le Plan D de Gamelin était approuvé à Paris par le Conseil de guerre suprême, les chefs des gouvernements français et britannique s'étant également exprimés en sa faveur. Il avait été préalablement discuté et avalisé à Londres par Ironside, le chef d'état-major général et impérial, Lord Gort et son chef d'état-major, Henry Pownall. «En somme, écrit Brian Bond, aucun des experts militaires britanniques ne s'éleva contre un projet que l'on considéra par la suite comme une des principales causes de la débâcle de mai 1940 [100].

Il ne fait aucun doute que Britanniques et Français péchaient par excès de confiance à cette étape de la guerre. Les deux armées étaient équipées et organisées selon des principes de 1918 — à l'exception près que les Britanniques avaient remplacé les chevaux par les transports motorisés déglingués qu'a décrits Montgomery — et ni l'une ni l'autre n'avaient assimilé la leçon de la campagne de Pologne. Ils se reposaient sur la solidité de la ligne Maginot et des fortifications belges pour empêcher la répétition d'un nouveau Blitzkrieg à l'ouest. Mais ils avaient négligé le facteur clé de la puissance aérienne et n'avaient pas prévu que la Luftwaffe n'assurerait pas seulement une complète maîtrise des airs et un soutien efficace des forces terrestres, mais permettrait aussi le parachutage par planeur et par avion de troupes de choc derrière les lignes pour s'emparer des points cruciaux et des ponts. Les forces aériennes française et britannique n'étaient ni entraînées ni équipées pour coordonner ainsi leurs activités avec les forces terrestres, et l'on n'avait même pas envisagé du côté allié d'aéroporter des troupes.

Quant aux Belges, ils avaient une grande confiance dans l'esprit combatif de leur armée de conscrits et dans les formidables et coûteuses fortifications qu'ils avaient construites sur la Meuse, le canal Albert et la ligne K-W. Ainsi, en novembre 1939, Van Overstraeten déclara à Sir Roger Keyes qu'une invasion allemande serait définitivement stoppée. Mais ni lui ni le Roi ne soupçonnaient combien les forces alliées allaient se montrer impuissantes à protéger les Belges contre les attaques massives de la Luftwaffe et de la Wehrmacht.

La confiance du peuple belge n'était pourtant pas injustifiée car son Roi l'avait convaincu, et d'accepter la lourde charge que constituait le renforcement des défenses du pays et de contre-attaquer en cas d'invasion, créant ainsi un formidable élément de dissuasion à une invasion allemande. C'était un acte de volonté remarquable de la part de Léopold et de son peuple, car si la Belgique était attaquée, le pays tout entier risquait d'être à nouveau envahi et ravagé. Les souvenirs de l'invasion allemande de 1914 et des terrifiantes conséquences de l'occupation et de la répression ennemies — famine, pauvreté, isolement — étaient encore dans toutes les mémoires, ce qui explique pourquoi, dans les années trente, les Belges étaient si déterminés à se maintenir à l'écart des guerres des autres et à ne combattre qu'en état de légitime défense.

Chapitre IX

L'initiative secrète du Roi

> Les conversations d'états-majors sont terriblement sujettes à des complications inopportunes, notamment des fuites (une fois que les politiciens s'y mêlent) et toutes sortes de malentendus et d'engagements, réels, sous-entendus ou suggérés par l'une des parties intéressées. Il est étrange que nos politiciens ne lisent pas leurs livres d'histoire pour découvrir les récriminations qui surgirent au sujet des conversations d'états-majors de 1912.
>
> Carnets du général Sir Henry Pownall.

L'un des problèmes les plus délicats que le Roi devait résoudre en sa double qualité de Commandant en Chef et de Chef d'Etat fut d'harmoniser les préparatifs militaires de la Belgique avec les plans alliés. C'était toute la question des conversations d'états-majors. Comme la position et les actes du Roi à cet égard ont souvent été présentés sous un faux jour et qu'on l'a souvent accusé de s'être opposé à de telles conversations en raison d'inclinations pro-allemandes, un examen détaillé des faits s'impose à ce sujet. Il convient d'attirer particulièrement l'attention sur les liens secrets que Léopold avait établis avec l'état-major général français en 1936 et qu'il renforça personnellement avec Gamelin au moment de la déclaration de la guerre en septembre 1939, de même que sur ceux qu'il établit avec le gouvernement britannique, le War Office et le ministère de l'Air grâce à l'intermédiaire de Sir Roger Keyes en octobre de cette même année.

A la fin de 1938, la Grande-Bretagne et la France commencèrent à envisager d'attirer la Belgique dans le camp allié en lui faisant abandonner sa neutralité. La France en particulier jetait depuis longtemps un regard plein de convoitise sur l'armée de la Belgique avec ses vingt-deux divisions potentielles, sur ses puissantes fortifications et sur son territoire. Mais ce fut le gouvernement britannique qui fit le premier pas. En janvier 1939, il modifia complètement sa politique en rapport avec la déclaration franco-britannique de 1937 garantissant la neutralité de la Belgique. Les chefs d'état-major britanniques avaient rejeté la demande initiale de la Belgique d'engager des pourparlers au niveau des états-majors; ils n'avaient cessé de refuser l'ouverture de conversations militaires avec la France et l'année précédente encore avaient déclaré que l'effort de réarmement et l'indépendance de la Belgique étaient «tout à l'avantage de la France et de nous-mêmes». Nonobstant tout cela, la Grande-Bretagne entama une série de manœuvres destinées à entraîner la Belgique dans des échanges d'informations militaires, en violation flagrante de sa neutralité.

Ces efforts des Britanniques — et ultérieurement des Français — pour abolir le statut de neutralité de la Belgique se poursuivirent jusqu'à l'invasion allemande du 10 mai 1940. La première approche fut faite le 29 janvier 1939 lorsque l'ambassadeur de Grande-Bretagne à Bruxelles, Sir Robert Clive, remit au gouvernement belge un long memorandum proposant des conversations d'états-majors sous le prétexte que l'Allemagne était sur le point de lancer une attaque à l'ouest. Mais les Belges répliquèrent que les arguments de ce document ne reposaient sur aucun fait précis et ne correspondaient pas aux renseignements fournis par leurs services secrets. De plus, si l'on tenait de telles conversations, il y aurait inévitablement des fuites et cela ruinerait la politique d'indépendance de la Belgique, ce qui était, bien entendu, exactement le but poursuivi par Sir Robert.

Le 25 avril et le 13 juin, Francis Aveling, conseiller à l'ambassade de Grande-Bretagne à Bruxelles, entama de nouvelles et pressantes démarches pour que la Belgique accepte l'idée d'accords militaires. Il souligna les difficultés qu'il y aurait à venir en aide à la Belgique si rien n'était préparé à l'avance. Mais les Belges déclarèrent qu'au cours des quinze dernières années, ils avaient fourni à l'état-major général français toutes les informations nécessaires sur l'organisation de leur défense, sur leurs ressources, sur la capacité de leurs routes et de leurs chemins de fer, etc. En contre-partie, la Belgique n'avait obtenu que de très vagues renseignements sur les forces qui seraient envoyées à son aide si elle était attaquée. Aveling prévoyait cependant que la Belgique serait impliquée dans le conflit à venir et que sa politique d'indépendance ne lui survivrait pas.

Les Belges répondirent que c'était là une éventualité, mais non une certitude. La Hollande et la Suisse avaient échappé à la guerre de 1914-18. Pourquoi ne pourrait-on pas donner la même chance à la Belgique? En se joignant aux Alliés, la Belgique deviendrait immédiatement un champ de bataille, avec toutes les destructions qui s'ensuivraient. N'était-il pas dans l'intérêt des Alliés d'éviter cette éventualité compte tenu de leur impréparation militaire qui avait déjà provoqué la capitulation de Munich? Dans le cas où l'Allemagne respecterait le territoire de la Belgique, la France et la Grande-Bretagne pourraient s'abriter derrière les puissantes défenses frontalières de la France. Si toutefois, l'Allemagne envahissait la Belgique pour gagner la France, alors la Belgique se joindrait aux Alliés, comme en 1914, mais avec une armée beaucoup plus forte et mieux équipée. Révoltés par cette nouvelle agression, les Belges feraient alors bloc pour tenter de repousser l'ennemi, ce qui ne serait pas nécessairement le cas s'ils étaient entraînés dans la guerre pour des intérêts qui leur étaient étrangers.

Les Belges attirèrent même l'attention d'Aveling sur un livre écrit par le général français Chauvineau où la neutralité belge était considérée comme un atout pour les Alliés et ils soulignèrent que c'était également ce que pensaient bon nombre de personnalités officielles au Quai d'Orsay. La meilleure façon pour la France et la Grande-Bretagne d'éviter la guerre, arguaient-ils, était de réarmer le plus vite et sur la plus grande échelle possible. Mais tous ces arguments furent vains car la France et la Grande-Bretagne étaient maintenant bien déterminées à attirer les Belges dans leur camp en vue de rétablir l'équilibre des ressources militaires. La pression alliée en ce sens était si forte sur la Belgique que le Premier Ministre Pierlot estima nécessaire de faire en juin 1939 une déclaration destinée à calmer l'opinion publique.

A partir de la déclaration de guerre de septembre 1939, les Alliés exercèrent une pression croissante sur les Belges en vue de leur faire accepter ces conversations officielles d'états-majors. La Belgique ne céda heureusement pas à ces demandes car l'eut-elle fait qu'elle aurait fourni à Hitler une parfaite justification pour retirer sa garantie et envahir son territoire. Même le major Ellis, l'historien officiel, admet que «... l'abandon de la neutralité belge qu'auraient représenté ces conversations d'états-majors aurait bien pu avoir d'autres résultats qui ne peuvent aujourd'hui que donner lieu à des spéculations» [101]. Mais la spéculation n'est pas difficile. Toutes les premières versions du Plan Jaune, le plan allemand d'attaque à l'ouest qui, à plusieurs reprises, faillit être mis en œuvre au cours de l'hiver 1939-40, prévoyaient que l'immense armada des blindés de von Bock, soutenus par les Stukas, se ruerait à travers le centre de la Belgique pour s'emparer des côtes et des ports de la Manche (la version finale et totalement transformée du Plan Jaune qui surprit et mit en déroute les Français sur la Meuse en mai 1940 ne fut adoptée qu'après la capture par les Belges, en janvier de cette année, de la version antérieure).

Par conséquent, si la Belgique et les Alliés s'étaient mis dans leur tort aux yeux du monde en engageant des conversations officielles d'états-majors, rompant du même coup la neutralité de la Belgique et la garantie donnée par les alliés de la maintenir, il n'est pas douteux qu'Hitler aurait sauté sur l'occasion pour déclencher la guerre-éclair à un moment où les déficiences des forces terrestres et aériennes françaises et britanniques étaient encore plus flagrantes qu'en mai 1940. Si Hitler avait ordonné l'attaque, les quarante-trois divisions aguerries de von Bock, comportant dix divisions blindées (totalisant près de 2.500 tanks), et soutenues par plus de 3.500 avions, auraient rapidement effectué leur percée au centre de la Belgique, mis en déroute les Français et le dérisoire Corps Expéditionnaire britannique, et atteint les côtes de la Manche en quelques jours.

Les généraux Gort et Brooke faisaient preuve de réalisme lorsqu'ils exprimaient leurs craintes quant aux conséquences désastreuses d'une pareille attaque. Et le major Ellis a raison de remarquer que «la voie suivie par la Belgique a peut-être finalement tourné à notre avantage, en ce sens que si l'absence de plan commun nous a fait perdre de l'efficacité, le respect (provisoire) de la neutralité belge par Hitler nous a fait gagner du temps pour renforcer nos propres forces et achever nos propres plans» [102]. Le Plan Jaune, s'il avait été appliqué pendant l'hiver 1939-40, n'aurait probablement pas empêché l'embarquement du Corps Expéditionnaire britannique à Dunkerque, quelle qu'eût été la résistance des forces belges, françaises et britanniques dans le nord, vu leurs graves carences en blindés et en avions. Les conséquences ne pouvaient être que catastrophiques: la Grande-Bretagne aurait été ainsi privée du noyau de son armée et n'aurait pas pu faire autrement que de négocier une paix de compromis, laissant à Hitler et le contrôle de l'Europe et la liberté de concentrer l'ensemble de ses forces écrasantes en vue d'une attaque contre la Russie.

Les risques de provoquer une attaque étaient évidents pour le Roi et il est profondément injuste que le soutien qu'il apporta à son gouvernement dans son refus de permettre des conversations officielles d'états-majors ait servi de base aux accusations qui furent lancées contre lui, particulièrement du côté britannique. Car non seulement le Roi fut l'instigateur d'échanges militaires secrets avec les Alliés, mais de nombreuses preuves attestent le refus obstiné des Britanniques, jusqu'en mars 1939, d'avoir de semblables échanges avec les Français, parce qu'ils se méfiaient d'eux et craignaient de provoquer Hitler. Et cependant Léopold, — dont le pays, contrairement à la Grande-Bretagne, était aux portes mêmes de l'Allemagne et de ce fait particulièrement exposé à une invasion — a été abondamment critiqué pour avoir partagé le souci de son gouvernement de ne pas fournir aux Allemands un prétexte pour attaquer la Belgique.

Au sujet de cette double interprétation des Britanniques en ce qui concerne les conversations d'états-majors, on peut se référer à l'«Official History» quand elle observe:

> ... avant que la Belgique n'ait affirmé sa neutralité, elle avait demandé que soient tenues des conversations d'états-majors mais nous en avions rejeté l'idée de peur que l'existence de ces conversations ne donne à Hitler le prétexte à des mesures de rétorsion. Et lorsque, plus tard dans l'année, la Belgique affirma sa neutralité, les chefs d'états-majors britanniques convinrent qu'une neutralité belge effective pourrait constituer un grand avantage et qu'il ne fallait pas délibérément l'empêcher... Or, quand trois ans plus tard, l'imminence d'une guerre ne fit plus de doute, la Grande-Bretagne et la France pressèrent toutes deux la Belgique de participer à des conversations d'états-majors... [103]

Brian Bond, lui aussi, épingle l'illogisme de la position britannique:

> Il est difficile d'échapper à la conclusion que si l'Etat-major général envisageait bien la déplaisante probabilité d'avoir à se battre sur le continent, la perspective de devoir collaborer avec les Français ne soulevait qu'un enthousiasme très mitigé. Son attitude fut pareillement inconséquente quand, après avoir affirmé que l'échange d'informations par l'intermédiaire des attachés militaires était la façon la plus adéquate de coordonner une action avec la France, il protesta ensuite violemment quand il se vit limité à des contacts de ce genre avec la Belgique neutre» [104].

Mais la raison de l'opposition britannique aux conversations d'états-majors que donne dans ses carnets le général Pownall, alors directeur des opérations militaires, était que les Français «veulent que nous nous engagions à fond, pas seulement militairement, mais aussi politiquement» [105]. Lorsque, en 1939, les Britanniques consentirent finalement à participer à des réunions d'états-majors en France, ils n'«acceptèrent qu'à contre-cœur l'idée d'un engagement sur le continent après tant d'années de politique de conciliation», observe Brian Bond [106].

Sir John Slessor, le représentant de l'armée de l'air au comité mixte de coordination en 1938, critiqua les chefs d'état-major pour s'être opposés aux dites conversations de peur de provoquer les Allemands. Même le valeureux Lord Gort, qui fut CEMGI * de 1937 à 1939, s'opposa pour cette raison à ces conversations pendant la crise de Munich en 1938. Il s'ensuivit que les deux puissances demeurèrent presque totalement ignorantes de leurs plans de guerre respectifs tout au long de cette période si critique.

En ce qui concerne la Belgique et la Grande-Bretagne, l'historien officiel déclare: «Seul le fait qu'il n'y eut aucune conversation d'états-majors mérite d'être mentionné» [107]. Cette conclusion sommaire n'est pas satisfaisante. Elle pêche par omission et témoigne d'une injustice implicite vis-à-vis du Roi et de son gouvernement en ne mentionnant pas les conséquences catastrophiques qui auraient résulté pour la Belgique et les Alliés de conversations d'états-majors ouvertes après la déclaration de guerre, et en passant sous silence les informations mili-

N.d.T. Chef de l'Etat-Major Général Impérial.

taires que Léopold fournit clandestinement à la France et à la Grande-Bretagne.

Malgré l'abrogation en mars 1936 des accords militaires franco-belges de 1920 et la conviction de la Belgique après la réoccupation de la Rhénanie qu'elle ne devait pas trop compter sur le soutien de l'armée française en cas d'attaque allemande, l'état-major général belge resta tout l'été en «relation étroite et cordiale» avec le Haut Commandement français. «En effet, relate Brian Bond, on élabora de concert des plans très détaillés pour permettre à l'armée française d'avancer en droite ligne jusqu'au canal Albert en vue de contrer une attaque allemande».

Toutefois, après que la Belgique eut adopté la politique d'indépendance armée en octobre 1936, tous les contacts ouverts entre les états-majors généraux et les ministres de la Défense belges et français furent rompus pour ne pas compromettre la neutralité belge. Mais dans les coulisses, à l'initiative du Roi, les Belges établirent un réseau ultra secret d'échanges d'informations militaires par le biais de l'attaché militaire français à Bruxelles. Ainsi, comme le rapporte Bond, les Belges transmirent à l'état-major français des «informations sur presque tous les aspects de la politique de défense belge, les mouvements de troupes, les communications, les défenses fixes, les dispositifs de reconnaissance aérienne, etc.» [108] En échange de ces renseignements de grande valeur, Gamelin ne fournit que de maigres informations encore qu'il donnât aux Belges des détails sur un nouveau plan français de concentration de troupes en 1937.

Ces échanges secrets d'informations militaires entre la Belgique et la France continuèrent jusqu'à la déclaration de guerre en septembre 1939, époque à laquelle ils furent encore renforcés par la liaison directe que Léopold établit avec le généralissime Gamelin. Comme celui-ci l'a écrit dans ses mémoires. *Servir:* «Le Roi des Belges, Commandant en Chef de son armée et l'état-major belge avaient exprimé le désir de n'être en rapport qu'avec moi, en vue d'assurer un secret plus complet de leurs relations avec les Alliés.»

Gamelin confirme d'ailleurs qu'il était «pleinement satisfait» des informations qu'il recevait du Roi. Il semble également qu'il n'ait jamais, jusqu'à la fin de la guerre, révélé à quiconque l'existence de ces échanges confidentiels, ce qui explique que les gouvernements britannique et français ignoraient apparemment que les Belges avaient fourni toutes les informations militaires que demandaient le Commandant en Chef français et son état-major.

Ni le Roi ni Van Overstraeten n'avaient une très haute opinion de l'attaché militaire français à Bruxelles qu'ils considéraient comme un «salonnard». A la demande de Léopold, Gamelin nomma donc le lieutenant-colonel Hautcoeur comme officier de liaison pour ces contacts secrets. Hautcoeur était un ami fidèle de Van Overstraeten dont il avait été l'un des brillants élèves à l'Ecole de Guerre belge. Mais alors que Gamelin communiquait personnellement par écrit avec le Roi et son Etat-major, Léopold, convaincu qu'un secret doit être partagé par le moins de personnes possible, veillait à ce que, du côté belge, il n'y ait jamais de trace écrite des informations qu'il faisait transmettre. On peut toutefois trouver un compte rendu complet de ces échanges secrets dans les *Relations Militaires Franco-Belges* [109].

La nomination du protégé de Van Overstraeten, Hautcoeur, fut aussi fructueuse que judicieuse. Mais les Britanniques furent moins subtils, car au lieu de chercher à établir des conversations secrètes du même type, ils s'obstinèrent à demander des conversations officielles, créant ainsi une impasse que Léopold s'efforça alors de résoudre.

Léopold était indiscutablement pro-Britannique par choix, par instinct et par expérience. Comme le fait remarquer Brian Bond: «Le roi Léopold et ses conseillers ne faisaient pas mystère de ce qu'avant et pendant les hostilités, ils préféraient s'appuyer sur l'assistance britannique plutôt que française» [110]. Les échanges secrets avec les Français étaient satisfaisants, mais bien que, pour les raisons exposées plus haut, le Roi fût d'accord avec son gouvernement pour s'opposer à des conversations officielles, il éprouvait le profond besoin d'établir une forme moins apparente de contacts militaires avec les Anglais. Une liaison de ce genre devait être totalement secrète et les Allemands ne pouvaient absolument pas la soupçonner. Il décida donc d'approcher l'homme sur qui son père lui avait toujours dit pouvoir compter en Grande-Bretagne, Sir Roger Keyes, qu'il connaissait du reste depuis son enfance. De plus, comme on savait que l'Amiral de la Flotte s'était auparavant plusieurs fois rendu à Laeken en visite privée, il attirerait moins l'attention lorsqu'il y reviendrait.

Le Roi choisit, comme intermédiaire entre l'Amiral et lui-même, le docteur Walter Johannes Stein, un Autrichien naturalisé anglais. Ce musicien, ami de la reine Elisabeth, avait toute la confiance du Roi et ces circonstances semblaient une excellente couverture pour sa délicate mission. Après un entretien approfondi avec le Roi, le docteur Stein quitta la Belgique pour tenter une première approche de l'Amiral, le 3 octobre 1939.

Le soir suivant à 21 heures, Stein téléphona à Keyes qui se trouvait dans sa maison londonienne de St Leonard's Terrace à Chelsea pour lui dire qu'il avait un message important de la part du roi Léopold et lui demander de le voir immédiatement. Extrêmement surpris, Keyes accepta et une demi-heure plus tard, Stein était chez lui. L'Amiral rapporte dans ses carnets l'entretien qu'il eut avec Stein:

> Sa Majesté souhaitait que je sache qu'on lui avait demandé d'accepter des conversations d'états-majors entre nos deux armées. Il avait dû refuser

car il devait demeurer fidèle à la neutralité de la Belgique. Si de telles conversations se déroulaient, elles le compromettraient, de même que son gouvernement, et fourniraient à l'Allemagne une excuse pour affirmer que la Belgique avait enfreint sa neutralité. Bruxelles était remplie d'espions et cela se saurait vite. Il se rendait toutefois compte de l'extrême danger que présentait la situation; l'Allemagne pourrait bien tenter de pénétrer en Belgique par la force, et dans ce cas, tout effort commun de la Grande-Bretagne et de la Belgique risquerait de tourner au désastre si aucun arrangement n'était conclu auparavant.

Keyes retint de son entretien avec Stein, comme il le consigna dans le memorandum qu'il rédigea pour le Cabinet le 12 octobre 1939, que le Roi «désirait apprendre de moi comment il pourrait être personnellement et secrètement mis au courant de ce que l'armée britannique comptait faire en cas d'agression allemande. Il pourrait alors veiller à ce que l'armée belge collabore le plus étroitement possible». Le Roi souhaitait que Keyes, comme celui-ci l'écrit dans ses carnets, «en discute confidentiellement avec un représentant du gouvernement britannique» et lui transmette en retour toute proposition ou plan d'action.

L'Amiral pensa aussitôt qu'il fallait informer le Cabinet de cette démarche. Après son entrevue avec Stein, il téléphona donc à l'Amirauté où on lui passa le Premier Lord de l'Amirauté, Sir Dudley Pound, à qui il demanda d'informer le Premier Lord, Winston Churchill, qu'il avait un message urgent à lui communiquer en provenance de Belgique. Pound le rappela rapidement et le pria de se rendre avec l'émissaire belge au bureau de Churchill, à l'Amirauté.

Keyes se précipita à Whitehall, en pleine nuit, accompagné de Stein. Celui-ci répéta son message, après quoi, Churchill, assez impressionné, tenta de prendre contact avec le général Ironside, le CEMGI, mais pour s'entendre répondre qu'il était déjà couché. Il souligna alors à l'intention de Stein qu'il était d'une importance capitale d'entamer des pourparlers entre les états-majors dans le plus bref délai si l'on voulait que la Grande-Bretagne fût en mesure d'aider efficacement la Belgique dans le cas d'une soudaine attaque allemande. Il ajouta que, l'armée britannique étant retranchée derrière la frontière franco-belge, il lui serait impossible de progresser vers l'est pour venir en aide aux Belges dans les premiers combats si certaines dispositions essentielles n'avaient pas été prises au préalable. Stein offrit de transmettre toute suggestion britannique au Roi à Bruxelles et de revenir avec sa réponse. Churchill ne voulut pas s'engager plus loin et on décida de se revoir le lendemain matin à 10 heures.

Churchill tenait très logiquement à s'assurer de la bonne foi de Stein et, comme ils s'en allaient, il demanda à Keyes s'il pouvait se porter garant pour lui. L'Amiral répondit qu'il n'était pas en mesure de le faire mais montra à Churchill une lettre qui contenait un «message charmant» de Léopold. Il ajouta que comme Stein était sujet britannique, il devait être facile pour le MI5 * de se renseigner à son sujet. Le matin suivant, autour de la table octogonale du bureau du Premier Lord, Churchill, Pound et Keyes furent rejoints par le général Ironside et le chef d'état-major de l'armée de l'air, Sir Cyril Newall. Keyes résuma la situation, puis Stein fut introduit et interrogé. Lorsqu'il eut quitté la pièce, étant donné sa condition d'étranger au passé incertain, Ironside et Newall suggérèrent que l'on se renseigne complètement à son sujet avant d'engager la Grande-Bretagne. Keyes nota qu'ils pensaient «qu'il était juste un Juif viennois et qu'il valait mieux tout savoir de lui avant de nous engager».

Quelque temps plus tard, les services secrets du MI5 se déclarèrent satisfaits des résultats de l'enquête menée sur Stein. De plus, le docteur avait produit des lettres prouvant qu'il était en très bons termes avec le roi Léopold. Il fut donc décidé au Cabinet qu'il retournerait la même nuit en Belgique porteur d'un message de Keyes pour le Roi et qu'il serait accompagné — par mesure ultime de précaution — d'un officier du MI5, le capitaine Liddell. Avant son départ, Stein, accompagné de Keyes, fut emmené par Churchill à Downing Street pour y rencontrer le Premier Ministre, Neville Chamberlain. Celui-ci les reçut dans la salle de réunion du gouvernement, et ayant pris connaissance des dispositions prévues, donna son approbation.

Le docteur Stein et le capitaine Liddell arrivèrent à Bruxelles dans la nuit du vendredi, le 6 octobre. Malheureusement, le Roi était au Zoute pour le week-end et n'était pas disponible. Stein réussit toutefois à entrer en contact avec la reine Elisabeth qui ce soir-là, conduisit elle-même le docteur à Laeken dans sa petite voiture. Elle l'introduisit dans le Palais par une porte latérale et téléphona devant lui au Roi en utilisant une ligne privée qui, lui assura-t-elle, était secrète. La Reine veilla à ne citer aucun nom et se contenta de dire à Léopold que «Stone» et un homme qui l'avait accompagné depuis Londres souhaitaient vivement le voir. Le Roi, pensant que le compagnon était l'amiral Keyes, les invita à lui rendre visite à Laeken le lundi matin. A son retour au palais, le Roi fut déçu d'apprendre par sa mère que le compagnon du docteur n'était pas Keyes car il avait envoyé à ce dernier, par l'intermédiaire du baron de Cartier de Marchienne, ambassadeur de Belgique à Londres, un message lui disant qu'il était «très désireux» de le rencontrer à Bruxelles aussi vite que possible. Malheureusement, cette invitation ne parvint à l'Amiral qu'après que Stein et Liddell eurent déjà quitté Londres.

* N. du T. MI5: Military Intelligence 5, section du contre-espionnage britannique dépendant du ministre de l'Intérieur.

Dans son memorandum destiné au Cabinet, Keyes raconte que le Roi téléphona alors à Stein. Il lui parla en anglais et dans un style codé, lui dit de ne pas venir à Laeken mais de se rendre «seul» au palais de Bruxelles. A l'extérieur du palais, Stein était attendu par un domestique du Roi qui, par l'arrière, et «sans qu'aucun officiel de la Cour ne le vît», le conduisit comme un voleur jusqu'auprès de Léopold. Dans les notes qu'il prit après avoir écouté le rapport de Stein sur son entrevue secrète avec le Roi à Bruxelles, l'Amiral écrivit:

> Il m'expliqua que le roi Léopold était très inquiet et troublé... de savoir que Stein avait eu des contacts avec le Premier Ministre et avec Churchill. Il avait seulement voulu qu'il ait des entretiens avec moi. Il me dit que le Roi était alarmé à la pensée de transgresser sa neutralité... mais qu'il m'envoyait ses plus chaleureux remerciements... Il dit encore à Stein que son père, le roi Albert, avait une grande confiance en moi et qu'il savait que je l'aiderais dans la mesure de mes moyens.

Dans son memorandum officiel, Keyes nota:

> Le Roi se montra extrêmement aimable avec Stein, mais il était évidemment contrarié qu'il fût allé au-delà de ses instructions, lesquelles se limitaient apparemment à une rencontre avec moi (c'était bien sûr de ma faute)... Stein se trouvait évidemment dans une situation embarrassante, car je l'avais par mon initiative entraîné trop loin, et le Roi le pria de rester à l'écart de toute question politique ou militaire... Pour bien montrer qu'il faisait confiance à Stein et pour régulariser sa situation, le Roi écrivit à l'ambassadeur de Belgique, le baron de Cartier, pour lui demander de donner à Stein une lettre de recommandation prouvant qu'il lui accordait toute sa confiance mais que Stein ne s'occupait que de questions économiques et non d'affaires politiques et militaires.

Stein informa Keyes, comme celui-ci le rapporte encore dans son memorandum, que le Roi — qui «espérait que je viendrais le voir» — avait même parlé d'annuler le projet tout entier, mais qu'il était «néanmoins toujours désireux de m'entendre dire en privé et de manière confidentielle ce qui pouvait être fait pour faciliter la collaboration des armées britannique et belge...»

Malgré les limites qu'il avait imposées à la mission du docteur Stein, le Roi avait discuté avec lui de la situation militaire, comme le rapporte toujours l'Amiral:

> Stein donna au Roi les grandes lignes du plan britannique, tel que celui-ci lui avait été exposé par le Premier Lord et le Premier Ministre.
>
> Il n'était pas question de transgresser la neutralité belge, mais si les Allemands franchissaient la frontière, ou bien entendu la frontière hollandaise, l'armée britannique devait être prête à avancer jusqu'à la ligne de l'Escaut, pourvu que cette manœuvre pût s'effectuer rapidement et en fonction de dispositions prises au préalable, et avant que des colonnes allemandes motorisées ne traversent le canal Albert et ne pénètrent dans

la zone ouverte située entre l'Escaut et la frontière française. Sinon, l'armée britannique ne pourrait pas sortir des positions fortement retranchées qu'elle occupait alors pour faire front aux Allemands dans des conditions aussi défavorables. L'action offensive britannique se limiterait dans un premier temps à des attaques aériennes contre les forces allemandes entrées en Belgique.

Stein me dit que le Roi était outré d'apprendre que l'état-major britannique ne croyait apparemment pas que l'armée belge serait capable de résister aux premiers assauts d'une attaque allemande. L'armée belge tout entière était mobilisée et disposait de plusieurs lignes de défense importantes entre l'Escaut et la frontière allemande.

L'état-major général britannique devait certainement connaître la position et la force des lignes belges et il avait la conviction que l'armée belge résisterait à une offensive allemande jusqu'à l'arrivée des renforts britanniques. Il espérait que les Britanniques seraient prêts à avancer bien au-delà de l'Escaut [112]. Le Roi déclara: «Cette fois, la Belgique est bien préparée, l'armée a bon moral et est bien équipée».

Le Roi dit à Stein que les Français exerçaient sur lui de constantes pressions pour qu'il pose des actes qui transgressaient la neutralité belge, et qu'il trouvait leur obstination très éprouvante. Il ajouta également qu'il avait confiance en la bonne foi du Premier Ministre (Chamberlain).

Le docteur Stein retourna à Londres le 11 octobre. Au cours de l'après-midi, suite à un appel téléphonique de Winston Churchill, Sir Roger se rendit à la Chambre des Communes pour assister à une réunion chez le Premier Ministre, en compagnie de Stein et de Churchill. Stein avait apporté une lettre du Roi, mais c'était celle que ce dernier (ou plutôt son secrétaire, le comte Capelle) avait écrite à l'ambassadeur de Belgique et par laquelle il limitait le mandat de Stein à des questions d'ordre économique. Après avoir bien expliqué sa position et déclaré que Léopold souhaitait voir l'amiral Keyes le plus vite possible, Stein s'en fut remettre la lettre du Roi au baron de Cartier. A la fin de la réunion, le Premier Ministre et Churchill acceptèrent que l'Amiral réponde à l'invitation du Roi et se rende à Bruxelles.

L'impatience de Léopold à voir Keyes et à engager avec lui des discussions secrètes au sujet «d'une collaboration entre les armées britannique et belge» était bien compréhensible. La situation immédiate paraissait très menaçante pour les Belges. De nombreuses divisions allemandes étaient ramenées de la Pologne conquise où la bataille s'était achevée une quinzaine de jours plus tôt pour faire mouvement vers l'ouest. Malgré les nombreuses assurances fournies par Berlin, le Roi et son Etat-major général se trouvaient face à l'éventualité d'une offensive allemande pouvant se déclencher à tout moment.

Le Cabinet et le War Office étaient tout aussi anxieux que Léopold de voir se réaliser une concertation anglo-belge. L'invitation que le Roi avait adressée à Keyes d'agir en tant que son intermédiaire spécial était à leurs yeux bienvenue et résolvait un problème important, toute concertation ouverte entre les états-majors étant exclue. Et, comme envoyé extraordinaire, l'Amiral de la Flotte était l'homme idéal — un homme de courage et de décision, jouissant de la confiance et du respect des plus hautes instances et ami personnel de Churchill.

Avant le départ de Keyes pour la Belgique, Stein lui rendit visite à St Leonard's Terrace et lui fit un rapport complet de sa rencontre avec le Roi à Bruxelles. C'est suite à cette entrevue que l'Amiral rédigea pour le Cabinet le memorandum dans lequel il suggérait: «Je pense que le Roi apprécierait énormément un message personnel du Premier Ministre disant que le gouvernement de Sa Majesté veillera soigneusement à n'entreprendre aucune action de nature à porter préjudice à la neutralité belge et l'assurant en outre que la Grande-Bretagne viendra immédiatement à l'aide de la Belgique en cas d'agression allemande.»

Chapitre X

La mission de l'Amiral

> Le Roi consentit à ce que tout officier britannique, quel que soit son grade, accompagne en civil le colonel Blake sur le terrain. L'ambassade devait, toutefois, veiller à ce qu'il soit pourvu d'un passeport en règle pour la gendarmerie et les autorités civiles. Les autorités militaires n'y feraient aucune objection...
>
> Journal de Sir Roger Keyes.

Le 17 octobre 1939, l'amiral Keyes quitta Londres pour Bruxelles dans le cadre de la première de ses missions secrètes auprès du Roi des Belges. Le même soir, il écrivit à sa femme depuis l'ambassade de Grande-Bretagne à Bruxelles pour lui dire de répondre à ceux qui demanderaient de ses nouvelles qu'il était parti pour s'occuper «de certaines affaires navales». Le matin suivant, il fut chaleureusement reçu par le Roi au palais de Laeken. Ils s'étaient rencontrés pour la dernière fois en juin, dans des circonstances plus détendues, lorsque Sir Roger avait dîné à Laeken avec le Roi et sa mère. Cette fois, l'atmosphère était tout autre. En deux heures d'entretien, le Roi lui répéta l'essentiel de ce qu'il avait dit au docteur Stein, soulignant qu'il était extrêmement soucieux que la Belgique demeurât neutre et en dehors de la guerre et qu'il souhaitait donc ne rien entreprendre qui pût modifier le non-alignement de son pays. Il répéta que si des conversations d'états-majors devaient s'ouvrir, l'Allemagne l'apprendrait inévitablement. Le Roi mit aussi l'accent sur le fait que la Belgique était fortement armée, que la ligne de défense du canal Albert était puissante et qu'elle tiendrait jusqu'à l'arrivée des troupes britanniques. Il exprima sa certitude que les Britanniques en savaient beaucoup sur les positions belges, puisque c'était le cas des Français et des Allemands, et se dit étonné d'apprendre que les Britanniques n'avaient pas d'espions en Belgique.

Sir Roger expliqua alors la position de son pays telle qu'elle avait été discutée à Londres avec le général Ironside. La Grande-Bretagne, déclara-t-il, avait garanti l'indépendance de la Belgique et il n'était pas raisonnable d'attendre des Britanniques qu'ils viennent à la rescousse de la Belgique sans qu'aient été prises les dispositions préalables indispensables. Lorsqu'il résuma les informations que les Britanniques devaient obtenir, le Roi exprima son étonnement qu'elles ne fussent pas encore en leur possession. Il avait naturellement présumé qu'ils recevaient les informations fournies à la France, ce qui, en réalité, n'était pas le cas. (Le Roi et Van Overstraeten avaient également, en 1938, montré au capitaine Liddell Hart «tous les détails» de leur système défensif, comme on le verra plus loin). L'Amiral demanda ce qui se passerait si la neutralité hollandaise était transgressée. C'était là une question politique, répondit d'abord le Roi. Puis il donna à entendre que dans ce cas, la Belgique serait probablement concernée elle aussi. Les Belges, poursuivit-il, seraient en mesure de tenir pendant vingt-quatre heures au moins sur le canal Albert et pendant un laps de temps égal sur une autre ligne en retrait. Cela ne laisserait-il pas suffisamment de temps aux Britanniques pour leur venir en aide? insista-t-il. La conversation revint alors sur le problème de la fourniture secrète d'informations militaires belges aux Britanniques et Keyes suggéra que cela pourrait facilement se faire sans que les Français et les Allemands s'en doutent, au moyen, par exemple, d'une liaison entre le général Van Overstraeten et le colonel Blake, l'attaché militaire britannique à Bruxelles. Le Roi approuva la suggestion et Sir Roger lui dit qu'il pensait que Blake (momentanément à Londres) serait bientôt à sa disposition.

A son retour à Londres, le matin du 21, Sir Roger s'empressa de faire rapport au Cabinet et au Premier Ministre. Ensuite, il vit Ironside au War Office et lui expliqua que le roi Léopold souhaitait obtenir des informations sur les plans britanniques, mais demeurait opposé à des entretiens officiels d'états-majors. Le Premier Ministre admit, comme Keyes l'écrivit au Roi le 24 octobre, «que si Votre Majesté consentait à des conversations d'états-majors et que l'Allemagne s'emparait de ce prétexte pour envahir la Belgique, cela rendrait votre position incroyablement difficile». Le général Ironside exprima sa crainte que le Corps Expéditionnaire britannique, en quittant ses positions fortifiées à la frontière franco-belge, ne coure de grands dangers par manque d'informations sur les préparatifs militaires, les défenses et les dispositions prises en Belgique, tous renseignements que l'état-major belge, estimait-il, devrait lui procurer. Mais il se réjouit vivement d'apprendre de Sir Roger que Léopold acceptait d'établir un canal d'informations entre l'attaché militaire britannique et Van Overstraeten. Il pria Keyes de dire au Roi qu'il donnait sa parole d'honneur que toutes les informations obtenues par ce biais seraient considérées comme ultra secrètes et ne passeraient donc pas par le canal diplomatique, et — vu qu'il s'agissait d'une collaboration entre les armées britannique et belge — ne seraient pas transmises aux Français. Le général envoya aussitôt chercher le colonel Blake qui se trouvait alors au War Office et, en présence de Keyes, lui ordonna de lui transmettre directement toutes les informations confidentielles qu'il recevrait.

Lorsque Léopold apprit par le memorandum joint à la lettre du 24 octobre de Keyes qu'Ironside acceptait la proposition et promettait le secret, il donna immédiatement l'autorisation d'appliquer ces dispositions et accepta, «conformément à ma requête», comme le rapporte Keyes dans ses carnets:

> que tout officier britannique, du Commandant en Chef au plus modeste, soit conduit par le colonel Blake où il le désirerait, en tenue civile, pour voir le terrain de ses propres yeux. L'ambassade devait, toutefois, veiller à ce qu'ils soient pourvus d'un passeport en règle pour la gendarmerie et les autorités civiles. Les autorités militaires n'y feraient aucune objection...

Les démarches secrètes du Roi étaient justifiées, car le 19 octobre, Hitler avait annoncé au Commandant en Chef de son état-major général que le Plan Jaune serait déclenché le 12 novembre. Durant la première semaine de novembre, les armées française et britannique se tinrent prêtes à pénétrer en Belgique, bien que, comme le général Alan Brooke (plus tard Lord Alanbrooke) le nota dans son journal: «une telle offensive n'aurait pu provoquer qu'un désastre» [113]. Ce désastre fut évité, comme on l'a vu plus haut, mais la menace persistait néanmoins et se serait certainement réalisée si Léopold avait fourni à Hitler le prétexte dont il avait besoin pour déclencher le Blitzkrieg, en acceptant l'ouverture de pourparlers entre états-majors ou, plus grave encore, en permettant aux armées alliées de prendre position en Belgique.

Au cours de la première visite de Sir Roger Keyes, le 18 octobre, le Roi avait laissé entendre que son pays s'estimerait attaqué si les Allemands envahissaient la Hollande, mais il n'avait pris à ce sujet aucun engagement ferme. Le Cabinet britannique était donc désireux de s'assurer des intentions précises de la Belgique. On demanda de nouveau à Keyes de servir d'envoyé secret auprès du Roi. Le 12 novembre, après avoir été convoqué par Winston Churchill pour recevoir ses instructions, l'Amiral quitta Londres incognito pour se rendre à Bruxelles. Un destroyer fut mis à sa disposition pour traverser la Manche et le soir suivant, il dînait seul avec la reine Elisabeth dans sa résidence située dans le parc de Laeken. Elle avait récemment visité les défenses orientales du pays et fit à Keyes un compte rendu encourageant sur l'état des fortifications. Van Overstraeten, ajouta-t-elle, avait toute sa confiance car il était en faveur des Alliés et un officier hors du commun. Parlant de son fils, elle confia à l'Amiral qu'il faisait preuve de la même détermination que son père. Il est intéressant de noter qu'elle aurait fait alors allusion à son impopularité en France, reflet des sentiments anti-belges existant dans ce pays depuis la guerre 1914-1918 et qui allaient bientôt s'intensifier.

Le matin du jour suivant, Keyes fut reçu par le Roi à Laeken. Ils discutèrent aussitôt de la réaction de la Belgique à une éventuelle attaque allemande en Hollande. Le Roi expliqua que comme monarque constitutionnel, il ne pouvait qu'exprimer les vues de son gouvernement dont certains membres s'opposaient à toute déclaration susceptible de provoquer Hitler. Mais, ajouta-t-il, il était également Commandant en Chef de l'armée et si la Belgique était attaquée, il mènerait ses troupes au combat avec l'appui total de son gouvernement et de son peuple. Quant à la Hollande, les Hollandais n'avaient pas demandé aux Belges de leur venir en aide en cas d'attaque, ce qui les arrangeait d'ailleurs assez bien. Les limites de l'armée hollandaise étaient telles que les Belges seraient appelés à affronter les Allemands dans des zones qui se prêtaient mal au combat; et ces opérations seraient préjudiciables à la défense de la Belgique. Néanmoins, si la Hollande était envahie, il était probable que les Belges demanderaient aux forces françaises et britanniques de prendre position sur leur territoire. En fait, le général Van Overstraeten avait soumis au Roi, le 12 août 1939 (une quinzaine de jours avant la déclaration de guerre), un document signifiant que si la Hollande seule était envahie, la Belgique devrait se considérer comme attaquée elle-même. Par la suite, le général Denis (le ministre belge de la Défense) et Spaak (le ministre des Affaires Etrangères) informèrent les Français de cette position.

Dans le cadre de la mission qui était la sienne, les résultats de ce premier entretien n'étaient donc guère positifs pour l'Amiral. Mais Keyes y gagna une nouvelle et intéressante vision de l'attitude du Roi vis-à-vis des Allemands. Le Roi lui raconta qu'un certain docteur Gebhardt (qui fut pendu par la suite pour crimes de guerre) qui l'avait précédemment soigné après un accident de ski, lui avait récemment rendu visite. Le Roi ignorait alors que le docteur était un ami d'Himmler. Gebhardt avait participé à la campagne de Pologne et avait décrit en termes animés comment la Luftwaffe et les panzers avait brisé la résistance polonaise et envahi le pays en quelques jours. Le Roi dit à Keyes qu'il était parfaitement conscient du but de cette visite: il s'agissait de l'impressionner par la puissance du Blitzkrieg et de lui prouver l'inutilité d'une résistance de la part de petites nations à ce genre d'attaque. Le Roi avait cependant clairement fait comprendre à Gebhardt que la Belgique résisterait jusqu'à la limite de ses forces à toute tentative de l'Allemagne de traverser son territoire. Keyes apprit (mais pas par le Roi) que Gebhardt était sorti de son audience tout déconfit et avait immédiatement repris le chemin de son pays.

Le lendemain, 15 novembre, l'Amiral eut une nouvelle et longue conversation avec le Roi qui répéta sa thèse: si la guerre se déplaçait à l'ouest, elle serait terrible et il était donc de la plus haute importance de gagner du temps, ce qui, comme il l'avait appris par ses sources secrètes en Allemagne, permettrait peut-être à l'opposition anti-nazie de renverser Hitler et son régime. Léopold ne savait pas encore à ce moment-là que la démarche qu'il avait effectuée avec la reine Wilhelmine le 7 novembre avait contribué à dissuader Hitler de déclencher le Blitzkrieg le 12. Toutefois, on commentait encore partout dans le monde l'attentat de la «Burgerbrau» qui avait failli éliminer le Führer ainsi que l'enlèvement de deux agents secrets britanniques à Venlo, le 8 novembre, deux événements que la propagande nazie liait l'un à l'autre.

Comme Churchill, Léopold pensait que le «bla-bla» était préférable au «pan-pan». Et tout en étant résolument décidé à résister à une éventuelle attaque allemande, il estimait que tout devait être tenté pour éviter une telle catastrophe. Il était donc prêt à tenter d'explorer toutes les possibilités d'un règlement pacifique, grâce aux liens secrets qu'il entretenait avec l'opposition allemande. Mais le Roi assura l'Amiral qu'en tentant de telles approches, il veillerait bien à éviter de donner l'impression qu'il agissait avec la caution du gouvernement britannique. Une telle démarche s'avérerait probablement infructueuse, mais si une proposition raisonnable venait d'Allemagne, il espérait au moins que le gouvernement britannique l'examinerait. Sir Roger répondit qu'il craignait que les Allemands ne proposent rien d'acceptable pour les Alliés.

Parmi les dissidents anti-nazis avec lesquels Léopold était en contact personnel figurait le chef du secteur civil de la clandestinité, Carl Goerdeler. Il y a une note intéressante dans les carnets d'un autre membre éminent de cette clandestinité, Ulrich von Hassell, un ancien ambassadeur qui, comme Goerdeler, fut arrêté, torturé et exécuté après l'échec du complot contre Hitler en juillet 1944. Léopold, rapporte von Hassell, avait eu un nouvel entretien secret avec Goerdeler «qui l'assura une fois de plus qu'il existait des possibilités précises de paix et qu'il était prêt à y apporter son assistance. Mais pas avec notre régime actuel» [114]. Cette note, écrite le 11 mars 1940, montre bien les relations étroites de Léopold avec le front anti-Hitler et la base sur laquelle il était disposé à discuter.

Mais les derniers espoirs que le Roi pouvait avoir au sujet d'un soutien britannique à des négociations secrètes avec les Allemands furent anéantis par une note qu'il reçut de Sir Roger Keyes le 20 novembre. Après son entretien avec Léopold à Bruxelles, Keyes était rentré à Londres le 17 et avait immédiatement fait rapport au War Office. Le lendemain, il assista à une réunion du Cabinet et eut une entrevue avec Neville Chamberlain, auquel il expliqua le point de vue de Léopold. Chamberlain, qui considérait les opposants allemands comme des traîtres et des provocateurs, fit clairement comprendre à Sir Roger qu'il était hors de question que la Grande-Bretagne prenne part à des approches ou des négociations secrètes avec n'importe quels Allemands. Keyes en avertit donc le Roi et termina son rapport par une note personnelle qui concluait: «J'ai dit ma certitude que le roi Albert aurait agi exactement comme vous, conscient de ses obligations de monarque constitutionnel, et que Votre Majesté se comportera aussi vaillamment que le roi Albert, si l'occasion se présente».

Entre-temps, le 15 novembre, Ironside qui avait changé d'avis concernant l'échange secret d'informations militaires avec la Belgique, écrivit une lettre confidentielle à Sir Roger lui expliquant que, comme le Corps Expéditionnaire britannique était subordonné au Haut Commandement français, il ne pouvait donc prendre d'initiative sans ordres du Commandant en Chef français. Il s'ensuivait que les Britanniques ne pouvaient établir de plans distincts avec les Belges pour le déploiement du Corps Expéditionnaire en Belgique mais qu'ils devaient se conformer aux plans français. A cet égard, la lettre d'Ironside révèle qu'il ignorait les échanges secrets qui existaient depuis longtemps entre les Hauts Commandements français et belge et qui avaient été renforcés deux mois plus tôt, car il écrivait que les Belges devaient d'abord absolument approcher les Français au sujet d'une éventuelle action militaire anglo-française en Belgique. Le général poursuivait qu'à sa connaissance aucune approche n'avait encore été faite dans ce but par les états-majors généraux belge et français et qu'il était impossible d'élaborer des plans solides pour de futures opérations communes si les états-majors généraux britannique, français et belge n'engageaient pas «des discussions franches et ouvertes». Mais Ironside semble tout de même avoir soupçonné cette collaboration franco-belge, car il ajoutait de sa propre main ce post-scriptum:

> Nos premières conversations ont commencé parce que les Belges refusaient de traiter avec les Français, mais il semble maintenant qu'ils aient pris contact avec eux. Vous devez donc orienter tous vos efforts vers un dialogue ouvert entre les Belges et les Français. Merci mille fois pour tout ce que vous avez fait. Nous disposons à présent de plusieurs rapports utiles de l'attaché militaire (le colonel Blake) et Gort sait à quoi s'en tenir.

La lettre d'Ironside montre l'état totalement insatisfaisant et inquiétant des liaisons militaires anglo-françaises après dix semaines de guerre. Malgré tous les échanges franco-belges, les Français ne transmettaient pas aux Britanniques les informations essentielles qu'ils recevaient de Bruxelles [115], tandis qu'Ironside se contentait de répéter à Keyes la vieille théorie selon laquelle rien ne pouvait être envisagé en dehors des conversations officielles d'états-majors. Mais l'Amiral ne réalisait pas que cette obsession de conversations formelles avec les Alliés n'avait pas pour but à l'origine d'obtenir des secrets militaires de la Belgique mais s'inscrivait plutôt dans la politique délibérée de forcer ce pays à abandonner son indépendance et à passer dans le camp des Alliés (qui lorgnaient son armée, ses fortifications et son territoire). Mais ce désir de compromettre la neutralité belge faisait perdre de vue aux Alliés que s'ils fournissaient ainsi à Hitler un prétexte et une provocation pour déclencher le Blitzkrieg à un moment où leurs forces terrestre et aérienne étaient d'une faiblesse extrême, les conséquences en seraient aussi catastrophiques pour eux que pour la Belgique.

Et cependant, contrairement à ce que beaucoup d'auteurs ont prétendu, la position ostensiblement neutre du Roi ne l'avait pas empêché de maintenir le flux considérable d'informations militaires secrètes au profit des Français et, grâce à la liaison assurée par Sir Roger, de prendre de semblables dispositions avec les Britanniques. Les auteurs des *Despatches* de Gort racontaient n'importe quoi quand ils écrivaient que «les autorités françaises ne furent jamais en mesure d'obtenir des détails précis et fiables sur les plans de l'état-major général belge en cas d'invasion allemande». Même la lecture la plus superficielle des mémoires de Gamelin et de Van Overstraeten, ou des *Relations militaires franco-belges*, démontre le contraire.

Les exemples spécifiques ne manquent pas. Ainsi, le 28 mars 1939, le général Laurent, attaché militaire français à Bruxelles, envoya une longue lettre au Deuxième Bureau du ministère de la Défense à Paris, où il résumait une conversation avec Van Overstraeten. Ils avaient examiné en détail des questions telles que le statut de ville ouverte qui serait laissé à Bruxelles, la défense de la région de Louvain et de la Meuse, la liaison avec l'armée hollandaise, la défense du canal Albert, etc. Un mois plus tôt, le 21 février, Laurent avait envoyé une lettre semblable où il décrivait avec minutie la disposition des troupes belges pour la défense des ponts de la Meuse et de l'Ardenne. Hautcœur poursuivait parallèlement son fructueux travail de liaison. Le 7 mars, il transmit à Van Overstraeten les idées de Gamelin sur la défense belge anti-chars entre Louvain et Namur et le 16 mars, il rapporta au Général les discussions détaillées qu'il avait eues avec Gamelin au sujet des préparatifs belges («Le Généralissime est enchanté des progrès rapides réalisés entre Wavre et Namur...»).

Le 26 mars 1940, un document du Foreign Office faisait encore remarquer, de manière assez naïve: «Nous soupçonnons l'existence de contacts franco-belges, mais nous n'avons aucune précision officielle sur leur nature et leur étendue». En fait, Gamelin maintenait délibérément les Britanniques dans l'ignorance de ses secrets échanges avec le roi Léopold — comme d'ailleurs de beaucoup d'autres informations militaires qu'ils auraient dû détenir. D'un autre côté, les Français se montraient eux, beaucoup plus souples dans leur façon d'appréhender le problème posé par l'indépendance belge. Au lieu de s'obstiner à réclamer des conversations officielles d'états-majors, comme le faisaient les Britanniques, ils profitaient pleinement de la situation privilégiée qu'occupait Hautcœur et en tiraient le maximum de profit.

L'état-major général du Corps Expéditionnaire britannique et le War Office par contre, manquaient singulièrement de subtilité, d'imagination et d'initiative en matière de liaisons militaires secrètes. Il était évidemment superflu d'attendre quelque chose de comparable aux rapports confidentiels entre le roi Léopold et le généralissime Gamelin de la part de l'establishment militaire britannique. Lord Gort, Commandant en Chef du Corps Expéditionnaire et Sir Edmund Ironside, CEMGI, étaient tous deux complètement dénués de subtilité. Dans l'une des notes acerbes de ses carnets, Sir Alexander Cadogan décrit ce dernier comme «stupide au point d'être imperméable à quoi que ce soit», tandis que le général Spears dépeint Gort comme «un homme pas très intelligent» qui apparaissait aux Français comme «un commandant de bataillon à la fois aimable et jovial... soucieux et désireux de plaire et de faire tout ce qu'on lui ordonnait» [116]. Hore-Belisha, le secrétaire d'Etat à la Guerre, révéla pourquoi il avait choisi Gort comme Commandant en Chef du Corps Expéditionnaire lors de la déclaration de guerre: cette nomination devait plaire au public, parce qu'il était «un VC * et un vicomte». Bien que le chef d'état-major de Gort, Henry Pownall, ne manquât pas d'intelligence, il se révéla dans ses carnets, publiés en 1972, comme un être à la fois arrogant, intolérant et sectaire, éprouvant une antipathie et un mépris quasi obsessionnels pour les étrangers en général et pour les Belges et leur Roi en particulier. Comme si Pownall avait détourné sur eux l'antisémitisme profond qui transparaît dans son journal et dans ses comptes rendus du limogeage d'Hore-Belisha [117] dans lequel, paradoxalement, Gort et lui-même jouèrent un rôle important. Max (à présent Lord) Beloff écrit à ce sujet: «L'image des rivalités et des intrigues régnant parmi les huiles et les pékins de l'administration n'est pas très reluisante. Lorsqu'on gratte le vernis, l'aspect du Ministère de la Guerre est loin d'être engageant... » [118].

* N. du T. VC: détenteur de la «Victoria Cross», la plus prestigieuse des décorations militaires britanniques. Voir annexe I, p. 525.

Un exemple de l'attitude des deux généraux en liaison avec les Belges se trouve dans le passage des *Despatches* de Gort où il parle de l'avance du Corps Expéditionnaire en Belgique, «effectuée à un moment où chaque instant compte, sur des routes où aucune reconnaissance préalable n'a été réalisée», ce qui laisse entendre que la politique du roi Léopold est responsable de cette situation. L'*Official History* de la campagne et les carnets de Pownall donnent une vision tout aussi fausse des événements. Malgré les rapports antérieurs d'officiers britanniques en civil qui inspectèrent la ligne K-W, et la note de Pownall en date du 1er avril 1940, («Nous avons fait passer clandestinement la frontière à deux officiers munis de faux passeports et chargés d'une mission de reconnaissance»), tous ces comptes rendus omettent de rappeler que les Britanniques profitaient des facilités offertes par le Roi (par l'intermédiaire de Sir Roger Keyes), facilités qui permettaient aux officiers britanniques «du Commandant en Chef au plus modeste», d'entrer en Belgique en tenue civile pour inspecter tous les aspects des défenses du pays tout en bénéficiant de la totale collaboration des autorités belges. Si Gort et Pownall négligèrent de profiter de ces facilités pour reconnaître le territoire sur lequel leurs forces allaient devoir opérer, ils n'avaient qu'à s'en prendre à eux-mêmes. Mais on sait — bien que cela ne figure ni dans l'*Official History* ni dans les *Despatches* de Gort ni dans aucun autre rapport officiel — qu'une reconnaissance très approfondie des positions qui devaient être occupées par le Corps Expéditionnaire britannique, fut effectuée, à l'initiative du général Dill, par un général britannique. La relation qui suit montre clairement que le Commandant en Chef britannique et son chef d'état-major auraient pu obtenir toutes les informations nécessaires, s'ils avaient fait en ce sens l'effort nécessaire.

En mars 1940, le général-major Davidson, qui était alors commandant de l'artillerie du 1er Corps, apprit par son chef de corps, le général Dill, qu'il «avait été choisi pour effectuer, en tenue civile, une mission ultra secrète en Belgique: reconnaître le terrain et les défenses belges sur notre front, le long de la Dyle et dans la région entourant Bruxelles». On lui dit aussi de prendre contact avec le général Alan Brooke, le commandant du 2e Corps, afin de voir s'il pouvait lui procurer des informations utiles. Après divers préparatifs clandestins, il arriva à Bruxelles et passa trois jours à examiner dans les détails le potentiel défensif des positions sur la Dyle et toutes les zones propres à l'installation de batteries et de postes d'observation. «Cela s'avéra extrêmement utile par la suite, écrivit Davidson, car je finis par connaître chaque pouce du terrain: les différentes défenses, les routes, les plans d'eau, les forêts et je pus concevoir un dispositif complet d'artillerie».

Après la guerre, Davidson envoya ses notes au colonel Blake qui lui répondit: «Il y a quelques années, j'ai rencontré un officier d'artillerie qui avait commandé une batterie du 1er Corps lors de l'entrée en Belgique en 1940. Il me dit qu'il avait été stupéfait de voir qu'en arrivant au lieu fixé, tout était déjà indiqué — positions des canons, postes d'observation, etc. — et qu'il avait pu ainsi canarder les Allemands de manière beaucoup plus efficace...» [119].

Il paraît surprenant que Gort et Pownall n'aient pas profité davantage de l'offre du Roi et organisé d'autres reconnaissances aussi fructueuses. En lieu et place, la hiérarchie militaire britannique ne cessa de se plaindre du soi-disant manque de collaboration du roi Léopold et de son état-major et ne témoigna aucune gratitude aux Belges pour avoir permis ce genre de reconnaissance et d'informations secrètes. Le document du Foreign Office mentionné plus haut révèle cependant que Van Overstraeten répondit dans les détails à un questionnaire qui lui fut secrètement soumis par les Britanniques et transmit même (à Sir Roger Keyes) des photographies aériennes des défenses et des ponts du canal Albert, etc. Les photographies étaient destinées à aider la Royal Air Force à bien repérer ses cibles, et Van Overstraeten reçut à cette occasion les remerciements du chef de l'état-major de l'air pour cette appréciable contribution.

En 1938, le capitaine Liddell Hart (qui était alors conseiller d'Hore-Belisha et correspondant militaire du *Times*) se vit communiquer tous les détails du système de défense belge, à l'initiative du roi Léopold et du général Van Overstraeten avec lequel il était en contact depuis 1927. Dans ses mémoires, Liddell Hart écrit:

> Mes hôtes belges firent preuve d'une grande franchise en me donnant non seulement tous les détails de leurs forces et de leurs défenses mais aussi en m'exposant leurs plans pour répondre à une attaque allemande. C'est pourquoi j'eus peine à comprendre les griefs véhéments des chefs militaires et politiques britanniques et français, après la défaite de 1940 selon lesquels leur planning avait été très handicapé par le manque d'informations sur les défenses et les plans belges. Cela me parut plutôt une excuse pour les erreurs commises lors de leur propre avance en Belgique. J'ai des raisons de croire, en dehors de mon expérience personnelle, que des informations avaient été secrètement mises à la disposition de certains représentants britanniques — quelque opposés qu'aient pu être les Belges à des conversations officielles d'états-majors par peur de fuites françaises et que des échos en parviennent aux oreilles des Allemands [120]. Et pourtant, l'*Official History* de la campagne 1939-1940, rédigée près de dix ans après la guerre, répète le grief selon lequel le Haut Commandement belge «ne désirait pas communiquer des informations sur ses propres plans de défense». C'est un exemple supplémentaire de la différence entre l'histoire officielle et la vérité de l'histoire.

Revenant sur les observations qu'il fit au cours de cette visite, Liddell Hart réfute carrément les accusations selon lesquelles le Roi et Van

Overstraeten étaient «pro-Allemands», encore qu'il admette qu'ils aient pu «se méfier des desseins des Français de faire de la Belgique un satellite de leur pays...» «A cet égard, écrit Liddell Hart, Léopold et Van Overstraeten suivirent fidèlement les préceptes du roi Albert... C'est une ironie de l'histoire que le fils ait eu à subir des critiques aussi acerbes et finit par perdre son trône pour avoir fidèlement et loyalement tenté de mettre en pratique les enseignements d'un père universellement considéré comme le symbole héroïque de la résistance à l'Allemagne en 1914» [121].

Van Overstraeten, malheureusement, se montrait intolérant et plein de morgue envers la plupart de ses interlocuteurs et plus particulièrement les politiciens. Ceux-ci en retour le détestaient, persuadés qu'il avait une mauvaise influence sur Léopold et qu'il voulait servir de tampon entre eux et le Roi. Sa personnalité abrupte devait dès lors susciter avant, pendant et après la campagne de mai, bon nombre de frictions, de méfiances et de malentendus.

Dans un petit pays comme la Belgique, le nombre d'officiers de grande valeur au sommet de la hiérarchie militaire est fatalement limité et, ainsi que le dit le Roi à l'auteur après la guerre, Van Overstraeten était le plus indiqué pour devenir son conseiller militaire principal. Ce choix semblait effectivement idéal à plusieurs égards. Personnage soigné, madré, perspicace et d'allure très militaire, il avait été l'aide de camp du roi Albert à partir de 1917. De plus, il était le meilleur stratège de Belgique et avait dirigé l'Ecole de Guerre. Il était généralement poli, même pointilleux, mais il pouvait être d'une franchise proche de la grossièreté. Les souvenirs des commandants britanniques et surtout français qui durent traiter avec lui pendant les opérations — Lord Alanbrooke, par exemple — démontrent combien il desservait la cause de Léopold aux yeux des alliés. Comme Van Overstraeten était le représentant et le porte-parole du Roi, sa morgue qui donna à croire — à tort — à ses critiques qu'il était pro-Allemands, fit rejaillir sur Léopold une part de l'aversion et de la méfiance qu'il suscitait.

Autre ironie: en mars 1940, le Roi transmit secrètement aux Français une information capitale qui, si seulement Gamelin en avait tenu compte, aurait pu modifier le cours de la campagne militaire. Grâce au colonel Oster et à ses autres sources de renseignements secrètes, le Roi acquit la conviction que les Allemands lanceraient le gros de leurs blindés à travers l'Ardenne et traverseraient la Meuse entre Givet et Longwy, soit exactement là où ils réussirent la percée qui les mena jusqu'aux côtes de la Manche en mai 1940. Léopold fit immédiatement parvenir à Gamelin cet avertissement, accompagné de preuves, par l'intermédiaire du général Delvoie, l'attaché militaire belge à Paris. La réponse vint sous forme de rebuffade: «Etablie patiemment dès le temps de paix, adaptée parfaitement au terrain, échelonnée sur une profondeur de plus en plus grande, couverte et étayée depuis la mobilisation, la position fortifiée qui défend le territoire français est à même, dans toutes ses fractions, de recevoir le choc de l'ennemi.» En fait, les Français avaient disposé dans cette région un mince écran de troupes de troisième catégorie, issues de la neuvième armée du général Corap et à travers lesquelles les panzers de von Rundstedt allaient s'enfoncer comme dans du beurre. Malheureusement, comme le fait remarquer l'*Official History*: «Une fois que l'hypothèse d'une attaque allemande par les Ardennes fut écartée par les Français, plus personne n'envisagea ses conséquences éventuelles [122]. Mais comme Spaak devait le dire un jour: «Avec une perspicacité qui aujourd'hui apparaît presque comme horrible, (le Roi) avait pressenti les mouvements militaires qui allaient s'opérer.»

Chapitre XI

Le hasard aveugle

«L'envol du ballon est prévu pour demain».

L'attaché militaire britannique
téléphonant à Londres
depuis le palais de Laeken, le 13 janvier 1940.

Le 15 janvier 1940, au plus fort de la psychose de l'invasion décrite par ailleurs, l'ambassadeur des Etats-Unis à Bruxelles fut de nouveau remplacé. Comme son prédécesseur, Joseph Davies, qui avait été si impressionné par la fermeté de Léopold au moment de la déclaration de guerre, le nouveau venu, John Cudahy, en vint rapidement à admirer le jeune Roi.

Après le premier des nombreux entretiens qu'il eut avec Léopold, Cudahy nota: «Il a l'allure d'un soldat, une silhouette svelte et une carrure d'athlète... J'ai été frappé par son extrême simplicité, proche de la timidité... Ses yeux étaient voilés par le manque de sommeil. Il refusait néanmoins de perdre espoir» [123]. Les deux hommes évoquèrent les critiques «dures et malhonnêtes» des Français et la pression que ceux-ci et les Britanniques exerçaient sur la Belgique pour la forcer à abandonner une neutralité qu'ils s'étaient eux-mêmes engagés à protéger. Les notes de l'Ambassadeur mettent clairement en relief l'espoir du Roi — basé sur sa connaissance de la forte opposition dans les hautes sphères allemandes à Hitler et ses plans d'agression — que «quelque chose pouvait encore se produire qui permettrait d'éviter le choc». Cudahy releva la détermination de Léopold d'éviter tout ce qui pourrait provoquer un affrontement, et son sentiment que «chaque jour qui passe sans que la guerre se déplace sur le sol belge est un jour gagné pour la paix, et qu'il reste toujours de l'espoir pour le futur».

Cudahy remarque que Léopold était calme malgré «la tension à laquelle il était soumis». L'état d'épuisement dans lequel l'Ambassadeur trouva le Roi n'était pas surprenant, car parmi toutes les «alertes à l'invasion» qui eurent lieu entre le 3 septembre 1939 et le 10 mai 1940, la plus sinistre peut-être — et certainement la plus lourde de conséquences — fut celle qui se produisit dans la deuxième semaine de janvier. Hitler était de nouveau fermement décidé à attaquer par la Belgique et la Hollande et il n'attendait plus que des conditions atmosphériques favorables. A ce moment, remarque von Hassell, «toute opposition des leaders militaires au plan d'attaque à travers la Belgique est réduite à néant. Et cela malgré le fait que Brauchitsch et Halder, ainsi que tous les autres, sont convaincus que le résultat sera désastreux. Mais ils sentent qu'ils doivent obéir. Goering lui aussi est toujours opposé à l'attaque, mais il renonce à toute résistance; il préfère se limiter à un certain sabotage du plan en prétextant le mauvais temps» [124]. Le 10 janvier, les météorologistes promirent «dix à quinze jours de temps hivernal clair à partir du 15» et Hitler ordonna l'attaque pour le 17.

Les Belges furent de nouveau prévenus. Le colonel Oster transmit l'information par l'intermédiaire du major Sas, tandis que d'autres sources venaient la confirmer, notamment la sœur du Roi, la princesse Marie-José (l'épouse du prince héritier d'Italie, Umberto), le Pape via le nonce apostolique et Ciano (le ministre italien des Affaires Etrangères et beau-fils de Mussolini) qui avait l'habitude d'envoyer des notes secrètes à Bruxelles. Mais, écrit Spaak, *« il était cette fois plus précis et plus pessimiste. Il était convaincu que l'attaque allait se déclencher»* [125]. Le 2 janvier, Ciano avertit l'ambassadeur de Belgique à Rome que son pays était menacé et devait rester sur le qui vive.

Le hasard aveugle confirma ces avertissements. Un certain major Helmut Reinberger, commandant de l'école des parachutistes de Stendal, près de Berlin, avait été attaché à l'état-major du général Student pour collaborer à la préparation d'une opération aéroportée contre la Hollande et la Belgique. Convoqué à une réunion à Cologne, il fut retardé par des encombrements de chemin de fer dans la Ruhr et obligé de passer la nuit du 9 janvier à Münster. Il y rencontra au Club des Officiers le major Hoenmanns, un pilote de guerre de 1914 qui commandait le champ d'aviation local de Loddenheide. Ce dernier, à l'affût d'une possibilité de combiner un vol avec une visite à sa femme à Cologne, proposa d'y emmener Reinberger par avion le lendemain matin. Il ne savait rien des documents ultra secrets que transportait son passager.

Il y avait, en fait, une réglementation allemande rigoureuse qui interdisait à un officier de prendre l'avion avec des documents secrets. Or, les papiers de Reinberger contenaient les détails principaux du Plan Jaune prévoyant une attaque massive de la Belgique à travers la région de Maastricht, accompagnée de puissants assauts aéroportés et de parachutages pour s'emparer des ponts et des points stratégiques, y compris ceux de la Meuse, plus au sud. Malheureusement pour lui, Hoenmanns dérivant vers l'ouest en raison de la mauvaise visibilité, dut poser en catastrophe son Messerschmitt Taifun léger à Mechelen-sur-Meuse, à la frontière belgo-hollandaise, persuadé qu'il se trouvait au-dessus du Rhin.

Après que les deux officiers furent sortis de leur avion, Reinberger fut surpris par un soldat belge alors qu'il tentait de brûler des documents dans un fossé, mais le Belge réussit à étouffer les flammes et à récupérer les papiers, avant d'escorter les Allemands jusqu'à un poste militaire. Reinberger essaya une nouvelle fois de détruire les documents en les saisissant de la table où ils se trouvaient pour les jeter dans un poêle allumé. Mais l'officier en poste, le capitaine Rodrique, se précipita et, non sans se brûler, récupéra les documents abîmés mais encore partiellement déchiffrables. Réalisant alors le caractère inéluctable de son échec, Reinberger fondit en larmes et tenta de s'emparer du revolver de Rodrique en criant: «Je suis perdu. Laissez-moi en finir maintenant. Je suis coupable d'un crime impardonnable aux yeux de mon pays» [126].

L'attaché de l'air allemand aux Pays-Bas, le général Wenninger, qui demeurait à La Haye, demanda à voir les aviateurs prisonniers dès qu'il apprit leur capture. Il n'en reçut l'autorisation que quand les Belges eurent dissimulé un microphone dans la pièce où la rencontre devait se dérouler le jour suivant. Dès qu'ils furent seuls, Wenninger demanda si les documents avaient été détruits et en ayant reçu l'assurance, il informa Berlin «qu'il ne faisait aucun doute que la serviette des documents avait été brûlée». Mais une vive inquiétude se manifesta à Berlin et Hitler, Goering et Keitel passèrent des heures à examiner les dossiers pour essayer de déterminer avec certitude ce qui avait bien pu être dévoilé.

Entre-temps, les services secrets belges avaient traduit et inventorié ce qui restait des documents et le 11 à midi, Van Overstraeten remit les résultats de leurs travaux au Roi qui en informa immédiatement le général Denis, ministre de la Défense, précisant en même temps que Gamelin, les Britanniques et les Hollandais devaient être mis au courant sur-le-champ. Van Overstraeten convoqua par conséquent les colonels Blake et Hautcœur et leur donna copie d'un document qui résumait toutes les informations qui avaient pu être extraites des fragments carbonisés. Hautcœur fut prié de porter le document à Gamelin et de lui demander combien de temps les Belges devraient attendre de l'aide au cas où les Allemands lanceraient leur attaque.

Hautcœur arriva à Paris dans la nuit. Lors d'une réunion qui se tint le lendemain matin à 10 h 30, Gamelin et son état-major examinèrent la question. Les Français s'interrogèrent avec suspicion sur les raisons qui avaient pu pousser Van Overstraeten à leur envoyer un résumé plutôt que des photocopies des documents originaux. Mais ce dont ils se rendirent mal compte, c'était que ces papiers n'avaient en eux-mêmes qu'une valeur réduite, car ils avaient si bien brûlé qu'il avait fallu aux services secrets belges plusieurs heures assidues pour en extraire les informations reprises dans le résumé. Bien que l'état-major général français soupçonnât que tout cet épisode était un «coup monté», ce document ajouté aux avertissements déjà reçus par ailleurs exigeaient des mesures. L'armée fut donc mise en état d'alerte maximum et l'on ordonna au général Champon de se tenir prêt à partir à la tête d'une mission militaire française en Belgique. Le Corps Expéditionnaire britannique fut également mis en état d'alerte. Le 13, un message de son attaché militaire à Berlin accrut encore le sentiment d'urgence qu'éprouvait Léopold. L'attaché avait appris d'une source sûre (le colonel Oster) que les Allemands étaient arrivés à la conclusion que les documents avaient bien été saisis. Pour devancer les contremesures, ils attaqueraient donc le jour suivant, 14 janvier. Mais rien ne se produisit car, comme nous le savons maintenant, Hitler, impressionné par la puissance des défenses belges maintenant placées en état d'alerte maximum, — ayant perdu l'avantage de la surprise après la découverte de ses plans — et de surcroît privé du casus belli que lui aurait offert l'entrée d'un allié en Belgique, annula l'attaque à l'issue d'une orageuse réunion avec ses généraux. La détérioration du temps intervint également dans sa décision.

Les Belges n'avaient aucun doute quant à l'authenticité des documents. Mais Churchill et beaucoup d'autres se montrèrent méfiants à l'époque et Reynaud, en dépit de toutes les preuves disponibles en 1951, écrivit dans ses mémoires qu'Hitler lui-même «avait machiné l'accident simulé qui avait été à l'origine de l'affaire» [127]. La vérité vraie fut racontée par le général Keitel au procès de Nüremberg en 1944, lorsqu'il décrivit la fureur d'Hitler apprenant la nouvelle. «Ce fut la pire colère que j'aie jamais vue de ma vie, affirma Keitel. Le Führer en avait l'écume aux lèvres et il frappait les murs de ses poings. L'ombre des exécutions plâna au-dessus de nous». Et après avoir vu Hitler le 12, le général Jodl écrivit dans ses carnets: «La situation est catastrophique». Le choix se réduisait maintenant à l'exécution immédiate des plans capturés ou à leur abandon définitif. Goering [128] a également donné sa version de l'histoire en racontant que lors d'une réunion de l'état-major général au Quartier Général d'Hitler, le Haut Commandement décida «d'accepter l'hypothèse la moins favorable et de considérer que les plans étaient dorénavant connus».

Mais la signification essentielle de cet épisode réside dans le fait qu'il fut la cause de l'adoption par Hitler, à la fin février, du projet avancé par Manstein et von Rundstedt, qui déplaçait le *Schwerpunkt* de la principale poussée des panzers du centre de la Belgique vers l'Ardenne, comme la version finale et victorieuse du Plan Jaune. Jusqu'alors, la quasi totalité des blindés avait été attribuée au groupe d'armée B de von Bock dans le nord pour un Blitzkrieg dirigé sur le cœur de la Belgique tandis que les divisions d'infanterie de von Rundstedt joueraient un rôle auxiliaire en protégeant le flanc sud de von Bock. En vertu du nouveau plan, au sujet duquel Léopold et d'autres tentèrent vainement d'alerter Gamelin, les rôles des deux généraux étaient inversés et sept des divisions blindées de von Bock étaient transférées à von Rundstedt pour permettre au groupe d'armée A de prendre en charge la poussée principale. L'armada blindée de von Rundstedt devait pénétrer la région boisée de l'Ardenne, où les Français refusaient de croire que pouvait se dérouler une attaque majeure, et faire sa percée sur la Meuse dans les environs de Sedan, le point faible des armées franco-britanniques dans leur progression sur la droite en direction de la Belgique. Ainsi, au lieu de pulvériser le gros de l'infanterie des Belges, des Français et des Britanniques dans le nord, comme le prévoyaient les versions antérieures du Plan Jaune, la grande phalange des véhicules blindés devait foncer vers l'ouest jusqu'à la mer et, en fauchant le flanc sud des Alliés, les couper de la masse des armées françaises et des côtes de la Manche. La tâche des trois divisions blindées de von Bock, soutenues par sa puissante infanterie et les forces aéroportées, était à présent de conquérir la Hollande et de percer les défenses belges, l'objectif de cette opération étant de renforcer les Alliés dans leur fausse conviction que la Belgique était l'épicentre de la principale attaque allemande et d'attirer les forces françaises et britanniques aussi loin que possible vers le nord afin de faciliter leur encerclement par les panzers du groupe d'armée A de von Rundstedt dans le sud.

Pour Léopold, la question primordiale était maintenant de savoir quelle position occupait la Belgique par rapport aux Alliés. En ce moment d'extrême urgence, il lui semblait impératif d'obtenir de la Grande-Bretagne et de la France un engagement qui sauvegarderait l'avenir du pays si celui-ci était précipité dans la guerre. Il convoqua donc une nouvelle fois Sir Roger Keyes à Laeken afin de transmettre au Cabinet britannique les propositions qu'il avait en tête. Une telle approche préliminaire n'était pas une pratique exceptionnelle de la part des monarques belges, le roi Albert et ses prédécesseurs s'étant plus d'une fois engagés dans des discussions informelles avec des hommes d'Etat étrangers avant de faire intervenir le ministre belge concerné.

Tous les membres du gouvernement de Léopold ne partageaient malheureusement pas ses sentiments pro-britanniques; plusieurs ministres en effet et en particulier Gustave Sap, avaient la réputation d'être des sympathisants de l'Allemagne nazie. Pour éviter les fuites qui, du fait de ces pro-Allemands, auraient pu se produire au départ de ces informations délicates, il avait donc été nécessaire pour le Roi de tenir à distance de son Cabinet certains faits comme les missions secrètes de liaison de l'amiral Keyes et l'écoulement par son truchement de renseignements militaires belges en direction des Britanniques. Des informations au sujet des arrangements similaires pris avec les Français, via Gamelin, n'avaient pas été davantage communiquées aux ministres belges, exception faite du général Denis, le ministre de la Défense, qui avait été mis dans le secret.

Mais la raison première qui poussait le Roi à passer provisoirement par-dessus ses ministres était le peu de temps dont il disposait, étant donné l'imminence des hostilités, pour entamer une approche par la voie compliquée des canaux officiels. Il espérait persuader les Britanniques de faire une offre directe et apparemment spontanée au gouvernement belge, évitant ainsi de fournir aux Allemands matière à prétexte pour une agression contre la Belgique.

Ce fut donc le soir de ce 13 janvier de pleine crise, que le roi Léopold reçut Sir Roger Keyes pour la troisième fois à Laeken. Dans une antichambre, l'Amiral tomba sur le général Van Overstraeten et le colonel Blake qui discutaient des avertissements qu'ils venaient de recevoir du colonel Oster à Berlin et selon lesquels le déclenchement de l'invasion était prévu pour le lendemain. Blake sortit alors pour téléphoner brièvement à Londres, se contentant de dire au War Office: «L'envol du ballon est prévu pour demain». Le Roi invita l'Amiral dans son bureau et lui demanda s'il pensait que son pays, en dépit du désir de paix de la Belgique, serait prêt à fournir à celle-ci au cas où, à la suite de la Grande-Bretagne, elle serait impliquée dans la guerre, les mêmes garanties qu'en 1914-1918. Pour faciliter la formulation des garanties telles qu'il les concevait, il appela Van Overstraeten et prenant une feuille de papier, y écrivit se corrigeant au fur et à mesure:

1. *Pas d'ouverture de négociations de paix sans participation de la Belgique.*
2. *Garanties de la restauration intégrale du statut politique et territorial de la Belgique ainsi que de sa colonie.*
3. *Assistance pour la restauration économique et financière de la Belgique* [129].

Keyes examina ces conditions et déclara qu'elles lui paraissaient raisonnables. Il avait l'impression qu'une demande officielle émanant sur ces bases du gouvernement belge, serait favorablement accueillie mais il souligna qu'il ne pouvait pas en donner l'assurance et qu'il devait consulter le Cabinet britannique. Là-dessus, il quitta Laeken pour retourner au GQG britannique à Arras avec l'intention d'y prendre directement l'avion pour Londres. Mais la campagne belge était noyée de brouillard et lorsqu'il atteignit Arras aux petites heures, la visibilité était encore si mauvaise qu'il n'était pas question de voler et il dut passer la nuit au GQG.

Le lendemain matin 14 janvier, à l'aube, l'Amiral téléphona à Churchill à l'Amirauté pour lui rapporter la conversation de la veille. Il énuméra les propositions de garanties suggérées par le Roi et expliqua que, en raison de l'urgence engendrée par la crise, celui-ci n'avait pas pour ces garanties sollicité l'assentiment du gouvernement belge par les canaux officiels, parce qu'il pensait que cela prendrait trop de temps et que ce serait trop compliqué. L'Amiral ajouta sa propre et strictement personnelle opinion selon laquelle si les propositions étaient acceptées par les Britanniques, le roi Léopold *pourrait* être en mesure de persuader ses ministres d'inviter les troupes françaises et britanniques à entrer immédiatement en Belgique. Churchill estima la requête du Roi «raisonnable» et la transmit sur-le-champ au Premier Ministre à Downing Street. Chamberlain cependant refusa de l'examiner [130], se contentant d'envoyer à Keyes, pour communication au Roi, la réponse irritée que voici:

> Le gouvernement britannique a plusieurs fois proposé de venir en aide à la Belgique, mais ce n'est pas au dernier moment que l'on peut donner des garanties autres que celles qu'implique toute alliance en temps de guerre.
>
> Le Premier Ministre se sent profondément solidaire du Roi en ces heures de danger, et la mesure la plus utile que l'on puisse prendre est d'établir des contacts d'états-majors immédiats entre les autorités militaires belges et françaises...

La question fut toutefois formellement débattue à la réunion du Cabinet de guerre de ce matin-là, lorsque Churchill y soumit un bref memorandum au sujet du rapport téléphonique de l'Amiral. Le dernier paragraphe était ainsi libellé:

> Si ces conditions sont garanties, Sir Roger pense que le Roi serait en mesure de persuader ses ministres d'accepter l'entrée des troupes françaises et britanniques en Belgique.

Chamberlain, ainsi que le rapporte Ironside, «réagit violemment et déclara que les Belges n'avaient pas le droit de poser pareilles conditions sous la menace d'une attaque». Mais on le convainquit de revoir sa position et à l'heure du déjeuner, un message fut expédié en hâte à Sir Lancelot Oliphant, l'ambassadeur de Grande-Bretagne à Bruxelles, lui demandant de dire à Keyes de ne pas transmettre la note précédente, mais de la remplacer par celle-ci:

> Il n'est pas possible de donner une réponse définitive: la question est encore à l'examen et il (le Roi) aura de nos nouvelles sous peu.

Ce fut seulement tard dans la nuit que le Cabinet de Guerre parvint à une décision définitive. A partir de la version du message de Sir Roger mal interprétée par Churchill, les ministres arrivèrent à la conclusion que, sous la menace constante de l'invasion, la Belgique était enfin amenée à abandonner la voie de la neutralité et à permettre l'entrée immédiate des troupes alliées *avant* toute attaque, pourvu qu'on lui donnât les garanties réclamées par le Roi. Ils exprimèrent donc leur accord et aux environs de minuit, le 14, leur réponse parvint à Keyes via l'ambassadeur de Grande-Bretagne à Bruxelles:

> Nous sommes prêts à accepter l'invitation adressée aux troupes britanniques d'entrer en Belgique et supposons que l'attitude française est pareille à la nôtre. On nous demande de donner à la Belgique des garanties qui vont plus loin que tout ce que nous avons promis aux Français et que nous pourrions ne pas être en mesure de respecter à la fin de la guerre. En fonction de ce qui précède, nous sommes prêts à promettre ce qui suit si pareille invitation nous est donnée immédiatement.

La note reprenait alors les trois conditions telles que le Roi les avait rédigées, à peu de choses près, et poursuivait:

> Le Roi réalisera que la valeur de cette invitation fut sérieusement réduite du point de vue de la Belgique comme du nôtre si elle n'est pas donnée en temps utile pour permettre aux troupes britanniques et françaises d'occuper des positions stratégiques avantageuses avant le début de toute attaque allemande.

Le Roi reçut cette note le matin suivant, le 15 janvier. Il fut consterné. La réponse du Cabinet de Guerre était basée sur un catastrophique malentendu. Ce que Keyes avait ajouté dans son rapport téléphonique à Churchill était une opinion purement personnelle — la *possibilité* pour les Belges d'accepter des troupes, immédiatement avant une attaque allemande — et le Cabinet l'avait prise comme la ferme expression des intentions du Roi. D'après la note, elle avait même été interprétée comme une «invitation». Or le Roi n'avait formulé ni engagement, ni invitation, pareille initiative se situant absolument en dehors de ses pouvoirs constitutionnels.

Comment cette erreur avait-elle pu se produire? Quelque part au fil du message quelqu'un avait pris ses désirs pour des réalités. Il devait apparaître à l'évidence que Churchill était responsable d'avoir converti une spéculation de la part de Keyes en une requête formelle du roi Léopold. Quoi qu'il en soit, de ce malentendu découla dans les heures qui suivirent un extraordinaire enchaînement de circonstances qui, sans le calme dont fit preuve le Roi, aurait bien pu précipiter le Blitzkrieg

Léopold, Foch et Albert 1er, mai 1915.

Léopold à Eton, 1916.

Léopold à l'entrée d'une tranchée, avril 1915.

Le duc de Brabant avec des officiers (à sa gauche le général Leman).

Albert entre ses fils Charles et Léopold, 1917.

Photo de famille à l'occasion du mariage de Léopold et d'Astrid, le 10 novembre 1926.

Le prince Léopold aviateur, 1934.

Alpinisme dans les Dolomites, 1934.

Astrid et Léopold à St Moritz, 1935.

Le Roi lors d'un tournoi international de golf à Côme.

Les funérailles du roi Albert, février 1934.

Les funérailles de la reine Astrid, septembre 1935.

Manœuvres à Beverloo, 1936.

Léopold, colonel-en-chef du 5ᵉ Royal Inniskilling Dragoon Guards à Colchester en novembre 1937.

Inauguration du vitrail anglais à Ypres, mai 1938.

Le chef de l'armée en manœuvres, août 1938.

Le Roi à un spectacle au Palais des Beaux-Arts en compagnie de M. Spaak, Premier Ministre, 1937.

Léopold et Baudouin, octobre 1939.

Inauguration du monument du roi Albert à Liège, juillet 1939.

Le Roi en visite à Paris, à sa sortie de l'Elysée. A sa droite le général Braconnier.

Le Roi aux grandes manœuvres, avec le général Van den Bergen et le colonel BEM van Caubergh.

d'Hitler à un moment où les forces alliées souffraient de bien plus d'impréparation et de faiblesse que quatre mois plus tard.

Le matin du 14, la version déformée par Churchill du rapport de Keyes avait rapidement circulé jusqu'au Foreign Office d'où elle avait été transmise à l'ambassadeur de France à Londres, lequel la communiqua immédiatement à Daladier à Paris. Celui-ci qui, sans souci des conséquences, souhaitait voir les armées alliées entrer en Belgique sur-le-champ, fut enchanté d'apprendre la nouvelle. A 15 h 30, il téléphona au général Gamelin au Grand Quartier Général français de Vincennes pour lui annoncer que, selon Neville Chamberlain, le roi Léopold s'était déclaré lui-même prêt à appeler les Alliés. Daladier demanda si les forces alliées pouvaient se déplacer immédiatement, à quoi Gamelin répondit par l'affirmative. Le général Georges, qui commandait les armées du nord-est, fut prié d'avancer ses troupes jusqu'à la frontière pour se préparer à entrer en Belgique le matin suivant, dès que l'autorisation en serait donnée. Les Français pendant ce temps attendaient anxieusement du Cabinet britannique l'autorisation pour le Corps Expéditionnaire d'accompagner l'armée française. Mais comme les heures passaient sans nouvelle de Downing Street, ils commencèrent à terriblement s'impatienter. Une série d'appels téléphoniques agités de Paris à Londres se plaignant de ce que la lenteur des réactions du Cabinet compromettait tout le plan allié, ne réussit pas à susciter de réponse positive.

Pendant ce temps, une étrange réaction du chef de l'état-major belge, le général Van Den Bergen, compliqua encore les affaires. Le 13 à minuit, de sa propre autorité, il ordonna l'ouverture des imposantes barrières frontalières entre la France et la Belgique, pour la première fois depuis le début de la guerre — initiative qui lui coûta la perte de sa fonction. Il fut rapidement remplacé par le général Michiels. L'amiral Keyes, qui traversa la frontière le 14 à l'aube en route pour Arras, releva la chose avec un étonnement qui s'accrut encore lorsqu'un officier belge lui dit qu'il avait reçu l'ordre de permettre aux troupes britanniques et françaises d'entrer en Belgique.

Et pourtant, même en cette phase cruciale — le dernier rapport d'Oster en provenance de Berlin avançait maintenant la date du 17 pour l'attaque allemande —, le gouvernement belge, inflexible, refusait toujours les conversations officielles d'états-majors. Lors d'une nouvelle entrevue avec Léopold, le 14, Keyes insista encore une fois sur la nécessité pour les Alliés d'entamer de telles conversations avant d'être appelés en Belgique. Une approche similaire de Sir Lancelot Oliphant se révéla tout aussi infructueuse. Le soir du 14, après en avoir délibéré, le Roi, Spaak et le général Denis décidèrent que la liaison serait limitée aux attachés militaires respectifs.

Le lendemain à 9 h 30, Sir Roger apporta la note du Cabinet britannique au bureau du Roi à Laeken. En la remettant à Léopold, il dit avec quelque embarras: «Si la Belgique appelle immédiatement les Britanniques à son aide, les garanties proposées par votre Majesté seront accordées». Le Roi écouta Keyes avec une surprise choquée. «Cela est-il fair-play?» demanda-t-il. S'il comprenait bien l'Amiral, les Britanniques refuseraient les garanties si on ne leur accordait pas l'entrée immédiate en Belgique, un pas qui, ils s'en rendaient bien compte, précipiterait automatiquement le pays dans la guerre. Ceci différait fortement de ce que Léopold avait proposé et témoignait d'une compréhension tout à fait erronée de ses intentions qui n'avaient visé qu'à obtenir les garanties de manière inconditionnelle pour les proposer alors à son gouvernement.

Le Roi lut lentement les deux feuilles bleues portant l'en-tête de l'ambassade britannique et y trouva la confirmation de ses craintes. Il convoqua alors le général Van Overstraeten et lui montra le document. Van Overstraeten déclara aussitôt que c'était «inacceptable». Léopold se tourna vers Keyes et lui fit remarquer que la réponse britannique ferait très mauvais effet s'il la communiquait à son gouvernement. Inviter les forces britanniques et françaises à pénétrer en Belgique, dit-il, provoquerait immédiatement une invasion allemande dévastatrice et en ferait une fois de plus le champ de bataille de l'Europe. Bien que le peuple belge dans sa grande majorité fût favorable aux Alliés, il se montrait désespérément anxieux de rester en dehors du conflit et ceci serait une source de terribles ennuis pour lui.

L'avantage que les Alliés obtiendraient en occupant tout de suite des positions stratégiques, ajouta le Roi, serait disproportionné par rapport aux souffrances qui seraient infligées au peuple belge s'il était précipité dans une guerre se déroulant sur son sol ou même à ses frontières. Il souligna qu'il n'était pas un dictateur et que l'on ne pourrait forcer son gouvernement, constitué comme il était de partis divers, à entrer en guerre contre son gré tant qu'un quelconque espoir subsistait de l'éviter. Et ce ne serait pas correct vis-à-vis du peuple belge s'ils agissaient ainsi.

Keyes demanda si les documents capturés n'étaient pas un bon motif. Non, répondit le Roi, pas avant que les Allemands n'attaquent réellement. De plus, ils pouvaient aisément adopter d'autres plans et désavouer les documents, tirant un immense profit de la violation de la neutralité belge par la Grande-Bretagne et la France. Il était du plus haut intérêt pour les Alliés de laisser la responsabilité de cette rupture aux Allemands. Keyes demanda alors si le gouvernement belge était prêt à appeler les Alliés à l'intérieur de ses frontières en cas d'invasion de la Hollande. Il releva que la violation du territoire hollandais était une menace directe pour Anvers et les intérêts belges sur l'Escaut, et qu'elle conduirait inévitablement à une attaque contre la Belgique. Léopold répondit qu'il faudrait beaucoup de temps avant que son gouvernement puisse être à même de prendre une décision.

Le Roi était particulièrement ennuyé que les Britanniques n'eussent pas accordé les garanties demandées sans les lier, comme ils l'avaient fait, à une condition totalement inacceptable. Il exprima ce regret sous forme de grief à Keyes, au moment où cette difficile entrevue s'achevait. Les garanties, déclara-t-il, n'étaient rien de plus que l'engagement donné à la Belgique au cours de la dernière guerre et cela ne lui paraissait pas excessif quand on songeait que la Belgique avait dépensé des sommes considérables et consenti un effort militaire énorme pour repousser une occupation allemande qui menacerait si gravement la sécurité de la Grande-Bretagne.

Sir Roger prit congé du Roi, déçu de n'avoir pu ébranler sa détermination. Il avait fait tout ce qu'il pouvait pour le persuader d'accéder à la requête britannique de permettre au Corps Expéditionnaire et à l'armée française d'entrer en Belgique. Mais ce qu'il ne réalisait pas, c'était que la fermeté du Roi servait les intérêts britanniques et français de manière inestimable, car l'Amiral pouvait soupçonner l'immense supériorité des forces terrestres et aériennes allemandes sur celles des Alliés et ce qui se serait produit si ces derniers avaient été autorisés à entrer en Belgique: le déchaînement contre eux de l'écrasante puissance cuirassée et aérienne d'Hitler. La nuit même, fut câblé à Neville Chamberlain un résumé des arguments du Roi dans un télégramme chiffré expédié depuis l'ambassade de Grande-Bretagne à Bruxelles.

Les Français pendant ce temps, toujours induits en erreur par le rapport reçu la veille de Londres, avaient agi en présumant que les alliés pouvaient à tout moment être invités à entrer en Belgique. Durant toute la journée, les formations alliées se tinrent postées devant les barrières ouvertes le long de la frontière, attendant l'ordre d'avancer. A Vincennes, Gamelin avait été alerté depuis le matin au sujet de ce délai qui se prolongeait et empêchait l'avance. «Il importe que le gouvernement belge soit mis en face de ses responsabilités», écrivit-il dans une note pressante à Daladier.

A Paris, Daladier lui-même attendait impatiemment la requête belge officielle. Sa frustration grandissait au fil des heures. Au début de l'après-midi, il convoqua l'ambassadeur de Belgique à Paris, Le Tellier, et lui dit que l'armée française était prête à entrer en Belgique dans les six heures suivant l'invitation qui, s'il avait bien compris, serait lancée ausitôt que les garanties demandées auraient été accordées. Le Tellier, stupéfait, répondit qu'il ne savait rien des garanties demandées par son gouvernement.

L'Ambassadeur envoya immédiatement un câble codé à Spaak qui le reçut en pleine réunion au ministère des Affaires Etrangères. Il fut aussi abasourdi et intrigué que Le Tellier l'avait été. Après avoir lu le message à ses collègues, il se précipita à Laeken avec Pierlot et le général Denis pour consulter le Roi. A 18 heures, Spaak téléphona à Le Tellier qui lui dit que Daladier insistait pour avoir une réponse à 20 heures. A quoi Spaak répondit en présence de ses collègues: «Vous ne voudriez tout de même pas que nous décidions d'abandonner notre neutralité en trois minutes...» Pendant la réunion avec Léopold, qui dura plus de quatre-vingt-dix minutes, les ministres soutinrent le Roi dans son refus d'accéder à la demande de Daladier de laisser les Alliés pénétrer en Belgique. Après avoir téléphoné la nouvelle à Le Tellier, Spaak revint en hâte à Bruxelles pour obtenir l'approbation complète du Cabinet.

A 20 h 50, à Paris, Daladier mit Gamelin au courant du refus des Belges reçu au téléphone. Ses paroles révélaient le pénible malentendu qui s'était développé à partir des propos tenus par Léopold à Keyes le 13 janvier. «Le gouvernement belge, dit Daladier indigné, a repoussé les propositions du Roi. Il ne croit pas pouvoir prendre la responsabilité de laisser les troupes alliées entrer en Belgique!» Gamelin irrité répondit qu'à son avis, la Belgique avait une fois de plus «failli au destin». Mais les troupes alliées n'auraient pu entrer en Belgique de manière coordonnée, même si les Belges les avaient invitées car il fallut attendre le jour suivant, le 16, pour que le Cabinet britannique consente enfin à ce que le Corps Expéditionnaire pénètre en Belgique avec les Français.

Les ministres britanniques s'étaient comme d'habitude retirés dans leurs maisons de campagne pour y passer le week-end en dépit de la gravité de la crise, et lorsqu'Ironside téléphona d'urgence aux Chequers le dimanche 14, Chamberlain était «trop fatigué» pour lui parler. Il fallut attendre 18 heures pour que se tienne une réunion du Cabinet au cours de laquelle ils reçurent un appel téléphonique de Gamelin «presque aphone de rage à l'idée que l'indécision du gouvernement britannique quant à un mouvement du Corps Expéditionnaire concerté avec l'armée française allait leur faire rater une grande occasion» [131]. La réunion se termina néanmoins sans que la décision fût prise. Il semble donc que la perspective d'une démarche qui pouvait s'avérer désastreuse les ait plongés dans le plus profond des doutes.

L'alerte s'évanouit aussi vite qu'elle était venue. Les armées alliées retournèrent à leurs positions défensives le 16. Le gros des formations allemandes demeura toutefois serré près de la frontière, paré pour le combat, sans les signaux avertisseurs que leurs mouvements massifs de novembre et de janvier avaient fournis aux armées adverses. Au travers d'un flot accru de représentations et d'explications entre Bruxelles, Paris et Londres, la tension se relâcha et la situation en revint à l'inconfortable calme antérieur. Mais cette crise de cinq jours devait cependant laisser parmi les Français un arrière-goût de rancune contre le roi Léopold pour la prétendue «volte-face» dont il avait fait preuve en refusant l'entrée immédiate des Alliés en Belgique après avoir soi-disant donné son accord ou même les y avoir invités.

A Londres et à Paris, les spéculations les plus variées fleurirent autour de cet épisode. Diverses théories furent confrontées, y compris l'hypothèse selon laquelle le Roi des Belges et son gouvernement avaient invité les Alliés lorsque l'invasion était imminente et qu'ils avaient changé d'avis lorsque la menace avait paru s'éloigner. Daladier lui-même ne cacha pas sa colère. Le 18, il protesta auprès de Le Tellier en affirmant que les Belges avaient non seulement alerté l'armée française sans raison sérieuse mais aussi qu'en l'empêchant d'entrer en Belgique, ils avaient bouleversé le plan de l'état-major général français. Comme preuve de ses griefs, il invoqua le message téléphonique de Keyes à Churchill, le 14, dont la mauvaise interprétation avait déclenché toute la crise.

L'approche secrète du Cabinet britannique entreprise par Léopold avait donc mal tourné. Mais rien n'avait pu infléchir la détermination du Roi et de son gouvernement de demeurer fidèles à leur politique de neutralité. Ils se sentirent donc tenus de continuer à refuser des conversations ouvertes d'états-majors avec la Grande-Bretagne et la France et surtout d'écarter toute éventualité d'inviter les Alliés à pénétrer en Belgique avant une attaque allemande. Il s'ensuivit qu'ils refusèrent unanimement une seconde proposition britannique de garantie, un peu modifiée mais fondamentalement identique à la première, et que Keyes soumit le 17 au Roi, à Laeken. A cette occasion, Léopold mit l'Amiral en garde: «L'essentiel est de ne pas partir du mauvais pied. Rappelez-vous».

La démarche de Daladier auprès de l'ambassadeur de Belgique à Paris, effectuée le 15 sur base de la supposition que le Roi avait invité les alliés à entrer en Belgique, avait éclaté comme une bombe parmi les membres du Cabinet belge, et même après que la vérité eut été rétablie, le sentiment persista que Léopold avait négocié avec le gouvernement britannique à leur insu. Cela «plaça le Roi dans une position délicate vis-à-vis de son gouvernement», comme le constata Sir Roger. Le Roi était évidemment contrarié par le tour des événements et il convoqua tout de suite Spaak à Laeken. Après lui avoir fait une relation complète de ce qui s'était passé, Léopold demanda l'avis de Spaak quant à la meilleure façon selon lui de sortir de cette situation. Spaak assura loyalement le Roi qu'il pouvait compter sur lui pour éclairer et tranquilliser ses collègues, et il était manifestement décidé à le faire. Pour étayer vis-à-vis du gouvernement la crédibilité de toute l'affaire, il suggéra que le Roi obtienne de l'amiral Keyes un rapport écrit et explicite. L'Amiral s'exécuta et remit un rapport détaillé de tout ce qui avait été fait et dit le 14 et le 15 «pour le cas où, comme il l'écrivit, la question serait rediscutée par un futur gouvernement (belge) moins bien disposé que l'actuel à l'égard du Roi».

Léopold était particulièrement contrarié parce que cette dangereuse crise avait été directement causée par une fuite en provenance des Britanniques au sujet de ses contacts avec Londres. Il se demandait comment cela avait été possible. L'amiral se justifia de son mieux dans une lettre personnelle qui accompagnait son rapport: «Il semble que quand M. Chamberlain eût reçu mon message téléphonique (le 14 janvier), l'ambassadeur de France ici fut consulté... Je dois avouer que j'ai été très irrité quand j'ai eu connaissance de cela...» Il est clair que la promesse d'Ironside de conserver le secret absolu avait été oubliée ou ignorée par les ministres britanniques, tout à leur soudaine excitation après que Churchill leur eut rapporté de manière erronée la conversation téléphonique qu'il avait eue avec Keyes. La colère du Roi n'en fut pas pour autant apaisée lorsqu'il apprit cette bavure des Britanniques, qui avait bien failli, d'un cheveu, provoquer un écrasant assaut militaire et aérien contre la Belgique.

Par la suite, Lord Halifax pria à son tour Sir Roger de lui faire un rapport au Foreign Office. Lors de plusieurs entretiens les 21 et 22, le ministre des Affaires Etrangères soumit Keyes à un interrogatoire serré. Il voulait notamment savoir si le Roi, en demandant au gouvernement britannique les trois engagements communiqués par Sir Roger à Winston Churchill, pensait réellement inviter les troupes françaises et britanniques à entrer en Belgique *avant* l'invasion effective de son pays. Il montra alors à Keyes le texte du message transmis par Churchill au Ministère de la Guerre le 14 janvier, dont le dernier paragraphe disait: «Si ces conditions étaient garanties, Sir Roger pense que le Roi sera en mesure de convaincre ses ministres de laisser les troupes françaises et britanniques pénétrer tout de suite en Belgique».

Keyes concentra ses souvenirs sur la soirée pleine de tension du 13 janvier quand la Belgique avait paru au bord de l'invasion et que le Roi, inquiet et soucieux, avait écrit de sa propre main les trois garanties suggérées. Il pensait que les motivations de Léopold avaient été les mêmes que celles de son père. Il demandait à l'avance les garanties qui avaient été accordées par les alliés pendant la Grande Guerre pour la restauration de la Belgique, laquelle semblait une fois de plus exposée à la destruction pour avoir respecté la promesse réciproque de résister de toutes ses forces à une attaque allemande. Il était persuadé, dit-il, que le roi Léopold n'avait pas songé à convaincre son gouvernement d'inviter les troupes alliées en Belgique *avant* une invasion allemande, en échange d'une réponse favorable des Britanniques. Le Roi avait peut-être eu le sentiment que s'il obtenait les garanties, cela disposerait plus facilement ses ministres à appeler tout de suite les Alliés à la rescousse en cas d'invasion.

Sir Roger dut toutefois reconnaître devant Lord Halifax que le message, tel qu'il avait été communiqué au War Cabinet, prêtait à malentendu. Keyes rappela cependant au ministre des Affaires Etrangères à quel point la situation était à ce moment critique: les plans capturés en possession des Belges, les grandes forces allemandes massées le long de la frontière, et l'information digne de foi que le Roi avait reçue de Berlin selon laquelle la Belgique serait attaquée le lendemain. C'était ces faits, souligna l'Amiral, qui l'avaient incité à exprimer l'opinion purement personnelle que la Belgique *pourrait* lancer un appel à l'aide immédiat, si les trois garanties étaient accordées.

Lord Halifax connaissait maintenant le fin mot de l'affaire: il n'avait jamais été question que le Roi invite les Alliés en Belgique immédiatement. Mais le ministre ne trouva pas opportun d'expliquer à l'Amiral comment et pourquoi la version dénaturée de la conversation de Keyes avec Churchill avait été transmise aux Français, malgré la promesse d'Ironside de tenir ces informations secrètes.

Compte tenu de la confusion suscitée par cette affaire, l'Amiral dit à Halifax qu'il lui semblait préférable d'attendre une nouvelle invitation du Roi avant de retourner en Belgique. Halifax acquiesca et durant tout le reste de la drôle de guerre, Léopold ne revit pas Sir Roger, la liaison militaire anglo-belge restant maintenue par l'intermédiaire du colonel Blake.

Chapitre XII

Violations de neutralité

> Echec à Trondheim! Impasse à Narvik! Tels furent, la première semaine de mai, les seuls résultats que nous pûmes montrer à la nation britannique, à nos alliés et au monde neutre...
>
> Winston CHURCHILL,
> *The Second World War*, Vol. 1

Le 30 novembre 1939, les Russes, cherchant à exploiter les «sphères d'influence» que le Pacte germano-soviétique leur avait attribuées dans la Baltique, bombardèrent Helsinki et lancèrent une rude attaque à la frontière finlandaise, mais cette fois, les victimes répliquèrent si tenacement que l'armée rouge fut stoppée sur sa lancée.

L'agression russe contre une quatrième nation neutre suscita l'indignation du monde et fut dénoncée de façon retentissante par Churchill. Son éloge de la courageuse résistance finnoise était parfaitement justifié mais sous l'éloquence churchillienne perçaient les accents d'un intérêt manifestement personnel. «J'ai accueilli ce vent nouveau et favorable, écrivit-il, comme un moyen d'obtenir cet avantage stratégique majeur que représentait la possibilité de couper l'Allemagne de son approvisionnement en minerai de fer» [132]. En fait, les dirigeants britanniques comme d'ailleurs français, virent dans la guerre russo-finlandaise une occasion de s'assurer le contrôle du port libre de glaces de Narvik (d'où partait l'approvisionnement de minerai, vital pour l'Allemagne, acheminé par le sanctuaire des eaux territoriales norvégiennes) et des mines de fer suédoises de Gällivare, de même que du chemin de fer qui les reliait, sous le prétexte d'envoyer à la Finlande une aide militaire de «volontaires».

Les Alliés comme les Allemands avaient, chacun de leur côté, déjà commencé à mettre au point des plans qui violeraient la neutralité de la Norvège et permettraient d'occuper son territoire. La première étape en fut franchie par Churchill le 19 septembre 1939 lorsqu'il convainquit le Cabinet d'accepter son plan visant à stopper le trafic du minerai «par le minage des eaux territoriales norvégiennes». C'est ainsi que le 5 février 1940, au Conseil de Guerre Suprême des Alliés qui se réunit à Paris et auquel assistèrent Chamberlain et Churchill, il fut décidé de débarquer à Narvik une force franco-britannique «camouflée en volontaires», soi-disant pour aider la Finlande, mais en réalité pour «prendre le contrôle du gisement de Gällivare». Quelques jours plus tard, Daladier insista pour que l'incident de l'«Altmark» * serve de prétexte à une «prise immédiate des ports norvégiens, par une attaque surprise». Le mois précédent, Gamelin avait soumis à Daladier des plans pour le débarquement d'une force alliée à Petsamo dans le nord de la Finlande et pour «la prise des ports et champs d'aviation de la côte ouest de la Norvège». Il affirma par la suite que l'un de ses buts avait été «d'attirer l'ennemi dans un piège en le forçant à débarquer en Norvège».

Lors des réunions du Cabinet de Guerre britannique du début mars, il fut décidé de débarquer une force à Narvik qui emprunterait la ligne de chemin de fer pour occuper les gisements de fer suédois le 20 de ce mois, tandis que seul un petit contingent se dirigerait vers la Finlande. Le 13 mars toutefois, le gouvernement finlandais, fatigué des promesses non tenues d'une assistance militaire alliée, signa un armistice avec les Russes, évitant ainsi aux Alliés la folie de partir en guerre contre la Russie mais les privant aussi de leur prétexte pour envahir la Norvège et la Suède.

A propos de la proposition antérieurement faite par Churchill de lancer «une grande opération offensive» destinée à inciter les Allemands à envahir la Scandinavie, Liddell Hart écrit: «Il ne tenait aucun compte des souffrances qu'auraient eu à endurer les populations scandinaves si leurs pays avaient été ainsi transformés en champs de bataille» [133], remarque qui s'appliquerait tout aussi bien aux initiatives prises par Churchill et d'autres responsables alliés pour envahir ou inciter les Allemands à envahir la Belgique et la Hollande. C'était exactement ce que Gamelin proposait à présent, puisque aussi bien le Commandant en Chef français était passé de sa politique de prudence extrême à une attitude inverse de bravade sous l'impulsion de Daladier, lui-même soumis à des pressions politiques pour «entamer les hostilités». C'est pourquoi Gamelin envoya en mars à Daladier un memorandum disant que le problème était d'«obliger la Wehrmacht à

* N.d.T.: L'*Altmark* ravitaillait le croiseur allemand *Graf von Spee*. Il constituait également une prison flottante pour les équipages des bâtiments de commerce britanniques coulés. L'*Altmark* s'était réfugié dans le fjord de Jössing, en Norvège. Sur l'ordre de Churchill, le destroyer *Cossack* prit le navire allemand à l'abordage dans la soirée du 16 fevrier 1940 et libéra 299 prisonniers.

se battre», l'une de ses suggestions pour atteindre ce but étant d'«inciter l'Allemagne à brusquer les choses et à envahir les Pays-Bas et la Belgique» par le renforcement du blocus et d'autres moyens. Le long memorandum de Gamelin répondait à une directive de Daladier qui lui avait ordonné de préparer des plans pour attaquer la Russie, de même que l'Allemagne, mais en maintenant toutes les opérations militaires aussi loin que possible du territoire français.

D'une manière tout à fait surprenante, compte tenu de la grande infériorité de la France sur le plan de la puissance militaire et aérienne, l'état-major général de Gamelin proposait maintenant, en plus des opérations destinées à provoquer des réactions allemandes en Scandinavie et aux Pays-Bas, une série d'opérations aussi vastes que téméraires pour «asphyxier» l'Allemagne. Celles-ci comprenaient le bombardement des champs pétrolifères et des raffineries de Russie et de Roumanie, la pénétration du Caucase, le blocus du Danube et de la Mer Noire, des débarquements à Salonique pour occuper la Grèce et même une intervention en Perse et en Afghanistan. Mais, le 21 mars, l'ironie voulut qu'au moment où Daladier étudiait les plans de Gamelin, son gouvernement fut renversé, en raison principalement du blâme qu'il encourait de la part des parlementaires non seulement pour son inaction envers l'Allemagne mais aussi pour l'absence de toute initiative du genre de celle que proposait l'état-major général contre la Russie et d'autres non-belligérants.

A Daladier succéda le pugnace Paul Reynaud, avide d'action en vue de tenir ses promesses de «susciter, rassembler, diriger toutes les énergies françaises pour combattre et pour vaincre». Mais Reynaud n'était arrivé au pouvoir qu'avec une majorité d'une seule voix et cela, si l'on en croit les mémoires de de Gaulle, était considéré comme suspect par le président de la Chambre. Le gouvernement de Reynaud fut salué, comme il le rapporte lui-même, «sans chaleur, sinon avec hostilité, par une partie du centre, la droite et la gauche», tandis que ses amis comme ses ennemis l'adjuraient de démissionner plutôt que de diriger la France avec un mandat si contestable. Mais comme le dit l'ami de Reynaud, Paul Baudouin, son «tempérament de lutteur et son désir de garder le pouvoir l'avaient emporté» [134].

Le premier acte de Reynaud fut de s'envoler à Londres pour demander aux dirigeants britanniques de mener la guerre de manière plus énergique et, notamment, d'agir rapidement et sans pitié à propos de la Norvège et de la Belgique. Mais l'opération scandinave des Alliés fut malheureusement reportée au 8 avril, trop tard pour devancer l'invasion allemande de la Norvège et du Danemark qui eut lieu le jour suivant.

Ainsi, le 8 avril, alors que la force britannique de débarquement, avec ses malheureux cinq bataillons et son unique brigade, était embarquée en cargos et en croiseurs pour s'emparer des quatre plus grands ports norvégiens (aucun soutien aérien n'était prévu) et qu'une escadre navale britannique était en route pour miner les eaux norvégiennes, la flotte d'invasion allemande faisait route vers les côtes norvégiennes. Dès que sa présence fut détectée, les troupes britanniques furent remises à terre * à toute allure et les croiseurs s'éloignèrent de Rosyth avec tout leur matériel. Ce n'était là que la première d'une longue série de maladresses qui anéantirent toutes chances de battre et de chasser les Allemands, en dépit de l'immense supériorité de la puissance navale britannique. C'est Nelson qui a dit: «Les mesures les plus audacieuses sont les plus sensées», mais au cours de leur campagne scandinave, ce furent les Allemands qui appliquèrent ce principe avec le maximum de succès tandis que l'amirauté britannique demeurait empêtrée dans l'indécision et un état d'esprit purement défensif, malheureusement imputables au sacro-saint principe «Sécurité d'abord» qui prédominait à l'école des amiraux [135].

A la tombée de la nuit du 9 avril, la totalité du Danemark et les principaux ports et champs d'aviation norvégiens étaient aux mains des Allemands. Le 10, Churchill écrivit à Sir Dudley Pound, Premier Lord de l'Amirauté: «Nous avons été complètement dépassés», ce qui ne l'empêcha pas le lendemain, de s'exprimer ainsi à la Chambre des Communes:

> A mon avis, que partagent les plus compétents de mes conseillers, Herr Hitler a commis une grave erreur stratégique... Je ne vois pas le moindre avantage qu'il a pu gagner... J'ai le sentiment que nous sommes grandement avantagés par... la bévue stratégique que nous avons fait commettre à notre ennemi mortel.

Bien qu'il n'entre pas dans le cadre de cet ouvrage de suivre tout le cours désastreux de la campagne de Scandinavie, les conséquences de l'invasion hitlérienne de la Norvège et du Danemark furent telles qu'elles atteignirent également le Roi des Belges et son peuple. Il est clair, par exemple, d'après l'analyse qu'en fit von Hassell dans ses carnets, que si seulement les Britanniques avaient utilisé leur écrasante puissance maritime pour mettre l'armada allemande en fuite, comme von Hassel et ses compagnons de l'opposition l'espéraient, l'humiliation infligée à Hitler lui aurait fait regarder à deux fois avant de lancer son attaque à l'ouest et aurait même pu précipiter sa chute. von Hassell

* N.d.T. Des bataillons britanniques avaient été chargés à bord de bâtiments de transport et de guerre, dans l'idée de les débarquer en Norvège. A la nouvelle que la *Kriegsmarine* avait pris la mer, l'Amirauté britannique opta pour une grande bataille navale. Du coup, elle remit à terre — dans un énorme désordre — les unités déjà embarquées sur les croiseurs. Ces formations ne quittèrent l'Ecosse que plusieurs jours plus tard, après avoir dû rembarquer sur d'autres navires.

estime également que les velléités guerrières de Mussolini se seraient fort dégonflées si les choses avaient mal tourné pour Hitler en Norvège, ce qui n'aurait pas manqué de se produire si l'amirauté britannique avait agi dans la tradition de Nelson, ou encore si les avertissements concernant les détails, la durée et la date de l'opération «Weseruebung» fournis bien à temps par le colonel Oster au major Sas et par conséquent au chef des services secrets hollandais avaient été transmis par ce dernier à la Grande-Bretagne, la France, la Norvège et le Danemark, comme l'avait demandé Oster.

Oster avait pris la douloureuse décision de prévenir les futures victimes d'Hitler ainsi que les Alliés via Sas, et de mettre par conséquent la vie de nombreux soldats allemands en danger parce que lui et ses compagnons de l'opposition, croyaient que la complète déconfiture d'Hitler dans son pari scandinave l'empêcherait au moins de commettre d'autres actes d'agression, et aussi qu'elle accroîtrait leurs chances de le renverser. Mais lorsque, conséquence directe de la riposte tardive et inadéquate des dirigeants alliés à la Weseruebung, la hardiesse d'Hitler se révéla payante et que son aventure fut couronnée de succès, les généraux qui, comme l'opposition anti-nazie, n'épousaient pas ses vues, perdirent tout espoir de l'arrêter et l'attaque contre la Belgique, la Hollande et la France devint inéluctable.

Il est un autre aspect de l'aventure scandinave d'Hitler dont l'incidence fut importante sur l'avenir du roi Léopold et de son peuple: la conduite et le sort des deux victimes royales de l'agression, le roi Haakon de Norvège et le roi Christian du Danemark. Dans les deux cas, Hitler envisagea de faire prisonniers les monarques et leurs gouvernements et de leur permettre de rester au pouvoir sous une légère surveillance (ce qui, dans le cas de Christian, réussit). Dans ses mémoires, von Weizsäcker explique comment Hitler imposa différents systèmes d'autorité dans les pays conquis, en fonction de la situation qu'il y trouva au moment de leur conquête. La méthode variait selon que les dirigeants et leur administration avaient fui ou non et allait du régime bestial sous l'autorité de Gauleiters SS, régime qu'il imposa aux Polonais, aux Norvégiens et aux Hollandais privés de leurs chefs, à la férule plus légère que connurent la Belgique, le Danemark, la France et les îles anglo-normandes dont tous ou une partie des dirigeants étaient demeurés sur le sol natal.

Dans le cas du Danemark, le ministère allemand des Affaires Etrangères et la Wehrmacht furent autorisés à arranger les choses sans les SS d'Himmler, de sorte que les Danois, comme le dit von Weizsäcker, «réussirent à préserver presque intégralement la souveraineté de leur pays... et jouirent de plus de liberté que tout autre pays occupé par Hitler». Le 9 avril à 4 heures, le ministre allemand, von Renthe-Fink, convoqua le ministre danois des Affaires Etrangères, le docteur Munch, et l'informa que l'Allemagne «venait en amie pour prévenir une attaque imminente des Britanniques contre la Norvège et le Danemark» et que si les exigences allemandes n'étaient pas acceptées tout de suite, «les conséquences seraient désastreuses pour le Danemark».

A 5 h 30, l'occupation quasiment sans effusion de sang du Danemark débuta et peu après 7 heures, le roi Christian et son gouvernement capitulèrent. Le Roi reçut alors Renthe-Fink et le général Kurt Himer qui décrivit ainsi la scène:

> Le Roi âgé de soixante-dix ans apparut intérieurement brisé, bien qu'il préservât parfaitement les apparences et demeurât d'une absolue dignité durant l'audience. Son corps tout entier tremblait. Il déclara que son gouvernement et lui feraient le maximum pour maintenir la paix et l'ordre dans le pays et pour supprimer toute friction entre les troupes allemandes et la population. Il souhaitait épargner à son pays le malheur et la misère. Le général Himer répondit qu'il regrettait personnellement beaucoup de se présenter devant le Roi dans le cadre d'une telle mission, mais qu'il ne faisait que son devoir de soldat. C'était le malheur du Danemark d'être situé entre deux grandes puissances en guerre... L'Allemagne désirait empêcher l'Angleterre de plonger le pays dans la guerre et la dévastation. Nous venions en amis...

La position danoise fut très bien décrite par le vieil homme d'Etat danois Christmas Mølle:

> Il n'y a ni document de capitulation, ni accord écrit avec l'Allemagne. Le Danemark choisit de déposer les armes devant les menaces allemandes de détruire ses villes. Le ministre allemand, au nom du gouvernement du Reich, et le Commandant en Chef, au nom de la Wehrmacht, promirent solennellement de respecter notre liberté intérieure. Ils promirent également que notre pays ne servirait pas de base pour attaquer la Grande-Bretagne, que nous récupérerions notre indépendance politique et que notre intégrité territoriale serait respectée...
>
> En décidant de ne pas se défendre, le Danemark acquit une situation particulière au sein des pays envahis et asservis par l'Allemagne. Je voudrais que vous compreniez que la voie adoptée le 9 avril 1940 permit au Danemark de garder son Roi, son gouvernement et son Parlement, de sorte que l'administration interne resta exclusivement aux mains des Danois...

Comme les Allemands parvinrent à s'assurer la collaboration du Roi et de son gouvernement socialiste, leur occupation du Danemark ne fut guère très pesante jusqu'à ce que, plus tard au cours de la guerre, une lettre «laconique» envoyée par le roi Christian à Hitler et qui fut considérée par ce dernier comme un outrage, entraîna un changement de politique.

La situation du Danemark fut analogue à celle des îles anglo-normandes, pareillement vulnérables, après que ces dernières se furent rendues aux Allemands le 30 juin 1940, sur l'ordre du gouvernement.

Ici aussi, les Allemands imposèrent un régime modéré sous l'autorité d'un gouverneur militaire correct, le comte von Schemettow, qui demeura à son poste jusqu'en 1945; il fut alors écarté parce que les Nazis s'étaient plaints de le voir «trop magnanime avec les insulaires». (Il survécut, en dépit du vif mécontentement de la Gestapo, grâce à la protection de son oncle, le général von Rundstedt). L'Attorney général de Guernesey, le major Ambrose Sherwill, donna aux insulaires le conseil suivant:

> Nous sommes, souvenons-nous en, sous l'occupation ennemie et traités avec considération. Tant que nous nous abstenons de tout comportement provocateur et vaquons calmement à nos tâches, il n'y a aucune raison de craindre quoi que ce soit. Que cette occupation soit un modèle pour le monde. D'un côté, tolérance, courtoisie et correction de la part des forces d'occupation; de l'autre, dignité, courtoisie et comportement exemplaire de la population civile. La conformité — la plus stricte conformité — aux ordres et aux règlements édictés par le Commandant allemand et les autorités civiles.

Il s'ensuivit que les insulaires bénéficièrent d'une existence relativement facile, avec des «bobbies» britanniques exécutant les ordres allemands et des facteurs ramassant le courrier dans les traditionnelles boîtes aux lettres rouges. Et, d'après les comptes rendus de la presse anglaise, von Schemettow reçut un «accueil amical» des insulaires losqu'il revint en touriste à Jersey en 1963, et fut «chaleureusement salué par la population de l'île qui se souvenait de lui comme d'un homme amical et humain».

Entre-temps à Oslo, le 19 avril, un peu avant 5 heures, le ministre d'Allemagne, le docteur Curt Braeuer, présentait l'ultimatum allemand au ministre des Affaires Etrangères norvégien, le docteur Koht. Après avoir brièvement consulté le Cabinet, Koht refusa de se rendre et déclara: «La guerre a déjà commencé». En effet, au même moment, on pouvait entendre les déflagrations des canons des forteresses qui gardaient le fjord d'Oslo, à 25 km de la capitale, arrêtant l'escadre d'invasion allemande.

Le croiseur de guerre «Blücher», maintenant en train de flamber et de sombrer, n'était pas seulement le porte-drapeau de la flotte, mais il transportait son commandant militaire, le général Engelbrech, son état-major et de nombreuses troupes avec leurs véhicules et leur équipement. La capitale bénéficia ainsi de quelques heures de répit et aux environs de 7 h 30, la famille royale et le gouvernement, qui autrement auraient certainement été faits prisonniers, s'échappèrent en train vers Hamar, à 110 km au nord. Braeuer lança alors un appel au gouvernement norvégien pour entamer des négociations de paix avec la garantie que l'intégrité politique et territoriale de la Norvège serait respectée, ce que le Parlement accepta. Au même moment, deux compagnies de parachutistes allemands sous le commandement de l'attaché de l'air, Hauptmann Spiller, prirent la route dans des bus réquisitionnés espérant encercler le Roi et son gouvernement. Mais ils furent repoussés devant une barricade érigée par les Norvégiens sur la route et leur chef fut tué.

En dépit de cet épisode, le roi Haakon et le docteur Koht reçurent le docteur Braeuer à Elverum le 10 avril et il n'est pas douteux qu'un accord serait intervenu, laissant leur pouvoir au Roi et au gouvernement, comme au Danemark, si Hitler n'avait pas insisté, contre l'avis de Braeuer pour que le Major Quisling, un traître qui s'était déjà emparé du micro d'Oslo clamant qu'il était le nouveau chef du gouvernement et annulant la mobilisation norvégienne, soit reconnu comme tel. C'était évidemment totalement inacceptable et les négociations firent long feu. Le Roi prit donc la tête de ses troupes et se replia en combattant vers le nord.

Le 20 juin, peu après son arrivée à Londres en compagnie du roi Haakon, le docteur Koht adressa un message radiodiffusé aux Norvégiens, à présent sous la botte nazie, afin de leur expliquer pourquoi leur Roi et leur gouvernement les avaient abandonnés à leur sort. Il leur raconta comment, après maintes aventures dangereuses, ils avaient entrepris une approche du gouvernement allemand, à la fin mai, par l'intermédiaire du gouvernement suédois, demandant que le Roi et le gouvernement soient autorisés à gouverner une zone inoccupée en Norvège, avec une «ligne de démarcation qui séparerait la partie du pays alors aux mains des Allemands de la partie nord que tenaient encore les Norvégiens» [136] (L'arrangement proposé était similaire à celui qui fut par la suite accordé à la France lors de l'armistice avec l'Allemagne).

Le Roi et le gouvernement ne désiraient évidemment pas déserter leur patrie et abandonner leur peuple, mais après que les Alliés eurent évacué la Norvège, et ne recevant des Allemands aucune réponse à leur démarche [137] ils se laissèrent convaincre de se laisser évacuer par le port de Tromsö, en même temps que quelques troupes norvégiennes, sur le croiseur «Devonshire». C'est ainsi qu'ils prirent à contre-cœur le chemin de l'Angleterre où ils installèrent leur gouvernement en exil. Pour les Norvégiens, les conséquences de l'absence de leur Roi furent qu'au lieu d'une légère surveillance de la Wehrmacht et du ministère des Affaires Etrangères, comme au Danemark, ou d'un gouvernement militaire modéré comme en Belgique et dans les îles anglo-normandes, ils souffrirent sous la botte de l'impitoyable Gauleiter SS, Joseph Terboven. Mais pire encore serait bientôt le sort de la Hollande où le répugnant Gauleiter Seyss-Inquart serra la vis après qu'Hitler eut trouvé le peuple hollandais sans maître, son gouvernement ayant fui et sa Reine ayant été évacuée en Angleterre contre sa volonté. Bien que ces deux monarques, à l'instar de Léopold, fussent persuadés que leur devoir était de rester auprès de leur peuple pour partager ses souffrances et user de leur influence sur Hitler pour le protéger contre les forces d'occupation, la propagande alliée passa sous silence le fait que ce fut contre leur gré qu'ils abandonnèrent à leur sort leur pays et leur peuple. La fuite en Angleterre fut au contraire présentée comme le seul comportement honorable pour les dirigeants des pays vaincus par Hitler. Paradoxalement toutefois, ni le roi Christian et son gouvernement socialiste ni les dirigeants des îles anglo-normandes ne furent jamais critiqués pour être restés à leur poste pendant l'occupation allemande.

Nous avons ici deux types distincts de comportement de la part de dirigeants de territoires envahis. Le premier, l'acceptation passive du fait accompli avec, pour conséquence, une administration laissée quasi intacte et une population appelée à souffrir très peu en dehors du désavantage moral constitué par une occupation étrangère. Le deuxième, la fuite, involontaire ou autre, avec de grands avantages matériels et de propagande en faveur des Britanniques, mais pour les populations abandonnées sans chefs et sans protection, des souffrances extrêmes sous le brutal régime des SS qu'Hitler imposait toujours en ces circonstances.

Le Roi des Belges incarna un troisième type de comportement tout à fait distinct des précédents, car il n'envisagea jamais de se soumettre aux Allemands, combattit à la tête de son armée jusqu'aux limites de la résistance, choisit alors de rester comme prisonnier au milieu de son peuple dans l'espoir — justifié par la tournure des événements — que sa conduite lui vaudrait le respect du conquérant et que sa présence pourrait contribuerait à adoucir les souffrances de la population et constituerait un point de ralliement pour l'honneur et la résistance de la nation. Une autre conséquence favorable de la décision de Léopold de rester en captivité en Belgique fut la nomination d'un gouverneur militaire correct et respectable, au lieu d'un Gauleiter. Par rapport au sort des Polonais, des Norvégiens et des Hollandais, ce fut un immense avantage pour le peuple belge.

Chapitre XIII

Un ultimatum pour la Belgique

> «Eu une discussion avec Halifax, Strang et Makins sur le document des chefs d'état-major concernant une entrée en Belgique sans l'accord des Belges et sans attendre l'attaque allemande. Assisté à la réunion du Cabinet de 11 h 30... Décidé de dire aux Belges que si la Hollande est attaquée et qu'ils ne font rien, nous entrerons néanmoins.»
>
> Carnets de Sir Alexander CADOGAN, 12 avril 1940.

> «On est à la formule que l'on enverrait, au moment de l'entrée des Allemands en Hollande, une sorte d'ultimatum à la Belgique.»
>
> Général GAMELIN, 15 avril 1940.

Le 27 mars 1940, sitôt nommé Premier Ministre, Paul Reynaud s'envola pour Londres afin d'adjurer le Conseil Suprême des Alliés «d'entamer les hostilités» et d'agir énergiquement à propos de la Norvège et de la Belgique. Mais il trouva les dirigeants politiques britanniques dépourvus de tout sentiment d'urgence, car ils avaient déjà remisé toute prétention à la protection de l'inviolabilité de ces deux pays et d'autres nations neutres. Quelques semaines plus tard, le 4 mai, Sir Alexander Cadogan écrirait dans ses carnets: «Conquête de l'Islande envisagée pour la semaine prochaine [138] (par coïncidence, la conquête de ce petit pays neutre par la Royal Navy et les fusiliers marins se déroula le 10 mai, jour de l'invasion allemande en Belgique, en Hollande et en France). Maintenant que l'ami de Churchill, le belliqueux Reynaud, dirigeait la France, les décisions prises à cette réunion ne surprendraient personne. Même Chamberlain, jusque là pacifique et moralement scrupuleux, était maintenant, selon les mots de Churchill, «très enclin à une action agressive» [139]. De fait, Chamberlain ouvrit la séance en soutenant vigoureusement les plans de Churchill et de Reynaud de violer la neutralité de la Norvège et de rompre le traité signé par les alliés en 1937 qui garantissait l'indépendance et l'intégrité de la Belgique.

Comme Churchill le raconte dans ses mémoires, il fut décidé à ce Conseil de déclencher l'opération norvégienne le 5 avril et que:

> ... si l'Allemagne envahissait la Belgique, les Alliés entreraient immédiatement dans ce pays sans attendre une invitation formelle; et que si l'Allemagne envahissait la Hollande et que la Belgique ne demandait pas leur assistance, les Alliés devraient se considérer comme libres de pénétrer en Belgique dans le but de venir en aide à la Hollande [140].

Indépendamment de l'indécence de cette décision, il est piquant de constater qu'au moment précis où les Allemands venaient de remanier complètement leur Plan Jaune, suite à la capture par les Belges de sa version antérieure, en vue d'attirer les armées françaises et britanniques le plus loin possible en Belgique et de faciliter ainsi leur encerclement par les panzers de von Rundstedt, les Alliés faisaient de leur mieux pour se précipiter dans le piège que les Allemands leur avaient tendu.

Le matin du 9 avril, quelques heures après que l'invasion allemande de la Norvège et du Danemark ait devancé les plans des Alliés de débarquer leurs propres forces, Reynaud présida une réunion du Conseil de Guerre français à Paris. Il fut unanimement décidé de saisir ce qu'ils considéraient comme un moment favorable pour entrer en Belgique. Gamelin annonça qu'il était «partisan de l'action en Belgique»: il croyait que l'éloignement de la Luftwaffe à l'œuvre en Norvège était d'une importance cruciale, et il se déclara, avec l'accord du général Georges, prêt à entreprendre l'opération. «Les malheureux!... écrit Benoist-Méchin, ils ignorent que c'est justement là ce que souhaite l'ennemi!... En somme, l'armée française, construite pour la guerre de position, veut s'engager, de son propre chef, dans une guerre de mouvement...» [141]. Lorsque les chefs de l'aviation française protestèrent contre la décision d'entrer en Belgique vu l'écrasante supériorité de l'aviation allemande, Gamelin leur dit qu'il était trop tard pour prendre ce fait en considération, les demandes formelles d'autorisation pour l'entrée des armées françaises et britanniques étant déjà envoyées au gouvernement belge. Le Conseil décida finalement que si la réponse belge était négative, les Alliés «éviteraient de provoquer la réaction des Allemands avant que notre force aérienne soit parée».

En 1942, au procès de Riom, de même que dans ses volumineux mémoires, Reynaud affirma qu'en Norvège, il n'avait fait qu'appliquer les plans de ses prédécesseurs et qu'il s'était opposé et à cette opération et à l'entrée des troupes alliées en Belgique, bien que Gamelin et les autres dirigeants politiques et militaires français eussent ensuite certifié qu'ils ne l'avaient jamais entendu parler ainsi à l'époque. «Au lieu de dire après-coup qu'il a désapprouvé ces opérations, écrit Benoist-Méchin, comme on préférerait qu'il s'y soit opposé sur le moment même!» «Pourquoi, demande Méchin, lui qui connaît mieux que quiconque l'étendue de notre impréparation, se lance-t-il à corps perdu dans ces aventures hasardeuses...?»

> «Son attitude provient de son tempérament impatient... Il s'est posé en homme énergique et décidé... Il a trop violemment flétri l'attentisme de Daladier pour ne pas prendre le contre-pied de son action temporisatrice. Il lui faut accélérer le rythme des événements et passer rapidement de la guerre froide à la guerre chaude s'il veut rester à la hauteur de sa réputation... Finie, la «drôle de guerre»... Il mènera la France au combat, quelles qu'en soient les conséquences... Pour se maintenir en selle et conserver le pouvoir qu'une majorité précaire a mis entre ses mains, il n'hésitera pas à jouer toute la vie du pays sur un seul coup de dés...» [142]

L'une des nombreuses personnalités qui mirent Reynaud en garde, lui disant qu'il serait désastreux d'essayer de gouverner la France et de mener une guerre énergique avec un gouvernement aussi divisé, aussi faible et aussi peu représentatif, fut Paul Baudouin qui devint — après avoir conseillé à Reynaud de démissionner — son confident comme secrétaire de son Cabinet de Guerre et Sous-secrétaire d'Etat. Baudouin demeura à ce poste clé jusqu'à ce que Reynaud transféra la fonction de Premier Ministre au maréchal Pétain le 16 juin 1940. Il fut alors ministre des Affaires Etrangères jusqu'en janvier 1941. La chronique des événements et les croquis de Reynaud que l'on trouve dans les *Carnets intimes* de Baudouin offrent donc un intérêt tout particulier. Après avoir décrit «l'acuité insolente de ses discours, son goût pour l'attaque solitaire, son dédain pour les habitudes parlementaires» et «son ambitieuse ardeur, qu'il payait d'un fréquent abandon à ses défauts», Baudouin met le doigt sur la raison «puissante, permanente» sous-tendant l'ascension de cet homme au sommet de la hiérarchie politique et sa volonté de s'accrocher au pouvoir. C'était la détermination de sa riche maîtresse, la comtesse Hélène de Portes, de «le voir accéder au premier rang». Baudouin décrit sans exagérer cette «femme impatiente, impulsive et insatisfaite» comme étant le «directeur de cabinet» [143]. Pierre Lazareff, le rédacteur en chef de *Paris Soir*, a donné un exemple de la manière dont la France était dirigée durant les dernières semaines de la Troisième République. A la fin d'avril, Lazareff voulut voir Reynaud pour une affaire urgente et il lui téléphona pour obtenir un rendez-vous, mais ce fut la comtesse qui décrocha. Elle lui dit que Reynaud était au lit avec la grippe. «*Nous* sommes débordés, mon cher, me dit-elle. Mais venez tout de même». Lazareff décrit ainsi son arrivée:

> «Je trouvai Hélène de Portes assise derrière la table de travail de Paul Reynaud. Elle tenait conseil, entourée de généraux, d'officiers supérieurs,

de parlementaires et de fonctionnaires. Elle parlait beaucoup et très vite sur un ton péremptoire, donnant des conseils, des ordres...»

Quand Lazareff demanda s'il pouvait voir le Premier Ministre seul à seul, la comtesse répondit: «Non, le Président est légèrement souffrant et j'essaie de le remplacer de mon mieux». Un instant plus tard, elle quitta la pièce pour conférer avec Reynaud. Dès que la porte fut fermée, se rappelle Lazareff, tout le monde se mit à la maudire pour ses prétentions à vouloir diriger le gouvernement. Ils lui en voulaient, à elle et à la marquise de Crussol — la maîtresse tout aussi dominatrice et mêle-tout de Daladier avec qui la comtesse était à couteaux tirés — parce que les deux principaux ministres de France (Daladier était devenu ministre de la Défense dans le cabinet de Reynaud) étaient depuis visiblement brouillés. La comtesse étant toujours absente de la chambre du conseil, l'un des officiels décrivit comment ces deux rivales, riches et titrées, «en étaient presque venues aux mains» [144].

Ainsi, les dernières semaines qui précédèrent le Blitzkrieg et l'effondrement de la France, le destin de ce pays était entre les mains de Reynaud et de sa bête noire, Daladier, qui — comme Georges Mandel, le ministre de l'Intérieur, le raconta par la suite au général Spears — était «excité» à s'opposer à son Premier Ministre «par cette femme infernale qui poursuit sa querelle de sorcière avec Madame de Portes par dessus le cadavre de la France». Spears ajoute ce commentaire:

> Le fossé qui séparait Reynaud et Daladier s'élargissait visiblement, ce dernier ne tenant même pas l'autre au courant des événements militaires. Reynaud, nous disait-on, en était réduit à s'informer sur la guerre en lisant les communiqués. La marquise qui soutenait l'un et la comtesse qui soutenait l'autre vivaient de grands moments, toutes griffes dehors et se croyant tout permis. De son côté, Reynaud était manifestement déterminé à se débarrasser de Gamelin et se préparait à affronter la crise ministérielle qui s'ensuivrait inévitablement [145].

L'après-midi du 9 avril, suite à leur décision d'envahir la Belgique par la force s'ils n'y étaient pas invités, Reynaud et Daladier, accompagnés de l'amiral Darlan, le chef de la marine française, s'envolèrent pour Londres afin d'assister à une réunion du Conseil de Guerre Suprême. Le Conseil ratifia les décisions du matin et envoya immédiatement des instructions aux ambassadeurs de Grande-Bretagne et de France à Bruxelles, de même qu'à Hautcoeur, pour qu'ils demandent une nouvelle fois l'autorisation pour les armées alliées d'entrer tout de suite en Belgique.

Dans ses mémoires, Gamelin décrit une autre décision prise à ce Conseil «par nos deux gouvernements...: qu'on prépare un ultimatum à la Belgique et qu'on le remette à nos ambassadeurs à Bruxelles pour le cas où». Le 14 avril, le général Georges écrivit à Gamelin: «Est-il possible de conclure que, dès qu'il aura connaissance de l'invasion de la Hollande, le général commandant en chef sur le front du Nord-Est sera habilité ipso facto pour donner l'ordre aux forces franco-britanniques de pénétrer en Belgique?» Gamelin répondit: «On en est à la formule que l'on enverrait, au moment de l'entrée des Allemands en Hollande, une sorte d'ultimatum à la Belgique. Mais il ne donnerait à celle-ci qu'un temps très réduit pour la réponse.» [146] Bien que Gamelin n'ait eu aucun scrupule à «inciter» les Allemands à envahir la Norvège et la Belgique, il semble avoir été troublé par la perspective de devoir ordonner aux armées alliées d'envahir ce dernier pays car il dépêcha immédiatement un avertissement confidentiel au ministre belge de la Défense, le général Denis. C'était un geste honorable, mais il ne fit que confirmer les soupçons que les Belges nourrissaient déjà au sujet de l'attitude pleine de convoitise de la France vis-à-vis de leur territoire. Denis répondit que si la Hollande était envahie, la Belgique inviterait certainement les Alliés à entrer.

Il s'ensuivit que jusqu'au moment où les Alliés décidèrent, quelques jours plus tard, de se dispenser de leur ultimatum et d'entrer en Belgique sans avertissement ou discussion, les ambassadeurs de Grande-Bretagne et de France se promenaient avec une sorte de bombe à retardement à délai très réduit. Pendant ce temps, conformément à la directive du Conseil des Alliés, les représentants diplomatiques français et britanniques à Bruxelles réveillèrent Spaak juste après minuit, le 10 avril et, après l'avoir informé qu'une attaque contre la Belgique était imminente, probablement pour dans les tout prochains jours, et que des cartes de la Belgique et de la Hollande avaient été distribuées aux troupes cantonnées à la frontière belge, ils demandèrent que les forces franco-britanniques soient autorisées à entrer immédiatement en Belgique.

A 10 h 30, Spaak convoqua une réunion ministérielle. Le rejet unanime de la demande des Alliés fut confirmé par le Cabinet au complet à 11 heures et ratifié par le Roi. Il est à noter que ce fut le Cabinet, non le Roi, qui se prononça en premier lieu pour le rejet. Comme une fuite s'était produite, la radio belge diffusa un communiqué à 13 heures «Le gouvernement a été une fois de plus unanime dans sa volonté de persévérer fermement dans la politique d'indépendance et de neutralité qu'il a suivie depuis le début du conflit européen» [147]. Il n'y a pas dans ces mots la plus petite allusion à une politique personnelle du Roi.

Le refus du gouvernement belge suscita la fureur de Churchill et de Reynaud et les indisposa, par la suite, envers ce pays et son Roi. Comme le relève Paul Baudouin dans son livre, Reynaud aurait particulièrement bien accueilli un coup aussi spectaculaire pour consolider son ministère chancelant. Il en résulta la décision des dirigeants alliés prise lors de leur réunion du Conseil Suprême du 22 avril (ainsi que le rapporte avec une certaine satisfaction Churchill dans ses mémoires), que «les armées alliées doivent tout de suite entrer en Belgique, sans approcher davantage le gouvernement belge» — et donc sans remettre l'ultimatum qui avait été préparé — «dans le cas où l'Allemagne envahirait la Hollande» [148]. A ce propos, Brian Bond fait le commentaire suivant:

> Ainsi les frustrations de la drôle de guerre, l'échec humiliant de Norvège et la répugnance des petites nations à se proposer comme champs de bataille incitèrent les Alliés à adopter une politique hautement contestable envers la Belgique. Encore que le résultat final ait été suffisamment mauvais, ce fut une grâce en quelque sorte qu'Hitler ait attaqué la Hollande et la Belgique en même temps car l'on aurait autrement assisté au peu reluisant spectacle d'alliés prenant d'assaut un petit pays neutre pour s'en aller porter secours à un autre [149].

Winston Churchill avait dévoilé sa position vis-à-vis des petites nations neutres qui résistaient aux tentatives des Alliés de les impliquer dans les hostilités, lors d'une allocution radiodiffusée, trois semaines auparavant, où il fit allusion aux pays neutres «terrifiés» et «assis sur leurs barricades». «Ils s'inclinent humblement par peur des menaces de violence de l'Allemagne, tout en se réconfortant à la pensée que les Alliés vaincront... Chacun d'eux espère que s'il nourrit suffisamment le crocodile, celui-ci le mangera en dernier lieu...» Cette allocution radio offensa gravement les pays neutres, et particulièrement la Belgique dont l'effort de réarmement avait été relativement beaucoup plus important que celui de la France et la Grande-Bretagne. La véritable attitude du peuple belge se manifesta quelques jours après le rejet de la demande des Alliés lorsque Spaak, longuement applaudi par la Chambre tout entière, excepté les communistes, déclara: [150]

> «Les Belges peuvent être sûrs que le gouvernement n'acceptera aucune suggestion qui serait de nature à lui faire abandonner la route qu'il a choisie et que l'immense majorité du pays l'approuve d'avoir choisie...
>
> Nous aussi, au gouvernement, nous avons des sympathies et des amitiés, mais bien avant nos amitiés, il y a notre devoir...
>
> Le pays veut la paix, le pays veut la neutralité. Le pays fera d'autant mieux son devoir, s'il y est obligé, qu'il aura la conviction profonde, l'assurance absolue que ses dirigeants ont tout fait pour les lui conserver.»

Ses sentiments furent répercutés par *Le Peuple*, l'organe officiel du Parti Socialiste:

> «Les Belges sont résolus, tous sans exception, Flamands comme Wallons, à répondre à l'attaque quand elle se produira. A faire appel à leurs garants quand l'heure aura sonné. Mais pas avant. A part une infime

minorité, que les journaux alliés écoutent d'une oreille trop complaisante... personne en Belgique ne veut d'une intervention préventive. La population n'en veut pas parce qu'elle sait que tout le territoire est zone de combat.»

Le *Soir*, qui adopta une attitude anti-léopoldiste après la guerre, s'exprima de son côté:

> «Nous avons un intérêt à souhaiter telle conclusion de cette guerre, oui, mais nous n'avons pas la moindre responsabilité dans ses origines, et toute politique qui nous mettrait malgré nous, en première ligne... serait d'une profonde injustice. Si les Alliés nous y conviaient... ils perdraient chez nous, d'un seul coup, des millions de sympathies ardentes.»

Le 17 avril, la solidarité nationale de la Belgique s'exprima de manière pathétique lors d'un débat au Sénat, qui aboutit à un vote quasi unanime en faveur de la politique d'indépendance: 131 pour, trois communistes contre et deux abstentions. Le sentiment des élus et de la population fut résumé d'une façon très émouvante par un sénateur socialiste wallon, François André: «Je suis d'autant plus qualifié de dire ce que je pense de cette politique, que j'en fus l'adversaire à l'origine. Confondant indépendance et neutralité, je me disais que la neutralité c'était je ne sais quoi de trouble et de lâche... J'ai reconnu mon erreur et depuis huit mois, je suis sûr que c'est notre jeune Roi qui avait vu clair, et le vieux républicain que je suis lui rend grâce.» Le gouvernement n'aurait pas été en mesure de mettre la nation d'accord sur une autre politique, même s'il l'avait voulu.

Le temps pressait maintenant. Comme le dit Spaak dans ses mémoires, «d'incident en incident, de péripétie en péripétie, d'alerte en alerte, nous allions vers la guerre». Le 4 mai, le nonce apostolique demanda une audience urgente à Léopold pour l'informer que le Vatican pensait que l'invasion de la Belgique était imminente. Le jour suivant, le Pape en personne prévint le prince Umberto et la princesse Marie-José et celle-ci transmit l'information à Léopold. Le Pape avait reçu une foule de détails sur les plans et les intentions de guerre allemands de Josef Müller, un agent de l'opposition allemande envoyé par l'amiral Canaris. Le Pape prévint également les Alliés de l'offensive imminente [151]. Ciano garda le silence parce que, cette fois, les Allemands ne l'avaient pas mis au courant. Le 7, le baron van Harinxma, le ministre de Hollande à Bruxelles, informa le gouvernement que, «selon l'informateur allemand de leur légation à Berlin» (le colonel Oster), l'invasion pouvait se produire d'un jour à l'autre. Le 9, Oster manda à son ami, le major Sas: «Cette fois, il n'y a plus aucun doute. Ce porc (Hitler) vient de partir pour le front ouest. Cela veut dire une offensive générale». A 21 heures, le message était arrivé à Bruxelles où le personnel de l'ambassade d'Allemagne avait déjà brûlé ses documents.

Comme monarque constitutionnel, Léopold ne pouvait utiliser que le matériel humain mis à sa disposition par le système des partis politiques en Belgique. Il n'est pourtant pas exagéré d'affirmer que lorsque survint l'épreuve suprême, ce fut grâce à la politique promue par lui depuis 1936 que la Belgique se retrouva plus unie et mieux armée qu'elle ne l'avait jamais été au cours de son histoire. La résolution, le courage et la perspicacité du Roi avaient permis aux Alliés de gagner un temps précieux pour pallier leur consternante impréparation militaire, mais ce n'était pas de sa faute s'ils n'en avaient pas plus profité. En outre, sa ferme position avait dissuadé Hitler et retardé son assaut contre l'ouest, même si elle ne put l'empêcher. Seuls une politique dynamique semblable et un accroissement de la puissance armée de la part des Alliés auraient pu parvenir à ce résultat.

Le dieu de l'ironie, contemplant de haut le champ de bataille de l'Europe, dut observer pendant ces journées un épisode bien fait pour lui plaire. Pierlot, rappelons-le, voulut démissionner le 25 avril pour une insignifiante question de réforme linguistique et ne resta à son poste, que parce que Léopold en appela à son sens des responsabilités. Cette action du Roi fut hautement appréciée et fit l'objet d'un hommage tout spécial dans le *Vingtième Siècle* de la part de William Ugeux — autre personnage qui allait par la suite virer de bord:

> «On eût pu croire que la tragédie de 1914 avait épuisé... les raisons de gratitude que nous avons à nos Souverains. Le jeune règne de Léopold III a pourtant acquis déjà une telle créance de reconnaissance sur la nation que jamais les Belges ne cesseront d'en être débiteurs.
>
> Cette fois, comme précédemment, comme en politique extérieure, comme dans nos querelles intestines, c'est au chef de l'Etat, souverain constitutionnel... qu'est venue, discrète et ferme à la fois, la solution sage, la solution belge...
>
> On reprendra longtemps encore les termes de la lettre d'hier... Ils repoussent dans l'ombre, les mesquineries et les bavures dont les politiciens à jamais incompréhensifs, ont voulu souiller le courage qui unit tous les Belges.»

Pour n'être pas en reste, Pierlot prononça le 5 mai à Charleroi un discours où il disait notamment:

> «Dans cette circonstance, comme à d'autres époques décisives de notre histoire... la Monarchie a vu clair à temps. Elle est un guide sûr, avec son sens des intérêts permanents du pays et l'expérience que, de père en fils, nos Rois puisent dans une forte tradition.»

Quelques semaines plus tard, le Premier Ministre allait adopter un ton bien différent.

Chapitre XIV

Le Blitzkrieg [152]

« Ce succès considérable a été obtenu grâce à l'action exemplaire de la Luftwaffe. Car toute la vaillance et la puissance offensive de nos forces terrestres n'ont pu se développer totalement que dans les zones protégées par notre puissance aérienne. »

Communiqué publié par le
Haut Commandement allemand en juin 1940.

La guerre éclata en Belgique dans l'aube paisible du vendredi 10 mai lorsque les forces terrestres et aériennes d'Hitler déferlèrent sur la Hollande, la Belgique et le Luxembourg en une attaque d'ensemble allant de la Mer du Nord à la Moselle. Bien que l'Allemagne n'eût fait aucune déclaration de guerre, les Belges, grâce aux avertissements qu'ils avaient reçus et à leur excellent service de renseignements, étaient en état d'alerte générale, lorsque le coup fut asséné (au contraire des Britanniques et des Français qui n'avaient pas tenu compte de ces rapports). Les Allemands obtinrent néanmoins trois succès spectaculaires ce jour-là: la destruction au sol du meilleur de la force aérienne belge, la prise par des troupes de choc transportées en planeur de trois ponts du canal Albert et leur audacieuse attaque aéroportée contre la pierre angulaire du système de défense belge, la puissante forteresse d'Eben-Emael.

L'hommage cité plus haut que l'armée allemande rendit à la Luftwaffe, après que, œuvrant de concert, ses escadrilles eurent conquis les Pays-Bas et la Belgique, mis en déroute les armées françaises à Sedan et repoussé le Corps Expéditionnaire britannique à la mer, était parfaitement mérité. Sans les légions de chasseurs de la Luftwaffe et les batteries anti-aériennes qui protégèrent les forces terrestres contre les attaques du ciel, sans les vagues de Stukas qui bombardaient en piqué pour frayer un chemin aux panzers et sans le parachutage de milliers d'hommes transportés en planeur pour s'emparer des ponts importants et des points cruciaux, ces succès allemands n'auraient pas été obtenus si vite et si radicalement.

Pour soutenir les forces terrestres qui attaquaient la Belgique, on avait prévu les deux flottes aériennes de Kesselring et de Sperrle qui comprenaient près de 3.700 avions. Une force écrasante de chasseurs, de bombardiers et d'avions de reconnaissance était ainsi à la disposition des commandants militaires au sol, et les Stukas, que protégeaient les chasseurs, pouvaient jouer le rôle d'une super-artillerie lourde, vite déployée. Les communications étaient si efficaces et si directes que dans les minutes qui suivaient un appel radio des attaquants, des meutes de Stukas arrivaient en hurlant sur leurs objectifs avec une précision mortelle, déblayant ainsi la voie pour une pénétration immédiate des tanks et de l'infanterie.

La situation était très différente du côté allié, car ni la force aérienne française ni la RAF n'avaient établi entre leurs forces terrestres et aériennes une quelconque coordination pareille à celle mise au point avec tant d'efficacité par les Allemands. En fait, comme le rapporte le major Ellis, la RAF n'était «ni équipée, ni organisée, ni même entraînée, sauf certains petits éléments de coordination, en vue d'une collaboration étroite dans une bataille de mouvement». Ainsi, du côté allemand, le sommet comme la base de la hiérarchie de commandement terrestre était en communication directe et constante avec les formations aériennes de soutien, alors qu'il n'existait pas de liens similaires du côté français et britannique où les demandes de soutien aérien devaient emprunter des canaux extrêmement compliqués, — allant jusqu'à Londres, même aux dernières phases de la bataille — et supposaient de longs délais, ce qui était évidemment néfaste au but recherché [153].

L'armée britannique et la Royal Navy souffrirent durant toute la guerre de la politique du ministère de l'Air qui optait pour l'engagement minimum dans les activités des autres services ainsi que de son dogme selon lequel les guerres ne pouvaient être gagnées que par des bombardements stratégiques. Ainsi, en mai 1940, ce ministère repoussa tous les appels désespérés qui furent lancés pour que les bombardiers lourds de la RAF attaquent les cibles hautement vulnérables mais mobiles que constituaient les colonnes serrées de l'armée allemande se déversant en Hollande, en Belgique et en France. L'angoisse qu'éprouvèrent les cercles militaires alliés lorsqu'ils apprirent que les bombardements nocturnes effectués par la RAF avaient pour cibles des points comme Hamm et Essen à des centaines de kilomètres à l'intérieur de l'Allemagne au lieu de s'attaquer aux colonnes rapides et étirées des tanks, des canons et des troupes, est un leitmotiv des nombreux récits de cette campagne [154].

Cette politique du ministère de l'Aviation eut un autre résultat néfaste: les équipages de la RAF, dont l'esprit combatif était parmi les plus hauts, furent gravement désavantagés, non seulement à cause de l'absence de coordination avec les militaires, mais parce que leurs avions, tant par le nombre que par leurs performances, étaient terriblement inférieurs à ceux des Allemands. En effet, le Hurricane ne faisait pas le poids devant le Messerschmitt 109, le bombardier léger Blenheim était lent et vulnérable et le bombardier monomoteur Battle était un piège mortel en raison de sa vétusté. Quant à l'Armée de l'Air française, elle était, comme nous l'avons vu, si mal équipée et si démoralisée que son chef, le général Vuillemin, avait prédit qu'elle serait balayée en moins de quinze jours après le déclenchement des hostilités.

Le moral de la force aérienne belge était élevé, mais pour les raisons citées plus haut, elle possédait peu d'avions modernes et ne constituait pas une arme puissante. De plus, comme les Allemands attaquèrent la Belgique sans déclaration de guerre, la Luftwaffe put bombarder sans coup férir ses champs d'aviation. Une force écrasante de bombardiers allemands avait pilonné tous les champs d'aviation de Belgique dès les premières lueurs de l'aube et, tout au long de la journée, la Luftwaffe lança contre eux soixante-quinze raids supplémentaires. A la tombée de la nuit, le 10 mai, les Belges avaient perdu plus de la moitié de leurs chasseurs. Leurs neuf Hurricanes et la majorité de leurs Gloster Gladiators furent détruits ce jour-là. Néanmoins, comme le rapporte Robert Jackson, «les Belges se battirent fougueusement avec ce qui leur restait d'un équipement déjà si désuet» face aux appareils modernes de la Luftwaffe, qui jouissaient de la complète maîtrise des airs. «Le 14 mai, la force aérienne belge avait virtuellement cessé d'exister, ses bases étaient des cimetières d'avions, cloués au sol. Le 16 mai, tout était terminé; il ne restait que neuf vétustes biplans qui durent d'ailleurs être évacués en France» [155].

De toutes les nations occidentales, la Belgique avait été la moins encline à sous-estimer la puissance et la rapidité potentielles d'une offensive de l'armée allemande — et le Roi avait fourni la preuve de cette lucidité —, mais ni lui ni ses conseillers ne s'étaient attendu à l'impuissance des forces aériennes françaises et britanniques face à la Luftwaffe et à leur incapacité à protéger l'armée belge et ses positions clés contre les assauts des essaims de tanks, bombardiers en piqué et troupes de choc aéroportées. Ils n'auraient pu en outre deviner les méthodes nouvelles et audacieuses que les Allemands parvinrent, grâce à leur supériorité aérienne, à appliquer avec tant de réussite dévastatrice pour s'emparer des ponts essentiels et venir à bout des fortifications les plus puissantes par la voie des airs.

Au début de la bataille, l'armée belge avait vingt-deux divisions. Dix d'entre elles étaient en position défensive le long du canal Albert et de la Meuse et dans les bases fortifiées d'Anvers, de Liège et de Namur. Deux divisions contrôlaient les canaux du nord et deux autres se trouvaient à l'est de la Meuse dans le Luxembourg belge. A l'arrière, une division se tenait sur la position principale de défense, la ligne K-W, entre Anvers et Louvain, et le reste était en réserve. Celles qui se trouvaient sur les positions du canal Albert, de la Meuse, de Liège et de Namur — la première ligne de défense de la Belgique — avaient une fonction initiale très importante à remplir. Dans le cadre du plan D de Gamelin, les Belges étaient censés encaisser le choc de l'attaque allemande et tenir la ligne jusqu'à ce que les troupes alliées occupassent les secteurs qui leur avaient été attribués sur la ligne K-W. A ce moment seulement, les Belges devaient se retirer dans le secteur qui leur était réservé sur cette ligne, entre Anvers et Louvain, pour combler la brèche séparant la septième armée française au nord du Corps Expéditionnaire britannique sur leur droite. Dans le sud, à l'orée de la forêt ardennaise, les Chasseurs Ardennais avaient une mission de retardement qu'ils accomplirent avec courage et efficacité.

Comme le montre la carte en fin de volume, la première ligne de défense du pays, ou position de retardement, courait en direction du nord-est le long de la Meuse, à partir de Givet, à travers les villes fortifiées de Namur et de Liège jusqu'au canal Albert. Comme la Meuse passe dans la ville hollandaise de Maastricht et dans le territoire environnant, le canal Albert, achevé deux années auparavant, avait été conçu pour éviter cette portion du fleuve. La ligne de défense belge suivait donc le canal Albert en direction du nord et du nord-ouest jusqu'à sa terminaison, le grand port fortifié d'Anvers. Bien que ce canal large et profond fût un obstacle formidable pour une invasion allemande, il épousait de si près la frontière belgo-hollandaise à la hauteur de Liège et de Maastricht qu'il n'était pas possible d'y prévoir des postes avancés. Le renforcement considérable des défenses et des fortifications belges dans les zones de Liège et de Namur [156] avait manifestement incité les Allemands à envisager leur principale poussée plus au nord, près de Maastricht, ce qui supposait la traversée d'une bande étroite de territoire hollandais (et donc une violation de la neutralité hollandaise) et celle du canal Albert à environ 90 kilomètres à l'est de Bruxelles. Il est inutile de souligner l'importance vitale pour les Belges des ponts hollandais de Maastricht sur la Meuse qui donnaient accès aux routes menant aux trois grands ponts du canal Albert. Depuis le début de l'invasion, tous ces ponts avaient été minés et les sapeurs belges et hollandais avaient constamment occupé les casemates en béton, prêts à faire exploser les charges à l'approche des envahisseurs allemands.

Pour commander ces carrefours vitaux du canal Albert, les Belges avaient construit la forteresse d'Eben-Emael qui leur avait coûté plus de 100 millions de francs et qui était considérée comme l'une des plus grandes et des plus inexpugnables du monde. Elle concrétisait toutes les leçons des grands sièges de la guerre 1914-18, particulièrement celui de Verdun, et comprenait une superstructure résistant aux plus fortes bombes de l'époque. Eben-Emael mesurait 900 mètres de long et 650 de large et son flanc nord était un mur de 40 mètres au-dessus du canal. Ses autres flancs étaient protégés par des fossés, des obstacles anti-chars et un dédale de fils de fer barbelés, parsemé de blockhaus et de phares, de canons lourds et d'armes anti-chars. A l'intérieur du périmètre, la structure de béton armé était hérissée de canons — seize de 75 mm et deux de 120 mm dans des tourelles blindées — qui balayaient chaque pouce de terrain.

Eben-Emael était effectivement invulnérable à toute forme d'attaque, sauf à la méthode inédite qu'utilisèrent les Allemands. Ses architectes n'avaient pas plus imaginé un atterrissage de troupes transportées en planeur sur le toit de la forteresse que les constructeurs de navires de guerre n'avaient prévu d'abordage au départ de canots. Pour contourner ce formidable obstacle à leur avance et s'emparer des trois ponts belges du canal Albert, les Allemands avaient constitué une force d'élite connue comme le «détachement d'assaut Koch» [157]. Ces 424 «spécialistes» (parmi lesquels se trouvaient des pilotes) furent transportés dans 42 planeurs d'assaut lourds, tirés par des avions de transport Junkers 52. Ces hommes, tous de jeunes volontaires, avaient été entraînés pendant six mois avec des modèles réduits de leurs objectifs jusqu'à ce que chacun d'entre eux fut capable d'exécuter sa tâche les yeux fermés [158]. De plus, ils savaient que le succès tout entier de l'invasion allemande de la Belgique dépendait de leur réussite.

Les quatre groupes d'assaut — Granit, Béton, Acier et Fer — décollèrent à 3 h 25 d'un champ d'aviation près de Cologne. Peu après 4 heures, les Junkers 52 lâchèrent les 40 planeurs à plus de 2.000 mètres d'altitude, à 35 km de leurs objectifs, et commencèrent à larguer des mannequins garnis de pétards pour semer la confusion chez les défenseurs. Des groupes de dix planeurs transportant trois groupes d'assaut atterrirent près de l'extrémité ouest de chacun des trois ponts reliant les routes principales de Maastricht à la Belgique: Vroenhoven, Veldwezelt et Briegden. Le quatrième groupe atterrit sur le toit d'Eben-Emael même. Touchant tous le sol avec une efficacité toute teutonne, exactement comme prévu, dix minutes avant l'heure H de 5 h 35, chaque planeur libéra neuf hommes fortement armés de fusils mitrailleurs, de lance-flammes, de grenades et d'explosifs. Les trois groupes prévus pour les ponts du canal Albert attaquèrent aussitôt les casemates par l'arrière alors que les sapeurs s'attendaient à un assaut venant de l'est. A Canne, à un bon kilomètre au nord d'Eben-Emael, l'attaque allemande échoua et le pont fut détruit par une mise à feu provoquée de l'intérieur du fort. Mais à Vroenhoven et Veldwezelt, ce fut la tragédie: les Allemands parvinrent à surprendre et à liquider les sapeurs avant qu'ils aient pu déclencher les explosions.

A Briegden, les charges n'explosèrent pas et le pont demeura intact — pour un temps —, l'officier responsable de sa démolition ayant été trouvé abattu à son poste. A l'aube, les Allemands déclenchèrent une attaque d'une violence inouïe contre les défenseurs belges de la tête de pont du canal Albert. Les 400 Junkers et les 87 Stukas du huitième Fliegerkorps furent utilisés pour pilonner cette seule zone. Non seulement elle fut rapidement réduite en cendres sous une pluie de 1.000 bombes, mais les survivants de cette attaque dévastatrice, même ceux que protégeaient les tranchées et les blockhaus, furent assommés ou commotionnés. De plus, la destruction des lignes téléphoniques militaires et de nombreux câbles souterrains interrompit les communications et laissa les postes périphériques sans ordres.

Lorsqu'à travers le brouillard et le tumulte de la bataille, la nouvelle consternante que les trois ponts belges les plus importants étaient toujours intacts parvint au général qui commandait la septième division belge, cantonnée devant le canal Albert, il ordonna leur destruction immédiate. Une première tentative, entreprise par un puissant détachement, fut contrecarrée. Mais une autre réussit à détruire le pont de Briegden grâce à l'héroïsme et au sacrifice du major Tillot qui remplit un havresac d'explosifs et s'avança seul sous le feu ennemi avec un cordeau Bickford et une boîte d'allumettes. Le pont fut détruit, mais on ne revit jamais Tillot. Et les ponts de Vroenhoven et Veldwezelt restèrent aux mains des Allemands malgré d'autres contre-attaques désespérées des Belges.

Pendant ce temps, les 78 pionniers du groupe d'assaut Granit étaient largués sur la superstructure du fort d'Eben-Emael. Ils avaient emmené deux tonnes et demie d'un nouveau et puissant type d'explosif à «charge creuse» qui fit de larges brèches dans les tourelles blindées du fort et répandit à l'intérieur le feu et les gaz suffocants. Des bombes fumigènes furent également jetées dans les ventilateurs et les lance-flammes introduits dans les bouches d'artillerie et d'autres ouvertures, chassant ou carbonisant l'équipe préposée aux canons. Les Allemands furent bientôt maîtres des galeries supérieures du fort et l'installation tout entière se trouva neutralisée sur le plan opérationnel. Le commandant d'Eben-Emael tenta une manœuvre désespérée en téléphonant aux forts et aux batteries voisines pour leur demander de pointer un barrage sur les superstructures de la forteresse afin de déloger ses attaquants. Cela força ces derniers à s'abriter dans les bunkers démolis. Heure après heure la bataille fit rage, les Allemands recevant un excellent appui à la fois de parachutistes largués d'avions de transport et des bombardiers Stuka, tandis qu'aucun chasseur allié n'entrait en scène pour s'attaquer à ces si vulnérables avions.

Tandis que les troupes allemandes aéroportées s'accrochaient rageusement aux deux ponts du canal Albert et à la superstructure d'Eben-Emael, une puissante force d'infanterie et d'ingénieurs de combat spécialement entraînée s'avançait à leur rescousse à travers la bande de Maastricht. Les Allemands avaient utilisé diverses tactiques au cours de leurs tentatives pour s'emparer des ponts hollandais avant qu'on pût les faire sauter. Les unités de sabotage des troupes de choc s'étaient infiltrées dans ce but derrière la frontière près de Roermond et de Maastricht, quelques heures avant l'heure H. Le pont de Maaseik fut quasiment pris à l'aube par un détachement allemand qui, selon le journal du onzième corps d'armée allemand, poussa devant lui des soldats hollandais prisonniers «pour servir de couverture contre le feu ennemi». Cet ignoble stratagème heureusement échoua. Mais une autre unité réussit à empêcher la destruction du pont principal de Maastricht, ouvrant ainsi aux forces terrestres la voie des ponts du canal Albert.

Les Allemands parvinrent également à traverser la Meuse en canots pneumatiques et dans l'après-midi du 10 mai, l'avant-garde atteignit les deux ponts du canal Albert et releva les défenseurs allemands aéroportés qui étaient soumis à une rude pression. Mais il fallut attendre le matin du 11 mai pour que la relève allemande parvienne à traverser le canal Albert — après être tombée sur le pont de Canne entièrement détruit — et venir en aide aux commandos épuisés sur la superstructure d'Eben-Emael.

Après la capitulation de l'armée belge, la presse alliée publia des histoires fantaisistes pour expliquer la chute d'Eben-Emael [158bis] et la «reddition» des ponts du canal Albert. Plusieurs d'entre elles prétendaient que ces pertes étaient dues à la «trahison belge» et qu'elles avaient en fait provoqué la catastrophe militaire française de Sedan ainsi que l'encerclement des armées du nord qui s'en était suivi. Dans *Le Prisonnier de Laeken*, le professeur Cammaerts décrit, par exemple, comment un auteur français bien connu osa écrire que la «non-destruction» du «pont de Maastricht» à cause de «la folie ou la trahison belge» était responsable de la défaite des armées françaises sur la Meuse et de tous les désastres militaires qui suivirent [159]. Mais il demeura jusqu'au bout incertain de la localisation exacte du pont incriminé. Tantôt il apparaissait «devant Maastricht», tantôt «en-dessous de cette ville» et une troisième fois, «probablement près de Visé», la seule cohérence de ce récit étant la soi-disant responsabilité belge dans sa non-destruction. S'il avait vérifié, il se serait aperçu que le pont de Maastricht se trouve en Hollande, que sa défense ne dépendit jamais des forces belges et que la prise des ponts hollandais et belges n'avait aucun rapport avec la débâcle qui se produisit en territoire français, bien plus au sud.

En vérité, aucun de ces ponts ne se «rendit». Leur destruction fut certainement empêchée par la trahison mais alors, celle des Allemands qui, sans la moindre déclaration de guerre et parfois déguisés en soldats ou en civils hollandais, surprirent et liquidèrent les gardes des ponts à leurs postes. Quelques-unes seulement des ruses employées par les Allemands réussirent et celles-là furent exploitées au maximum. Mais les méthodes non conventionnelles si soigneusement mises au point par les «spécialistes» avant l'attaque, jointes aux succès qu'ils obtinrent grâce à elles derrière les lignes, suscitèrent des commentaires extravagants sur l'omniprésence d'une mythique cinquième colonne belge qui à son tour engendra la manie de l'espionite, la phobie des parachutistes, la méfiance, et les malentendus entre les Alliés. Les histoires publiées à l'époque avec le plus grand sérieux sur des soldats allemands déguisés en religieuses et en prêtres font sourire aujourd'hui, mais on y croyait, et elles furent souvent fatales pour d'innocents civils. Ces histoires paraissaient dans des journaux «responsables» et l'anecdote de la religieuse est considérée comme véridique dans les *Despatches* de Lord Gort.

Le matin du 10 à 11 h 30, la force aérienne belge, opérant à partir d'Aalter, tenta de détruire les trois ponts intacts du canal Albert avec les rares bombardiers qui avaient survécu aux attaques de l'aube, neuf Fairey Battles, des monoplaces dépassés qui transportaient des bombes de 100 livres. Les pilotes belges dirigèrent leurs attaques suicidaires avec le plus grand héroïsme face à un feu meurtrier, sur les ponts de Veldwezelt, Vroenhoven et Briegden, mais six d'entre eux furent abattus par les tirs nourris de l'artillerie qui entourait les ponts et les bombinettes des trois rescapés ne causèrent aucun dommage important. Il n'empêche que, comme en témoigne le journal de guerre du seizième corps allemand en date du 11, ces attaques provoquèrent un «retard considérable».

Dès que le GQG belge apprit que les ponts de la Meuse et du canal Albert avaient été pris par les Allemands, ils lancèrent des appels désespérés aux missions militaires française et britannique pour que l'Armée de l'Air et la Royal Air Force les détruisent. Mais ils n'obtinrent aucune réponse avant le troisième jour du conflit, pour les raisons expliquées plus haut et parce que la RAF hésitait à engager dans la bataille ses bombardiers légers, lents et vulnérables, face à l'écrasante supériorité aérienne des Allemands. Et lorsqu'elle vint, la réaction de la RAF, encore qu'infiniment courageuse, fut trop faible et trop tardive pour être efficace. En effet, comme Van Overstraeten l'a noté cette après-midi du 11 mai:

> «La mission anglaise annonce que répondant à nos instances, la R.A.F. entreprend une action puissante de dégagement dans la région de Maestricht... Trop tard! La carence de l'aviation de bombardement alliée nous a dérobé l'élément le plus puissant sur lequel nous comptions pour retarder, disperser, démoraliser les colonnes d'invasion. Au lieu d'en imposer à l'ennemi par une manœuvre en retraite qui le décime, nos troupes sont contraintes à un repli précipité sous l'emprise funeste de la maîtrise aérienne et mécanique de l'adversaire» [160].

Comme la force aérienne belge ne disposait plus que d'une poignée d'avions et ne bénéficiait d'aucune protection ou soutien de la part des forces aériennes britannique et française, il n'est pas étonnant que les Allemands aient si vite réussi à consolider la brèche qu'ils avaient faite dans les défenses du canal Albert. Lorsque le jour suivant, le maréchal de l'air Barratt donna finalement l'ordre à l'escadrille des 114 Blenheim de se préparer à attaquer les ponts, elle fut tout entière détruite au sol en moins d'une minute par une escadrille de Dorniers 17 avant que les défenses pétrifiées aient eu le temps de tirer un coup de feu.

A cause de la paralysie du Haut Commandement français, il fallut attendre le 11 mai à 18 heures, plus de 36 heures après le début du Blitzkrieg, pour que les bombardiers de jour français accomplissent leur première mission de la guerre, une attaque des ponts hollandais de Maastricht. En fait, le général Gamelin n'accepta que le 11 au soir de lever les restrictions qu'il avait imposées aux forces aériennes alliées et leur ordonner de «faire tout ce qu'elles pouvaient pour ralentir les colonnes allemandes qui s'avançaient vers Maastricht, Tongres et Gembloux et de ne pas hésiter à bombarder villes et villages pour obtenir les résultats souhaités» . Il s'ensuivit que dix bombardiers moyens français, escortés de 18 chasseurs, tentèrent de bombarder les ponts de Maastricht. L'un d'entre eux fut abattu et tous les autres gravement endommagés sans qu'un seul objectif eût été atteint. Une attaque qui avorta semblablement fut lancée contre ces ponts avant la nuit du 11 par deux escadrilles de Blenheim basées en Grande-Bretagne: quatre avions furent abattus et tous les autres endommagés, sans davantage de résultats.

Le 12 mai à 7 heures, la seule escadrille restante des Blenheim de la Advanced Air Striking Force tenta d'attaquer une colonne de panzers qui marchait sur Tongres mais ils furent interceptés par cinquante chasseurs ennemis et taillés en pièces. L'anéantissement de ces deux escadrilles signifiait qu'il aurait fallu envoyer de jour les lents et vulnérables bombardiers légers des escadrilles «Battle», sachant qu'il s'agissait en l'occurrence d'une mission-suicide sans espoir aucun de retour, comme les Belges avaient déjà pu s'en rendre compte. C'est ainsi qu'il n'y eut aucune attaque de bombardiers alliés contre les ponts belges intacts avant le matin du troisième jour, mais alors, il était trop tard.

Une écrasante force mécanisée et blindée avait déjà franchi les deux ponts belges autour desquels les Allemands avaient eu le temps d'installer de très nombreuses batteries antiaériennes. Conscient de la nature suicidaire de la mission, Barratt insista pour que l'attaque des Battles contre les ponts fût effectuée par des volontaires. Bien que la totalité de la douzième escadrille se portât volontaire, son chef ne choisit que six équipages, trois Battles étant affectés à l'attaque des ponts de Veldwezelt et de Vroenhoven. La couverture fut fournie par trois escadrilles de Hurricanes mais ceux-ci, surpassés en efficacité et en nombre par les essaims de Messerschmitt 109 préposés à la défense des ponts, encaissèrent le choc principal de la bataille qui s'ensuivit et furent dans l'impossibilité de protéger les vaillants Battles. Cette attaque courageuse fut, comme celle des Battles belges, un massacre. Les six avions furent abattus. Certains objectifs furent néanmoins atteints par les bombes de 250 livres et l'avion de l'officier de l'air Garland s'écrasa dans une terrible explosion, à l'extrémité ouest du pont de Veldwezelt (lui-même et son observateur, le sergent Gray, reçurent pour cet acte la «Victoria Cross» à titre posthume). Le pont fut endommagé — mais non détruit comme on l'affirma à l'époque — et le trafic allemand ne fut interrompu que pendant 30 minutes (l'*Official History* de la campagne explique que les bombes utilisées étaient beaucoup trop légères pour endommager sérieusement un pont moderne d'acier ou de béton). Cette opération héroïque mais condamnée d'avance peut être résumée par les paroles de l'officier allemand qui interrogea l'un des équipages abattus:

> Vous êtes fous, vous les Britanniques! Nous nous emparons du pont le matin du vendredi. Vous nous donnez tout le vendredi et tout le samedi pour disposer nos batteries anti-aériennes en cercle autour du pont et puis, le dimanche, quand tout est fin prêt, vous arrivez avec trois avions et vous essayez de tout faire sauter.

Ce même dimanche de la Pentecôte, la RAF lança une dernière tentative pour bombarder les ponts hollandais de la région de Maastricht avec 24 Blenheims partis d'Angleterre, mais dix d'entre eux furent abattus et aucun objectif ne fut atteint. Sur les 135 Blenheims et Battles de la Advanced Air Striking Force britannique, il n'en subsistait que 72 ce soir-là.

Malgré leurs vaillantes et incessantes contre-attaques, les unités de l'infanterie belge furent repoussées par les troupes allemandes aéroportées qui avaient été renforcées et les attaques brillamment coordonnées des bombardiers en piqué. Au cours de la matinée du 11, Eben-Emael fut totalement neutralisé et encerclé. Mais la forteresse ne tomba que l'après-midi de ce même jour, lorsque les 1.200 survivants de la garnison se rendirent. La voie était à présent ouverte qui permettait aux fers de lance de la sixième armée de von Reichenau de traverser les deux ponts capturés sur le canal Albert. Les 500 tanks et la division motorisée du seizième corps blindé de Höpner, suivis d'un flux ininterrompu de véhicules, de canons, de troupes et de matériel, avaient traversé la frontière hollandaise à l'heure H. Se frayant un chemin dans la bande de Maastricht avec leur escorte de Stukas et de chasseurs, ils entrèrent en Belgique par les ponts de Vroenhoven et de Veldwezelt, le 11 à midi, dans un vacarme terrifiant. Après avoir enfoncé les positions avancées des Belges, qui venaient d'être détruites par les terribles attaques de bombardiers en piqué décrites plus haut, la puissante force de frappe se déploya et prit les Belges à revers. Avec le «Stuka Circus» de von Richthofen [161] frayant un chemin de destruction devant eux, les panzers de Höpner atteignirent Tongres dans l'heure.

Le 11 mai, l'unité des chasseurs du huitième Fliegerkorps effectua 340 sorties pour protéger les ponts intacts de la Meuse et du canal Albert. Mais lorsque les Alliés renoncèrent à leurs tentatives de les détruire, toute la force des chasseurs fut recentrée sur la protection des Stukas qui opéraient comme une artillerie lourde mobile pour l'armada des panzers de Höpner. La totalité des bombardiers de la Luftwaffe avait en effet été, elle, concentrée sur les défenses belges, non seulement pour les pulvériser mais aussi pour convaincre les Alliés que c'était là le point central de l'invasion des Allemands à l'ouest.

«Les Belges furent douloureusement surpris à Eben-Emael et sur les ponts voisins du canal Albert, écrit Telford Taylor. Le choc ne suscita cependant pas une confusion désespérée mais une défense encore plus décidée et mieux dirigée» [162]. Il est certain que les Belges se battirent opiniâtrement dans des circonstances désespérées et que les Allemands payèrent durement leur succès. Aucun ordre de retraite ne fut donné. De nombreuses unités belges qui se trouvaient dans le chemin du rush allemand luttèrent jusqu'au bout sur leurs positions. Les combats héroïques livrés par les Belges sont légion. Pour n'en citer que deux, un régiment de grenadiers réussit à tenir bon, attaqué de tous côtés dans les ruines en flammes du village d'Eben-Emael. Et un bataillon d'infanterie défendit l'accès de Laeselt pendant 36 heures, sous les ordres d'un major qui, avec une poignée de survivants, ne se rendit qu'après épuisement de toutes les munitions sous les assauts combinés de l'infanterie, des tanks et des bombardiers en piqué.

Les panzers lancés en fers de lance par l'ennemi dans la direction d'Hasselt et de Saint-Trond menaçaient d'encerclement deux divisions d'infanterie belges, mais un régiment de cavalerie légère parvint à faire échouer ce mouvement juste à temps, et força les Allemands à obliquer vers le sud-ouest où une division de cavalerie les stoppa de nouveau entre Tongres et Waremme. Ces deux jours de bataille virent l'élimination quasi totale de la septième division belge qui avait supporté le choc principal de l'assaut. Le 11 à 20 heures, le GQG du Roi apprit que de petits groupes de survivants de cette division entamaient leur retraite, 1.000 ou 1.500 hommes au total. Les survivants furent finalement au nombre de 3.500.

Léopold avait passé la nuit du 9 au 10 mai au château du Stuyvenberg qu'occupait sa mère dans le fond du parc de Laeken. Après le dîner, le téléphone se mit à sonner sans arrêt, annonçant des nouvelles de plus en plus menaçantes. Vu la nécessité de prendre des décisions rapides, on aménagea pour le Roi un lit à côté du téléphone. A la suite du dernier avertissement du colonel Oster, reçu à 21 heures par l'intermédiaire de l'attaché militaire belge à Berlin, de multiples rapports furent téléphonés de la frontière au GQG belge, au sujet de mouvements de troupe, de bruits de moteurs et de cris de commandement; et juste après minuit, le nom de code «René», qui signifiait une attaque imminente, fut transmis à l'armée.

Les premières nouvelles de l'invasion arrivèrent entre 5 et 6 heures: le bombardement des champs d'aviation belges et hollandais, le passage des frontières des deux pays par des unités allemandes, le largage de troupes aéroportées sur la forteresse d'Eben-Emael et dans les environs des ponts du canal Albert. Comme l'aube pointait et que la capitale était réveillée par le hululement des sirènes, suivi des tirs antiaériens et de l'explosion des bombes, Léopold traversa le parc à vélo jusqu'au château sous un ciel strié de bombes traçantes. De là, il se rendit en auto au Palais de Bruxelles où à 7 h 30 il reçut ses ministres, Pierlot, Spaak et le général Denis. Une année plus tard à Londres, Spaak décrivit la scène dans un article publié par *La Belgique Indépendante* le 8 mai 1941:

> Le Roi est ferme, calme, décidé. Aucune discussion n'est nécessaire. Nos cœurs battent à l'unisson... J'ai le cœur serré et, pourquoi le cacher, les yeux pleins de larmes au moment où il me serre la main. Quand nous reverrons-nous?

Dans ses mémoires publiés en 1969, et qui sont truffés de plaidoyers pro domo, de déformations et d'inexactitudes, Spaak reprend son article de 1941 presque mot pour mot et, tout en décrivant le Roi comme «calme, maître de lui, et résolu», il introduit un passage où il déclare que le Roi «repoussa» la demande de ses ministres de le voir s'adresser au Parlement qui devait se réunir l'après-midi. Mais ce que les mémoires de Spaak omettent de révéler, c'est que ses collègues et lui étaient parfaitement d'accord avec le Roi pour penser que le caractère foudroyant du Blitzkrieg l'obligeait en sa qualité de Commandant en Chef à se rendre immédiatement au Quartier Général pour prendre la direction de la bataille, et le dispensait donc d'attendre la réunion du Parlement pour y prononcer un discours comme son père l'avait fait en 1914. Ses ministres savaient très bien que les circonstances étaient tout à fait différentes en ces jours plus dignes où le roi Albert avait eu le temps de s'adresser au Parlement avant que la Belgique fût envahie, pour informer ses membres des termes de l'ultimatum allemand, qui n'était pas encore venu à expiration, et obtenir d'eux qu'ils le soutiennent dans son refus. Albert se trouvait ainsi déjà à la tête de ses troupes lorsque les Allemands envahirent son pays.

L'allégation selon laquelle Léopold avait refusé de s'adresser au Parlement en raison de ses penchants anti-démocratiques et anti-Alliés ne fut que l'une des nombreuses calomnies répandues après la guerre, lorsque la campagne visant à discréditer et à renverser le Roi fut lancée par des hommes animés de mobiles politiques, notamment certains qui, lui ayant porté un profond préjudice, cherchèrent à se réhabiliter à ses dépens. Un autre angle d'attaque qu'ils adoptèrent par la suite fut d'accuser le Roi de s'être imposé à l'armée, et de se demander: «Pourquoi n'aurait-il pu laisser cela aux soldats?» Mais selon l'article 68 de la Constitution, le Roi était, comme ses prédécesseurs, le premier soldat de Belgique et son serment l'obligeait à commander l'armée belge sur le champ de bataille.

Parmi ceux qui agirent en fonction du principe: «Que nos péchés... retombent sur le Roi» figuraient naturellement Pierlot et Spaak. Pourtant, lorsqu'ils s'adressèrent au Parlement cette après-midi-là, ils rendirent hommage au Roi et accordèrent à sa ligne de conduite le soutien total du gouvernement. En fait, lorsque Pierlot parla au nom du souverain à la Chambre, sa déclaration que le Roi se trouvait «là où doit être présent le Chef quand le combat a commencé» fut saluée par un tonnerre d'applaudissements. «Le Roi aurait souhaité s'adresser au Parlement, poursuivit le Premier Ministre, mais le cours rapide des événements ne le lui a pas permis». Néanmoins, lors de ses interminables tentatives de se justifier après la guerre, Pierlot n'eut aucun scrupule à attribuer d'autres motivations au Roi. «J'ai toujours pensé qu'il n'était pas désireux d'être amené à faire, ou à paraître autoriser par sa présence, des déclarations qui l'eussent engagé, vis-à-vis des Alliés, plus qu'il n'estimait et voulait l'être.» C'est une position à laquelle Spaak emboîta plus ou moins le pas malgré sa déclaration que les «cœurs (des ministres) battent à l'unisson» avec le Roi et les éloges qu'il adressa à sa personne cette après midi-là. Après avoir décrit en termes exaltés sa propre intervention dans les événements du matin et répété la déclaration de Pierlot «qu'il ne pourrait être question de paix aussi longtemps que l'indépendance de la Belgique n'aura pas été reconquise» , Spaak déclara que l'armée belge était en sécurité entre les mains du fils du Roi qui avait mené ses troupes à la victoire lors du conflit précédent. Une ovation tout aussi fervente salua sa péroraison, lorsqu'il résuma ainsi les sentiments unanimes de l'assemblée:

> Obéissant au devoir avec la même détermination et la même abnégation que son illustre père, le Roi s'est immédiatement porté à la tête de ses troupes. Nous avons la plus entière confiance dans son esprit de décision... Il peut compter sur notre indéfectible fidélité.»

Par la manière dont il répondit à toutes ces déclarations de loyauté et de patriotisme, le Parlement belge montra clairement qu'il soutenait, en même temps que le peuple belge, la façon dont le souverain dirigeait la nation et ses forces armées, exactement comme à l'époque du roi Albert.

Entre-temps, le Roi adressait, depuis son Quartier Général, une proclamation à son peuple:

> «Belges, pour la seconde fois en un quart de siècle, la Belgique, loyale et neutre, est attaquée par l'Empire allemand, au mépris des engagements les plus solennels contractés à la face du monde. Le peuple belge, foncièrement pacifique, a tout fait pour l'éviter, mais, entre le sacrifice et le déshonneur, le Belge de 1940 n'hésite pas plus que celui de 1914...
>
> La France et l'Angleterre nous ont promis leur concours. Déjà, leurs premières troupes s'ébranlent pour rejoindre les nôtres. La lutte sera dure. Les sacrifices et les privations seront considérables, mais nul ne peut douter du succès final. J'entends demeurer fidèle à mon serment constitutionnel de maintenir l'indépendance et l'intégrité du territoire. Comme mon père le fit en 1914, je me suis mis à la tête de notre armée, avec la même foi, avec la même conscience. La cause de la Belgique est pure. Avec l'aide de Dieu, elle triomphera.»

Dans l'heure qui suivit le déclenchement de l'attaque, Spaak, comme ministre des Affaires Etrangères, convoqua personnellement les ambassadeurs de Grande-Bretagne et de France pour les prier, en vertu des garanties données par leurs pays en 1937, de faire entrer leurs troupes en Belgique, ce qu'ils avaient cherché à obtenir depuis si longtemps et avec tant d'obstination (à l'ambassade de Grande-Bretagne, Spaak entrevit Lady Oliphant en chemise de nuit sur l'escalier. «C'est la seule fois durant toute ma carrière, nota-t-il dans ses mémoires, que j'eus cette vision d'une ambassadrice d'Angleterre»).

Aux premières heures de cette même matinée, Ribbentrop avait convoqué l'ambassadeur de Belgique à Berlin, le vicomte Davignon, qui, selon les carnets de von Hassell, dit au ministre des Affaires Etrangères allemand «ses quatre vérités». Quand il entendit Ribbentrop affirmer que la résistance belge était inutile, Davignon répliqua que le Roi était un homme de courage et d'honneur et que la Belgique tiendrait parole pour défendre ses frontières. «Les nobles propos de Davignon, écrivit von Weizsäcker dans ses mémoires, me firent une profonde impression. Mais en même temps, je savais que tout sang belge versé le serait en vain» [163].

Le Grand Quartier Général du Roi, que celui-ci appelait «mon fort» en parlant à l'auteur, était la sinistre forteresse de Breendonck, à une trentaine de kilomètres au nord de Bruxelles, qui devint par la suite une infâme prison SS. Lorsque Léopold et Van Overstraeten y arrivèrent à 8 h 30, ils y trouvèrent un remue-ménage de camions en déchargement en raison de l'installation d'équipes supplémentaires. C'est là, dans ces sombres casemates aux fenêtres surplombant les douves, que le Roi reçut de son chef d'état-major, le général Michiels, les dernières nouvelles de la bataille qui faisait rage depuis l'aube.

Le tableau que traça Michiels n'était pas rassurant du tout. Comme on l'a dit plus haut, la plus grande partie de la petite force aérienne belge avait déjà été détruite au sol et beaucoup d'autres objectifs importants subissaient de constants bombardements tandis que la quatrième et la septième division sur le canal Albert ployaient sous la terrible pression des bombardiers en piqué et des troupes parachutées. Des ponts essentiels étaient perdus et la forteresse d'Eben-Emael était violemment assiégée.

L'attaque allemande avait bien sûr été déclenchée sans déclaration de guerre. Ce n'est qu'après 8 h 30, comme il sortait de son entrevue avec le Roi au Palais, que Spaak reçut la visite de l'ambassadeur d'Allemagne, von Bülow-Schwante. Il décrit ainsi la scène:

> La plus grosse émotion de ma vie. Je sens mon cœur qui bat dans ma poitrine. Von Bülow entre. Consolation: il est encore plus nerveux que moi. Sans lui laisser le temps de placer un mot, je lis d'une voix tremblante d'émotion les quelques lignes de protestation que je viens de mettre sur papier. Il écoute en silence mes phrases d'indignation. A son tour, il se met à lire la note de son gouvernement... Au milieu de sa lecture, je lui prends son papier des mains et y jette un coup d'œil. Je n'ai rien d'autre à ajouter. Ma réponse, celle de la Belgique, il l'a déjà reçue.» [164]

La note allemande disait ceci:

> «Afin de devancer l'invasion préparée de la Belgique, de la Hollande et du Luxembourg, par l'Angleterre et la France, dirigée nettement contre l'Allemagne, le gouvernement du Reich mettra en ligne une force armée de la plus grande importance, de sorte que toute résistance sera inutile. Le gouvernement du Reich garantit le territoire européen et

colonial de la Belgique ainsi que sa dynastie, pour autant qu'aucune résistance ne soit opposée.»

«Dans le cas contraire, la Belgique risque la destruction de son pays et la perte de son indépendance. Il est donc de l'intérêt même de la Belgique d'adresser un appel à sa population et à son armée, en vue de faire cesser toute résistance et de donner les instructions nécessaires aux autorités pour que celles-ci prennent contact avec le commandement militaire allemand.»

La note continuait en énumérant dans les détails les griefs de l'Allemagne contre ces nations. Ceux-ci comprenaient les accusations selon lesquelles la presse belge et hollandaise «ont même surpassé les Britanniques et les Français dans leur attitude anti-allemande; «des personnalités dirigeantes de la vie publique... ont affirmé de plus en plus haut que la place de la Belgique était aux côtés de la France et de l'Angleterre»; «les mesures militaires prises par le gouvernement royal de la Belgique parlaient un langage plus clair encore», les Belges n'ayant «fortifié que leur frontière avec l'Allemagne» et non avec la France; ces deux pays n'avaient «mobilisé que contre l'Allemagne»; les Belges avaient «secrètement pris le parti de la France et de la Grande-Bretagne» et celle-ci avait «rassemblé une puissante armée motorisée et offensive à la frontière franco-belge». Pour terminer, la note déclarait:

«Les troupes allemandes ne viennent pas en ennemies des peuples belge et hollandais car le gouvernement du Reich n'a jamais souhaité ni provoqué ces événements. La responsabilité en incombe à l'Angleterre et à la France qui ont préparé l'offensive contre l'Allemagne à partir des territoires belge et hollandais; et aux gouvernements belge et néerlandais qui l'ont admise et encouragée...

En outre, le gouvernement du Reich déclare que l'Allemagne n'a pas l'intention, ni aujourd'hui ni à l'avenir, de porter par ces mesures atteinte à la souveraineté de la Belgique et des Pays-Bas, qu'il s'agisse de leurs possessions européennes ou extra-européennes. Aujourd'hui encore, les gouvernements belge et néerlandais ont la possibilité de sauvegarder le bien-être de leurs peuples en veillant à ce que les troupes allemandes ne rencontrent aucune résistance... Si les troupes allemandes devaient affronter une résistance en Belgique et en Hollande, cette résistance serait brisée par tous les moyens. Les gouvernements de Belgique et de Hollande seront tenus pour seuls responsables des conséquences et des inévitables effusions de sang qui se produiraient alors.»

Pendant ce temps à Berlin, Ribbentrop expliquait aux représentants de la presse allemande et étrangère que c'était un «acte de puissance arbitraire et criminel commis par la Grande-Bretagne et la France qui imposait cette guerre à l'Allemagne», et parlait d'un «acte de désespoir par lequel les dirigeants actuels de Grande-Bretagne et de France pensaient sauver leurs Cabinets menacés par leurs échecs passés». A partir de maintenant, déclara-t-il, l'armée allemande leur parlerait «le seul langage que leurs dirigeants semblent comprendre».

Pour une fois, le dirigeant nazi disait la vérité, en partie du moins, puisque les Premiers Ministres de Grande-Bretagne et de France s'efforçaient effectivement de sauver leurs Cabinets et leurs carrières politiques. Neville Chamberlain était sur le point de sauter et le 9, Reynaud avait informé le Président que son gouvernement était discus. Sir Roger Keyes, comme membre du Parlement, avait joué un rôle éminent dans la chute de Chamberlain et dans son remplacement par Winston Churchill. Le 7 mai, à la Chambre des Communes, Keyes, vêtu de son uniforme d'Amiral de la Flotte avec ses six rangées de médailles, dénonça sur un ton passionné la manière inepte dont le gouvernement menait la guerre et plaida pour un changement de direction, prenant ainsi la tête de l'attaque qui conduisit si rapidement à la démission de Chamberlain et à son remplacement par Churchill [165]. Cette «attaque absolument dévastatrice, ainsi que la décrit Harold Nicholson dans ses carnets, est de loin le discours le plus dramatique que j'aie jamais entendu et lorsque Keyes s'assit, il y eut un tonnerre d'applaudissements» [166]. «L'intervention de Sir Roger Keyes en grand uniforme, qui constitua le point crucial, écrit le biographe de Chamberlain, parut dénoncer la perte de cet esprit d'initiative qui nous avait valu notre gloire passée» [167]. Et le général Sir Edward Spears, qui était également membre du Parlement, rappelle:

> Roger Keyes procura l'une des surprises sensationnelles de l'après-midi... De fait, Churchill, en clôturant le débat, déclara que c'était le meilleur discours jamais prononcé par Keyes à la Chambre... Il fut ovationné à plusieurs reprises... Cette chaleur contrastait fortement avec la mine glaciale qui prévalait sur les bancs des partisans du gouvernement. Keyes obtint le plus de succès lors de sa péroraison en faveur de Churchill. Tout le pays, déclara-t-il, regardait vers lui, Churchill, pour l'aider à gagner la guerre. Ce fut un grand soulagement. Ses ennemis, particulièrement sur les bancs gouvernementaux, auraient beaucoup plus de difficultés maintenant à tenter d'associer la honte de notre échec à son nom [168].

Le jour suivant, Churchill défendit loyalement les résultats obtenus par le gouvernement et déclara: «Je prends l'entière responsabilité de tout ce qui a été fait par l'Amirauté», à quoi Lloyd George répliqua: «L'honorable gentleman ne peut pas se permettre de se transformer en abri anti-aérien pour empêcher les éclats de frapper ses collègues». Le débat se poursuivit toute la journée du 9 et ce ne fut qu'après le déclenchement du Blitzkrieg que le roi George manda Churchill et le pria de reprendre le flambeau.

Pendant ce temps, au matin de l'attaque allemande, la France était sans gouvernement. La querelle Reynaud-Daladier avait atteint la veille son point culminant. Le Premier Ministre avait présenté la démission de son gouvernement dans l'espoir que le Président lui demanderait d'en former un nouveau dont Daladier pourrait enfin être exclu. Reynaud avait constamment essayé de se débarrasser aussi de Gamelin – qu'il appelait ce «philosophe sans nerfs» – mais Daladier avait farouchement défendu le généralissime, de sorte que Reynaud avait écarté l'idée de provoquer la démission du général. Le Secrétaire du Cabinet, Paul Baudouin, écrivit qu'il était «abasourdi par le spectacle pitoyable de l'impuissance du Premier Ministre à briser les chaînes politiques qui le liaient; abasourdi également par sa tendance manifeste à garder le silence plutôt qu'à risquer de perdre sa place de chef du gouvernement [169]. Les politiciens français étaient donc en train de jouer des coudes et de se chamailler pour figurer dans le nouveau Cabinet lorsque l'offensive allemande fut lancée le 10, mais le Président insista pour que le gouvernement reste au pouvoir. Ainsi, à l'heure la plus sombre pour la France, Reynaud se cramponnait à son poste de Premier Ministre, mais ses deux bêtes noires, Daladier et Gamelin, étaient toujours au pouvoir, l'un comme ministre de la Guerre et l'autre comme généralissime.

Chapitre XV

Un piège pour les Alliés

«Lorsque la nouvelle arriva que l'ennemi avançait sur toute la longueur du front, j'aurais pleuré de joie: ils étaient tombés dans le piège... Nous leur avions fait croire que nous demeurions fidèles à l'ancien plan Schlieffen.»

Adolf HITLER

Avant de partir pour son Quartier Général, le Roi avait fait un sacrifice personnel. Il avait veillé à ce que ses enfants quittent tout de suite la Belgique pour un refuge plus sûr en France. Après des adieux émouvants, Joséphine-Charlotte et ses deux jeunes frères se mirent en route sous la garde du vicomte du Parc et d'un précepteur. La guerre cependant les prit de vitesse. Près de Mons, ils dépassèrent les avant-gardes britannique et française qui progressaient vers l'est et, à 40 kilomètres plus au sud, se trouvèrent en plein centre d'un raid aérien. Comme les avions allemands passaient au-dessus de leurs têtes, ils furent conduits en hâte dans un abri tandis que se déclenchait le bombardement. Après diverses vicissitudes, ils furent finalement forcés face à la progression allemande de se réfugier dans un château retiré du département du Lot où ils demeurèrent jusqu'à l'effondrement français de la fin juin. Le 10 mai, la reine Elisabeth avait elle aussi quitté Bruxelles pour La Panne où elle occupa la villa qu'elle avait habitée avec le roi Albert de 1914 à 1918. Léopold fut donc laissé entièrement seul pour porter son immense fardeau de Chef d'Etat et de Commandant en Chef.

Seul, sauf qu'il fut rejoint presque immédiatement par Sir Roger Keyes qu'il décrivit plus tard à l'auteur comme «le meilleur ami qu'un homme pût avoir». Le matin du 10, Keyes fut convoqué à l'Amirauté par Winston Churchill, qui en était encore le Premier Lord mais qui quelques heures plus tard allait prendre la tête de la nation. L'Amiral de la Flotte fut prié de mettre son uniforme et de s'envoler tout de suite pour la Belgique comme «officier spécial de liaison auprès du Roi des Belges». A l'Amirauté, Churchill lui expliqua sa mission quelques minutes après une réunion du Cabinet où on venait de le nommer «Attaché naval supplémentaire près l'ambassade de Grande-Bretagne à Bruxelles», en l'assurant que ce titre ne servait qu'à lui conférer le statut diplomatique mais qu'il serait indépendant de l'ambassadeur. A 15 h 30, Keyes quitta Hendon dans un avion des communications de la RAF à destination d'Amiens qui, lui dit-on, était l'endroit le plus proche de Bruxelles où il était possible d'atterrir. Trois Hurricanes escortèrent l'avion de l'Amiral comme il s'approchait des côtes françaises et il atterrit sain et sauf à Amiens à 16 h 30. Voici comment ses carnets relatent la suite de cet épisode:

> 10 mai:... J'ai roulé alors jusqu'à Arras dans une voiture de l'état-major militaire et de là, je me suis rendu au nouveau GQG de Wahagnies où j'ai vu Lord Gort qui m'a emmené dans le château qu'il occupe pour me retenir à dîner. A 21 h 30, je suis reparti pour Bruxelles. Dans la nuit, ma voiture dépassait des camions, des canons, des tanks, des bus bondés de troupes du Corps Expéditionnaire britannique. Notre route était marquée par de légères lumières au sol, à 150 mètres environ de part et d'autre, tout le long de l'itinéraire pris par le Corps Expéditionnaire, et les contrôles et les dispositions étaient généralement excellents [170]. La difficulté surgit lorsque je quittai cette route, au moment où celle-ci s'écartait de la route principale pour Bruxelles et que je me retrouvai sur une route non marquée. Les parachutistes avaient déjà opéré et je fus traité avec une grande méfiance à deux ou trois occasions. Bruxelles, qui débordait de lumière lorsque j'y étais venu en janvier, était complètement occultée et il était difficile de trouver son chemin. Finalement, je croisai un gendarme et je lui demandai de me guider jusqu'à l'ambassade de Grande-Bretagne. Il me dit qu'il le ferait en se tenant sur le marchepied mais il me conduisit à l'hôtel de ville, où je fus entouré de gendarmes et d'officiels méfiants qui ne voulaient même pas prendre mon passeport avant d'avoir téléphoné à l'ambassade — où je finis par échouer à 2 heures du matin. L'ambassadeur me dit que des avions allemands avaient survolé Bruxelles et les environs toute la journée et avaient lâché des bombes pendant trois heures avant que l'ambassadeur d'Allemagne n'informe le ministre des Affaires Etrangères que l'Allemagne avait pris la Belgique sous sa protection, mais que le bilan se montait déjà à 300 morts et 60 blessés.

Le lendemain, l'Amiral reçut un accueil chaleureux du Roi à Breendonck. Léopold fut «ravi», comme l'a relevé Van Overstraeten, «d'avoir à ses côtés cet illustre marin, le héros de Zeebrugge, vieil ami du roi Albert». A partir de ce moment, Keyes restera en contact étroit avec le Roi, dormant sous le même toit que lui, le suivant dans la direction des opérations militaires, partageant ses confidences, ses soucis et ses inquiétudes. Son témoignage est donc exceptionnel et revêt une importance historique car aucun autre Britannique ni même aucun Belge à l'exception du général Van Overstraeten, ne fut aussi proche de Léopold durant les 18 jours de tragédie qui suivirent. L'Amiral ne fit pas seulement un compte rendu méticuleux des événements pour le rapport officiel qu'il remit au gouvernement, mais il décrivit son expérience au jour le jour en termes prudents dans des lettres qui furent confiées à des «mains sûres» pour parvenir à sa femme. Ses notes jettent une vive lumière sur l'histoire de la campagne belge et réfutent carrément les accusations qui furent lancées contre Léopold et son armée après la capitulation.

Durant la période que le Roi et l'Amiral passèrent à Breendonck, ils auraient chaque jour, jusqu'au mess où ils allaient déjeuner, une promenade de cinq minutes à faire à travers un magnifique champ de blé d'une hauteur exceptionnelle. Le Roi décrivit à l'auteur l'éclat de ces jours de mai: «Le ciel était d'un bleu profond comme en Italie. Tout baignait dans une lumière intense, les oiseaux chantaient, et il n'y avait que le grondement éloigné de l'artillerie, le hurlement occasionnel des bombardiers en piqué et le gémissement des sirènes pour nous ramener à la réalité. Les nuits étaient chaudes et belles et la pleine lune était si brillante qu'on pouvait lire un journal à sa clarté». Cette impression d'irréalité s'accrut lorsque Léopold retourna, au cours d'une accalmie, au palais presque désert de Laeken pour y prendre un bain et ramener du linge propre. Il était impossible d'échapper, ne fût-ce qu'un instant, au hululement des sirènes qui sifflaient de manière quasi continue, malgré la reconnaissance de Bruxelles comme ville ouverte — à condition que n'y passe aucun trafic militaire — annoncée le 11 mai par le Haut Commandement allemand. Le Roi réalisa, comme beaucoup d'autres, que l'effet de ce bruit affreux était bien plus démoralisant pour la population que des bombardements effectifs.

Le journal de l'amiral Keyes restitue de manière très vivante l'atmosphère du 11 mai. Il rapporte que le Roi lui dit que des formations ennemies aéroportées avaient neutralisé la forteresse d'Eben-Emael et empêché la destruction de deux des trois ponts du canal Albert et que seuls sept chasseurs avaient échappé aux attaques menées à l'aube par la Luftwaffe contre les champs d'aviation belges. Keyes relate ensuite comment: «Des tanks, des voitures blindées et des troupes mécanisées se déversèrent par les ponts, accompagnés de bombardiers à basse altitude. Cette force formidable avait opéré une percée à travers les troupes belges se trouvant dans ce secteur et durant les 30 dernières heures, me raconta le Roi, les bombardiers allemands les avaient bombardées et mitraillées, en même temps que les civils en fuite qui encombraient les routes. Cette brèche et la trouée dans la ligne de défense du canal Albert mettaient en danger les troupes belges qui la tenaient et il était absolument essentiel que celles-ci se retirent sans attendre sur la ligne de la Dyle». Léopold, comme le rappelle l'Amiral, était de plus en plus alarmé par l'absence complète d'avions alliés au-dessus de ses troupes.

> Le Roi me dit que l'on avait lancé plusieurs appels par le biais des missions britannique et française pour obtenir un soutien aérien, mais aucun avion n'avait été envoyé, et il craignait une débâcle totale si rien n'était fait pour contrecarrer les attaques de bombardiers à basse altitude qui avaient le plus démoralisant effet. Les Allemands poursuivaient exactement la même tactique qu'en Pologne et l'armée belge n'avait ni tanks ni avions capables de s'y opposer, et très peu de canons anti-aériens.
>
> Je savais que les escadrilles de coopération du Corps Expéditionnaire seraient tout à fait insuffisantes pour affronter l'attaque formidable des Allemands [171] qui menaçait de submerger les armées alliées avant que celles-ci puissent consolider les positions déjà occupées et il me parut d'une importance vitale d'obtenir le plus rapidement possible un soutien aérien adéat pour les armées britanniques et belges.
>
> Je dis au Roi que j'allais me rendre à Bruxelles pour chercher à entrer en communication avec M. Churchill. On me procura une voiture et le Roi ordonna qu'une fois accomplie ma tâche à Bruxelles, on me conduisît au château Melis, près de Lippeloo, à environ 6 kilomètres du GQG belge où il logeait et où, me dit-il, une chambre serait préparée à mon intention.
>
> Toute la journée, des avions allemands volèrent à basse altitude au-dessus de Bruxelles, sans rencontrer d'opposition puisque presque tous les canons anti-aériens belges défendaient les positions militaires. Il est vrai que l'ennemi n'attaqua pas délibérément la population civile de Bruxelles comme il l'avait fait la veille, mais il observait tout ce qui se passait à très basse altitude et dominait complètement l'espace aérien. Les signaux de début et de fin d'alerte se succédaient à une telle cadence que plus personne n'y prêtait plus attention.
>
> Lorsque j'arrivai à l'ambassade de Grande-Bretagne, l'attaché de l'air me passa la communication avec le ministère de l'Air à Londres, lequel me transmit l'Amirauté et j'expliquai à M. Churchill à quel point la situation était critique et que les appels des Belges pour obtenir un soutien aérien étaient sans réponses depuis deux jours [172]. Il me passa le chef de l'état-major aérien qui me dit qu'il ne pouvait pas accepter mon affirmation selon laquelle aucun avion britannique ne venait en aide aux Belges. Je ne parvins pas à reprendre ma conversation avec M. Churchill parti assister à une réunion, mais je demandai à son secrétaire (M. Seal) de lui dire que la catastrophe norvégienne ne serait rien en comparaison de ce qui attendait le Corps Expéditionnaire britannique, à moins que la RAF ne réponde efficacement à la menace aérienne allemande. J'envoyai alors le message suivant à M. Churchill qui, comme je l'apprenais, venait d'être nommé Premier Ministre:
>
>> Le chef de l'état-major aérien n'accepte pas mon affirmation que la RAF n'a rien fait pour aider les Belges à endiguer la progression allemande sur le canal Albert à l'ouest de Maastricht mais c'est pourtant la vérité.

La Royal Air Force a reçu le 17 janvier toutes les photographies nécessaires à une collaboration efficace. En fait, je les ai remises au GQG du Corps Expéditionnaire à cette date. Des dispositions ont été prises pour alimenter les chasseurs en carburant ici.

Hier à 10 heures, le Quartier Général belge a demandé un soutien aérien aux Britanniques et aux Français, compte tenu des sérieuses pertes subies. J'ai compris qu'il ne leur reste que sept chasseurs environ. Une aide rapide et suffisante leur aurait probablement permis d'empêcher les Allemands de conserver le contrôle des deux ponts dont la destruction a été empêchée par les parachutistes. Toutefois, aucune aide n'a été donnée ni par les Français ni par les Britanniques en dépit des appels répétés, et il en résulte que les bombardiers allemands ont pu sillonner le ciel absolument comme ils le voulaient. Ils ont pratiquement anéanti une division belge et toutes ses communications...

Si la RAF et les forces aériennes françaises n'accomplissent pas un effort immense pour stopper et détruire les deux colonnes allemandes qui pénètrent en Belgique grâce à un soutien aérien sans opposition, les armées alliées s'exposent à un terrible désastre. Le Corps Expéditionnaire britannique se battra à coup sûr pour sa propre survie sur des positions qu'il n'a pas eu le temps de consolider et avec ses communications continuellement menacées par les attaques aériennes.

Il est absolument nécessaire de prendre le contrôle de l'air dans cette bataille... Je vous prie de suivre cet avis, d'agir immédiatement et de causer aux Allemands une surprise considérable, demain à l'aube.

Je repris ensuite la route du château Melis et racontai au Roi ce que j'avais fait. Il était alors près de 21 h 30 et comme je n'avais pas encore dîné, le Roi s'assit à côté de moi pendant que je me restaurais...

Cette démarche personnelle de Keyes eut un effet immédiat, même s'il fut provisoire. Le jour suivant, il nota dans ses carnets que le «Premier Ministre agissait avec une vigueur caractéristique» et qu'à l'aube, la RAF «était arrivée en force et avait nettoyé le ciel». Mais ce ne fut malheureusement qu'une apparition-éclair car durant le reste de la campagne des 18 jours, les avions britanniques brillèrent par leur absence au-dessus du champ de bataille. L'aviation britannique avait bien accompli des prodiges contre les forces écrasantes qu'elle affrontait mais à la tombée de la nuit du 15 mai, la RAF avait perdu en France 205 de ses 416 avions. Les missions de chasseurs au départ des champs d'aviation continentaux furent abandonnées trois jours plus tard parce que ceux-ci se trouvaient sur le chemin de la progression ennemie. Seuls 66 des 261 Hurricanes basés en France furent rapatriés; 74 furent perdus en mission, le reste fut détruit au sol ou abandonné par manque de pilotes capables de les ramener en Angleterre. A partir du 20 mai, les Hurricanes restants, basés dans le Kent, ne furent plus en mesure d'opérer efficacement sur les champs de bataille, étant donné leur rayon d'action limité et parce que les instructions ne leur parvenaient pas à temps via le War Office, le ministère de l'Aviation et leur base en Angleterre. Il ne faut donc pas s'étonner que l'auteur du «livre gris» du gouvernement belge ait écrit: «Pendant 18 jours, l'armée belge eut l'impression décourageante qu'elle opérait et se battait sous un ciel exclusivement contrôlé par l'ennemi» [173].

Ainsi, le Roi devait constamment affronter des situations où ses troupes, privées de leur propre force aérienne et soumises à une rude pression de la sixième et de la dix-huitième armées allemandes, étaient exposées aux bombardements en piqué et aux mitraillages de la Luftwaffe. Le Corps Expéditionnaire britannique, de son côté, ne subit pas une pression comparable des forces terrestres et aériennes au cours de sa progression vers la ligne KW et sa retraite vers Dunkerque, comme le montrent dramatiquement les chiffres des pertes en vies humaines. (Ironside informa plus tard Churchill que le Corps Expéditionnaire britannique n'avait, au 21 mai, perdu que quelque 500 hommes).

Au Grand Quartier Général de Lord Gord largement dispersé dans et autour d'Arras [174], tout avait été calme durant la nuit du 9 au 10 mai, le Haut Commandement allié n'ayant pas eu connaissance de la multiplication des rapports alarmants sur l'imminente invasion de la Belgique et de la Hollande, qui avaient mis ces deux pays en alerte. Le Corps Expéditionnaire, comprenant à présent dix divisions [175], avait passé un hiver sans histoire à améliorer ses défenses dans son secteur d'environ cinquante kilomètres sur la frontière franco-belge entre Halluin et Maulde et une bonne partie des troupes venait de rentrer dans ses foyers en permission de printemps. Mais lorsque l'aube pointa, le 10 mai, Gort et son staff hypertrophié furent rudement tirés du sommeil par le hurlement des avions au-dessus de leurs têtes et le tonnerre des bombes tombant sur la ville et les champs d'aviation tout proches. «Le Grand Quartier Général semble avoir été pris par surprise écrivit un officier haut gradé au Quartier Général des BAAF dans son journal du 10 mai. Une foule de gens sont partis en congé... Nous n'avons aucune nouvelle de nos troupes ni de l'aviation. Pas de message, pas de compte rendu des renseignements, pas de téléphone [176]». Dans son journal, Pownall reconnaît que «l'intérêt était concentré sur la crise politique en Angleterre» et que «n'étant pas en état d'alerte», le Corps Expéditionnaire ne serait pas en mesure de se mettre en branle avant 13 heures [177].

En réponse à l'appel à l'aide de la Belgique, le Haut Commandement français ordonna l'exécution immédiate du plan D à 6 heures. Bien que certaines unités françaises fussent entrées en Belgique très peu de temps après, sept heures s'écoulèrent avant que le 12e Lanciers (le seul régiment blindé utilisé dans la campagne) se mit en route et traversa la frontière, suivi de cinq autres régiments de cavalerie mécanisés. Plus tard encore arrivèrent les divisions d'infanterie, très surprises de l'absence de la Luftwaffe, et faisant mouvement pour une période prévue de huit jours. Les formations d'avant-garde progressèrent bon train puisque Gort — ignorant le terrible danger de l'attaque aérienne allemande — avait ordonné à son armée d'avancer de jour, en colonnes étroitement serrées, au contraire des Français qui avaient prudemment décidé de limiter les mouvements du gros de leurs troupes aux heures d'obscurité. De la décision de Gort aurait pu résulter un massacre si la Luftwaffe avait bombardé et frappé le Corps Expéditionnaire britannique aussi durement qu'elle l'avait fait pour les Belges sur la Meuse et le canal Albert. Mais les Allemands n'avaient pas l'intention d'empêcher l'avance des alliés puisque l'objet de leur Plan Jaune nouvelle version était (ainsi que l'avaient pressenti Van Overstraeten et le Général Georges) d'aspirer le maximum de troupes alliées aussi loin que possible en Belgique, la meilleure façon pour les couper, avec l'appui des panzers de von Kleist opérant comme une faucille, de leur flanc droit et de leur arrière-garde. La réaction d'Hitler a été notée: «Quand les nouvelles me parvinrent que l'ennemi avançait le long de tout le front, j'aurais pleuré de joie; ils étaient tombés dans le piège!»

La chose fut notamment relevée par Kim Philby, l'espion soviétique, qui suivait la progression du Corps Expéditionnaire pour le compte du *Times* [178]. «Cela se déroule beaucoup trop bien, remarqua-t-il à un collègue. Pourquoi ne nous attaquent-ils pas avec toute leur puissance aérienne? Que mijotent-ils?» Au Quartier Général avancé des BAAF, le chroniqueur anonyme écrivit le 13 mai: «Etrange et à mes yeux très suspecte est l'extraordinaire absence de tout bombardement allemand du Corps Expéditionnaire et de l'armée française pendant leur progression... On dirait presque que les Allemands désirent que nous allions dans cette direction». Le colonel de Villelume, qui faisait la liaison entre Reynaud et le Haut Commandement, était également préoccupé par cette absence d'attaque aérienne contre les colonnes en mouvement et il fit part de ses craintes au Premier Ministre: «Ne sont-ils pas en train de nous précipiter dans un piège?» Mais Gort et Pownall ne crurent pas à cette possibilité, comme le rapporte le biographe de Gort: «L'idée ne vint à personne que les Allemands pouvaient ne pas vouloir dissuader les armées alliées de progresser vers l'est» [179].

Dans le nord, la vaine poussée de la Septième Armée française ne fut pas davantage contrecarrée. A la fin du jour, les patrouilles de Giraud traversaient le canal d'Anvers et s'avançaient vers Breda en Hollande, alors que la cavalerie mécanisée britannique était installée sur le front de 27 kilomètres attribué au Corps Expéditionnaire le long de la Dyle, entre Louvain et Wavre, à seulement 16 kilomètres à l'est de Bruxelles. Elle y attendit l'arrivée des trois divisions d'infanterie qui devaient tenir cette partie du front, les six autres étant déployées en profondeur, avec deux d'entre elles à 70 kilomètres plus en arrière, de l'autre côté de l'Escaut.

Pendant ce temps, sur la droite de ce mince front britannique, le corps de cavalerie du général Prioux couvrait le front de 40 kilomètres attribué à la première armée française, correspondant à la trouée de Gembloux, la plaine située entre Wavre sur la Dyle et Namur sur la Meuse. A cette hauteur, au contraire des Belges et des Britanniques, les dix divisions de Blanchard ne bénéficieraient d'aucune voie d'eau pour les protéger; elles ne pouvaient compter que sur le système «Cointet» d'obstacles anti-char en acier, les emplacements en béton destinés aux canons et les champs de mines installés par les Belges. Namur, sur laquelle reposait l'aile droite de cette armée, était cependant entourée d'un puissant système de forteresses tenues par les Belges qui allaient résister bien après que les Français se seraient retirés.

A partir de Namur, le front occupé par la malheureuse neuvième armée de Corap, qui se déplaçait à présent dans cette direction, longeait la Meuse vers le sud jusqu'à Sedan, pour faire la jonction avec la ligne Maginot et son extension. Ainsi, pendant que les trois armées françaises, avec au milieu d'elles le Corps Expéditionnaire britannique, opéraient un mouvement tournant en direction de la principale ligne de défense belge en pivotant autour de Sedan, elles furent protégées de l'attaque massive de la sixième armée de von Reichenau par l'armée belge dont la résistance aux attaques écrasantes des bombardiers en piqué, des tanks, de l'artillerie, de l'infanterie et des troupes de choc aéroportées a déjà été décrite.

Le deuxième jour de la bataille, les rapports que Léopold reçut à son Quartier Général de Breendonck furent encore plus inquiétants que la veille. A la mi-journée, le général Michiels, chef d'état-major, fit rapport au Roi qui était en réunion avec son ministre de la Défense, le général Denis. Son exposé fut suivi d'un long silence. Ils furent tous d'accord pour estimer qu'en raison de la brèche effectuée par les panzers et les Stukas et qui débordait les positions belges, l'action de retardement du canal Albert ne pouvait pas se prolonger. Le Roi ordonna par conséquent que les divisions belges entament, la nuit même, la retraite active qui avait été prévue pour gagner leurs positions sur la ligne K-W, à gauche du Corps Expéditionnaire. Cela supposait une manœuvre difficile et compliquée de retrait sous la pression constante de l'ennemi, de la frontière est, longue de 400 kilomètres, au front de 65 kilomètres sur la gauche de la ligne alliée.

Le canal Albert n'avait jamais été considéré que comme une position de retardement sur laquelle on pouvait retenir l'ennemi pendant quelques jours au grand maximum. Néanmoins, la décision de l'abandonner le deuxième jour du conflit était dure à prendre. Mais comme il était essentiel pour le plan allemand que les armées alliées demeurent le plus loin possible en Belgique, la retraite ordonnée de l'armée belge jusqu'à sa position de défense principale apportait une contribution capitale à la cause alliée. De plus, la défense résolue des Belges contre une attaque massive et techniquement remarquable, effectuée avec le contrôle total du ciel, fournit au Corps Expéditionnaire et à la première armée française le temps suffisant pour occuper sans peine leurs secteurs de la ligne K-W.

Le lieutenant-colonel George Davy, qui avait été premier GSO * de la mission dirigée par le général Sir Richard Howard-Vyse auprès du Haut Commandement français de Vincennes avant d'être chargé, le 17 mai, de la mission de liaison britannique auprès du GQG belge, commente ainsi les événements:

> En mars, Gamelin expliqua à Howard-Vyse son plan pour la progression de ses armées en Belgique, y compris ce qu'il attendait des Belges. Cela supposait que ceux-ci *se retirent intacts du canal Albert* pour gagner la gauche des Britanniques sur la ligne de la Dyle. Il n'envisageait pas une résistance prolongée sur le canal Albert. Il voulait une forte armée belge à sa gauche.

La retraite des Belges était de toutes façons inévitable puisque les armées britannique et française ne devaient pas avancer au-delà de la ligne K-W et que l'espace libre de 65 kilomètres sur la gauche des Britanniques devait être comblé. Mais Gort et son chef d'état-major auraient non seulement dû déduire de l'absence de la Luftwaffe qu'ils étaient tombés dans un piège, ils auraient dû se rendre compte que cette absence était également causée par la résistance de l'armée belge qui supportait le choc du Blitzkrieg aérien et blindé à plus de 150 kilomètres à l'est. En fait, au lieu de reconnaître le courage de leurs compagnons d'armes belges qui protégeaient de l'attaque ennemie les trois divisions britanniques cantonnées dans leur petit secteur de la ligne K-W, les généraux britanniques alimentaient la légende des Belges froussards qui battaient en retraite dans le désordre, et les accusaient de tous leurs ennuis.

Comme ses carnets le prouvent, Pownall en particulier demeura aveuglé par ses préjugés contre les Belges qu'il considérait comme «une race inférieure sans loi». Cette attitude anti-belge se retrouve chez Sir John Colville, dont la biographie de Lord Gort restitue lourdement et sans la mettre en doute la version déformée des événements de Pownall — ce qui est surprenant pour un livre écrit plus de 30 ans après, alors

N.d.T. GSO: General Staff Officer.

que les calomnies sur le roi Léopold et son armée avaient été depuis longtemps réfutées. Par contre, le docteur Brian Bond, l'éditeur des carnets de Pownall qui furent publiés la même année que le livre de Sir John, tient à souligner que «les références du chroniqueur au roi Léopold III et à son armée sont injustes et bourrées de préjugés...» Et il poursuit:

> Ces carnets omettent d'expliquer que l'armée belge, pratiquement dénuée de couverture aérienne, supporta le choc de la sixième armée allemande, alors que le Corps Expéditionnaire opérait une retraite relativement facile jusqu'à la frontière française. En fait, sans la résistance prolongée de la vaillante armée belge, l'évacuation du Corps Expéditionnaire à Dunkerque aurait été impossible [180].

Le deuxième jour de la campagne, Pownall écrivait déjà: «Que d'ennuis nous sont causés par les Belges!», un sarcasme que le biographe de Gort répète et explicite: «Les problèmes qui surgirent au cours des quatre jours suivants n'étaient causés ni par les Allemands, ni par les Français, mais par les Belges...» Le 13 mai, Pownall écrivait: «Immense affolement toute la journée au GQG belge... Ils étaient morts de peur; quand je dis *ils*, je veux dire le Roi...» Le lendemain, il évoque «le Roi des Belges qui est dans une panique intégrale, comme le reste de son armée, ...le moral complètement effondré». Colville va encore plus loin en émettant une accusation tout aussi peu fondée (qui évoque apparemment le 10 mai): «L'armée belge que Gamelin, en octobre 1939, avait jugée capable de tenir le canal Albert pendant deux jours au moins et Georges pendant sept jours, se réfugia immédiatement dans une retraite irréfléchie. Le roi Léopold et le Haut Commandement belge cédèrent à la panique...» Mais Colville laisse tout à fait courir son imagination lorsqu'il affirme que le 14 mai, «une colonne apparemment sans fin de soldats belges se répandait vers l'ouest, certains en bottes et d'autres en pantoufles, et quelques-uns, mais très peu, tenant encore leurs fusils, avec pratiquement aucun blessé et sans officier à l'horizon». «C'était la sanction, soutient Colville, pour avoir cru en la neutralité et refusé de tenir des conversations d'états-majors, même clandestines». Le biographe fait remarquer plus haut: «Il est affligeant de penser que les Belges, par peur d'offenser les Allemands, n'autorisaient encore aucune reconnaissance de leur territoire que leurs amis et sauveurs [181] seraient par la suite priés d'occuper».

Il n'empêche qu'en dépit des nombreuses calomnies, l'armée belge n'était pas totalement privée de partisans. Le colonel Davy, par exemple, à partir du moment où il fut chargé de la mission de liaison britannique auprès du GQG belge le 17 mai, s'efforça vigoureusement de contredire les aberrations qui étaient répandues par Gort, Pownall et d'autres officiers supérieurs du Corps Expéditionnaire sur le moral et les performances de l'armée belge. Le jour suivant, par exemple, sa mission envoya au War Office un message qui fut publié par la presse et diffusé à la BBC:

> Le moral des troupes belges est toujours très élevé malgré les retraites continuelles et le sentiment qu'elles sont effectuées pour des raisons qui leur échappent. L'ampleur des exploits des Belges dans leur résistance à l'attaque totale des Allemands pratiquée selon de nouvelles méthodes de guerre et dans la manière dont ils replient leurs troupes intactes n'est généralement pas appréciée en Angleterre. Le travail de l'état-major belge est excellent et leurs mouvements sont correctement exécutés.

Par ailleurs, le 14 septembre 1949, en réponse à une lettre du général Nuyssens, le chef de la mission militaire belge auprès du Quartier Général de Gort, le colonel Davy écrivit ce qui suit:

> Après sa résistance à la frontière, l'armée belge se conforma très bien aux intentions du général Gamelin et avec plus d'efficacité qu'il ne l'avait lui-même envisagé. En fait, elle ne cessa jamais de se heurter à l'ennemi et tout de suite après sa retraite du canal Albert, elle prit sa place à la gauche des Britanniques. Malheureusement, de nombreux traînards sans armes s'infiltrèrent au milieu des troupes britanniques, mêlés au flot des réfugiés. Il est bien dommage qu'une armée soit jugée en fonction des quelques individus que l'on repère. L'impression régna quelque temps dans l'armée britannique... que l'armée belge était en déroute. Cette idée persista et créa chez les Britanniques une grande nervosité au sujet de leur flanc gauche, mais c'était dénué de fondement. Si des liaisons étroites avaient pu être établies entre nos armées dès le tout début, cette fausse impression se serait vite dissipée. Hélas, les liaisons étaient tristement déficientes...

Il est effectivement malheureux que le Haut Commandement britannique n'ait montré aucun souci d'établir des liaisons avec les Belges et que les rapports sur la présence de traînards, en provenance des arrières de l'armée belge et battant confusément en retraite, aient créé une impression si fausse sur le moral de toute l'armée, d'autant plus que des comportements similaires furent signalés dans toutes les armées de cette campagne de 1940. Il existe en effet de nombreux comptes rendus sur des troupes françaises, britanniques et même allemandes fuyant sous l'effet de la panique. Par exemple, les rapports officiels et personnels qui n'ont été publiés que progressivement au fil des ans révèlent que dans le chaos de la fuite du Corps Expéditionnaire vers la mer et l'évacuation, il se manifesta beaucoup de désordre et d'indiscipline, particulièrement à l'arrière, et notamment des désertions, des soûleries et des pillages, et même que plusieurs soldats, dont quelques officiers, durent être abattus sur place ou pendant qu'ils se précipitaient vers les embarcations.

Bien que le vice-amiral Sir Bertram Ramsay, le commandant général de l'évacuation du Corps Expéditionnaire, fût plus discret que d'autres observateurs pour critiquer de tels comportements, ses *Despatches* officielles, qu'il remit le 18 juin 1940, furent interdites pendant huit ans, jusqu'au 15 juillet 1948. Il écrivait dans son rapport:

> En ce qui concerne la conduite et le comportement des troupes..., il faut signaler que les premières sections furent embarquées sur les plages dans une désorganisation complète. Il semblait n'y avoir aucun officier responsable des troupes... Il devint vite évident qu'il était indispensable d'envoyer des officiers de la marine... avec des détachements marins armés pour prendre en charge les soldats sur la plage... C'est grâce aux officiers de la marine et aux hommes d'équipage qu'un semblant d'ordre fut rétabli. Par la suite, lorsque les formations de combat atteignirent les plages, ces difficultés disparurent.

Dans son compte rendu relatif à la première évacuation de nombreuses troupes de l'arrière effectuée à Boulogne par des destroyers britanniques, l'amiral Ramsay écrit encore: «Sur le quai, une foule en panique... essayait de se ruer à bord du bateau, mais ils furent repoussés par les hommes de la démolition à la pointe de la baïonnette. Beaucoup d'entre eux étaient ivres». Sur un ton moins grave, Peter Hadley rapporte un témoignage visuel sur la manière dont une «foule désordonnée» de soldats britanniques prit la fuite en apprenant le contenu d'un faux rapport selon lequel les tanks ennemis se trouvaient juste derrière eux. «Ils se bousculèrent, pareils (pour être franc) à l'idée que l'on se fait généralement de l'armée italienne» [182].

Malheureusement, lorsque les soldats d'une armée en guerre observent la mauvaise conduite de soldats d'une autre armée, ils ont tendance à se faire une opinion négative de la totalité de celle-ci. Ce fut particulièrement le cas des Britanniques qui furent nombreux à adopter une attitude méprisante vis-à-vis de leurs compagnons d'armes belges et français, bien que les Français aient été tout aussi critiques vis-à-vis des Britanniques lorsque ceux-ci furent repartis pour l'Angleterre sans prévenir leurs alliés. Seuls les Belges, qui furent traités plus cavalièrement encore et par les Britanniques et par les Français, s'abstinrent de telles récriminations.

Quoique ses écrits sur les Belges et leur Roi après la capitulation soient généralement bourrés de préjugés, William L. Shirer se montra cependant élogieux à leur sujet dans ses carnets, lorsque les Allemands l'emmenèrent faire un tour de la Belgique conquise en 1940: «20 mai. On est immédiatement frappé par la différence entre la Hollande et la Belgique. Dès que nous sommes entrés en Belgique, nous avons roulé au milieu des maisons pulvérisées de part et d'autre de la route. Il est manifeste que les Belges sont forgés dans un autre métal que les

Hollandais... ils se sont battus comme des lions. Maison par maison». Quand il eut traversé plusieurs villes complètement détruites parmi lesquelles Saint-Trond, Tongres et Louvain, Shirer put interviewer le général von Reichenau qui lui dit: «Les premiers jours, les combats les plus durs se sont déroulés le long du canal Albert». A son retour à Berlin, Shirer résuma ainsi ses impressions: «28 mai. J'ai vu la semaine passée sur le front les terribles coups portés à l'armée belge; tout ce que j'ai vu de la Belgique, en dehors de Bruxelles, était dévasté [183] par l'artillerie allemande et les Stukas [184]».

Chapitre XVI

Commandement et communications alliés

«Nous autres Britanniques, avons parfois la réputation, auprès de nos alliés plus modestes, de malmener leurs susceptibilités... Avant tout, nous devons nous rappeler et ne jamais oublier que nous sommes un allié nous aussi. Peut-être les Britanniques ont-ils parfois du mal à être conscients de cela...

Général Sir Richard Gale
dans une conférence sur la «collaboration avec les alliés»

L'appel lancé par l'amiral Keyes pour un soutien aérien constitue la première démonstration de l'importance de sa présence aux côtés du roi Léopold. C'est à travers lui seul — en vertu de ses relations particulières avec Churchill — que le point de vue du Roi fut effectivement exposé à Londres. Il est bien dommage que ce point de vue ait été généralement ignoré — en dépit des nombreux documents — et que la vérité sur la conduite et le caractère de Léopold ait été déformée ou tout simplement tue après qu'il eut été obligé de capituler. Mais grâce aux notes que Keyes eut soin de prendre sur les lieux mêmes des événements, les faits et gestes du Roi peuvent être établis de manière sûre et indiscutable.

En fait, durant les jours les plus cruciaux de la campagne, le Roi ne disposait virtuellement avec les Britanniques d'aucun canal de communication autre que Keyes. L'ambassadeur de Grande-Bretagne à Bruxelles, Sir Lancelot Oliphant, accompagné du colonel Blake, quitta le pays en hâte quelques jours plus tard et disparut dans des circonstances qui seront évoquées plus loin. Bien que le général-major Needham, ancien attaché militaire, fût arrivé à Bruxelles le 10 mai pour diriger la mission militaire britannique auprès du GQG belge, il fut très tôt rapatrié à la suite d'un accident de la circulation [185]. Ce n'est qu'à partir du 17 que l'admirable lieutenant-colonel George Davy remplaça le général Needham et accomplit avec tact, dévouement et esprit d'initiative sa tâche capitale face à un GQG britannique hostile et méfiant.

On aurait évité beaucoup de rancœur et de malentendus si les généraux britanniques en Belgique avaient suivi les préceptes que l'intrépide et objectif général Gale, qui dirigea l'attaque des parachutistes avant le débarquement de Normandie, exposa après la guerre. Outre le conseil cité plus haut, il déclara que les bonnes relations avec des alliés dépendent de la connaissance de leur langue, de la compréhension de leurs problèmes, du tact et de la patience dont on fait preuve: «En tous temps, il ne faut pas tenir compte des seules considérations militaires. Il ne faut jamais perdre de vue la fierté nationale, le point de vue national et les habitudes nationales» [186]. Ces qualités hélas, faisaient nettement défaut aux échelons supérieurs du Corps Expéditionnaire britannique, surtout dans le chef de Pownall qui était le premier à malmener les susceptibilités de ses alliés belges.

Malgré tous les efforts déployés par Keyes, Davy et son excellente équipe de liaison, pour créer de bonnes relations avec les Belges, Pownall et certains officiers supérieurs de sa trempe persistèrent jusqu'à la fin dans leur attitude méfiante, méprisante et arrogante vis-à-vis d'eux. C'est un fait tragique que les hommes détenteurs des postes clés au sein du Corps Expéditionnaire aient été ainsi disposés, car leur attitude hostile vis-à-vis des Belges se répercutait sur l'ensemble des forces britanniques et jusqu'à Londres, où, bien entendu, elle existait déjà. Cela signifiait que, au sein de ce qui était alors une alliance «de facto», il était impossible d'établir des liaisons normales. Dans certains cas, les Britanniques traitèrent davantage les Belges comme les habitants d'un pays ennemi occupé par eux et par la force des armes comme l'avaient prévu certains de leurs plans [187] plutôt que comme une nation amie «au secours» de laquelle ils étaient censés se précipiter. Dans sa biographie, *Alexander as a Military Commander*, le général Sir William Jackson reconnaît franchement: «Les commandants britanniques reflètent les vues de leur pays et ils placeront toujours la sécurité de leurs troupes au-dessus de l'alliance. La méfiance vis-à-vis des étrangers est une chose profondément ancrée et remonte inévitablement à la surface en temps de crise».

L'état-major général britannique demeura dans une ignorance presque délibérée de ce que faisait réellement l'armée belge et affirma invariablement que ses mobiles et son comportement étaient des plus mauvais. Et par ce refus d'échanges ouverts avec les Belges, ils accentuèrent le chaos causé par le manque de communications au sein et autour du Corps Expéditionnaire britannique. Dans ses *Memoirs,* Montgomery rapporte que «les communications sans fil au sein du Corps Expéditionnaire ne furent jamais efficaces; et en dehors, elles existaient à peine. Il s'ensuivit que les communications entre les forces alliées se faisaient presque toujours par le téléphone civil et qu'elles étaient immanquablement peu sûres» [188]. De plus, les opérateurs avaient tendance à abandonner leurs postes pendant les alertes aériennes. En quelques jours, la plupart des lignes importantes avaient été coupées par l'ennemi. Ainsi, toutes les communications téléphoniques furent interrompues entre les quartiers généraux de Gamelin, Georges, Billotte, Gort et le roi Léopold. Et comme le rappelle Montgomery: «Il n'y avait pas de coordination entre les opérations des Belges, du Corps Expéditionnaire britannique et de la première armée française; les commandants de ces armées ne parvenaient pas à communiquer directement, sauf en se rendant des visites personnelles».

Lorsque Gort qui «désirait ardemment la bataille», décida d'abandonner son immense et incommode quartier général d'Arras et d'établir son poste de commandement le plus près possible du front, «les transmissions étaient si mal conçues, écrit Montgomery, que le poste de commandement ne pouvait être établi qu'aux endroits (rares et clairsemés) où le système international du câble souterrain faisait surface... En conséquence, le trafic des communications sans fil était trop important pour les rares appareils disponibles. Et le poste de commandement prenait de plus en plus d'extension» [189].

Dans *Man of Valour,* Sir John Colville présente comme un «désastre administratif» la décision de Gort d'emmener à son poste de commandement son chef d'état-major, Pownall, et la majorité de ses officiers supérieurs d'état-major, car, comme il le souligne: «Le système déjà imparfait des communications se détériora tellement que le lien entre Gort et le noyau de son état-major (les centaines d'officiers et de fonctionnaires du GQG) fut complètement rompu» [190]. Dans ses *Memoirs,* Montgomery attribue la «cassure de l'organisation des renseignements» à ce qu'il appelle la «décision consternante» par laquelle Gort envoya, le 16 mai, le général-major Mason-MacFarlane, chef de l'état-major des renseignements, et son officier le plus haut gradé, le lieutenant-colonel Templer, qui l'avaient tous deux accompagné à son poste de commandement (et se trouvaient ainsi séparés de leur organisation à Arras), s'occuper d'une force improvisée qui devait protéger les arrières droits du Corps Expéditionnaire. Le lendemain, toute l'organisation du GQG d'Arras fut transportée en hâte à Boulogne en deux trains spéciaux pour être évacuée juste à temps par la mer, avant d'être la proie des panzers de Kleist.

En quelques phrases mordantes, Montgomery décrit le «commandement et le contrôle» des armées française et britannique en mai 1940 comme «une véritable pâtée de chiens» dont il accuse Gort et Pownall tout autant que Gamelin:

> Ils n'auraient jamais dû permettre à l'armée britannique d'aller au combat avec un commandement si déficient; conscients de l'organisation pitoyable du Haut Commandement, ils auraient dû organiser le GQG d'une manière plus professionnelle.

«La répartition des tâches d'état-major entre le GQG et le poste de commandement, poursuit Montgomery, était mal conçue depuis le début; le plan de l'état-major était un plan d'amateur où manquait la patte professionnelle. De plus, conclut-il, le GQG et le Corps Expéditionnaire n'avaient dirigé aucun exercice, avec ou sans troupes, depuis le moment où nous avions débarqué en France en 1939 jusqu'au jour où les opérations commencèrent pour de bon en mai 1940... Il en résulta un manque total de politique commune ou de doctrine tactique au sein du Corps Expéditionnaire... et l'absence de maîtrise de la part du sommet.»

Montgomery n'était pas le seul officier supérieur du Corps Expéditionnaire à être consterné par les déficiences et les failles des forces armées et de leur Haut Commandement et à se défier du Commandant en Chef et du chef d'état-major qu'il décrivit plus tard comme «complètement superflus». En fait, ses amis généraux et notamment Alan Brooke (plus tard Field Marshal Lord Alanbrooke) partageaient son point de vue. Tous deux de remarquables généraux, ils se montraient francs dans leurs critiques de leurs supérieurs, tout comme ils stigmatisaient la structure du commandement. Tous deux affirmaient haut et fort que nonobstant l'affection et l'admiration qu'eux et leurs collègues éprouvaient pour ce courageux soldat, ils trouvaient Gort incompétent comme commandant de l'armée.

Dans *The Path to Leadership,* Montgomery écrivit au sujet de Gort: «Il n'était pas fait pour ce travail, et nous, ses officiers, nous le savions tous». Et dans ses *Memoirs,* il précise: «La nomination de Gort fut une erreur; la tâche était au-dessus de ses compétences» (son plus haut poste antérieur avait été à la tête d'une brigade d'infanterie). «Il n'était pas intelligent, poursuit Montgomery, et il ne se souciait pas de l'administration...» [191]. A quoi, Alanbrooke ajoute: «Malheureusement, son esprit était obsédé par les détails. Les points importants... il les laissait entièrement à son état-major pendant qu'il s'occupait de détails tels que les journaux de bord des sections, le transport des sacs de sable, les mines-pièges... Dill et moi lui demandions des réunions pour discuter de points spécifiques de la plus haute importance..., mais lorsque nous

nous retrouvions, toutes ces questions avaient été transmises à Pownall et à Neame. Il ne participait quasiment pas à la discussion... Comme le temps passait, ces lacunes devenaient de plus en plus déconcertantes...» [192].

Il fallut attendre 1981, lorsque des extraits des carnets autographes de Montgomery furent publiés dans l'immense biographie de Nigel Hamilton, *Monty, The Making of a General,* pour que l'histoire complète du commandement inepte du Corps Expéditionnaire par Gort et Pownall soit connue. Après avoir décrit la structure de leur commandement comme «chaotique» et Gort comme «certainement le plus courageux et le plus incompétent commandant d'une armée britannique du vingtième siècle», Hamilton révèle que Montgomery était si indigné par les erreurs des deux généraux du Corps Expéditionnaire qu'à son retour de Dunkerque, il se rendit tout droit au War Office pour solliciter une entrevue avec le CIGS, le général Dill. Les carnets de Montgomery relatent qu'il informa Dill de la «condition de Gort... le soir du 30 mai», déclarant que «les événements des semaines passées prouvent que certains officiers ne sont plus en état de servir et qu'ils doivent être mis à la retraite». Pour décrire la «condition» de Gort le 30 mai, Montgomery écrit qu'il offrait une «vision pathétique» et qu'il était «fini à mes yeux. Il était incapable d'appréhender fermement la situation militaire et de donner des ordres clairs, incapable d'inspirer la confiance ou de relever le moral. Il était complètement dépassé...» [193]. Montgomery dit également à Dill qu'à son avis, «le Corps Expéditionnaire n'avait jamais été *commandé* depuis sa constitution et que pour la prochaine confrontation, nous devons avoir un nouveau GQG et un nouveau Commandant en Chef».

Quelques jours plus tard, Montgomery reçut une lettre privée de Pownall le mettant en garde contre les langues trop vives qui jetaient le discrédit sur le Corps Expéditionnaire. C'était, estime Nigel Hamilton, une vaine tentative pour «museler Montgomery par la menace voilée que Gort pourrait ne pas le recommander pour une distinction honorifique ou un commandement futur», s'il ne cessait de critiquer le Commandant en Chef et le chef d'état-major du Corps Expéditionnaire. Au bas de cette lettre, Montgomery écrivit de sa main: «Il était complètement inutile», appréciation sur Pownall que le maréchal Templer confirma lors d'une interview avec Hamilton en 1979 [194].

Et que penser du Commandant Suprême français sous les ordres duquel Gort et Pownall étaient placés? Gamelin était l'antithèse de l'élève puéril qu'était le Commandant en Chef britannique. «Il me fit l'effet, écrit le général de Gaulle, d'un savant combinant en laboratoire les réactions de sa stratégie... dans un cadre semblable à celui d'un couvent, entouré de peu d'officiers, travaillant et méditant sans se mêler du service courant» [195].

Gamelin était l'officier le plus haut gradé du Conseil Suprême des Alliés, dont Gort ne faisait même pas partie, le Corps Expéditionnaire étant si petit qu'il ne formait qu'une seule des quatre armées du groupe d'armées français n°1 cantonné à la frontière belge. Gort n'était donc pas seulement subordonné à Gamelin, mais aussi à Georges, le Commandant en Chef du front nord-est, et à Billotte, le Commandant du groupe d'armées n°1. Gort cependant avait effectivement accès à Gamelin, bien que leurs réunions fussent rares et espacées. Le brigadier L.A. Hawes a donné un compte rendu amusant de leur rencontre lors des premières conversations anglo-françaises d'états-majors qui se déroulèrent en France en 1939. «Il n'y avait pas d'interprète et le général Gamelin parlait si vite que je suis sûr que les Britanniques ne comprenaient pas la moitié de ce qu'il disait... Le général Gamelin discourait à toute allure pendant quelques minutes... et le général Gort répondait: D'accord» [196].

Bien que Pownall fût mal placé pour critiquer vu la déplorable organisation de son propre état-major et la piètre structure de son commandement, il décrivit l'organisation des Français comme «une clownerie risible». Dans *Assignment to Catastrophe*, le général Spears décrit comment «par défaut d'attribution des pouvoirs, il y avait en fait deux commandants en chef des forces terrestres, Gamelin et Georges», entre lesquels, observe-t-il, «la lutte était extrêmement amère». Comme nous l'avons vu, la veille de l'attaque allemande, Gamelin et son protecteur, Daladier, avaient failli être éliminés par Reynaud au profit de Georges. Gamelin était le Commandant Suprême des forces terrestres mais, n'aimant pas les responsabilités directes, il avait délégué à Georges le commandement de toutes les armées en campagne (y compris le Corps Expéditionnaire) sur le front nord-est. Ainsi que le rappelle Spears:

> La querelle était devenue si ridicule que l'on adopta la solution absurde de créer un état-major supplémentaire à mi-chemin du Quartier Général de Gamelin à Vincennes et de celui de Georges à La Ferté-sous-Jouarre. Cela aurait été comique s'il s'était agi de quelque chose de moins grave que la conduite d'une guerre où la vie même de la nation était engagée [197].

Le système français d'un Haut Commandement à partir de trois quartiers généraux séparés fut encore infiniment aggravé par les méthodes de communication archaïques utilisées entre eux. Malgré les progrès accomplis dans ce domaine au cours des années trente, il n'existait pas de service de télétype entre les trois quartiers généraux et les armées en campagne, et le système de téléphone insuffisant se trouva rapidement hors service. A Vincennes, Gamelin n'avait même pas une radio [198]. Pas même des pigeons voyageurs, comme le déplorait l'un de ses officiers d'état-major. La majorité des communications se faisaient par l'intermédiaire de motocyclistes qui, comme le relate le général Beaufre, n'arrivaient pas toujours à destination, plusieurs d'entre eux se faisant tuer dans des accidents sur les routes encombrées.

Le Commandant Suprême se retrouva ainsi isolé dans un quartier général que de Gaulle nomma «sa tour d'ivoire» et que l'un des officiers d'état-major compara à un «sous-marin sans périscope». Comme il n'avait pas de radio et que l'équipement des transmissions sans fil de l'armée française et de la force aérienne était d'une grande pauvreté (les tanks n'étaient pas pourvus de radios et seuls quelques avions en avaient), Gamelin ne pouvait pas recevoir de rapports directs des autres quartiers généraux ou intercepter les messages radio qui lui auraient permis de se maintenir au courant de la situation. Il y eut pour la même raison de longs retards dans la transmission des ordres. Il fallait au moins six heures, par exemple, pour que les instructions d'attaquer un objectif déterminé transitent par le commandement de la force aérienne et, lorsqu'elles arrivaient, les opérations étaient entravées par le manque de communications radio et autres lacunes. Lorsque la Commission d'Enquête Parlementaire demanda à Gamelin: «Puisque *c'était une question d'heures,* comme vous le précisiez dans la plupart de vos ordres, combien de temps fallait-il pour qu'un ordre soit exécuté?», il répondit: «Du niveau du commandant en chef, même sur le théâtre des opérations, au niveau de l'exécution sur le front, cela prenait généralement 48 heures». Il ne faut donc pas s'étonner, dans ces conditions, que Montgomery ait écrit dans ses *Memoirs:* «Sur le plan du commandement et des contrôles des forces disponibles en France en mai 1940, la bataille était réellement perdue avant de commencer».

Mais ce furent Montgomery, comme commandant de la troisième division et Brooke, comme son commandant de corps, qui jouèrent les rôles principaux dans un épisode qui est un exemple lamentable de la façon dont les relations anglo-belges étaient empoisonnées par les mauvaises communications et de l'attitude autoritaire que montraient les Britanniques vis-à-vis de leur allié plus petit. Les lecteurs des *Memoirs* de Montgomery et des carnets d'Alanbrooke repris dans *The Turn of the Tide* connaissent les versions britanniques quelque peu facétieuses de l'incident de Louvain. Mais pour les Belges, ce n'était pas une plaisanterie. En janvier 1940, Van Overstraeten avait appris par Blake et Hautcœur qu'il entrait dans les intentions de Gamelin d'attribuer au Corps Expéditionnaire une portion étroite du front à l'est de Bruxelles, incluant Louvain, si son Plan D devait être mis à exécution. Le Roi discuta la question avec Pierlot, ses autres ministres et ses chefs militaires et tous s'accordèrent pour estimer que la défense de Bruxelles et de la vieille ville de Louvain qui avait tant souffert sous l'occupation des Allemands en 1914, devait être confiée aux Belges plutôt qu'aux troupes alliées.

Le 15 février, Van Overstraeten fit parvenir une note à Hautcœur qui traitait de diverses questions relatives à la collaboration des Belges avec les alliés au cas où ils seraient appelés en Belgique à la suite d'une attaque allemande. Cette note évoquait les mesures à prendre pour empêcher les civils de quitter leurs maisons, afin de garder les routes libres de réfugiés au profit du trafic militaire allié, et prévoyait, dans le même but, la réquisition des chemins de fer belges, du matériel roulant et des locomotives. Pour la région de Bruxelles, la note affirmait: «Le gouvernement belge tient formellement à ce que l'agglomération bruxelloise reste en zone exclusivement belge». Puis elle proposait que la limite nord du front britannique soit Louvain, mais n'inclue *pas* cette ville qui devait rester sous contrôle belge. Le 22 février, Hautcœur approuva cette proposition belge au nom de Gamelin et dit à Van Overstraeten que le général «a trouvé la proposition naturelle».

Le 15 mars, Van Overstraeten fit une démarche semblable auprès de Blake et lui remit ensuite, de même qu'à l'attaché militaire français, le général Laurent, une note officielle datée du 18 mars qui déclarait que le Roi et le gouvernement «désiraient expressément que l'agglomération bruxelloise soit inclue dans la zone d'opération de l'armée belge et qu'aucune troupe étrangère ne puisse en principe y pénétrer ou y demeurer».

Le général Laurent reconnut sans problèmes que Louvain était «la clé de Bruxelles» et devait donc être défendue par des troupes belges. Le colonel Blake, après avoir consulté Gort au GQG britannique, accepta en son nom que la zone de Bruxelles, y compris Louvain, soit exclue de la zone britannique. Mais le Roi ne reçut jamais d'approbation formelle de ses démarches ni de la part de Gamelin ni de celle de Gort. Et lorsque la troisième division de Montgomery atteignit Louvain le 11 mai, elle y trouva la dixième division belge dont le commandant dit à Montgomery qu'il avait été chargé de sa défense par le Roi et qu'il ne s'en irait pas tant que celui-ci ne lui en donnerait pas l'ordre.

«Je décidai, écrit Montgomery dans ses *Memoirs,* que la meilleure manière d'avoir les Belges hors de Louvain et ma division dedans était d'utiliser un peu de flatterie... Je me plaçai donc sous ses ordres. Il était ravi! La nouvelle parvint au GQG où il régna une horrible consternation. Le commandant de mon corps vint me voir. Mais je lui dis de ne pas s'inquiéter, car j'étais en train de m'arranger pour mettre les Belges à la porte; après quoi, j'occuperais le devant de la scène et je serais le commandant responsable» [199]. Lorsque Brooke demanda à Montgomery, comme il le relate dans ses carnets, «ce qu'il suggérait de faire si les Allemands attaquaient», celui-ci répondit: «Oh! Je mettrais alors le commandant divisionnaire belge aux arrêts de rigueur et je prendrais le commandement» [200]. Bien que cette vantardise ne fût sans doute qu'une plaisanterie, elle est révélatrice de l'attitude hautaine et condescendante que Montgomery et ses amis généraux manifestaient vis-à-vis des Belges. Cet état d'esprit est également illustré par la version que Montgomery donna du dénouement de cette affaire: «Lorsque les Allemands furent à portée d'artillerie et que les obus commencèrent à tomber, je n'eus aucune difficulté à déplacer la division belge du front», ce qui laisse supposer que les troupes belges, prises de panique, battirent immédiatement en retraite sous le feu ennemi. En réalité, lorsque la division belge remit ce secteur aux Britanniques, ce fut sur l'ordre du Roi et non à la suite d'une action de l'ennemi ou en raison du pari plein de brusquerie de Montgomery.

Brooke, en effet, s'était rendu au GQG belge quelques heures avant sa rencontre avec Montgomery à Louvain, pour régler la question. A son arrivée, il tomba sur Sir Roger Keyes qui l'emmena immédiatement auprès du roi Léopold. Brooke, dans ses carnets, raconte ce qui s'ensuivit:

> Lorsque j'entrai, je ne vis personne d'autre dans la pièce, et Roger Keyes se retira et me laissa seul avec le Roi. Je lui expliquai mon problème... en anglais. J'avais avec lui une conversation très agréable et je sentais que je progressais... lorsque soudain j'entendis une voix qui s'exprimait en français dans mon dos. En me retournant, j'aperçus un officier qui ne se présenta pas à moi, mais qui continua à parler au Roi en français. Il soutenait que la division belge ne devait pas être déplacée, que la totalité du Corps Expéditionnaire devait descendre plus au sud et se tenir à l'écart de Bruxelles [201].

C'était évidemment Van Overstraeten, et bien que son impolitesse fût inexcusable, il avait de quoi être exaspéré en réalisant que les Britanniques avaient foulé aux pieds la proposition du Roi qui voulait que la section de la ligne K-W de Bruxelles à Louvain soit défendue par des troupes belges. Bien que Gamelin et Gort eussent donné leur approbation totale, l'attitude de Pownall vis-à-vis des Belges désireux de défendre eux-mêmes leur capitale et leur belle ville médiévale de Louvain est clairement illustrée par ses carnets en date du 11 mai. En apprenant qu'une division belge occupait le secteur de Louvain, il écrivit: «On leur a dit, il y a trois semaines, lorsqu'ils ont soulevé cette question auprès de Gamelin, que *nous* proposions d'occuper ce secteur. Et pourtant, nous les avons trouvés là à notre arrivée».

Selon les carnets de Brooke, celui-ci se retourna vers Van Overstraeten et l'informa, en français, «que la dixième division belge se trouvait du mauvais côté de la ligne Gamelin» [202]. Van Overstraeten fut étonné de voir que Brooke parlait couramment le français et qu'il avait compris tout ce qu'il venait de dire au Roi. L'énergique général anglais n'était pas le meilleur des diplomates et la discussion qu'il eut alors avec Van Overstraeten, tout aussi obstiné et carré que lui, le convainquit que les Belges n'étaient pas «meilleurs que les Français» au sujet desquels son opinion était on ne pouvait plus piètre. Les deux généraux n'avaient pas d'atomes crochus et n'étaient pas capables de saisir le point de vue de l'autre. En fait, le Roi accepta par la suite, pour préserver l'unité alliée, que sa dixième division remît le secteur de Louvain à la troisième division de Montgomery lorsque Billotte le lui demanda au nom de Gamelin, mais l'épisode laissa une impression amère des deux côtés. Bien que Brooke n'ait jamais vu l'armée ou la force aérienne belge en action et que ni lui ni le Corps Expéditionnaire n'aient enduré d'attaque massive des Stukas et des panzers semblable à celles que subirent les Belges, ses carnets sont bourrés de commentaires tendant à les discréditer. L'historien américain Telford Taylor, observe à ce propos:

> Brooke, qui semblait avoir des préjugés défavorables vis-à-vis des Belges, s'inquiétait constamment de son flanc gauche qui le rattachait au front belge. Ces inquiétudes se retrouvent dans ses carnets sous la forme de nombreux commentaires critiques dont on devrait conclure que les états-majors belges étaient absolument incompétents et que leurs troupes manquaient totalement «d'ardeur au combat». Mais Brooke n'alimente aucune de ses observations d'exemples spécifiques de la faiblesse des Belges dans la bataille... En fait, les Belges ne cédèrent jamais et le flanc gauche de Brooke demeura fermement accroché jusqu'à la fin...
>
> Quoi qu'ait pu penser Brooke des soldats belges, les Allemands se montrèrent plus respectueux... [203].

En ce qui concerne l'attitude de Van Overstraeten vis-à-vis des Britanniques, il ne faut pas s'étonner que le général Needham ait trouvé l'atmosphère du GQG belge ce jour-là «rien moins que cordiale», comme il l'écrivit plus tard à l'amiral Keyes.

L'événement majeur du 12 mai fut la réunion capitale à laquelle assistèrent le Roi et Van Overstraeten au château de Casteau, près de Mons. L'un de ses objectifs principaux était de mettre un peu d'ordre dans la structure de commandement ambiguë et mal définie des Alliés. Parmi les autres personnes présentes, figuraient Daladier, ministre français de la Défense Nationale, le général Georges, Commandant en Chef du théâtre nord-est des opérations, son subordonné, le général Billotte, qui commandait le groupe d'armée n° 1 et le général Pownall qui représentait le commandant en chef du Corps Expéditionnaire. L'armée belge était évidemment placée sous le commandement indépendant du roi Léopold.

Après que Daladier, en guêtres et en culotte, eut rendu un hommage éloquent au courage des Belges et de leur Roi, Georges demanda si

Léopold et Gort accepteraient l'autorité de Billotte comme «coordinateur», Gamelin venant juste de lui déléguer le commandement de toutes les armées en campagne, y compris le Corps Expéditionnaire. Pownall ne pouvait consulter son supérieur étant arrivé à la réunion avec une demi-heure de retard et sans lui parce que Gort avait — une fois de plus — quitté son poste de commandement et ne pouvait plus être joint du fait (comme le fait remarquer son biographe) «de la lamentable déficience des transmissions au sein du Corps Expéditionnaire» [204]. Le chef de l'état-major britannique accepta néanmoins la proposition au nom de Gort et le Roi donna également son accord sans hésiter. C'est un fait indiscutable, malgré que les détracteurs de Léopold se soient complus à répéter que le Roi «refusait» le commandement français ou qu'il se montrait «réticent» à son égard. En fait, le Roi constata à Casteau que cette mesure était «l'évidence même». Mais comme on pouvait s'y attendre, cette chaîne compliquée de responsabilités déléguées, avec des communications quasi inexistantes, ne suscita que pagaille et confusion bientôt suivies d'une complète paralysie. Parallèlement, les références des carnets de Pownall au roi Léopold se montrent typiquement insensibles et dépréciatives:

> Le Roi des Belges semblait plutôt sous l'effet du choc et parlait à peine. Il échangea ensuite quelques phrases avec Georges et Billotte mais il ne semble pas qu'il ait eu un mot aimable pour qui que ce soit d'autre malgré son éducation à Eton! Je ne m'étonne pas qu'il se sente figé. Son pays est de nouveau envahi et sa politique a échoué [205].

Mais Léopold était toujours réservé dans des circonstances officielles et il portait à présent le double fardeau de lieutenant-général d'une armée en guerre et de chef d'un Etat dont le territoire était au même moment envahi et dévasté. De plus, c'était évidemment son officier d'état-major, Van Overstraeten, qui prenait la parole lorsque des questions de détails étaient soulevées à cette réunion. Mais Pownall était aveugle à ce genre de considérations.

Pownall lui-même rendit compte à la conférence de ce que la progression du Corps Expéditionnaire s'était faite en douceur à l'exception de la difficulté surgie à propos de Louvain. Au cours de cette réunion, il fut signalé que lorsque les Français s'étaient avancés pour occuper le «secteur de Gembloux», ils avaient trouvé les défenses anti-chars différentes de ce à quoi ils s'attendaient. Le commentaire de Pownall à l'ouïe de cette remarque et rapporté dans ses carnets fut : «Fiez-vous aux Belges pour qu'ils vous f... dedans», mais après qu'il eut entendu l'explication fournie par Van Overstraeten, il écrivit dans son rapport officiel que l'obstacle anti-char «Cointet»:

> avait initialement été placé au nord, de Namur à Wavre via Gembloux. C'était la ligne la plus courte possible et elle avait été choisie à un

moment de pénurie de matériel. Plus tard, quand plus de matériel avait été disponible, il avait été décidé de déplacer cet obstacle sur la ligne Namur-Perwez, à l'est de la forêt de Meerdael jusqu'à Louvain. La section sud de cette ligne avait été achevée, il ne restait qu'une douzaine de brèches inachevées sur un total de 5 km. En une semaine, le travail aurait été terminé.

Les chefs militaires qui sont plongés dans la bataille trouvent naturellement difficile de regarder au-delà des intérêts de leurs propres unités ou de se souvenir que la confusion et les malentendus sont un aspect constant des relations entre différents alliés. Ils ont tendance à attendre des autres une sorte de perfection même si celle-ci manque à leur propre commandement. Et les Belges n'étaient évidemment pas parfaits. Malgré l'intensité de leurs efforts «contre la montre», ils n'avaient pu achever les défenses anti-chars dans le secteur de Gembloux, surpris et frappés par les méthodes d'attaque nouvelles et dévastatrices des Allemands. Mais dans une perspective plus large, il faut bien constater qu'en résistant si résolument, ils avaient, en date du 12 mai, rempli leur tâche essentielle qui était de protéger la progression des alliés de l'assaut de la sixième armée de von Reichenau. Ce n'était pas aux Français ou aux Britanniques à leur jeter la pierre. Par rapport à l'état déplorable du commandement allié et de ses sytèmes de communications, ou encore à l'insondable couardise dont allaient sous peu faire preuve la neuvième et la deuxième armée française sur la Meuse, les déficiences des Belges paraissent insignifiantes. Et les Britanniques qui, le 10 mai, n'avaient réussi à envoyer sur le continent que dix divisions mal équipées dont aucune n'était blindée, n'étaient pas les mieux placés pour critiquer les efforts de guerre des autres. Il est outrecuidant en effet que les chefs d'une armée, qui, comme le reconnaît l'historien britannique officiel de la campagne, constituait «une force trop réduite pour affecter l'issue de la bataille», aient pu réagir avec tant de lourdeur vis-à-vis des soldats et de la population d'une petite nation dont la contribution à la bataille en cours était, sur le plan des hommes mobilisés, des souffrances et des pertes subies, proportionnellement beaucoup plus grande que les leurs.

Quoi qu'il en fût, grâce au fait que le Roi et Pownall acceptèrent la désignation de Billotte comme «coordinateur», la réunion de Casteau se termina sans animosité ouverte. Mais Billotte déjà montrait des signes de doute. Parlant au nom de ses supérieurs, il attira l'attention sur l'énorme supériorité de la force aérienne allemande et termina par ces mots:

> «La bataille imminente sera décisive peut-être, difficile certainement. Il faut s'attendre à ce que la Belgique soit le théâtre de l'effort principal allemand. La sagesse commande d'envisager le pire. Nous devons prévoir le repli sur une position plus reculée, sans le dire, et tout en étant décidés à nous battre à fond.»

Ce qui n'apparaissait pas comme un message particulièrement inspirant de la part du Commandement allié suprême. On comprend donc que, dans la voiture qui les ramenait à Breendonck, le Roi conclut pour Van Overstraeten: «La confiance dans le succès paraît limitée.»

Durant toute la quatrième journée de la bataille, en dépit de lourdes pertes en vies humaines et de la pression constante des forces allemandes de terre et de l'air, l'armée belge poursuivit, en combattant, sa retraite ordonnée en direction de la partie du front qui lui était dévolue sur la ligne K-W, à la gauche du Corps Expéditionnaire. Les Belges qui se retiraient et qui, pendant deux jours, avaient tenu les diverses positions échelonnées le long du canal Albert et de la Meuse, devaient, en manœuvrant à travers la Belgique, établir leur jonction avec leur section longue de quelque quatre-vingts kilomètres sur la ligne de défense principale entre Louvain et Anvers. Comme on peut le constater en étudiant la carte, c'était une manœuvre remarquable tant au niveau de sa conception que de sa réalisation et l'on peut rendre hommage aux Belges d'avoir pu la mener à bien au cours de la journée suivante.

Comme les troupes belges opéraient leur retraite, elles eurent à soutenir de nombreux et violents affrontements et firent payer cher à l'ennemi ses victoires. L'infanterie sur la droite de l'aile allemande, après s'être taillé un passage sur le canal Albert au nord-ouest d'Anvers, fut arrêtée par la vigoureuse résistance des troupes belges déployées le long de la Gette. L'infanterie belge, la cavalerie, l'artillerie, les Lanciers et les Cyclistes se distinguèrent tout particulièrement tandis que les Chasseurs Ardennais infligeaient aux Allemands des pertes sanglantes au cours des combats de leur longue retraite. De nombreuses unités belges, parmi lesquelles la Force Aérienne, ajoutèrent de nouvelles palmes aux lauriers déjà acquis au cours de la guerre de 1914.

Nonobstant les sarcasmes de Pownall sur le Roi et son armée «complètement morts de frousse», le moral des troupes belges et de leurs chefs demeurait en fait «extrêmement haut», comme le rapporta au War Office le Colonel Davy quelques jours plus tard. De plus, l'apparition de leur jeune et populaire Souverain aux endroits les plus menacés du front constituait un stimulant supplémentaire pour l'esprit des troupes. Le Roi visitait la ligne du front aussi souvent qu'il le pouvait et le 13 mai, ayant appris qu'Anvers était attaquée, il passa l'après-midi avec le Ve Corps qui défendait ce secteur. Pas plus qu'à Breendonck, ne se manifestait là de découragement ainsi que le laissent clairement apparaître les notes quotidiennes de Keyes et de Van Overstraeten dont on ne peut certainement pas dire qu'il était un optimiste. Ainsi, l'Amiral signalait à Londres le 13 mai que le Roi et Van Overstraeten «exprimaient leur confiance dans la capacité des armées alliées de tenir la ligne couvrant Anvers et Bruxelles pour autant que fût fourni un support aérien adéquat» et le 14, il notait dans son journal «Je trouve le Roi et Van Overstraeten encore plus confiants ce matin.» Et il n'y avait pas davantage l'ombre d'une défaillance dans cet ordre du jour que Léopold adressait à l'Armée l'après-midi du 13, avant de partir visiter les défenseurs d'Anvers:

> «Soldats,
>
> Assaillie brutalement par un coup de surprise inouï, aux prises avec des forces supérieurement équipées et bénéficiant d'une aviation formidable, l'Armée belge exécute depuis trois jours une manœuvre difficile, dont le succès importe au plus haut point pour la conduite générale des opérations et pour le sort de la guerre.
>
> Cette manœuvre exige de tous, chefs et soldats, des efforts exceptionnels, soutenus jour et nuit, au milieu d'une tension morale qui porte à l'extrême le spectacle des ravages exercés par un envahisseur impitoyable.
>
> Quelque rude que soit cette épreuve, vous la surmonterez avec vaillance. Notre position s'améliore d'heure en heure. Aux jours décisifs qui vont venir, vous saurez raidir toutes les énergies, consentir tous les sacrifices, pour arrêter l'invasion.
>
> Comme sur l'Yser en 1914, les troupes françaises et britanniques y comptent; le salut et l'honneur du pays le commandent.
>
> Léopold.»

Par ailleurs, les «Instructions secrètes et personnelles» que le Roi adressa les jours suivants à ses généraux reflètent le même esprit quand il leur enjoint de défendre leurs positions jusqu'à la limite de leurs possibilités. Le front tenu par l'Armée, déclare-t-il «protège le cœur du Pays et doit être défendu *à tout prix*.» (Les mots sont soulignés dans le document original rédigé par le Roi.) Les divisions belges avaient à présent achevé leur retraite opérée en combattant et se trouvaient disséminées sur la ligne K-W — et le cœur y était, ainsi que le confirma le Roi lors de sa visite sur le front. Les troupes belges savaient que tous les 350 mètres un bastion de béton contenant un canon anti-tank de 47 mm assurait leur protection contre l'avance ennemie, ainsi que le faisaient d'autre part, devant eux, la Dyle et la barrière anti-tank «Cointet».

Cependant que le Corps d'armée belge défendant Liège était forcé d'évacuer le secteur pour éviter l'encerclement, toutes les forteresses de cette zone puissamment fortifiée — et se trouvant à présent à quatre-vingts kilomètres en deça des lignes ennemies — tenaient bon comme des îlots au sein du raz-de-marée allemand. L'ennemi était donc forcé de mobiliser des forces considérables pour les contenir et souffrait du continuel tir d'obus en provenance des forts et de la rupture de ses communications que ce barrage provoquait. Après s'être retirées de Liège, les troupes du IIIe Corps belge se joignirent aux forces françaises commandées par le général de Fornel de la Laurencie, qui leur rendit cet hommage dans son rapport officiel:

> «Avec une haute conception de leur devoir, ils combattirent aux côtés de leurs camarades français avec un héroïsme qui commande l'admiration. Bien que les hasards de la guerre leur fussent contraires, comme ils l'étaient aussi pour nous, la Belgique peut être fière de ses fils, j'y étais pour en témoigner.»

La résistance dont firent preuve les forts de Liège et de Namur, isolés et sans espoir de secours, dépassa ainsi les plus hautes attentes du Roi et de l'Armée. De même, Chaudfontaine ne tomba pas avant le 17, Pontisse et Barchon avant le 18, Evegnée avant le 19 et Neufchâteau avant le 21. Pépinster ne cessa pas le feu avant le 29 mai, un jour après la capitulation belge. Les Allemands en furent tellement impressionnés qu'ils autorisèrent la garnison à sortir avec les honneurs de la guerre. A Namur, le fort de Marchovelette tint bon jusqu'au 18, Suarlée jusqu'au 19, St Héribert et Malonne jusqu'au 21; Dave, Maizeret et Andoy jusqu'au 23. Le 15 mai après qu'un sous-officier se fut échappé de l'un des forts assiégés de Liège et eut rapporté qu'ils tenaient tous bon et que «le moral de la garnison était élevé», le Roi ordonna qu'un message personnel leur fut adressé de sa part à la radio nationale:

> «Colonel Modard, commandant des forts de la P.F.L., officiers, sous-officiers et soldats de la P.F.L. Résistez jusqu'au bout pour la patrie. Je suis fier de vous.
>
> Léopold.»

Pour maintenir les contacts les plus étroits possibles avec Winston Churchill, Sir Roger Keyes se rendit trois fois à Bruxelles le 13. Cela lui fut possible sans les difficultés de transport qu'il avait rencontrées auparavant, ayant été pourvu depuis d'une Packard, d'un chauffeur civil et d'un officier de police attaché à sa personne comme garde du corps par ordre du Roi. (Dans une lettre à sa femme, l'Amiral le décrivit comme un «jeune homme charmant, ayant beaucoup d'allure et armé jusqu'aux dents») [206]. Ainsi que put le constater par lui-même l'amiral, la population belge accueillait par des vivats les colonnes françaises et britanniques qui s'avançaient le long des routes pour combattre avec ses propres soldats, mais le passage des troupes britanniques au centre de Bruxelles causa beaucoup de soucis au Haut Commandement belge qui avait spécialement demandé à la population bruxelloise de s'abstenir de pareille démonstration. Les Allemands, qui maintenaient la capitale sous observation aérienne constante, avaient annoncé le 11 mai qu'ils la reconnaîtraient comme ville ouverte et ne la bombarderaient pas *à condition qu'aucune troupe militaire ne la traverse.* Cinq jours plus tard, la radio allemande proclama: «Si Bruxelles continue à être traversée par des troupes britanniques, elle sera bombardée». A cette date, elles se déplaçaient évidemment dans le sens inverse. Cette situation fut même une cause de friction entre le Roi et l'Amiral, comme ce dernier le nota dans ses carnets:

> 13 mai: ce soir, après le dîner, j'ai eu une discussion avec le Roi et Van Overstraeten. Ils ont vivement déploré que les troupes britanniques passent par le centre de Bruxelles... J'ai eu droit à beaucoup de plaintes depuis que je suis ici, mais je pensais qu'ils comprenaient notre point de vue... Le colonel Blake m'avait dit que... on lui avait donné l'assurance que des ponts supplémentaires seraient construits pour permettre au Corps Expéditionnaire d'éviter de passer par Bruxelles pour gagner ses positions. Van Overstraeten déclara que des difficultés avaient certainement surgi dans ce domaine mais qu'il était de toutes façons possible pour nos troupes d'atteindre leur destination sans emprunter les grands boulevards... Quant aux plaintes du colonel Blake, Van Overstraeten ...me rappela qu'ils avaient autorisé, en réponse à ma requête, tout officier britannique, du commandant en chef au moins gradé, à se déplacer où il voulait en civil et à aller examiner lui-même le terrain en compagnie du colonel Blake...
>
> Le Roi me dit que Gamelin avait affirmé qu'il était personnellement très satisfait des informations fournies à son attaché militaire à Bruxelles. Je ne pense pas que notre attaché militaire avait plus à se plaindre à ce sujet et je suis persuadé qu'il n'y aurait eu aucune raison de se plaindre si ma liaison avec le roi Léopold n'avait pas été malheureusement rompue après mon voyage à Bruxelles en janvier du fait que le gouvernement belge, ayant eu connaissance de ma mission, craignait qu'elle ne compromette leur neutralité. Avant d'aller me coucher, j'ai dit que le Corps Expéditionnaire s'en était tenu aux plans, que la septième armée française apparemment avait agi de même, et que j'espérais que, les différends étant aplanis, nous pourrions envisager une bonne alliance à l'avenir. Ils m'ont chaleureusement approuvé et ont exprimé leur confiance dans la possibilité pour les armées alliées de tenir la ligne couvrant Anvers et Bruxelles, si un soutien aérien adéquat leur était apporté.

Mais si le moral du GQG et des troupes belges était stable, celui du gouvernement et de la population civile, qui attendaient vainement que l'administration prenne les choses en main, l'était moins. Selon le rapport officiel rédigé à partir des notes du Roi, le chaos qui régnait à Bruxelles le 14 mai était «indescriptible». Le gouvernement n'avait fait aucun effort pour stopper le flux sans cesse croissant des réfugiés qui encombraient les routes et gênaient les opérations militaires. En traversant la ville, ils répandaient les rumeurs les plus alarmantes, ce qui eut pour conséquence qu'en l'absence de toute directive de la part des autorités, la ville commença à se vider. Toutes les rues furent bientôt désertées par leurs habitants.

La nuit précédente, des tirs s'étaient fait entendre dans le parc et la rumeur avait rapidement circulé que des parachutistes avaient été largués au-dessus de la ville. On prétendit même que certains d'entre eux avaient été vus sur le toit de l'immeuble Electrobel et qu'ils avaient attaqué les gardes du palais. Mais bien que le Premier Ministre Pierlot déclarât dans un discours radiodiffusé: «Aucun parachutiste, vous entendez, aucun parachutiste n'est descendu sur Bruxelles ni hier, ni cette nuit», il refusa de prendre des mesures pour tenir les réfugiés à l'écart des routes. «Ce serait livrer nos populations aux fureurs de la barbarie teutonne». Les carnets de l'Amiral décrivent ainsi les événements de cette journée:

> 14 mai: ... J'ai appris que le gouvernement belge souhaitait déjà quitter la capitale et avait pris ses dispositions pour le faire; le Roi les a toutefois invités à rester et il m'a demandé de prier notre ambassadeur de ne pas partir. J'ai été à Bruxelles et j'ai constaté que l'ambassadeur de Grande-Bretagne avait déjà pris ses dispositions pour s'en aller cet après-midi et qu'on brûlait les archives dans la cour. Je lui ai remis le message du Roi. Sir Lancelot Oliphant entra alors en communication avec son collègue français, puis il rencontra le Premier Ministre et le ministre des Affaires Etrangères et je fus heureux d'apprendre que la fuite du gouvernement et du corps diplomatique allié avait été provisoirement stoppée.
>
> Ayant trouvé Lord Gort et ses commandants de corps au bureau de l'attaché militaire, je téléphonai au Roi pour le mettre au courant de la présence de Gort. Il répondit qu'il serait ravi de le voir et Gort m'accompagna au GQG dans l'après-midi.

L'allègre Gort, qui se réjouissait à la pensée que la bataille était proche, fit bonne impression sur le Roi. «Jeune, aimable, nota Van Overstraeten, il assure sa Majesté de son concours absolu». Billotte, que Léopold avait rencontré avec la reine Astrid plusieurs années auparavant en Indochine, se présenta ensuite, mais en comparaison de Gort, il était le désespoir personnifié. Le Commandant du groupe d'armée dit au Roi qu'il était préoccupé par la progression ennemie vers Sedan. «Les Allemands ont préparé un outil pour gagner cette guerre; cet outil, nous ne l'avons pas.» Le Roi avait déjà entendu parler du passage de la Meuse au sud de Namur et, comme nous l'avons vu, ses sources secrètes de renseignements l'avaient convaincu que la principale poussée des Allemands se ferait dans cette région. Mais ce ne fut pas avant le jour suivant qu'il fut à même de réaliser, à travers les rapports de ses officiers de liaison, l'ampleur du désastre militaire des Français sur ce fleuve. Billotte poursuivit en disant que les attaques aériennes allemandes sur les routes qui menaient de Philippeville à la Meuse avaient atteint une telle violence que tous les mouvements de troupe avaient été suspendus. C'étaient là de sombres réalités et Keyes les signala immédiatement à Churchill, assorties d'une nouvelle demande de soutien aérien:

> La bataille sera déterminée par la capacité des forces alliées de prendre le contrôle de l'air, et pour y arriver effectivement, les chasseurs sont absolument essentiels...

Le commandement belge demeurait encore convaincu que la principale position de défense belge pouvait être tenue contre toutes les attaques, mais l'intervention de la RAF sur le champ de bataille suite à l'appel lancé par l'Amiral à Churchill avait fait naître le faux espoir que les Alliés fourniraient le soutien aérien nécessaire. Cet espoir allait bientôt s'effondrer.

Une autre évidence à laquelle Léopold avait maintenant à faire face était que la capacité des Alliés de tenir la ligne K-W devenait tout à fait secondaire. Ce n'était plus désormais la bataille au centre de la Belgique qui était capitale, mais bien ce qui était en train de se passer sur le front tenu par les neuvième et deuxième armées françaises au sud de Namur.

Ce soir-là, le Roi apprit que les tanks allemands, après avoir traversé la Meuse, avaient contraint les Français à fuir dans l'Entre-Sambre-et-Meuse en abandonnant leur artillerie. Plus tard, le Roi reçut un autre rapport préoccupant du général Galet, grand soldat belge et vieil ami du roi Albert, que Léopold avait nommé officier de liaison au GQG de Georges. Le rapport du général Galet confirma le Roi dans son opinion que la principale poussée allemande visait le point de jonction des deux groupes d'armée à hauteur de Sedan, dans le but de couper les forces alliées du nord du reste des armées alliées. Sa supposition que l'objectif des attaques sur les fronts belge et hollandais était d'attirer les armées franco-britanniques le plus loin possible dans ces deux pays, était donc juste. Seule la conclusion de Galet — que les Français disposaient d'assez de réserves pour stopper la progression ennemie — n'était pas fondée. Les Français l'avaient en effet induit en erreur sur ce point car, deux jours plus tard, en réponse à la question de Churchill: «Où est la masse de manœuvre?», Gamelin dut admettre qu'il n'y en avait pas, puisqu'il avait perdu sa seule réserve mobile — les sept divisions de la septième armée de Giraud — en l'envoyant chasser l'oie sauvage en Hollande. Les seules autres formations de «réserve» de Gamelin étaient treize divisions stationnant dans la région de Metz, mais elles ne constituaient pas une masse de manœuvre, étant seulement prévues pour relayer les divisions épuisées du front. Et comme, à l'instar du gros de l'armée française, ces divisions n'avaient quasiment pas de moyens de transport à elles, même pas du style charrettes à chevaux, et qu'elles dépendaient du chemin de fer pour leurs déplacements, elles furent complètement immobilisées lorsque la Luftwaffe paralysa le système en bombardant sans relâche.

Ce soir du 14, le Roi dut encore encaisser une autre réalité désagréable. Au bout de cinq jours de résistance environ, le général Winkelman, Commandant en Chef de l'armée hollandaise, radiodiffusa une proclamation de reddition militaire. Cela signifiait que la dix-huitième armée de Kuechler, comprenant une division blindée, une division SS motorisée et huit divisions d'infanterie, serait maintenant libre de venir s'ajouter à l'attaque allemande contre le front belge. Comme dans toutes les opérations de la Wehrmacht, la consigne fut la vitesse, et avant que la Hollande fut totalement occupée, le gros des forces d'invasion, dirigé par la neuvième division des panzers et la plupart des unités SS motorisées, talonnait la septième armée française qui se repliait en Belgique. Elle avait été la seule aide militaire alliée parvenue jusqu'en Hollande, mais n'avait bénéficié que d'un faible soutien aérien malgré les appels désespérés de Giraud à la RAF. Après avoir subi une rossée des panzers et des Stukas, les forces françaises se replièrent de manière assez désordonnée vers le sud à travers la Belgique et l'arrière des armées alliées de la ligne K-W pour regagner la France. La dix-huitième armée allemande devint ainsi, après son redéploiement, l'aile droite du groupe d'armée B de von Bock et exerça une rude pression sur le secteur du front tenu par les Belges, une seule de leurs divisions ayant été laissée en Hollande.

L'utilisation d'un petit nombre de troupes aéroportées en Norvège avait mis les Hollandais en garde, mais un mois était insuffisant pour se préparer à cette nouvelle forme d'attaque, a fortiori pour affronter la force encore beaucoup plus vaste qui à présent recouvrait tout leur pays. Près de deux divisions d'infanterie aéroportées furent débarquées par des planeurs et 4.500 parachutistes furent largués aux points clés à l'arrière de leurs positions de défense pour ouvrir la voie aux panzers et à l'infanterie de la dix-huitième armée. Comme en Norvège, au Danemark et sur le canal Albert, la clé de la réussite allemande fut la surprise, la vitesse et l'audace, et par dessus tout, la maîtrise de l'air. Et pour chacune de ces batailles, les succès spectaculaires des Allemands donnèrent lieu à des récits hauts en couleur sur les cinquièmes colonnes, les traîtres et les saboteurs qui minaient les pays victimes, bien que, ainsi que l'écrit Telford Taylor dans *The March of Conquest:* «Les enquêtes minutieuses effectuées depuis la guerre ont abondamment prouvé... que les rapports sur la subversion et les sabotages avaient été uniformément exagérés et qu'ils avaient souvent été établis sans absolument aucun fondement.» [209].

Chapitre XVII

Reine en exil

> «Je serai responsable de tout, sauf du tort que l'on ferait à la reine Wilhelmine qui est si populaire dans son pays et dans le monde entier!»
>
> Adolphe Hitler, dans ses ordres au général Student avant l'invasion allemande de la Hollande.

Dès les premières heures de l'invasion de la Hollande, les principaux ministres du Cabinet hollandais arrivèrent par avion à Londres où ils furent rapidement rejoints par le reste de l'administration. Mais ce n'est qu'au quatrième jour de la bataille que la reine Wilhelmine se retrouva auprès de son gouvernement, créant par là une autre de ces légendes qui entacheraient la réputation de Léopold. Si elle avait pu gagner l'Angleterre et incarner à Londres l'esprit de la Hollande libre, pourquoi Léopold n'a-t-il pu faire de même pour la Belgique? Tel est l'objet de la controverse, mais celle-ci se fonde sur un certain nombre de suppositions inexactes. En fait, la Reine était décidée à rester aux côtés de son peuple pour partager son sort et affronter l'envahisseur, et son intention ne fut jamais de se rendre en Angleterre, ainsi qu'elle l'écrit dans ses mémoires [208].

Le 13 à 5 heures, la Reine téléphona au roi George VI et lui lança un appel désespéré pour obtenir une aide militaire et un soutien aérien, des chasseurs surtout, pour la défense de son pays. Mais si l'on excepte quelques sorties de la RAF et le débarquement à Hoek van Holland d'une poignée de Royal Marines et d'un bataillon de la Garde, qui furent retirés le 14 sans avoir même vu les forces terrestres ennemies, rien ne fut envoyé. Il y avait toutefois un groupe de vieux destroyers britanniques qui opéraient dans les eaux hollandaises (l'auteur servait sur l'un d'entre eux comme sous-lieutenant) et le HMS *Hereward* mouillait à Hoek van Holland lorsque Wilhelmine y arriva le soir du 13. Comme les troupes allemandes les encerclaient et que le port était bombardé, la Reine monta calmement à bord du destroyer et demanda qu'on l'emmène à Vlissingen ou Breskens en Zeelande où ses forces tenaient tête à l'ennemi.

Comme le rapporta le *News Chronicle* le 18 mai: «Parfaitement calme, malgré le vacarme et les tirs sur le rivage, la Reine monta sur la passerelle. Ses premiers mots pour le commandant furent «Je veux aller à Vlissingen, s'il vous plaît...» «Je n'ai jamais vu une dame si calme et si sereine», commenta un officier de la marine. Mais lorsque le *Hereward* fut en mer, des dificultés surgirent à propos des champs de mines qui protégeaient Vlissingen et le capitaine reçut de l'Amirauté l'ordre de se rendre à Harwich. A l'arrivée, la Reine refusa de bouger et téléphona au roi George pour insister afin qu'on la ramenât en Hollande et pour réitérer sa demande d'aide militaire. Ces deux requêtes furent refusées et elle se trouva finalement forcée d'accepter le fait accompli et de monter dans le train qu'on avait prévu pour elle.

La reine Wilhelmine arriva donc à Londres à 17 heures, avec une seule valise et en tenant à la main le casque d'acier qu'on lui avait donné à bord du destroyer. Elle fut saluée avec chaleur et sympathie et conduite au palais de Buckingham par le roi George, qui raconte dans son journal:

> Je l'ai retrouvée à Liverpool Street Station et l'ai emmenée ici... Elle m'a dit qu'en quittant La Haye, elle n'avait pas l'intention de quitter la Hollande... Elle était évidemment tout en émoi et n'avait aucun vêtement de rechange avec elle [209].

Le représentant spécial du président Roosevelt, Harry Hopkins, entendit le récit de l'arrivée involontaire de la reine Wilhelmine en Angleterre de la bouche même du Roi et de la Reine dans leur abri anti-aérien du palais de Buckingham après qu'il eut déjeuné avec eux le 30 janvier 1941. Hopkins décrivit dans son journal les événements relatés plus haut et ajouta:

> La Reine a dit qu'elle était une femme vraiment courageuse et il ressortait clairement de sa conversation qu'elle est arrivée en Angleterre par le plus grand des hasards et non de sa propre initiative [210].

«Je pensais, écrit la reine Wilhelmine dans ses mémoires, que je serais en mesure de rester à mon poste à La Haye pour quelque temps du moins, et que dans le pire des cas, j'accompagnerais l'armée vers le sud, comme l'avait fait en son temps le roi Albert... Si les... troupes de parachutistes n'avaient pas coupé toutes les liaisons avec l'armée qui se battait sur la Grebbe, j'aurais pu la rejoindre pour partager le sort des soldats... J'étais évidemment tout à fait consciente de la désastreuse impression que ferait mon départ sur le pays» [211].

Maintenant que la Reine des Pays-Bas était à Londres, il ne lui restait d'autre solution que de faire contre mauvaise fortune bon cœur et de se servir de la BBC pour expliquer le mieux possible son départ à ses compatriotes en guerre. Mais avant qu'elle fût en mesure de le faire, le peuple hollandais apprit avec stupeur, sèchement annoncé à la radio sous forme d'une «nouvelle de la Cour», que leur Reine se trouvait avec le Roi et la Reine d'Angleterre au palais de Buckingham. Personne ne sut que l'arrivée de la Reine en Angleterre était involontaire et le fait fut soigneusement dissimulé par la propagande alliée qui édifia une légende autour de sa présence en Angleterre. Mais ce que cette légende, qui persiste de nos jours, omet de mentionner, c'est l'effet du départ de la Reine sur ses troupes et les conséquences qui en résultèrent pour le pays pendant les longues années de l'occupation [212].

Le peuple hollandais, qui était convaincu que sa souveraine partagerait son sort quoi qu'il pût arriver et s'opposerait résolument à l'envahisseur, recut comme un coup de massue la nouvelle qu'elle les avait quittés. Une vague de colère et de rancune déferla sur le pays. Un pur Hollandais dit au correspondant d'un journal britannique: «Comment a-t-elle *pu?* Lorsque tout le monde sera au courant, on assistera à un effondrement du moral — cela signifie certainement la fin pour nous». Il avait raison, car l'après-midi du 14, le lendemain du départ non voulu de la Reine, comme il ne restait plus un seul ministre en Hollande, le général Winkelman décida de sa propre initiative de faire capituler le corps principal de son armée. Les troupes hollandaises qui tenaient encore la Zeelande et que la Reine avait tenté de rejoindre n'étaient pas inclues dans cette capitulation. La marine royale hollandaise avait pris la direction de ports amis le 14.

Le roi Léopold allait bientôt se retrouver dans la même situation que le général Winkelman, aucun des deux commandants en chef n'étant en mesure de consulter un quelconque membre de son gouvernement puisque tous ceux-ci avaient fui le pays. Il n'y eut de plus, dans les deux cas, aucune implication politique, la capitulation ne concernant que les forces armées. Le Commandant en Chef hollandais annonça le cessez-le-feu dans les termes suivants:

> L'Allemagne a bombardé Rotterdam cet après-midi. Utrecht a également été menacée de destruction. Pour épargner la population civile et empêcher le sacrifice de vies supplémentaires, je me sens autorisé à ordonner aux troupes concernées de déposer les armes... La bataille de Zeelande se poursuit. Je prie la population de garder une attitude digne et pacifique au cours de l'occupation qui nous attend et de forcer ainsi le respect de l'ennemi. Grâce à l'immense supériorité que lui ont conférée les armes les plus modernes, l'ennemi a réussi à briser notre résistance. Nous n'avons rien à nous reprocher. En fin de compte, les Pays-Bas se redresseront comme une nation libre. Longue vie à notre Reine!

Plus tard dans la soirée, le général Winkelman prononça une nouvelle allocution radiodiffusée:

> Pratiquement sans soutien..., nous n'avions plus le moyen de continuer la lutte... La guerre était totalement unilatérale. La poursuivre aurait seulement signifié que davantage de victimes innocentes seraient tombées...
>
> Notre nouveau destin doit être subi avec courage et détermination. Nous devons avoir confiance en l'avenir. Nous devons en témoigner par notre comportement. Nous devons nous imposer de reconstruire notre pays détruit. Longue vie à sa Majesté la Reine! Longue vie à la Patrie!

Le bombardement de Rotterdam souleva une vague d'horreur et d'indignation à travers le monde. Les soldats hollandais, s'estimant abandonnés par leur Reine, leur gouvernement et leurs alliés, avaient perdu courage et s'étaient déjà engagés dans des pourparlers de capitulation avec les Allemands lorsque le coup les frappa. La plupart des fusées rouges lancées par les Allemands pour mettre fin à l'attaque étaient masquées par la fumée de la bataille et seule une partie des formations de bombardiers s'en retournèrent, les autres accentuant leur pression de manière à semer une épouvantable destruction sur la ville. Et pourtant, ce n'était là qu'un pâle reflet de ce qui se serait passé à Bruxelles si les Allemands avaient mis à exécution leur menace de bombarder cette ville sans défense du fait de sa traversée par les troupes britanniques.

Ainsi se termina la campagne des cinq jours en Hollande. De la résistance des forces hollandaises n'avaient résulté que des pertes considérables en vies humaines et la dévastation du pays. Mais ceci fut presque peu de chose en regard de ce que le peuple eut à souffrir au cours des cinq années suivantes, sous le règne de terreur qu'Hitler lui imposa après n'avoir trouvé sur le sol hollandais ni chef d'Etat, ni gouvernement avec qui négocier ou diriger le pays. En Hollande, de même qu'en Pologne et en Norvège, Hitler nomma un *Reichskommissar* responsable devant lui seul, l'infâme Doktor Artur von Seyss-Inquart, qui prit la tête d'une administration SS tyrannique. Le jour où l'invasion de son pays avait débuté, la reine Wilhelmine avait fait une vibrante déclaration qui, comme le relata un correspondant du *Times,* le 14 mai, «fit une grande impression»; il racontait encore comment un homme lui avait fait remarquer que «même si les Allemands pénétraient dans La Haye, leurs ennuis ne feraient que commencer car ils auraient à affronter *Wilhelmintje*».

Il ne fait aucun doute qu'Hitler montrait une attitude presque déférente vis-à-vis de certains personnages de sang royal et que pour Wilhelmine en particulier, il éprouvait un respect considérable. Le général Student, qui commandait les forces allemandes aéroportées en

Hollande, décrivit après la guerre à Liddell Hart, comment lors d'une réunion avec Hitler avant l'invasion, ce dernier lui donna des instructions spéciales «pour s'assurer qu'il ne serait fait aucun tort à la Reine de Hollande et aux membres de la famille royale». Hitler conclut en disant: «Je me porte responsable de tout à l'exception du tort qui serait fait à la reine Wilhelmine qui est si populaire dans son pays et dans le monde entier». «Cet ordre nous fut remis sous forme écrite pour en souligner toute l'importance» [213].

L'officier allemand choisi pour faire prisonnière la reine Wilhelmine et «assurer sa sécurité» était le capitaine Otto Begus. Il décrivit par la suite comment Hitler avait envisagé de s'emparer de «ces chefs d'Etat qui sont tellement aimés de leur peuple». Son unité spéciale de *Kommando* fut parachutée comme prévu à partir d'avions de transport près du palais de Ruygenhoek mais la Reine l'avait quitté une heure plus tôt. Quelques semaines plus tard, Begus reçut l'ordre de préparer une opération aéroportée pour s'emparer de la famille royale britannique. La force d'intervention de 500 parachutistes devait être lâchée dans le parc du palais de Buckingham. Ses membres reçurent les instructions suivantes: «Lorsque vous serez en présence de leurs Majestés, vous ferez le salut militaire allemand, *pas* de salut nazi... Les membres de la famille royale ne doivent pas être soumis à des fouilles physiques sans raison de toute première importance. Ils doivent être constamment traités avec déférence et courtoisie» [214]. Ce plan n'était pas aussi fou qu'il paraît car le palais de Buckingham n'était quasiment pas protégé contre des coups de ce genre en ces premiers jours de guerre. En fait, de nombreux coups d'une audace similaire, et notamment la libération de Mussolini par la force aéroportée du colonel Skorzeny dans sa prison de montagne en Italie, soi-disant «inabordable», furent parfaitement réussis.

Si la reine Wilhelmine était restée en Hollande, comme elle en avait l'intention, pour partager le sort de ses sujets et les protéger contre le pouvoir de l'occupant, il est quasiment certain qu'Hitler y aurait établi un régime militaire modéré comme ceux de la France occupée, du Danemark, de la Belgique et des îles Anglo-normandes, et le peuple hollandais aurait probablement échappé à la majorité des souffrances qu'il eut à subir pendant cinq ans sous la botte des SS [215].

La retraite de la septième armée française et la capitulation hollandaise eurent pour effet immédiat d'exposer le flanc gauche des Belges et d'augmenter fortement la menace contre Anvers. On lit dans les carnets de l'amiral Keyes en date du 15:

> Le Roi m'a dit qu'une forte attaque se développait à partir du nord contre le secteur anversois et qu'on avait repéré de nombreux tanks qui s'approchaient de Malines, en provenance de l'est. Il pense que la situa-

tion à terre est bonne et que la défense est solide: tout dépendra du contrôle de l'air au moment de la bataille qui va commencer. Je me suis rendu à Bruxelles ce matin et j'ai télégraphié au Premier Ministre pour lui dire ce qui précède, en ajoutant: «Ces deux attaques doivent être brisées si l'on veut tenir les positions». J'ai reçu la réponse suivante: «Mille merci pour votre excellent rapport; nous faisons ce que nous pouvons pour apporter un soutien aérien, en fonction de ce que nous demande le général Gamelin. Il commande toute la bataille et lui seul en a une vision globale. Je vous prie de transmettre mes sentiments les plus cordiaux à notre ami (le roi Léopold).

Mais la confiance de Churchill en l'omniscience du Commandant Suprême des Alliés était tristement injustifiée, car Gamelin, qui ne voyait pratiquement rien de sa retraite de Vincennes, ne faisait aucun effort pour «commander la bataille», ayant délégué cette mission à Georges qui l'avait à son tour transférée à Billotte. En fait, la structure illogique et compliquée du commandement français s'était à présent tout à fait déglinguée. Le major Archdale, l'officier de liaison britannique attaché au quartier général de Billotte, expliqua en effet qu'il «n'existait pas de commandement effectif» et rappela que:

Dans le premier groupe d'armées, il n'y avait aucune communication sans fil. Les Français se reposaient entièrement sur les liaisons physiques et sur le téléphone, mais dans les quatre premiers jours de la bataille, les communications téléphoniques avaient quasiment toutes cessé. La coordination des opérations, la planification des mouvements de troupes ou de l'approvisionnement étaient tout simplement devenues impossibles, par manque des moyens de communiquer les ordres et les informations [216].

Bien que la stratégie allemande escomptât que le groupe d'armée B de von Bock opère une brèche à travers la défense belge et retienne dès lors les armées alliées le plus loin possible dans le nord pendant que le groupe d'armée A de von Rundstedt frapperait son coup mortel à l'endroit où l'armée anglo-française pivotait vers l'avan, von Bock ne se contentait pas gentiment du rôle secondaire qui lui avait été assigné et brûlait du désir de poursuivre l'offensive. C'est pourquoi il permit à ses troupes de maintenir la pression sur les fronts que tenaient les Belges et la première armée française.

Le front belge, entre-temps, résistait bien et les troupes contre-attaquaient avec acharnement en plusieurs points. Ainsi, celles qui couvraient Anvers et qui avaient soutenu la terrible pression du neuvième corps allemand en provenance de l'est, résistaient maintenant très bien aux attaques du nord menées par les fers de lance de la dix-huitième armée de Kuechler, forts de leur récente victoire en Hollande. Comme les Allemands sondaient continuellement la défense belge, une série de violents duels d'artillerie se déroulaient sur toute la ligne du front au cours desquels l'artillerie belge surclassait régulièrement celle des Allemands.

Au même moment, à l'est, les troupes qui occupaient les forteresses autour de Liège et de Namur perpétuaient la tradition inaugurée en 1914 en résistant comme des forcenés loin derrière les lignes ennemies. Les carnets de Pownall en date du 15 altéraient une fois de plus la réalité: «Le moral des Belges est déjà complètement à plat, du sommet de la hiérarchie au dernier échelon. Ils ont perdu toute combativité...» Au contraire, c'est grâce au fait que les Belges luttaient avec tant d'ardeur que, au cinquième jour de la bataille, le Corps Expéditionnaire n'avait pas encore eu l'occasion de se battre. En effet, tout fut calme sur leur front étroit pris en sandwich entre les armées belges et françaises en plein combat, jusqu'à la nuit du 14, moment où les Allemands tentèrent leur première attaque contre les positions tenues par la troisième division de Montgomery.

Cette attaque s'enfonça jusqu'à la gare de Louvain, mais Montgomery estimait cela de si peu d'importance que, ayant donné des instructions pour qu'on ne vienne «jamais le déranger sauf en cas de crise», il fut «irrité» lorsque l'officier d'état-major risqua de le réveiller et il lui dit d'un ton péremptoire: «Allez-vous en et ne m'ennuyez pas. Dites au régiment des brigadiers de Louvain de les repousser». Après quoi, selon ses propres termes, «il se rendormit» [217]. Le 15, une nouvelle attaque fut lancée tandis que des coups de sonde plus légers étaient dirigés sur les deux autres divisions britanniques du front; elles furent toutes énergiquement repoussées, avec l'aide de l'artillerie lourde provenant des judicieux emplacements déterminés par le général Davidson lors de sa mission de reconnaissance. Mais sur le front moins couvert et dénué de voies d'eau à la droite des Britanniques, la première armée française encaissait des coups très durs et après de violents combats au cours desquels les Allemands opérèrent une brèche à travers la première division marocaine d'élite, elle commença à se replier.

Pendant ce temps, l'Amirauté britannique, qui craignait qu'Anvers ne tombe bientôt aux mains de l'ennemi, avait envoyé le destroyer HMS *Brilliant* avec à son bord un détachement de démolition. Le matin du 15, le commandant Sandford, chargé d'évacuer tout ce qui flottait et de détruire si nécessaire les installations du port, les stocks d'essence, de pétrole, etc., adressa un rapport à Sir Roger qui nota dans ses carnets: «Il m'a dit que tout le monde là-bas était convaincu qu'il y avait moyen de tenir». Les autorités belges considéraient donc les intentions de Sandford comme plutôt prématurées et lui avaient posé quelques problèmes. Keyes continue ainsi: «Je l'emmenai voir le Roi qui fut très impressionné, comme je l'étais moi même, par sa personnalité et qui ordonna au général belge commandant Anvers de l'aider par tous les moyens, et Sandford ne rencontra plus de difficultés».

Parmi les accusations qui furent lancées contre Léopold après la guerre pour des raisons politiques, figurait l'allégation que le Roi s'était délibérément opposé à ce que les ports d'Anvers et de Zeebrugge soient neutralisés. En réalité, l'Amiral s'engagea lui-même personnellement dans le blocus et la destruction des deux ports (et, en ce qui concerne Zeebrugge, pour la deuxième fois de sa carrière) avec l'approbation totale du Roi, et il faillit y perdre la vie [218].

Au GQG belge, au milieu des réunions continuelles et de l'afflux incessant de renseignements, rapports et demandes d'ordres et de décisions nouvelles, le Roi et son état-major étaient de plus en plus sous pression. En tant que chef d'Etat, Léopold devait garder un contact permanent avec ses ministres et presque chaque jour, l'un ou plusieurs d'entre eux venaient le voir à son quartier général pour discuter de questions extérieures aux problèmes purement militaires. C'est ainsi que le 15, le Roi demanda au Premier Ministre quelles étaient les intentions du gouvernement. Pierlot répondit que ses membres avaient les yeux fixés sur le Roi pour déterminer l'attitude à prendre. Mais, dit-il au Roi, maintenir le siège du gouvernement à Bruxelles commençait à présenter d'insurmontables difficultés. Les carnets de Van Overstraeten résument ainsi les observations de Pierlot lors de sa conversation avec le Roi:

> «Bruxelles est nerveux. Les sirènes fonctionnent sans arrêt, affolant le public sans utilité et souvent sans raison. Les réfugiés affluent, soit volontaires, soit expulsés de force par les Anglais et les Français. Les fonctionnaires redoutent que leur retraite en automobile ne soit empêchée par les dégâts aux routes commis par les bombes allemandes! La phobie hystérique des parachutistes conduit à de tragiques méprises... Les fonctionnaires sont incapables de travailler dans l'affolement lugubre des sirènes, l'appréhension des parachutistes, la crainte des bombes et la perspective de départ.» [219]

Le Premier Ministre désirait vivement que le gouvernement et son administration quittent la capitale sans délai et s'installent à Ostende, mais le Roi mit l'accent sur l'influence morale que la présence constante du gouvernement et des missions diplomatiques étrangères exerçait sur la capitale. Il insista pour que le gouvernement reste à Bruxelles et serve ainsi d'exemple, d'autant plus, releva-t-il, qu'elle avait été reconnue comme ville ouverte et qu'elle était sans aucun doute «la ville la moins exposée aux bombardements». Le Premier Ministre promit que le gouvernement ne quitterait pas immédiatement la capitale, mais demanda au Roi de prendre la responsabilité de leur dire quand il serait temps de partir. Pendant ce temps, à l'insu du Roi, Spaak adjurait vivement les ambassadeurs de France et de Grande-Bretagne de quitter Bruxelles avec leur personnel aussi vite que possible, dans le but — expliqua Léopold par la suite — «de justifier leur propre fuite».

Lorsqu'il se rendit à Bruxelles ce jour-là, l'Amiral fut effaré de constater à quel point l'alarme s'était répandue. A l'ambassade de Grande-Bretagne, il trouva une situation qui, comme il l'écrivit à sa femme, «m'embarrasse extrêmement». Il a noté dans ses carnets:

> 15 mai: A mon arrivée à l'ambassade, j'ai été choqué de voir une note affichée sur la porte disant que c'était la propriété du gouvernement de Sa Majesté et que le bâtiment était à présent sous la protection de l'ambassadeur des Etats-Unis... J'ai appris que le personnel de l'ambassade partait tout de suite... Quand il revint, j'ai dit à l'ambassadeur que le Roi attachait une grande importance au maintien du moral dans la capitale et qu'il demandait qu'on n'entreprenne rien qui fasse douter de la capacité des alliés à défendre la ville. Je lui ai dit que le Roi avait demandé au gouvernement de rester et le priai de reconsidérer sa décision de partir. Il me répondit qu'il avait l'impression qu'il devait s'en aller pour répondre aux vœux du gouvernement (belge)...

L'Amiral avait en privé demandé au colonel Blake, dont les contacts et l'expérience étaient inestimables, de rester à l'arrière même si l'ambassadeur partait, mais celui-ci insista pour que Blake l'accompagne. Sir Roger écrivit par la suite à sa femme que «seul le troisième secrétaire manifestait quelque volonté de s'accrocher». Le lendemain matin au GQG, poursuit Keyes: «J'appris par la mission britannique que l'ambassade et tout son personnel étaient partis à 8 heures pour une destination inconnue! A ce moment, le Roi, le GQG et les alliés étaient convaincus qu'ils seraient capables de résister à toute attaque de l'ennemi. J'ai télégraphié au Premier Ministre: «Etant donné la fuite de l'ambassade de Grande-Bretagne, le seul moyen de communication passe maintenant par la mission Needham». L'Amiral se rendit alors à Bruxelles pour voir «comment les choses allaient» à l'ambassade de Grande-Bretagne:

> ... Je la trouvai fermée, mais le bureau des attachés militaire et de l'air, qui avait été installé dans une grande maison en face, était occupé par une garde de huit hommes sous les ordres d'un caporal qui s'arrangèrent rapidement pour me recevoir. Il y avait également deux jeunes civils anglais, revêtus de leur *battle dress* personnel, et l'un d'entre eux (F.C. Russell) avait rassemblé de nombreux papiers (dont il pensait que beaucoup étaient confidentiels) pour les détruire.
>
> Ses compagnons et lui avaient pris des messages téléphoniques de diverses autorités consulaires et autres qui demandaient des instructions et des informations de l'ambassadeur, mais ils avaient seulement pu répondre que celui-ci était parti pour une destination inconnue avant qu'eux-même n'arrivent le matin, et enregistrer les commentaires mordants qui leur étaient faits en retour.

L'amiral Keyes fut très impressionné par la conduite des jeunes soldats et des deux employés que l'attaché militaire avait priés de porter l'uniforme et qui étaient les seuls représentants de la mission diplomatique de sa Majesté britannique demeurés à Bruxelles. Il admira particulièrement le jeune Russell pour sa volonté de prendre la situation en mains après la subite disparition de ses supérieurs. Russell passait la plupart de son temps à l'ambassade et tentait énergiquement de résoudre les problèmes et les questions incessantes que posait l'absence de l'ambassadeur. Lorsque l'Amiral retourna en Angleterre, il reçut de Russell un compte rendu coloré de la situation dans la capitale désertée dont il ressort clairement que le jeune employé se préoccupait beaucoup des conséquences du départ précipité de l'ambassade pour le prestige de la Grande-Bretagne:

> A 15 heures environ, le correspondant de guerre du *Times*[220] est arrivé et s'est réfugié dans notre cave. Je lui ai dit que si le *Times* évoquait sa dernière journée à Bruxelles, je l'abattrais... Il ne savait pas comment quitter Bruxelles, de sorte que j'ai réquisitionné pour lui une bicyclette et que je l'ai congédié. Peu après, un gendarme est venu et m'a informé que le commandement militaire avait quitté Bruxelles et nous demandait de surveiller les 400 prisonniers allemands de la Petite Ile * car il craignait qu'ils ne s'évadent. Des messages nous parvinrent qui demandaient que des dispositions soient prises pour faire sauter la station de transmission sans fil de Louvain. La nouvelle du départ du gouvernement et du commandement militaire se répandit rapidement et certains groupes commençaient à se former devant l'ambassade. J'ai donc fait ouvrir notre porte principale et me suis arrangé pour que le garde soit visible de l'extérieur. Cela rendit confiance aux gens, car ils virent que nous n'étions pas partis et que nous étions en mesure de maintenir le calme.

Après de remarquables efforts pour brûler les documents, saboter le téléscripteur, etc, et résoudre les problèmes de l'ambassade, ce jeune Anglais plein de ressources parvint finalement en Angleterre, non sans avoir été plusieurs fois arrêté, parce qu'il n'avait pas de laissez-passer militaire.

Pendant ce temps, l'ambassadeur et le personnel de l'ambassade étaient arrivés à Ostende soumise à des bombardements, ce qui força le gouvernement belge à se réfugier, le 18, à La Panne où il s'arrêta jusqu'au lendemain matin avant de reprendre sa fuite vers Le Havre en France, à plus de 320 kilomètres au sud-ouest. Mais au lieu de rester en contact avec les quatre principaux ministres que le Roi voulait garder près de lui sur le sol belge, Oliphant roula à toute allure vers la France dans le but de rejoindre le gouvernement fugitif. Malgré les protestations du colonel Blake, Oliphant insista pour qu'il l'accompagne. Dans ses mémoires, l'ambassadeur justifie sa fuite en affirmant qu'il avait

* N.d.T.: gare de marchandises de Bruxelles (Anderlecht).

promis de «revenir, en avion s'il le faut... dès que M. Spaak le souhaiterait». Le duo fut autorisé à traverser la frontière mais après diverses vaines pérégrinations dans le nord de la France, il se retrouva bloqué par la progression allemande sur la côte nord, à l'embouchure de la Somme. Après quelques jours de fuite au cours desquels ils durent se cacher sous le couvert de massifs d'argousiers dans les dunes et où ils se firent voler leur voiture, l'ambassadeur «accepta à contre cœur» que le colonel Blake le quitte pour poursuivre seul son voyage. Blake atteignit l'Angleterre en temps utile, lorsque la campagne du nord fut terminée. Mais bien que Sir Lancelot sût que les diplomates britanniques en Norvège et au Danemark avaient été traités correctement et rapatriés par les Allemands, il demeura caché dans le village de Fort Mahon et ne se rendit aux Allemands que le 2 juin.

Les détails de l'histoire sont à la fois comiques et honteux et les circonstances indignes dans lesquelles on retrouva l'ambassadeur furent exploitées à fond par les Allemands pour le ridiculiser et, par conséquent, porter atteinte au prestige britannique [221]. Mais sur le plan pratique, la disparition de l'ambassadeur et de l'attaché militaire priva Léopold de leurs services de liaison militaire et diplomatique avec les Britanniques à un moment où ils avaient une importance cruciale. L'ironie veut qu'Oliphant s'en serait beaucoup mieux tiré, et parfaitement sain et sauf, s'il était resté en Belgique car le Premier Ministre et les ministres belges des Affaires Etrangères, de la Défense et de l'Intérieur restèrent tous jusqu'au 25 mai, Sir Roger Keyes et les officiers supérieurs de la mission militaire britannique n'ayant été eux-mêmes embarqués pour l'Angleterre qu'à l'aube du 28, le jour où l'armée belge dut capituler.

Chapitre XVIII

Sedan

Ruine sur ruine, déroute sur déroute.
Et le règne de la pire confusion.
MILTON, *Paradise lost*

Lorsque Jules César combattit les Germains dans les collines et les vallées sinueuses de l'Ardenne, il décrivit les lieux comme «un endroit plein de terreurs». Maintenant, alors que l'attaque la plus ostensible contre la Belgique et la Hollande détournait l'attention du réel danger qui se dessinait en Ardenne, les Allemands étaient sur le point d'émerger de ces forêts et de semer la terreur parmi leurs adversaires.

Sedan est un nom maudit dans l'histoire militaire française. C'est là que les forces de Mac-Mahon furent mises en déroute par les armées prussiennes de Moltke en 1870 et que Napoléon III se rendit, sonnant ainsi le glas de la France impériale. Pendant la guerre 1914-18, la forteresse fut à nouveau encerclée par les Allemands qui l'occupèrent jusqu'à la fin du conflit. Et c'est de nouveau là qu'en mai 1940 fut frappé le coup qui devait désemparer la résistance française et mener à l'une des plus grandes défaites militaires de l'histoire, mais cette fois les défenses de la ville croulèrent sous une pluie de bombes lâchées par les Stukas tandis que les panzers de Kleist ouvraient une brèche fatale dans le front français de la Meuse. Cet assaut mit en déroute les armées françaises le long de ce fleuve et provoqua l'évacuation du Corps Expéditionnaire britannique, la capitulation de l'armée de Léopold et la reddition de la nation française tout entière [222]. En l'espace de quelque 24 heures, les Allemands avaient remporté la campagne.

Il y eut quatre facteurs majeurs dans cette nouvelle catastrophe: le changement radical que les Allemands apportèrent à leur Plan Jaune après que les Belges se furent emparés de la version antérieure, leur exploitation hardie de la nouvelle forme de guerre qu'ils avaient mise au point, leur maîtrise incontestée de l'air, et l'incapacité comme le faible moral des Français. Les Allemands avaient réussi à cacher complètement aux alliés qu'ils avaient déplacé le *Schwerpunkt* de leur attaque principale du centre de la Belgique vers l'Ardenne, en gardant le silence sur leur progression dans cette région et en insistant longuement sur leur offensive en Belgique et en Hollande dans leurs communiqués.

«On était assez mal renseigné, remarque Gamelin de manière euphémique dans son autobiographie, sur la progression de nos adversaires... en direction de Dinant et de Sedan». En fait, les avions de reconnaissance français signalèrent dès la nuit du 11 mai que les routes qui menaient à la Meuse dans les Ardennes étaient parcourues de véhicules se déplaçant rapidement vers l'est, tous phares allumés, et ils confirmèrent le matin suivant qu'une immense force blindée s'approchait du fleuve. Mais Gamelin et son état-major s'obstinèrent pendant six jours à ne pas voir l'évidence car ils s'étaient «représenté la scène» dès avant la bataille en excluant la possibilité d'une pénétration sérieuse à travers les Ardennes, malgré les avertissements reçus du roi Léopold et d'autres personnalités [223]. Le GQG britannique fut tout aussi aveugle, en dépit des inquiétudes exprimées sur les défenses de ce secteur et les avertissements envoyés au War Office par la mission Howard-Vyse auprès du Quartier Général de Gamelin à Vincennes [224].

«Les Allemands font descendre deux divisions blindées dans cette zone», écrivit Pownall dans ses carnets le 12 mai. En fait, il y en avait sept dans le *Panzergruppe* de trois corps de Kleist, qui comprenait 2.270 véhicules blindés (dont 1.800 tanks), le reste étant des canons autonomes de campagne et des canons AA [224], des transporteurs de troupes et des voitures blindées, le tout très bien soutenu par 37 divisions d'infanterie conventionnelle et motorisée. Ce vaste éventail de puissance militaire avançait vers l'ouest en direction de la Meuse, disposé en trois grandes phalanges, et toute la colonne s'étendait sur près de 160 kilomètres, la queue se trouvant à 75 kilomètres du Rhin. Ces colonnes ennemies qui progressaient en rangs serrés sur les étroites routes d'Ardenne constituaient des objectifs incroyables pour les bombardiers des forces aériennes alliées. «Et pourtant, écrit Robert Jackson, la crainte que les Français avaient des représailles de la Luftwaffe leur fit écarter l'occasion de frapper durement l'envahisseur» [225]. Alors que le Haut Commandement Français pataugeait dans la myopie, la crainte et l'indécision, les bombardiers alliés demeuraient au sol.

La nuit du 12, Georges dit à Gamelin: «La défense semble maintenant bien assurée sur tout le front du fleuve». Les généraux français *devaient* le croire. Dans le tableau qu'ils s'étaient fait des événements, la Meuse n'avait qu'une importance secondaire et ils s'accrochaient à l'idée formulée par Billotte et Daladier à la réunion de Casteau que les alliés «étaient à deux doigts de la bataille décisive de la guerre dans laquelle Hitler jouait son va-tout» et que cela devait se produire au nord, entre Namur et Anvers, comme l'avait prévu le plan D de Gamelin.

Le 10 mai à l'heure H, les trois divisions blindées du dix-neuvième corps de Guderian avaient franchi la frontière du Luxembourg tandis que plus au nord, quatre autres, y compris le septième corps de Rommel, se précipitaient en avant, suivis de près par une masse immense de canons, de véhicules et de troupes. Le corps de Guderian traversa le Luxembourg sans incident (d'après le général Blumentritt, la police locale aida même à diriger le trafic). Mais lorsque les panzers atteignirent la frontière belge, ils furent bloqués par de grands barrages routiers, des troncs d'arbres, des champs de mines et diverses destructions [226]. Si l'on en croit Guderian, «la destruction des routes en Belgique retarda considérablement notre progression»; et il rappelle que ses fers de lance «n'avaient pas pu s'enfoncer profondément en Belgique à cause des importantes destructions de routes qui ne pouvaient pas être contournées dans cette région accidentée» [227]. Rommel évoqua également l'efficacité de la tactique de retardement de l'armée belge dans ses *Papieren:* «La plupart des travaux de destruction des Belges avaient été effectués avec une habileté consommée: ponts si bien dynamités que leurs vestiges ne pouvaient même pas servir à fabriquer des ponts de secours, routes creusées de trous si profonds qu'elles en devenaient infranchissables» [228]. Après avoir décrit la dure résistance à la frontière belge, le général Blumentritt écrit:

> Tout d'abord, la courageuse division belge des Chasseurs Ardennais, à laquelle s'était jointe une division de cavalerie française qui avait subitement progressé, nous opposa une sérieuse résistance, dans une région favorable aux actions de retardement. Mais tout le courage du monde ne pouvait rien contre les masses de panzers et d'infanterie qui avançaient le long de toute route et de tout chemin, et passaient même à travers les campagnes [229].

Et en effet, la progression des colonnes serrées des tanks et des véhicules allemands le long des routes d'Ardenne sinuant dans d'épaisses forêts était constamment contrecarrée et harcelée par la première division des Chasseurs Ardennais qui, avec l'aide des unités de la cavalerie française, entreprirent une série d'actions audacieuses de retardement sur toute la profondeur de l'Ardenne et accomplirent un énorme travail de destruction au fur et à mesure qu'ils se repliaient. Cela n'empêcha pas certains Français, parmi lesquels Daladier et Reynaud, d'affirmer après la défaite de la France que les unités belges en Ardenne s'étaient retirées vers le nord «sans combattre» ou sans effectuer les destructions de ponts, etc. auxquelles elles s'étaient engagées. La répétition de ces calomnies incita finalement le ministère belge de la Défense Nationale à publier en juillet 1947 le communiqué suivant:

> Dans le domaine des destructions, aucun pays n'a réalisé un effort plus grand, ni consenti des sacrifices plus onéreux que la Belgique... En mai 1940, toutes les destructions préparées furent réalisées à l'exception de quelques-unes dont la mise en œuvre fut empêchée par la surprise tactique (ponts de Vroenhoven et de Veldwezelt)... Si M. Daladier, dans sa déclaration qui a été rapportée, vise le cas particulier des Ardennes, son erreur est encore plus flagrante, car toutes les destructions furent réalisées dans cette région et tous les ponts sur la Meuse furent détruits à temps. Ces destructions durent parfois être exécutées dans les conditions les plus difficiles... et ont entravé dans une large mesure la marche en avant des armées allemandes. Tous les ouvrages d'art ayant une importance stratégique avaient été détruits. Les destructions d'ordre tactique ne gênèrent pas moins l'ennemi. Les Allemands l'ont reconnu à maintes reprises...»

Les 110 kilomètres qui séparaient le point de départ des Allemands de la Meuse furent parcourus en trois jours par la majorité de l'infanterie blindée et motorisée. L'infanterie conventionnelle la suivait de peu, ayant couvert la distance à une allure remarquable au cours de marches forcées. Le soir du 12 mai, la progression des unités ennemies avait atteint toute la portion de la Meuse entre Dinant et Sedan et le grand déploiement des tanks, des canons et des troupes commença sur ce front de 65 kilomètres. Le lendemain matin, des centaines de tanks allemands contrôlaient les hauteurs boisées à l'est de la Meuse. Tout était calme en ce matin ensoleillé car les Allemands avaient atteint le fleuve avant le gros de la défense française.

Les carrefours situés le long du fleuve entre Namur et Dinant étaient demeurés sous la garde de petits détachements de chasseurs ardennais qui attendaient anxieusement l'arrivée de la neuvième armée française, laquelle se hâtait de rejoindre l'aile droite de la première armée française à Namur. Entre-temps, selon un témoignage allemand, une petite unité belge qui s'était établie sur une position latérale à Houx avait tenu les panzers en échec pendant plusieurs heures. Ce furent les Belges qui détruisirent les ponts lorsque l'avant-garde de la septième division blindée de Rommel y parvint l'après-midi du 12 mai, étant donné que les Français n'avaient toujours pas occupé leurs positions. A Yvoir, deux tanks allemands se trouvaient sur le pont lorsqu'un lieutenant belge le fit sauter, ce qui précipita le pont et les tanks dans le fleuve.

Au lieu d'attendre l'artillerie plus lente pour couvrir leur passage du fleuve, comme l'espéraient les Français, les Allemands décidèrent d'utiliser les Stukas pour calmer les défenses françaises sur la rive ouest.

Hitler avait promis le soutien maximum de la Luftwaffe et selon la décision de Guderian, «la quasi totalité de la force aérienne allemande dut être utilisée pour couvrir le passage de la Meuse par les panzers. Trois flottes aériennes (les Luftflotten) apportèrent leur soutien direct; et le huitième Fliegerkorps de Richthofen, avec ses douze escadrilles de chasseurs-bombardiers qui venaient de pulvériser les défenses belges sur le canal Albert, lança des attaques tout aussi meurtrières contre les positions françaises. Cette immense concentration de bombardiers reçut l'ordre de pilonner les positions françaises pendant huit heures (Kleist parle «d'environ 1.000 avions» qui entrèrent en scène l'après-midi du 13 mai). Le moral des soldats français fut complètement brisé par ces intenses bombardements. «Durant ce temps, écrivit le colonel français de Bardies, le ciel est vide d'avions français. Le soldat se sent abandonné» [230]. Comme ce fut le cas pour le Corps Expéditionnaire, le soutien aérien de l'armée française fut totalement inadéquat. Le général Huntziger n'avait que 24 chasseurs à sa disposition.

Les cinquante-cinquième et soixante-et-unième divisions françaises, qui encaissèrent le choc du Blitzkrieg, étaient des unités de deuxième catégorie composées en grande partie de réservistes âgés et mal entraînés, gravement sous-équipés et à peine capables de manier leurs armes. Chaque division devait couvrir un front de 15 kilomètres et la ligne de défense était donc beaucoup trop mince. Le premier passage en force fut effectué le 13 mai par le groupe de Kleist à l'est de Sedan: il s'agissait de l'un des régiments de fusiliers de la première division blindée, accompagné par Guderian en personne. Cette même après-midi, la ville fortifiée de Sedan tomba sous les assauts irrésistibles des panzers. A l'aube du 14 mai, un pont flottant fut construit et les tanks de Guderian l'empruntèrent en masse pour établir une tête de pont considérable.

La Royal Air Force, enfin libérée des restrictions imposées par Gamelin, et quelques avions français effectuèrent alors une apparition et lancèrent des attaques courageuses mais inefficaces contre le pont flottant, mais les avions étaient pour la plupart déclassés et pitoyablement inférieurs en nombre. Les batteries anti-aériennes très mobiles de la Luftwaffe et les essaims de chasseurs Messerschmitt 109 qui protégeaient les forces terrestres abattirent la moitié des avions alliés. Sur les 71 Battles et Blenheims qui participèrent au raid cet après-midi, 40 furent détruits (le plus haut pourcentage de pertes de la guerre).

La tête de pont de Guderian fut également attaquée par des tanks français, mais ceux-ci furent repoussés avec une perte de 70 unités. Le pont allemand demeura intact et les panzers continuèrent à l'emprunter tandis que les Stukas pilonnaient les positions françaises. A Sapogne, où se touchaient les fronts de la neuvième et de la deuxième armée française, l'artillerie française fut soudainement encerclée par des centaines de tanks allemands. «Il faut préciser ici, écrit le colonel de Bardies, que beaucoup de ces artilleurs des échelons arrières n'avaient absolument aucune arme... On a trouvé que sur un total de six divisions, 15.000 hommes n'avaient aucun moyen de défense, ni fusil, ni revolver, ni poignard» [231]. Et cependant, lors du procès de Riom, il apparut que d'immenses quantités d'armes de toutes sortes étaient restées dans les dépôts français, «parce que personne ne les avait demandées».

Pendant ce temps, les opérations se poursuivaient sous le chaud soleil de mai comme si les Allemands étaient en manœuvres. Dès que la première et la deuxième division blindée furent en sûreté de l'autre côté de la Meuse, le 13 mai, Guderian leur ordonna de virer à droite et de foncer vers l'ouest. Ce coup brisa l'extrémité de l'aile gauche de la deuxième armée française de Huntziger à son point de jonction avec la neuvième armée de Corap, creusant une large brèche entre les deux. Le soir du 14 mai, la tête de pont allemande était large de 50 kilomètres et profonde de 25. Plus au nord, la septième division blindée de Rommel, avec la cinquième à sa droite et la sixième et la huitième du groupe de Kleist à sa gauche, obtenait des résultats tout aussi spectaculaires contre la neuvième armée de Corap. Comme l'explique le rapport personnel de Rommel:

> Rapidement, nous rencontrâmes des colonnes de réfugiés et des détachements de troupes françaises, un chaos de canons, de tanks et de véhicules militaires de toutes sortes, inextricablement enchevêtrés avec des charrettes de réfugiés tirées par des chevaux qui couvraient les routes et les accotements... Les troupes françaises furent totalement sidérées par notre soudaine apparition, elles déposèrent les armes et prirent la direction de l'est à côté de notre colonne. Il n'y eut aucune tentative de résistance. Tous les tanks ennemis que nous croisions sur la route étaient mis hors d'état de nuire lorsque nous les dépassions. La progression vers l'ouest se poursuivit sans une seule halte. Des centaines et des centaines de troupes françaises, avec leurs officiers, se rendirent à notre arrivée. A certains endroits, ils devaient être chassés des véhicules qui roulaient à côté de nous...

L'histoire officielle de la division de Rommel relate que les pertes subies au cours de la percée sur la Meuse ne se chiffrèrent qu'à 35 tués et 59 blessés. Pendant ce temps, la division fit 10.000 prisonniers, captura 100 chars, 30 voitures blindées et 27 canons. Le rapport conclut laconiquement: «La division n'avait pas le temps de rassembler tous ces prisonniers et leur équipement». Ce n'est que quelques jours plus tard que les 50.000 hommes de Corap furent rassemblés à la hauteur de Compiègne. Un officier de l'état-major de Gamelin qui avait été envoyé pour les réorganiser raconte:

Débandade intégrale. Sur 70.000 hommes et de nombreux officiers, aucune unité commandée, si petite soit elle: un troupeau abruti et hagard... 10% à peine d'hommes ont conservé leur fusil. Aucune arme automatique... Cependant, les pertes subies ne paraissent pas avoir été élevées. Aucun blessé parmi ces milliers de fuyards... Ces gens sont là déroutés... La vue d'un avion leur inspire de la terreur...». [232]

Le même officier cite un lieutenant qui avait fui en voiture jusqu'à Saint-Quentin et qui disait: «L'apparition soudaine des tanks allemands a provoqué partout la panique la plus indescriptible qui soit. En 1814, on criait: *Voilà les Cosaques;* en 1870: *Voilà les Uhlans;* en 1940: *Voilà les blindés,* et tout le monde s'enfuyait». Dans *Servir,* Gamelin raconte un épisode terrible où les Français tirèrent sur leurs propres compagnons d'arme. Georges avait décrit comment le 14 mai: «Huntziger me signale que l'on voit, des hauteurs, dans le fond de la vallée de la Meuse, des soldats français sortant de leurs casemates en levant les bras pour se rendre. Il a donné l'ordre à son artilllerie de tirer».

Le Haut Commandement français était si paralysé et ses forces si désorganisées qu'il ne fut jamais capable de réaliser une contre-attaque sérieuse. Il faut rappeler que les Français n'avaient pas de masse de manœuvre — seules treize divisions statiques et mal situées demeuraient à l'arrière — par rapport à la réserve mobile bien placée des Allemands qui comptait 45 divisions. La majorité des blindés, des transports motorisés et du meilleur matériel de l'armée française avait été attribuée à la septième armée (qui en avait perdu une grande partie lors de sa sortie manquée en Hollande) et à la première armée dans le nord où les Français attendaient l'attaque principale. Le reste de l'armée dépendait donc des transports à chevaux et du chemin de fer pour se déplacer. L'immense force des bombardiers allemands, qui avait permis le passage de la Meuse et détruit les champs d'aviation français, portait maintenant tout le poids de ses attaques sur les lignes de communication derrière le front, avec des résultats dévastateurs. A présent, comme Billotte en avait informé Léopold, les routes et les voies de chemin de fer étaient tellement à la merci d'une attaque aérienne que tous les mouvements de troupes des Français étaient stoppés.

«Après la traversée de la Meuse et le virage vers l'ouest, écrit Liddell Hart, la progression de Kleist ne rencontra que peu de résistance. Ses tanks roulaient le long d'un corridor quasiment ouvert, derrière le front allié en Belgique. Il n'y eut pas de «bataille du saillant», comme l'ont décrit de manière si pittoresque les commentateurs officiels à l'époque. C'était une course en douceur... Il y eut rapidement 100.000 prisonniers et un immense matériel capturé... Le taux des pertes fut de deux morts pour mille et ils furent tués dans la débandade générale. Quinze divisions françaises avaient cessé d'exister. La stratégie de Manstein avait réussi au-delà de tout espoir. Si les armées anglo-franco-belges ne parvenaient pas à rompre l'encerclement, leur sort était scellé».

Pendant ce temps, le 14 mai, Gamelin, toujours isolé de la bataille dans son QG de Vincennes, ne soupçonnait absolument pas la gravité de la situation qui prévalait sur la Meuse. A midi, ce jour même, il certifia au général Touchon que la bataille de la région de Sedan n'était qu'un «incident local» et que dans quelques jours, les renforts levés dans la sixième armée seraient «de nouveau disponibles pour d'autres missions». Le matin suivant, le généralissime rassura Daladier au sujet de la bataille. Mais au quartier général de Georges, à l'aube du 14, la scène était complètement différente, comme le relate André Beaufre, un officier d'état-major qui accompagnait le général Doumenc:

> L'atmosphère est celle d'une famille où l'on veille un mort. Georges se lève vivement et vient au-devant de Doumenc. Il est terriblement pâle: «Notre front est enfoncé à Sedan! Il y a eu des défaillances...» Il tombe dans un fauteuil et un sanglot l'étouffe... Cela me fit une impression effroyable... Georges, toujours aussi pâle, explique: les deux médiocres divisions auraient lâché pied à la suite d'un terrible bombardement aérien. Et il a un nouveau sanglot. «Allons, mon Général, dit Doumenc, toutes les guerres ont vu des débandades. Venez devant la carte. On va voir ce que nous pouvons faire.» [233]

Dans *Servir,* Gamelin écrit que Georges «semblait complètement surmené à ce moment. J'espérais, je l'avoue, que la dépression qu'il traversait ne serait que passagère et n'était due qu'à sa grande fatigue» [234]. L'auteur anonyme du *Diary of a Staff Officer* décrit une autre réunion qui se déroula ce jour-là et à laquelle assistaient, outre lui-même, les plus haut gradés des deux forces aériennes, y compris le général Vuillemin (le chef de l'Armée de l'Air) et le maréchal de l'Air Barratt:

> Cette réunion fut une chose tragique. La plupart des officiers français étaient en larmes et certains pleurèrent ouvertement de honte lorsqu'ils apprirent la nouvelle consternante que les Français avaient quitté leurs positions fortifiées sans même tenter une résistance générale [235].

Le major Archdale fut témoin de scènes similaires au GQG de Billotte lorsque la nouvelle de la débâcle sur la Meuse leur parvint: des officiers français craquèrent et se mirent à pleurer. Même si l'on tient compte des invraisemblables déficiences des communications françaises et de l'absence de reconnaissance aérienne, il est néanmoins incroyable de penser qu'il fallut attendre le soir du 15 mai pour que Gamelin réalise que l'Ardenne était le point d'impact principal des attaques allemandes et qu'en envoyant ses meilleures troupes en Belgique, il les avait jetées dans un énorme piège. Comme il revenait à Vincennes d'une réunion du Comité de Guerre à Paris tard dans la soirée, il fut horrifié de voir les rapports désastreux qui étaient arrivés l'après-midi. «Jusque là, écrit Pertinax, il semble s'être bercé de l'illusion que tout pouvait être «colmaté», terme emprunté au vocabulaire de la guerre de 1914-1918... Soudain il ouvrit les yeux au réel».

Gamelin rappelle dans *Servir* comment l'affreuse réalité lui apparut soudainement: «Ainsi le 15 au soir, la 9e armée était en pleine retraite. La brèche était ouverte entre les 1re et 2e armées sur un front de près de 100 kilomètres. On peut dire que la bataille de la Meuse était définitivement perdue». A 8 h 30, Gamelin téléphona à Daladier pour l'informer de la gravité de la situation. William Bullitt, l'ambassadeur des Etats-Unis, était présent lorsque Daladier reçut la communication au ministère de la Guerre. Il relata plus tard ce qui s'était passé. Leur conversation fut interrompue par un appel téléphonique de Gamelin, en provenance de Vincennes. Daladier s'exclama tout à coup (lui qui se trouvait au Comité de Guerre où Gamelin et Reynaud avaient exprimé leur foi en l'issue de la bataille): «Non! Ce que vous dites n'est pas possible! Vous vous trompez!» Gamelin venait de l'informer qu'une colonne blindée allemande avait percé les défenses françaises et se trouvait entre Rethel et Laon, à 100 kilomètres de Paris. Daladier était abasourdi, mais lorsqu'il se ressaisit, il cria: «Il faut attaquer aussitôt!»

«Attaquer? Avec quoi? répondit Gamelin. Je n'ai pas assez de réserves». Il s'ensuivit une longue explication qui se termina sur cette sèche réflexion de Gamelin: «Entre Laon et Paris, je ne dispose pas d'un seul corps de troupes». Daladier dit encore: «Alors, c'est la destruction de l'armée française?» Ce que Gamelin confirma sans réserve, reconnaissant qu'il n'avait prévu ou armé aucune ligne de repli.

L'ambassadeur des Etats-Unis câbla immédiatement à Cordell Hull, le secrétaire d'Etat: «Il apparaît que, faute d'un miracle comme celui de la Marne, l'armée française va être complètement brisée». Et il ajouta: «Les Britanniques commencent à se défier des Français et ils ne jettent pas toutes leurs ressources dans la bataille». «La situation des armées alliées se trouve gravement compromise d'entrée. Elles ne devraient pas s'en relever. Il n'est pas exagéré de dire que nous perdîmes la guerre ce jour-là» conclut Albert Kammerer, un ancien ambassadeur de France, dans son livre, *La vérité sur l'armistice*. Et il rappelle:

> «En même temps, l'entourage du Généralissime prévenait dans la nuit les principales personnalités de l'Etat; Herriot fut réveillé à 4 heures du matin par un colonel appartenant au G.Q.G. Lui apprenant sans fard la nouvelle, il lui conseilla de préparer aussitôt l'évacuation de la Chambre des Députés. Comme le Président, suffoqué, répondait: «Est-ce donc

désespéré?», le colonel... répondit: «Oui, l'armée, rongée par le communisme, ne tient plus nulle part» [236].

La torpeur et la pusillanimité du Haut Commandement français, dont les Britanniques pâtirent autant que les Belges, n'étaient qu'un faible reflet de la panique qui se répandit dans l'administration à Paris, le 15 mai. Si les deux jours précédents avaient été le tournant militaire de la campagne, le 15 en fut le tournant psychologique, car c'est ce jour-là que le Premier Ministre français et son Cabinet perdirent tout espoir. A 7 h 30, Reynaud téléphona à Winston Churchill à Londres et dit sèchement: «Nous avons subi une défaite; nous sommes battus; nous avons perdu la bataille». Malgré les encouragements de Churchill qui rappela les principes de Foch selon lesquels les offensives meurent d'elles-mêmes au bout d'un certain temps et qu'elles sont alors mûres pour une contre-attaque, Reynaud ne put que répéter: «Nous avons subi une défaite; nous avons perdu la bataille».

Lors de la réunion du Cabinet à Paris, le jour même, on proposa sérieusement que la France se tourne vers l'Italie pour obtenir de l'aide et accorde un statut international à Gibraltar en guise d'appât. «Jamais la situation n'est apparue aussi grave, écrivit le major Minart. Le cœur du pays est menacé, et il est tragique de penser que, si le danger n'est plus ignoré des milieux gouvernementaux, la Nation tout entière ne se doute guère de l'immensité du péril [237]. Une allusion à la stricte censure qui avait été imposée sur toutes les mauvaises nouvelles par le gouvernement français.

Les communiqués optimistes et évasifs publiés au jour le jour par le «porte-parole militaire» au fur et à mesure que la débâcle se précisait constituent une lecture stupéfiante. Lors des conférences de presse quotidiennes, les correspondants n'obtenaient que des nouvelles lénifiantes du style: «La situation est globalement favorable», de sorte que le monde restait dans l'ignorance du cours dramatique des événements. Cette politique s'avéra désastreuse, car, quand la terrible vérité éclata aux yeux des Français, ils n'y étaient absolument pas préparés et ils se mirent à chercher des boucs-émissaires que Reynaud ne demandait qu'à fournir. Ses premières victimes expiatoires furent quinze généraux, le malchanceux Corap en tête [238], qui furent accusés de la débâcle de la Meuse et sommairement limogés, et le Commandant en Chef français qui allait rapidement subir le même sort. En fait, à partir de ce moment et jusqu'à la fin de ses jours, Reynaud se mit à rédiger pour se disculper d'innombrables écrits où il rejeta sur les autres la faute de tous les désastres qui frappèrent son pays.

Il n'y avait pas que la presse à être tenue dans l'ignorance des événements. Non seulement les officiers de liaison britanniques et belges qui

X X avaient été nommés dans les divers quartiers généraux français étaient laissés dans la méconnaissance de la situation par le Haut Commandement Français mais, selon Baudouin, le secrétaire du Cabinet de Guerre, le Premier Ministre de France et son gouvernement étaient logés à la même enseigne. Lorsque Reynaud appelait Daladier — il n'aimait pas appeler directement Gamelin, pour ne pas offenser le ministre de la Guerre — et lui demandait quelles étaient les contremesures du généralissime, il lui était répondu: «Le général n'a pas de réaction». «Le président, écrit Baudouin, mesure chaque jour avec une angoisse croissante son impossibilité d'obtenir des renseignements et d'agir sur le haut commandement dans lequel il n'a pas confiance». Après que le colonel de Villelume ait essayé pour la quatrième fois d'obtenir certaines nouvelles du colonel Petitbon (le chef de cabinet de Gamelin), celui-ci, rappelle Baudouin, «a violemment protesté contre la curiosité du représentant du président du Conseil. Si cela continue, je ne donnerai plus de renseignement du tout». Quand il apprit cela, le Premier Ministre explosa et déclara: «Il est temps que je mette fin à la comédie. Il faut que je sois ministre de la Défense Nationale. Daladier ira aux Affaires Etrangères ou partira».

Le 16 au matin, Reynaud entendit Gamelin confirmer au téléphone à Daladier que «les Allemands pourraient être à Paris ce soir même». Dans ses mémoires, Reynaud évoque la grande peur qui régnait ce jour-là. «Que le pessimisme fût général, c'est certain. J'appris que l'on parlait d'armistice au Grand Quartier Général» [239]. A 20 heures, Reynaud raconta à Baudouin ce qui s'était passé la nuit. «Daladier s'était effondré. le général Héring, gouverneur militaire de Paris, trop vieux, écrasé par l'émotion, conseillait de quitter Paris sans tarder. Le général Gamelin a déclaré sans ambages: «En ce qui concerne Paris, je décline toute responsabilité à partir de la soirée d'aujourd'hui, jeudi». «C'est, me dit le Président, une façon bien élégante de se laver les mains» [240].

Après quoi, Reynaud envoya le SOS suivant à Churchill: «Nous avons perdu la bataille hier soir. La route de Paris est ouverte. Envoyez toutes les troupes et les avions que vous pouvez». Peu après, l'ambassadeur des Etats-Unis, Bullitt, télégraphia à Cordell Hull: «Le Premier Ministre Reynaud a téléphoné à Churchill et lui a dit que, compte tenu de la rupture des lignes françaises, la guerre pourrait être perdue dans quelques jours». En réponse à l'appel de Reynaud, Churchill, accompagné d'un important staff, arriva à Paris dans l'après-midi, pour vérifier par lui-même une situation qui, comme il le signala le soir même au Cabinet de Londres, était «extrêmement grave». A Londres, Neville Chamberlain nota dans son journal: «Message effrayant de Winston qui est à Paris. Les trois ou quatre jours qui viennent seront décisifs. Si la progression allemande ne peut être stoppée, l'armée française s'effondrera et le Corps Expéditionnaire britannique sera coupé du reste des alliés» [241]. Churchill avait été accueilli au Quai d'Orsay par le spectacle des archives d'Etat qu'on brûlait sur les pelouses et des dirigeants français dont «le découragement le plus total était inscrit sur les visages» [242].

Lors d'une réunion qui eut lieu le même jour, le généralissime Gamelin répondit à la question de Churchill: «Où est la masse de manœuvre?» par un haussement d'épaules et ce seul mot: «Aucune». Telle était l'atmosphère dans laquelle prit naissance ce qu'on appela le «Plan Gamelin» (qui par la suite devint le «Plan Weygand»). Sa conception stratégique impliquait que l'incursion des blindés allemands pouvait être «arrêtée» et les groupes d'armées du nord et du sud réunifiés. Avec l'armée française dans l'état que nous venons de décrire, ce plan ne pouvait être voué qu'à l'échec. Aucun Français ne croyait à sa réussite, mais Churchill s'efforça de convaincre Gamelin que les Allemands ne seraient pas en mesure d'approvisionner leurs blindés et de préserver dans le même temps les flancs de leur corridor. Gamelin en arriva à évoquer la possibilité de retirer certaines divisions des parties calmes du front pour lancer une contre-attaque, mais lorsque Churchill lui demanda où il proposait d'attaquer les flancs de la «poche», il répondit: «Infériorité en nombre, infériorité en équipement, infériorité de méthode» puis il eut «un haussement désabusé des épaules» [243].

Quels que fussent les malentendus — et il y en eut beaucoup — que suscitèrent les plans Gamelin et Weygand, il est en tout cas certain qu'à dater du 16 mai, Churchill envisagea l'évacuation du Corps Expéditionnaire, à preuve cette phrase significative de son message au Cabinet de Londres: «J'imagine que si tout échoue ici, nous pourrions envoyer ce qui restera de notre propre force de frappe en aide au Corps Expéditionnaire au cas où celui-ci devrait être forcé de se retirer». C'est évidemment le devoir d'un dirigeant de prévoir les cas d'urgence et de se préparer au pire tout en espérant le meilleur. Churchill, comme Léopold, ne faisait rien d'autre. En fait, à partir de ce moment, Churchill et ses conseillers firent preuve d'une évaluation des événements aussi réaliste et furent sur la même longueur d'onde que le Roi.

C'est pourquoi, le 17 mai, dès son retour à Londres, Churchill demanda à Chamberlain d'examiner avec d'autres ministres «la possibilité de continuer seuls la guerre». Le document remarquablement prémonitoire dans lequel le Premier Ministre posa formellement la même question aux chefs d'état-major contient les réflexions suivantes:

> Dans le cas où la France se trouverait incapable de poursuivre la guerre et deviendrait neutre, avec les Allemands tenant leurs positions actuelles et l'armée belge forcée de capituler après avoir aidé le Corps Expéditionnaire britannique à atteindre la côte; dans le cas où les condi-

tions proposées à la Grande-Bretagne la mettraient totalement à la merci de l'Allemagne... quelles perspectives s'offrent à nous de poursuivre seuls la guerre contre l'Allemagne et probablement l'Italie?

La réponse détaillée préparée pour Churchill quelques jours plus tard établissait qu'aussi longtemps que la RAF et la Royal Navy étaient opérationnelles, la Grande-Bretagne serait en mesure d'empêcher l'Allemagne d'effectuer une invasion par la mer, mais que si cette dernière obtenait une supériorité totale des airs, la Royal Navy seule ne pourrait empêcher longtemps cette invasion. Il était également signalé que les forces terrestres seules ne pourraient pas repousser une telle invasion. Ayant relevé que les Allemands avaient un avantage aérien de quatre contre un, les chefs d'état-major en déduisaient que «prima facie, l'Allemagne détient la majorité des cartes; mais la question véritable est de savoir si le moral de notre personnel combattant et de notre population civile contrebalancera les avantages numériques et matériels des Allemands. Nous croyons que oui». Les 18 et 20 mai, Churchill télégraphia au président Roosevelt pour l'informer de la gravité extrême de la situation et pour souligner à quel point les intérêts des Etats-Unis seraient affectés si, non seulement la France, mais aussi la Grande-Bretagne étaient conquises et soumises. Son message assurait Roosevelt que:

> Notre intention est, quoi qu'il arrive, de lutter jusqu'au bout sur cette île... Si des membres de l'administration actuelle disparaissaient et que d'autres venaient pour entamer des négociations au milieu des ruines... personne n'aurait le droit de blâmer ces derniers d'essayer d'obtenir les meilleures conditions pour les survivants... Evidemment, je ne peux pas répondre de mes successeurs qui, totalement désespérés et privés d'aide, devront bien s'accommoder de la volonté allemande.

Ces réflexions montrent clairement que Churchill, comme Reynaud, ne voulait absolument pas qu'on le prît pour quelqu'un disposé à se rendre. Si le pire se produisait, il n'envisageait qu'une possibilité: faire ce que le Premier Ministre français allait faire quelques semaines plus tard, c'est-à-dire remettre sa charge à quelqu'un qui accepterait celle-ci en de telles circonstances et négocierait avec l'ennemi. Bien que les pronostics de Churchill semblent pardonner la conduite de gens tels que Pétain, Pierlot et Spaak qui étaient prêts à traiter avec l'ennemi pour obtenir un armistice politique et «s'accommoder ainsi de la volonté allemande», il s'agit d'une attitude bien plus compromettante que la capitulation purement militaire et sans conditions que le roi Léopold fut par la suite forcé d'accepter.

Pour encourager les ministres français et ranimer leur moral brisé, Churchill adopta l'attitude «ne jamais dire adieu» et ne leur laissa rien entrevoir de ses propres pressentiments. Mais en dépit de toutes ses bonnes paroles, il s'attendait, à Paris, au «fait que les Français pourraient se voir offrir des conditions de paix très avantageuses [244], et que tout le poids retomberait sur nous», comme il l'écrivit le lendemain aux chefs d'états-majors en leur recommandant expressément «de n'envoyer en France que la moitié de la division dite blindée». De plus, il rejeta toutes les supplications françaises de lancer dans la bataille la totalité de la Royal Air Force, encore qu'il acceptât d'envoyer autant d'avions que l'on pourrait libérer «pour donner une dernière chance à l'armée française de recouvrer sa vaillance et sa force». C'est ce qu'il écrivit dans un message au Cabinet britannique, en ajoutant: «Il ne serait pas bon historiquement que leurs requêtes soient rejetées et qu'il en résulte leur ruine».

Chapitre XIX

Jours de retraite

«Je suis crevé de fatigue, et contre ces panzers, je ne peux rien faire...»
Général Billotte, le 18 mai 1940

Le matin du 15 mai, peu après que Reynaud eut avoué à Winston Churchill: «Nous avons subi une défaite; nous avons perdu la bataille», les nouvelles qui parvinrent à Breendonck firent comprendre au Roi, avec l'évidence horrible d'un cauchemar, que le groupe entier des armées du nord allait être coupé des principales forces françaises et encerclé. Le jour précédent, Billotte avait déjà manifesté ses craintes au sujet de la situation sur la Meuse et le Roi apprenait maintenant qu'entre la percée de Sedan et la Manche, les Français n'avaient aucune ligne fortifiée, aucune réserve, aucun moyen de stopper la ruée des blindés allemands vers la mer.

Le Roi fut l'un des premiers à comprendre l'ampleur des conséquences de la débâcle sur la Meuse pour la Belgique et les Alliés. Il fut pour cette raison traité de pessimiste, mais il serait plus juste de dire réaliste. Ayant mesuré les dimensions de la catastrophe et prévu ses effets, Léopold basa sa ligne de conduite personnelle et sa direction des opérations militaires sur ce diagnostic, sans se départir pour autant de sa fidélité et de ses obligations vis-à-vis des Alliés et de leur Commandant Suprême sous les ordres duquel il avait accepté de se placer.

Chose bien caractéristique, la première idée du Roi fut de conférer avec ses ministres. A 13 h 30, Pierlot et le général Denis arrivèrent donc à Breendonck pour répondre à son appel (Spaak n'était pas encore revenu d'un voyage à Paris). Le Roi leur fit part de ses prévisions et leur montra une carte où l'on pouvait voir les brèches opérées dans la ligne française au nord et au sud de Namur et l'incursion impressionnante des blindés ennemis à Sedan. Désignant la Manche entre Dieppe et Abbeville, le Roi déclara: «Ils arriveront là avant huit jours». Effectivement, les panzers atteignirent la côte en cinq jours.

Deux semaines plus tard, Spaak déclara à Limoges que Pierlot avait été «effrayé» par l'hypothèse du Roi, mais il reconnut que Léopold «avait pressenti les mouvements militaires qui allaient s'opérer. Il était sûr que les colonnes allemandes ne marcheraient pas sur Paris; il prévoyait le mouvement sur la mer et avait le sentiment que non seulement son armée mais l'armée anglo-française allaient être encerclées». Dans un écrit postérieur, il ajouta que le 16 mai, le Roi avait également prédit «la défaite de l'armée française, la demande de la France d'un armistice et la poursuite de la guerre par l'Angleterre».

Affolé, Pierlot fit immédiatement une proposition qu'il allait répéter avec obstination au cours des jours dramatiques qui suivirent. Il déclara que si les trois armées nationales du nord étaient menacées d'être coupées, comme le prévoyait le Roi, il fallait tout de suite envoyer l'armée belge vers l'ouest, puis vers le sud en direction de la France pour rejoindre le corps principal des forces françaises et éviter l'encerclement. Le Roi expliqua patiemment que les mouvements de l'armée belge dépendaient de l'évolution des événements, ainsi que de la nécessité pour l'armée de garder sa place sur la ligne alliée, et surtout du Commandement Suprême Français sous les ordres duquel il avait accepté de servir.

Malgré le ralliement de Denis aux vues du Roi, Pierlot, comme il l'admit par la suite, commença à suspecter le Roi de vouloir manœuvrer l'armée belge pour dissocier son sort de celui des armées alliées. Dans son entêtement, il ne pouvait pas ou ne voulait pas comprendre que le Roi, qui avait donné sa parole d'honneur, devait suivre les orientations du Commandant Suprême Allié et que cela signifiait qu'il fallait rester en ligne avec les Britanniques voisins de son armée.

Ce fut le début des divergences de vues entre le Roi et le Premier Ministre, Léopold réalisant que, vu la situation militaire, il n'avait qu'une seule voie à suivre et Pierlot qui, avec sa vision rigide des choses et son ignorance des questions militaires, croyait que ce que le Roi prévoyait était ce qu'il *souhaitait*. Cette divergence allait se transformer en une irréparable rupture, lorsque Pierlot et les trois autres ministres qui étaient restés en Belgique à la demande expresse du Roi, l'abandonnèrent et se désolidarisèrent de lui trois jours avant la fin de la bataille. Denis, étant soldat, comprenait, mais il n'avait pas une très forte personnalité et ne réussit pas plus que le Roi à élargir l'étroit point de vue de Pierlot.

Le soir de ce même jour (le 15 mai) Gamelin réalisa enfin qu'en exécutant son plan D — envoyer les armées anglo-françaises dans le nord — il n'avait fait que tomber dans un piège. De toute évidence, il s'avérait impératif d'ordonner aux trois armées du nord de faire retraite sans délai. Gamelin cependant ne réagit pas, laissant Georges et Billotte prendre les décisions. Mais Billotte, qui était censé coordonner les opérations des armées au nord de la brèche, n'était plus qu'un homme brisé sombrant dans la dépression et l'apathie.

Le major Archdale, dont on a déjà relevé les commentaires sur les officiers en larmes au quartier général de Billotte, «avait remarqué depuis un certain temps la lassitude et la tension nerveuse qui y régnaient et l'absence de liaisons personnelles avec les armées du groupe, autant de mauvais présages en cette période de crise». La situation n'était pas meilleure au quartier général de la première armée de Blanchard qui prolongeait vers le sud la ligne de la Dyle tenue par les Belges et les Britanniques. «Il n'y avait aucune répartition des responsabilités prévue parmi les officiers d'état-major qui s'écroulaient de fatigue à leur bureau en raison d'un surcroît de travail inutile. Il n'y avait aucune carte convenable...» [245]. Leur commandant n'était pas en meilleure forme. L'un de ses officiers d'état-major se rappelle avoir passé une heure entière en présence de Blanchard pendant que son supérieur demeurait complètement inerte: «sans un mot, presque sans un geste, figé dans une immobilité tragique, il contemplait fixement la carte» [246].

Le soir du 14, l'armée malmenée de Blanchard avait commencé à battre en retraite, ce qui mettait le flanc droit britannique en danger et offrait une raison de plus pour ordonner la retraite générale. Mais Billotte, complètement paralysé, ne donna aucune instruction aux Britanniques et aux Belges, si ce n'est à la première armée française qui à 10h30 le 15 mai, reçut l'ordre de se *préparer* à se replier. Léopold n'eut vent de cet ordre que grâce à l'initiative du colonel Ronge, son officier de liaison au poste de commandement de Blanchard, ce qui l'incita à s'informer immédiatement sur les intentions de Billotte au quartier général de ce dernier. De son côté, Gort envoya le général Eastwood pour faire remarquer que les Britanniques et les Belges étaient gravement menacés par la retraite des armées françaises sur leur droite et que c'était à lui, Billotte, en tant que coordinateur, de donner des ordres et de «coordonner».

Il fallut attendre jusqu'au matin du 16 pour que les Hauts Commandements belge et britannique obtiennent l'ordre de se retirer du piège où les avaient placés le Plan D de Gamelin et la débâcle française de la Meuse. Mais cet ordre de retraite générale n'arrivait pas seulement trop tard, il ne constituait qu'une demi-mesure dont le résultat fut une retraite trop lente pour dominer la situation. Finalement, le 16 à 10 heures, une «Instruction du Commandant du Premier Groupe d'Armée» parvint à Breendonck; le Roi apprit ainsi que la totalité de la ligne devait se replier, d'abord jusqu'à la Senne cette nuit-là, puis la nuit suivante jusqu'à la Dendre et finalement, le 18, jusqu'à l'Escaut, le front que les armées alliées auraient constitué en vertu du Plan E. Ce document, comme le fit remarquer Van Overstraeten, n'était ni daté, ni signé, ce qui laissait supposer quelque précipitation dans les quartiers généraux où il avait été rédigé.

Dans l'heure qui suivit le moment où Gort reçut l'ordre de la retraite, une réunion se tint à son poste de commandement pour coordonner les mouvements des armées britannique et belge. Mais comme, à l'issue de cette réunion, le général Needham revenait au quartier général de Léopold, il fut grièvement blessé dans un accident de voiture. Il fallut donc un certain temps avant que le commandement belge eût connaissance des mesures que le Corps Expéditionnaire comptait prendre cette nuit-là pour se plier à l'ordre de Billotte.

Dans *Servir,* Gamelin affirme une chose bien étrange au sujet de l'ordre de retraite: «Le Roi des Belges, initialement, s'est refusé à entamer un mouvement de repli ayant pour conséquence de découvrir Bruxelles... Le général Billote, pour ne pas abandonner l'armée belge, dut, pendant la nuit du 15 au 16, maintenir sur place l'armée britannique et ne replier que la droite de notre 1re armée. On perdit ainsi vingt-quatre heures». Cette histoire, qui fut répétée sous diverses formes par les dirigeants français, est totalement dénuée de fondement, comme Gamelin fut forcé de le reconnaître devant un membre du service historique de l'armée belge après la guerre.

L'attitude de Winston Churchill vis-à-vis du retrait des armées dans le nord est également curieuse, puisqu'il ne parle dans ses mémoires que des ordres donnés au Corps Expéditionnaire et à la première armée française, sans même mentionner l'armée belge qui était en réalité plus importante que les deux autres réunies et défendait un front beaucoup plus étendu. Ce fut aussi la plus affectée des trois armées car les troupes belges furent forcées, sur des ordres émanant d'étrangers, d'abandonner leur patrie — et dans la plupart des cas leur famille — sans pouvoir assurer sa défense face à un envahisseur impitoyable.

En fait, le Roi accepta cet ordre qui fendait le cœur, avec stoïcisme et dans l'esprit d'un loyal allié, bien qu'il signifiât l'abandon par ses troupes de la principale ligne de défense dont la préparation avait été si coûteuse et qui protégeait le cœur du pays, l'exposition à de terribles attaques sur des positions plus dangereuses encore, la perte de la plupart des grandes villes belges, y compris Bruxelles et Anvers, de la majorité de son territoire, et qu'il laissait présager des épreuves bien plus dures encore pour des millions de civils.

Pour l'armée belge, la retraite, qui débuta cette nuit-là, exigeait qu'elle se replie pas à pas vers Gand et Terneuzen, en combattant sur la Nethe, le Rupel, la Dendre et le canal de Willebroeck, pour progresser chaque jour un peu plus à l'ouest, en vue de conserver sa place dans la ligne alliée. La pression ennemie augmentait de jour en jour, malgré la destruction des ponts et des routes, et l'armée belge, bien que capable et désireuse de résister, était forcée d'abandonner province après province, obligée de tenir compte des événements militaires extérieurs à ses frontières et de se conformer à la retraite générale ordonnée par les Alliés. Quoique le Roi eût prévu cette évolution, l'ordre de Billotte était le «moment de la vérité». Ses implications étaient extrêmement graves car l'ordre pouvait mener à une retraite en droite ligne hors de Belgique ou, plus probablement, à un repli sur la côte avec d'autres forces alliées encerclées dans le Pas de Calais par les blindés allemands. Les perspectives étaient d'une telle portée que le Roi estima de son devoir d'en discuter à fond avec ses ministres. Il les convoqua donc à Breendonck.

Le Roi avait auparavant demandé à ses ministres d'entreprendre des démarches urgentes auprès des gouvernements britannique et français en vue d'obtenir le même genre de garanties écrites pour la restauration de la Belgique après la guerre que celles obtenues par son père au cours de la Grande Guerre (ces garanties que Léopold avait essayé d'obtenir secrètement des Britanniques par l'intermédiaire de Sir Roger Keyes en janvier). Il avait aussi rappelé à ses ministres qu'il importait de préserver notre indépendance vis-à-vis des Alliés, tout comme l'avait fait le gouvernement du roi Albert en refusant de laisser piéger la Belgique dans les mailles d'une alliance politique avec eux, et en maintenant non seulement que ses obligations étaient limitées à sa propre défense mais encore qu'elle n'était pas liée par leurs buts de guerre [247].

Les ministres tombèrent tous bien d'accord pour affirmer que la Belgique devait maintenir la même position dans le présent conflit. Spaak avait en effet clairement laissé entendre, dès le début, qu'il ne pourrait être fait état des garanties d'assistance militaire données à la Belgique par la France et la Grande-Bretagne en 1937 qu'à la requête de la Belgique et que, au cas où celle-ci agissait de la sorte, cette requête ne donnerait pas lieu à une alliance avec ses garants, — la seule obligation réciproque de la Belgique envers ceux-ci étant de défendre son territoire jusqu'à la limite de ses ressources.

Comme en 1914, il n'y eut pas de compensations pour la Belgique lorsqu'elle invoqua les garanties des Alliés — en réalité ce fut plutôt le contraire — , car elle les avait simplement autorisés à pénétrer sur son territoire et à l'utiliser comme champ de bataille, contribuant ainsi à sa propre ruine et à sa propre destruction. De plus, en plaçant son armée sous les ordres du Haut Commandement français, Léopold avait largement fait pencher la balance au grave détriment des intérêts de son pays et en la faveur des Alliés. Le Roi et ses ministres avaient donc le sentiment que la Belgique méritait une certaine considération en échange des sacrifices qu'elle avait consentis et qu'elle devait au moins obtenir les mêmes garanties qu'en 1914.

En conséquence, Spaak avait renouvelé ses démarches auprès de la Grande-Bretagne et de la France et s'était rendu à Paris pour défendre personnellement la cause de son pays. Mais il avait été brutalement repoussé. Lors d'une entrevue des plus désagréables, Reynaud lui avait violemment reproché la politique d'indépendance de son gouvernement et son refus de permettre aux armées alliées d'entrer en Belgique avant l'invasion. Spaak s'était donc hâté de revenir à Bruxelles pour accompagner Pierlot et Denis qui se rendaient à Breendonck, le 16 à 14 heures, en réponse à la convocation du Roi.

Le ministre des Affaires Etrangères bouillonnait d'indignation quand il raconta à Léopold le rejet de la démarche belge et le traitement que lui avait réservé Reynaud, lequel, dit-il, s'était montré «plus que grossier». Compte tenu de ce refus des Alliés de faire la plus mince concession en vue de contrebalancer l'aspect unilatéral de leurs relations avec la Belgique, le Roi déclara — et ses ministres l'approuvèrent totalement — que la position de la Belgique devait demeurer la même que durant la Grande Guerre, c'est-à-dire «rester en dehors de toute alliance politique; la Belgique défendrait son indépendance mais ne se sentirait pas liée par les buts de guerre de ses garants». Ce ne fut que lorsque Pierlot commença à s'inquiéter de ce que «les Alliés s'empresseraient alors de faire supporter par la Belgique toute la responsabilité de la défaite» [248], comme il l'écrivit prophétiquement dans un memorandum adressé au Roi le 20 mai, que Spaak et lui revinrent sur leur position selon laquelle les obligations de la Belgique vis-à-vis des Alliés étaient limitées à la défense de son territoire.

Par la suite, lorsque les deux ministres eurent fui en France et dénoncé leur souverain sous la pression de Reynaud, tous deux prétendirent qu'il s'agissait là de la politique personnelle du Roi, fournissant des comptes rendus faussés de leurs conversations avec lui et niant le soutien total qu'ils lui avaient apporté. Comme on le verra, Spaak n'éprouverait absolument aucune gêne à déformer et même à falsifier les faits, particulièrement au cours de l'éclat passionné auquel il allait se livrer deux semaines plus tard à Limoges et qu'il regrettera d'ailleurs par la suite. Quant à Pierlot, bien qu'il ait mis plus de retenue dans sa déformation des faits à posteriori, il ne mérite guère plus d'indulgence pour ses entorses à l'histoire à la lumière des événements ultérieurs. Heureusement, le Roi, au contraire de ses ministres, notait dans les détails tout ce qui s'était dit lors de leurs réunions et tout se trouva ainsi consigné à l'époque [249].

Quoi qu'il en soit, lors de la réunion de l'après-midi avec ses trois principaux ministres, le Roi exposa à l'intention de Spaak le dilemme de son armée. En vertu de l'orientation, de la puissance et de la rapidité de la progression de leurs blindés, les Allemands couperaient vraisemblablement en deux les armées du nord et les acculeraient à la mer, avec la capitulation comme ultime éventualité. Si les trois armées étaient encerclées, comme Léopold le prévoyait, le seul espoir de l'armée belge serait de s'arc-bouter à la mer, de concert, si possible, avec les forces britanniques et françaises. Il traça sur la carte un demi-cercle approximatif autour de Zeebrugge qu'il nomma «le réduit national», concept qui était semblable à celui du commandant en chef du Corps Expéditionnaire et de ses généraux et identique à celui du général Brooke, comme on le verra plus loin. Mais Pierlot et Spaak, alarmés par l'hypothèse réaliste du Roi, insistèrent vivement pour que l'armée belge se retire coûte que coûte au sud-ouest, en direction de la France.

Ils devaient former un étrange contraste, le souple Spaak, le rigide Pierlot, et le grave, l'inébranlable Roi [250]. Malheureusement, la thèse des ministres était totalement irréaliste et impraticable. De fait, les dirigeants militaires alliés ne considérèrent jamais comme possible, même pour les dix-neuf divisions de la première armée française et le Corps Expéditionnaire, qui étaient étroitement engagés contre l'ennemi, de se replier en France en traversant une région où se déversaient les quarante-quatre divisions de von Rundstedt sous le parapluie d'une force aérienne sans concurrence et derrière le bouclier de plus de 3.000 véhicules blindés. La possibilité pour les vingt-deux divisions de l'armée belge, se trouvant à l'extrême nord de la ligne alliée, de les accompagner dans une aventure tellement suicidaire ne fut par conséquent jamais soulevée.

En juin 1940, lorsque Pownall envisagea la possibilité pour les forces anglo-françaises du nord de se replier en France à travers le front créé par la progression massive et rapide de von Rundstedt, il observa dans ses carnets: «Se replier vers le sud-ouest signifiait ou découvrir l'armée belge ou, si les Belges y consentaient, laisser aux Allemands tout le nord-ouest de la Belgique, les ports belges et peut-être certains ports français». En fait, les trois armées du nord n'avaient pas d'autre choix, si elles voulaient demeurer coude à coude, que de se retirer de concert *vers l'ouest,* et c'est ce que Billotte ordonna tardivement de faire. Commentant une proposition ultérieure qui suggérait que les forces anglo-françaises «marchent» vers le sud-ouest, Pownall écrivit:

> A mon avis, si nous avions tenté cela, nous aurions perdu non seulement l'équipement du Corps Expéditionnaire mais tous les hommes qui le composaient. Il n'y aurait plus eu la moindre cohésion et il se serait produit un massacre. Incidemment, quelle opinion le gouvernement de sa

Majesté a-t-il sur ce qui serait arrivé à l'armée belge, si le Corps Expéditionnaire et la première armée française «lui avaient coupé la voie» vers le sud? [251]

La difficulté naissait du fait que les ministres du Roi ne maîtrisaient pas bien les réalités militaires tandis que le Roi avait le don du coup d'œil du commandant en chef. Voyant que la France serait à coup sûr battue, il pensait et parlait déjà en ces termes réalistes. Il prévoyait avec la même perspicacité ce qui se passerait si, par miracle, certaines de ses forces et lui-même parvenaient à se replier en France lorsqu'il leur dit: «Si je suis en territoire étranger, je devrai me soumettre aux lois de ce pays, de même que l'armée. Ainsi, le commandement belge n'aura plus de liberté... et ne contrôlera plus les intérêts de la Belgique» [252]. C'est exactement ce qui arriva à Pierlot et Spaak lorsqu'ils se retrouvèrent eux-mêmes en France après la capitulation belge: ils furent soumis à une pression extrême du gouvernement français et forcés d'accepter sa volonté. Mais à ce moment, la question soulevée fut laissée sans réponse.

Le lendemain, 17 mai, le GQG de Léopold fut transféré de Breendonck à Gand. A Paris, comme le rapporte Albert Kammerer, «le général Gamelin considéra dès ce jour la situation comme perdue [253]. On lui prête d'avoir dit: «Je ne garantis la sécurité de Paris que pour la journée de demain 18 et pour la nuit suivante». Il aurait conclu qu'il convenait dès maintenant d'envisager un armistice» [254]. Ce même jour, après quelque hésitation de la part du Haut Commandement allemand, le rythme de la progression des panzers vers les côtes de la Manche fut accéléré. Von Rundstedt avait en effet réduit l'avance, entraînant Guderian à remettre sa démission dans la crainte d'une contre-offensive française, mais quand le Commandant en Chef constata qu'il ne se passait rien et que le faible moral de l'armée française lui fut venu aux oreilles, il autorisa von Kleist à pousser en avant jusqu'à l'Oise. Les notes inscrites ce jour-là dans les carnets de l'officier britannique anonyme sont on ne peut plus éclairantes:

> 17 mai, 12 heures: le brouillard de la guerre s'épaissit, mais il en émerge néanmoins le fait lugubre que de nombreuses unités françaises ne se battent pas réellement. Les divisions blindées allemandes sont trop nombreuses pour elles... On parle de replier le Corps Expéditionnaire en Angleterre. Cela paraît déplorable... [255]

Qu'elle fût déplorable ou simplement réaliste, cette éventualité était déjà envisagée et préparée par, notamment, les dirigeants politiques, navals et militaires de Grande-Bretagne. Dès le 16, Churchill avait prédit l'effondrement de la France et l'évacuation des forces britanniques, tandis que le lendemain, le CIGS proposa à l'Amirauté (comme le révèlent les éditeurs des *Ironside Diaries*) que tous les petits bateaux disponibles soient rassemblés dans ce but. *The Ironside Diaries* à la date du 17 expliquent pourquoi il franchit ce grand pas ce même jour:

> Si Billotte ne peut pas stopper cet élargissement vers le nord, nous nous retrouverons coupés de nos lignes de communications à Amiens. Cela veut dire que nous devrons essayer d'évacuer le Corps Expéditionnaire à partir de Dunkerque, Calais et Boulogne. Une proposition impossible... Je ne peux imaginer l'équipement du Corps Expéditionnaire rapatrié à partir de Calais, Dunkerque et Boulogne. Nous devons simplement ramener la ligne dans une mesure raisonnable pour couvrir nos communications. Sinon, il n'y a aucun espoir d'évacuer, sans parler de recueillir quoi que ce soit de l'armée belge... Pour le moment, les choses vont très mal et nous risquons d'avoir une Europe complètement nazifiée... Quelle chance avons-nous réellement de continuer la lutte par nous-mêmes si les Français sont battus? ... Pourrions-nous ramener suffisamment d'hommes et d'équipement en Angleterre pour assurer notre sécurité contre une invasion aérienne? Des jours très graves en vérité. Il est dur de penser que nous luttons contre la dislocation de l'Empire [256]. Et pourtant, cela est sûr. Rien ne pourrait être plus certain. Nous avons vécu dans un paradis d'inconscience. Dépendant largement de la puissance de l'armée française. Et cette armée s'est écroulée, ou presque. Le grand tournant de l'histoire. C'est de notre propre faute... Pour le moment, cela paraît le plus grand désastre militaire de l'histoire...» [257]

Le vaste GQG principal de Gort dans et autour d'Arras se trouvait exactement sur le chemin des panzers, ce qui nécessitait son évacuation immédiate. Toute cette encombrante organisation fut donc déplacée en hâte à Boulogne le 17 par deux trains spéciaux, puis évacuée par la mer. «Si j'avais choisi un endroit intermédiaire, écrit le chef du premier bureau de Gort, le général Brownrigg, comme je fus vraiment sur le point de le faire, je me demande si beaucoup de membres du personnel du GQG auraient pu être effectivement évacués» [258]. Pendant ce temps, l'équipe du quartier général avancé de Gort était revenue à son cantonnement initial de Wahagnies.

Comme Ironside, Gort et Pownall avaient maintenant parfaitement conscience du danger mortel que la progression des blindés allemands faisait courir au Corps Expéditionnaire, avec sa ligne de communications sans défense traversant la ligne avancée de l'ennemi et son flanc droit ainsi que ses arrières gravement exposés. Et comme Churchill et le CIGS à Whitehall, ils étaient forcés d'évoquer l'évacuation du Corps Expéditionnaire, ce qui sous-entendait l'abandon de tout son équipement. Mais en même temps, ils concentraient toutes leurs énergies sur d'urgentes mesures défensives. A cette fin, ils déployèrent hâtivement sur la route des panzers les trois «divisions» territoriales, de faible puissance et partiellement armées, qui avaient été envoyées en France pour s'entraîner, creuser des tranchées et effectuer divers travaux. Une division parvint à réunir 13 canons de campagne dont certains ne pouvaient tirer qu'à bout portant et d'autres étaient totalement dépourvus de viseurs. Ces unités britanniques faibles et éparpillées se battirent vaillamment mais furent rapidement repoussées ou submergées par les très mobiles formations allemandes équipées de tanks, de véhicules blindés, de canons autonomes et de transporteurs de troupes à une échelle inimaginable pour une division britannique, et étroitement soutenues par la Luftwaffe.

Au même moment, le GQG entreprit d'organiser d'autres forces improvisées pour défendre les points clés de leurs arrières. On retira des canons et des véhicules des dépôts d'entraînement ou de réparation et on constitua des troupes à partir d'unités d'éclaireurs et de personnel de quartiers généraux. Les *Despatches* de Gort mentionnent qu'on envoya même se battre une unité mobile de bains. Pour commander ces forces improvisées, Gort et Pownall dépêchèrent un certain nombre de leurs officiers d'états-majors y compris leur directeur des Renseignements, ce qui suscita les critiques du général Montgomery, du major Ellis et de Sir John Colville (le biographe de Gort) parce que, ce faisant, ils privaient l'organisation déjà «mal organisée» de leurs quartiers généraux de tant de leurs membres importants. La coupe sombre ainsi opérée dans l'état-major et les organisations de renseignements britanniques ajoutée à la perte des staffs des principaux quartiers généraux de Gort, évacués par Boulogne, s'avéra désastreuse. En effet, l'état déplorable du «commandement et contrôle» du Corps Expéditionnaire, joint à l'attitude négative du GQG vis-à-vis des liaisons anglo-belges, devait avoir les pires répercussions sur l'armée belge.

Ce même jour critique, arriva cependant, pour diriger la mission de liaison britannique au GQG belge, le lieutenant-colonel George Davy du troisième Hussards. A partir de ce moment, cet officier entreprenant et ouvert et d'un non-conformisme rafraîchissant, allait faire le maximum pour améliorer les liaisons quasi inexistantes entre les deux armées, malgré l'attitude hostile et méfiante du GQG britannique vis-à-vis des Belges. Le témoignage oculaire de Davy sur la situation vue de l'intérieur au sein des Hauts Commandements belge et britannique et sur leurs relations mutuelles, dans lesquelles il joua par ailleurs un rôle éminent, est donc de première importance au point de vue historique. Sans lui, la plupart des faits relatés ici n'auraient jamais été connus. Par bonheur, Davy, au contraire de nombreux membres de sa mission, survécut pour raconter ses expériences dans deux rapports officiels, mais aussi dans des conversations informelles et dans sa correspondance.

Le 16 mai, Davy, qui parlait couramment français et avait servi dans la mission de liaison britannique au GQG de Gamelin à Vincennes [259], était sur le point de quitter Londres pour la Norvège, lorsqu'il reçut l'ordre de se rendre en Belgique pour «renforcer» la mission Needham. «L'impression que j'eus au War Office, relate-t-il dans ses mémoires, était qu'ils avaient été surpris à deux égards: tout d'abord, de l'effondrement rapide de la résistance hollandaise; ensuite, de la résistance solide et inattendue des Belges qui s'étaient, en fait, repliés en se battant pour prendre leur place à gauche des Britanniques, exactement ce qu'avait souhaité Gamelin. Ce qui avait également surpris le GQG français était de voir l'armée belge toujours d'attaque après plus d'une semaine de combats, alors qu'on ne lui avait donné qu'une semaine de résistance [260] ».

A son arrivée à Bruxelles le matin suivant, Davy apprenant que le général Needham, gravement blessé, avait été rapatrié, prit immédiatement le commandement de la mission. Mais il commit une erreur. «Pour ne pas créer de confusion, écrivit-il, je décidai de mettre le nom de Needham sur toutes mes communications au GQG et au War Office. Je compris par la suite que cela avait été une erreur. Le GQG ayant estimé Needham inefficace, n'accordait que peu d'attention à ses renseignements, et comme peu d'entre eux réalisaient qu'il était parti, je pense que plusieurs de mes messages portant le nom de Needham ne furent pas pris suffisamment au sérieux». Les carnets de l'Amiral relatent la chose de la manière suivante:

> 17 mai: le GQG s'était installé dans un couvent (Saint-Denis-Westrem) à Gand et l'on y attribua des locaux aux missions militaires et aériennes britanniques. Le colonel Davy, qui était arrivé à Bruxelles en provenance d'Angleterre pour rejoindre la mission militaire juste avant notre départ, en était à présent l'officier responsable et il la prit en charge.

La première visite de Davy fut pour le quartier général du Corps Expéditionnaire, où il tomba, ce qui n'était pas un début des plus encourageants, en plein milieu d'une discussion entre Gort et Pownall. «Pownall, releva Davy, parla la plus grande partie du temps. Je déduisis de leurs propos que l'armée belge n'était d'aucune utilité et Pownall me dit que je devais obtenir que les Belges changent tout de suite leurs dispositions pour que leurs divisions régulières (1 à 6) soient à côté des britanniques, et d'aucune autre. Il me dit également que le chef de l'état-major belge était pro-allemand, de même que la Reine Mère». Ce qui fait le prix du témoignage de Davy, c'est qu'il arriva à son poste sans aucune idée préconçue et que plus il demeura aux côtés du roi Léopold, durant la période la plus tendue de la campagne, plus il éprouva d'admiration pour lui et de dégoût pour la manière dont les officiers supérieurs du Corps Expéditionnaire traitaient les Belges et leur Roi.

Quand il retourna en Angleterre, Davy fut choqué de voir que ces mêmes officiers supérieurs continuaient à faire preuve d'injustice vis-à-vis du Roi et de son armée en rejetant sur eux la responsabilité de leurs propres revers. Davy ajouta donc à son rapport officiel un compte rendu personnel et révélateur de ses expériences qu'il intitula: «Rapport supplémentaire du chef de la sixième mission militaire. Attitude du GQG du Corps Expéditionnaire vis-à-vis des Belges». Dans son introduction, Davy disait qu'il s'était abstenu de critiquer le GQG à cet égard dans son rapport officiel, mais poursuivait: «Maintenant que le Commandant en Chef (Gort) emboîte le pas à M. Reynaud pour attaquer le Roi des Belges et faire des commentaires cinglants sur l'armée belge... je me sens autorisé à parler avec plus de franchise de l'attitude du GQG vis-à-vis des Belges». Pour s'assurer que la vérité éclaterait même si lui venait à mourir, Davy remit des copies de ce document entre les mains de personnes à qui il pouvait faire confiance pour le révéler en temps opportun, et notamment Sir Roger Keyes.

En septembre 1943, toutefois, Davy décida de déposer son *Supplementary Report* au War Office à l'intention de l'historien officiel. Dans la lettre d'accompagnement, Davy répéta qu'il avait voulu éviter de critiquer des officiers supérieurs comme Gort et Pownall, mais que «les attaques sauvages et mensongères» lancées contre le roi Léopold par le Premier Ministre français, la presse britannique et «d'éminentes personnalités militaires qui virent en lui le bouc émissaire parfait privé de droit de réponse» l'avaient incité à agir pour que «la vérité ne soit pas effacée à jamais». Il concluait sur ces mots: «... dans l'intérêt de l'exactitude historique, je crois que je dois laisser ce document tel que je l'ai écrit et vous le confier pour l'usage que vous estimerez approprié, en tenant compte du fait que les commandants et l'état-major britanniques étaient tous épuisés et à court de sommeil». Mais on ne trouve aucune trace de son utilisation dans l'*Official History* de la campagne, qui, chose très caractéristique, ne critique jamais les Britanniques [261].

Davy décrit dans ses mémoires comment il rencontra Sir Roger Keyes pour la première fois peu après son arrivée au GQG belge de Gand. Les deux hommes éprouvèrent rapidement l'un pour l'autre une amitié basée sur la confiance et le respect mutuels, «où rien n'était dissimulé de part et d'autre», précise Davy. Ils travaillèrent alors la main dans la main pour améliorer les relations anglo-belges et Davy se réjouit du soutien que lui apporta l'Amiral dans ses rudes efforts pour établir et maintenir une bonne liaison entre les deux armées, malgré l'attitude hostile et peu communicative des officiers du GQG britannique vis-à-vis des Belges.

Davy fut présenté au Roi par l'Amiral à qui, précise le colonel, «je dus d'être immédiatement accepté par le Roi». A partir de ce moment, Davy fut presque aussi proche du Roi que Keyes, le Roi lui ayant accordé un libre accès permanent. Le mémoire de Davy continue par la description de sa rencontre et de ses relations ultérieures avec le Roi:

> Au cours des dix jours suivants, j'eus plusieurs entrevues avec lui, parfois dans son bureau, parfois lors de promenades dans le jardin de son quartier général. Il m'envoyait chercher s'il voulait me mettre au courant de quoi que ce soit et je pouvais toujours me rendre chez lui si j'avais un message urgent... Les manières taciturnes du Roi depuis la mort de sa femme étaient chose connue avant la guerre. Les années d'inquiétude sous la menace d'Hitler, la lutte pour garder une position neutre pendant la drôle de guerre, l'invasion de la Belgique et maintenant l'évidente imminence de l'effondrement français n'avaient rien fait pour éclaircir son horizon. La seule fois où je le vis sourire fut lorsque je lui assurai, au cours de notre première réunion le 18 mai, qu'il n'était pas question de ramener le Corps Expéditionnaire en Angleterre... Le Roi fut (plus tard) grandement calomnié par des correspondants irresponsables. Les «puériles colères» dont l'a accusé un «historien» relèvent de l'invention perfide. Il s'est toujours comporté avec la dignité qui sied à un monarque et il n'omit jamais de me dire à l'avance ce qu'il avait l'intention de faire.

Malheureusement, cet esprit de collaboration et cette volonté d'informer autrui n'entraient pas dans les manières de l'état-major général britannique, comme le montre le compte rendu de Davy:

> Il devint tout à coup évident que la liaison entre le GQG britannique et le GQG belge était rompue... Il était inutile, dans cette campagne-éclair, de commencer une série d'échanges télégraphiques avec le War Office pour demander une amélioration des liaisons et il n'y avait rien d'autre à faire que d'essayer de me débrouiller moi-même. Le Roi faisait le maximum pour aider Gort; le GQG britannique, lui, se méfiait de tout Belge...

Le *Supplementary Report* du colonel Davy continue de manière tout aussi navrante:

> J'avais toujours des difficultés à obtenir des informations pour les Belges au sujet de la situation et des intentions du Corps Expéditionnaire. Lorsque je me rendais moi-même au GQG, je harcelais l'un ou l'autre jusqu'à ce que l'on me décrive la situation... Un allié ne peut pas collaborer s'il ne sait pas ce que vous essayez de faire, pas plus que n'en est capable une formation de flanc de votre propre armée. Et le GQG se méfiait de son allié belge... Je trouvais probablement trop de choses et j'étais un grain de sable dans le processus. J'ai certainement découvert tout ce que j'ai pu...

Résultat: un colonel d'état-major fit savoir à Davy que Gort désirait qu'il reste au GQG belge et que toute liaison devait se faire à l'avenir par l'intermédiaire des officiers de liaison du GQG britannique. Ils étaient surnommés les «douze apôtres» mais, comme le relate Davy dans ses mémoires, «ils ne disposaient d'aucun moyen de communication et pendant leurs longs trajets d'un GQG à l'autre, ils étaient coupés de toutes les informations d'où qu'elles vinssent». Il ignora donc cette «rebuffade» qui «ne me tint pas à l'écart du GQG lorsque je voulais y être». Le récit de Davy continue:

> La liaison avec les flancs était certainement insatisfaisante et cette lacune expliquait probablement en grande partie le mépris dont on accablait les Belges. Ce n'était pas toujours le même corps qui se trouvait sur la gauche du Corps Expéditionnaire et sur la droite des Belges... Les commentaires officiels sur les opérations affirmaient que la liaison des flancs avec les Alliés était «insatisfaisante à tous égards». Je reconnais qu'elle était déficiente et que l'on aurait dû accorder au GQG davantage d'officiers de liaison ou de plus compétents. Les Belges eux-mêmes étaient un peu lents à envoyer des officiers de liaison, mais ils étaient plus rapides que nos propres formations quoiqu'étant souvent freinés par le fait qu'ils ne parvenaient pas à localiser les quartiers généraux britanniques.

Dans ses mémoires, Davy écrivit: «... en ce qui concerne la jonction entre les deux armées... il y eut des circonstances où je fus capable d'établir un contact entre la division britannique à gauche et la division belge à droite, grâce en grande partie au GQG belge qui connaissait toujours la situation exacte de chaque division et de chaque brigade; il était plus difficile pour moi d'obtenir la situation des divisions britanniques et je devais généralement partir moi-même à leur recherche». Le *Supplementary Report* de Davy donne quelques détails dérangeants sur l'attitude hostile et peu coopérative du Corps Expéditionnaire vis-à-vis de ses tentatives à lui comme de celles des Belges en vue d'établir une liaison efficace entre leurs flancs respectifs. Il fait même mention de plusieurs cas où les Britanniques tirèrent sur des Belges qui tentaient de les approcher [262].

Quant à l'organisation de l'état-major au GQG britannique, dont Davy trouvait que les travaux «n'étaient pas du tout faciles à suivre», voici ce qu'il en écrivit: «Par contraste avec le GQG belge, il semblait toujours épuisé, pressé et désordonné... Tout cela paraissait manquer de méthode et l'information ne circulait pas...» Il rapporte plus loin: «La section des opérations au GQG belge était ordonnée et méthodique... L'ordre et le calme du GQG méritent d'être loués quand on pense qu'un seul officier de la deuxième section savait ou se trouvaient sa femme et sa famille. Tout ce que les autres savaient, c'était que leurs familles figuraient parmi les réfugiés».

Lorsqu'il appela pour la première fois le quartier général de Gort, Davy reçut l'ordre d'informer le Corps Expéditionnaire «si d'aventure les Belges se replient» et on crut pouvoir ajouter que «lors de la manœuvre de repli à partir de la Dyle, les Belges étaient partis les premiers, laissant le flanc de la division britannique de gauche exposé». Les mémoires de Davy décrivent la suite:

Lors de mes premières conversations avec l'état-major belge, j'ai vérifié les mouvements de la division de droite ce jour-là et découvert qu'elle s'était repliée un jour après la division britannique sur sa droite; le manque apparent de troupes sur la gauche était dû au simple fait que les Belges se trouvaient 25 km plus près de l'ennemi. Le vide sur la gauche des Britanniques n'était pas un «no-man's-land» mais le vide de la zone de l'arrière belge. C'était la première de trois occasions où exactement la même chose se produisit, et je possède encore la carte utilisée à l'époque qui montre cela clairement. Je l'ai montrée au roi George lorsqu'il me convoqua au Palais de Buckingham après la capitulation belge, quand tant de gens essayaient de transformer le roi Léopold en bouc émissaire, alors que, prisonnier de guerre, il ne pouvait rien dire pour réfuter les perfides attaques de Reynaud et consorts.

Les incidents relatés par Davy ne furent pas du tout les seuls cas où les Britanniques rejetèrent indûment sur l'armée belge la responsabilité de leurs propres erreurs et de leur piteux travail d'état-major, le pire de ces exemples étant les tragiques événements de la Dendre, le 18 mai. Les *Despatches* de Gort se gardent bien de mentionner ces égarements et il fallut attendre 1953 pour que l'Historien Officiel admette tardivement que telle «coûteuse erreur» commise «à tel ou tel endroit» par le commandement britannique — et pour laquelle les Belges avaient été injuriés et blâmés à l'époque — ne leur était pas imputable mais était entièrement due à une bavure des Britanniques.

Le 18 à 9 heures, l'armée belge en retraite avait effectué la jonction avec les Britanniques sur la ligne Dendre-Escaut, mais une force britannique demeurait au devant avec l'ordre de protéger le flanc belge. Elle fut rapidement encerclée et taillée en pièces par les Allemands, après avoir vaillamment combattu. Les quelques survivants qui réussirent à s'en tirer et qui s'attendaient à trouver les Belges sur leur flanc gauche furent persuadés que ceux-ci s'étaient repliés sans en avertir leurs voisins britanniques, les laissant donc complètement exposés à l'ennemi.

Ce n'était pas le cas. Les Belges s'étaient retirés le matin du 18, en conformité totale avec le plan convenu entre les deux états-majors généraux. Mais des troupes du deuxième corps britannique avaient reçu l'ordre de demeurer à l'avant pour les couvrir pendant toute la journée, avec la conviction erronée que les Belges ne se replieraient pas avant la nuit. A l'état-major britannique, quelqu'un avait oublié d'informer les unités britanniques concernées du moment exact du repliement belge. Le major Ellis estime cependant: «Il n'existe aucun rapport prouvant que le poste de commandement ou le deuxième corps était initialement responsable de cette mauvaise interprétation des intentions belges, et la question est sans importance aujourd'hui». Il se pourrait toutefois que les Belges n'estiment pas sans importance le fait que les dirigeants militaires britanniques leur ont fait endosser la responsabilité de ce désastre précis pendant douze ans, alimentant ainsi l'animosité bien plus grande encore dont ils furent injustement l'objet par la suite [263].

C'est à ce moment que Davy prit conscience du fait que les membres du quartier général de Gort poursuivaient une politique tortueuse vis-à-vis des Belges et leur cachaient délibérément leurs intentions, ce qui persista durant toute la campagne. Le 18 mai, raconte Davy, «le Roi me demanda s'il était envisagé que nous nous repliions au-delà de l'Escaut. Avec la tête de pont de Gand, c'était la dernière ligne de défense prévue et il espérait qu'il lui serait permis de s'y maintenir et de s'y battre. Si, tentés par les excellentes défenses de la frontière, nous étions amenés à nous replier jusqu'à cette ligne où nous avions travaillé d'octobre à avril, les Belges devraient se conformer à cette décision en se retirant sur la Lys où rien du tout n'avait été prévu».

Davy envoya immédiatement à Pownall un message porteur des questions de Léopold. Il reçut une réponse écrite de son adjoint, le général Eastwood, l'informant qu'*il n'existait aucun projet, pour maintenant ou pour l'avenir, de se replier plus loin que l'Escaut.* Il transmit le message à Van Overstraeten qui fut grandement soulagé, de même que le Roi.

Le lendemain (19 mai), Davy se rendit au GQG du Corps Expéditionnaire à Wahagnies avec l'amiral Keyes. Le Roi avait demandé à celui-ci de sonder les intentions de Gort pour le cas où les trois armées du nord seraient coupées des principales armées françaises du sud et de voir s'il souffrait du même manque de directives de la part de Billotte que les Belges. Lorsque Davy rencontra Pownall et Eastwood, il leur dit tout le soulagement des Belges de savoir que les Britanniques ne se replieraient pas plus loin que l'Escaut. «En fait, nous *sommes* en train de le faire», dit Eastwood. «Oui, dit Pownall, mais ne le dites pas aux Belges». Davy protesta évidemment que les Belges devaient être mis au courant et souligna qu'ils comptaient se battre sur l'Escaut avec la conviction que les Britanniques agiraient de même. «Laissez-les penser cela, dit Pownall, sinon ils s'en iront et exposeront notre flanc».

Davy était pris entre deux loyautés. Mais «il n'y eut jamais aucun doute dans mon esprit. Cette crainte d'une fuite des Belges était une obsession chez tous les membres du GQG et elle s'était infiltrée dans d'autres parties du Corps Expéditionnaire... Personnellement, je me fiais davantage aux Belges. De sorte qu'à mon retour (le 20), je confiai au Roi que nous allions nous éloigner de l'Escaut et nous replier sur la frontière la nuit suivante. Il fut déçu et ne le cacha pas. Mais il n'exprima aucune doléance et ne manifesta nullement «la mauvaise humeur puérile» ou quelque autre mouvement d'humeur peu digne d'un roi, que les éléments les plus douteux de la presse britannique lui attribuèrent par la suite». Le compte rendu continue ainsi:

> Il était forcé de se conformer à notre repli, bien que cela impliquât l'abandon sans combat de sa dernière ligne équipée et qu'il fût conscient que les mouvements de son armée et du Corps Expéditionnaire sur des lignes de repli différentes affaibliraient la jonction et allongeraient le front. Malgré cela — bien entendu, il ignora toujours que la décision de se retirer avait été prise 24 ou 48 heures avant qu'il en eût été informé —, Van Overstraeten et lui collaborèrent pleinement avec le Corps Expéditionnaire.

Le Roi aurait été encore plus déçu s'il avait eu connaissance des développements des projets britanniques qui lui étaient, bien entendu, délibérément cachés, de même qu'aux Français. Le 16 mai, Winston Churchill avait envisagé le rembarquement du Corps Expéditionnaire sous la couverture de l'armée belge et le jour suivant, Ironside, en sa qualité de CIGS, avait demandé à l'amirauté de réunir les bateaux nécessaires. Mais ce n'est que le 18 que Gort et Pownall furent confrontés aux dures réalités de la situation et qu'ils passèrent à l'exécution des ordres dont devait résulter l'évacuation d'environ 28.000 hommes *avant* le début de «l'opération Dynamo», le 26 mai.

L'événement qui retint l'attention de Gort et de Pownall fut la visite que Billotte, le soi-disant coordinateur, leur rendit à leur quartier général de Wahagnies, dans la nuit du 18 mai. Le biographe de Gort décrit comment, le 19, le Commandant en Chef ajouta à la lettre qu'il avait écrite la veille à son amie Lady Marjorie Dalrymple-Hamilton (lettre dans laquelle il parlait en termes cinglants des Belges qui «avaient évacué les positions avancées du canal Albert beaucoup trop tôt» et de la «vitesse avec laquelle les alliés s'évaporaient soudainement sans prévenir») le post-scriptum suivant: «Je crains de ne pas être très optimiste aujourd'hui...» Le Gort habituellement confiant et plastronnant avait quelque raison de se sentir abattu, car Billotte lui avait dit qu'il «n'avait ni plan, ni réserves et très peu d'espoir» [264].

Le major Archdale, consterné par la légèreté indolente de Billotte et de son chef d'état-major comme par le mépris que leurs propres subordonnés leur témoignaient, avait décidé que la seule manière de faire comprendre le danger à Gort et à Pownall était de s'arranger pour que Billotte leur rende une visite à leur GQG. Archdale nota dans ses carnets que pendant le trajet en automobile, le général français n'arrêta pas de répéter: «Je suis crevé de fatigue, et contre ces panzers, je ne peux rien faire» [265].

A son arrivée au poste de commandement de Gort, Billotte n'essaya pas de dissimuler à quel point il était déprimé. Il dressa sur carte une situation d'où il apparaissait que les fers de lance des dix divisions blindées se trouvaient à un peu plus de 80 kilomètres de la Manche, sans aucune troupe française entre elles et leur objectif. «Sans être un homme très intelligent», Gort était essentiellement réaliste, et il lui apparut évident d'après les observations désespérées de Billotte que la progression des panzers ne pourrait pas être stoppée; la possibilité que le Corps Expéditionnaire se retire «sur la ligne de la Somme jusqu'à son embouchure», était donc à exclure étant donné l'écrasante force blindée qui lui barrait la route. (Il faut rappeler qu'en 1939, lorsqu'il apprit que les Allemands avaient dix divisions de panzers sur le front ouest, Gort avait fait remarquer à son ADC, Lord Munster: «Dans ce cas, nous n'avons pas la moindre chance»). De plus, comme le montrent les *Despatches* de Gort, on admettait au GQG que même si cette manœuvre avait été possible, «elle aurait été mal accueillie par les Belges qui n'auraient eu que les choix suivants: se retirer avec nous et abandonner le sol belge, se battre sur une portion exiguë de leur territoire, ou négocier un armistice». Quant à la possibilité «de combler la brèche par des contre-attaques réussies lancées simultanément du nord et du sud», elle n'entrait même pas en ligne de compte, comme le montrent clairement les *Despatches.*

Le Commandant en Chef britannique fut donc brutalement confronté à la réalité qu'un seul plan d'action offrait encore quelque espoir de salut à son armée. C'était la possibilité que Léopold avait envisagée les 15 et 16 mai et qui avait tant choqué ses ministres. Ce fut évidemment le plan qu'on exécuta en définitive, mais après qu'il eut été tragiquement retardé en raison de l'embargo décrété par Churchill à Londres et par les dirigeants politiques et militaires à Paris. Selon les termes des *Despatches* de Gort, ce plan prévoyait:

> le retrait vers le nord-ouest ou le nord en direction des ports de la Manche, en utilisant les rivières et canaux successifs et en tenant un périmètre défensif, à un rythme suffisamment lent pour permettre aux troupes de se replier, de préférence avec les Français et les Belges... Il impliquait la quasi certitude que même si l'excellent équipement du port de Dunkerque demeurait disponible, il serait nécessaire d'abandonner les pièces d'artillerie les plus lourdes et une grande partie des véhicules et du matériel [266].

Pownall en conséquence, téléphona au War Office à Londres vers 11 h 30 le lendemain, 19 mai, dimanche de la Pentecôte. S'adressant en «langage codé» au directeur des opérations militaires, il lui dit que le Corps Expéditionnaire serait bientôt forcé d'évacuer via Dunkerque.» (A 13 h 30, il retéléphona pour dire qu'il serait également possible d'évacuer par Bruges et Ostende). A la suite de son premier appel, le War Office tint immédiatement une réunion commune à laquelle assista le vice-amiral de Douvres, Bertram Ramsay, et où se dessina, pour citer les *Despatches,* «la genèse de l'opération Dynamo: l'évacuation de Dunkerque». Ce même matin, les commandants du corps de Gort furent convoqués à une réunion, «d'une importance vraiment capitale» ainsi que la qualifie le général Brooke. Le plan du GQG était conçu pour le cas où les Allemands auraient atteint la Somme et incluait le repli du Corps Expéditionnaire vers le port de Dunkerque autour duquel une zone de défense serait créée pour l'évacuation du personnel, sans vivres ni matériel. Brooke proposa d'édifier plutôt un hérisson défensif autour des ports d'Ostende et de Zeebrugge, ce qui aurait permis de garder un meilleur contact avec les Belges. (C'était l'une des éventualités que Léopold avait évoquée devant ses ministres le 15 mai et les jours qui suivirent et qui les inclina à soupçonner qu'il désirait séparer son armée de celles des Français et des Britanniques).

Ce matin-là, Gort informa le général Brownrigg, son chef du premier bureau, «que l'évacuation du personnel du Corps Expéditionnaire et le sacrifice du matériel était ce qu'on pouvait espérer de mieux, sauf si les Français... pouvaient contenir ou scinder les formations blindées allemandes». Il ordonna alors à Brownrigg d'évacuer sur-le-champ «toute bouche inutile» par les ports de Boulogne, Calais et Dunkerque [267]. Ces «bouches inutiles» comprenaient le personnel de l'énorme quartier général de Gort, que le chef du premier bureau avait arraché le 17 au rush des panzers, ainsi que les groupes désorganisés et souvent sans armes des soldats britanniques dispersés dans les zones de l'arrière et pris entre leur propre armée en retraite et la vague des forces ennemies déferlant le long de ses flancs et sur ses arrières.

Le chef du premier bureau convoqua immédiatement une réunion et «expliqua aux représentants de presque toutes les sections du GQG qu'ils devaient se préparer à évacuer le Corps Expéditionnaire, bien que la décision finale n'en eût pas encore été prise». Ses deux assistants furent envoyés tout de suite, l'un à Calais et l'autre à Dunkerque, pour se charger de l'évacuation. A partir du 19 mai, grâce à cette initiative et à la remarquable organisation de l'amiral Ramsay, le flot des troupes britanniques évacuées à bord des vaisseaux de la marine royale et marchande se transforma en une véritable marée, mais non sans de lourdes pertes en bateaux et en hommes, causées pour la plupart par des attaques aériennes.

Il est donc évident que l'idée d'évacuer le Corps Expéditionnaire avait déjà fait son chemin le 17 mai, quand le CIGS avait demandé à l'amirauté de réunir les bateaux nécessaires, tandis que, deux jours plus tard, le Commandant en Chef ordonnait l'évacuation immédiate de milliers d'hommes par les ports du nord et se voyait forcé de demander à Londres de préparer l'évacuation de tout son personnel par la même voie. Cette requête provoqua le 19 une réunion commune du service au cours de laquelle les plans d'évacuation furent mis au point et immédiatement appliqués. Nonosbstant, *à aucun moment,* même lorsque débuta le 26 mai (deux jours avant la capitulation belge), l'évacuation massive des Britanniques, le roi Léopold ne fut informé par le gouvernement britannique ou par ses dirigeants militaires que le Corps Expéditionnaire cherchait son salut dans la fuite et abandonnait ses compagnons belges en armes sur le champ de bataille.

Le 18 mai, lorsque Anvers tomba aux mains de l'ennemi, les Allemands avaient envahi la majorité du territoire belge, et les foyers et les familles de la plupart des soldats de Léopold étaient à leur merci. La majorité des dépôts de l'armée belge avaient été abandonnés et il ne restait des vivres et des munitions que pour deux semaines seulement. Le 18 également, le «Stuka Circus» de Richthofen, qui avait pulvérisé les défenses du canal Albert et qui revenait à peine de la «tuerie» de la Meuse, fut rappelé vers le front de l'armée belge, au moment où les derniers chasseurs de la RAF basés sur le continent étaient rapatriés en Angleterre.

Le gouvernement belge ayant refusé de recommander à la population civile de rester sur place, des hordes de réfugiés encombraient les routes. Ce jour-là, l'amiral Keyes décrivit leur sort pitoyable dans une lettre à sa femme:

> Les routes sont terriblement congestionnées par les troupes, les transports et des centaines de milliers de réfugiés, vieillards, femmes, enfants, à bicyclette, à pied ou en charrettes: c'est tout simplement déchirant. La route est à tout moment bombardée et des avions volant à basse altitude piquent dessus et la mitraillent. Je dois dire que les gens sont courageux et reprennent obstinément leur misérable marche. On voit par exemple une jeune femme tirée dans une petite charrette à bras et cent autres tragiques moyens de fortune... Presque tous transportent un petit matelas ou une couverture, mais c'est tout. Cette migration n'a pas cessé depuis mon arrivée. Je n'ai jamais vu quelque chose de plus précipité. J'aimerais que nos gens satisfaits de leur «paix à tout prix» voient tout ce qui se passe ici et réalisent à quel point ils ont de la chance d'avoir été — jusqu'à présent — épargnés par la guerre grâce aux forces armées dont ils ont fait de leur mieux pour se débarasser parce que pouvant être «incitatrices de guerre» [268].

L'Amiral ajoutait: «Je pense que le calme courage du Roi et de Van Overstraeten et le comportement comme le moral des troupes belges sont tout à fait splendides... Au cours du déjeuner avec le Roi aujourd'hui, nous avons écouté les nouvelles de treize heures et avons beaucoup entendu parler des Britanniques et des Français, — rien au sujet des Belges...» Ce même jour, Keyes nota également dans son journal:

> 18 mai: Je suis retourné à Gand ce matin avec le Roi et nous avons dépassé une longue colonne de Chasseurs Ardennais à bicyclettes, accompagnés de transports à chevaux, en très bon ordre. Le Roi m'a dit qu'ils

s'étaient battus en Ardenne depuis le matin du 10, puis deux jours à Namur et qu'ils avaient dû ensuite se replier. Leur condition physique et morale était excellente.

Si le Roi pouvait être fier du comportement de ses troupes sur le front, il était moins satisfait de la conduite de son gouvernement. Le 18, Léopold ordonna que son GQG soit immédiatement déménagé de Gand à Bruges pour s'assurer que ses ministres, maintenant à Ostende, demeurent en étroit contact avec lui. Mais à 12 h 30, comme l'ordre était en cours d'exécution, un message arriva disant que le gouvernement avait hâtivement quitté Ostende en direction de l'ouest et qu'il était maintenant à La Panne, tout près de la frontière française. Le lendemain, le Roi apprit que toute l'administration, y compris treize des dix-sept ministres (seuls Pierlot, Spaak, Denis et Vanderpoorten restaient en Belgique, sur l'insistance du Roi), avait franchi la frontière (comme leurs prédécesseurs en 1914) en route pour le sanctuaire du Havre, loin dans l'ouest de la France.

Entre-temps, le matin du 18, le Roi reçut une lettre que Pierlot avait écrite à l'issue du conseil des ministres qui s'était tenu la veille à Ostende. «Si aucune force importante de l'armée belge ne pouvait opérer sa retraite de manière à échapper à l'encerclement ...leur avis unanime est que le Roi doit, à tout prix, se soustraire à temps au danger d'être fait prisonnier». Pierlot soutenait que la question n'était pas simplement militaire. «Nous nous trouvons là dans le cadre des responsabilités constitutionnelles que portent les Ministres du Roi». Puis venait une phrase riche d'ironie quand l'on sait les persistantes tentatives auxquelles allaient par la suite se livrer eux-mêmes les ministres pour traiter avec le victorieux Hitler: «Un traité de paix ne pourrait que nous être fatal... Ce serait la fin de notre existence nationale».

Le Roi reçut la lettre de son Premier Ministre, alors qu'il se trouvait plongé dans les problèmes militaires qui échappaient à Pierlot mais qui restaient d'une importance vitale aussi longtemps que l'avenir de son armée, de son peuple et de son royaume était en jeu. Léopold et Van Overstraeten s'étaient assis à la même table et évaluaient toutes les informations disponibles. «Les imaginations exaltées et les esprits inquiets» des ministres — comme disait Van Overstraeten — ne pouvaient appréhender les réalités, mais pour le Roi et son état-major militaire, ces réalités sautaient aux yeux. L'armée belge était sous les ordres du Haut Commandement français et il était indiscutablement de son devoir de conserver sa position dans la ligne alliée, ce qui signifiait, rester à la droite des Britanniques. Même s'il leur avait été permis d'agir de manière indépendante comme le demandaient les ministres et de se replier vers la France, un pareil mouvement était tout à fait hors de question. Leurs transports étaient entièrement mobilisés et leurs arrières étaient traversés par la septième armée française de Giraud qui refluait vers la France dans un désordre considérable.

Le Roi et son état-major devaient également tenir compte du fait que pendant le repli à partir de la ligne Anvers-Louvain, de nombreuses unités avaient été fortement secouées et qu'il leur fallait demeurer un certain temps stationnaires afin de récupérer. Cela n'avait rien de surprenant pour une armée en grande partie non régulière, et encore toute l'armée n'était-elle pas dans cet état. Plus important encore et comme pour souligner le réalisme du relevé de la situation militaire effectué le matin même, un message arriva signalant que plusieurs divisions de panzers avançaient à toute allure en direction d'Abbeville et de Boulogne. C'est pourquoi, l'après-midi où Pierlot, Spaak et Denis arrivèrent à Gand — à la requête du Roi — et proposèrent que l'armée belge se replie de toute urgence à l'ouest de la Somme et que Gamelin soit forcé de promettre de ne la couper à aucun prix du gros des forces françaises, le Roi ne manquait pas d'arguments à leur opposer. Mais quand il exposa une nouvelle fois les éléments qui s'étaient fait jour le matin et qu'il leur rappela que les mouvements de son armée étaient déterminés par les ordres du Haut Commandement français, le Premier Ministre rétorqua: «Cette attitude ne suffit pas. Si vous avez l'impression que les ordres donnés ne sont pas adéquats, vous devez en réclamer d'autres et, si nécessaire, prendre les initiatives qui s'imposent pour sauver le maximum de l'armée».

Mais le Roi refusa fermement d'emprunter cette voie, contraire d'ailleurs à la position prise par Pierlot dans sa lettre du 17, et en fonction de laquelle il déclarait que la préoccupation dominante du gouvernement était de veiller à ce que l'armée belge partage le sort des armées alliées. Le Roi devait alors éviter d'être fait prisonnier, insistèrent les ministres. Sa fonction de chef d'Etat passait avant sa fonction de commandant en chef, prétendirent-ils. Mais le Roi réglait sa attitude sur sa conviction qu'en cas de capitulation, l'honneur exigeait d'un commandant en chef qu'il reste avec ses troupes. Il ne pouvait y avoir de compromis immédiat entre ces deux façons de concevoir les choses, et la réunion se termina sans qu'on fût arrivé à une conclusion. Le ton de la discussion reflétait néanmoins une méfiance indigne de la part du Premier Ministre sous-entendant que le Roi s'arrangeait délibérément pour être acculé à la mer de façon à être forcé de se rendre et ne pas avoir, par conséquent, à quitter le territoire national. Les quatre ministres allaient en tout cas pouvoir surveiller les choses de près, car le Roi insista pour qu'ils ne quittent pas le pays, à l'instar du reste du gouvernement, mais qu'ils restent à Bruges, tout près de son nouveau quartier général où il s'installa le soir même.

Chapitre XX

La marche vers le sud

> Situation désespérée... Personnellement, je pense que nous ne pouvons pas dégager le Corps Expéditionnaire.
>
> Journal du général Ironside, 21 mai 1940.

«Destituer un général au milieu d'une campagne, c'est un coup mortel», écrivait le célèbre duc de Marlborough. Mais c'est précisément ce que Reynaud envisagea de faire alors que la grande peur atteignait à Paris son point culminant. En effet, il allait successivement démettre de ses fonctions Gamelin, le Commandant Suprême des Forces alliées, et mettre à pied pas moins de quinze généraux, en faisant ainsi les boucs émissaires du désastre de la Meuse. Le 17 mai, le Premier Ministre rappela secrètement le général Maxime Weygand — alors âgé de 73 ans — de son commandement en Méditerranée orientale, où il avait été nommé lors de la déclaration de guerre, alors qu'il était à la retraite depuis cinq ans. Au même moment, il convoquait à Paris le maréchal Pétain — âgé de 84 ans — alors ambassadeur à Madrid, et le nomma Vice-Premier Ministre le 18. Avec ce tardif remaniement ministériel, Reynaud réussissait enfin à déloger Daladier du ministère de la Guerre, qu'il s'attribua personnellement, reléguant sa bête noire au ministère des Affaires Etrangères. Le jour suivant, il congédiait Gamelin et nommait Weygand généralissime à sa place.

La nomination de ces deux figures de guerre, respectées autant que d'âge respectable, valut à Reynaud un concert de louanges dans la presse et le public. «La nomination de Pétain donne au pays un sentiment intense de sécurité», affirma un journal, tandis qu'un autre évoquait l'incomparable prestige attaché à son nom et soulignait l'extraordinaire lucidité de son esprit. Le retour de Weygand plut également à la population, qui salua en lui «l'âme de Foch». La fameuse éditorialiste Madame Tabouis, alla même jusqu'à écrire que cette nomination était ce qu'Hitler redoutait le plus. Mais Alexis Léger, ex-Secrétaire général du Quai d'Orsay, ainsi qu'il le dit à William L. Langer, «était convaincu que, le 18 mai, Reynaud avait perdu tout espoir et qu'il avait voulu introduire Pétain dans son cabinet parce qu'il croyait qu'une reddition serait mieux acceptée si des hommes comme le maréchal lui servaient de paravent». Bien sûr, comme le rapporte de son côté le général Spears, Reynaud lui déclara (pratiquement dans les mêmes termes que ceux employés par Churchill dans son télégramme du même jour au président Roosevelt) que «quoi qu'il arrive, il irait jusqu'au bout, mais que le moment pourrait venir où d'autres, ayant des vues différentes de la sienne, le remplaceraient et traiteraient avec les Allemands». «Selon le général Laure, poursuit Langer, le maréchal, lorsqu'il quitta Madrid, pressentait que sa mission ne consisterait pas tant à continuer la guerre qu'à essayer d'obtenir une paix honorable. Weygand avait eu le même genre de réaction lorsqu'il avait déclaré en quittant son commandement de Syrie, «que la situation militaire en France était déjà si gravement compromise qu'il serait nécessaire d'accepter un armistice raisonnable...» [269].

La même idée était venue à l'esprit des Allemands dès le 15 mai, le jour où Reynaud avait dit à Churchill: «Nous avons subi une défaite», mais ce n'est que le 20 que le Premier Ministre accepta de recevoir leur émissaire. Il s'agissait de Raoul Nordling, le consul général de Suède à Paris, qui relate que le 15 à Berlin, il reçut de Hermann Goering les instructions suivantes: «Que M. Reynaud nous fasse des propositions d'armistice sur-le-champ. Il doit se dépêcher s'il veut éviter l'occupation totale et la destruction de son pays. Dans quelques semaines, il sera trop tard. L'offre que je suis autorisé à faire aujourd'hui ne sera pas renouvelée. Plus la France tarde à reconnaître l'inévitable, plus nos conditions seront sévères». Reynaud, que Nordling décrit comme se trouvant dans un état de grande nervosité et de vive émotion, prit très mal la chose et, après l'avoir menacé de le faire arrêter, lui fit jurer sur l'honneur de ne souffler mot à personne de l'offre de paix de Goering.

Lorsque Weygand arriva à Paris le 19 mai et qu'on lui eut résumé la situation militaire en montrant sur la carte la progression allemande, il eut, selon Spears, cette exclamation: «Si j'avais su que la situation était si mauvaise, je ne serais pas venu!» Quand Reynaud lui demanda de reprendre le commandement suprême, Paul Baudouin, le secrétaire du Cabinet, l'entendit répondre: «C'est entendu. J'accepte les lourdes responsabilités que vous me donnez. Vous ne serez pas surpris si je ne puis vous répondre de la victoire, ni même vous donner l'espérance de la victoire» [270].

Weygand avait été placé dans une situation impossible, car les choses étaient déjà irréparables sur le plan militaire, avec une grande partie de l'armée française en déroute et les armées alliées du nord isolées par la progression des blindés de Guderian qui arrivaient aux portes d'Arras ce même 19 mai et, continuant à tout balayer sur leur passage, allaient s'emparer d'Abbeville et atteindre la Manche le jour suivant. Bien que remarquablement alerte et énergique pour ses 73 ans, au contraire de Gamelin dont les nerfs avaient craqué, Weygand n'avait jamais assuré le commandement d'une campagne. Toute son expérience militaire, il l'avait acquise en tant qu'officier d'état-major, loin du front, et il avait bâti sa réputation comme bras droit du maréchal Foch pendant la Grande Guerre [271]. Dans ses mémoires, Weygand admet qu'il avait un peu perdu de vue les affaires militaires durant sa retraite et qu'il n'avait qu'une «connaissance superficielle» de la situation lorsqu'il reprit le Commandement Suprême.

La première chose que fit Weygand fut de rendre visite à Georges dans son GQG. Il tira les conclusions suivantes de son entrevue: «La situation était chaotique parmi les officiers de haut rang, cependant qu'au niveau de la troupe, cet esprit de loyauté qui avait permis en 1914 de résister contre le désastre des premières semaines semblait avoir disparu» [272]. Weygand dira plus tard à Reynaud que Georges «l'a beaucoup déçu et même inquiété. Il est dans l'état d'une personne qui a reçu un violent coup de poing dans l'estomac et qui a de la peine à s'en remettre. Il voit les choses petitement et timidement...» [273].

Lorsque le 20, Gamelin transmit ses lourdes responsabilités, avec un soulagement évident, il ne «remit» pas son commandement de la façon normale: après avoir échangé quelques mots, il quitta simplement son bureau. Si l'on considère le caractère illogique et inopérant de la structure de commandement dont Weygand hérita et l'état quasi inexistant des communications, il n'est pas étonnant qu'il ne fut jamais en mesure d'avoir la situation militaire vraiment en main, bien qu'il commençât sa journée à 5 heures du matin et qu'il fût presque sans arrêt en déplacement. De plus, les visites quotidiennes qu'il était tenu de rendre à Reynaud et Pétain à Paris entravèrent encore davantage ses efforts pour reprendre le contrôle d'une situation qui empirait d'heure en heure.

Lors d'une discussion avec Reynaud, Weygand déclara qu'il avait été frappé par la panique que les Allemands avaient suscitée avec leurs avions et leurs tanks. «Ce n'est pas seulement une partie de l'armée qui s'est enfuie, mais aussi la population civile. En de nombreuses régions, les mouvements de troupes sont rendus impossibles par l'exode désordonné des civils». En outre, ajouta Weygand, «les communications avec le Nord sont coupées. Je ne suis en relation avec le général Billotte que par Londres. A partir de Londres, ce sont les Anglais qui assurent les communications». «Tout notre système de communication, écrit Weygand dans ses mémoires, avait déjà atteint un stade proche de l'effondrement total. Mes ordres et aussi, incidemment, les rapports qui m'étaient adressés par le premier groupe d'armée, devaient être transmis par les moyens les plus invraisemblables et contournés. Privé de tout contact direct par voie de terre avec les différents Quartiers Généraux du 1er groupe d'armées, réduit à ne leur adresser que les instructions indispensables et à ne recevoir que des renseignements globaux, par suite incomplets, et sans nuances, et la plupart du temps tardifs, le commandement français était aux prises avec les difficultés les plus nuisibles à l'exercice d'une action directe d'impulsion et de redressement, à un moment où elle eût été particulièrement utile» [274]. Lorsque Reynaud demanda à Weygand quels ordres il comptait donner aux armées alliées, il répondit qu'il n'en donnerait aucun avant de s'être fait une idée personnelle de la situation [275].

Winston Churchill a affirmé, malgré les dénégations de Weygand, que la première décision de celui-ci avait été d'annuler les «Instructions secrètes et personnelles n° 12» de son prédécesseur. Celles-ci décrivaient ce qu'on avait appelé le «Plan Gamelin» et constituaient le seul ordre opérationnel donné par Gamelin depuis le début de la bataille. Elles avaient été décrétées dans des circonstances qu'il faut bien qualifier de grotesques. Le matin du 19, comme il savait qu'il était sur le point d'être relevé par Weygand, Gamelin se rendit au quartier général de Georges et au moment de le quitter, lui remit une simple feuille de papier écrite au crayon et sur laquelle il avait jeté quelques vagues «suggestions susceptibles de rétablir la situation».

Dans *Servir*, Gamelin écrit qu'il trouva Georges «dans un état de dépression qui le rendait incapable de prendre la barre». Et pourtant, les «Instructions» de Gamelin que celui-ci avait fait parvenir à Georges et à Vuillemin, avec copies pour Reynaud, Pétain et Daladier, attribuaient à Georges toute la direction des opérations des trois armées. Elles commençaient ainsi: «Sans vouloir intervenir dans la conduite de la bataille en cours, qui relève de l'autorité du commandant en chef sur le front nord-est, et approuvant toutes les dispositions qu'il a prises...» et continuaient en termes imprécis et généraux à exposer les mesures que Gamelin considérait comme appropriées. Notamment, la «nécessité» pour les armées françaises à l'est de maintenir le contact avec celles de l'ouest, tout en couvrant Paris, et celle pour ces deux groupes d'attaquer les flancs de l'incursion blindée allemande. Un paragraphe déclarait que «toute l'aviation française et britannique doit actuellement avoir pour but de participer à la bataille... pour garder la maîtrise de l'air». Gamelin révèle par ces lignes qu'il ignorait que l'Armée de l'Air était dans l'incapacité d'intervenir et que les restes de l'Advanced Air Striking Force de la RAF avaient été retirés du continent le jour précédent, tandis que ce qui subsistait de l'élément aérien du Corps Expéditionnaire était déjà sur le chemin du retour. Le document de Gamelin rédigé en termes peu assurés se terminait par cette remarque: «Le tout est une question d'heures».

Dans sa relation de cet épisode, Georges décrit le document de Gamelin comme un «parapluie» et une «flèche du Parthe» bien plus que comme un ordre, déclarant que son but était de lui faire endosser toutes les responsabilités sans toutefois lui donner les pouvoirs d'un commandant en chef, ce qui lui «ménageait la possibilité de me désavouer si l'occasion se présentait». Il relève également que certaines des mesures suggérées en étaient déjà au stade de la préparation alors que d'autres avaient été envisagées mais que leur réalisation s'était avérée impossible, vu «l'insuffisance ou l'absence» des moyens matériels nécessaires. Il n'est donc pas étonnant que les commandants alliés demeuraient sans ordres et dans l'obscurité la plus totale quant aux intentions du Commandement Suprême puisque Gamelin ne donna jamais d'instructions spécifiques à son délégué Georges, dont l'autorité avait à son tour été déléguée à Billotte et que celui-ci, écrasé par ses responsabilités, ne voulait pas prendre de décisions de sa propre initiative.

Ce soir-là, dans le lugubre château entouré de douves de Kervyn, près de Bruges, avec son hall immense et ses armures du quatorzième siècle veillant sur le central téléphonique, Léopold reçut un message de Weygand lui annonçant qu'il avait remplacé Gamelin et qu'il se rendrait le 21 dans le nord pour conférer avec le Roi et les autres commandants en chef. L'attitude du Roi à ce moment est bien illustrée par la teneur de ses ordres quotidiens. Ainsi, à 8 h 30 le matin de ce même jour, une directive à son chef d'état-major, Michiels, stipulait qu'aucune portion du territoire ne devait être cédée sauf devant des forces ennemies supérieures et que les mouvements de l'armée belge devaient être scrupuleusement liés à ceux des Britanniques. Le 20, à la même heure exactement, il répéta l'ordre de ne céder aucun pouce du terrain sinon contraint et forcé.

L'état d'esprit positif du Roi se retrouve dans les notes que Van Overstraeten prit ce matin-là. Comme ils n'avaient reçu aucune communication de Billotte, le «coordinateur», ou du Commandement Suprême français, ils en étaient réduits à des suppositions quant à la ligne de conduite de ce dernier. Mais ils tombèrent d'accord pour estimer qu'il était plus que jamais impératif que les trois armées du nord manœuvrent immédiatement de la manière que le Roi avait suggérée à ses ministres les 15 et 16 mai et créent quelque chose se rapprochant de la ligne Torres Vedras — une analogie de Van Overstraeten — dans la guerre d'Espagne. Cela consistait à occuper des positions défensives sur un périmètre aussi large que possible, derrière les lignes d'eau successives qui protégeaient les côtes et les ports de la Manche. Les Belges devaient s'y battre jusqu'au bout ; s'ils succombaient, l'important serait de le faire dans l'honneur, après que tous les efforts aient été tentés. Le Roi et son état-major militaire ne pouvaient savoir que la veille, le Commandant en Chef britannique et ses généraux avaient opté pour un mouvement similaire — encore que celui-ci devait permettre au Corps Expéditionnaire de s'échapper du piège par la mer plutôt que de «se battre jusqu'au bout» — ni que le Haut Commandement britannique ne se considérait pas comme «scrupuleusement lié» au sort des Belges, ainsi que Pownall venait juste de l'avouer à Davy. Mais, comme ce devint évident au GQG britannique dès les premières heures du 20, le Premier Ministre à Londres avait décidé que le Corps Expéditionnaire embarquerait bientôt pour une manœuvre d'un genre tout différent.

Quand Churchill avait appris le 19, à la suite de deux appels téléphoniques de Pownall au War Office, que Gort envisageait une retraite jusqu'à la côte et l'évacuation, il réagit vivement contre cette représentation réaliste de la situation. (Quelques jours plus tard, il écrivit à Eden et au CIGS: «Etes-vous sûr que l'Etat-Major général n'a pas tendance au défaitisme?» [276]. Le Premier Ministre brûlait de se rendre lui-même en France mais on le persuada d'envoyer plutôt le CIGS chez Gort. Les chefs d'état-major considéraient la mission d'Ironside comme une mission d'information puisqu'à Whitehall, en raison des communications exécrables et de la confusion générale, on ne savait vraiment que très peu de choses sur la situation au front. Mais Churchill ne se faisait plus aucun doute et ce soir-là, tandis qu'il se dépêchait à l'Amirauté de donner des directives au CIGS juste avant que le train d'Ironside ne parte pour Douvres, il dicta les instructions suivantes, qu'il intitula «Ordre du Cabinet A», à deux officiers d'état-major qui les transcrivirent à la main:

> 1. Le Cabinet a décidé que le CIGS devait ordonner au Commandant en Chef du Corps Expéditionnaire britannique de faire mouvement vers le sud, sur Amiens, en attaquant toutes les forces ennemies qu'il rencontrerait sur son chemin et de prendre position sur la gauche de l'armée française.
> 2. Le CIGS informera le général Billotte et le commandement belge de sorte qu'il soit clair pour les Belges que leur seule chance est de faire mouvement cette nuit entre le Corps Expéditionnaire britannique et la côte.

La réaction des personnes présentes s'est gravée dans la mémoire du maréchal de la Royal Air Force, Sir John Slessor, qui accompagnait Ironside en France cette nuit-là:

Il y eut un bref silence. Quelqu'un suggéra que, comme le Corps Expéditionnaire était sous les ordres du général Georges, celui-ci devrait être consulté. Un paragraphe fut ajouté spécifiant que le War Office devait l'en informer. Je me demandai et probablement d'autres en même temps que moi: le Cabinet de Guerre était-il en mesure de diriger les opérations du Corps Expéditionnaire depuis Londres, sans savoir quel tour la situation était en train de prendre? Quelles allaient être les réactions du commandement français dont le Corps Expéditionnaire ne constituait qu'une partie relativement réduite ? Si la situation était aussi sombre qu'elle paraissait, y avait-il une chance quelconque de voir cet ordre mis en pratique? [277].

Il semble que ce fut la première fois — mais non la dernière — où Churchill intervint directement dans la conduite des opérations militaires, navales et aériennes. Lorsqu'il était devenu Premier Ministre, il s'était nommé lui-même, sans l'approbation du Parlement, «ministre de la Défense», tout en veillant bien, comme il le relate dans ses mémoires, «à ne définir ni mes droits ni mes devoirs» et en citant le mot de Napoléon: «Une constitution doit être courte et obscure» [278]. Le général Ismay, que Churchill prit comme chef d'état-major de son nouveau «ministère», qui, d'après certains, «n'avait pas d'existence constitutionnelle», relate: «Les effets pratiques furent révolutionnaires. Désormais, le Premier Ministre en personne, omniprésent, supervisait directement non seulement l'élaboration de la politique militaire à tous les niveaux, mais aussi la conduite générale des opérations militaires». Quant au Cabinet à qui l'on avait attribué «l'Ordre A», Churchill veilla également à consolider les pouvoirs quasiment illimités qu'il s'y était attribués en n'y incluant pas les trois ministres de l'Armée, de la Marine et de l'Armée de l'Air et en le réduisant à lui-même et à des personnalités politiques qui lui étaient acquises: Neville Chamberlain, Lord Halifax et les dirigeants du Parti Travailliste, Clement Attlee et Arthur Greenwood [279].

Il ne faut donc pas s'étonner si les premières tentatives de Churchill pour diriger une campagne militaire à une telle distance de Londres aient été si riches de désastres. Lorsqu'il s'attribua cette totale hégémonie personnelle, le système de contrôle et de coordination des opérations militaires, navales et aériennes par des commissions «reproduisit fidèlement», si l'on en croit Ismay, «les pires déficiences de la Première Guerre mondiale» [280]. Les maigres informations dont disposait Churchill étaient périmées ou incorrectes et, comme il le reconnaît lui-même dans ses mémoires, il n'avait pas encore «saisi» la nouvelle forme de guerre-éclair que pratiquaient les Allemands. Ses hypothèses et ses décisions étaient dès lors le fruit d'une part, de ses désirs pris pour des réalités et d'autre part, d'un aveuglement persistant au sujet de ce qui se passait réellement sur les fronts de France et de Belgique.

La réaction de Pownall à l'Ordre A de Churchill est décrite ainsi dans ses carnets:

> 20 mai: le CIGS est venu, porteur d'un message du Cabinet de Guerre disant que nous devons nous replier vers le sud-ouest en direction d'Amiens. Une chose... scandaleuse et en fait tout à fait impossible à exécuter... Par bonheur, même le CIGS a été rapidement convaincu de son caractère insensé, mais je me demande comment il a pu permettre au Cabinet de donner un ordre pareil à une réunion où il était présent; c'est vraiment inquiétant [281].

Lorsque l'amiral Keyes, qui se trouvait au GQG le 19, apprit que l'on attendait le CIGS pour le lendemain, il accepta l'invitation de Gort à y passer la nuit. Il était donc présent quand Ironside arriva tôt le lendemain matin et put observer les réactions choquées de Gort et de son état-major devant l'ordre de Churchill d'attaquer vers le sud et de «prendre position à la gauche de l'armée française». Keyes fut tout de suite frappé par les conséquences désastreuses qu'entraînerait pour les armées belges et britanniques l'exécution de cet ordre, comme le révèle son journal:

> Il était évident que les ordres qu'il apportait de la part du gouvernement avaient causé la consternation au GQG. Je ne parvenais pas à comprendre pourquoi Lord Gort n'insistait pas pour rester libre d'agir comme il l'estimait nécessaire pour sauver le Corps Expéditionnaire de la situation dangereuse dans laquelle il avait été entraîné malgré lui... Il était clair à mes yeux que les auteurs de ces instructions n'avaient aucune connaissance des conditions locales et que si une attaque semblable était effectuée de concert avec les Français dans l'état où ils se trouvaient alors, elle avait de toutes façons peu de chance de réussir. En tout cas, elle entraînerait presque à la rupture avec le flanc droit de l'armée belge, ainsi que le CIGS l'admit devant moi.

Ce corollaire inévitable est évoqué de façon encore bien plus lapidaire dans le journal de bord d'Ironside du même jour. «Cela voulait tout simplement dire, écrit-il: abandonner les Belges» [282]. Et dans une conversation téléphonique avec Anthony Eden, le secrétaire d'Etat à la Guerre, le CIGS déclara que l'une des conséquences d'un mouvement vers le sud serait «que l'ennemi qui approchait maintenant avec une force considérable se glissera certainement par toute brèche s'ouvrant à gauche du Corps Expéditionnaire» [283]. Gort téléphona et communiqua également à Eden ses raisons pour lesquelles il jugeait qu'«un retrait vers le sud était totalement impossible», à moins que les Français ne rétablissent la situation militaire dans le sud. Mais Churchill semble avoir fait peu de cas des points de vue de Gort, d'Ironside et d'Eden et il s'obstina à demander qu'on exécute ses ordres.

Méditant sur ce qu'il venait d'apprendre de la bouche de Gort et de Pownall au sujet des conséquences qu'entraînerait cette contre-attaque, l'amiral Keyes eut, dans ses carnets, ce commentaire significatif et prophétique:

> L'impression que j'en retirai était que si cela échouait, ce qui était quasiment certain, le Corps Expéditionnaire n'aurait d'autre choix que de se replier vers les côtes et d'embarquer à Dunkerque, Nieuport et Ostende, avec peu d'espoir de sauver beaucoup de matériel, et que tout jour de retard augmentait le danger.

Sir John Slessor a très bien typé l'état d'esprit qui régnait aux quartiers généraux britannique et français en ce jour critique. Il rapporte que lorsqu'Ironside produisit l'Ordre A signé de la main de Churchill, «il provoqua une douce sensation» et que Gort et Pownall, après avoir souligné le côté irréalisable de «la marche vers le sud», déclarèrent «qu'il n'y avait pas de possibilité pour l'armée belge de se conformer à un pareil ordre de mouvement». Au cours de la «lugubre conversation» qu'il eut avec Slessor ce matin-là, Gort fit clairement comprendre que «l'armée britannique était dans une situation désespérément précaire». Ils discutèrent alors évacuation et Gort lui dit «qu'il envisageait de se servir d'Ostende, Nieuport et Dunkerque». Slessor écrit qu'après avoir entendu de plus amples détails sur l'état désespéré du Corps Expéditionnaire, «il apparut réellement à chacun que celui-ci risquait d'être encerclé et capturé en masse, sans plus une seule cartouche pour continuer le combat».

L'atmosphère était encore plus sombre au quartier général de Billotte à Béthune où, comme le relate Slessor, «elle me glaça le sang. On aurait dit une morgue». Il y trouva certains «officiers complètement abattus qui marchaient de long en large d'un air apathique ou demeuraient assis en fixant le mur» et il entendit des phrases telles que «rien à faire», «fini» et «armistice», qui lui firent se poser la question: «Quel espoir a donc encore le Corps Expéditionnaire si tel est l'état-major du groupe d'armée censé présider à son sort?» [284]

Dans *Their Finest Hour*, Churchill écrit qu'Ironside avait reçu pour instruction de presser les Belges de se conformer à la marche vers le sud ordonnée à Gort, sans quoi «nous devrions évacuer le maximum possible de leurs troupes par les ports de la Manche» [285]. Mais il n'y a aucun document prouvant qu'Ironside ou quiconque d'autre ait mentionné cette possibilité à Keyes ou aux Belges, à ce moment-là ou par la suite. L'Ordre A de Churchill donnait seulement instruction au CIGS d'informer le commandement belge «que la meilleure solution pour eux était de faire mouvement cette nuit même entre le Corps Expéditionnaire et la côte», quelles qu'en fussent les conséquences. L'amiral était on ne peut plus loyal envers son pays, mais pareillement loyal envers Léopold et il était extrêmement conscient des sacrifices que les Belges étaient en train de faire pour la cause alliée. Le passage de son journal continue:

Le danger de toute nouvelle temporisation me crevait les yeux, et après avoir entendu Lord Gort exposer son point de vue, j'envoyai au Premier Ministre le télégramme suivant qui fut codé au GQG et transmis par le biais du War Office:

20.05.1940. Au Premier Ministre de la part de l'Amiral de la Flotte Sir Roger Keyes.

D'après ce que j'ai compris, les ordres apportés par le CIGS à l'adresse du Corps Expéditionnaire signifient l'abandon de la jonction avec l'armée belge et le combat déplacé plus au sud. Dans ce cas, les Allemands vont rapidement enfoncer un coin dans la partie nord du Corps Expéditionnaire alors que le flanc sud est actuellement menacé par l'attaque blindée en cours. Le Corps Expéditionnaire est très fatigué et l'encombrement des routes pleines de réfugiés rend tout mouvement difficile; j'ai le sentiment que toute réorganisation des divisions britanniques vers le sud-ouest de la région de Lille ne peut se faire que très lentement. Je retourne à Bruges avec l'intention de ne pas encore dire aux Belges que le Corps Expéditionnaire s'apprête à les abandonner.

Cette évaluation a une signification historique: sa formulation était de Gort, sauf en ce qui regarde la dernière phrase, mais Gort ne permit pas à l'amiral de révéler qu'il s'agissait de ses propres vues. S'il l'avait autorisé, il est évident que le message de Sir Roger s'en fut trouvé grandement renforcé, car il ne serait pas apparu comme émanant seulement de l'avocat des Belges, mais comme la critique d'une déplorable stratégie formulée par le Commandant en Chef lui-même. Dans une lettre énergique qu'il envoya à Gort lorsque tous deux furent rentrés en Angleterre (l'auteur qui était alors sous-lieutenant de la Royal Navy en permission la remit personnellement au destinataire), Keyes écrivit:

> Les ordres qui vous furent donnés le 20 mai par le CIGS en vue d'une offensive vers le sud de concert avec une armée française profondément démoralisée, à un moment où vos communications étaient coupées et où vous manquiez de vivres, de munitions et de tout ce qui était nécessaire à une nouvelle action offensive, témoignaient d'une erreur de jugement déplorable. Le War Cabinet doit en porter l'entière responsabilité... Le CIGS ayant apparemment été incapable de dissuader le Cabinet de promouvoir un plan si peu réaliste, vous vous êtes retrouvé dans la difficile situation de devoir exécuter une opération que vous saviez condamnée à l'échec ou de ne pas l'accepter et de refuser de faire courir à votre armée un risque plus grand en retardant son repli vers le nord. Peut-être vous rappelez-vous ce que je vous ai dit à l'époque: pourquoi n'envoyez-vous pas le gouvernement au diable et n'insistez-vous pas pour qu'on vous donne carte blanche pour arracher votre armée à la situation navrante où elle s'était vue placée sans que vous y soyiez pour quelque chose? Après tout, c'est vous qui portiez toute la responsabilité de la réussite ou de l'échec et vous seul étiez en mesure de juger... s'il était possible ou non d'exécuter les ordres du gouvernement. Je vous ai offert de faire tout ce qui était en mon pouvoir pour vous aider et vous m'avez apporté votre aide pour rédiger une évaluation de la situation militaire, mais vous ne m'avez pas autorisé à dire que vous l'aviez lue et approuvée, ce qui aurait renforcé ma position lorsque j'en ai fait part au Premier Ministre...

Avant l'arrivée d'Ironside au GQG, Gort et Pownall avaient publié des ordres destinés à toutes les forces qu'ils pouvaient récupérer afin de réaliser une opération qui, comme l'écrit l'historien officiel, «n'était pas conçue comme une contre-attaque mais comme une opération de nettoyage à grande échelle... L'objectif était de réduire la pression de l'ennemi sur Arras et de retarder son mouvement d'encerclement de l'arrière du Corps Expéditionnaire...». En outre, dans les ordres donnés par le GQG au général Franklyn, commandant ce Corps, «il n'y avait pas un mot sur une contre-attaque ou tout objectif plus important, et il n'était nullement suggéré que les Français fussent associés à l'opération». Néanmoins, à leur réunion du matin, Gort et Pownall firent savoir au CIGS qu'ils «avaient des plans pour contre-attaquer au sud d'Arras avec la cinquième et la cinquantième division» et que cette force «serait prête à attaquer le lendemain matin». Mais en réalité, cette «Frankforce» (telle était sa dénomination) ne comprenait pas deux divisions (car elles étaient toutes deux affaiblies) mais seulement deux bataillons et 74 tanks aux chenilles complètement usées — tout ce qui subsistait de l'unique brigade blindée du Corps Expéditionnaire — dont 58 n'étaient armés que de mitrailleuses. Ayant ainsi engagé la presque totalité de leurs réserves disponibles dans cette opération limitée, les généraux britanniques décidèrent de demander au Roi s'il pouvait relever la quarante-quatrième division britannique à Audenarde — qui faisait la jonction entre les deux armées sur l'Escaut — afin de leur fournir une division en réserve. Keyes et Davy retournèrent donc immédiatement au GQG belge pour lui soumettre leur demande. «Le roi, relate Van Overstraeten, marque son agrément immédiat».

Après leur entrevue au GQG, Ironside et Pownall se rendirent au quartier général de Billotte près de Lens pour le prier de soutenir la «contre-attaque» qui, expliquèrent-ils, serait lancée à Arras «avec deux divisions» le lendemain. Ironside nota dans ses carnets: «J'ai trouvé Billotte et Blanchard... dans un état de complète dépression. Aucun plan, aucune idée de plan... Très fatigués et ne faisant rien. Je perdis patience et secouai Billotte par le bouton de sa tunique. L'homme est complètement abattu... Quand je fus de retour au quartier général, Gort me dit qu'ils n'attaqueraient jamais» [286]. Billotte et Blanchard acceptèrent tout de même de soutenir l'opération britannique avec deux de leurs divisions en lançant une attaque vers Cambrai de concert avec le général Franklyn. «Imperceptiblement, écrit le major Ellis, l'opération du général Franklyn commença à être considérée au poste de commandement de Gort comme un mouvement préliminaire à la tentative projetée de refermer la brèche, mais aucun ordre nouveau ne fut donné au général Franklyn qui n'avait pas été informé que cette opération était considérée à présent comme faisant partie intégrante d'une contre-attaque plus importante où les Français seraient engagés» [287].

Lors d'une nouvelle réunion, Franklyn, toujours dans l'ignorance de cette conception élargie, intrigua les généraux français en refusant de modifier ou de coordonner avec eux l'opération qu'il avait reçu l'ordre de déclencher le lendemain. Les Français décidèrent néanmoins de lancer le plus vite possible leur propre attaque en direction de Cambrai et le combatif Prioux proposa d'agir sur le flanc droit de la Frankforce avec les restes de sa division de cavalerie motorisée. Ainsi furent lancées deux attaques courageuses mais désordonnées et sans soutien aérien : celle de la Frankforce vaillamment et efficacement soutenue par Prioux le 21 et celle que tentèrent certains éléments des deux divisions françaises le 22. Ce furent là les seuls mouvements offensifs entrepris par le Corps Expéditionnaire et la première armée française durant toute la campagne.

Pendant ce temps, au château Kervyn, Keyes signala simplement au Roi, après qu'il eut obtenu son approbation pour la relève par les Belges de la quarante-quatrième division britannique, que le Corps Expéditionnaire et la force française du nord allaient orienter leurs opérations plus au sud et que le gouvernement britannique espérait que l'armée belge pourrait garder le contact avec l'aile gauche du Corps Expéditionnaire. Le Roi en discuta avec son chef d'état-major et Van Overstraeten, puis demanda à Keyes de faire connaître au gouvernement britannique son point de vue sur des questions plus vastes et notamment, comme le nota l'Amiral dans son journal, «son désir d'aider notre magnifique armée à se tirer de la position impossible où elle se trouvait placée en raison de la marche arrière des Français vers le sud». Keyes transmit donc à Churchill le message suivant:

> 20.05.1940. A mon retour au GQG belge, j'ai parlé au Roi de la proposition d'étendre le Corps Expéditionnaire vers le sud de sorte qu'une partie de ses troupes puisse opérer dans cette direction. Le Roi fit remarquer que l'armée belge était purement défensive, qu'elle n'avait ni tanks, ni avions et qu'elle n'était ni entraînée ni équipée pour des actions offensives. Il me dit également que dans la petite portion du territoire national qu'ils occupaient encore, il n'y avait que pour quinze jours de vivres, peut-être moins, en raison de l'afflux de réfugiés. Il n'avait pas le sentiment qu'il était en droit d'attendre du gouvernement britannique qu'il puisse ne fût-ce qu'envisager de mettre l'existence même de nos dix divisions en danger, afin de maintenir le contact avec l'armée belge. Il désirait qu'il n'y ait pas de malentendu quant à sa volonté de ne rien faire qui puisse contrecarrer toute action qu'il serait souhaitable pour le Corps Expéditionnaire d'entreprendre en direction du sud, si les circonstances l'imposaient. Il réalisait naturellement qu'une action de ce type risquait de provoquer finalement la capitulation de l'armée belge. Le Roi m'a demandé d'essayer de savoir avec certitude quelles étaient les intentions

du gouvernement britannique au cas où la poussée allemande vers la mer réussirait à nous séparer des principales forces françaises du sud. Il ne faut pas en déduire qu'il a perdu courage ou confiance, mais il estime qu'il nous doit d'exprimer sa position avec le maximum de clarté. J'ai envoyé une copie de la présente à Lord Gort.

Van Overstraeten écrit que lorsque Sir Roger lui montra ce message, celui-ci lui fit remarquer: «Ce message porte la marque d'un *homme*». Il est certain que des documents incontestables de ce genre révèlent beaucoup mieux l'image véritable de Léopold que les commentaires hargneux de Pownall, décrivant des Belges froussards toujours en train de pleurnicher pour obtenir de l'aide, ou ceux d'Alan Brooke rabâchant sans cesse la notion d'allié peu fiable. Mais la signification réelle du message d'avertissement du Roi, — et ce ne serait certes pas le dernier — réside dans le fait qu'il place et le Premier Ministre britannique et son Commandant en Chef, sans équivoque et sans complaisance, devant la vérité évidente: si le Corps Expéditionnaire se séparait de l'armée belge, celle-ci serait inévitablement acculée à la capitulation.

Le CIGS avait été rapidement convaincu (si l'on en croit Pownall) de la «folie» qui consistait à ordonner au Corps Expéditionnaire de se déplacer vers le sud et il admit volontiers son remplacement par la sortie limitée de la Frankforce qui lui avait été présentée comme «une contre-attaque effectuée par deux divisions». A son retour à Londres le lendemain, Ironside rapporta à Churchill, comme le relate ce dernier, «que la confusion régnait dans le Haut Commandement français du nord, que le général Billotte avait manqué à sa mission et semblait n'avoir aucun plan, que le Corps Expéditionnaire avait bon moral et ne comptait jusqu'à présent que 500 morts au combat» [288]. On ignore dans quelle mesure le CIGS s'est efforcé de convaincre le Premier Ministre que la situation sur le terrain rendait impossible toute marche vers le sud. Mais quelles que fussent ses thèses, le manque d'enthousiasme d'Ironside à les défendre lui coûta probablement son poste car Churchill les rejeta et le remplaça séance tenante par son adjoint, le général Sir John Dill qui, comme le relève l'historien officiel, «n'avait pas vu Lord Gort et... n'avait donc qu'une connaissance imparfaite de la situation dans le nord». En fait, Dill reprit les fonctions de CIGS le 22, bien que sa nomination ne fût pas annoncée avant le 27. Toutefois, le 20, Dill se trouvait de l'autre côté de la brèche, en train de conférer avec Weygand et Georges au quartier général du généralissime à Vincennes. Ainsi, pendant qu'Ironside s'accordait avec Gort au GQG de celui-ci pour estimer qu'un mouvement vers le sud était impossible, Dill assurait à Churchill par télégramme qu'il partageait sa conviction qu'un «mouvement vers le sud effectué par les armées sous les ordres du général Billotte était le seul moyen de rétablir la situation», bien qu'il sût que les intentions de Billotte se limitaient à «combler les trous». Mais le message de Dill continuait sur un ton plus réaliste en signalant qu'il avait fait savoir aux généraux français que si les communications avec le Corps Expéditionnaire étaient coupées — et au quartier général de Weygand, personne ne semblait savoir que c'était déjà le cas — «nous devrions alors agir indépendamment pour la sécurité de nos forces, ce qui pourrait déboucher sur un repli en vue de couvrir les ports de la Manche».

Les rapports qui s'étaient succédé au GQG de Léopold ce jour-là n'avaient servi qu'à faire davantage ressortir les effrayants dangers qui attendaient maintenant les armées française, belge et britannique. L'arrivée, au cours de la soirée, des panzers de Guderian sur la côte de la Manche à l'ouest d'Abbeville signifiait que les armées du nord étaient désormais complètement coupées du gros des forces françaises. Le lendemain, à l'heure du déjeuner, la radio allemande annonça, sans exagération:

> A l'ouest, la première étape de la plus grande offensive de tous les temps a été menée à bien... Nous avons totalement battu et brisé la neuvième armée française ; son chef est notre prisonnier. Les fers de lance de nos détachements blindés et de nos unités motorisées ont pris Arras, Amiens et Abbeville. Au nord de la Somme et vers les ports de la Manche, nous avons coupé l'arrière des troupes françaises, anglaises et belges... En Belgique... l'ennemi s'est redéployé à l'est de Gand et plus au sud sur l'Escaut pour livrer bataille.

Les Belges avaient effectivement «livré bataille» et leur nouvelle ligne sur l'Escaut demeurait intacte. La courageuse résistance de l'armée belge sur ce fleuve lui valut des hommages des «cercles politiques et militaires de Berlin» qui, selon la presse suisse (citée par *Le Figaro*), «ont su reconnaître la bravoure des soldats belges». A l'aube du 20, le groupe d'armée B de von Bock avait lancé de violents assauts contre le front de l'armée belge et l'aile gauche des lignes britanniques dans la région d'Audenarde. Alors que les Belges réussirent à les repousser à Syngem et Quatrecht et parvinrent même à maintenir des patrouilles de combat sur la rive orientale du fleuve, dans le secteur tenu par la quarante-quatrième division britannique, l'ennemi profita néanmoins du brouillard matinal pour traverser subrepticement l'Escaut et s'enfonça profondément dans ses positions. L'appel que Gort et Pownall lancèrent plus tard dans la journée à Léopold pour relever cette division britannique fut réitéré d'urgence le matin suivant (alors que l'incursion ennemie s'était accentuée) dans un message transmis par Davy et qui insistait pour que cette relève ait lieu la nuit même. Van Overstraeten répondit que tout serait mis en œuvre pour y donner suite et que les Belges attendaient de la quarante-quatrième division britannique, «qui sera alors à notre droite, qu'elle défende l'Escaut à fond».

Il allait de soi que von Bock concentrerait maintenant son attention sur le point du front britannique où ses forces avaient réussi une percée, car comme en témoigne son journal de guerre, c'était là que résidait à ses yeux sa meilleure chance de tailler une brèche entre les deux armées et d'effectuer un mouvement de tenaille avec les panzers de von Kleist à l'ouest pour couper le Corps Expéditionnaire [289] et la première armée française de la mer. Le lendemain, ses forces élargirent la tête de pont qu'elles avaient constituée sur la rive occidentale de l'Escaut et accrurent leur poussée en avant avec une détermination impressionnante, submergeant d'autres positions britanniques. Au cours de sa retraite forcée, la quarante-quatrième division subit de lourdes pertes en hommes et par suite «de la confusion et de la mauvaise interprétation des ordres» (*l'Offical History*), perdit, entre autre matériel, 34 canons de campagne, ce qui ne présageait rien de bon pour le Corps Expéditionnaire.

Au milieu du flot des rapports militaires urgents qui parvinrent au GQG belge le 20 et décrivant tous une détérioration rapide de la situation, le Roi reçut la visite matinale de Pierlot, Spaak, Denis et du quatrième ministre qu'il avait prié de demeurer à Bruges, Vanderpoorten. S'exprimant en leur nom, Pierlot revenait sans cesse au problème déjà soulevé, à savoir que le Roi ne pouvait pas être fait prisonnier, étayant son argumentation par leur conviction à tous que la France parviendrait à poursuivre le combat d'une manière ou d'une autre. Le Roi refusa de s'engager en ce sens et demanda simplement aux ministres s'ils avaient envisagé la possibilité d'une défaite des armées alliées sur le continent. Comment aurait-il pu, lui, ne pas y penser alors qu'une heure plus tôt environ, son officier de liaison avec la neuvième armée française, le général Nuyten, avait téléphoné pour dire que celle-ci était taillée en pièces et que son commandant, Giraud, successeur de Corap, était porté disparu? (En réalité, Giraud avait été fait prisonnier le 18, alors qu'il essayait de reprendre le contrôle des restes de l'armée qu'on l'avait envoyé commander). Et un peu plus tard, dans l'après-midi, le général Delvoie revint au château Kervyn, au terme de sa mission de liaison avec la première armée française, pour rapporter que celle-ci n'était plus «qu'une accumulation de débris».

Puisque les ministres critiquaient le Roi pour l'attitude qu'il avait adoptée à la lumière de ces désastres et interprétaient son calme réalisme comme étant du défaitisme, il faut rappeler que d'autres personnalités chargées de lourdes responsabilités militaires voyaient la situation d'un œil bien plus sombre encore. Prenons, par exemple, les carnets d'Ironside en date du 17 mai où il écrit que l'évacuation du

Corps Expéditionnaire constituait «une proposition impossible» et qu'«il ne fait plus de doute que nous assistons à l'écroulement de l'Empire», ou encore ses notes du 21: «Situation désespérée... personnellement, je ne pense pas que nous puissions dégager le Corps Expéditionnaire britannique» [290]. Et les prévisions d'Alan Brooke le 23 mai: «Seul un miracle peut maintenant sauver le Corps Expéditionnaire, la fin est toute proche» [291]. La tâche d'un commandant en chef est de regarder la situation militaire avec objectivité, en percevant non ce qu'il désire mais ce qui est.

Le soir de ce jour désastreux, le Roi et l'Amiral purent avoir une conversation confidentielle. Léopold fit part à Keyes des graves inquiétudes que le succès de la percée allemande et l'effondrement du moral français avaient fait naître en lui. Il déclara alors, comme le nota l'Amiral dans son journal, qu'il «ne parvenait pas à comprendre pourquoi nous (les Britanniques) ne réalisions pas que la seule chance de dégager le Corps Expéditionnaire était de virer immédiatement vers le nord-ouest, de renforcer les contacts avec l'armée belge et de protéger Dunkerque et les ports belges en occupant la ligne de la Lys jusqu'à Gravelines». C'était exactement ce que l'état-major général britannique voulait faire mais il en fut empêché par les dirigeants politiques de Londres et Paris jusqu'au moment où il fut trop tard. Léopold avait vu depuis le début que c'était là le seul espoir pour les trois armées du nord et, comme le montrèrent les faits, que le plan de «la marche vers le sud» était une impossibilité. Bien que Gort fût du même avis, les pressions de Churchill et de Weygand le forcèrent à tenter l'impossible jusqu'à ce que, après cinq jours de temps perdu et de vaines manœuvres qui ne firent que compromettre encore davantage la situation des trois armées dans le nord, il se rebella finalement contre les ordres et agit de sa propre initiative pour sauver le Corps Expéditionnaire.

La conversation qu'eurent ce soir-là le Roi et l'amiral Keyes mérite une attention particulière. Elle explique pourquoi durant les jours qui suivirent, Léopold accepta loyalement que son armée facilite un mouvement britannique vers le sud, alors qu'il savait qu'on lui demandait ainsi d'affaiblir la position de son armée et de mettre en danger son existence au nom d'une stratégie qu'il croyait non seulement inapplicable mais potentiellement désastreuse pour tous. Il n'y avait rien d'encourageant non plus pour le Roi ou pour Keyes dans la réponse de Churchill au premier télégramme envoyé ce jour-là par l'Amiral:

> Ne peux pas comprendre le genre de solution que vous envisagez. Le Corps Expéditionnaire fera le maximum pour soutenir et couvrir l'armée belge au cours des mouvements indispensables à sa survie et à son action ultérieure. Prière d'accuser réception.

Comme Léopold le savait parfaitement, le Corps Expéditionnaire était déjà tellement à court d'approvisionnement et de munitions qu'il pouvait à peine subvenir à ses propres besoins, alors que la marche vers le sud stipulée dans l'Ordre A de Churchill, loin de servir de bouclier à l'armée belge, ne pouvait qu'entraîner son isolement et sa défaite. La dérive des événements de cette journée n'offrait pas au Roi la plus petite perspective de protection ou de soutien. Et la façon de voir de Churchill pas davantage. Le Premier Ministre était certainement en train de se battre avec toutes les armes qui lui tombaient sous la main pour maintenir la France dans la lutte — au risque même de perdre la totalité du Corps Expéditionnaire britannique — mais la Belgique se trouvait au bas de l'échelle de ses priorités. Il est à regretter que, lors de leur rencontre peu avant la guerre, Léopold et lui n'aient pu établir une bonne entente mutuelle. Le 18, Keyes avait envoyé un télégramme personnel à Churchill: «La radio britannique vante le moral britannique et français mais ne mentionne pas l'effort de guerre belge. Le calme et la conduite du Roi et du général Van Overstraeten sont admirables. La situation des réfugiés sur des routes bombardées et mitraillées est tragique». Mais le soir suivant, dimanche de la Pentecôte, Churchill manifesta toujours la même attitude vis-à-vis des Belges lorsqu'il déclara à la radio que tout dépendait des armées britanniques et françaises. Sa seule référence à la Belgique figurait en queue de sa liste des nations dont la liberté avait déjà été étouffée, ignorant le fait que l'armée de ce pays était la seule à combattre encore aux côtés des Britanniques et des Français, et qu'elle le faisait à présent plus pour les alliés que pour elle-même, puisque les Belges avaient été forcés d'abandonner la majorité de leur territoire aux Allemands sur l'ordre des Français.

S'il arrivait qu'on fasse allusion à l'armée belge dans les bulletins d'information alliés [292], le roi Léopold et ses troupes étaient loin d'occuper la une. Ils n'étaient d'ailleurs pas en mesure de tenir le monde au courant de leur histoire du fait, d'une part, qu'aucun correspondant de guerre allié ne leur était attaché et, d'autre part, qu'une fois qu'ils eurent quitté les principaux centres comme Bruxelles et Anvers, ils n'eurent plus aucun contact direct avec des stations radio qui auraient pu diffuser leurs communiqués. La radio belge s'était vu octroyer quelques facilités à Paris, mais tous les bulletins émanaient du gouvernement belge en exil, isolé et désorganisé, et soumis à la censure des Alliés. Comme les publics français et britannique n'entendaient presque pas parler des Belges et étaient laissés dans la plus complète ignorance de ce qui arrivait à leurs propres armées, mais s'entendaient répéter à l'envi que « la situation était dans l'ensemble favorable» ou que des contre-attaques qui ne se matérialisaient jamais, allaient rétablir la situation, ils ne purent que réagir avec violence lorsque l'armée belge fut forcée de capituler. «Les Belges n'ont rien fichu et maintenant, ils nous lâchent» et «Nous sommes trahis!» devinrent des leitmotiv en Grande-Bretagne comme en France.

Que Churchill se méprît aussi dangereusement sur la situation réelle en Belgique, inquiétait profondément l'amiral Keyes au GQG belge, et il entreprit d'apporter les correctifs nécessaires. Il nota dans ses carnets:

> 21 mai: la liaison téléphonique est maintenant établie entre Londres et la mission britannique auprès du GQG belge de Saint-André, près de Bruges, mais elle n'est évidemment pas sûre pour des messages confidentiels. J'ai toutefois découvert que la chose était possible à partir de La Panne, à 65 kilomètres de Bruges environ, là où le câble plonge dans la mer, pour la partie belge en tout cas, et j'ai téléphoné de là avec toutes les précautions qui s'imposaient [293]. J'ai fait ainsi tout ce qui était en mon pouvoir — sans succès apparemment — pour faire comprendre au Premier Ministre que la situation du Corps Expéditionnaire est très dangereuse. Il apparaît qu'on me considère comme responsable d'avoir suggéré que l'ordre envoyé à Lord Gort déboucherait inévitablement sur une rupture avec l'armée belge. En fait, ce n'est pas moi qui ai suggéré cela, mais le CIGS (Ironside), et bien sûr, il avait raison. J'ai demandé au Premier Ministre de fournir le plus vite possible une réponse à la question du roi Léopold se trouvant dans mon deuxième télégramme du 20 (sur les intentions du gouvernement de Sa Majesté au cas où la progression allemande vers la mer nous séparerait du gros des forces françaises dans le sud)... J'ai reçu du Premier Ministre la réponse suivante juste à temps pour la remettre au Roi avant une réunion avec le général Weygand à Ypres cet après-midi:
>
> 21.05.1940.
>
> Weygand montera dans le nord demain pour concerter l'action de toutes les forces. L'essentiel est de garantir nos communications vers le sud et d'intercepter les petites unités qui tenteraient de s'infiltrer entre elles. Utilisez toute votre influence pour persuader vos amis de se conformer à nos mouvements. L'armée belge doit maintenir le contact avec notre flanc gauche. Pas question de capituler. Nous admirons grandement l'attitude du Roi. La progression allemande vers Lille ne peut pas nous séparer du gros des forces françaises. Ayez entière confiance en Gort et Weygand qui incarnent l'esprit offensif essentiel à la réussite [294].

Bien sûr, Churchill admirait l'attitude du Roi puisque le télégramme auquel il répondait lui faisait part de la réaction désintéressée de Léopold qui n'attendait pas que le Corps Expéditionnaire modifie ses mouvements en fonction de la sécurité de l'armée belge ou de la nécessité de maintenir le contact avec elle. Mais le reste du message de Churchill révélait à quel point il méconnaissait la situation réelle en France et en Belgique. Car il n'y avait évidemment plus de «communications vers le sud» pas plus qu'on ne pouvait qualifier de «petites unités» le vaste déploiement de force militaire (incluant dix divisions de panzers sous le couvert d'une force aérienne souveraine), qui avait déjà séparé les armées du nord du «gros des forces françaises». La référence à la «progression allemande vers Lille» qui se trouve à une centaine de kilomètres au nord-est, et donc à autant de kilomètres *en deça* du point de la côte déjà atteint par ladite progression, traduisait soit une incapacité à lire des cartes, soit une ignorance totale de ce qui était réellement en train de se passer sur le terrain. Les Belges étaient de plus priés d'accomplir l'impossible puisqu'on leur demandait de «s'accrocher» au Corps Expéditionnaire dans sa marche vers le sud. Keyes enregistra l'attitude de Churchill avec consternation. A son avis — et en cela il était soutenu par Gort —, le mouvement vers le sud était totalement irréalisable, et si on en prenait le risque, il se révélerait un désastre aussi bien pour les Belges que pour les Britanniques et les Français. Trois semaines plus tard, dans une lettre qu'il écrivit à Gort après leur retour en Angleterre, il décrivit les efforts acharnés mais infructueux qu'il entreprit à partir de ce jour pour éclairer Churchill sur la situation réelle qui régnait dans les Flandres:

> Le 21 mai et durant les jours qui suivirent, j'ai parcouru des centaines de kilomètres pour parler à Churchill à partir de La Panne et j'ai fait le maximum pour lui faire comprendre la gravité de votre situation. Il ne voulait pas écouter et me morigénait même pour le compte rendu de la situation militaire que vous m'aviez donné. Si j'avais seulement eu la liberté de dire que c'était réellement votre point de vue, j'aurais peut-être eu plus de succès. Il ne voulait pas me croire lorsque je prétendais que, si cette contre-attaque vers le sud était maintenue, elle séparerait inévitablement les armées belge et britannique, ce qui se produisit effectivement. Car on ne peut nier que même si votre attaque ne fut jamais lancée, ses préparatifs affaiblirent dangereusement la ligne tenue par l'armée belge, la laissa sans défense face à une attaque irrésistible et retarda de six précieux jours la retraite du Corps Expéditionnaire.

Chapitre XXI

Le plan Weygand

A ce moment, le commandant en chef fut quelque peu troublé à la perspective de laisser les Belges dans le pétrin, mais cela lui paraissait inévitable.

Relation d'une conversation avec Lord Gort dans le Journal du colonel Davy.

Les Belges nous considèrent-ils comme de vrais salauds?

Lord Gort à Sir Roger Keyes, plus tard dans la même journée.

Après ses discussions avec Georges, Gamelin et Reynaud, Weygand avait décidé de ne donner aucun ordre avant d'avoir pu juger par lui-même de la situation. Comme il était impossible de communiquer directement avec les commandants des trois armées du nord, Weygand tint à leur rendre visite pour établir un contact personnel. En conséquence, le 19, malgré l'opposition de Reynaud qui soutenait que le généralissime devait rester aux côtés du gouvernement, il envoya des télégrammes à Léopold, Billotte et Gort leur demandant de participer à une réunion à Ypres le 21. Il avait été initialement prévu que Weygand irait jusqu'à Abbeville en train et ferait le reste du trajet en voiture — l'état-major français ignorant que les Allemands étaient sur le point d'entrer dans la ville. Les voitures de Weygand, qui avaient pris les devants, faillirent ainsi tomber aux mains de l'ennemi et le Généralissime fut forcé de faire le périlleux trajet en avion.

«Les conditions déplorables, nota Weygand, dans lesquelles s'accomplit mon voyage me donnèrent une idée de la négligence qui régnait dans les armées»[295]. Ses ennuis commencèrent dans les premières heures de la matinée du 21 mai à l'aérodrome du Bourget où il découvrit avec fureur que personne n'y était au courant de son voyage et que rien n'était prêt. Il fut envoyé «d'une extrémité du terrain à l'autre» et perdit une bonne heure avant qu'on lui trouve un avion et une escorte de chasseurs.

Pendant le vol, l'avion du Général fut pris sous le feu de l'ennemi, à hauteur de La Canche, preuve malvenue que les Allemands avaient déjà pris position sur la côte de la Manche et achevé la rupture des fronts du nord et du sud. A son atterrissage à Norrent-Fontès près de Béthune, l'exaspération de Weygand s'accrut encore, lorsqu'il ne trouva personne pour l'accueillir et qu'il eut sous les yeux la preuve que Britanniques et Français avaient abandonné la région de façon «précipitée». (Il trouva par exemple sur l'aérodrome plusieurs chasseurs Hurricane apparemment intacts). Il n'y avait plus âme qui vive hormis un petit soldat français «très sale» qu'on avait laissé là pour surveiller 20.000 litres d'essence et qui se demandait bien ce qu'il devait en faire. Plus aucun téléphone ne fonctionnait dans cet endroit abandonné. «Ainsi, poursuit Weygand, le chef qui venait d'être investi du commandement de tous les théâtres d'opérations et des plus hautes responsabilités, se trouvait, par la négligence incroyable qui avait présidé à l'organisation de son voyage, seul dans la campagne avec son officier d'ordonnance, sans avoir le moyen d'entrer en relation avec aucun de ceux qu'il était venu retrouver dans les Flandres, et à qui sa venue avait été annoncée».

Profondément humilié et au comble de l'indignation, le vieux Général prit place dans un camion délabré et, conduit par le soldat français, partit à la recherche d'un téléphone. Après s'être taillé un passage dans le flot des réfugiés et avoir subi bon nombre de frustrations, il finit par dénicher un téléphone utilisable dans un village à demi déserté où «après de longs efforts», il obtint un contact «détestable» avec l'état-major du premier groupe d'armée français. Il apprit que le général Billotte, qui était censé l'avoir rencontré, battait la campagne à sa recherche, mais «personne ne pouvait dire dans quelle direction il était parti».

A son retour au champ d'aviation et pendant que son aide-de-camp prenait des dispositions pour que l'avion le conduise à l'aérodrome de Calais, Weygand, «rongé par la faim», se rendit dans une auberge proche où ses sombres pressentiments s'accrurent encore à la vue d'une lithographie accrochée au mur qui le représentait lors de la fameuse scène de la signature de l'armistice dans le wagon-lit, à Compiègne, le 11 novembre 1918. Il redécolla de Béthune et il était passé midi lorsque l'avion du Généralissime atterrit enfin sur le champ d'aviation de Calais gravement endommagé par les bombardements. Là, après une nouvelle série de coups de téléphone, il fut convenu que Léopold le rencontrerait à 15 heures dans le bureau du bourgmestre d'Ypres et qu'une voiture allait lui être envoyée.

Quand Weygand arriva à l'hôtel de ville, peu avant le Roi, il eut la surprise d'être accueilli par les ministres belges Pierlot et Spaak qu'il n'avait pas invités à la conférence. Ils en avaient entendu parler «par hasard» et avaient décidé d'y assister malgré tout, quitte à compromettre un peu leur dignité. Tout au long de la conférence, ils furent obligés de rester pendant ce que Spaak a appelé «quelques heures humiliantes», dans une antichambre du bureau du bourgmestre où ils se dressaient brusquement chaque fois que quelqu'un semblant détenir des informations franchissait la porte. Dans les années qui suivirent, Pierlot et Spaak se plaignirent amèrement de ce que le Roi les ait exclus de la salle de réunion mais c'était Weygand, et non Léopold, qui avait invité les commandants des trois armées à le rencontrer pour discuter de questions purement militaires. Le Généralissime n'avait convoqué aucun représentant politique ou civil des trois pays concernés et il n'y avait donc aucune raison qu'il autorise les ministres belges à prendre part à la conférence.

Avant l'arrivée du Roi, il y eut une brève discussion entre Weygand et les ministres. «Quand je leur eus dit, écrit Weygand, qu'à mon sens l'armée belge s'attardait trop à l'Est..., leurs visages s'éclairèrent de satisfaction, et ils échangèrent entre eux quelques mots qui me firent comprendre que, sur ce point, ils ne devaient pas être d'accord avec le Roi ou avec ses conseillers». Cette intervention était tout à fait déplacée de la part de Weygand qui n'avait même pas encore rencontré Léopold et ne pouvait donc avoir aucune idée de ses points de vue. Il était pareillement déplacé de la part des ministres de révéler à Weygand — ainsi qu'ils le firent — les prévisions confidentielles de leur Roi sur l'effondrement imminent de la France, une indiscrétion à la fois déloyale et nuisible aux relations franco-belges.

Lorsque le Roi arriva à l'hôtel de ville, on n'avait aucune nouvelle des commandants en chef français et britannique, de sorte que Weygand et lui montèrent à l'étage dans un grand salon, où ils eurent un entretien préliminaire en attendant Billotte et Gort. Ils n'étaient pas des étrangers l'un pour l'autre. Ils s'étaient rencontrés à plusieurs brèves reprises pendant la Première Guerre mondiale et en 1938, à Bruxelles, où ils avaient eu une longue conversation. Pendant ce temps, les ministres belges retenaient Van Overstraeten.

«— Pourquoi la retraite s'effectue-t-elle avec tant de lenteur? demanda sèchement Pierlot.

— Nous avons à nous conformer aux instructions du commandement interallié.

— Il fallait en provoquer de nouvelles.

— A quelles fins?

— Pour éviter que nous finissions par être coupés de la France.

— Mais nous sommes coupés, Monsieur le Premier Ministre».

(Ce dialogue est parfois évoqué pour montrer le défaitisme de Van Overstraeten, mais sa constatation correspondait à la réalité, car ce même matin à 8 h 30, le GQG avait intercepté un message allemand annonçant qu'Abbeville avait été prise la veille au soir).

Le temps passait et ni Billotte, ni Gort ne pouvaient être touchés, le premier étant toujours quelque part dans la nature à la recherche de Weygand et le second une nouvelle fois privé de contact avec son quartier général maintenant établi à Hazebrouck. L'historien officiel, le major Ellis, affirme qu'il n'existe aucune preuve écrite prouvant que le message de Weygand à Gort (lui annonçant sa venue à Ypres le 21 mai pour conférer avec les commandants alliés) parvint effectivement à son destinataire mais la note de Pownall dans son journal du 20 mai — «Weygand vient ici demain» — prouve que la notification du Généralissime avait bien été reçue par le Haut Commandement britannique. Mais de toute évidence, Gort considéra que la situation critique à laquelle était confrontée ce jour-là, son aile gauche, où l'ennemi était en train de repousser la quarante-quatrième division en désordre au-delà de l'Escaut, était plus urgente qu'une conférence avec le nouveau Commandant Suprême Allié. C'est pourquoi il s'était plutôt hâté de conférer avec ses commandants de corps à proximité du front.

Bien que la conférence ne se justifiât pas sans la présence de Gort et de Billotte, Weygand décida de commencer avec les Belges seulement. Les généraux Van Overstraeten, Michiels et Champon (le chef de la mission de liaison française auprès du GQG belge) furent donc appelés dans la salle.

Ainsi qu'il le raconta lui-même, Weygand ouvrit la séance en décrivant «le plan d'action que j'avais arrêté». Comme il admet dans ses mémoires qu'il n'avait «qu'une connaissance superficielle de la situation» et qu'il avait annoncé à Paris qu'il n'entreprendrait aucune action avant de s'être enquis de la position des commandants alliés du nord, le fait d'avoir «arrêté» un plan avant d'avoir écouté ceux qui auraient à l'exécuter est un bel exemple de l'erreur qui consiste à mettre la charrue avant les bœufs. Le Généralissime se lança néanmoins dans une description de ce qui serait connu ensuite comme le «Plan Weygand».

Weygand préconisa, selon le compte rendu de Van Overstraeten [296], que des attaques massives soient immédiatement lancées du nord et du sud contre les flancs ennemis dans le but de «détruire la tête de l'offensive ennemie», ce qui exigeait que l'on rassemble le plus de divisions possible, «voire toute l'armée britannique». C'était évidemment absurde. Il ne faut pas réfléchir longtemps pour comprendre l'impossibilité de dégager une armée qui est toute entière alignée sur la même ligne de front pour la faire attaquer dans la direction opposée à celle à laquelle elle fait face. Mais malheureusement, Gort et Pownall n'étaient pas là pour relever les erreurs de jugement de Weygand et l'impossibilité pratique de son plan, qui apparurent tout à fait nettement lorsque deux jours plus tard, il télégraphia à Gort que les contre-attaques du nord et du sud qu'il avait ordonnées «devraient combler la brèche et barrer la route du retour aux aventureux panzers dans le nord».

Weygand déclara alors que le temps pressait et qu'il fallait agir avant que l'infanterie allemande n'établisse la jonction avec ses tanks. Il poursuivit en affirmant, avec un enthousiasme tout à fait hors de propos, que trois divisions françaises lanceraient dès le lendemain une contre-attaque vers le nord à partir du sud de la brèche (en réalité, il n'y eut jamais de contre-attaque sérieuse de ce côté) en liaison avec la progression déjà entreprise par le Corps Expéditionnaire à partir du nord. Cette dernière, expliqua Weygand au Roi, était «une contre-attaque effectuée par deux divisions britanniques» qui se déroulait au même moment dans la région d'Arras. Il se faisait de nouveau des illusions, car la seule action réelle fut la fougueuse mais brève sortie des 74 tanks délabrés et des deux bataillons d'infanterie de la Frankforce qui le soir même fut repoussée avec de lourdes pertes et ne fut jamais rééditée. (Cette courageuse opération, commandée par le général-major Martel, qui avait été lancée sans soutien aérien et sans coordination avec les Français, sous les bombes des Stukas en piqué et face à la furieuse résistance de forces ennemies nettement supérieures, comprenant notamment la septième division blindée de Rommel, n'en infligea pas moins des pertes sévères aux Allemands et ébranla les nerfs de leur Haut Commandement d'une façon tout à fait disproportionnée à la faible importance des forces britanniques).

Lorsqu'il eut expliqué son «plan» à Léopold, sans s'être même assuré que Billotte et Gort puissent l'accepter ou le réaliser, Weygand demanda la collaboration de l'armée belge. Son rapport officiel définit ses intentions de la manière suivante:

> «La situation commande... que sous la protection de l'armée belge qui assurerait leur couverture face à l'Est et éventuellement au Nord, les forces anglaises et françaises disponibles agissent offensivement vers le Sud, dans la région de Cambrai et d'Arras, et dans la direction générale de Saint-Quentin, de façon à déboucher dans le flanc des divisions cuirassées allemandes qui se trouvent actuellement engagées dans la poche de Saint-Quentin-Amiens» [297].

Weygand déclara que le front de l'armée belge était trop long et trop éloigné à l'est pour être en mesure de couvrir cette offensive franco-anglaise vers le sud et pria donc le Roi de ramener son armée derrière l'Yser, par étapes successives. En fait, les armées françaises et britanniques du nord comprenaient surtout des unités d'infanterie et manquaient déjà d'approvisionnement et de soutien aérien pour tenir correctement leurs fronts, leurs flancs et leurs arrières menacés; elles étaient donc encore moins capables de lancer une attaque dans une région inondée de forces blindées, mécanisées et d'infanterie soutenues par une puissance aérienne sans égale. Mais aucun des deux commandants en chef britannique et français n'était présent pour signaler ces réalités à Weygand. Et c'est ainsi qu'animé par la fausse conviction qu'il était possible de lancer des offensives du nord et du sud, Weygand demanda à l'armée belge d'affaiblir et de mettre encore plus en danger ses propres positions pour couvrir une opération qu'aucun des participants potentiels ne croyait possible et qui ne fut jamais réalisée.

Selon les mémoires de Weygand, Van Overstraeten, «un homme d'une grande distinction d'allure, s'exprimant avec élégance et clarté... s'excusa par une phrase aimable de ne point partager mon avis» [298]. Le conseiller militaire du Roi ne pouvait que se sentir mal à l'aise pour répondre puisque, au contraire du Généralissime, il était, lui, pleinement au fait de la situation dans le nord et réalisait que la base même de la requête de Weygand (l'abandon par les Belges de leurs positions relativement solides sur l'Escaut où il leur était possible de constituer une partie d'un vaste périmètre défensif allié protégeant la côte) s'effondrerait si on pouvait convaincre le Généralissime que le mouvement vers le sud était impossible. Il n'espérait donc qu'une chose: que Billotte et Gort arrivent sans tarder et parviennent à le persuader. Entre-temps, il fit le maximum pour mettre Weygand au courant de la situation réelle dans le nord.

Van Overstraeten expliqua d'abord à Weygand les raisons pour lesquelles il n'était pas souhaitable que l'armée belge se replie davantage. Elle avait déjà été forcée, sur ordre des Français, d'abandonner la majorité du territoire belge sans pouvoir opposer de résistance décisive. Les dernières actions couronnées de succès avaient réconforté les troupes mais l'ardeur combattante des soldats diminuait en même temps que la portion de patrie à défendre. Les troupes belges étaient épuisées après une série de marches nocturnes. Les routes étaient désespérément encombrées par la multitude grandissante des réfugiés dont la détresse et les souffrances augmentaient de jour en jour. Et avec la pleine lune et les brèves heures de réelle obscurité, il était illusoire de penser qu'il y avait un quelconque avantage à se déplacer la nuit. Le repli que suggérait Weygand, vers des positions improvisées et à travers un pays à découvert, sous des attaques aériennes incessantes, provoquerait inévitablement et des pertes énormes et une dislocation pire encore.

Un repli sur la Lys serait déjà problématique mais une retraite jusqu'à l'Yser serait un désastre sur le plan matériel et du point de vue du moral des troupes, étant donné qu'elle impliquerait l'abandon virtuel de presque toute la Belgique et des dépôts de vivres et de munitions qui se trouvaient tous à l'est du fleuve et dont dépendait l'existence même de l'armée. Mais cela signifierait surtout l'abandon sans combat des ports essentiels d'Ostende et de Zeebrugge, de même que de la côte jusqu'à Nieuport, là où l'Yser se jette dans la mer, à une petite trentaine de kilomètres à l'est de Dunkerque, soit un risque particulièrement aigu pour les Britanniques et pour les Belges dont les approvisionnements passaient par ces ports. (En fait, les généraux britanniques avaient déjà décidé qu'ils serviraient à l'évacuation).

Van Overstraeten conclut en certifiant que sur ses positions actuelles, l'armée belge se battrait bien mais que si on lui demandait d'effectuer un repli supplémentaire en profondeur vers des positions improvisées, il ne répondait pas des résultats. A ce moment, le général Champon hocha la tête en signe d'approbation. Selon le compte rendu détaillé que Weygand fit de la conférence après la guerre, Van Overstraeten suggéra en guise d'alternative que l'aile gauche de l'armée belge résiste fermement pendant que l'aile droite se replierait «de façon à couvrir la côte en un vaste demi-cercle». La proposition du général belge, laisse entendre Weygand, supposait que l'armée belge constitue *seule* une tête de pont autour d'Ostende, ce qui provoquerait forcément sa séparation d'avec les forces britanniques et françaises, ce pourquoi il l'écarta. Mais le Roi et son état-major militaire n'avaient évidemment prévu de former un tel périmètre défensif qu'au cas où le Corps Expéditionnaire et la première armée française se sépareraient de l'armée belge par l'offensive vers le sud dont Weygand venait d'annoncer le déclenchement immédiat.

Ce que Van Overstraeten proposait en fait au nom du Roi était le concept de «Torres Vedras» dans lequel ils voyaient tous deux la seule action encore praticable depuis la percée sur la Meuse: la formation par les trois armées du nord du périmètre le plus large possible le long des voies d'eau, le dos tourné vers la Manche. La veille, le Roi s'était en effet étonné devant l'amiral Keyes que le Corps Expéditionnaire n'ait pas manœuvré de cette façon, les deux hommes ayant été tenus par Gort et Pownall dans l'ignorance de la décision qu'ils avaient prise dans le même sens deux jours auparavant (le 19), après avoir conclu qu'une retraite vers les ports de la Manche et le «contrôle d'un périmètre défensif... suffisamment étendu pour permettre au Corps Expéditionnaire de retraiter représentait le seul espoir de salut pour les Britanniques. Dans ses mémoires, Van Overstraeten décrit la conversation qu'il eut avec le Roi à l'issue de la conférence; ils y constatèrent avec regret que l'absence de Gort à cette entrevue cruciale les avait empêchés de discuter de cette hypothèse réaliste d'une *vaste tête de pont* en la double présence du Commandant en Chef britannique et du nouveau Commandant Suprême Allié. Le Roi et Van Overstraeten estimaient qu'une semblable tête de pont pourrait résister avec l'aide de la force navale et aérienne britannique (malgré des pertes probablement terribles pour les Belges, étant donné la prédominance de la Luftwaffe), et donc contrecarrer pendant un certain temps les «intentions évidentes de l'ennemi de s'emparer de toute la côte et des ports de la Manche — si vitaux pour les Anglais et leur armée» — et constituer en même temps une menace sérieuse pour son flanc et ses arrières [299].

Les vues de Van Overstraeten durent produire quelque effet, car Weygand déclara alors qu'il fallait choisir immédiatement entre deux orientations: «ou bien maintenir coûte que coûte la continuité du front allié, ce que je désire; ou bien, couvrir les ports de la Manche, quitte à laisser scinder le front; et ceci serait grave» [300]. A ce moment, Van Overstraeten demanda à Weygand avec un certain étonnement s'il ignorait qu'en atteignant la Manche le soir précédent, les Allemands avaient déjà coupé le front allié. Selon Van Overstraeten, Weygand déclara ignorer cette évolution de la situation dont il avait pourtant sûrement été averti.

Le Roi intervint alors pour dire que la question posée par Weygand, à savoir si les ports belges devaient être protégés ou abandonnés, était d'une telle importance pour les Britanniques qu'il était fondamental que Gort participe à la réunion. Il sentait bien qu'il était essentiel que Weygand entende le point de vue des Britanniques avant de s'engager lui-même plus avant. Van Overstraeten fut donc prié de prendre contact avec Gort et de le faire venir à la conférence. La séance fut alors interrompue pour qu'il puisse agir dans ce sens.

Lorsque Weygand sortit de la salle de réunion, il eut une conversation avec Keyes qui était le seul Anglais présent. Dans ses mémoires, Weygand exprime sa grande admiration pour l'Amiral, en parlant de lui comme «d'un vieil ami à la réputation presque légendaire» qui «avait fait preuve d'une intrépidité et d'un esprit de décision extraordinaires». Mais Weygand ne parvint pas à convaincre Keyes de l'aider à persuader le Roi que son «plan» était réalisable et de lui apporter son soutien. Il n'est pas étonnant que Weygand «ait renoncé à compter sur un appui de sa part», puisque l'Amiral partageait les vues des commandants alliés du nord — que le Généralissime n'avait pas encore entendus — selon lesquels l'offensive vers le sud était irréalisable et dont le seul espoir reposait sur un mouvement immédiat destiné à protéger la côte et les ports de la Manche en formant un périmètre aussi large que possible. Mais bien qu'il fût Amiral de la Flotte et le doyen des officiers de tout le théâtre des opérations, Keyes n'avait aucun commandement et il n'entrait pas dans sa mission de liaison d'anticiper l'exposé du cas britannique, dont il était sûr que Gort et Pownall se chargeraient rapidement eux-mêmes.

Il fallut une bonne demi-heure avant que Van Overstraeten ne réapparaisse car la seule cabine téléphonique avait été occupée par deux officiers français très bavards. Il n'avait pas pu entrer en contact avec Gort mais avait appris par la mission Needham qu'il avait quitté son nouveau quartier général de Hazebrouck et qu'on ne l'attendait pas avant 18 heures. Weygand était déjà exaspéré de n'avoir toujours aucun signe de Billotte alors que le temps passait. Ce ne fut qu'à 17 heures que Billotte, accompagné du général Fagalde, apparut, tout affolé. Il avait vainement cherché son chef depuis l'aube. Weygand pensa que «la fatigue et les angoisses des deux dernières semaines l'avaient fortement marqué» [301].

La discussion reprit tout de suite et Billotte fut prié de décrire la situation dans le nord. Il commença par donner un compte rendu navrant de l'état de la première armée française qui, affirma-t-il, était au bord de la désintégration et de l'épuisement. Il souligna que la ruée des divisions de panzers, avec leur soutien aérien parfaitement calculé, était «irrésistible». Des divisions équipées de façon conventionnelle n'avaient aucune chance devant cette combinaison d'un type nouveau et se trouvaient rapidement submergées. Billotte poursuivit en annonçant que neuf ou dix divisions de panzers avaient été identifiées entre Amiens et Cambrai et qu'on les estimait fortes de 3.000 à 3.500 tanks. Cette immense force blindée progressait à une vitesse qui laissait pantois, soutenue par une masse de divisions d'infanterie motorisées et conventionnelles, tandis que le ciel était dominé par la Luftwaffe.

Quand Billotte apprit que Weygand souhaitait une contre-offensive à partir du nord, il déclara que la première armée française était à peine capable de se défendre elle-même et encore moins d'entreprendre une action offensive. Il affirma que seule l'armée britannique, qui était intacte et n'avait pas encore été engagée dans de sérieux combats, était en mesure de lancer une attaque. Il est exact que le Corps Expéditionnaire était quasiment indemne [302] mais Billotte savait très bien que le GQG ne disposait d'aucune réserve; le Corps Expéditionnaire était coupé de tous ses dépôts et manquait cruellement de vivres et de munitions tandis que son aile gauche sur l'Escaut ployait sous l'attaque ennemie.

Sautant sur cette évaluation exagérée de la capacité offensive du Corps Expéditionnaire, que Gort n'était pas là pour contester, Weygand, s'apercevant qu'on ne pouvait pas trop demander à ses propres forces, décida aussitôt que l'armée britannique devait mener l'offensive principale de son «plan». En l'absence donc de tout représentant de l'armée ou du gouvernement britannique, il passa sur la description donnée par Billotte de l'état de la première armée française et imposa sa «solution» à son officier démuni et malheureux. «Je n'eus aucune difficulté, déclara Weygand par la suite, à le persuader du caractère essentiel des trois points suivants:

1. Que le contact entre l'armée belge et le corps d'armée principal des Alliés devait être maintenu à tout prix.
2. Que couverte par cette armée à l'est, une attaque comprenant toutes les unités disponibles — soit environ sept divisions d'infanterie et trois divisions mécanisées — devait être lancée à partir des alentours d'Arras dans la direction générale Bapaume-Péronne.
3. Que cette attaque devait débuter le plus vite possible pour profiter de la vulnérabilité relative des panzers avant que leurs soutiens d'infanterie puissent les rejoindre» [303].

Billotte était parfaitement conscient de l'impossibilité d'exécuter des instructions aussi irréalistes. Weygand demandait le déploiement de dix divisions alliées malgré l'affirmation de Billotte que seules deux d'entre elles gardaient une certaine cohésion et le fait que Gort n'en avait que neuf, toutes au front. Mais Gort et Pownall n'étaient pas là pour ouvrir les yeux de Weygand et Billotte n'avait ni le caractère ni l'envie de tenir tête à son énergique chef. «Le général Billotte ne m'avait rien appris qui eût pu me détourner de mon projet», déclara Weygand par la suite. Quant au rôle de l'armée belge dans son plan, Weygand reconnut qu'il avait d'abord pensé qu'elle aurait avantage à se retirer derrière l'Yser, mais il admettait maintenant la validité des objections soulevées par le commandement belge et reconnaissait qu'un tel mouvement n'était ni souhaitable ni réalisable. Mais tous les intérêts pouvaient concorder, affirmait-il, si les Belges acceptaient de se replier seulement jusqu'à la Lys et de relever certaines divisions britanniques, pour leur permettre ainsi de participer à la «contre-attaque dans la région d'Arras». Le Roi se déclara d'accord avec ces suggestions et proposa pour faire bonne mesure de libérer le seizième corps français du général Fagalde, qui se trouvait derrière les divisions de son aile gauche, pour que celui-ci puisse se joindre à cette action offensive. Mais Billotte déclina l'offre et demanda au Roi de prendre ce corps d'armée sous son commandement. Le Roi répéta alors que rien ne pouvait être décidé sans les Britanniques. Il suggéra d'envoyer quelqu'un pour essayer de repérer Gort et de l'amener à la conférence. La séance fut levée par le départ en voiture de Van Overstraeten et de Keyes à la recherche de l'insaisissable Commandant en Chef britannique.

Comme le temps passait sans nouvelle de Gort, Weygand manifesta une mauvaise humeur de plus en plus prononcée. «Je ne pouvais repartir sans l'avoir rencontré, écrit-il dans ses mémoires, cette rencontre étant une des raisons principales de mon voyage... Quitter le Nord sans avoir repris contact avec lui dans mes nouvelles fonctions, sans avoir confronté mes vues avec les siennes et lui avoir fait personnellement part de mon programme, dans l'exécution duquel l'action des forces qu'il commandait avait un rôle très important, me paraissait chose impossible» [304]. Reynaud avait insisté pour que Weygand soit de retour à Paris le matin suivant pour participer à la réunion du Conseil Suprême à laquelle Churchill devait assister. «Je décidai donc, raconta Weygand à son fils, d'attendre encore un peu... et de reprendre l'avion à la nuit ou au plus tard aux premières heures du matin du 22» [305]. Sur ce, l'amiral français Abrial fit son apparition et informa Weygand que le champ d'aviation de Calais avait à nouveau été bombardé et que son avion et son escorte de chasseurs avaient été renvoyés au Bourget. Abrial suggéra que la seule manière pour Weygand de rentrer à Paris était de prendre la mer et il mit une petite vedette lance-torpilles française à sa disposition. Quoiqu'un message fût arrivé signalant que Gort était en route, Weygand décida de partir tout de suite et ayant pris congé du Roi, il s'en alla.

Comme Weygand le raconta à son fils, il était, de même que les autres commandants français, irrité contre Gort, car ils pensaient qu'il «s'était abstenu à dessein de se rendre à cette réunion d'Ypres» [306]. A cet égard, le général Spears cite la question que lui posa Georges Mandel (le ministre français de l'Intérieur): «Pourquoi votre Commandant en Chef n'a-t-il pas rencontré Weygand alors que celui-ci avait fait l'effort de se rendre dans le nord pour le voir? Les militaires et les autres sont persuadés que c'était un affront délibéré, un signe que les Britanniques n'accepteraient pas les ordres des Français» [307]. A partir de ce moment, comme l'ont relaté Spears et d'autres témoins, les dirigeants politiques et les généraux français, Reynaud et Weygand en tête, rabâchèrent le thème de la «duplicité» et la «défection» britanniques dans le but de rejeter sur eux — et sur Gort en particulier — le blâme découlant de leurs propres échecs jusqu'à ce que les deux nations trouvent un bouc émissaire à leur convenance en la personne des Belges. Mais pendant que les dirigeants français faisaient tout un plat de cette absence de Gort à la conférence d'Ypres, le Roi et son entourage avaient l'impression (comme Léopold le dit à l'auteur) que Weygand était volontairement parti avant l'arrivée de Gort, parce que la perspective d'une confrontation avec le Commandant en Chef britannique ne lui souriait pas, pas plus que la perspective de devoir le persuader d'entreprendre une offensive importante avec des forces réduites et déjà si engagées.

L'impression de Léopold était probablement correcte, puisque Weygand reconnaît dans ses mémoires que, quand Winston Churchill téléphona à Reynaud deux jours plus tard pour tenter vainement de le persuader d'abandonner le Plan Weygand et de donner son accord à une retraite en direction des ports du nord, «M. Churchill ayant manifesté l'intention de s'adresser à moi, je le prévins en lui faisant dire que, pleinement conscient de la situation, je maintenais ma décision» [308]. Et pourtant, dans le même livre, Weygand accuse le Premier Ministre britannique et son Commandant en Chef de ne pas «lui avoir directement communiqué» les facteurs qui rendaient impossible la réalisation de son plan et se plaint amèrement de ce que Gort, qu'il savait ne pas approuver son plan, «n'ait jamais essayé de le contacter» après l'avoir manqué à Ypres. Et dans *Le rôle du Général Weygand*, le Généralissime fut plus net encore pour accuser ses alliés anglais de la propre erreur qu'il commit en faisant fi du conseil reçu à Ypres et en persistant dans cette impasse pendant les cinq jours cruciaux qui suivirent:

> Le Commandant en chef du Corps Expéditionnaire m'aurait certainement informé des obstacles qu'il voyait à la réalisation de mon programme. Ayant manqué notre rendez-vous ce jour-là... Lord Gort, eu égard à la gravité des questions en jeu, n'aurait-il pu venir me trouver...?
>
> Puisque Lord Gort n'a pas cru devoir prendre cette initiative, il incombait au Premier Ministre (britannique), qui savait depuis le 19 que le Commandant en Chef estimait qu'une sérieuse offensive vers le sud était impossible,... de provoquer cette entrevue de manière à permettre à Lord Gort d'expliquer les raisons qu'il avait de ne pas approuver mon plan. De deux choses l'une: ou bien je n'aurais pas déféré à ces raisons et j'aurais maintenu mes ordres... ou bien j'aurais reconnu la pertinence des arguments avancés par Lord Gort et examiné avec lui la décision à adopter. Celle-ci aurait pu consister à faire retraiter les forces alliées le 22 mai vers le nord de la Lys, et à les installer sur une vaste et solide tête de pont en face des trois ports du nord. J'aurais, en fait, adopté quelque jours plus tôt, dans des conditions que la position de l'armée belge rendait toutes différentes à cette date, la décision à laquelle j'ai été acculé le 26. Cela aurait permis de sauver la totalité des troupes et l'essentiel de leur équipement.

Pendant ce temps, Keyes et Van Overstraeten avaient bien progressé sur la piste de Gort. En apprenant que son GQG avait déménagé de Wahagnies à Hazebrouck, ils s'y rendirent et tombèrent sur le major McKenzie, membre de la mission Needham, qui leur dit que le Commandant en Chef se trouvait peut-être à Premesques, au sud d'Armentières. Par bonheur, l'Amiral réussit non seulement à obtenir la ligne, mais il apprit que Gort venait de rentrer et pouvait lui parler. Il adjura le Commandant en Chef de se rendre immédiatement à la réunion d'Ypres, ce que celui-ci accepta. A 19 heures environ, ils arrivèrent presque ensemble à l'hôtel de ville d'Ypres. L'Amiral et Van Overstraeten, enchantés d'avoir réussi à accomplir leur mission, furent consternés d'apprendre que Weygand venait de partir.

L'apparente indifférence manifestée par Gort et Pownall vis-à-vis de cette réunion capitale dont dépendait le sort des trois armées nationales du nord, s'explique en partie par leur attitude pleine de dédain à l'égard des Français et de leurs dirigeants sous les ordres desquels ils étaient censés servir; on peut y voir une preuve dans le fait que les *Despatches* de Gort ne mentionnent même pas que le nouveau Généralissime avait réuni cette conférence et pris l'avion pour le nord spécialement dans le but de conférer avec lui et les autres commandants en chef.

Ainsi commença, à la nuit tombante, la troisième et dernière réunion d'Ypres, sans la présence du Commandant Suprême Allié qui l'avait convoquée. Autour de la table du bureau du bourgmestre étaient assis le roi Léopold, avec les généraux Van Overstraeten et Michiels, les généraux Billotte, Fagalde et Champon, et les retardataires, Gort et Pownall. Billotte commença par résumer pour les généraux britanniques ce qui avait été discuté et décidé en leur absence et transmit les ordres donnés par le Généralissime pour l'exécution de son plan. Gort et Pownall comprirent tout de suite que Weygand ignorait complètement la situation réelle dans le nord. Mais ils venaient de rater l'occasion de le détromper sur ses fausses conceptions et de le persuader d'adopter la solution réaliste qu'il avait envisagée et qu'eux souhaitaient: la formation d'une vaste tête de pont protégeant la côte. Ils étaient venus à Ypres à contre cœur, l'esprit chargé d'inquiétudes, dont le moindre n'était pas le manque de toute formation de réserve et la manière dangereuse dont la situation évoluait sur leur front oriental et leurs arrières. Cette après-midi même, tandis qu'ils conféraient avec leurs trois commandants de corps, Gort et Pownall avaient appris que la poussée de von Bock à travers l'Escaut avait fait reculer la quarante-quatrième division jusqu'à Petegem. Et comme le relatent les *Despatches* de Gort:

> Ils sentaient tous maintenant qu'ils ne pourraient pas tenir plus de 24 heures. Nous discutâmes d'un repli jusqu'à nos anciennes lignes de défense sur la frontière où l'on pouvait tirer profit des blockhaus, des tranchées et des fossés anti-chars existants. Ce mouvement aurait peu d'effet pour les Français à notre droite... mais affecterait sérieusement les Belges qui tenaient alors la ligne de l'Escaut, d'Audenarde à Gand et du canal de Gand à Terneuzen.

Il faut rappeler que Pownall avait dit à Davy que la décision de faire se replier le Corps Expéditionnaire de l'Escaut jusqu'à son ancienne ligne fortifiée sur la frontière française, bien plus sûre, avait été prise trois jours plus tôt. Dans les notes de l'amiral Keyes à propos des *Despatches* de Gort, on trouve sur le passage qui précède les commentaires suivants:

Il ressort clairement de ces lignes que Lord Gort avait pleinement conscience des sacrifices qu'allaient devoir faire les Belges pour permettre à l'armée britannique de se replier à l'abri de son ancienne ligne de défense sur la frontière.

Cela signifiait en réalité que le roi Léopold devrait se replier de ses positions bien équipées de l'Escaut, abandonner sa tête de pont, ses dépôts de munitions de Gand et déployer son armée à découvert derrière la Lys, sur un front d'environ 90 kilomètres, pour permettre au Corps Expéditionnaire de se replier quant à lui derrière ses anciennes positions frontalières.

Au cours de l'hiver et du printemps, le Corps Expéditionnaire avait édifié plus de 400 blockhaus en béton et accompli un travail gigantesque en vue de réaliser un système étendu de défenses en terre, de fossés anti-chars et de liaisons téléphoniques le long de la ligne de 40 kilomètres entre Halluin et Maulde, sur la frontière française. Il n'est donc pas étonnant que Gort et Pownall aient depuis longtemps décidé de ramener le Corps Expéditionnaire derrière ce front plus ramassé et puissamment fortifié, décision qu'ils avaient interdit, le 19, au colonel Davy de rapporter aux Belges puisque (comme les *Despatches* de Gort l'ont admis par la suite) celle-ci «les affecterait sérieusement». C'était là un doux euphémisme, car (comme on peut le voir sur la carte en fin de volume) leur ancienne ligne le long de la frontière française faisait une saillie d'un angle de 90 degrés à partir de la Lys, la ligne improvisée sur laquelle les Belges, pour garder le contact, seraient forcés de se replier. Ainsi le Corps Expéditionnaire s'éloignerait-il de la voie qu'empruntait l'attaque de von Bock sur son aile gauche jusqu'à ce qu'il occupe une position parallèle à cette ligne, à l'abri de ses puissantes fortifications. Le solide front britannique et le faible front belge formaient un angle droit inversé; la poussée de l'ennemi serait donc détournée de la quarante-quatrième division britannique (que Léopold avait accepté de relever) et canalisée vers l'extrémité sud de la ligne des Belges que ceux-ci devraient étirer, la rendant ainsi dangereusement mince, en vue de garder le contact avec la gauche des Britanniques, à Halluin, où se terminaient les fortifications de ces derniers. Par conséquent, tout le poids de l'offensive de von Bock retomberait sur l'aile droite belge et l'enfoncerait à l'endroit où elle rejoignait l'extrémité du front statique du Corps Expéditionnaire, refoulant ainsi les Belges vers le nord-ouest, loin des Britanniques. Pour faire une comparaison, on pourrait dire que la manœuvre du Corps Expéditionnaire ressemblait à un homme qui, se trouvant dans une pièce et, cherchant refuge derrière une porte ouverte, appelle son compagnon pour qu'il barre la route à l'intrus en s'interposant dans l'embrasure et en tenant fermement la poignée, de sorte que le poignet et l'avant-bras de ce compagnon défenseur deviennent la cible logique des coups de l'attaquant.

Les généraux britanniques, et Pownall en particulier, s'étaient souciés des intérêts belges comme de leur dernière chemise et la décision qu'ils avaient prise de se replier en France allait forcer l'armée belge à céder une nouvelle portion du territoire national et à se retirer sur des positions faibles, très étendues et improvisées. Mais ils auraient dû se rendre compte que cette décision comportait également un grand danger pour eux. Leurs forces placées derrière une ligne moins large seraient certes protégées d'une attaque en raison de leurs puissantes fortifications et de leur alignement parallèle à la progression ennemie (ce qui leur permettrait de réduire le nombre de leurs divisions à cette hauteur), mais le risque était grand de voir une brèche réussie par von Bock (lui qui se retrouvait maintenant non plus face à l'aile gauche des Britanniques mais face à l'aile droite des Belges) séparer les deux armées, permettre un contournement du flanc gauche des Britanniques et faire la jonction avec les panzers arrivant de l'ouest, coupant ainsi le Corps Expéditionnaire et la première armée française de la côte.

Mais Gort et Pownall étaient absorbés par un autre problème qui se posait au Corps Expéditionnaire et qui pourrait être résolu par un autre sacrifice des Belges. Les positions sur lesquelles les quarante-quatrième et quatrième divisions britanniques devaient se replier (la quarante-quatrième étant déjà sur le point d'être refoulée par l'ennemi) étaient situées sur la Lys, au nord-est d'Halluin et toujours droit sur le chemin du *Schwerpunkt* de von Bock. Mais si l'on pouvait amener le Roi à relever la quatrième division, en plus de la quarante-quatrième, ces deux divisions pourraient être expédiées pour assurer les positions derrière leur vieille ligne frontière fortifiée, laissant les Belges faire face aux furieux assauts de l'attaque ennemie dans ces positions exposées et improvisées sur la Lys que les deux divisions britanniques avaient laissées vacantes. Cette décision de Gort et Pownall de se replier sur leur ancienne ligne frontière, malgré les risques qu'elle comportait pour leur propre armée et pour les Belges, montre combien leur souci était grand de réduire le nombre de leurs divisions confrontées à l'ennemi sur leur front oriental afin de les utiliser ailleurs. En effet, ils désiraient constituer une réserve qu'ils pourraient envoyer en renfort vers leur flanc sud et leurs arrières — et notamment la ligne du canal qui contrôlait le côté occidental de leur corridor de fuite vers la côte de la Manche et Dunkerque — qui se trouvaient de plus en plus menacés. Le Commandant en Chef britannique était toujours censé obéir aux ordres du Cabinet de marcher vers le sud et lorsque Billotte lui ordonna, au nom de Weygand, de lancer une grande offensive dans cette direction, Pownall répondit qu'il n'avait pas de réserves disponibles pour une telle opération. Les généraux britanniques, à qui incombait la responsabilité de jouer le rôle majeur dans le Plan

Weygand, considéraient (comme ils le confièrent plus tard à Léopold) que ses chances de succès étaient quasi nulles dans les circonstances actuelles qu'ils qualifiaient de «désespérées». Ne pouvant naturellement refuser sans plus d'obéir à ces ordres complètement irréalistes, ils décidèrent de s'y conformer pour la pure forme, mais en maintenant leurs propres objectifs et notamment celui de se frayer une échappée vers la mer.

Pownall proposa dès lors à Billotte que, si le Corps Expéditionnaire abandonnait ses positions sur l'Escaut, ce qu'il allait être forcé de faire, prétendit-il, «à cause de la faible profondeur de l'eau» [309], pour se replier derrière la ligne frontière fortifiée, les Belges et les Français relèvent chacun deux divisions britanniques de sorte que les quatre divisions ainsi libérées puissent être utilisées pour l'offensive vers le sud réclamée par Weygand. Pour les généraux britanniques cet engagement dut n'être qu'une formalité car pas une des quatre divisions britanniques relevées par les Belges et les Français dans ce but bien spécifié ne fut déployée ou utilisée à quoi que ce soit d'autre qu'à des fins purement défensives. Les deuxième et quarante-huitième divisions britanniques, aussitôt après avoir été relevées par les Français, furent envoyées sur la ligne du canal pour renforcer le magma d'unités britanniques qui était tout ce dont le Corps Expéditionnaire disposait pour défendre ses arrières contre l'armada des panzers arrivant à toute allure du sud-ouest. Elles furent rejointes sur cette ligne par la quarante-quatrième division fort mal en point et qui avait pris quelque repos à l'arrière après avoir été relevée par la troisième division belge. Quant à la quatrième division britannique, qui avait été relevée par la première division belge et avait pu éviter ainsi l'attaque de von Bock, elle s'abrita derrière les fortifications sur la gauche de la ligne frontière britannique qui allait jusqu'à Halluin. (Dans un aparté avec Van Overstraeten, Gort avait grommelé que les quarante-quatrième et quatrième divisions, que les Belges avaient accepté de relever respectivement dans les nuits du 22 et du 23, «n'étaient pas fameuses»).

Les Français, qui avaient refusé le 19 de relever toute division britannique parce que l'état-major de Billotte ne doutait pas que ce fût demandé dans la seule intention de favoriser les plans d'évacuation de Gort, acceptèrent finalement de le faire, ayant reçu l'assurance à Ypres que cette relève permettrait à deux divisions britanniques de «participer à la contre-offensive» et à deux divisions françaises «fatiguées» de se replier derrière les fortifications britanniques le long de la frontière. Après quelque discussion, ils tombèrent tous d'accord sur ce compromis, bien que le Roi exprimât quant à lui de sérieuses inquiétudes sur la faisabilité du Plan Weygand et sur la situation vulnérable dans laquelle le repli britannique placerait son armée.

La dernière requête que les généraux britanniques adressèrent en fin de compte à Léopold révéla qu'ils étaient prêts à livrer aux Allemands les ports d'Ostende et de Nieuport — Gort venait précisément de dire à Slessor qu'il avait l'intention d'utiliser ce dernier pour l'évacuation — et à accepter le rétrécissement de leur portion de côtes à seulement 45 kilomètres afin de favoriser leurs plans immédiats, en vue desquels ils lui demandèrent donc d'envisager le repli de son armée jusqu'à l'Yser. Toute la question de ce repli ayant été mal interprétée et souvent dénaturée, elle mérite d'être examinée avec soin.

Le point de vue le plus partial — à savoir que le Corps Expéditionnaire était le seul à être «droit dans ses bottes» — fut celui adopté par le major Ellis qui, dans l'«Official History» avance comme argument que l'angle droit formé à Halluin par le front britannique mal orienté et celui des Belges, aurait dû être redressé non par le Corps Expéditionnaire et les Français refluant vers la ligne Lys-Gravelines — ligne qui, en formant un grand arc de cercle, protégeait une longueur maximale de côtes et tous les ports de la Manche — mais par l'armée belge se repliant totalement jusqu'à l'Yser (un parcours de 80 kilomètres pour son aile gauche), repli qui, s'il avait été exécuté, aurait cédé aux Allemands sans combat toute la côte jusqu'à 27 kilomètres de Dunkerque et tous les ports à l'exception de ce dernier.

Mais là où l'absurdité atteint son comble, c'est lorsque le major Ellis avance que: «En soutenant que l'armée belge ne pouvait pas se replier jusqu'à l'Yser, le Roi et Van Overstraeten acceptaient en réalité la défaite». En l'occurrence, il fut extrêmement heureux que Léopold ait refusé de tenter cette manœuvre potentiellement désastreuse car elle aurait prématurément rétréci le corridor de fuite du Corps Expéditionnaire vers Dunkerque de même que le périmètre autour de la ville, ajoutant un supplément de 500.000 soldats belges au million et demi de réfugiés et de soldats britanniques et français qui congestionnaient déjà la zone réduite autour du port: la dernière issue restant à présent au Corps Expéditionnaire pour s'échapper par la mer.

On a souvent affirmé que le Roi avait accepté d'effectuer tout ce repli jusqu'à l'Yser à la réunion d'Ypres, mais même les *Despatches* de Gort établissent clairement que, quand Billotte demanda à Léopold s'il effectuerait cette manœuvre dans le cas où il serait forcé d'abandonner la Lys, le Roi ne donna pas son accord mais répondit simplement qu'il «n'existait pas d'autre ligne». Ce que le Roi avait exactement accepté de faire fut confirmé par le Haut Commandement belge dans un mémorandum remis par la suite aux chefs des missions française et britannique auprès du GQG:

> «A la conférence d'Ypres, il avait été convenu, sur la proposition expresse du Roi, que l'armée belge se défendrait à fond où elle était,

c'est-à-dire, sur la ligne la Lys-canal de Deynze à la mer, et qu'elle relèverait à sa droite deux divisions britanniques, étendant ainsi son front jusqu'à Halluin, point de jonction avec la position frontière organisée par les Britanniques».

La troisième conférence d'Ypres se termina la nuit tombée, à environ 21 h 30, dans une atmosphère de pessimisme et d'abattement, les généraux français tentant, mais vainement, de persuader Gort et Pownall qu'une action offensive britannique pourrait encore tout sauver. «Vous devez la lancer, Général», plaida Fagalde mais, comme Gort quittait la pièce, il adressa au Roi cette remarque: «C'est une sale besogne, Sire». Il ne fait aucun doute que la conscience de Gort était troublée par les effets néfastes qu'entraînerait le mouvement britannique pour les Belges et les sacrifices que ces derniers consentaient dans son intérêt, car Keyes nota dans ses carnets qu'en sortant de la réunion, Gort lui demanda: «Les Belges nous considèrent-ils comme de vrais salauds?» «Je répondis que la préoccupation majeure du Roi était d'aider l'armée britannique à se replier et à échapper au désastre qui la frapperait si elle était encerclée. Je dis à Lord Gort que cela était clairement expliqué dans mon deuxième télégramme du 20 mai, dont une copie lui avait été adressée, mais qu'il n'avait apparemment pas vu». L'arrière-pensée de Gort s'était exprimée au cours de l'après-midi lors d'une conversation significative avec le colonel Davy, que ce dernier rapporte dans ses mémoires:

> Je passai un quart d'heure dans le jardin de Premesques avec le Commandant en Chef. Il était partagé: fallait-il marcher vers le sud... ou se replier vers Calais pour s'échapper par la Manche... Nous avons discuté des conséquences de ces actions pour l'armée belge et je lui ai dit qu'elle nous aiderait aussi longtemps que possible mais qu'elle serait inévitablement forcée de capituler si nous l'abandonnions. Sir Roger Keyes lui avait déjà dit cela... A ce moment, le Commandant en Chef fut quelque peu troublé à l'idée de laisser les Belges en plan mais il pensa que c'était inévitable...

Les ministres belges — Pierlot surtout — étaient eux, d'une humeur féroce. Pendant l'«entracte» qui précéda l'arrivée de Gort à la conférence d'Ypres, ils se lancèrent dans une discussion plutôt aigre avec le Roi. Dans son procès verbal de la réunion, le Roi les décrit comme «agressifs et désagréables». Ils étaient contrariés de ne pas assister aux discussions militaires et désiraient savoir ce qui s'y était dit. Léopold se fâcha même lorsqu'ils laissèrent entendre qu'ils avaient donné à Weygand leur version de ses prévisions, qu'il voulait confidentielles, sur l'effondrement imminent de la France, qu'ils considéraient comme du défaitisme.

Le Roi exposa alors avec précision aux ministres ce qui ressortait de leurs réunions militaires et tenta de leur faire comprendre la réalité de la situation, mais il se heurta à l'incrédulité ouverte d'un Pierlot méfiant et surmené. Van Overstraeten leur avait expliqué avant que ne commencent les entretiens pourquoi il n'était pas souhaitable que l'armée se retire de l'Escaut, notamment parce que les troupes avaient besoin de temps pour se reposer et se reformer après les combats soutenus au cours de leur dure retraite. Mais Pierlot, invoquant son expérience de fantassin pendant la guerre de 1914, déclara qu'une telle immobilisation était «inadmissible». Plus longtemps les troupes resteraient sur la ligne de l'Escaut, affirma-t-il, plus la retraite vers la France deviendrait difficile. Il avait parcouru diverses parties du front et constaté que le moral des soldats était bon et qu'ils étaient parfaitement capables d'effectuer ce mouvement que lui et ses collègues avaient pressé le Roi d'entreprendre depuis le début.

Le Roi tenta une nouvelle fois de convaincre Pierlot que «la retraite vers la France», qui supposait que l'armée belge se détache des armées britannique et française et traverse leurs arrières, n'avait jamais été une proposition sensée, et maintenant que les panzers avaient coupé tout le groupe des armées du nord, elle l'était encore moins. En tout cas, «il serait inconcevable, déclara le Roi, que je décide un mouvement de retraite qui laisserait la gauche britannique en l'air». Il répéta alors que les mouvements de son armée n'étaient pas seulement liés à ceux du Corps Expéditionnaire mais également soumis au contrôle général du Commandement Suprême Français qui ne lui avait jusqu'à présent fait parvenir qu'une seule directive: se replier derrière l'Escaut. Il s'attendait à ce que le nouveau Généralissime donne des ordres, mais pas avant l'arrivée de Gort. Pierlot n'en continua pas moins à s'en prendre à la «passivité» avec laquelle le Roi «attendait les ordres», au lieu de les «susciter» ou d'agir de manière autonome si aucun n'arrivait, «afin d'éviter la capture de l'armée belge».

Le Roi ne parvint pas à modifier d'un pouce les façons de voir rigides de Pierlot, même pas avec l'aide du général Denis, et s'aperçut avec consternation que le Premier Ministre l'accusait en fait, de vouloir détacher son armée de celles des alliés dans le but de concéder un minimum de territoire belge et de conclure ensuite une paix séparée avec l'Allemagne. Après la guerre, lorsque Pierlot tenta de justifier ses conjectures et ses agissements [310], il écrivit à propos de cette journée: «Le Roi considérait la situation des armées en Flandre comme laissant peu ou point d'espoir», opinion que Gort et ses commandants de corps corroborèrent la même après-midi.

Après l'entrevue finale avec Gort et Pownall, le Roi informa les ministres, ainsi que le rapporta Pierlot, que Gort était d'accord d'attaquer vers le sud conformément au Plan Weygand et qu'il avait pris la décision de retirer l'armée belge sur la ligne de la Lys. «Cette position, dit le Roi d'après Pierlot, est moins bonne à divers points de vue... mais il est impossible de faire autrement parce que la position de l'Escaut est, au dire du général Gort, déjà trop entamée. Le général anglais considère que les chances de succès de la manœuvre à laquelle il va prendre part sont pratiquement nulles. La situation est désespérée» [311].

Cela aurait dû dissiper tous les doutes des ministres sur la situation réelle, mais Pierlot donna à Léopold l'impression de ne pas être convaincu. Le Roi fut si contrarié par l'incompréhension obstinée du Premier Ministre qu'il convoqua le général Denis à son GQG le lendemain matin pour lui expliquer la situation militaire avec des cartes. Denis exprima alors son entière concordance de vues avec la politique militaire du Roi qu'il agréa comme «la seule possible». Fort de la compréhension et de l'approbation du ministre de la Défense vis-à-vis de sa stratégie, le Roi écrivit à Pierlot une lettre en des termes dont la dignité cachait mal sa colère. «Je ne vous cache pas, écrivait-il, que notre entrevue d'hier, à Ypres, en présence de M. Spaak et du général Denis m'a laissé une impression fort pénible. Je n'estime pas mériter ces reproches que m'adresse le Gouvernement de mener une politique qui aurait pour but d'amener le pays à conclure une paix séparée avec l'Allemagne».

Le Roi décrivit alors patiemment la véritable situation dans laquelle se trouvait l'armée belge. «Dans l'accomplissement de ma mission constitutionnelle de Commandant en Chef de l'Armée, j'ai avant tout, comme but, de défendre le territoire national, tout en m'efforçant de coopérer, dans la mesure du possible, à la lutte menée par les armées alliées, et en évitant que soit compromis le sort de notre armée... Je ne puis en outre admettre, que les ministres, dont la compétence ne comprend pas la conduite des opérations militaires, émettent des jugements sur les capacités de l'armée». Il réfuta alors les reproches des ministres selon lesquels il les aurait tenus dans l'ignorance des développements militaires en rappelant à Pierlot qu'il avait, depuis le début, attiré leur attention sur le fait que l'évolution des événements sur le terrain pourrait mener à une issue tout à fait différente de ce qu'ils estimaient probable.

Le Roi continuait en soulignant le différend fondamental qui existait entre lui-même et le Cabinet depuis Breendonck. «Vous estimiez qu'en tout état de cause, il ne pouvait être question pour moi de lier mon sort à celui de l'Armée. J'ai rétorqué à cette objection qu'il était impossible d'exclure une hypothèse justifiant semblable attitude». Le point suivant développé par Léopold était que, tout comme lui informait complètement les ministres du cours des opérations militaires, il attendait d'eux qu'ils le tiennent au courant de l'évolution des affaires étrangères et de la situation politique. Mais il comprenait bien, poursuivait le Roi avec

Les parachutistes allemands qui ont pris le fort d'Eben-Emael.

A Dinant, une pièce d'artillerie antiaérienne allemande défend un pont de passage de la Meuse.

Les pionniers allemands s'affairent à dégager une route dans l'Est de la Belgique.

Des troupes allemandes enlèvent une obstruction routière improvisée.

Troupes allemandes entrant en Belgique.

Un pont de bateaux allemand sur la Meuse près de Dinant.

Un ben gun carrier anglais quelque part en Belgique.

Quelque part en Flandres : pièces antiaériennes lourdes britanniques abandonnées après le repli du Corps Expéditionnaire.

Le Roi à Wynendaele regardant un passage de Stukas.

Le général von Reichenau reconduit le général belge Derousseaux à son auto. Un quart d'heure plus tard la radio allemande annonçait la capitulation belge.

Le 28 mai 1940, au château d'Anvaing, le général von Reichenau téléphone à Hitler pour lui faire part de la capitulation de l'armée belge.

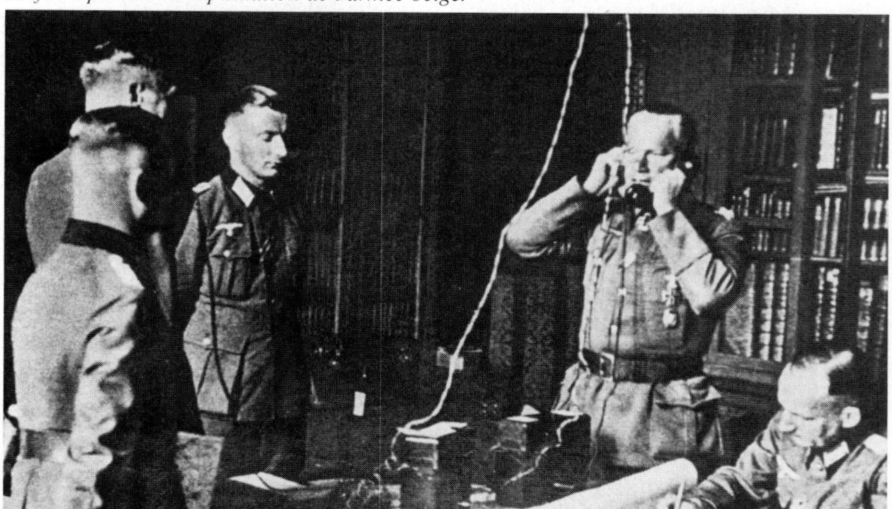

Le général von Reichenau, commandant de la 6ᵉ armée allemande.

Paul Reynaud, président du Conseil français.

Le général Van Overstraeten.

Le général Weygand avec le général Gort.

L'amiral Keyes à Laeken en mai 1940.

Le Roi à Wynendaele avec l'amiral Keyes.

L'auteur avec le roi Léopold en 1950, peu avant le retour du Roi en Belgique.

dédain, que les ministres éprouvaient là quelque difficulté vu la «hâte ridicule» avec laquelle tous les départements gouvernementaux et certains services provinciaux et communaux s'étaient transportés en France. Cet exode de presque toute l'autorité civile avait privé le pays de toute forme de gouvernement.

La lettre sarcastique du Roi fit clairement comprendre à Pierlot qu'il avait abusé de la patience de son souverain, car il répondit longuement dans les termes les plus déférents et les plus contrits. Sa lettre commençait ainsi: «Au milieu des préoccupations si lourdes dont le Roi porte le poids, notre vif désir, à mes collègues et à moi, est de faire tout ce qui dépend de nous pour alléger sa charge. Nous serions fort peinés si quelque chose, dans notre attitude, avait pu causer au Roi un surcroît de soucis». Le Premier Ministre tentait alors d'expliquer combien les préoccupations des ministres eux-mêmes s'étaient accrues. «J'avais rapporté de ces visites à Breendonck l'impression que la retraite de l'armée belge dans un réduit, adossée à la mer et séparée des armées alliées sans autre perspective que la capitulation, était envisagée, non seulement comme une éventualité à laquelle le cours des événements pourrait nous mener en dehors de notre choix, mais même comme une issue préférable à l'inconvénient de quitter le territoire belge.» Mais, enchaînait Pierlot, «il est apparu, lors de l'audience que le Roi nous a accordée à Saint-André, que nous n'avions pas exactement compris sa pensée. Je m'excuse de ce malentendu qui a été pénible à Votre Majesté et je suis sincèrement au regret du déplaisir qu'Elle en a éprouvé».

Pierlot s'empressait d'assurer le Roi que: «Nous nous sommes fort mal exprimés, M. Spaak et moi, si le Roi a pu voir dans nos paroles le reproche d'avoir été tenus dans l'ignorance de la situation militaire», et il poursuivait: «Nous regrettons de n'avoir pu, ces derniers jours, tenir le Roi mieux au courant de la situation politique extérieure». Mais Pierlot ne pouvait que répondre gauchement à la remarque du Roi sur la fuite de l'administration civile car il savait que, depuis le 10 mai, le gouvernement avait manifestement négligé ses devoirs envers la population. Il endossa néanmoins la responsabilité totale du départ précipité du gouvernement à l'étranger. Après s'être excusé de la longueur de sa lettre, Pierlot exprimait l'espoir «qu'elle puisse persuader le Roi qu'en des moments tels que ceux-ci, Ses Ministres n'ont d'autre pensée que Son service, ni d'autre inspiration que leur attachement à Sa personne et leur dévouement au Pays. Et il signait: «De Votre Majesté le très respectueux, très fidèle et très obéissant serviteur».

La tragédie suivit de près la conférence. L'arrivée tardive de Gort et de Pownall força tous les participants à reprendre la route dans l'obscurité. Dans une lettre à sa femme deux jours plus tard, Keyes décrivit les dangers qu'il y avait à conduire la nuit sur les routes congestionnées et les conséquences fatales qui en résultèrent pour le général Billotte:

> Lorsque nous sommes partis, il faisait noir et nous eûmes un retour affreux. Billotte dit qu'il se sentait nerveux parce qu'il était possible que les Allemands aient réussi leur percée et qu'ils pourraient se trouver fâcheusement près de la route qu'il devait prendre... Une demi-heure plus tard, il était mortellement blessé dans une collision. Le chauffeur de mon ami (celui du roi Léopold) conduisait trop vite... Il faisait la pleine lune mais nous ne pouvions pas allumer nos phares; nous dépassions des charrettes de campagne pleines de réfugiés et toutes sortes de véhicules roulant dans les deux sens, des canons, des camions, etc... A plusieurs reprises, nous fûmes sauvés en apercevant l'un des gendarmes qui nous précédaient à moto... faire un écart sur la droite et freiner brusquement, nous éclairant heureusement par ses feux rouges, avant de faire nous aussi une embardée et d'éviter de justesse quelque chose qui arrivait sur nous en sens inverse... Après l'avoir échappé belle deux ou trois fois, je me penchai en arrière, fermai les yeux et m'endormis pour me réveiller une heure et demie plus tard à notre château. Mais nous n'avions pas fini de dîner que nous apprenions que Billotte avait été (selon toute probabilité) mortellement blessé... Un sort cruel. Le Tout-Puissant nous châtie durement, *tout* va de travers. Mes amis se comportent magnifiquement et mon ami est fantastique, mais des autres (les Français) je ne puis en dire autant...

Il n'y avait maintenant plus personne — et même Billotte eût été mieux que personne — pour tenter de coordonner les opérations des trois armées nationales dans le nord. On supposait que Blanchard, le commandant de la première armée, remplacerait Billotte. Mais Weygand attendit quatre jours cruciaux avant de le nommer et Blanchard était un «professeur militaire type» (selon Spears) plutôt qu'un homme d'action, et pas moins inerte et inefficace que Billotte. Après avoir rencontré Blanchard le 24 mai, le général Brooke écrivit dans ses carnets: «Il m'a fait l'impression d'un homme dont le cerveau a cessé de fonctionner... à peine conscient de ce qui se passe autour de lui... Cela m'a fait un choc et j'ai le sentiment que si c'est lui qui reprend la barre dans la tempête actuelle, il ne faudra pas longtemps pour que nous nous retrouvions sur les rochers » [312].

«Ce qui avait été vrai en grande partie depuis le début de l'offensive devenait maintenant criant», écrit le major Ellis dans son *Official History*. «La conduite des opérations alliées n'était pas dictée par le Commandant Suprême, mais par les commandants sur le terrain» [313]. Inutile de dire qu'un commandant sur le terrain ne faisait guère entendre sa voix en haut lieu. Le journal de Keyes en date du 21 mai relate:

> Le roi Léopold souligna que la ligne frontière bien préparée que devaient tenir les troupes britanniques sur son flanc ne serait vraisemblablement pas attaquée sérieusement mais que celle que devaient tenir les Belges était faible et serait comparativement moins soutenue, ce qui

attirerait les attaques. Il craignait que si elle était sérieusement attaquée avec un puissant soutien aérien, les Allemands n'y ouvrent une brèche, ne fassent la coupure entre les deux armées et ne submergent l'armée belge. Il me demanda d'envoyer la réponse suivante au message du Premier Ministre que je lui avais remis à Ypres cette après-midi:

21.05.40

A propos de votre télégramme, le Roi a l'impression que vous n'évaluez pas la difficulté qu'il aura à garder le contact avec le flanc gauche du Corps Expéditionnaire si celui-ci opère vers le sud comme vous le suggérez. Il aimerait par dessus tout collaborer avec le Corps Expéditionnaire si la chose est possible; mais c'est une impossibilité physique dans les conditions géographiques existantes. De plus, l'armée belge n'a plus maintenant que pour 13 jours de provisions. Son gouvernement l'adjure de partir avec lui au Havre avant que l'armée soit obligée de capituler. Il n'a évidemment nullement l'intention d'abandonner son armée et il estime qu'il peut mieux servir son pays en restant avec ses hommes qu'en devenant un fugitif avec un gouvernement qui ne représente plus personne une fois en dehors du pays.

Le Roi m'a demandé de vous remercier pour votre message et de vous dire que si le gouvernement britannique comprend ses raisons, il ne se soucie guère de ce que peuvent en penser les autres.

Le Roi avait par ailleurs fait remarquer en privé à Sir Roger qu'en ce qui concernait l'attaque des divisions britanniques et françaises vers le sud ordonnée par Weygand, «il n'avait pas voulu émettre des doutes sur la capacité des armées britanniques et françaises à colmater la brèche «puisque l'esprit offensif était dans l'air», mais qu'il avait été tenté de relever qu'on avait déjà trop tardé à la lancer». En acceptant de se porter sur le front de la Lys jusqu'à Halluin (persuadé qu'il était que les deux divisions britanniques qu'il devait relever seraient utilisées pour une contre-attaque vers le sud), le Roi serait forcé de se replier vers des positions improvisées sur la Lys, que le colonel Davy avait vues et décrites comme «à peine un obstacle...; à certains endroits elle était encombrée de tant de bâteaux et de péniches qu'on pouvait traverser la rivière sans se mouiller». De plus, il aurait à étirer son front sur une longueur de 100 kilomètres et à mettre en ligne la quasi-totalité de l'armée belge. Et il faut rappeler qu'il avait non seulement accepté cela mais qu'il avait aussi offert de soulager les soixantième et soixante-huitième divisions françaises sur son aile gauche.

«L'esprit offensif dans l'air», avec tout ce qu'il impliquait comme dangers pour Léopold et son armée, allait bientôt se concrétiser. Les commandants des armées du nord ne devaient pas rester en dehors de l'action. Le jour suivant (le 22), Churchill arriva à Paris pour discuter avec Reynaud, et à midi, ils se rendirent ensemble à Vincennes. Là, dans la salle des cartes, Weygand «vif, bouillant et incisif» captiva les deux Premiers Ministres en exposant son «plan» ambitieux. Non seulement les armées du nord devaient pénétrer dans le flanc allemand par le sud-est — «leurs arrières étant sous la protection de l'armée belge, qui assurerait leur couverture face à l'Est et éventuellement au Nord» — mais une nouvelle armée française, sous les ordres du général Frère, se concentrerait le long de la Somme, soit 18 à 20 divisions d'Alsace, de la ligne Maginot, d'Afrique, et «de tout autre cantonnement». Celle-ci se frayerait une route jusqu'à Arras en passant par Amiens et ferait la jonction avec le groupe du nord. Tout cela était grisant, et Churchill et Dill, en pratique le nouveau CIGS, reconnurent qu'ils n'avaient «ni d'autre choix ni d'autre envie» que d'accepter, ce qu'ils firent immédiatement et sans soulever d'objection. Les minutes françaises de la réunion présentent Churchill et Dill comme «donnant des signes d'approbation fréquents» et montrant «que leur propre conception de la bataille correspond à celle du généralissime... Le Premier britannique répète à plusieurs reprises que le rétablissement des communications entre les armées du nord et celles du sud... est indispensable... que tous les approvisionnements et tout le matériel de guerre se trouvent concentrés depuis Calais en direction de Saint-Nazaire, et que la pensée dominante du général Gort est de maintenir ouverte cette voie de communication, vitale pour lui».

«Il est difficile de ne pas conclure, écrit Brian Bond, que Weygand induisait le Premier Ministre en erreur, encore que la volonté de Churchill de voir à tout prix le soleil derrière les nuages ait également pu contribuer à la confusion» [314]. En fait, la force du général Frère, dispersée sur un front de plus de 100 kilomètres, ne comprenait que six divisions, dont trois incomplètes, et, selon les minutes et les ordres vagues donnés par Weygand ce jour-là, on ne s'attendait pas à faire mieux que reprendre les points de passages sur la Somme et «accroître la pression sur les blindés ennemis dans la région d'Amiens, d'Abbeville et d'Arras». De plus, comme Weygand le reconnut plus tard dans ses entretiens avec son fils, «Je n'étais que trop conscient de la faiblesse numérique des forces dont je disposais... pour me permettre de me faire des illusions sur la puissance de la poussée vers le sud... Mais je calculai qu'en dépit de sa faiblesse, elle créerait au moins une menace supplémentaire contre le flanc allemand et augmenterait ainsi les chances de succès de l'offensive du nord». Il ajouta que la force de Frère mit tellement de temps à se rassembler que «lorsque la septième armée lança finalement son attaque, elle avança à peine au-delà de ses positions préparées» [315].

Après la conférence, Churchill télégraphia à Gort:

> Les conclusions auxquelles nous sommes parvenus, Reynaud, Weygand et nous-mêmes, sont résumées ci-dessous. Elles concordent exactement avec les orientations générales que vous avez reçues du War Office... Il a été décidé:

1. Que l'armée belge se replierait sur la ligne de l'Yser et demeurerait là, après l'ouverture des écluses.
2. Que l'armée britannique et la première armée française attaqueraient vers le sud-ouest, en direction de Bapaume et Cambrai, dès que possible, demain sans aucun doute, avec huit divisions environ et le corps de la cavalerie belge à la droite des Britanniques.
3. Qu'étant donné que cette bataille est capitale pour les deux armées et que les communications britanniques dépendent de la libération d'Amiens, la force aérienne britannique apporterait son aide maximum, de jour et de nuit, pendant toute sa durée.
4. Que le nouveau groupe d'armée français qui marche sur Amiens et est en train de former une ligne sur la Somme frapperait en direction du nord et se joindrait aux divisions britanniques attaquant vers le sud dans la direction générale de Bapaume.

La réaction de Pownall à cet «extraordinaire télégramme de Winston» fut explosive, comme il ressort de son journal:

> Nous n'avons eu *aucune* instruction du War Office sinon le papier griffonné par Tiny (Ironside) nous disant de réaliser un impossible sauve qui peut vers Amiens... Revoilà les plans de Winston. Personne ne peut-il donc l'empêcher de vouloir conduire les opérations lui-même... Comment pense-t-il que nous puissions réunir huit divisions et attaquer comme il le suggère... Il n'a aucune idée de la situation ni des conditions dans lesquelles nous opérons. Où sont les corps de cavalerie belge? Comment une attaque de ce type où interviennent trois nationalités peut-elle être organisée avec un préavis d'une heure? Cet homme est fou. Je suppose qu'il nous télégraphie ses élucubrations sans même consulter ses conseillers militaires, car ce ne serait pas à leur honneur s'ils y étaient pour quelque chose.

La conférence de Vincennes et le télégramme de Churchill à Gort réclament une particulière attention car, si à ce stade, les deux Premiers Ministres et le Commandant Suprême Allié pouvaient être aussi vertigineusement ignorants de la véritable situation, non seulement des troupes de Léopold mais aussi de leurs propres armées, il n'est pas étonnant qu'ils aient pu par la suite condamner les Belges pour ne pas avoir répondu aux attentes nées uniquement de leur optimisme aveugle. Comment une attaque à l'échelle d'une armée pouvait-elle être planifiée, préparée et lancée pour «demain sans aucun doute»? Qui avait donné son accord pour que les corps de la cavalerie belge participent à la contre-offensive? Quelles étaient ces huit autres divisions qui devaient servir, alors qu'il ne restait pas une seule division disponible parmi les armées du nord? Gort n'était-il pas en train de racler ses fonds de tiroirs pour trouver des hommes qui défendraient son flanc sud et ses arrières pendant que les panzers commençaient à se répandre dans le Pas-de-Calais? Si les Belges devaient se replier sur l'Yser, comment auraient-ils pu couvrir leurs Alliés «vers l'est et, si nécessaire, vers le nord»? Et n'avait-il pas été convenu à Ypres que l'armée belge se retirerait seulement sur la Lys? Après tout ce qui s'était passé depuis le 10 mai, comment pouvait-on s'imaginer qu'une nouvelle armée française d'Alsace, d'Afrique, de la ligne Maginot et d'ailleurs puisse jamais être rassemblée et, encore moins, puisse faire le poids contre dix divisions blindées allemandes rompues au combat, soutenues par d'immenses forces mécanisées et d'infanterie et opérant sous le couvert d'une écrasante puissance aérienne?

Pour le malheur du Corps Expéditionnaire comme des armées française et belge du théâtre septentrional des opérations, qui tous furent gravement affectés par cette inconcevable directive, Churchill n'avait hélas pas à ses côtés pour le réfréner un conseiller sage et solide comme allait plus tard se révéler le général Sir Alan Brooke — un homme qui, sans hésitation, aurait réduit à néant les châteaux en Espagne de Weygand.

Chapitre XXII

Désunion anglo-française

«La situation est très grave. Les Anglais retournent vers les ports au lieu d'attaquer face au Sud... Il est impossible de commander à une armée qui reste dépendante de Londres pour les opérations militaires.»

Général WEYGAND, le 24 mai 1940.

«Le général Weygand me paraît accablé par cette défection de l'armée anglaise.»

Journal de Paul Baudouin,
24 mai 1940.

A l'aube du 22, le Roi approuva à son GQG les plans du repli sur la Lys qui avaient été établis la nuit même par Van Overstraeten et Michiels. «Mais, déclara-t-il, nous devons nous y défendre sans esprit de recul plus profond». C'est avec une satisfaction très mitigée que son état-major et lui-même avaient discuté des entretiens de la veille. Ils ne se faisaient aucune illusion sur l'attitude des dirigeants français et britanniques. «Nous devons nous attendre, fit remarquer le Roi, à ce que l'armée belge soit abandonnée, isolée, laissée à son sort». Mais ces réflexions amères ne l'empêchaient pas de veiller à l'exécution de tous les engagements qu'il avait pris à Ypres — et d'en faire même davantage pour venir en aide aux Britanniques. En effet, comme Keyes l'a noté dans un mémorandum:

> L'armée belge a défendu ses positions sur l'Escaut pendant encore 24 heures après la retraite du Corps Expéditionnaire; de plus, elle déplaça deux divisions pour couvrir le repli de la quarante-quatrième division britannique qui avait subi un choc considérable à Audenarde et avait laissé les Allemands traverser le fleuve à cet endroit.

On se souvient que Léopold avait accepté de relever la quatrième et la quarante-quatrième division en pensant qu'elles seraient utilisées pour la «contre-offensive» dans le sud. Quand il apprit par son chef d'état-major adjoint, le général Derousseaux, que la quarante-quatrième division était en train de reculer dans le désordre vers la Lys, le Roi ordonna qu'on y envoie en toute hâte les deux divisions belges qui auraient dû relever les Britanniques après que ceux-ci aient atteint leurs positions sur la rivière. Ainsi, non seulement les Belges permirent-ils aux deux divisions britanniques de se dégager du champ de bataille en traversant leurs propres rangs pour se mettre à l'abri de la ligne frontière puissamment fortifiée du Corps Expéditionnaire, mais, en les remplaçant sur les positions improvisées de la Lys où elles auraient dû normalement demeurer et combattre l'ennemi qui les pourchassait, l'armée belge prit sur elle, en lieu et place du Corps Expéditionnaire, tout le poids de la poussée de von Bock entre les deux armées (voir la carte en fin de volume).

C'était là un nouvel exemple de la collaboration véritable telle que la voyait le roi Léopold, mais l'extension de sa ligne pour remplacer les deux divisions britanniques affaiblit inévitablement la totalité de son front et ce geste s'avéra un véritable sacrifice lorsque l'attaque de von Bock atteignit son intensité maximale. Le sacrifice des Belges ne fut cependant pas apprécié à sa juste valeur par le Corps Expéditionnaire. Faisant allusion dans son journal à la retraite de la quarante-quatrième division, Pownall remarque que «la division est évidemment loin d'être une division correctement entraînée», mais il passe sous silence l'assistance désintéressée de Léopold. Et il manifeste à nouveau son attitude cavalière envers les Belges dans une conversation que Gort et lui eurent avec le colonel Davy au cours d'une promenade dans le jardin du GQG de Premesques, le 23, et que relate le colonel:

> A ce moment, ils avaient quasiment décidé d'évacuer par Calais ou Dunkerque; l'offensive envisagée dans le sud n'était plus de mise vu l'inefficacité des Français. Je soulevai de nouveau la question de savoir ce que l'on attendait des Belges et s'ils pourraient être évacués, à tout le moins une partie d'entre eux, avec le Corps Expéditionnaire. «Nous nous fichons complètement de ce qui peut arriver aux Belges», déclara Pownall; et Gort ne fit aucun commentaire; j'en déduis donc qu'il partageait le même sentiment.

Bien que Davy se fût déjà rendu compte de l'hostilité de Pownall envers les Belges, la remarque le choqua. A son avis, fondé sur une expérience de première main, «le Roi faisait de son mieux pour coopérer au maximum avec les Alliés et se pliait à toutes les demandes du Corps Expéditionnaire, qu'il s'agît de prendre en charge une plus grande partie du front ou de réajuster une ligne de démarcation. Il ne lui arriva qu'une seule fois d'insister pour pouvoir utiliser une route précise à une heure déterminée, et passé cette heure, la route était libre». La remarque de Pownall résume grossièrement la vérité: dès ce moment, les Britanniques avaient cessé de faire même semblant de se soucier des intérêts des Belges et ne s'occupaient plus que des leurs.

A chaque étape d'une situation qui allait en s'aggravant, la Belgique se retrouvait dans le rôle de la victime. L'armée belge s'était déjà vu refuser l'usage des bases de Gravelines, Dunkerque et Bourbourg au profit des Français et des Britanniques. A présent, elle risquait de perdre les deux ports qu'elle tenait encore. Le lendemain, le major Cockburn de la mission Needham fut envoyé au GQG du Corps Expéditionnaire parce que les Belges se plaignaient que les Britanniques «réquisitionnaient les hôpitaux civils et la nourriture dont ils avaient besoin». Le major nota à son retour la réaction de l'état-major général à son intervention: «Les Belges ne sont pas encore au courant (de l'évacuation imminente); nous devons disposer librement des ports de Nieuport et d'Ostende, nos seules issues à présent. Quant aux hôpitaux, à la nourriture, etc., les Britanniques ne réquisitionnent que ce dont ils ont besoin. Donc, désolé pour les Belges...».

Le matin du 22 mai, lorsque von Bock renouvela son assaut contre l'aile gauche du Corps Expéditionnaire au sud d'Audenarde, aucune tentative ne fut faite pour déloger l'ennemi de la tête de pont car tout le front britannique se repliait maintenant à toute allure vers la ligne fortifiée derrière la frontière française, laissant le flanc droit des Belges à découvert. Cette nuit-là, les sept divisions du Corps Expéditionnaire de première ligne se retrouvèrent donc toutes en France, sur les positions d'où elles s'étaient élancées en Belgique le 10 mai. Mais à présent, l'ennemi se trouvait aussi bien derrière que devant elles.

Dans le but d'assister les Britanniques, le Roi avait étendu en l'amincissant sa ligne de front en travers de la Belgique, de l'estuaire de l'Escaut à la frontière française. Défendre ce front de 100 kilomètres, sur lequel aucun dispositif défensif n'avait été prévu, était au-dessus des forces de l'armée belge. Et il n'y avait là aucun espoir de soutien terrestre ou aérien de la part des Alliés. On aurait pu s'attendre à ce que les troupes belges perdent à ce moment tout courage; s'il n'en fut rien, ce fut en grande partie grâce à l'autorité naturelle de leur souverain qui, sans désemparer, les adjura de poursuivre leur résistance dans l'intérêt des Alliés.

Le geste généreux du Roi expédiant en hâte deux de ses divisions pour remplacer la quarante-quatrième et la quatrième division britannique sur la Lys eut des résultats malheureux; en effet il déforça son front dans le secteur de Gand, là où le lendemain, le vingt-quatrième corps allemand lança une puissante attaque avant l'arrivée des troupes belges de remplacement. Couvert par un formidable bombardement des Stukas et de l'artillerie, l'ennemi établit plusieurs têtes de pont sur le canal de Terneuzen, au nord de Gand, et les positions belges devinrent rapidement intenables. Ce soir-là, Léopold fut forcé d'ordonner un repli général de la ligne Gand-Terneuzen vers le canal de dérivation qui couvre Bruges et Zeebrugge à l'est.

De sa position privilégiée au sein du GQG belge, l'amiral Keyes se rendait aussi bien compte de la fâcheuse posture du Corps Expéditionnaire que de celle de l'armée belge. A ses yeux, leurs destins étaient liés car, si l'on voulait éviter le désastre, il était vital que les uns et les autres maintiennent le contact et continuent à s'épauler pour couvrir la côte et les ports de la Manche, dont dépendait à présent la survie des armées du nord. Et par-dessus tout, il voyait combien serait inutile et suicidaire une marche vers le sud et les dangers inhérents à l'absence de communications et d'un commandement unifié, dont souffraient les trois armées. Il rapporte ce jour-là dans son journal:

> 22 mai: Après une nuit fort courte, je me suis rendu avec le colonel Davy au poste de commandement du GQG à Premesques afin de voir si je pouvais aider Lord Gort d'une manière ou d'une autre, en prenant directement contact avec le Premier Ministre de La Panne. Je me suis aperçu que le Corps Expéditionnaire en était au régime des demi-rations et manquait de munitions, conditions pas très favorables pour une armée qui doit lancer une offensive à l'aveuglette, avec toutes ses communications coupées.
>
> Lord Gort s'est alors arrangé pour que son aide-de-camp, Lord Munster, m'accompagne à La Panne afin de parler au Premier Ministre... Celui-ci malheureusement était parti (en France); nous avons néanmoins parlé tous les deux au secrétaire d'Etat à la Guerre (Anthony Eden) et avons fait de notre mieux pour qu'il réalise la gravité de la situation du Corps Expéditionnaire — et avec succès, je pense... J'ai dit à M. Eden qu'il me paraissait essentiel qu'on désigne un chef pour coordonner l'action des trois armées, puisque le général Blanchard était manifestement incapable de jouer ce rôle... qu'il était de la plus vitale importance qu'une autorité militaire fût envoyée sur place pour vérifier par elle-même les conditions d'existence des troupes, et j'ai ajouté qu'à mes yeux, une visite du général Dill serait très appréciée par le GQG.

Comme Keyes l'écrivit plus tard à sa femme, Gort, désappointé par le refus de Whitehall de reconnaître la situation réelle du Corps Expéditionnaire, avait demandé qu'on envoie Dill la vérifier sur place — «Ils ne voulaient personne d'autre», conclut Keyes dans sa lettre. Le pessimisme qui régnait au GQG britannique à ce moment est clairement illustré par une lettre du 23 mai envoyée à Keyes par Lord Munster qui avait été sous-secrétaire d'Etat au War Office et l'un des ténors en temps de paix du gouvernement Chamberlain, avant de devenir l'aide-de-camp de Gort. Evoquant la «contre-attaque», Munster écrivait: «Si elle échoue, nous pouvons faire nos paquets!» Le plus incroyable est que cet aveu révélateur fut envoyé sans vergogne sur papier à en-tête du GQG.

Pendant ce temps, Keyes, qui s'efforçait de tenir Churchill pleinement informé par l'intermédiaire de la seule ligne téléphonique sûre dont il disposait, fit quelques expériences irritantes et dangereuses au cours de ses allers-retours quotidiens sur les routes bombardées et congestionnées entre Bruges et La Panne. Lorsqu'il arriva à La Panne le matin du 23, il attendit en vain Munster, le GQG ayant une fois de plus déménagé en raison de l'alarme provoquée par l'approche des blindés allemands. Mais, relate-t-il dans ses carnets, «je dis au Premier Ministre, de la part de Lord Gort, ce que j'avais dit à M. Eden». Churchill lui demanda alors de revenir à La Panne l'après-midi mais, l'ayant fait attendre jusqu'à 22 heures, il le pria finalement de revenir le lendemain matin. Contraint ainsi de rentrer à Bruges tard dans la nuit et sans phares, Keyes avait déjà eu quelques fortes émotions sur la route lorsqu'il tomba sur une formation française visiblement déprimée et qui marchait dans les deux sens... C'était la soixante-huitième division que le Roi avait, en accord avec les Français, envoyée dans des véhicules belges défendre sur ses arrières la ligne de Gravelines à présent menacée par les panzers arrivant de l'ouest. «Comme ils traversaient l'Yser, raconte l'Amiral, le bruit avait couru que les tanks allemands étaient déjà à Dunkerque. Ils avaient du coup rebroussé chemin, croisant dans leur fuite le reste de la colonne et occasionnant sur la route une énorme pagaille» [316].

Lors de ses visites à La Panne, l'Amiral était chaleureusement reçu par la Reine Mère qui (comme il le relate dans ses carnets) «semblait passer tout son temps à l'hôpital et s'occupait des milliers de réfugiés à qui... l'on avait refusé l'accès en France». Pendant près de quinze jours, cette femme intrépide, arborant un brassard de la Croix Rouge mais dédaignant le casque d'acier, fut l'objet de l'admiration générale dans cette zone lourdement bombardée, qu'elle traversait au volant de sa petite Fiat pour accomplir son travail d'assistance. Mais comme les tanks allemands progressaient le long des côtes de la Manche, elle se vit obligée de quitter La Panne et de rejoindre Léopold au château de Wynendaele, près de Torhout, où le Roi et sa suite emménagèrent le jour suivant. Le GQG fut établi dans les environs de St André.

La situation militaire des Alliés était maintenant désespérée et plongée dans le chaos. En raison de la dangereuse méprise de Churchill et de Weygand et des ordres qu'ils avaient donnés, les trois armées du nord étaient coincées dans une poche étirée et hautement vulnérable de 110 kilomètres de profondeur, avec une étroite ouverture sur la mer et l'ennemi harcelant des deux côtés. Le flanc oriental était tenu par les Belges dont le front distendu était soumis à une rude pression des forces de von Bock. (Les quatre divisions britanniques et les deux françaises cantonnées derrière les fortifications de la ligne frontalière n'étaient, elles, aucunement inquiétées par les deux divisions allemandes qui étaient seules à leur faire face). Le fond de la poche, c'est-à-dire la partie sud, était occupée par la première armée française complètement désorganisée. Quant à l'extrémité occidentale, elle n'était défendue que par une poignée d'unités improvisées du Corps Expéditionnaire, hâtivement déployées sur la ligne du canal dans l'espoir de contenir l'irruption impitoyable des Allemands dans le Pas-de-Calais. A présent que les champs d'aviation français du nord avaient tous été capturés ou abandonnés et que la RAF opérait à partir des champs d'aviation britanniques, il n'y avait quasiment plus aucun soutien aérien pour ces trois armées dans le Nord, alors que l'étau allemand se resserrait sur elles. Avec les forces de von Rundstedt — neuf divisions blindées, six divisions motorisées et plusieurs divisions d'infanterie — opérant sur ses arrières et sur ses flancs sans rencontrer aucune opposition sérieuse et sous la couverture d'une puissance aérienne sans égale, le Corps Expéditionnaire était maintenant complètement coupé de ses bases d'approvisionnement qui toutes se trouvaient à l'ouest de la Somme. Il était à court de munitions et de vivres et ses tentatives de créer de nouvelles bases dans les ports du nord étaient contrecarrées par les bombardements intensifs.

L'après-midi du 22, les panzers de von Kleist entrèrent dans Boulogne puis poursuivirent sur leur lancée pour investir Calais et atteindre le jour suivant Gravelines, à l'extrémité maritime de la ligne du canal et à 15 kilomètres seulement à l'ouest de Dunkerque. Les panzers étaient maintenant beaucoup plus près du principal port d'évacuation que ne l'était le Corps Expéditionnaire lui-même. Mais Dunkerque obtint un répit provisoire grâce au fameux «ordre de halte» donné par von Rundstedt le 23 et avalisé par Hitler le 24: les divisions des Panzers se trouvèrent, pendant trois journées cruciales, retenues sur la ligne du canal tandis que leurs unités avancées, qui, le 23, étaient déjà en train de pénétrer dans les faubourgs de Dunkerque, recevaient l'ordre de retraverser le canal du Nord.

Le premier groupe d'armée n'était plus à présent qu'un nom. Vers 16 heures, le 22 mai, le général Delvoie, officier de liaison de Léopold auprès de Billotte, revint du quartier général de ce dernier à Béthune, rapportant que son état était désespéré (il mourut dans la soirée) et que l'état-major se retrouvait sans ordres. De plus, l'état-major de la première armée de Blanchard était «épuisé et déprimé» et l'armée elle-même ruinée. Ses onze divisions n'étaient plus que trois. La panique régnait partout. Béthune, sévèrement bombardée, était dans un état indescriptible, et les cadavres jonchaient ses rues. Quant à la zone s'étendant à l'ouest d'Arras (à 15 kilomètres au sud-est de Béthune), Delvoie rapporta qu'elle n'était plus défendue. Il n'y avait plus aucune troupe sur des dizaines de kilomètres et l'on n'y avait procédé à aucune destruction.

La possibilité qu'une contre-attaque en provenance du nord ou du sud puisse réussir à refermer ou seulement rétrécir la brèche était devenue encore moins probable. A preuve, l'absence de progression française au départ du sud de la Somme et le caractère éphémère de la contre-attaque française que Blanchard avait fini par lancer le 22 mai dans la région de Cambrai après n'y avoir pas réussi la veille au moment où la Frankforce lançait la sienne à Arras. A la place de son corps de cavalerie et de deux divisions d'infanterie, il ne put déployer qu'un seul régiment d'infanterie et deux petites unités blindées. Ils attaquèrent courageusement et atteignirent Cambrai dans la soirée mais durent battre en retraite après avoir subi de terribles bombardements en piqué. Ainsi se termina le seul essai d'offensive entrepris par la première armée brisée de Blanchard.

Le lendemain (23 mai), Ironside notait dans ses carnets: «Nous avons laissé toute latitude à Gort de déplacer son armée comme il l'entendait pour essayer de la sauver... Gort est sur le point d'être encerclé et il ne lui reste que la possibilité de se replier vers Dunkerque en passant par Ypres... Je ne pense pas que nous ayons beaucoup d'espoir de dégager le Corps Expéditionnaire». Mais Winston Churchill, rentré à Londres après son voyage à Paris, demeurait plus que jamais déterminé à faire déclencher par Gort l'attaque vers le sud. Lorsqu'il apprit qu'aucune offensive du nord ou du sud n'avait encore débuté, il envoya brusquement un message à Reynaud (avec une copie pour Gort) «demandant de faire donner les ordres les plus stricts» pour l'exécution immédiate du Plan Weygand. L'après-midi, comme Keyes (qui avait réussi à le contacter de La Panne et lui avait répété avec force le message qu'il avait transmis à Eden) lui avait ouvert partiellement les yeux sur l'état désespéré de la situation en France et dans les Flandres, Churchill commença à éprouver quelques doutes. A 16 h 50, il téléphona à Reynaud et lui demanda (selon les mémoires de ce dernier) si, étant donné que Gort ne recevait pas d'ordres de Blanchard — le successeur désormais officiel de Billotte — et que les panzers gagnaient du terrain, il ne valait pas mieux que les armées françaises et britanniques du nord fassent retraite vers les ports du nord. Reynaud et Weygand rejetèrent tous deux vigoureusement cette suggestion. Weygand «court-circuita» à ce moment Churchill qui cherchait à lui parler directement, en lui télégraphiant que le Plan Weygand devait être poursuivi.

Dans la guerre verbale que se livrèrent les dirigeants français et britanniques et qui allait se faire de plus en plus virulente à mesure que se détériorait la situation sur les différents fronts, Weygand eut droit aux coups suivants. S'étant aperçu, comme il le reconnut plus tard dans ses déclarations à son fils, que la septième armée «avait à peine progressé au-delà de ses positions préparées» [317], Weygand télégraphia à Gort: «L'attaque du sud en cours dans la direction d'Albert se déroule très bien. Ce mouvement, combiné avec ceux du Corps Expéditionnaire et de l'armée du général Blanchard, devrait colmater la brèche et barrer le retour de l'avant-garde des panzers vers le nord». Weygand concluait en priant instamment Gort «de poursuivre la manœuvre avec l'énergie d'un tigre». Il signala ensuite à Londres que la grande armée reconstituée qu'il avait prévue sur la Somme «progressait victorieusement» et avait déjà «repris Péronne, Albert et Amiens». C'était totalement faux. En réalité, les forces françaises du sud n'atteignaient même pas la Somme, — sur laquelle se trouve Amiens, les deux autres villes se situant au nord de cette rivière —. Le général Spears, qui était présent lorsque Churchill reçut ce rapport erroné, se rappelle: «Le cigare du Premier Ministre frétillait à présent gaiement... Merveilleux. Cela semblait vraiment être du bon travail. Tous les espoirs étaient permis» [318].

A 22 h 30, cependant, lorsque le roi George, profondément inquiet, le convoque à Buckingham Palace, Churchill a perdu ses belles illusions. Comme George VI le raconte dans son journal: «Il me dit que si le plan français mis au point par Weygand ne réussissait pas, il allait devoir ordonner au Corps Expéditionnaire de rentrer en Angleterre. Cette opération signifierait la perte de tous les canons, tanks, munitions et entrepôts en France... La seule pensée d'avoir à donner cet ordre est terrifiante, car les pertes en vies humaines seront probablement immenses» [319]. Dans le courant de la soirée, Churchill télégraphia donc à Reynaud:

> Le général Gort nous fait savoir que la coordination du front du nord est essentielle pour des armées de trois nationalités différentes. Il affirme qu'il ne peut assurer cette coordination étant donné qu'il se bat déjà au nord et au sud et que ses lignes de communication sont menacées. Parallèlement, Sir Roger Keyes me dit que jusqu'à ce jour (le 23) à 15 heures, le quartier général belge et le Roi n'ont reçu aucune directive. Comment cela peut-il correspondre à votre affirmation que Blanchard et Gort sont la main dans la main? Gort dit également que toute progression de sa part ne sera jamais qu'une sortie, et que la relève doit venir du sud car lui n'a pas (il répète: pas) de munitions pour une attaque sérieuse. Nous lui avons néanmoins donné ordre de continuer à appliquer votre plan...

Comme Weygand l'a reconnu, il n'espérait pas qu'une contre-attaque de quelque puissance puisse être lancée du sud mais bien que «si faible fût-elle, elle créerait au moins une menace supplémentaire pour le flanc allemand et accroîtrait ainsi les chances de succès de l'offensive du nord» [320]. Ainsi, alors que Weygand cherchait par la dissimulation à encourager les Britanniques à lancer la principale attaque à partir du nord, Churchill et Gort insistaient pour qu'elle parte du sud. Mais le pire n'était pas encore arrivé. Le lendemain, les dirigeants français commencèrent à se prémunir contre une défaite française en montant en épingle des sujets de controverse susceptibles d'être utilisés dans leur future propagande s'il fallait prouver que les responsables étaient les Britanniques. Pendant la nuit du 23, Gort annula les instructions (tenir la ville «jusqu'au dernier homme et jusqu'au dernier moment») qu'il avait données à la force britannique d'Arras dont la brève sortie réussie avait été repoussée, et lui ordonna de se replier immédiatement derrière le canal de la Haute-Deule dans le nord. Malheureusement, il n'en informa pas Blanchard avant le lendemain et la première armée française fut laissée dans un saillant dangereusement exposé. Weygand et Reynaud sautèrent sur l'occasion. Dans une vive réplique à Churchill, Reynaud télégraphia que Weygand l'avait informé que

> «contrairement aux ordres (qu'il a lui-même) confirmés ce matin... l'armée anglaise a décidé et exécuté un repli de 40 kilomètres dans la direction des ports, alors que nos troupes, parties du sud, gagnaient du terrain vers le Nord à la rencontre des armées alliées du Nord.
>
> Ce repli a naturellement contraint le général Weygand à modifier tout son dispositif. Il se voit donc obligé de renoncer à fermer la brèche et à établir un front continu. Il est inutile d'insister sur la gravité des conséquences qui peuvent en découler.»

C'était le vieux refrain français de la «perfide Albion». En fait, ce n'était pas «l'armée britannique», mais deux divisions affaiblies, la cinquième et la cinquantième (encore un peu plus épuisées maintenant après la coûteuse sortie de la Frankforce), qui s'étaient repliées jusqu'à Carvin, derrière la ligne du canal, à 26 kilomètres à vol d'oiseau. De plus, l'affirmation selon laquelle les forces françaises «gagnaient du terrain» était une pure fiction, car elles n'avaient fait aucun progrès notable en direction de la Somme puissamment tenue par l'ennemi avec de nombreuses têtes de pont sur la rivière. Mais Reynaud et Weygand avaient préparé leur argument «pour l'histoire».

Les deux incidents de la veille — la proposition de Churchill d'opérer une retraite pour couvrir les ports et le repli précipité des deux divisions britanniques à partir d'Arras sans que les formations françaises sur leurs flancs en eussent été averties — fournirent aux dirigeants français un excellent moyen pour s'en prendre aux Britanniques. «Le général Weygand me paraît accablé par cette défection de l'armée anglaise», nota Paul Baudouin dans son journal du 24 mai, et il rapporte comment le Généralissime lui déclara ce matin-là: «La situation est très grave. Les Anglais retournent vers les ports au lieu d'attaquer vers le Sud...», et il se plaignit qu'«il est impossible de commander à une armée qui reste dépendante de Londres pour les opérations militaires». Plus tard dans la journée, Weygand téléphona à Baudouin et lui dit que «l'armée anglaise avait exécuté un mouvement de repli de 40 kilomètres. J'ai été contraint d'abandonner l'exécution du plan de mercredi... Je ne sais d'ailleurs si... il me sera possible d'éviter une capitulation rapide de ces armées du nord» [321].

Pendant ce temps, l'ambassadeur de Grande-Bretagne à Paris était convoqué par Reynaud, qui le sermonna sur le thème: «Les généraux britanniques se sont toujours précipités vers les ports dans les situations critiques», comme le général Spears put l'entendre le lendemain, alors qu'il arrivait en France comme officier de liaison de Churchill auprès de Reynaud. A partir de ce moment, rappelle Spears dans ses mémoires, la «défection» des Britanniques et leur «ruée vers les ports» devinrent la rengaine des dirigeants français [322].

Exaspéré par le message récriminatoire de Reynaud et le manque d'information sur le Corps Expéditionnaire, Churchill avait aussitôt répondu: «Nous avons toutes les raisons de croire que Gort poursuit son mouvement vers le sud... Aucun des mouvements du Corps Expéditionnaire dont nous sommes informés ne peut servir d'excuse à l'abandon de votre mouvement fortement appuyé vers le nord, au travers de la Somme...»

Le repli des deux divisions britanniques vers le nord, avec la destruction des ponts qu'elles laissaient derrière elles, n'avait que peu amélioré pour les armées du nord les perspectives du «mouvement vers le sud». Il fournit en tout cas au général Besson, qui commandait les sixième et septième armées au sud de la Somme, le prétexte pour abandonner son «offensive» à partir du sud, et à Weygand, pour autoriser Blanchard à annuler sa tentative de sortie du nord. Le 24, Besson téléphona à Frère pour lui dire que le repli des armées du nord l'avait forcé à annuler l'attaque, tandis que le Généralissime télégraphiait à Blanchard le même jour pour lui annoncer que, si le repli britannique rendait la contre-attaque impossible, il devait former la plus large tête de pont possible pour couvrir les trois ports du nord.

Malheureusement, la confusion due aux communications quasi inexistantes, aux fausses informations, aux ordres et aux contrordres, était à présent si grande que Blanchard ne put pas profiter de l'autorisation de constituer cette couverture pour mettre à exécution le plan déjà fâcheusement retardé, du «vaste périmètre». Au contraire, il se laissa accaparer par l'élaboration avec les Britanniques d'un plan de sortie vers le sud, qui devait être lancée le 26. Malgré l'affirmation de Weygand que la retraite britannique d'Arras l'avait forcé à abandonner son «plan», Paris et Londres (et Dill en particulier) exercèrent de fortes pressions qui amenèrent Blanchard et Gort à gaspiller un temps précieux dans la préparation d'une autre attaque vers le sud. Gort accepta même d'y mettre «deux divisions», qui n'étaient autres que la cinquième et la cinquantième, déjà si touchées et épuisées, et dont la retraite hâtive vers le nord derrière des ponts détruits avait créé toute cette confusion, et qui étaient donc bien mal placées et pas du tout en condition pour entreprendre une action offensive. Blanchard accepta de même que la première armée française y envoie une division d'infanterie et son corps de cavalerie bien que tous deux fussent pareillement épuisés et incapables de reprendre l'offensive après avoir participé à plusieurs engagements très violents. Par bonheur, ce nouveau «mouvement vers le sud» ne dépassa jamais le stade théorique car les unités britanniques et françaises furent tout de suite retirées ou déployées à d'urgentes fins défensives.

Il est un autre aspect particulièrement piquant des événements du 24 mai. Reynaud, ce jour-là, dans une conversation avec Baudouin, «se demanda même si en cas d'offres de paix modérées de la part de l'Allemagne, l'état de l'opinion publique permettrait de les repousser», pour ajouter aussitôt: «Dans ce cas, comme j'ai toujours préconisé la guerre à fond, je démissionnerai» [323]. Malgré ce qu'il avait dit ainsi à Baudouin, Reynaud écrivit dans ses mémoires à propos de cette journée: «Dès lors, naît, dans l'esprit de Weygand et, a fortiori, dans celui de Pétain, l'idée que l'heure approche où la France devra déposer les armes» [324]. Pour contrebalancer les accusations de défaitisme lancées par Reynaud, Weygand l'accuse dans ses propres mémoires d'avoir truqué les minutes officielles de la réunion du Comité de Guerre du lendemain en effaçant certains passages évoquant la perspective d'une offre d'armistice [325].

Bien que Reynaud ait usé avec grande circonspection des mots «armistice» et «capitulation» qu'on lui attribuait, on sait que ces mots furent bien échangés entre Pétain, Weygand et lui, dans son bureau, ce soir-là (24 mai) — ces mots qui bientôt seraient utilisés comme des poignards contre Léopold. Ils furent de nouveau utilisés plus tard dans la soirée lors de la réunion du Comité de Guerre présidée par le Président Lebrun et, le lendemain matin, lors de la réunion du Cabinet de Guerre, au cours de laquelle le Généralissime introduisit un émissaire de Blanchard, le commandant Fauvelle. En réponse à la question initiale de Reynaud sur l'état de l'armée de Blanchard, le commandant déclara: «Je crois la capitulation très prochaine». Interrogé par Weygand, Fauvelle rapporta que la première armée était «assommée par les bombardements aériens» et il expliqua qu'il ne restait ni véhicules blindés, ni transports à chevaux, ni artillerie lourde, et que les réserves de vivres et de munitions s'épuisaient. Seules trois divisions conservaient une certaine cohésion, mais leurs mouvements étaient paralysés par les réfugiés. Fauvelle répéta alors: «Je crois la capitulation très prochaine» [326].

La réaction de Weygand fut d'annoncer qu'il allait immédiatement ordonner à Blanchard de se replier pour protéger les ports, «la seule voie qui lui soit encore ouverte». Mais Reynaud l'arrêta en faisant remarquer que Blanchard «attaquait actuellement vers le sud» et qu'il devait donc croire à sa percée. Quand on lui demanda des nouvelles de son chef, Fauvelle répondit qu'il était très fatigué, ce qui signifiait (comme l'explique le général Spears) qu'il n'était «plus capable d'exercer son commandement» [327].

A la réunion du Comité de Guerre ce soir-là, au cours d'un morne survol de la situation, Weygand déclara que la France avait commis l'erreur fatale d'entrer en guerre sans le matériel et la technique militaire indispensables. «Il est possible qu'elle devra payer cher cette imprudence». Le Comité se lança alors dans une discussion générale où il envisagea la perte prochaine des trois armées du nord, l'abandon de Paris, la reddition des forces françaises et la conclusion d'une paix séparée avec l'Allemagne. Le Comité, tout en admettant la nécessité de mettre la Grande-Bretagne au courant de toutes les décisions qu'il pourrait être amené à prendre par la suite, la critiqua sévèrement pour n'avoir fourni que dix divisions par rapport aux quatre-vingts divisions françaises, et pour ne pas avoir procuré de soutien aérien plus efficace. La situation désastreuse de l'armée et de la population belges ne fut même pas évoquée.

Lorsque le Président de la République demanda à Weygand s'il ne valait pas mieux pour le gouvernement qu'il étudie les offres de paix des Allemands avant que les armées françaises ne «soient dispersées et anéanties» comme le prévoyait le Généralissime, celui-ci exprima son complet accord. «Certes, poursuivit le Président, nous avons signé des engagements qui nous interdisent une paix séparée. Nous devons toutefois, si l'Allemagne nous offre des conditions relativement avantageuses, les examiner de très près et délibérer à tête reposée». Campinchi, le ministre de la Marine, remarqua alors que «si le gouvernement actuel a donné sa parole à l'Angleterre, un autre gouvernement serait moins gêné pour signer un traité de paix sans l'accord préalable de l'Angleterre. Le gouvernement actuel n'aurait qu'à démissionner.» Reynaud, qui n'avait toujours pas révélé les propositions de paix de Goering, fut finalement prié par le Comité de se rendre sur-le-champ à Londres pour exposer en détail et en toute franchise au gouvernement britannique la «pénible situation» de la France et pour le sonder au sujet de l'éventualité d'une paix séparée avec l'Allemagne.

Même si le Premier Ministre français se vit plus tard reprocher par ses collègues de ne pas avoir été suffisamment franc lors de sa réunion du lendemain avec le Cabinet britannique, Chamberlain nota dans ses carnets en date du 26: «Le jour le plus sombre... Son attitude (de Reynaud) montre clairement qu'il a abandonné toute idée de se battre sérieusement, et si nous continuons, nous serons seuls» [328]. Après la réunion, Churchill confia à Sir Alexander Cadogan que Reynaud n'avait pas dit réellement que la France allait capituler, «mais que toute sa conversation indiquait qu'il ne voyait pas d'autre solution». «Churchill paraît penser, poursuit le journal de Cadogan, que nous pourrions presque mieux en sortir si la France se retirait; nous pourrions nous concentrer sur notre défense ici. [329].

Mais en réponse à une lettre du général Spears (qui, à son grand regret, n'avait pas pu accompagner Reynaud) rapportant que le gouvernement français «parlait de capitulation», Churchill lui écrivit le même jour pour le prier de «résister à toute suggestion de Reynaud visant à arrêter la guerre». Le Premier Ministre ajouta que Reynaud lui avait dit que «les moyens de résistance des Français étaient épuisés et qu'ils considéraient la lutte comme sans espoir » [330]. Churchill disait encore dans un post-scriptum qu'il ne faisait aucun doute que la France recevrait des Allemands une offre de paix favorable. Mais Reynaud ne révéla jamais, ni dans ses conversations ni dans ses écrits, qu'il avait reçu une telle offre de Goering.

Les *Diaries* de Cadogan relatent en outre que, malgré qu'Halifax, le ministre des Affaires Etrangères, eût convoqué l'ambassadeur d'Italie à Londres le jour précédent pour lui offrir des concessions en faveur de l'Italie dans la région méditerranéenne afin «d'écarter une guerre avec ce pays», Churchill était opposé au plan bien plus radical de Reynaud qui voulait, lui, lancer un «dernier appel» à Mussolini et se servir de lui comme intermédiaire pour obtenir des conditions de paix de la part d'Hitler.

Le Roi était sûr à présent que son heure approchait. Le 24, comme il l'avait prévu, l'ennemi lança un assaut général contre l'extrémité sud de la ligne belge sur la Lys, sous une énorme couverture aérienne. C'était le prolongement de l'attaque déclenchée par von Bock pour enfoncer un coin entre l'armée belge et le Corps Expéditionnaire et qui, le 20, avait rompu le front britannique sur l'Escaut près d'Audenarde. Elle ne portait pas cette fois sur les troupes britanniques mais sur les divisions belges que les Britanniques avaient traversées pour se retirer de la bataille. Durant toute la matinée, l'artillerie lourde et les essaims de Stukas en piqué pilonnèrent sans arrêt les positions belges. Dans l'après-midi, deux corps allemands, le quatrième et le onzième, lancèrent une attaque furieuse contre la ligne belge au moyen de quatre divisions d'infanterie régulière. Même Sir John Colville qui, dans sa biographie de Gort, se fait généralement l'écho du dénigrement des Belges familier à Pownall et à Gort, admet que «les meilleurs éléments de l'armée belge se battirent très bien contre un ennemi supérieur en armes et en nombre». Mais sous cette énorme pression, la ligne fut rompue au nord et au sud de Courtrai, et les Belges ne parvinrent à repousser ces incursions qu'en lançant leurs dernières réserves dans la bataille.

A son retour à La Panne le même jour, Keyes réussit à parler avec Churchill; après lui avoir expliqué que le front belge était soumis à une terrible attaque, il essaya de nouveau de le persuader que l'offensive vers le sud signifierait un désastre pour le Corps Expéditionnaire comme pour l'armée belge et qu'il fallait accepter un repli pour couvrir la côte et les ports de la Manche. Mais le Premier Ministre lui fit savoir que «la contre-attaque serait effectuée par le Corps Expéditionnaire comme prévu par Weygand». Keyes répéta alors la requête que Gort lui avait demandé de transmettre et «supplia» Churchill d'envoyer le général Dill sur place, en suggérant qu'il vienne jusqu'à Ostende à bord d'une vedette lance-torpilles. Dill fut appelé au téléphone et accepta de venir. Il arriva à la tombée de la nuit et se rendit au GQG à l'aube après avoir dormi à la mission du colonel Davy.

Mais la visite de Dill au GQG déconcerta Gort et Pownall, car il insinua que l'on critiquait en Grande-Bretagne les performances du Corps Expéditionnaire, et il insista pour que l'offensive vers le sud soit exécutée conformément au plan Weygand. Au GQG belge, tout le monde fut pareillement «consterné par son apparent optimisme», comme le note Keyes, lorsqu'il y présenta Dill au Roi plus tard dans la journée, et que celui-ci annonça que le gouvernement britannique avait spécifié que l'offensive de Gort vers le sud «ne pouvait en aucun cas être modifiée». Le Roi mit Dill au courant de la situation critique qui se développait entre les fronts des deux armées. Il lui fit part aussi de l'impossibilité qu'il y avait pour les Belges à tenir leur ligne tout en maintenant le contact avec le Corps Expéditionnaire, à moins que celui-ci ne leur apporte une aide sérieuse. Le Roi avait jeté toutes ses réserves dans la bataille et il craignait qu'il lui soit impossible de stopper la percée ennemie vers Ypres, laquelle serait probablement exploitée par une formation blindée dont les rapports signalaient l'approche rapide. Lorsque l'Amiral supplia Dill d'envoyer le Corps Expéditionnaire soulager la pression exercée sur l'aile droite des Belges, celui-ci promit de faire en sorte que le deuxième corps britannique soit chargé de cette mission. Après avoir rendu hommage au Roi pour le «magnifique comportement» de la deuxième division de cavalerie belge, qu'il avait croisée sur la route, Dill s'en alla.

Ce matin-là (le 25), l'ennemi augmenta encore sa pression sur toute la longueur du front belge de la Lys. Dans le nord, la dix-huitième armée de Kuechler progressait tandis que le neuvième corps établissait une tête de pont sur le canal de dérivation au nord de Deynze. Mais l'effort principal était toujours concentré sur l'aile droite des Belges où von Bock, dans le but de renforcer sa tentative de percée, lança le dixième corps et une division d'infanterie toute fraîche au milieu des deux corps déjà engagés. «L'armée belge fit preuve de vaillance pour colmater la brèche, écrit Brian Bond, mais elle fut inexorablement refoulée vers le nord par un ennemi supérieur en nombre et possédant le contrôle total de l'air» [331].

Au GQG, cet après-midi là, Gort, qui avait été élevé dans la tradition du «il ne faut pas demander pourquoi», décida finalement (comme Keyes l'en avait instamment prié cinq jours plus tôt) de s'opposer aux ordres «du Cabinet», que Dill avait réitérés le matin même, et d'agir de sa propre initiative pour extirper son armée de ce que Keyes décrivit dans une lettre ultérieure comme «l'effrayante situation dans laquelle elle avait été placée, bien que ce ne fût pas de votre faute». A 17 h 30, le major Archdale trouva Gort, qui « semblait plutôt hébété et amer», se plaignant qu'il avait fait une «mauvaise affaire avec les Alliés» et qu'il n'avait reçu «aucune directive ou information du Haut Commandement». Peu après, Gort reçut du général Brooke de menaçantes nouvelles au sujet des lourds assauts lancés par les forces terrestres et aériennes ennemies contre l'aile droite des Belges. Vint ensuite l'information d'un ordre intercepté de la sixième armée allemande, d'après lequel deux corps ennemis supplémentaires devaient être lancés le lendemain contre les Belges — l'un vers le nord-ouest dans la direction d'Ypres, l'autre vers l'ouest dans la direction de Wytschaete, autant d'éléments qui firent écrire à Churchill dans ses mémoires: «Comment les Belges auraient-ils pu résister à cette double poussée?»

Le risque apparaissait enfin aux yeux de Gort de voir les Allemands, après avoir enfoncé un coin entre les armées belge et britannique, obliquer vers le sud-ouest, et, dans le dos des Britanniques, opérer la jonction avec les forces des panzers qui progressaient vers le nord-est pour encercler ainsi le Corps Expéditionnaire. Il décida donc le 25 à 18 h 30, comme le relate son biographe, «sans perdre le temps qu'il faudrait pour trouver et consulter Blanchard», d'annuler la contre-attaque du Corps Expéditionnaire, d'envoyer en hâte la cinquième et la cinquantième divisions protéger son flanc gauche et d'opérer un repli précipité de la force tout entière vers la côte, dans le but de l'évacuer par la mer. S'étant abstenu de consulter ou d'informer ses alliés sur le retrait de son armée du milieu des leurs, il est à tout le moins étrange que ce même courageux soldat se soit joint peu après au chœur de ceux qui à tort, accusèrent le roi Léopold d'avoir capitulé sans en avertir ses compagnons de combat français et britanniques.

Le biographe de Gort excuse la négligence du Commandant en Chef (de ne pas avoir communiqué à ses alliés la «décision délicate» de l'évacuation du Corps Expéditionnaire) sous le prétexte qu'il «avait reçu l'ordre exprès de n'en rien faire» d'Anthony Eden, le secrétaire d'Etat à la Guerre. Eden avait télégraphié à Gort pour approuver sa décision de marcher en direction de la côte où «toutes les plages et tous les ports à l'est de Gravelines seront utilisés pour l'embarquement», en l'assurant que Churchill en informerait Reynaud, mais «en attendant, il est clair que vous ne devez pas en discuter la possibilité avec les Français ou les Belges». Churchill cependant ne mit *pas* Reynaud au courant de la décision d'évacuer et lui dit seulement que la contre-attaque avait été annulée. «Gort mérite peut-être des excuses pour ne pas avoir informé les Belges, écrit Brian Bond, mais il n'y a rien qui justifie le silence du gouvernement (britannique)» [332].

Le lendemain matin, une conférence se tint au GQG de Blanchard — aucun représentant belge n'y fut invité — à laquelle assistèrent Gort et Pownall. Comme le relata ce dernier dans ses carnets, «nous n'avons *pas* parlé de la question de marcher vers la mer... nous avons passé toute la journée à mettre au point les dispositions non seulement pour une retraite par étapes, mais également pour l'autre objectif... Cela va être une affaire de tous les diables, le plus difficile problème d'embarquement qu'on ait jamais demandé à une armée de résoudre» [333]. A 11 h 30, acceptant comme un fait accompli la décision de Gort d'annuler la contre-attaque britannique, mais tenu dans l'ignorance de ses projets de rembarquement, Blanchard publia un ordre dans lequel il prit soin de blâmer la non-participation britannique et d'évoquer la situation critique sur le front belge, avant de confirmer l'annulation de la manœuvre septentrionale du plan Weygand. L'ordre stipulait: «Les armées française, britannique et belge doivent se regrouper derrière la ligne formée par le canal de l'Aa, la Lys et le canal de dérivation, de manière à constituer une tête de pont pour protéger Dunkerque en largeur» et se terminait sur ces mots: «Cette tête de pont sera tenue sans espoir de retraite».

Le voilà enfin, le concept de Torres Vedras, mais avec une semaine de retard, et les Britanniques à présent ne pensaient plus qu'à la retraite et à «se frayer un chemin jusqu'à leurs pénates», comme Churchill le télégraphia à Gort le lendemain. Le soir du 26, à 18 h 57, le Commandant en Chef britannique reçut le télégramme historique: «Que l'opération Dynamo commence», bien qu'elle eût en réalité débuté dès 15 heures. (Près de 28.000 hommes avaient déjà été évacués pendant la semaine par la Marine Royale et la Marine Marchande, selon les instructions de Gort du 19 d'évacuer «toutes les bouches inutiles». Mais à aucun moment, le Roi ne fut informé que le Corps Expéditionnaire avait reçu l'ordre de foncer vers la côte et de rembarquer ou qu'une tentative d'évacuation à grande échelle avait commencé ce jour-là. Le Haut Commandement belge n'était pas seulement tenu délibérément dans l'ignorance de cette fuite du champ de bataille, mais on lui avait fait croire que Gort allait enfin collaborer à la formation du grand périmètre autour de la côte que Van Overstraeten avait préconisé à la conférence d'Ypres. Ce sentiment lui était en effet venu en écoutant la veille les nouvelles que Davy leur rapportait du GQG. «C'est la solution de la tête de pont; tardive certes, mais non désespérée», observa alors Van Overstraeten, ce à quoi Davy répondit: «Oui, cela concorde plutôt avec vos idées». Mais le lendemain (26 mai), en s'apercevant que le GQG du Corps Expéditionnaire rejetait ses appels en faveur d'une contre-attaque sur le flanc exposé de l'ennemi, le général écrivit dans ses carnets:

«Bien qu'intacte, la B.E.F. * n'a pas mis à exécution l'offensive d'Arras. Elle n'est pas attaquée sur la «Position Frontière». Bien qu'elle ait le même intérêt que l'Armée belge à ne pas se laisser acculer à la mer, et qu'il s'agisse de couvrir directement la Grande-Bretagne, elle refuse de participer à notre bataille qui décidera de son sort comme du nôtre! A force de tergiverser, les Anglais perdront leur armée, après avoir usé ces magnifiques troupes en marches et contre-marches sans qu'elles aient réellement été engagées au bénéfice, ni de la Belgique, ni de la cause alliée. Tout cela, parce que, apparemment, le général Weygand et les gouvernements prétendent régler les opérations à distance et s'obstinent dans un plan irréalisable.

Sans cesse me revient à l'esprit cette sentence d'un général anglais — Sir Jan Hamilton — sur la guerre russo-japonaise de 1905: «Quand la politique se mêle d'interférer avec la stratégie, les armées courent au désastre.» [334]

En dépit de leur ton amer, les observations de Van Overstraeten reflètent exactement l'inquiétude ressentie au GQG au sujet d'une part des efforts entêtés visant la concrétisation de l'irréalisable Plan Weygand, et d'autre part du refus des Britanniques de soutenir les Belges dans la bataille désespérée qu'ils livraient au bénéfice des Alliés, alors qu'à la même heure leur propre cause était manifestement compromise. Mais ils auraient été encore plus consternés s'ils avaient su que les Britanniques dissimulaient qu'ils étaient en train d'abandonner l'armée belge à son sort. Même sans cela, l'avenir paraissait déjà suffisamment sombre car, face à l'offensive de grande envergure de von Bock, la résistance faiblissait et les Belges n'avaient plus de réserves. Comme le résume Brian Bond: «En persistant dans leur tentative de réaliser le Plan Weygand, la Grande-Bretagne et la France contribuèrent à précipiter l'effondrement de la Belgique dont le front avait été étendu outre mesure dans le but de venir en aide au Corps Expéditionnaire» [335].

* N.d.T. B.E.F. : Corps Expéditionnaire britannique.

Chapitre XXIII

Les chemins se séparent

Malgré tous les conseils opposés que j'ai reçus,
je sens que mon devoir m'impose de suivre le sort
de mon armée et de demeurer avec mon peuple.

Le roi Léopold III, dans une lettre
au roi George VI, le 24 mai 1940

Durant les derniers jours, tandis que le Roi infatigablement dirigeait l'ultime résistance de son armée, son esprit était de plus en plus assailli par les graves problèmes qui se posaient à lui quant à son propre avenir et celui de la Belgique. Avec le Plan Weygand manifestement mort-né, le front tenu par les Belges commençant à craquer et le spectre de la défaite se faisant chaque jour plus précis, son souci croissant devint le choix déchirant qu'il se savait obligé de faire : quitter la Belgique avec ses ministres ou rester avec son armée et son peuple. La réponse ne dépendait pas de facteurs personnels comme, par exemple, le fait que ses enfants se trouvaient en France. Son unique question était: quel est mon devoir vis-à-vis de mon pays? Il avait un précédent très clair. Pendant la guerre 14-18, le Roi Albert avait toujours affirmé qu'il ne quitterait jamais son pays, même si les Allemands l'envahissaient tout entier, considérant, ainsi que le rapporte un de ses ministres, qu'en agissant ainsi, il commettrait «l'équivalent d'une trahison». Et il eut effectivement la chance de pouvoir résister avec son armée sur une petite parcelle du territoire belge qu'il n'abandonna pas de toute la guerre.

Les discussions que le Roi eut avec ses ministres l'avaient aidé à se concentrer sur l'essentiel. Il avait également débattu de cet angoissant problème avec son conseiller militaire. «Le Roi, écrit Van Overstraeten, répugne au rôle oisif de monarque réfugié, isolé de la population belge courbée sous le joug de l'envahisseur... Même prisonnier de guerre en

Allemagne, Son prestige peut en imposer au conquérant et détourner celui-ci de décisions capitales funestes» [336]. C'est pourquoi dans la soirée du 24, après avoir fait une dernière fois le point et pesé anxieusement tous les facteurs, le Roi prit sa décision, irrévocablement: il resterait en Belgique. La nuit même, il écrivit une lettre au roi George VI.

Avant d'envoyer cette lettre décisive, Léopold, comme il le faisait si souvent dans les cas cruciaux, avait sollicité les conseils de l'amiral Keyes. Il n'avait réussi à l'atteindre que grâce à une panne survenue à la voiture de Sir Roger au moment où celui-ci quittait La Panne après avoir téléphoné à Churchill. Dans une lettre qu'il écrivit le 24 mai à sa femme, l'Amiral écrivit en pesant ses mots:

> ... Si je n'avais pas été immobilisé au bord de la route, j'aurais continué sur Ostende puis serais rentré à Bruges, et j'aurais ainsi raté mon ami (le roi Léopold) qui désirait beaucoup me voir — en un endroit tout à fait différent (le château de Wijnendaele), où mon ami, sa mère et Van O. résident actuellement. Le R., la R. et moi-même avons dîné dans la chambre de cette dernière, les autres étant dans un grand désordre. Avant le repas, je l'ai aidé à écrire quelque chose et après le dîner, nous avons écouté le journal radio de 21 heures et avons été profondément impressionnés par le discours encourageant du roi George. Je dois aller me coucher, je suis mort de fatigue...

Sur une feuille de papier quarto à l'en-tête du «Commandement de l'Armée Belge, Grand Quartier Général», Léopold avait écrit au crayon le brouillon du début de sa lettre officielle à George VI:

> Votre Majesté,
>
> La Belgique a tenu l'engagement qu'elle a pris en 1937 de maintenir sa neutralité et de résister, avec toutes les forces dont elle dispose, au moment où son indépendance serait menacée. Ses moyens de résistance sont maintenant sur le point d'être anéantis.
>
> Au matin du 10 mai, quand mon pays fut traîtreusement attaqué sans avertissement, l'armée belge réagit en établissant une bonne ligne de défense en coopération avec ses alliés. Mais des mouvements de retraite journaliers furent imposés en Belgique aux armées alliées à la suite d'événements militaires qui se déroulèrent en dehors du pays. L'armée belge se retira en bon ordre jusqu'à la position qu'elle tient aujourd'hui... Il est impossible de reculer plus loin. Le développement de la bataille en cours est en train d'épuiser mon armée. Le cadre entier des officiers et de l'état-major étant en action, il y a impossibilité de créer une nouvelle force militaire belge. Dès lors, l'aide que nous pouvons apporter aux Alliés viendra à cesser si notre armée est encerclée.

Keyes prit alors le relais écrivant sous sa dictée sur une seconde feuille:

> Malgré tous les conseils opposés que j'ai reçus, je sens que mon devoir m'impose de suivre le sort de mon armée et de demeurer avec mon

Commandement de l'Armée Belge

Grand Quartier Général

Your Majesty,

Belgium has held to the Engagements she undertook in 1937 by maintaining her neutrality and by resisting with all ~~the~~ forces at her disposal, the moment her independence was threatened.

Her means of resistance are now nearing their end.

After the first reverse of the morning of the 10th of May, when my country was treacherously attacked without warning, the Belgian Army succeeded in withdrawing and establishing a good line of defence in cooperation with her allies.

But retreat from day to day was imposed upon the allied armies in Belgium by military events which took place outside the country. The Belgian army withdrew in good order until it reached the position it is now holding

It is an impossibility to retreat further. The development of the battle now in progress is wearing out my army

The whole cadre of officers and staff being in action, there is no possibility of creating a new military force

Therefore the assistance we can give to the allies will come an end if our armies become encircled

Fac-similé du brouillon de la lettre au Roi George VI, écrit de la main de Léopold et de l'amiral Keyes le 25 mai 1940. (Archives de l'auteur).

In spite of all the advice I have received to the contrary, I feel that my duty impels me to share the fate of my army and to remain in ~~my~~ with my people. To act otherwise would amount to desertion.

Whatever trials Belgium may have to face in the future, I am convinced that I can help my people better by remaining with them than by attempting to act from outside, especially with regard to the hardships of foreign occupation, the menace of forced labour or deportation and the difficulties of food supply.

By remaining in my country, I fully realise that my position will be very difficult, but my ultimate concern will be to prevent my countrymen from being compelled to associate themselves with any action against ~~the~~ countries which have attempted to to help Belgium in her plight.

If I should fail in that endeavour, and only ~~then I would no longer wish to~~ would I give up the task I have set myself. Leopold

25.5.40

peuple; agir autrement constituerait une désertion. Je suis convaincu de pouvoir mieux aider mon peuple en demeurant avec lui qu'en essayant d'agir à l'extérieur, notamment contre les rigueurs d'une occupation étrangère, la menace du travail forcé ou des déportations et les difficultés de ravitaillement.

En restant dans mon pays, je réalise pleinement que ma position sera très difficile, mais ma préoccupation essentielle sera d'empêcher mes compatriotes d'être obligés de s'associer à aucune action contre les pays qui ont aidé la Belgique dans sa lutte. Si je me sentais incapable d'agir de la sorte, et seulement alors, j'abandonnerais la mission que je me suis moi-même assignée.»

Dactylographiée et revêtue de la signature du roi Léopold, cette déclaration pleine de dignité fut confiée au général Dill à son arrivée au GQG le lendemain, afin qu'elle soit remise au roi George VI dès le retour de Dill à Londres. Dans une note d'accompagnement à son cousin, Léopold exprima ses sentiments personnels et sa confiance en l'avenir:

Mon cher Bertie,

Je suis persuadé que j'agis au mieux des intérêts de mon pays. Nous avons tous été très émus par ton impressionnant discours d'hier soir. Moi aussi, j'ai une foi entière dans l'avenir.

Que Dieu te bénisse.

Affectueusement à toi et à la chère Elizabeth.

Léopold

Le texte manuscrit et original de la lettre officielle du Roi, écrit de sa main et de celle de l'Amiral, se trouve dans les archives de feu Lord Keyes. Ce document est une preuve précieuse, car après la guerre, les calomniateurs de Léopold prétendirent qu'elle avait été écrite sous la «sinistre» influence d'Henri De Man qui collabora avec l'envahisseur après la capitulation. Il est dès lors important de noter que De Man, qui parlait très bien l'anglais, affirme dans son autobiographie, *Cavalier seul* (dans laquelle il dit également qu'il avait reçu la Military Cross britannique pendant la guerre 14-18) [337], que le Roi avait déjà préparé un brouillon sommaire de cette lettre et qu'il lui demanda de l'aider à la rédiger avant que l'amiral Keyes n'arrive à Wijnendaele. La version dactylographiée, datée du 25 mai et expédiée le même jour, est identique au texte manuscrit cité plus haut que le Roi et l'Amiral avaient mis au point la nuit précédente.

Le rôle joué par De Man au cours des trois derniers jours de la campagne belge a été déformé et largement exagéré par les socialistes et leurs alliés communistes dans la campagne qu'ils menèrent après la guerre pour détrôner le Roi. Ceci est assez paradoxal quand on songe qu'en mai 1940, De Man était non seulement officier de l'armée, ancien ministre, sénateur et ministre d'Etat [338], mais aussi le président populaire et respecté du Parti Socialiste.

Comble d'ironie, après la capitulation, nombre de ces socialistes qui plus tard calomnièrent le Roi en répandant la fiction que De Man était son «ami intime» et que le Roi avait suivi ses conseils «collaborationnistes» et «défaitistes», quittèrent eux-mêmes le Parti Socialiste lorsque De Man l'eut dissout, pour rejoindre le mouvement progermanique «Ordre Nouveau» qu'il créa à sa place, et ne redevinrent de fervents partisans des Alliés qu'à partir du moment où Hitler rompit le pacte germano-soviétique en envahissant la Russie en juin 1941.

En mai 1940, il n'y avait évidemment aucune raison pour que le Roi ou quiconque mette en cause la fidélité ou le patriotisme de De Man. Capitaine dans les services de secours et d'assistance sociale de l'armée dans la région de La Panne, De Man s'était mis au service de la Reine Elisabeth «pour prendre soin d'elle et la protéger». Comme il le dit au Roi lorsqu'il arriva à Wijnendaele le 24 mai, l'ayant ramenée de La Panne dans sa voiture: «Je m'occupe de votre mère». Et si Léopold lui était sans aucun doute reconnaissant de jouer à la fois les rôles d'aide, de garde du corps et même de chauffeur auprès de sa mère, il n'éprouvait ni grande sympathie ni particulière estime pour De Man, qu'il trouvait «arriviste et rempli de son importance». Mais en monarque constitutionnel consciencieux, il était tout à fait naturel et correct qu'il fût amené à discuter avec De Man des aspects politiques de la crise, après que le dernier de ses ministres l'eut abandonné, puisque De Man était alors la seule personnalité politique respectée et expérimentée restant dans son entourage.

Mais contrairement à ce qu'ont affirmé plus tard certains politiciens et auteurs de gauche, le rôle de De Man à Wijnendaele au cours de ces trois derniers jours d'hostilités fut plutôt insignifiant. De Man lui-même dans ses mémoires ne prétend jamais avoir influencé soit le Roi, soit le cours des événements. Les affirmations gratuites de ces auteurs à cet égard sont donc dénuées de fondement comme le sont les allégations selon lesquelles le Roi donna son approbation pour le discours collaborationniste qu'il prononça en juin 1940 comme président du Parti Socialiste. En réalité, De Man ne fait aucune mention dans ses mémoires d'une quelconque entrevue avec le Roi après le 31 mai, pour la bonne et simple raison que le Roi refusa de le recevoir ou d'avoir encore affaire à lui pour quoi que ce soit lorsqu'il devint un collaborateur.

«Comme dans une tragédie grecque, la fin semble se rapprocher inexorablement au fur et à mesure que se succèdent les jours et les événements», écrivit Pownall dans ses carnets en date du samedi 25 mai, le jour où Gort décida d'évacuer son armée. Mais l'événement le plus tragique, au sens grec du terme, s'était produit à l'aube de ce jour-là. La veille, les Allemands étaient parvenus à dix kilomètres de

Bruges où étaient installés les quatre ministres belges restants. De plus en plus inquiets, ils téléphonèrent plusieurs fois au Roi accaparé par les ordres urgents qu'il devait donner pour contrer l'attaque des Allemands autour de Courtrai, et l'implorèrent de se joindre à eux, pour fuir hors de Belgique, départ qu'ils avaient déjà organisé avec les Britanniques. A chaque fois qu'ils le dérangeaient, le Roi répondait qu'il avait décidé de partager le sort de ses troupes. N'ayant pas réussi à rencontrer le Roi de toute cette journée, ils décidèrent de le revoir avant de prendre le chemin de l'exil et de tenter une dernière fois de le convaincre de les accompagner. Vers 23 heures, Van Overstraeten fut réveillé à Wijnendaele par un planton qui lui apprit que Pierlot était au téléphone et demandait à être reçu par le Roi. Peu après, le général Denis donna un autre coup de fil — au chef d'état-major adjoint, le général Derousseaux — pour connaître les derniers développements de la bataille. Dérousseaux lui signala que le front était rompu à divers endroits et que les réserves en munitions et en approvisionnement manquaient déjà. «Dans ce cas, c'est la fin!» s'exclama Denis. Il transmit la nouvelle à ses collègues, mais ils décidèrent quand même d'appeler le GQG en allant à Wijnendaele pour vérifier par eux-mêmes la situation militaire.

Ce qui se passa au GQG aux premières heures du 25 mai a été conservé sous la forme d'une déclaration signée plus tard par les deux officiers d'état-major qui reçurent les ministres:

> Le 25 mai 1940, à 3 h 30 du matin, le Premier Ministre Pierlot, les ministres Denis, Spaak et Van der Poorten se sont présentés au Grand Quartier Général à St André (Bruges). Ils ont été reçus par le major B.E.M. Defraiteur [339] et le capitaine Ducq de la première section du GQG.
>
> Dès leur arrivée, ils se sont enquis de la situation de l'armée belge et des opérations de la journée précédente. Ayant examiné la carte directrice, après avoir reçu les renseignements voulus, ils ont émis l'appréciation que notre armée ne pourrait opposer à l'ennemi qu'une courte résistance, soit d'un ou deux jours.
>
> Le major Defraiteur leur ayant offert d'avertir le Chef de l'E.M.G.A. de leur présence, ils ont déclaré qu'ils ne désiraient pas le voir mais par contre se sont enquis de l'état des routes menant vers la France et des divers ponts. Il est donc certain que le 25 au matin, les ministres déclaraient spontanément que l'armée belge ne pourrait plus résister qu'un jour ou deux alors que le 28 mai, M. Pierlot n'admettait plus la suspension des hostilités [340].

Les ministres se précipitèrent ensuite au château de Wijnendaele où ils arrivèrent à 5 heures et où ils furent introduits dans un vaste salon du rez-de-chaussée. Le Roi parut peu après, en uniforme, et il reçut ses ministres. Outre le récit personnel de Léopold, il existe divers comptes rendus de ce «tragique et pénible entretien», comme le décrivit le Roi, rédigés par les ministres à des époques différentes, selon les circonstances et les états d'esprit dans lesquels ils se trouvaient. Le récit concis du Roi a l'avantage d'avoir été écrit à l'époque et de restituer l'exacte signification de ses paroles. Le compte rendu donné par Spaak à l'United Press américaine en France, le 31 mai 1940, et celui de Pierlot qui parut dans *Paris Soir* le jour suivant, sont des auto-justifications défavorables au Roi — parce que destinées à amadouer l'opinion publique française déchaînée contre lui à cause des accusations de désertion et de trahison lancées par Paul Reynaud quelques jours plus tôt. Le compte rendu officiel de cette entrevue de 70 minutes que Pierlot rédigea quelques années plus tard est si long et détaillé que la «Commission d'Information» de 1946 estima qu'il avait pu être embelli après coup [341]. Le 13 juillet 1947, Pierlot publia un autre compte rendu tout aussi apologétique dans le journal belge *Le Soir*, pour répondre aux conclusions de cette Commission. Il y a encore le procès verbal de la diatribe hypocrite et inexacte quant aux faits, dans laquelle Spaak se lança sans notes et sur un ton vibrant d'émotion, au cours de la tumultueuse réunion des parlementaires réfugiés à Limoges, six jours plus tard. Ce compte rendu est largement rectifié par ceux du Premier Ministre et du Roi. Par contre, la version que Spaak a donnée dans ses mémoires publiées en 1969 [342] est concise, non polémique et modérée, de même que celle de sa fameuse interview télévisée de cette même année [343].

Tous ces récits sont concordants pour dire que la discussion débuta par la déclaration de Pierlot annonçant que, comme la situation était désespérée et que l'armée était sur le point de capituler, ses collègues et lui avaient décidé de quitter la Belgique plutôt que d'être faits prisonniers. Ils étaient venus lancer un dernier appel au Roi pour qu'il parte avec eux et évite ce même sort. En restant en Belgique, affirma Pierlot, il diviserait le pays et serait de toutes façons incapable de jouer un rôle quelconque pendant l'occupation. Après un silence, raconte Pierlot, le Roi répondit «en faisant visiblement un effort» que jamais de sa vie, il n'avait traversé des heures d'angoisse aussi pénibles. En décidant de rester dans son pays avec son armée et la grande majorité de ses compatriotes, il estimait remplir son devoir de Chef d'Etat et de Commandant en Chef. Sa conscience lui imposait d'agir de cette manière. Partir serait une désertion. Il croyait qu'il pourrait mieux servir son peuple à l'intérieur du pays que de l'extérieur de celui-ci. Il avait le sentiment que s'il s'en allait, il ne reviendrait jamais.

Le Roi dit alors à ses ministres qu'afin de mieux leur faire comprendre l'état d'esprit qui l'avait poussé à adopter une telle conduite, il allait leur lire la lettre qu'il avait écrite au roi George VI la nuit précédente. Cette lettre, qu'il leur traduisit en français, a une grande importance, car il y avait mis sans équivoque le fond de sa pensée, ses mobiles et ses intentions, neuf heures avant cette dernière entrevue avec ses ministres et quatre-vingts heures avant que son armée soit forcée de déposer les armes.

Les ministres avaient donc connaissance du fait que le Roi avait écrit à son royal homologue pour l'avertir, lui et les Alliés, que la défaite était imminente et qu'il avait décidé de rester avec son armée et son peuple, dans la ferme intention d'utiliser toute son influence pour les protéger contre les rigueurs de l'occupation ennemie, les prémunir contre une collaboration avec l'ennemi ou les empêcher d'agir à l'encontre des intérêts de la Grande-Bretagne et de la France.

Il est bien malheureux, comme le souligne le biographe de Spaak, J.H. Huizinga, que les ministres aient accordé si peu d'attention à ce clair énoncé de l'attitude et des intentions du Roi, et que l'entrevue ne se soit pas arrêtée là, comme le souhaitait visiblement Léopold. Car les soupçons et les malentendus qui surgirent au cours du débat long et confus qui s'ensuivit ne se seraient jamais installés dans leur esprit. Bien que les ministres se fussent rendu compte que le Roi était inébranlable dans sa décision de rester en Belgique et qu'il désirait clore la discussion, ils continuèrent à argumenter et à tenter de le convaincre. Des personnes présentes, Spaak était le plus affecté par la tension qui régnait. Lorsque le Roi eut terminé de parler, Spaak demanda la permission de s'asseoir. Ils s'assirent alors tous. Il était évident que les nerfs de Spaak étaient tendus à l'extrême. Comme le nota le Roi, il était «complètement abattu; couché, la tête en arrière dans un fauteuil, les bras pendants, il prononçait des phrases décousues et ne cessait de répéter: «Vous rendez-vous compte que la Belgique est perdue?» Il se demandait s'il n'était pas préférable que les quatre ministres démissionnent. «Je ne veux pas abandonner le Roi, mais je ne veux pas être ministre sous l'occupation... Démissionnons tous les quatre... Nos collègues ne démissionneront pas... mais tant pis... je ne sais que faire». Dans ses mémoires, Spaak affirme qu'il était si attaché à Léopold qu'il faillit décider de rester avec lui, mais il en fut empêché par le regard réprobateur que lui décocha Pierlot. «Que serait-il advenu de moi si j'étais resté aux côtés du Roi? J'aime mieux ne pas y songer» [344].

La pathétique discussion se poursuivait toujours tandis qu'une aube radieuse éclaircissait le ciel, annonçant une autre de ces merveilleuses journées, pareille à toutes celles qui avaient vu se dérouler la bataille des Flandres. Les cinq hommes, à bout de fatigue physique et nerveuse, réunis dans le lugubre salon de Wijnendaele ne se dirent plus rien de neuf. Léopold avait expliqué de long en large sa position et les arguments avancés par ses ministres avaient été dits et redits au cours de leurs entrevues précédentes.

Comme nous l'avons vu, la différence essentielle entre le Roi et ses ministres résidait dans la solide conviction de ces derniers que la France continuerait la lutte et fournirait, comme en 1914, un refuge sûr au gouvernement belge en exil, tandis que le Roi savait et les avait prévenus que la France était pourrie politiquement et militairement et qu'elle était proche de s'effondrer. Pour les ministres, si la France tombait, l'Allemagne aurait gagné la guerre; parce que, comme les événements allaient le faire bien apparaître, il ne leur était jamais venu à l'esprit que la Grande-Bretagne pouvait continuer la lutte seule; à leurs yeux, elle n'entrait guère en ligne de compte. Mais le Roi, qui connaissait par expérience l'obstination des Britanniques dans l'adversité et qui était convaincu que le Commonwealth et l'Empire continueraient à mener la guerre, fondait sa conduite personnelle sur cette intuition, comme en témoigne sa lettre à George VI.

L'attitude des ministres vis-à-vis de l'Angleterre est expliquée par le biographe de Spaak, qui relate que l'un des ministres du gouvernement hollandais qui s'était établi à Londres une dizaine de jours plus tôt essaya vainement de persuader les ministres belges de rester à Londres lorsqu'ils y arrivèrent ce jour-là. Spaak, raconta le Hollandais par la suite, «ne voulait pas entendre parler des Anglais, il était dans leur pays comme un poisson hors de l'eau». «La France, les ministres la connaissaient et c'est dans la France qu'ils avaient mis tous leurs espoirs», écrit Huizinga. Ils avaient tendance à sous-estimer la patrie de cette «petite armée misérable», exactement comme le Kaiser l'avait fait, et comme lui, ils allaient le regretter. Car c'est en raison de leur ignorance de la force et de la ténacité des insulaires qu'à peine trois semaines plus tard, ils se montrèrent eux aussi prêts à jeter l'éponge, eux que le défaitisme du Roi indignait tant [345].

Dans sa relation, Pierlot raconte que, à la question: «Quelle idée le Roi se fait-il du rôle qu'il continuera à jouer en Belgique?», le Roi répondit qu'il ne pouvait dire ce qu'il serait en mesure de faire mais qu'il espérait maintenir un minimum de vie économique dans le pays, notamment un approvisionnement alimentaire convenable, et épargner à ses compatriotes les souffrances les plus aiguës telles que les déportations. Le Roi déclara alors: «A bref délai, dans quelques jours peut-être, la France devra à son tour renoncer à la lutte... Sans doute, l'Angleterre continuera-t-elle la guerre, non sur le continent... Cette guerre pourra être longue». Il était possible, ajouta-t-il, qu'elle dure même «de longues années» au cours desquelles la Belgique devrait sans doute mener une sorte de vie nationale réduite en attendant l'issue heureuse qui pourrait résulter d'événements encore imprévisibles.

Quand les ministres comprirent que Léopold ne reviendrait pas sur sa décision de rester, ils lui demandèrent: «Dans la pensée du Roi, que devons-nous faire?» Il répondit à cette question qu'il les laissait agir selon leur conscience et qu'il ne les empêcherait pas de partir s'ils le voulaient. L'interminable compte rendu de Pierlot sur ce qui suivit révèle que, ayant décidé de quitter le Roi, les ministres s'inquiétèrent de savoir si, eux partis, il lui serait possible de former un gouvernement pour les remplacer. Il révèle également que le Roi n'avait pas encore une idée claire de son rôle, mis à part l'espoir de pouvoir adoucir les souffrances de son peuple sous l'occupation. En fait, il n'avait pas détaché sa pensée du problème immédiat que posait la capitulation imminente et de son propre devoir lorsque ce moment serait venu. Après tout, il vivait les dernières péripéties d'une violente bataille moderne qu'il avait assumée d'heure en heure, passant de téléphones en conférences et de conférences à des visites au champ de bataille. Il n'avait pas eu un moment de répit pour envisager l'avenir. Il voyait clairement la seule chose qu'il avait à faire, mais les conséquences ne lui en apparaissaient pas encore.

Pour sonder les intentions véritables du Roi, les ministres le soumirent alors à une série de questions sur les situations hypothétiques qui pourraient survenir. Les réponses du Roi, selon Pierlot, «furent données avec netteté, mais chaque fois après un moment de réflexion qui semblait indiquer que les diverses éventualités soulevées par les ministres n'avaient pas encore été envisagées par le Roi ou, du moins, n'avaient pas fait l'objet d'un examen complet de sa part». Ainsi, lorsque Spaak lui demanda à brûle-pourpoint s'il formerait ou non un gouvernement quand ils auraient quitté le pays, Pierlot rapporte qu'«avant de répondre, le Souverain réfléchit et son attitude donna l'impression qu'il ne s'était jamais posé cette question. Il répondit pourtant: «Evidemment, car je ne veux pas être un dictateur». On allait par la suite utiliser cette réponse pour «prouver» que Léopold avait l'intention de former «un gouvernement de collaboration» et de conclure une paix séparée avec les Allemands. Mais bien entendu, aucun gouvernement de cette sorte ou d'une autre ne fut constitué en Belgique occupée, pour la simple raison que le Roi demeura au pays et empêcha qu'une telle chose se produise. Mais il était pris au piège, car eut-il répondu à la question de Spaak par la négative, que les ministres en auraient probablement conclu qu'il voulait violer la constitution et s'arroger des pouvoirs dictatoriaux. A ce sujet, la Commission d'information de 1946, après avoir pesé tous les éléments, conclut: «En fonction de tous les documents en notre possession, il apparaît à la Commission que... le Roi n'avait pas l'intention de former un gouvernement à Bruxelles, ni de conclure une paix séparée avec les Allemands, ni d'entreprendre des négociations d'aucune sorte».

Après s'être une fois de plus demandé s'ils allaient démissionner ou non, les ministres, visiblement troublés à l'idée que, s'ils démissionnaient, le Roi pourrait les remplacer, déclarèrent simplement qu'ils sentaient que leur place était auprès de leurs collègues en France. Toujours selon la version de Pierlot, celui-ci avertit alors le Roi que les ministres étaient, selon la Constitution, responsables des actes de la Couronne et que le Roi, n'ayant pas suivi le conseil de son gouvernement, «il serait trop injuste de faire peser sur nous une responsabilité dont nous ne devons porter aucune part. Nous ne voulons pas, aux yeux de l'histoire, passer pour être la cause de la catastrophe qui s'annonce. Nous serons donc forcés, si le Roi persiste dans ses intentions, non seulement de renoncer à le couvrir, mais de nous désolidariser publiquement d'avec lui». D'après Pierlot, Léopold répondit: «Je comprends votre situation. Vous avez une conviction. Je sais qu'elle est sincère. Vous ferez ce qu'elle vous dictera». Pour finir, lorsque les ministres demandèrent: «La capitulation de l'armée peut-elle encore être évitée ou, au contraire, est-elle certaine? Combien de temps pourrait-elle encore être retardée?», le Roi répondit: «Elle n'est pas certaine, elle est inévitable. Tout au plus 24 heures».

Il était six heures passées, le temps de se séparer était venu. En réponse à un ultime appel plein d'émotion de Spaak, le Roi déclara: «La décision que je prends m'est affreusement pénible. J'aurais la vie, certes, plus facile si je me retirais en France, si j'allais vivre avec mes enfants, en attendant la fin de la tourmente; mais je crois que lorsque deux routes s'ouvrent devant nous, celle du devoir est toujours la plus dure. C'est celle-là que j'ai choisie». Il n'y avait rien à ajouter. Après avoir serré la main de leur Souverain, les quatre ministres partirent pour s'embarquer sur la vedette lance-torpilles mise à leur disposition pour les conduire en Angleterre d'où ils rejoindraient immédiatement la France, puisque c'est dans ce pays qu'ils avaient mis leur confiance.

Il faut reconnaître qu'en essayant de convaincre le Roi d'éviter d'être fait prisonnier, Pierlot et Spaak se référaient à deux précédents: le roi Christian et son gouvernement qui étaient restés (au pouvoir) au Danemark, et la reine Wilhelmine et son gouvernement qui avaient fui leur pays. Ils pressaient Léopold de suivre l'exemple de Wilhelmine considérant d'une part que la situation du Danemark sans défense n'avait rien de commun avec celle de la Belgique et ignorant vraisemblablement d'autre part que la Reine des Pays-Bas avait quitté son pays contre son gré. Par ailleurs, le roi Haakon et ses troupes luttaient toujours contre l'envahisseur dans le nord de la Norvège et l'on ne savait pas encore que lui aussi était déterminé à rester avec son peuple, au point d'entrer en pourparlers avec les Allemands à ce sujet. Les ministres belges tenaient également beaucoup à se concilier les bonnes grâces des Alliés afin de ne pas encourir leurs reproches et de ne pas être tenus pour responsables de la catastrophe qui menaçait leur pays. Ils s'accrochaient aveuglément à leur conviction que les Français continueraient la lutte et qu'ils leur accorderaient toute liberté d'action à Paris, bien que le Roi les eût prévenus qu'ils seraient entraînés dans l'effondrement de la France et ne seraient dès lors plus libres de leurs actes.

La plupart des auteurs ont critiqué Léopold pour son «comportement anticonstitutionnel» en n'accédant pas aux demandes de ses ministres de quitter le pays avec eux. Ils ignorent qu'il n'eut pas d'autre comportement lorsque, après la chute de la France, ces mêmes ministres essayèrent désespérément de pactiser avec les Allemands victorieux dans l'espoir de pouvoir convaincre l'ennemi — et leur Roi — d'accepter qu'ils reconstituent leur gouvernement en Belgique occupée. En ce qui concerne Léopold, son devoir était clair. Il avait juré de préserver l'intégrité du territoire et ce territoire allait être conquis. Il avait demandé à ses soldats de mourir pour leur Roi, leur patrie et leurs alliés. Il ne faisait aucun doute à ses yeux que tant que ses hommes continuaient de mourir, il se devait de rester avec eux et que, lorsque son pays serait soumis à l'occupant, il devrait faire le maximum pour son peuple prisonnier. Il lui aurait été très facile de partir. En fait, les Allemands tiraient déjà tout le bénéfice possible de cette éventualité. Les derniers jours, la Luftwaffe sema sur le champ de bataille des tracts avec une carte montrant les alliés dramatiquement encerclés et avec l'appel suivant:

> *Camarades!*
> *Telle est la situation!*
> *En tout cas, la guerre est finie pour vous!*
> *Vos chefs vont s'enfuir par avion.*
> *A bas les armes!*

Avant d'arriver au GQG, Léopold dit à Van Overstraeten que le moment était venu de faire savoir à ses troupes qu'il n'avait pas l'intention de les abandonner. Dans la poignante proclamation qu'il leur adressa alors, Léopold adjura son armée de jeter toutes ses forces dans la bataille qui faisait rage sur ce même terrain où, en 1914, elle avait victorieusement tenu tête à l'envahisseur, et promit: «Quoi qu'il arrive, mon sort sera le vôtre» [346]. Il ne fait pas de doute que ce message durcit encore la résistance de ses troupes durement secouées le long de la Lys. La plupart des comptes rendus français et britanniques oublient de reconnaître l'ampleur de la bataille de la Lys et le fait que l'armée belge y compta 40.000 blessés et morts, c'est-à-dire plus de la moitié des pertes enregistrées durant toute la campagne, 7.976 tués et 53.813 blessés. On peut se demander ce qui serait arrivé au Corps

Expéditionnaire et à la première armée française si ces hommes n'avaient été prêts à faire face aux blessures et à la mort, et à monopoliser l'attention de quatorze divisions allemandes que rien autrement n'aurait empêchées de couper les deux armées alliées de la côte. Aux Pays-Bas, la nouvelle de la «désertion» de la reine Wilhelmine ayant profondément atteint le moral des forces hollandaises, celles-ci capitulèrent après cinq jours de combat seulement. Si les troupes belges avaient dû apprendre que leur Roi avait fui le pays, il est plus que probable qu'elles eussent aussitôt cessé de poursuivre une lutte devenue aussi manifestement sans espoir.

Cet après-midi là, le Roi reçut un message codé de l'ambassadeur de Belgique à Londres signalant que les quatre ministres fugitifs étaient bien parvenus à destination: «Les quatre gros paquets sont arrivés». Pendant ce temps, au GQG, le général Michiels et l'état-major étaient scandalisés d'apprendre que le général Denis, à la fois officier en service et ministre de la Défense, était parti sans transmettre ses fonctions à quiconque, leur mettant ainsi sur le dos un travail supplémentaire avec lequel ils n'étaient pas familiarisés. Le départ précipité des quatre ministres privant le pays des derniers vestiges de l'administration civile, signifiait également une lourde charge supplémentaire pour le Roi. Ainsi lui incombait la responsabilité de la multitude de civils qui s'entassaient, exposés à d'innombrables dangers et privations, dans ce recoin de territoire belge, à l'arrière des troupes. Il était urgent de mettre sur pied une forme quelconque d'administration civile susceptible de prendre en charge ces problèmes. Après en avoir discuté avec son état-major militaire, le Roi convoqua l'Avocat Général, Hayoit de Termicourt — la plus haute autorité juridique disponible — pour le consulter sur les aspects constitutionnels de la crise provoquée par le départ de toute l'administration civile et du gouvernement. En même temps, le Roi rappelait deux membres de sa maison civile, le comte Capelle, son secrétaire, et Louis Frédéricq, son chef de cabinet, qui se trouvaient avec le gouvernement en France, car, n'étant plus entouré que de militaires, il s'estimait isolé diplomatiquement et politiquement.

Lorsque l'Avocat Général arriva à Wijnendaele, une conférence se tint sous les arbres, dans le parc du château. Hayoit de Termicourt rapporta à Léopold que les troupes s'étaient montrées très inquiètes lorsque la rumeur avait circulé qu'il avait fui le pays, mais que, dès qu'avait été annoncé son engagement de rester avec son armée et son peuple, la nouvelle avait été partout applaudie et avait remonté le moral des troupes. Si le Roi devait partir, la désillusion de l'armée entraînerait à coup sûr son effondrement. Cependant, étant donné la fuite des ministres, le Roi se retrouvait sans pouvoir en ce qui concernait les matières non militaires, la signature d'un ministre étant indispensable pour régler la multitude des problèmes qui réclamaient une solution urgente. Il était donc nécessaire de nommer un ou plusieurs ministres pour faire face à ces questions; un ministre au moins devait être désigné pour la Défense Nationale et le Ravitaillement, et un autre pour assumer les fonctions de ministre de l'Intérieur et de la Justice.

Selon Van Overstraeten, le Roi répondit que bien que les quatre ministres eussent évoqué leur démission avant leur départ le matin, «ils devraient en exil conserver leurs attributions parce qu'ils représentaient la Belgique» [347]. Hayoit de Termicourt avança alors les noms de candidats possibles à ces nominations temporaires, notamment deux éminents juristes et anciens ministres, Joseph Pholien et Albert Devèze, qui servaient non loin de là comme officiers de réserve.

Après en avoir discuté, ils convinrent qu'il n'était pas nécessaire d'entreprendre une action immédiate en ce domaine et en vinrent à la question cruciale de la position constitutionnelle du Roi une fois que serait venu le temps de capituler. Les ministres de son Cabinet l'avaient tous abandonné. Pouvait-il capituler sans eux? Le Roi avait été frappé lorsque Pierlot avait affirmé ce matin encore qu'il ne pouvait capituler sans contreseing ministériel. Mais l'Avocat Général estima qu'en sa qualité de Commandant en Chef de l'armée, le Roi pouvait ordonner une capitulation strictement militaire mais que la signature d'un ministre en exercice s'avérerait nécessaire pour avaliser tout terme ou condition non militaire pouvant être imposé par les Allemands. Hayoit de Termicourt conseilla de ce fait au Roi d'obtenir de ses ministres à Paris ou à Londres deux formules d'arrêté royal en blanc, dûment contresignées par un ministre, de manière à parer à toute éventualité au moment de la capitulation de l'armée.

Toute cette affaire des «arrêtés royaux en blanc» allait par la suite être gonflée de façon démesurée et devenir l'objet de violentes controverses. Les ennemis du Roi prétendirent en effet, et ce pour des raisons politiques, qu'en réclamant ces blancs-seings, le Souverain n'avait eu d'autre but que d'être en mesure de former un gouvernement de collaboration dans la Belgique occupée. Spaak fit de cette accusation le fer de lance de ses attaques en vue de détrôner le Roi après la guerre pour, comble d'ironie, finalement reconnaître, vingt-neuf ans plus tard, que cette accusation ne reposait sur rien. Le 15 janvier 1969 en effet, après une apparition télévisée de laquelle, comme le dit Sam White dans un article de l'*Evening Standard*, «il sortit tout propre» [348], Spaak écrivit au rédacteur en chef du *Soir* afin de «mettre au point pour l'opinion publique, un détail important». Après avoir expliqué que les ministres réfugiés en France avaient repoussé la demande de la part du Roi, d'arrêtés en blanc, parce qu'ils croyaient «de toute bonne foi» que celui-ci avait l'intention de s'en servir pour former un gouvernement à Bruxelles, Spaak résuma toute l'affaire de manière précise et correcte:

> «Il est maintenant établi qu'en demandant cet arrêté, l'intention du roi Léopold n'était pas de former un nouveau gouvernement à Bruxelles. Lorsque les ministres l'eurent quitté au matin du 25 mai, le Roi consulta aussitôt M. Hayoit de Termicourt... Ce dernier, comme il devait le confirmer quelques jours plus tard dans une consultation écrite, signée également par MM. Devèze et Pholien, indiquait au Roi que s'il lui était permis, en sa qualité de chef de l'armée, de prendre toutes les décisions qui concernaient celle-ci, il lui était par contre interdit, sans contreseing ministériel, d'en prendre aucune autre, et cela sans aucune exception.
>
> C'est dans ces conditions que le Roi Léopold fit demander, à Paris, un arrêté en blanc signé par un ministre, arrêté qui devait lui permettre de faire éventuellement face à l'une ou l'autre situation, d'ailleurs non prévue à ce moment d'une façon précise, mais qui pourrait concerner l'administration de l'armée ou les réfugiés.
>
> Etant donné la confusion qui régnait à cette époque et la difficulté des communications... la demande du Roi n'a pas pu être expliquée avec toute la clarté voulue».

De Man affirme dans ses mémoires que le Roi le consulta après l'entrevue avec l'Avocat Général et lui demanda s'il était disposé à devenir ministre le cas échéant, «peut-être avec une ou deux autres personnalités... afin de résoudre certaines questions liées à la capitulation». De Man écrit qu'il accepta et suggéra que «le caractère provisoire et transitoire de cette mesure» fut souligné par la nomination comme ministres de personnalités non politiques telles que le général Tilkens, Chef de la Maison Militaire du Roi, et Hayoit de Termicourt [349].

D'après De Man, Léopold répondit qu'il était tout d'abord impératif d'obtenir, conformément au conseil de l'Avocat Général, la collaboration d'au moins un ministre en exercice pour les arrêtés en blanc, et le pria alors d'entreprendre les démarches nécessaires. Ce fut cependant le comte Willy de Grunne, chef de la Maison de la reine Elisabeth, qui téléphona à l'ambassade de Belgique à Londres, le 25 à 21 heures. De Grunne espérait parler directement à Camille Gutt, le ministre des Finances, qui était de passage à Londres, mais il apprit que celui-ci venait tout juste de repartir pour la France. Les conséquences de ce contact manqué furent désastreuses car le message fut alors transmis aux ministres à Paris sous une forme qui n'exposait pas clairement le but précis de la requête du Roi. Celui-ci n'avait, malheureusement, ni vu ni approuvé le texte du message, avant sa transmission. Les ministres belges, lors d'une réunion du Cabinet le lendemain matin, la repoussèrent sans hésiter. Dans l'atmosphère de panique qui régnait alors, Pierlot et Spaak, qui nourrissaient déjà d'indignes soupçons à l'égard des intentions du Roi, en avaient aussitôt conclu que Léopold ne demandait ces arrêtés en blanc que pour être en mesure de dissoudre leur gouvernement et d'en former un nouveau en Belgique. Cette méprise fut la source de ce qui allait devenir le malentendu tragique entre le Roi et son gouvernement et qui incita Pierlot et Spaak à adopter une conduite qui allait porter à la réputation du Roi, de leur pays et d'eux-mêmes un préjudice incommensurable.

Winston Churchill, pendant ce temps, se montrait visiblement conscient de ce que la capitulation de l'armée belge était imminente et se préoccupait de savoir si le Roi pourrait s'échapper et rejoindre les autres dirigeants des nations vaincues qu'il avait rassemblées sous son aile. Persuader ces dirigeants de constituer des gouvernements «libres» à Londres, de se joindre à la cause alliée et de céder aux Britanniques les ressources dont ils disposaient encore, était devenu le principal objectif de Churchill. C'est pourquoi, le soir du 24, il expédia à Sir Roger Keyes un télégramme urgent qui parvint à celui-ci le lendemain, après que le Roi ait communiqué à ses ministres (et à Keyes lui-même) sa décision inébranlable de rester en Belgique. Le texte disait:

> 24.05.40
> Pour Sir Roger Keyes de la part du Premier Ministre:
> Nous sommes naturellement très soucieux de la sécurité du Roi, de la Reine et des membres du gouvernement demeurés en Belgique, au cas où les choses tourneraient mal. Nous n'en sommes pas encore là, mais il ne fait aucun doute qu'il faudra agir très rapidement le moment venu. Nous pouvons évidemment comprendre ce que doivent être les sentiments du Roi sur sa position au sein de son armée. Cependant d'un point de vue international plus large, et du point de vue de la poursuite de la guerre, nous insistons sur le fait qu'il est essentiel, dans les circonstances que nous venons de dire, que le Roi se réfugie en un endroit plus sûr. Nous espérons sérieusement qu'il partagera ce même point de vue et qu'il sera prêt à se décider rapidement quand la nécessité s'en fera sentir. S'il vous plaît, faites lui comprendre toute l'importance que nous attachons à cette question. Toutes les dispositions en vue de l'évacuation vont être prises dans les plus courts délais.

«Mais le roi Léopold ayant déclaré qu'il avait pris sa décision, nota l'Amiral dans ses carnets, et que sa mère était déterminée à rester avec lui», Keyes répondit ce qui suit:

> 25.05.40
> Le Roi a appris la nuit passée par ses ministres que Lord Halifax allait me télégraphier pour que je persuade Sa Majesté de partir avec son gouvernement. Je viens de recevoir votre message du 24 mai. Au cours des onze derniers jours, les ministres ont tenté de convaincre le Roi de fuir avec eux. Les quatre qui, sur son ordre étaient restés en Belgique, ont passé plusieurs heures la nuit dernière à le supplier de partir avec eux immédiatement; autrement dit, d'abandonner son armée au moment où celle-ci se bat durement pour couvrir le flanc gauche du Corps Expéditionnaire. Priver l'armée de son chef ne pourrait que hâter sa capitulation

et mettre le Corps Expéditionnaire en danger. Le roi Léopold a écrit au Roi pour lui expliquer les raisons de sa décision de rester avec son armée et son peuple si nos armées viennent à être encerclées et que la capitulation de l'armée belge s'avère inévitable. Dill a emporté avec lui cette lettre, ainsi qu'un ordre du jour spécial du Roi à son armée. J'ose croire que le gouvernement de Sa Majesté ne se laissera pas impressionner indûment par les arguments des ministres belges qui, apparemment, ne pensent qu'à la continuation d'un régime politique dont l'incapacité et le manque d'autorité n'ont été que trop apparents durant ces quinze derniers jours. Leur exemple a été suivi par presque toutes les autorités locales et le résultat en a été une confusion totale. De plus, ils ont insisté pour que les ambassadeurs de Grande-Bretagne et de France les précèdent, dans le but de justifier leur propre fuite — une conduite qui n'a rien ajouté au prestige des deux pays.

Chapitre XXIV

Exit le Corps Expéditionnaire

> Tout est dans la confusion la plus complète: aucune communication et personne qui sache ce qui en est, sauf que tout va au plus mal. Boulogne est prise, Calais durement assiégée, Dunkerque plus ou moins accessible, et ceci est la seule issue pour notre Corps Expéditionnaire, si tant est qu'il puisse jamais être dégagé. Et pendant ce temps, ils n'ont pratiquement plus de vivres ni de munitions.
>
> Journal de Sir Alexander Cadogan,
> 25 mai 1940

Les événements tournaient maintenant au tragique avec le Corps Expéditionnaire qui ne pensait plus qu'à s'échapper par la mer du piège qui se refermait sur lui et l'armée belge qui subissait une pression pratiquement insoutenable. Durant toute la journée du 25, la bataille sur le front belge fit rage avec une violence croissante. Au GQG, le colonel Davy reçut une carte sur laquelle on avait tracé une ligne jusqu'à l'ouest de Menin à travers Gheluwe et Zonnebeke, pour marquer la limite extrême du front que l'armée belge pouvait tenir. On le pria de transmettre cette information au GQG britannique. Depuis la chute de Gand et la perte de ses vastes dépôts, les stocks de vivres et de munitions de l'armée belge diminuaient dangereusement. De plus, les approvisionnements qu'on avait promis de lui envoyer par la mer n'arrivaient pas car l'ennemi bombardait violemment les ports de la Manche réquisitionnés par les Alliés.

Depuis le 23 mai, la Luftwaffe bombardait et mitraillait sans répit tandis que, au sol, l'infanterie et l'artillerie de von Bock se livraient à des assauts toujours plus violents et plus nombreux. Il n'est donc pas étonnant que l'armée belge ait dû reculer et que la brèche entre son aile droite et l'extrémité du front stabilisé des Britanniques à Halluin se soit progressivement élargie. Les quatre divisions du Corps Expéditionnaire, bien à l'abri derrière leur ligne frontière fortifiée, n'enduraient pas du tout les mêmes épreuves et se trouvaient dans une position idéale pour soulager la terrible pression qui s'exerçait sur le front belge, en frappant le flanc découvert des forces ennemies passant sous leurs yeux pour aller attaquer les Belges. Ce faisant, elles eussent en même temps réduit le risque de se voir débordées sur leurs propres flancs. Le Haut Commandement Belge envoya donc une série de messages de plus en plus pressants à Gort et au Commandement Suprême français, par tous les moyens possibles, y compris l'amiral Keyes et le colonel Davy en personne, demandant instamment au Corps Expéditionnaire de contre-attaquer les forces ennemies s'immisçant entre les deux armées. Mais ils n'obtinrent en retour que des refus brutaux, motivés par un manque de troupes disponibles, pour lancer une contre-attaque, et une série de blâmes de Gort et de Pownall rendant les Belges responsables d'avoir laissé s'ouvrir la brèche et exposé ainsi le flanc britannique.

Les généraux britanniques semblaient aveugles au fait que la brèche ouverte sur leur gauche était la conséquence inévitable de leur propre incapacité à conserver leurs positions sur l'Escaut; ils avaient esquivé la poussée de von Bock après avoir été relevés par les Belges et le front fortifié *parallèle* à la ligne d'attaque derrière lequel ils s'abritaient formait maintenant un *angle droit* avec les voies d'eau concentriques qui défendaient la côte. Le rejet de ces appels belges, estime Brian Bond, n'était pas seulement causé par les propres problèmes du Corps Expéditionnaire, mais aussi par le fait que «les commandants britanniques étaient enfoncés dans leurs préjugés anti-Belges et n'avaient aucune envie de prendre des risques pour eux» [350]. On trouve à ce sujet quelques passages éloquents dans les carnets de Pownall. Le 26 mai, par exemple, évoquant la décision prise la veille au soir par Gort d'évacuer son armée (une décision soigneusement cachée aux Belges), il écrit:

> Nous n'avons pas à craindre que les Allemands nous poursuivent. Ce que nous avons à craindre, c'est une rupture du front belge... Tous les signes indiquent que les Belges s'apprêtent à déguerpir vers le nord... Nous leur avons envoyé tous les messages imaginables pour essayer qu'ils restent là où nous le désirons. Mais ils sont pourris jusqu'à l'os et pour finir, nous allons devoir nous débrouiller seuls.

Le lendemain, Pownall écrivit au sujet du roi Léopold: «Toute la journée, il a pleuré pour que *nous* contre-attaquions afin de soulager la pression exercée sur *lui*... Mais nous avons déjà fait suffisamment pour aider les Belges et les Français... ils perdent leur temps à espérer davantage...» [351]. Telle était l'attitude du GQG; il refusait d'aider les Belges (et eux-mêmes) en contrecarrant la poussée que von Bock exerçait entre les deux armées, mais il attendait d'eux «qu'ils restent là où nous le désirons» pour que le Corps Expéditionnaire puisse fuir plus facilement la bataille sur le continent.

En conséquence, les quatre divisions britanniques qui, en dehors de quelques bombardements, n'avaient plus été dérangées depuis qu'elles s'étaient retirées derrière leurs fortifications, furent contraintes de regarder, impuissantes, «d'importants corps de troupes ennemies avancer sous leur nez en direction du nord». L'artillerie britannique reçut même l'interdiction de tirer sur ces merveilleuses cibles afin «d'économiser les munitions», et les assaillants de l'armée belge purent ainsi «passer sans dommage» [352]. Tous ces canons britanniques furent par la suite trouvés par les Allemands, abandonnés sur le terrain, car le 26, Brooke (deuxième corps d'armée) informa Montgomery (troisième division) que le Corps Expéditionnaire devait se replier à toute allure vers la côte et embarquer, en laissant derrière lui tous ses canons et son équipement lourd [353].

La brèche qui s'agrandissait entre les deux armées menaçait de plus en plus de couper complètement l'armée belge des Britanniques; et si à présent, von Bock obliquait vers la gauche et contournait le flanc britannique pour opérer la jonction avec les blindés arrivant de l'ouest, il risquait carrément d'encercler et de capturer le Corps Expéditionnaire et toute la première armée française. Mais Gort, au lieu d'utiliser les cinquième et cinquantième divisions, qu'il avait expédiées vers le nord pour «colmater la brèche» et soutenir l'aile droite des Belges en difficulté, plaça celles-ci dans une position purement défensive le long du canal Ypres-Comines afin de protéger le côté septentrional de son couloir d'échappée vers la mer. Les Belges, à qui Dill et d'autres avaient laissé croire que les forces britanniques et françaises venaient à leur secours, furent consternés d'apprendre que les Britanniques faisaient sauter tous les ponts qui les reliaient à eux, mettant ainsi en évidence leur intention de ne plus se consacrer qu'à leur propre défense.

Gort pendant ce temps continuait à rejeter les appels urgents des Hauts Commandements français et belge, alléguant qu'il n'avait aucune force disponible pour soulager l'aile droite des Belges. Effectivement, la plupart de ses forces étaient maintenant affectées à autre chose puisque, depuis sa décision prise le soir précédent de déclencher le sauve qui peut, son seul but était de rembarquer le maximum de ses troupes et de protéger les deux côtés du couloir d'évacuation vers Dunkerque. Comme Churchill le fait observer, grâce à leurs moyens de transport mécanisés, les quatre divisions britanniques se trouvant sur la ligne frontière à la droite des Belges, «se replièrent à une vitesse étonnante, pratiquement en une nuit», tandis que «luttant férocement de chaque côté du couloir, le reste de l'armée britannique maintenait ouvert l'étroit chemin vers la mer» [354]. Ce que Churchill cependant ne mentionne pas, c'est que les Britanniques n'avertirent à aucun moment les Belges qu'ils abandonnaient leurs positions, exposant ainsi dangereusement le flanc droit de l'armée belge.

Mais les Français voisins du Corps Expéditionnaire dans les régions de Lille ne furent pas aussi chanceux que les Britanniques. Non seulement ils étaient moins mobiles (leurs transports étant encore tractés par chevaux), mais le général Prioux, le nouveau et fougueux commandant de la première armée, refusa de se joindre à la course du Corps Expéditionnaire vers la mer, insistant sur le respect des ordres de Blanchard — confirmés depuis par Weygand — de rester sur la Lys «sans idée de retraite». Lorsque Blanchard demanda à Gort et à Pownall s'ils avaient l'intention de se replier de la Lys, sachant que ce serait sans la première armée française, Pownall lui répondit qu'ils y étaient obligés puisqu'ils opéraient maintenant sous les ordres du gouvernement britannique. En conséquence, quand les tenailles ennemies, suite à cette décision, se refermèrent à Armentières, cinq divisions françaises (près de la moitié de la première armée) se trouvèrent encerclées et forcées de capituler après avoir opposé une vive résistance. (En signe de respect, les Allemands leur accordèrent les honneurs de la guerre). De cette manière, en tenant pendant quatre jours, Prioux détourna du Corps Expéditionnaire l'attention de sept divisions allemandes et, tout comme les Belges, apporta une inestimable contribution à son embarquement comme à la protection du périmètre de Dunkerque. Celui-ci en effet se rétrécissait rapidement et si les divisions de Prioux avaient encore dû s'ajouter à la foule qui s'y pressait déjà, il en serait résulté une «congestion insupportable».

Comme la pression ennemie sur Ypres augmentait, les Belges tentèrent divers expédients. Durant la nuit du 25 par exemple, ils firent venir et mirent bout à bout 2.000 wagons de chemin de fer de façon à constituer une barrière anti-chars sur la ligne de chemin de fer Ypres-Roulers. Le lendemain, une division allemande toute fraîche lancée vers Ypres essaya de provoquer la séparation totale des armées belge et britannique. Une division de cavalerie et une autre d'infanterie amenées du flanc gauche de l'armée belge bloquèrent cette tentative et avec le concours d'une autre division d'infanterie, arrêtèrent les assaillants devant la ligne Ypres-Roulers. Pendant ce temps, le front était rompu à Izegem et en d'autres points. La première division des Chasseurs Ardennais rétablit presque entièrement la situation au prix de violents engagements, mais les combats se propagèrent brusquement vers le nord au-delà d'Eekloo, à 25 kilomètres à l'est de Bruges. Les Allemands forcèrent alors le passage du canal de Balgerhoek. Toutes les réserves belges étaient à présent jetées dans la bataille, y compris des unités improvisées armées de canons de 75 mm pris dans les dépôts d'entraînement, et qui avaient été envoyés en catastrophe vers les points menacés. «Le Roi avait ordonné à son armée de tenir la ligne de la Lys jusqu'au bout, relate Keyes. L'artillerie avait reçu l'instruction de s'accrocher à ses canons jusqu'à épuisement de toutes les munitions ou jusqu'à leur destruction par l'ennemi». Ses carnets continuent ainsi:

> Les Belges n'avaient plus de réserves; une division de cavalerie mécanisée, qui avait été détachée en hâte du flanc gauche, fut pratiquement exterminée alors qu'elle tentait de soutenir le flanc droit; la quinzième division d'infanterie, qui ne comptait ni artillerie ni mitrailleuses, fut retirée de l'Yser et jetée dans la bataille. Ces troupes de seconde ligne, composées d'hommes plus âgés, furent terriblement secouées par des bombardements à basse altitude; ce furent probablement de ces soldats belges-là qu'on entendit nos troupes parler avec mépris. Cette nuit (le 26), le roi Léopold a ordonné à la soixantième division française, qui dépendait toujours de lui, de se transporter de l'autre côté de l'Yser à Nieuport dans des camions et des autobus belges. A ce moment, on se demandait qui des divisions de panzers qui progressaient vers l'est en longeant la côte ou des divisions allemandes qui attaquaient la Belgique par l'est, atteindraient l'Yser les premières.

Ce soir-la, l'Amiral se rendit de nouveau à La Panne pour décrire par téléphone la situation critique à Churchill:

> J'ai dit au Premier Ministre que l'armée belge était de nouveau cruellement harcelée et qu'elle avait été sujette toute la journée aux bombardements aériens les plus effroyables effectués par des bombardiers allemands volant à basse altitude, et aucunement contrecarrés par la Royal Air Force. Je lui ai dit qu'il était pénible pour moi d'écouter avec mes amis belges la BBC parler des résultats stupéfiants de nos magnifiques aviateurs quand l'issue de la bataille qui faisait toujours rage au sol était en voie d'être décidée par la machine militaire allemande, avec ses avions, ses tanks, ses véhicules mécanisés et ses troupes opérant de concert comme une seule et même unité.
>
> Le Premier Ministre me passa le ministre de l'Air — Sir Archibald Sinclair — et je lui dis que si la RAF ne faisait rien pour contrer les attaques des bombardiers allemands à basse altitude et alléger le fardeau de l'armée belge, celle-ci ne tiendrait vraisemblablement pas un jour de plus, endurant ces assauts sans un instant de répit depuis trois jours. J'ai également téléphoné au VCNS (le vice-amiral Phillips) et lui ai suggéré que deux ou trois vedettes lance-torpilles se tiennent prêtes à venir à Nieuport pour emporter les derniers fugitifs au cas où les Belges viendraient à capituler.

Les Britanniques, concentrant tous leurs efforts sur leur retraite et la défense des deux côtés de leur couloir d'évasion vers Dunkerque, ne percevaient qu'une petite partie de ce qui se passait sur le front belge. Comme il fallait s'y attendre en raison de l'espèce de «pouce enflé» que présentait l'alignement du front britannique, l'aile droite des Belges fut repoussée vers le nord, créant ainsi ce que Brooke appela un «vide affolant». Ce fut cet aveuglement à saisir l'ampleur de la terrible bataille menée au nord par les Belges au profit de leurs alliés, qui conduisit Brooke et d'autres à critiquer si injustement les performances de l'armée belge au combat, qui furent reconnues à leur juste valeur par la suite. Mais la situation critique dans laquelle se trouvait le front belge le 26 mai n'était que trop évidente pour le Roi et son état-major penchés sur les messages en provenance du champ de bataille. La situation devenait à présent si sérieuse qu'ils expédièrent de nouveaux télégrammes pressants à Weygand et à Gort, pour réitérer leurs demandes d'une contre-attaque et les prévenir que la résistance de l'armée belge ne pourrait plus se prolonger longtemps. A la mi-journée, le général Champon réussit à transmettre, à la demande du Roi, le message suivant (demeuré sans réponse) à Weygand:

> Depuis trois jours, l'armée belge, établie sur un front total de plus de 90 kilomètres, est en pleine bataille sur la Lys, depuis Menin jusqu'au nord de Deynze, sans concours d'aucune espèce autre que celui de certaines interventions aériennes britanniques.
>
> Nous défendrons le territoire pied à pied en infligeant à l'ennemi une usure considérable. Nos réserves sont épuisées et l'attaque, dont la probabilité évidente a été annoncée à plusieurs reprises par le Commandement Belge, pousse irrésistiblement à la disjonction des armées britannique et belge, en direction d'Ypres, mettant dans le plus grand péril à la fois l'armée belge, l'armée britannique et les ports du Pas-de-Calais.
>
> Le Commandement Belge a fait connaître à la conférence d'Ypres son intention de défendre jusqu'à la dernière extrémité la ligne de la Lys et du canal de Deynze à la mer; il a, par ailleurs, au cours de la même conférence, accepté d'alourdir cette tâche en relevant deux divisions britanniques, et a annoncé sa détermination de ne pas se replier sur l'Yser en raison de la dislocation irrémédiable qui en résulterait pour l'armée.
>
> Il est convaincu d'avoir rendu aux armées alliées tous les services que l'armée belge était en état de leur rendre en infligeant aux troupes allemandes qui attaquent des pertes considérables et des retards précieux au profit des opérations de l'ensemble des armées alliées. Au reste, le Commandement Belge s'est trouvé sans instructions d'aucune espèce de la part du Commandement interallié autre que l'approbation du général Billotte exprimée au cours de la conférence d'Ypres.
>
> Le Commandement Belge vous prie de faire connaître au Généralissime des Armées Alliées que la situation de l'armée belge est extrêmement grave, et que son Commandant en Chef entend soutenir la lutte jusqu'à épuisement total de ses moyens... Les limites de la résistance sont bien près d'être atteintes».

Aucun des deux Hauts Commandements français et britannique ne pouvait plus nourrir d'illusion sur l'état désespéré de l'armée belge car de semblables messages d'avertissement avaient également été envoyés par le GQG belge à Blanchard et à Gort, par l'intermédiaire de Sir

Roger Keyes, du colonel Davy et du général Nyssens, le chef de la mission belge auprès du GQG britannique. Tel, par exemple, le message transmis par Davy ce jour-là, qui disait qu'en résistant aux diverses attaques violentes dirigées contre son front, l'armée belge avait épuisé toutes ses réserves et «n'avait plus de forces disponibles pour barrer la route d'Ypres». L'idée de se replier sur l'Yser avait également été rejetée, poursuivait le message, car cette retraite serait plus meurtrière pour les troupes belges que le combat sur place, et n'occasionnerait pas de pertes pour l'ennemi. Il concluait en informant Gort que tous les préparatifs en vue de l'inondation avaient été achevés et que celle-ci avait été ordonnée sur la rive est de l'Yser, jusqu'à l'Yperlee, le matin même à neuf heures.

Comme il ressort nettement de ses *Despatches,* Gort avait tout simplement tiré un trait sur l'armée belge. «A ce stade, écrivit-il, la situation de l'armée belge était si sombre que la possibilité de l'inclure dans la tête de pont ne fut même pas retenue, bien qu'on eût pu évidemment étendre le périmètre vers l'est pour l'y inclure au besoin.» Malgré que Keyes fût le représentant spécial du gouvernement britannique auprès du Roi des Belges, Gort ne l'avait même pas informé de sa décision d'annuler la contre-attaque vers le sud et de rembarquer son armée aussi rapidement que possible à Dunkerque. Lorsque Keyes arriva à Premesques le matin du 26 mai, après avoir été exposé aux bombes et avoir essuyé le feu des mitrailleuses sur la route, il vit Gort pendant quelques minutes et lui demanda «s'il pouvait faire quelque chose pour l'aider». Gort ne lui dit pas que le Corps Expéditionnaire était en cours d'évacuation; il lui signala seulement qu'il était «trop occupé» par une conférence avec ses commandants de corps pour l'informer de «ce qu'il avait l'intention de faire». Par contre, il renouvela sa proposition irréalisable de faire replier l'armée belge derrière l'Yser.

Empruntant une route qui évitait Ypres soumise à de durs bombardements et menacée par la progression allemande, l'Amiral se précipita au GQG de Bruges pour remettre le message de Gort au Roi et à Van Overstraeten. Tous deux déclarèrent qu'ils feraient le maximum pour se retirer sur l'Yser mais que la chose était pratiquement impossible: la seule ligne de chemin de fer existante était hors d'usage et le peu de routes permettant d'atteindre l'Yser non seulement étaient soumises à de constants bombardements mais se trouvaient aussi bloquées par des dizaines de milliers de réfugiés. Ils insistèrent une fois de plus sur le fait, qui avait apparemment échappé à Gort, que la retraite sur l'Yser signifiait l'abandon de tous les ports à l'exception de Dunkerque, ainsi que la tâche quasi impossible de réunir trois armées et près d'un million de réfugiés sur la bande de territoire large de 45 kilomètres entre cette rivière et la ligne du canal, au milieu de laquelle se trouve Dunkerque.

Gort et Pownall ayant délibérément tenu Léopold, Keyes et même Davy, dans l'ignorance de l'ordre d'évacuation du Corps Expéditionnaire, personne au GQG belge ne savait que le Plan Weygand avait été annulé et que les troupes britanniques abandonnaient en hâte la ligne frontière pour faire retraite vers la mer. On gaspilla ainsi beaucoup de temps et d'énergie du côté belge à élaborer des plans et à lancer des appels qui tous supposaient que le Corps Expéditionnaire tenait bon et même qu'il était engagé dans une action offensive. Le Roi et Van Overstraeten demandèrent de nouveau avec insistance que les Britanniques s'attaquent aux communications de l'ennemi et à ses têtes de pont sur la Lys. Les troupes britanniques qui se trouvaient à droite des Belges et qui n'avaient subi aucune attaque terrestre ou aérienne leur semblaient en effet idéalement placées pour lancer une contre-attaque, avec, comme l'écrit Keyes dans son journal, «toutes les chances d'infliger une défaite considérable à l'ennemi et de soulager ainsi l'armée belge de la terrible et incessante pression à laquelle la soumettaient les bombardiers. Ce qui ne l'avait pas empêchée, poursuit-il, d'entreprendre plusieurs contre-attaques, d'abattre quelques milliers d'Allemands et de faire plusieurs centaines de prisonniers».

Persuadé que l'offensive vers le sud se poursuivait, Van Overstraeten concédait que Gort engagé dans cette action disposait évidemment de moins de ressources pour contre-attaquer dans le nord, mais il pensait que tout coup porté à l'ennemi ne pouvait être que bénéfique. «Il souligna, relate Keyes, que c'était la seule chance pour l'armée belge d'échapper à la destruction complète et pour l'armée britannique d'infliger une défaite à l'infanterie allemande; il pensait également qu'un succès à cet endroit garantirait encore pendant quelque temps les ports d'Ostende et de Nieuport...» Les Belges avaient déjà envoyé, par messager ou par télégramme, «au moins cinq appels» en ce sens à Gort mais sans résultat. Keyes et Davy rédigèrent par conséquent des messages supplémentaires expliquant pourquoi un retrait sur l'Yser était impossible et une contre-attaque tellement impérieuse. Le capitaine Durham, membre de la mission Needham, partit en hâte porter ces messages au GQG britannique avec l'ordre d'en souligner toute l'importance. «L'évaluation militaire» de Davy, qui appuyait le télégramme de l'amiral, disait notamment:

> 26/05/40
> Van Overstraeten réclame désespérément une vigoureuse contre-attaque britannique. Qu'elle vienne du sud ou du nord de la Lys, elle pourrait rétablir la situation... Il n'est pas question d'envisager un repli belge derrière l'Yser. Un bataillon qui progressait au nord-est d'Ypres a été pratiquement balayé aujourd'hui par une attaque de 60 avions. Une retraite par des routes dégagées sans soutien adéquat de chasseurs coûterait trop de vies. Tous les dépôts d'approvisionnement sont à l'est de

l'Yser. Le GQG belge signale avec énergie l'urgence d'une contre-attaque britannique pour essayer de rétablir la situation sur la Lys, car d'ici quelques heures à peine, ce ne sera même plus possible.

L'Amiral fonça alors à La Panne en voiture pour téléphoner à Churchill. Il fut «grandement soulagé» d'apprendre, pour la première fois et de la bouche même du Premier Ministre, que «l'attaque vers le sud était supprimée». Churchill prétendit être étonné que Gort n'ait pas parlé à Keyes ou au GQG belge «des instructions qu'il avait reçues». Il ne pouvait cependant ignorer que son ministre de la Guerre avait spécialement ordonné à Gort de ne *pas* parler aux Belges ou aux Français de ses instructions relatives à l'évacuation. Il admit toutefois «qu'il serait plus normal qu'on en informe le Roi au plus tôt» et il promit «d'envoyer immédiatement un message chiffré à la mission britannique à Bruges».

Mais Churchill ne dit pas à Keyes que les «instructions» de Gort comprenaient les ordres d'évacuer le Corps Expéditionnaire, ni que cette opération avait déjà commencé à Dunkerque. Enfin, il n'expédia pas le message promis avant le jour suivant, alors que l'évacuation battait son plein. Il s'ensuivit que son télégramme ne parvint jamais à Léopold; Keyes lui-même n'en reçut une copie qu'après son retour en Angleterre le matin du 28, quelques heures après la capitulation belge. Churchill reconnaît tout cela dans *The Second World War,* mais il ajoute que «le fait n'est, après tout, pas important». Il peut néanmoins paraître important qu'à aucun moment, le roi Léopold n'ait été prévenu par les autorités militaires ou politiques britanniques que le Corps Expéditionnaire abandonnait l'armée belge à son sort et, fuyant le champ de bataille, cherchait son salut par la mer.

Quant à Anthony Eden, le secrétaire d'Etat à la Guerre de l'époque, ses mémoires sont remarquablement évasives sur ces faits et ces questions de principe et d'honneur. Comme tant d'autres auteurs britanniques, il n'explique pas clairement que l'ordre et l'exécution de l'évacuation totale du Corps Expéditionnaire ont précédé la capitulation belge. (L'ordre fut donné le 26 et la capitulation date du 28). Il affirme toutefois qu'il *écrivit* à Churchill la nuit du 26 pour lui rappeler «que nous n'avons rien dit aux Belges de nos changements de plan...» La lettre d'Eden suggérait que Churchill «conseille au Roi (George VI) d'annoncer personnellement la nouvelle ou qu'il le fasse lui-même» [355]. Il écrivait cela quelques heures *après* que le Corps Expéditionnaire eut commencé son évacuation totale. Le lendemain, Churchill rédigea deux messages — un pour Gort, l'autre pour Keyes — et les expédia en joignant à celui pour le Commandant en Chef une copie du dernier. Le texte du télégramme destiné à l'Amiral et qu'il ne reçut qu'à son retour en Angleterre le 28 mai, disait ceci:

27/05/40
Transmettez ce qui suit à votre ami (le roi Léopold). Présume qu'il sait que les Britanniques et les Français sont en train d'ouvrir une voie vers la côte entre Gravelines et Ostende et que nous comptons leur donner le soutien le plus complet de la Navy et la RAF au cours de ce périlleux embarquement. Que pouvons-nous faire pour lui ? Nous ne pouvons certainement pas servir la cause de la Belgique en nous laissant encercler ou couper les vivres. Notre seul espoir est la victoire, et l'Angleterre poursuivra la guerre, quoi qu'il arrive, jusqu'à ce qu'Hitler soit battu ou que nous cessions d'être un Etat. Ose espérer que vous veillerez à ce qu'il parte avec vous par avion avant qu'il ne soit trop tard. Si notre opération réussit et que nous parvenions à établir effectivement une tête de pont, nous essayerons, s'il le souhaite, de transporter certaines divisions belges en France par la mer. Est d'importance vitale que la Belgique poursuive la guerre, et capitale la sécurité de la personne du Roi.

Dans son message à Gort, daté lui aussi du 27, Churchill demanda: «Présume que les troupes savent qu'elles se fraient un chemin pour rentrer à la maison?» Après avoir suggéré «que les canons détruisent les tanks, perdus pour perdus autant que ce soit de cette manière», le Premier Ministre proposait, de façon tout à fait irréaliste, que Gort occupe Ostende et soulage les troupes françaises et britanniques à bout de forces qui défendaient Calais. (En fait, la ville s'était rendue la veille mais Whitehall n'en avait pas encore connaissance). Churchill enfin ordonnait à Gort:

Il est à présent nécessaire de mettre les Belges au courant. J'envoie le télégramme suivant à Keyes, mais il est souhaitable que vous preniez personnellement contact avec le Roi. Keyes vous aidera. Nous leur demandons de se sacrifier pour nous.

Bien que Gort ait reçu ces deux messages, il «ne mit pas les Belges au courant», pas plus qu'il n'informa Keyes ou invoqua son aide pour annoncer à Léopold l'abandon de la Belgique par le Corps Expéditionnaire. En fait, comme le relatent les carnets de l'Amiral, sa dernière communication au Roi rendait un tout autre son de cloche. Durant la nuit du 26 au 27 mai, Keyes reçut le message suivant de Gort à l'intention de Léopold:

21 h 55, le 26/05/40
Sa Majesté le Roi des Belges a eu la bonté d'assurer à deux reprises Lord Gort que la sécurité du Corps Expéditionnaire était l'un de ses soucis primordiaux. Lord Gort ne peut s'empêcher de faire remarquer que le mouvement envisagé par l'armée belge, expose dangereusement le flanc gauche du Corps Expéditionnaire et contredit les intentions exprimées par Sa Majesté.

«Inutile de dire, poursuit Keyes dans son journal, que je n'ai pas montré cela au Roi, étant donné que le seul mouvement de l'armée belge avait été imposé par la pression de l'ennemi, pression que le Corps Expéditionnaire n'avait pas été en mesure de soulager...» Quand on sait l'effort gigantesque accompli par le Corps Expéditionnaire au cours des sept dernières heures pour sauver sa propre peau à Dunkerque sans que ses Alliés en eussent été à aucun moment avertis, le télégramme de Gort témoigne d'un égocentrisme et d'une hypocrisie poussés au dernier degré. Bien que Keyes ignorât encore la retraite et l'évacuation du Corps Expéditionnaire et ne réalisât donc pas l'énormité de ce message, il fut néanmoins profondément choqué par son ton. Il admirait le soldat courageux qu'était Gort et pensa tout d'abord que Pownall, dont il connaissait l'attitude négative vis-à-vis des Belges, devait en être l'auteur. Mais il ignorait à ce moment que Gort avait à peine moins de préjugés contre les Belges que Pownall.

Toutefois, le matin suivant, lorsque le capitaine Durham revint d'avoir transmis les messages de Keyes et de Davy à Gort, l'Amiral en apprit davantage sur l'état d'esprit du Commandant en Chef. Durham raconta en effet combien il avait trouvé Gort chicanier et injurieux. Les rapports des deux officiers sur l'impossibilité pour l'armée belge de se replier sur l'Yser et la nouvelle demande d'une contre-attaque britannique, ne furent pas bien accueillis. Gort déclara qu'il n'avait rien pour attaquer. Comme dans la tradition classique qui voulait que le porteur de mauvaises nouvelles soit châtié, le Commandant en Chef décrivit la mission Needham comme «sans utilité» et injuria franchement les Belges. Il affirma qu'ils avaient «complètement manqué à leur promesse de protéger le flanc britannique» et exigea à nouveau que l'armée belge se replie derrière l'Yser et «à aucun prix en direction du nord».

Dans un memorandum consacré aux relations entre les GQG britannique et belge, Keyes écrivit: «A deux ou trois reprises, j'entendis Gort et Pownall se plaindre qu'ils n'obtenaient aucune aide de la mission britannique (Needham). Tout ce que je peux dire, c'est que ses membres comme moi-même avons fait le maximum pour renforcer les liaisons entre les deux GQG et que nous nous sommes efforcés de faire comprendre aux Britanniques les difficultés de l'armée belge. J'ai même suggéré de changer les officiers de liaison belges attachés au GQG britannique, puisque Gort et Pownall se plaignaient qu'eux aussi ne servaient à rien, mais ils ne désiraient pas que je le fasse. J'ai le sentiment très net que le GQG n'a fait aucun effort pour *jouer le jeu* et a en fait laissé tomber l'armée belge».

L'armée belge n'avait à présent plus rien d'autre à faire pour la «sécurité du Corps Expéditionnaire», que de continuer à se battre et à mourir sur place, détournant ainsi le groupe d'armée B de von Bock et la Luftwaffe des forces britanniques et empêchant l'ennemi de continuer sa percée et de couper le Corps Expéditionnaire de la côte. Tout cela ne pouvait cependant plus durer longtemps. Ce soir-là, à 18 h 30, lorsque le général Blanchard, coiffé de son casque et accompagné du général Champon, arriva au GQG belge, le Roi en personne l'avertit de «l'extrême gravité des dangers d'annihilation encourus par l'armée». Les nouvelles de Blanchard n'étaient pas meilleures. Il annonça que Gort avait catégoriquement refusé d'attaquer les Allemands qui avançaient sous le regard des troupes cantonnées sur la ligne frontière à la droite des Belges. Blanchard signala aussi que les Britanniques abandonnaient maintenant ces positions et se repliaient à toute allure, mais il proposa de lancer une division mécanisée légère pour aider les Belges à colmater la brèche créée par ce repli. (Cette unité française, présentée par Weygand et Churchill comme une «division blindée», était en fait passée de 100 à 15 chars légers et ne fut jamais en mesure d'aider les Belges d'autant plus que le général Brooke la réquisitionna immédiatement pour l'aider à défendre le côté septentrional du couloir par où s'échappait le Corps Expéditionnaire).

«Le soir du 26, écrivit le colonel Davy, Keyes et moi réalisâmes, sur base de nos sources respectives, que la fin était proche... Je lus ce qui allait arriver sur le visage des officiers d'Etat-Major, dans cette salle des opérations où la bonne humeur régnait généralement...» Quand le Roi eut annoncé que son armée était à la limite de la résistance, l'Amiral demanda à Davy de se rendre tout de suite au Quartier Général de Gort à Cassel, près de Dunkerque, et de le prévenir de la défaite imminente de l'armée belge. Roulant sans phares, Davy arriva à Cassel au petit jour et se mit en quête de Pownall. A 9 heures environ, il annonça au chef de l'état-major britannique que la situation de l'armée belge était désespérée et l'avertit qu'à son avis, «elle allait se rendre dans les 24 heures». Pownall n'en continua pas moins à cacher à Davy que les Britanniques avaient abandonné leurs positions sur le flanc droit des Belges, qu'ils fuyaient éperdument vers Dunkerque afin «d'évacuer le plus de monde possible», et que cette opération était déjà en cours depuis l'après-midi du jour précédent [356].

Chapitre XXV

L'ultime résistance des Belges

> Nos ultimes réserves, trois faibles régiments, sont engagées. La liaison avec les Britanniques reste maintenue à nos frais... Des brèches considérables se créent dès midi: au Nord, vers Maldegem, au centre vers Ursel; à la droite entre Thielt et Roulers. L'ennemi s'y infiltre d'heure en heure atteignant les postes de commandement. Dans la région de Thielt, 6 à 7 kilomètres de front sont sans défenseurs, l'ennemi n'a qu'à s'y engouffrer pour atteindre Bruges. Les pertes sont importantes, les blessés affluent dans les formations sanitaires, les hôpitaux sont débordés. De nombreuses pièces d'artillerie sont sans munitions... Le cercle de feu se rétrécit; les milliers de réfugiés et la population civile tourbillonnent dans un espace étroit placé en entier sous les coups de l'artillerie et de l'aviation.
>
> Rapport du Général Michiels, mai 1940.

«La grande bataille qui s'est déroulée dimanche sur la Lys dans la région de Courtrai, en Belgique, faisait toujours terriblement rage hier après-midi», annonçait le 28 le *Times* en se fondant sur des «sources militaires françaises». «Après avoir attaqué toute la nuit, les Allemands, soutenus par un feu d'artillerie intense, ont recommencé hier matin à lancer leur infanterie contre les lignes belges. Les attaques se sont déroulées sur un front de 40 kilomètres, avec un mépris total des pertes en vies humaines du côté allemand». D'autres comptes rendus du *Times* citant le «porte-parole militaire» français évoquaient la «vigueur de la contre-attaque menée par l'armée belge» qui avait porté tout le poids des «terribles attaques» lancées par les Allemands avec «une forte concentration de blindés et d'avions, soutenus par une infanterie *marchant à tombeau ouvert*».

Comme on pouvait le lire, les Allemands poursuivaient leurs assauts massifs contre les positions belges avec une férocité croissante. Elargissant la brèche de Menin à Courtrai, ils s'engouffrèrent à travers la ligne belge entre Roulers et Tielt tandis que, plus au nord, ils réussissaient d'importantes percées entre Ursel et Maldegem. Les Belges accomplirent des efforts désespérés pour garder le contact avec les forces britanniques mais celles-ci maintenant refluaient vers Dunkerque, ne défendant qu'un de leurs flancs et leurs arrières, et abandonnant derrière eux tout leur équipement lourd. Comme la pression incessante des forces de von Bock et les attaques étroitement concertées de la Luftwaffe forçaient les Belges à reculer vers le nord-ouest, la brèche à l'est d'Ypres s'élargit progressivement. L'artillerie belge surclassa constamment l'allemande qui, durant toute la bataille, se montra médiocre. Les canons fonctionnèrent jusqu'au dernier moment, même lorsque l'infanterie eut cessé de les soutenir. Mais les munitions se faisaient rares et ces exploits désespérés purent tout au plus reculer l'inévitable défaite [357].

Pendant ce temps, la Luftwaffe conservait la maîtrise incontestée des airs, opérant sans être inquiétée par groupes de 50 à 60 bombardiers escortés de chasseurs qui tournoyaient constamment autour d'eux. Tout mouvement tenté par les Belges était immédiatement la cible d'un essaim de Stukas. Au lever du jour, Keyes avait demandé à Van Overstraeten s'il pouvait apporter une aide quelconque. En réponse, le général lui demanda une fois de plus (demande que le Roi lui répéta plus tard dans la journée) que la RAF envoie des chasseurs à la rescousse pour nettoyer le ciel de l'omniprésente Luftwaffe et bombarde à son tour l'assaillant. L'Amiral promit de faire ce qu'il pouvait, mais ses appels téléphoniques à Londres restèrent pratiquement sans suite, car, pour reprendre les termes de l'*Official History*, «la Royal Air Force ne pouvait guère venir en aide aux Belges, vu qu'elle était engagée ailleurs» [358]. Il s'agissait évidemment, comme l'avait promis Churchill, de fournir au Corps Expéditionnaire tout le soutien aérien possible au cours de sa périlleuse évacuation. Tous les chasseurs disponibles (qui tous étaient basés en Grande-Bretagne et opéraient donc à Dunkerque à la limite de leur rayon d'action) avaient été envoyés former un parapluie protecteur au-dessus des plages d'où le Corps Expéditionnaire rembarquait à un rythme croissant. En réponse aux appels de l'Amiral, dix-huit bombardiers britanniques escortés de chasseurs attaquèrent néanmoins ce matin-là des objectifs ennemis dans la région de Courtrai.

Pour l'armée belge éprouvée, les événements se précipitaient vers le dernier acte du drame. Depuis 18 jours, elle s'était battue avec l'énergie du désespoir contre un ennemi déterminé, mieux équipé et que soutenait une puissance aérienne d'une supériorité écrasante. Sa défaite avait été rendue inévitable non par une quelconque erreur de sa part (puisqu'elle n'avait fait qu'exécuter fidèlement les ordres reçus) mais du fait de l'effondrement massif des armées françaises de la Meuse qui avait placé tout le groupe des armées du nord dans une situation intenable. Depuis ce revers, l'absence d'un commandement adéquat, les ordres tardifs, indécis ou mal évalués du Haut Commandement français, les interventions politiques irréalistes de Londres et de Paris et enfin des communications quasi inexistantes, n'avaient fait qu'aggraver sa situation. A présent, comme Léopold l'avait prédit le 22, son armée se trouvait effectivement «abandonnée, isolée, laissée à son sort». Et pour couronner amèrement le tout, il y avait ce manque cynique de franchise et de confiance des dirigeants militaires et politiques britanniques à l'égard du Roi et de son état-major général, et leur méprisante insensibilité à l'égard du sort de son armée et de son peuple...

La logique fatale de la situation sautait aux yeux: tandis qu'il était possible au Corps Expéditionnaire et à une partie de la première armée française de s'échapper grâce à l'opération Dynamo (qui battait son plein à l'insu des Belges), le seul choix qui s'offrait à l'armée belge était de résister seule sur son territoire, et de se battre jusqu'au bout.

Comme pour aggraver encore l'impression d'isolement que ressentait Léopold, une réponse plutôt fraîche et guindée à sa lettre du 25 à George VI arriva tôt ce matin-là. Selon une pratique établie sous le règne de George V pour les lettres adressées par le Monarque à d'autres chefs d'Etat, elle avait été rédigée au Foreign Office, probablement par Sir Alexander Cadogan:

> 26/05/40
> De la part de Sa Majesté au roi Léopold.
> Je vous suis très reconnaissant pour votre lettre. Je note que Votre Majesté considère comme son devoir envers son peuple et ses alliés de rester avec son armée en Belgique. En prenant cette décision, Votre Majesté n'aura pas négligé l'importance extrême qu'il y a d'établir un gouvernement belge uni doté de tous les pouvoirs en dehors du territoire occupé par l'ennemi, et tout en rendant hommage au dévouement de Votre Majesté, moi-même et mon gouvernement lui exprimons notre grave inquiétude au sujet de sa décision.
>
> Il serait présomptueux de ma part de vous donner des conseils en ce qui concerne vos devoirs à l'égard de votre peuple, mais je peux affirmer qu'en ce qui concerne les alliés et la réalisation de leurs objectifs communs dans cette guerre, je n'ai pas l'impression que Votre Majesté doive vraiment faire le sacrifice qu'elle envisage.
>
> De plus, je ne peux m'empêcher de signaler un autre point à Votre Majesté. S'il était certain que vous puissiez rester en Belgique avec la liberté de garder le contact avec votre peuple et d'agir et de parler en son nom, il pourrait être très précieux que vous constituiez le point de ralliement nécessaire à la Nation belge. Mais je n'ai guère d'espoir que tel sera le résultat de la décision de Votre Majesté de rester avec l'armée. Il me semble que vous devez envisager la possibilité, la probabilité même, que

vous soyez fait prisonnier, peut-être déporté en Allemagne, et presque certainement privé de tous contacts avec le monde extérieur. Une telle situation priverait votre peuple de son leader naturel, et, autant que je sache, ne serait compensée par aucun avantage.

(signé) George R.I.

«Je remis ce message au roi Léopold, rapporte Keyes dans ses carnets, et il l'emporta dans la chambre à coucher de la reine Elisabeth. Un peu plus tard, il me dit qu'ils avaient décidé de rester en Belgique, en tout cas aussi longtemps qu'on le leur permettrait. Il fit remarquer que ce message ne reflétait évidemment pas les opinions du roi George, mais celles de son gouvernement et qu'il ne faisait que répéter les arguments défendus par son propre gouvernement depuis plusieurs jours. Je me rendis à La Panne et téléphonai au Premier Ministre pour lui donner la réponse du roi Léopold. Je lui dis également que je ne pensais pas que la résistance de l'armée belge pourrait durer longtemps encore... Puis je rentrai à Bruges» [359].

La réponse froide et officielle de George VI (il était, on le verra, nettement plus sympathique en privé) accrut encore chez Léopold l'impression que les Alliés ne saisissaient absolument pas la situation désespérée dans laquelle se débattait son armée. Au milieu de la matinée, un message apporté du GQC par un officier de la mission Davy pressait pour la énième fois le Roi d'ordonner un repli sur l'Yser. Gort et Pownall semblaient ne pas comprendre que derrière le front belge, la région où vivaient normalement près d'un million de personnes était occupée par un autre million de réfugiés; qu'il n'y avait pas beaucoup de routes; que, sans réserves, le Roi ne pouvait pas replier une armée engagée totalement le long de sa ligne de front; enfin, que tout mouvement était cloué au sol par la Luftwaffe qui bombardait et attaquait sans relâche et sans rencontrer la moindre opposition. Les Belges devaient reculer pour suivre le Corps Expéditionnaire mais rien n'était fait pour les y aider, ce qui ressemblait fort à une proposition unilatérale.

Toute cette matinée, le Commandement Belge reçut du front des rapports de plus en plus alarmants. L'infanterie ennemie s'infiltrait en plusieurs endroits dans les lignes belges, et les pertes en hommes et en matériel, dues principalement aux bombardements massifs, s'élevaient dangereusement. Vers 10 H 30, le GQG ordonna à l'armée de se replier méthodiquement, étape par étape, jusqu'à une ligne déterminée. Derrière les troupes épuisées et qui luttaient désespérément, une autre armée se débattait, celle du gros million de réfugiés. Le sort de ces gens — pour la plupart des femmes, des enfants et des vieillards — était pitoyable. Bloqués par la fermeture de la frontière française, ils se trouvaient parqués dans une région surpeuplée et se rétrécissant chaque jour, privés de tout et exposés aux pires dangers. Les pertes étaient, semble-t-il, plus élevées parmi eux que parmi les soldats. On pouvait voir des réfugiés affamés arracher des racines dans les champs et les manger crues tandis que les enfants suivaient les cuisines ambulantes de l'armée et mendiaient de la nourriture.

A la mi-journée, les rapports du front belge se firent plus inquiétants encore. Le commandant du premier corps annonça que l'ennemi avait franchi la barrière des wagons sur la ligne Ypres-Roulers, qui brûlait en plusieurs points. Sa droite à Frezenburg subissait une attaque violente et son corps risquait d'être encerclé. Le GQG avait perdu le contact avec plusieurs quartiers généraux et les nouvelles qui parvenaient des autres étaient d'une gravité extrême. L'armée belge se désintégrait. Les troupes non seulement étaient soumises au feu continu des attaques aériennes, mais elles n'avaient presque plus de vivres ni de munitions.

Pour Léopold et son état-major général, la tension et l'anxiété n'avaient cessé de croître au fil de la matinée. A 13 heures, il y eut un autre faisceau de mauvaises nouvelles: les fronts des corps V et VII étaient rompus, celui du corps VI subissait de violentes attaques. La situation, relate Michiels, était devenue critique. Bien que les conséquences en fussent évidentes, le Roi encaissa calmement ce nouveau coup. Keyes dit au Roi qu'il voulait se rendre à Zeebrugge afin de vérifier si les destructions qu'il y avait prévues avaient bien été correctement effectuées. «Trop tard, répondit le Roi. Le front est rompu».

A 10 h 05, le général Champon avait réussi à atteindre Weygand et l'informait que l'armée belge était au bord de la désintégration. «En fin de matinée (selon l'*Official History*), Gort reçut du Roi par l'intermédiaire de Keyes un message d'avertissement, dont le ton généreux et exempt de plaintes contrastait fortement avec les communications récriminatoires que lui-même avait reçues du GQG du Corps Expéditionnaire:

> 27/05/40
> Du roi Léopold à Lord Gort.
> Il veut vous informer du découragement de son armée. Elle a été engagée sans arrêt depuis quatre jours et soumise à un intense bombardement que la RAF n'a pas été en mesure de prévenir. La nouvelle que les armées alliées ont été encerclées dans ce secteur et que les Allemands ont une nette supériorité dans les airs, a amené ses troupes à croire que leur position est presque sans espoir. Il craint que le moment approche où il ne sera plus possible à ses troupes de pousser plus loin le combat et d'être encore de quelque utilité pour le Corps Expéditionnaire. Il souhaite que vous preniez conscience qu'il sera obligé de se rendre avant une débâcle.
>
> Le Roi mesure pleinement que le Corps Expéditionnaire a fait tout ce qui était en son pouvoir pour aider la Belgique et il vous demande de croire qu'il fera tout ce qui est en le sien pour éviter cette catastrophe.

L'amiral nota qu'au moment où le Roi expédiait ce chevaleresque message, il «espérait pouvoir tenir un jour encore, mais l'ennemi réussit plusieurs nouvelles percées cette après-midi». A 14 h 30, Van Overstraeten déclara aux généraux français Champon et Koeltz (le représentant de Weygand de passage au GQG belge): «La résistance belge est à toute extrémité. Notre front est en train de s'effriter, telle une corde qui se casse après usure complète». Une demi-heure plus tard, la mission du colonel Davy réussit à faire parvenir au quartier général de Gort un autre avertissement décrivant la complète détresse de l'armée belge et concluant: «La situation est toujours très confuse, mais tout porte à croire que le front belge est en train de s'effriter».

Le communiqué officiel publié peu après par le Haut Commandement belge résumait la situation comme suit:

> L'armée a mis en œuvre la totalité de sa capacité de résistance. Ses unités sont incapables de reprendre le combat demain. Une retraite vers l'Yser ne peut s'envisager...; elle porterait au comble la congestion des forces alliées déjà mortellement resserrées entre l'Yser d'une part, Calais et Cassel attaquées par les Allemands, d'autre part.

Le terrible moment de la décision vint peu après trois heures, lorsque Van Overstraeten et Michiels firent rapport au Roi dans son bureau. Le chef de l'état-major donna d'abord son appréciation officielle. «Je suis d'avis, dit Michiels, que l'armée est arrivée à la limite de ses moyens, et que le moment est venu d'envoyer un parlementaire pour arrêter les hostilités si nous voulons éviter une débâcle complète». Le Roi se tourna vers son conseiller militaire et lui demanda: «Quel est l'avis du général Van Overstraeten?» Si l'on en croit ses deux livres de mémoires, le Général répondit:

> Du point de vue national, toutes nos unités ont été engagées à fond; il ne nous reste aucune réserve; le front paraît enfoncé en plusieurs points. Ayant mis en œuvre tous nos moyens, j'estime que l'Armée a fait tout son devoir; l'honneur est sauf.
>
> Du point de vue international, nous avons l'obligation de gagner du temps, le plus possible, au profit des Alliés. En envoyant un parlementaire maintenant, nous assurerons aux Alliés un répit qui comprendra toute la nuit et la matinée.
>
> D'autre part, nous proposons de libérer la 60e division française et de l'acheminer d'urgence, sur nos camions, vers Dunkerque. L'inondation de l'Yser est en cours; la destruction des passages sur le fleuve préparée et gardée.
>
> Dans ces conditions, internationalement aussi, nous avons fait pour le mieux.»

Le Roi répondit simplement: «Il faut envoyer immédiatement le parlementaire». Il ordonna ensuite qu'on mette les officiers de liaison britannique et français au courant. La majorité des comptes rendus affirment erronément qu'il ne les informa pas de cette décision avant le départ du parlementaire à 17 heures, mais les notes de l'amiral Keyes et du colonel Davy établissent clairement que le général Champon et eux-mêmes furent mis au courant au moins une heure et demie avant le départ du parlementaire.

Le choix pour cette pénible mission, tomba sur le général Derousseaux, le chef d'état-major adjoint. Le libellé de son mandat devant être rédigé avec le plus grand soin, l'Avocat Général fut convoqué. Les termes définitifs furent choisis pour faire durer la procédure aussi longtemps que possible. Signé par le général Michiels, «au nom du Roi, Commandant en Chef», il donnait pleins pouvoirs au général Derousseaux pour «prendre connaissance des conditions de cessation des hostilités entre l'Armée allemande et l'Armée belge...». Finalement, à 17 heures, la voiture du général, arborant un drapeau blanc, prit la direction des lignes allemandes. Des dispositions étaient prises au même moment pour que les drapeaux de l'armée belge fussent mis à l'abri dans l'abbaye voisine de St André.

Dans ses mémoires inédits, le colonel Davy décrit comment, à son retour du GQG de Cassel où il avait été personnellement prévenir Pownall de l'effondrement imminent de l'armée belge, il apprit la décision du Roi de la bouche de l'amiral Keyes. Le Roi avait annoncé la nouvelle à l'amiral aux environs de 15 h 15 au sortir de sa conférence avec son état-major général. Davy écrit qu'il se rendit immédiatement à la salle des opérations où il trouva plusieurs officiers «tous bouleversés», y compris Michiels et Derousseaux s'apprêtant à «porter le drapeau blanc». Le général français Champon, raconte Davy, «sortait justement, avec un flot de paroles inutiles, comme à son habitude». Après avoir envoyé les «télégrammes nécessaires au GQG et à Londres, poursuit Davy, Keyes et moi décidâmes d'aller à La Panne pour téléphoner sans attendre à nos patrons respectifs».

Au GQG et à la mission britannique, chacun était sous l'effet du choc et en même temps sinistrement conscient de ce qu'avait d'inéluctable la décision de Léopold. L'Amiral avait constaté par lui-même la totale absence d'alternative. Une amitié chaleureuse et un profond respect mutuel liaient les deux hommes et lorsque le Roi apprit à Keyes la décision qu'il venait de prendre, l'Amiral lui exprima du mieux qu'il put sa compréhension et sa sympathie. Il promit de revenir au GQG le plus vite possible après être allé à La Panne prévenir Churchill. Le 27, Keyes écrivit dans son journal:

> La situation que le Roi et Lord Gort prévoyaient dès le 20 mai s'est maintenant produite. Etant dans l'impossibilité d'être encore utile au Corps Expéditionnaire, après avoir fait déborder l'Yser cinq jours plus tôt, miné ses ponts, et transporté toutes les troupes françaises de l'autre

côté de la rivière, il a demandé la cessation des hostilités afin d'arrêter le massacre de son peuple durement éprouvé, qui s'entassait dans les villes, villages ou sur les routes, soumis aux bombardements impitoyables.

Après avoir été informé de la décision du Haut Commandement belge d'envoyer un parlementaire aux Allemands, Champon ne parvint à faire passer un message au Quartier Général Suprême de Vincennes qu'à 18 h 05, heure à laquelle Weygand le reçut. Mais il ne put trouver ni contacter Blanchard dont le QG, comme celui de Gort, avait déménagé pour un lieu inconnu. Avant de quitter le GQG belge, Champon exprima sa sympathie à Van Overstraeten, mais ajouta qu'à son sentiment, des négociations ne devraient pas être entamées sans un accord des trois armées du nord. Van Overstraeten répondit qu'on n'avait entrepris aucune démarche en ce sens, la mission du parlementaire se limitant à se renseigner sur les conditions d'une suspension des hostilités. Aucune autre décision n'avait été prise. L'eut-elle même été, avec la «confusion totale» qui régnait aux postes de commandement britannique et français dont il était impossible de repérer ni les Commandants en Chef ni les quartiers généraux, ainsi que le confirmait, reprenant les constatations du général Champon, une note du général Nyssens transmise par le général Delvoie, comment eut-il été possible de consulter Gort et Blanchard?

Ayant dûment averti ses alliés français et britanniques, le Roi dépêcha auprès de l'ambassadeur des Etats-Unis à Bruxelles, John Cudahy, un agent de confiance porteur d'une lettre le priant de se rendre tout de suite à Saint-André. Léopold désirait lui expliquer les raisons de son action et aussi lui remettre une lettre à l'intention du président Roosevelt. Mais Cudahy ne reçut jamais cette lettre, ce qui n'est guère surprenant. Sur la route de Bruxelles, en territoire presque totalement aux mains des Allemands, le messager fut par trois fois capturé, réussissant chaque fois à s'évader en profitant de la confusion générale, mais pour se retrouver finalement prisonnier et enfermé sous bonne garde.

L'Amiral relate ensuite dans son journal comment il se rendit à La Panne avec Davy et téléphona les nouvelles à Churchill à 17 heures:

> Le Premier Ministre ne fut nullement surpris, étant donné les avertissements répétés qu'il avait reçus. Il ajouta cependant que je devais faire le maximum pour persuader le Roi et la Reine de rejoindre l'Angleterre en même temps que moi, puis il me dicta un message émanant de l'Ambassade de Belgique à Londres que j'aurais dû, selon lui, avoir reçu dans le courant de l'après-midi:
>
> 27/05/40
>
> L'ambassade de Belgique à Londres déduit de la décision du Roi de rester au pays, que Sa Majesté considère la guerre comme perdue et qu'elle envisage une paix séparée. C'est pour se dissocier de cette position que le gouvernement constitutionnel belge s'est regroupé en territoire

étranger. Même si l'armée belge doit déposer les armes, il y a en France 200.000 Belges en âge de mobilisation, et de plus grandes ressources que n'en avait la Belgique en 1914, et qui permettront de reprendre la lutte. Par sa décision, le Roi divise la Nation et la met sous la protection d'Hitler [360]. Prière de transmettre ces considérations au Roi et d'insister sur les conséquences désastreuses de son choix pour les alliés et la Belgique.

J'ai demandé que l'Amirauté envoie des vedettes lance-torpilles à Nieuport cette nuit, et l'on m'a dit que ce serait fait.

Comme Davy le rapporte dans ses mémoires, il téléphona à Londres pour annoncer l'imminente reddition des Belges 20 minutes avant que Keyes ne l'annonce à Churchill. En effet, lorsqu'ils étaient arrivés à La Panne à 16 h 30 après un trajet de plus d'une heure en voiture, Keyes avait dit à Davy de téléphoner le premier, expliquant «qu'il ne pouvait en aucun cas téléphoner au Premier Ministre entre 15 et 17 heures, car c'était l'heure de sa sieste». A 16 h 40, Davy appela donc le War Office et, Dill étant sorti, on lui passa le général Percival, le vice-CIGS. Comme Davy l'a raconté à l'auteur, la conversation qui suivit releva plutôt du monologue. Lorsque Davy communiqua l'annonce dramatique de l'envoi d'un officier belge vers les lignes ennemies, porteur d'un drapeau blanc pour demander un cessez-le-feu, Percival répondit uniquement par un «yes» réticent. Aux six annonces et questions correspondantes que Davy énuméra au sujet de la capitulation prochaine, la réponse du Général fut chaque fois la même. Par deux fois Davy lui dit que les Belges allaient se rendre et qu'il avait envoyé un télégramme à cet effet au GQG; il demanda au vice-CIGS s'il «comprenait réellement» que les Belges avaient l'intention de capituler puis il insista pour que le War Office en informe le GQG de Gort, au cas où son message envoyé depuis le GQG belge se serait égaré. Ce ne fut qu'au moment où il demanda ce que sa mission et lui-même devaient faire que Percival modifia sa réponse et conclut l'entretien par un bref: «*Come home*» [361].

Ces témoignages de première main prouvent à suffisance l'inanité des attaques — provenant notamment de ceux-là mêmes qui s'obstinèrent à tenir les Belges dans l'ignorance du repli et du rembarquement du Corps Expéditionnaire commencé depuis la veille — dont le Roi fut par la suite l'objet pour avoir capitulé sans en avoir soi-disant averti les alliés.

Depuis le 20 mai, toute une série d'avertissements avaient été donnés aux dirigeants politiques et militaires britanniques comme quoi la disjonction d'avec les Britanniques signifiait la reddition inéluctable et l'armée belge atteignait les limites de sa résistance. Comme les *Despatches* de Gort le montrent clairement, Pownall et lui avaient reconnu dès le 19 que l'abandon de l'armée belge par le Corps Expéditionnaire mènerait à la capitulation. Le 20 mai, Keyes avait télégraphié à Churchill et à Gort le message du Roi disant qu'il accepterait de bonne grâce tout mouvement que le Corps Expéditionnaire jugerait essentiel à sa survie, mais «qu'une telle action mènerait finalement à la capitulation de l'armée belge». Le 21 à Premesques, Davy avait dit à Gort «troublé par la perspective de laisser les Belges dans le pétrin», que ceux-ci «l'aideraient le plus longtemps possible, mais qu'ils devraient inévitablement capituler s'il les abandonnait».

Durant toute cette période, Keyes et Davy avertirent presque journellement Churchill, Gort et Pownall que l'armée belge s'effondrerait à coup sûr si aucune aide ne lui était apportée par le Corps Expéditionnaire et la RAF. Le 25, Léopold avait informé George VI dans les termes les plus clairs de ce que la défaite de son armée était imminente et le 27 au matin, Davy avait personnellement informé Pownall que cette défaite se produirait vraisemblablement dans les 24 heures. Moins de quatre heures plus tard, Gort reçut, par l'intermédiaire de Keyes et capté sur l'appareil radio de Davy, le message du Roi annonçant qu'il se verrait contraint de «se rendre avant la débâcle». Pour donner crédit aux allégations ultérieures selon lesquelles le Roi s'était rendu sans prévenir ses alliés, on fit valoir que Gort ne reçut jamais avant la capitulation ni cet avertissement du Roi ni aucun autre; et comme les *Despatches* de Gort oublient totalement d'en faire mention, cette calomnie trouve encore une large audience de nos jours. Il fallut attendre treize ans pour qu'on admette, dans *The Official History* britannique, que l'avertissement bien précis de Léopold, comme quoi il «se verrait contraint de se rendre avant la débâcle», parvint à Gort «le 27 en fin de matinée».

Le message d'avertissement chiffré du colonel Davy au War Office arriva quant à lui à 17 h 54, plus d'une heure après qu'il en ait téléphoné la teneur à Percival. Mais le télégramme qu'il envoya directement à Cassel, d'après l'historien officiel britannique, «semble s'être égaré». Ce que n'expliquent cependant ni *The Official History*, ni les *Despatches* de Gort, ni le journal de Pownall, c'est pourquoi l'après-midi du 27, Gort et son quartier général furent tout à coup impossibles à localiser et donc à atteindre comme s'en rendirent très vite compte les officiers de liaison britanniques, français et belges qui tentèrent de rentrer en contact avec lui. Et pour cause, puisqu'à l'annonce de l'approche des tanks ennemis, ils avaient en hâte plié bagages et quitté Cassel pour une destination inconnue. L'état-major, en fait, passa la nuit à Houtkerque et installa le lendemain un GQG de fortune dans la villa de la reine Elisabeth à La Panne, à 16 kilomètres de Dunkerque. Mais Gort et Pownall étaient eux partis dans une autre direction à la recherche doucement utopique de Blanchard, tandis que les officiers de ce dernier essayaient à leur tour de les localiser, de même que le quartier général britannique. Les communications avec le GQG étaient déjà suffisamment mauvaises en dépit du fait que les principaux câbles téléphoniques passaient en-dessous de Cassel, mais lorsque le GQG quitta cette ville, vu le manque d'équipement radio, elles devinrent pratiquement inexistantes. Pour couronner le tout, un officier britannique passant outre aux protestations de l'officier français qui en avait la responsabilité, fit sauter le principal central téléphonique de Lille, ce qui neutralisa tout le réseau téléphonique du nord. Ainsi, et bien que ni *The Official History*, ni les *Despatches* de Gort, ni les carnets de Pownall ne l'admettent, ce fut uniquement en raison de leurs communications défaillantes et parce qu'ils étaient en déplacement que Gort et Pownall n'apprirent qu'à leur arrivée à Dunkerque, à 23 heures, la décision du Commandement belge d'envoyer un parlementaire aux Allemands.

En fait, la manière dont *The Official History* relate les circonstances à l'origine de la reddition belge est très tendancieuse, mais les *Dépêches* de Gort et le journal de Pownall le sont encore bien davantage. Le major Ellis, par exemple, bien qu'il ait admis, pour la première fois en 1953 que Gort reçut le message d'avertissement du Roi le matin du 27, affirme que le Commandant en Chef «ressentit comme un choc» la nouvelle, transmise par les Français à Dunkerque à 23 heures, que les Belges cherchaient à obtenir un cessez-le-feu. Comme Gort et Pownall, Ellis omet de signaler les terribles attaques terrestres et aériennes que subissaient les Belges, les nombreux messages d'avertissement qu'ils reçurent ainsi que Churchill ou le fait que Keyes et Davy informèrent personnellement Londres cet après-midi-là, de la décision de Léopold, et qu'ils firent transmettre leurs messages au GQG. Et quand il n'omet pas, il déforme. Ainsi: «A minuit, le 27 mai, le Roi des Belges avait accepté la défaite et l'armée belge avait reçu l'ordre du cessez-le-feu», alors qu'en fait le cessez-le-feu n'entra en vigueur que le 28 à 4 heures du matin. Mais le biographe de Gort, dans son récit également truffé d'inexactitudes (il prétend, par exemple, que l'action du Roi avait été «décidée contre l'avis de son gouvernement qui se trouvait alors sur le sol anglais» [362] et omet également de mentionner que Gort reçut l'avant-dernier message d'avertissement du Roi le matin du 27), contredit pour le moins l'affirmation du major Ellis selon laquelle Gort fut «choqué par la nouvelle» en révélant que celui-ci déclara à son aide-de-camp qu'«il s'y attendait» [363].

Mais quand on sait les avertissements personnels de plus en plus nets reçus par Gort, celui-ci est bien plus blâmable encore lorsqu'il affirme dans ses *Despatches* que la nouvelle qui lui parvint à Dunkerque le 27 à 23 heures «était le premier écho que j'en entendais... Je me trouvai subitement confronté à une large brèche entre Ypres et la mer par laquelle les forces blindées ennemies (sic) pouvaient atteindre les plages»[364]. Comme on le verra, la rédaction des *Despatches* de Gort devint un exercice de «maquillage» à des fins de propagande politique, après que celui-ci eut été envoyé à Gibraltar comme gouverneur. En effet, dans *Man of Valour*, Sir John Colville explique comment l'*establishment* «engagea un officier chargé des relations publiques pour préparer une édition expurgée des *Despatches* sans en référer à Gort». Ce dernier est néanmoins inexcusable d'avoir accepté que son nom apparaisse comme l'auteur d'un rapport officiel dont des pages entières ne sont que des parodies de la vérité.

De façon assez piquante, Pownall, qui fut le responsable initial de la mise à jour des *Despatches* et confirma, à son retour en Angleterre, les allégations de Gort et des autres détracteurs du Roi (selon lesquelles celui-ci avait soudainement découvert le flanc du Corps Expéditionnaire et mis en danger sa retraite en capitulant sans prévenir), revint lui-même sur ces calomnies dans son journal privé. En juin, en effet, il écrivit sous le titre: «Après coup»:

> Les attaques contre Léopold et l'armée belge sont en grande partie de nature politique. Que Gort n'ait été prévenu de la demande d'armistice de Léopold qu'une heure à l'avance, cela ne constituait pas un danger *immédiat*. Le danger le plus imminent se trouvait au sud... où la pression ne faiblissait pas... Le flanc nord, au moment où l'armée belge se rendit, était, lui, assez bien protégé, «compte tenu des circonstances». Nous tenions le canal Ypres-Comines (où les combats étaient nombreux), Ypres et le nord de cette ville. Nous avions pris ces dispositions pour nous protéger lorsqu'il devint évident que les Belges étaient refoulés vers le nord...[365].

Pownall n'en continue pas moins à faire des remarques méprisantes dans ses carnets. Il évoque, par exemple, la «défection» des Belges, leur Roi, cet «homme qui plia bagages à nos dépens sans nous en dire un mot», et il écrit que, comme Gort et lui n'apprirent la décision de Léopold qu'à 23 heures, ce n'était pas «exactement ce qu'on peut appeler un avertissement correct de la part d'un Roi allié qui avait invoqué et obtenu notre assistance»[366].

La vérité est que ni Gort ni Churchill ne furent surpris par la demande belge d'un cessez-le-feu. Lorsque le Roi décida d'envoyer un parlementaire à l'ennemi, Weygand, Churchill et le War Office avaient tous été correctement prévenus; si Gort et Blanchard n'apprirent la nouvelle que fort tard, c'est en raison des déficiences de leurs propres communications et du fait que personne ne savait où ils étaient, mais de la part de Léopold, il n'y eut aucune négligence ni intention maligne. Il avait maintenu son armée au combat jusqu'au dernier moment possible, et les termes de sa démarche auprès des Allemands avaient été soigneusement pesés pour aider ses alliés en contenant le plus longtemps possible les quatorze divisions de von Bock. Il n'aurait pas pu faire davantage.

Chapitre XXVI

Capitulation sans conditions

> SI tu peux voir détruit l'ouvrage de ta vie
> Et sans dire un seul mot te mettre à rebâtir,
> Ou perdre en un seul coup le gain de cent parties,
> Sans un geste et sans un soupir;
>
> SI tu peux supporter d'entendre tes paroles
> Travesties par des gueux pour exciter des sots,
> Et entendre mentir sur toi leurs bouches folles,
> Sans mentir toi-même d'un mot;
>
> SI tu peux rencontrer triomphe après défaite
> Et recevoir ces deux menteurs d'un même front
> SI tu peux conserver ton courage et ta tête
> Quand tous les autres la perdront... [367]
>
> *Si*, de Rudyard Kipling
> (adaptation d'André Maurois)

Les missions de Sir Roger Keyes et du colonel Davy touchaient à leur fin. Les deux officiers repartirent de La Panne pour aller prendre congé du Roi, mais comme le nota l'Amiral:

> Le Roi n'était pas au GQG et l'on me dit que je le trouverais au Palais du Gouverneur de la province, à Bruges. Il n'y était pas mais la Reine venait d'arriver... Je fis part à la Reine du vif désir de notre gouvernement de voir Sa Majesté la Reine et le roi Léopold quitter le pays avec moi. Elle venait de voir des bombes tomber au milieu d'hommes, de femmes, d'enfants et de chevaux dans les rues bourrées de monde et elle me dit que les gens l'avaient interpellée en demandant s'il n'était pas possible de faire quelque chose pour arrêter le massacre. Elle déclara qu'elle était sûre que le Roi ne changerait pas d'avis et qu'elle resterait avec lui: ils ne pouvaient de toute évidence abandonner leur peuple qui avait besoin d'eux.
>
> A 21 h 30 environ, j'appris que le Roi était retourné à son ancien GQG de St André et qu'il m'y attendait. Je m'y rendis aussitôt après avoir mis des vêtements civils prêtés par le secrétaire de la Reine pour que je puisse passer pour un réfugié si les Allemands me capturaient.

Je remis au roi Léopold le message du Premier Ministre, mais il dit qu'il estimait de son devoir de rester avec son armée et son peuple, pour les raisons déjà mentionnées dans sa lettre à notre Roi, dont il me donna alors une copie. [C'était le brouillon au crayon dont question plus haut] *.

Je demandai au roi Léopold si la garantie que lui avait récemment donnée Sir Lancelot Oliphant ne l'empêchait pas de conclure une paix séparée. Le Roi m'affirma qu'il n'était pas question de conclure une paix séparée: son pays était envahi par un ennemi qui avait le pouvoir d'imposer les conditions de son choix. Mais, de toutes manières, son gouvernement avait rejeté l'offre et ne voulait rien savoir de cette garantie britannique assortie de bien trop de «si» et de «mais». Tout ce qu'il espérait, c'était d'utiliser son influence dans le sens clairement défini dans sa lettre au roi George. Evidemment, il allait être attaqué et condamné, et on l'accuserait d'avoir nourri toutes sortes de desseins, mais lui savait que ce qu'il faisait était le mieux pour son peuple. Il ne lui serait d'aucun secours comme fugitif. Les réfugiés y compris ceux en âge de prendre les armes, qui avaient gagné la France, seraient entraînés dans l'effondrement de ce pays qu'il considérait comme imminent.

A 22 heures, après des adieux très émus, le Roi raccompagna Sir Roger jusqu'à sa voiture. Léopold avait songé à lui adjoindre un officier supérieur de la Sûreté qui lui fut très précieux comme convoyeur au milieu de l'épouvantable trafic régnant sur la route de Nieuport. «Les routes encombrées de véhicules et de réfugiés étaient à tout moment bloquées. Les avions allemands rugissaient sans répit au-dessus des têtes et de temps en temps lâchaient un chapelet de bombes». Lorsque Keyes et Davy arrivèrent au port à 1 heure de l'après-midi, ils y trouvèrent le major Hayley arrivant d'Ostende où sur les ordres de Davy il venait d'embarquer le reste de la mission dans le bateau de ravitaillement SS *Aboukir*. (La prise en charge par les deux officiers de liaison de la sécurité de l'Amiral leur valut d'avoir la vie sauve, car l'*Aboukir* fut tragiquement torpillé et tous les membres de la mission périrent au cours de la traversée).

Prévoyant que les vedettes promises ne pourraient arriver, Keyes, Davy et Hayley montèrent à bord de divers bateaux de pêche et ils s'apprêtaient à réquisitionner l'un d'eux lorsque deux vedettes apparurent. L'Amiral fit des signaux avec sa torche et l'une des embarcations s'approcha. Comme l'aube pointait, les vedettes lance-torpilles appareillèrent à destination de Harwich. Avant de partir, l'Amiral tendit au comte Capelle, le secrétaire du Roi, qui, lui, débarquait d'Angleterre pour rejoindre son Souverain, un message d'adieu à Léopold qu'il avait griffonné dans l'obscurité.

* N.d.T. Voir fac-simile pp. 346 et 347.

> Sire,
>
> Nous sommes arrivés sains et saufs à Nieuport et espérons trouver nos bateaux avant le matin. J'espère que Votre Majesté fera sauter les ponts sur l'Yser en guise de protection pour notre armée. Je prie pour une issue heureuse.

Lorsque le Roi reçut cette note, il ordonna immédiatement la destruction des ponts, bien que ceux-ci eussent été entretemps placés sous contrôle français.

Que Léopold lui-même ait cru à une issue heureuse ressort clairement de ses commentaires transcrits à l'époque comme de ceux qui le furent plus tard. Au cours de ses discussions avec ses ministres et lors de sa dernière conversation avec Keyes, il avait répété sa conviction que la France s'effondrerait bientôt mais que les Britanniques continueraient la lutte. «Vous l'emporterez, déclara-t-il, mais il vous faudra traverser l'enfer». Le Roi dit également à l'Amiral qu'il était persuadé que les ministres qui l'avaient abandonné «perdraient leur tête» lorsque la France serait vaincue. Dans son rapport officiel à Lord Halifax, Keyes écrivit plus tard:

> Les trois dernières nuits que nous avons passées à Wijnendaele, j'ai dîné seul avec le Roi et la reine Elisabeth et ils se sont exprimés librement sur l'avenir. Le Roi déclara qu'il était totalement convaincu que l'armée française succomberait devant l'attaque allemande dans les deux ou trois semaines, qu'il y aurait en France des troubles intérieurs et que le gouvernement français nous abandonnerait. Il considérait comme dramatique que notre gouvernement n'ait pas réalisé que chaque jour de retard ne faisait qu'accentuer les difficultés et les dangers de la retraite des magnifiques troupes du Corps Expéditionnaire... Le Roi et la Reine exprimèrent tous les deux leur confiance dans la puissance navale britannique et le moral des peuples de l'Empire britannique qui leur permettraient de remporter finalement la victoire.

Pendant ce temps, au GQG belge, l'état-major attendait avec anxiété le retour du général Derousseaux. L'émissaire revint finalement à 23 heures au terme d'un trajet périlleux: pendant sa traversée des lignes allemandes sa voiture avait été mitraillée, les vitres avaient volé en éclats et le porteur du drapeau blanc avait été blessé. Derousseaux remit au général Michiels un bref document rédigé en allemand: «*Der Führer fordert bedingungslose Waffenstreckung*» (Le Führer exige la capitulation sans conditions). Le chef d'état-major, accompagné de Van Overstraeten et de l'Avocat Général, portèrent aussitôt le document au Roi qui se trouvait au palais du gouverneur à Bruges.

Le récit de ce qui se passa ensuite est tiré des notes prises tout au long de la campagne par Van Overstraeten et publiées en 1946 dans son livre *Albert Ier — Léopold III*. Les variantes, réflexions après coup et conjectures que Van Overstraeten ajouta dans son deuxième livre, *Dans l'Etau*, publié en 1960, sont examinées plus loin bien qu'elles n'apportent pas de modifications au compte rendu des faits rédigé vingt ans plus tôt.

Dans son témoignage, Van Overstraeten relate que toutes les personnes présentes à cette réunion cruciale furent d'accord avec lui lorsqu'il affirma que «la cessation du combat pure et simple a l'avantage de n'astreindre le Souverain à aucun engagement et de ne grever d'aucune servitude l'action politique future de la Belgique» et que «la reddition devient un acte exclusivement militaire, simplifié par la clause *sans conditions*». Van Overstraeten rapporte que le Roi marqua son accord et décida d'accepter, mais qu'il était lui-même «pénétré du désir de tenir notre place dans la ligne de bataille jusqu'au lendemain midi» dans le but «de gagner du temps au bénéfice des Alliés». Le chef d'état-major émit cependant la crainte qu'une reprise des combats n'aboutisse à une «débâcle immédiate et complète», étant donné la condition des troupes, et il proposa que le cessez-le-feu devienne effectif à 4 ou 5 heures du matin. Van Overstraeten reconnaît clairement qu'il n'éleva pas d'objection lorsque le Roi décida: 4 heures.

Van Overstraeten affirme en outre qu'il était tout à fait d'accord avec le texte de la réponse rédigé par le chef d'état-major pour être envoyé par radio aux Allemands:

> Déposons les armes. Cessation du feu le 28 mai, à 4 heures (heure belge). Parlementaire franchira lignes allemandes à 5 heures.

En effet, son récit précise: «La formule est bonne, c'est une simple reddition. Le Roi l'approuve». Il raconte ensuite qu'il rappela au Roi que le général Champon avait protesté au sujet du manque de concertation avec les Français et les Britanniques. Léopold répondit que les Alliés avaient reçu de nombreux avertissements depuis longtemps, qu'il avait encore prévenu Lord Gort une nouvelle fois la veille à midi par l'intermédiaire de l'amiral Keyes, et que l'armée belge devait se rendre pour éviter le désastre complet. De plus, souligna le Roi, la rupture totale des communications empêchait toute liaison avec les Français et les Britanniques [368].

Le compte rendu de Van Overstraeten confirme donc que la décision du Roi d'envoyer un parlementaire aux Allemands et d'accepter la capitulation sans conditions fut prise sur le conseil et avec l'approbation totale du chef d'état-major et de lui-même et que, bien qu'il eût espéré personnellement que le cessez-le-feu pût être reporté à midi, il ne manifesta pas son désaccord lorsque le Roi accepta la recommandation de Michiels de le fixer à 4 heures.

Mais dans son livre *Dans l'Etau*, écrit dans sa vieillesse, et qui montre un homme aigri, Van Overstraeten donne une nouvelle interprétation de beaucoup de faits rapportés auparavant. Il y introduit une série de réflexions justificatrices et d'insinuations diverses au sujet des mobiles et des actes de presque tous les acteurs du drame, le Roi y compris. Ce changement d'optique ne peut s'expliquer que par les ressentiments accumulés à la suite des médisances et des critiques persistantes dont l'avaient accablé aussi bien les militaires et les fervents défenseurs de la Couronne que les ennemis politiques du Roi. Il fut également poussé par l'évidente jalousie qu'il éprouva pour Henri De Man, par lequel il pensait avoir été supplanté comme conseiller personnel du Roi durant les trois jours qui précédèrent la capitulation. Si dans son premier livre, Van Overstraeten n'attribue aucune importance à la présence de De Man à Wijnendaele et ne mentionne que deux fois son nom, sans commentaire, dans son deuxième ouvrage, il change subtilement le texte et insère plusieurs phrases qui laissent sous-entendre que le Roi avait été «séduit par les tendances germanophiles de M. De Man» et qu'à partir du 25 mai, ses décisions furent prises sous la «mauvaise influence» du dirigeant socialiste [369]. En réalité et c'est assez piquant, De Man ne fut taxé de cette étiquette (comme de celle de collaborateur) qu'après la capitulation belge, alors que Van Overstraeten, lui, était depuis longtemps traité de «pro-Allemand», de façon tout à fait imméritée d'ailleurs, par les Français et les Britanniques, et qu'il fut lui-même accusé par plusieurs des collègues et partisans socialistes de De Man d'avoir exercé une «mauvaise influence» sur le Roi.

Le protocole de capitulation fut dûment signé par le général Derousseaux pour la Belgique et le général von Reichenau pour l'Allemagne, le matin du 28 mai. C'était un acte de reddition purement militaire comme il y en eut de nombreux — et souvent dans des circonstances bien moins critiques — parmi les alliés avant que le vent ne tourne en leur faveur [370]. Au contraire de la capitulation de la Nation française tout entière, qui survint peu après, ce protocole ne contenait aucune condition à caractère politique, pas plus qu'il n'était un armistice ou un traité de paix. Ce fait était essentiel aux yeux du Roi puisqu'il devait conditionner toute sa conduite en captivité. Les dispositions du protocole étaient les suivantes:

> L'armée belge déposera les armes immédiatement et sans conditions et se considérera dès ce moment comme prisonnière de guerre. Un cessez-le-feu a pris cours ce matin à 5 heures (heure d'été allemande) à la demande du commandement belge. Les opérations allemandes contre les troupes britanniques et françaises n'en seront pas interrompues. Le territoire belge sera immédiatement occupé, tous les ports inclus. Aucun dommage nouveau ne sera apporté aux écluses ni aux fortifications de la côte.
>
> PROTOCOLE ADDITIONNEL
>
> En témoignage de reddition honorable, les officiers de l'armée belge conserveront leurs armes. Le château de Laeken est mis à la disposition de S.M. le Roi pour y résider avec sa famille, sa suite et ses serviteurs.

Avant la signature du protocole, comme le disent les auteurs de *The Surrender of King Léopold:* «Il avait rempli sa mission du mieux qu'il pouvait. A sa manière, il avait contribué à rendre possible ce que ni Gamelin, ni Weygand n'avaient même été près d'obtenir: une chance de dégager la meilleure partie des deux armées d'une situation sans espoir. Ce fut à Gort, à la marine britannique et à la Royal Air Force qu'il revint de concrétiser cette chance. Qu'ils y arrivèrent, c'est un fait historique» [371].

Au moment du cessez-le-feu belge, l'évacuation de Dunkerque était déjà en train de s'opérer depuis 36 heures «à l'insu complet du commandement belge», malgré que Gort eût reçu le matin précédent le message de Winston Churchill lui enjoignant: «Il est temps, à présent, de mettre les Belges au courant» et affirmant: «Nous leur demandons de se sacrifier pour nous».

Au moment où les Belges déposèrent les armes, plusieurs milliers de Britanniques avaient embarqué, sains et saufs. Mais nul ne savait encore si le reste des forces réussirait à atteindre la côte. Leur retraite était surtout menacée par la progression des panzers allemands arrivant du sud-ouest où un groupe ennemi s'était approché jusqu'à six kilomètres de Dunkerque et pilonnait à présent le port. Mais la branche orientale du mouvement en tenailles des Allemands était accrochée par les derniers sursauts de la résistance belge, tandis que le déploiement du flanc et des arrière-gardes de Gort protégeait le repli de ses troupes vers la côte.

Le matin du 28 mai, quelques heures après le cessez-le-feu belge, Blanchard visita le GQG britannique et fut «horrifié», si l'on en croit Pownall [372], d'apprendre par ce dernier et par Gort que Whitehall avait ordonné au Corps Expéditionnaire de battre en retraite vers la côte. Il aurait été encore plus horrifié s'ils avaient eu la franchise de lui avouer que ces ordres, d'évacuation aussi bien que de retraite, leur étaient en fait parvenus deux jours plus tôt, le 26, et que depuis lors, leur armée non seulement s'empressait de fuir vers la mer, mais s'embarquait déjà pour l'Angleterre en nombre sans cesse croissant.

C'est à cause de cette duplicité des dirigeants politiques et militaires britanniques que Blanchard, tout autant que les Belges, ignora tout de «l'opération Dynamo», jusqu'au 29, trois jours après son déclenchement, quand l'amiral Abrial en entendit parler pour la première fois et lui en parla. A ce moment, plus d'un tiers du Corps Expéditionnaire avait déjà été évacué. Entre-temps, lors de leur réunion matinale du 28 avec Blanchard, Gort et Pownall «supplièrent» le Commandant en Chef français d'ordonner à la première armée de se replier vers la côte de concert avec le Corps Expéditionnaire. Ce que Blanchard, comme le bouillant nouveau commandant Prioux, refusèrent d'ailleurs tout net.

Lorsque Blanchard demanda formellement à Gort s'il comptait tout de même faire se replier le Corps Expéditionnaire «sachant que ce serait sans la première armée française», les généraux britanniques répondirent, selon Pownall, qu'il «était nécessaire que le Corps Expéditionnaire se replie, même si la première armée française ne le faisait pas», en vertu des ordres qu'ils avaient reçus de Londres.

Gort et Pownall dirent également à Blanchard que la menace allemande en provenance du nord-est n'augmenterait probablement pas avant 24 heures, mais que la menace immédiate venait des forces massives de blindés et d'infanterie qui remontaient du sud-ouest. Les généraux britanniques eurent donc certainement conscience qu'en bloquant la progression des quatorze divisions de von Bock, les Belges avaient permis au Corps Expéditionnaire de ne pas être coupé de la mer. Aucun des deux ne leur en témoigna pourtant de la gratitude, pas plus qu'ils ne leur reconnurent le mérite d'avoir ainsi permis à leurs troupes de s'extraire du piège qui se refermait rapidement sur elles. Le Haut Commandement allemand avait, en effet, ordonné que les deux branches du mouvement en tenailles entrepris par les groupes d'armée A au sud-ouest et B au nord-est afin d'achever l'encerclement des forces franco-britanniques, se rejoignent à Kemmel, situé entre ces dernières et la côte. Si ce plan avait réussi, les Allemands auraient capturé la première armée française et le Corps Expéditionnaire — soit le noyau complet de la future armée britannique — avec toutes les conséquences qu'on peut imaginer. S'ils n'y parvinrent pas, c'est essentiellement grâce au fait que les troupes de Léopold, bien qu'éreintées, abandonnées à leur sort et subissant les attaques incessantes de la Luftwaffe, résistèrent pendant quatre journées cruciales et brisèrent l'élan de l'armée de von Bock.

De tout cela, la majorité des comptes rendus britanniques, et en particulier l'*Official History*, ne soufflent mot lorsqu'ils décrivent l'échec de la tentative allemande d'encercler le Corps Expéditionnaire et la première armée française. Ces comptes rendus n'attribuent en fait cet échec qu'à deux facteurs seulement: le ralentissement apporté à la progression des panzers du sud-ouest par l'ordre de Hitler de faire halte pendant quatre jours, et la résistance des petites unités britanniques improvisées qui furent lancées en travers de leur route et déployées le long de la «ligne du canal», à l'ouest de Dunkerque. S'il est vrai que ces deux facteurs empêchèrent indiscutablement les panzers d'arriver à Dunkerque avant le Corps Expéditionnaire et une partie de la première armée française, il est tout aussi indiscutable que ces forces alliées n'auraient jamais atteint la côte et ne s'y seraient à fortiori pas embarquées, si l'armée de Léopold n'avait pas empêché la puissante poussée de von Bock de les couper de la mer.

Le 28 mai 1940 à 11 heures, le général Walter von Reichenau, commandant de la sixième armée allemande, se présenta au palais du gouverneur à Bruges où le roi Léopold et son état-major s'étaient installés. Le général à monocle était accompagné d'une suite impressionnante conduite par son chef d'état-major, le général Friedrich Paulus, celui-là même qui, plus tard, reprendrait le commandement de la sixième armée et le 30 janvier 1943, se rendrait à son tour aux Russes avec les restes de ses troupes, dans les ruines de Stalingrad.

Le Commandant en Chef allemand et son état-major furent tout étonnés d'apprendre par le parlementaire belge, le général Derousseaux, que le Roi n'avait pas fui le pays et qu'il n'avait pas l'intention d'abandonner son armée. La réaction du quartier général de von Reichenau a été décrite avec précision par l'un des officiers d'état-major, le colonel Werner Kiewitz, qui deux jours plus tard fut désigné comme gardien du Roi et commandant du corps de garde de sa prison à Laeken. Lorsque Derousseaux demanda aux Allemands quel sort ils réservaient à Léopold, Kiewitz raconte: «Nous étions absolument stupéfaits d'apprendre que le Roi se trouvait encore sur le territoire belge. Nous pensions qu'il avait, à ce moment, fui en Angleterre. Nous soldats, trouvions cette décision du chef de l'Armée belge digne de notre admiration et laissez-moi vous dire que les officiers allemands parlèrent du Roi avec beaucoup de respect».

Von Reichenau et ses officiers furent également pris de court, poursuit Kiewitz, parce que «la présence du Roi posait un problème auquel nous n'avions pas encore réfléchi et qu'en tout cas, nous ne pouvions résoudre sans en référer au Führer». Lorsque von Reichenau téléphona à ce sujet à Hitler, le dictateur jubilant était d'«humeur charmante» et décréta que le «Roi prisonnier» devait être bien traité et incarcéré au palais de Laeken [373].

Que le Führer ait été de prime abord favorablement disposé à l'égard du Roi et son armée fut confirmé par le bulletin de la radio allemande du 28 mai, qui annonçait que l'armée belge avait capitulé et déclarait:

> Le Führer a ordonné que le Roi des Belges et son armée soient traités comme les courageux soldats qu'ils se sont montrés.

Quand il arriva avec sa suite au palais du gouverneur, von Reichenau entendait manifestement faire de la rencontre entre les commandants des armées victorieuse et vaincue un spectacle de propagande aux effets bien orchestrés car il avait emmené avec lui une cohorte de cameramen, de photographes de presse, de journalistes et de reporters radio. Mais ils en furent tous pour leurs frais car le Roi fit savoir par le major Van den Heuvel, le commandant des palais royaux, qu'il ne recevrait que le Commandant en Chef allemand à l'exclusion de toute autre personne et qu'il n'apparaîtrait pas en public.

Le commandant Hubert Rombauts, le secrétaire de la Maison Militaire du Roi, qui allait par la suite jouer un rôle actif dans la formation de nombreux groupes de résistance à l'intérieur des palais royaux, aida Van den Heuvel à convaincre von Reichenau de renoncer à une manifestation spectaculaire pour consacrer son triomphe, et a décrit plus tard la scène qui suivit [364].

Le Commandant en Chef allemand fut donc introduit, seul, dans le grand salon du premier étage du palais où Léopold l'attendait. Après avoir salué le Roi, qui se tenait debout derrière un bureau à l'autre bout de la pièce, le Général s'avança vers lui la main tendue, mais l'attitude froide et impassible du Roi le fit s'arrêter à une distance de vingt pas environ d'où il prononça sa déclaration officielle:

> J'ai l'honneur de commander l'armée qui a combattu celle de Votre Majesté. Je désire témoigner du courage des troupes belges qui se sont battues vaillamment, de la solidité de ses fortifications et de l'efficacité de ses destructions. Je regrette le sort de votre armée qui n'est dû à aucune infériorité.
>
> Je dois également vous dire que le Führer a exprimé son admiration et son estime pour l'armée belge qui a combattu très courageusement.

Lorsque von Reichenau eut terminé, le Roi lui demanda: «Que devient mon armée?» Le général répondit qu'il n'avait pas encore reçu d'instructions à ce sujet, mais que ses soldats devaient, pour le moment, se considérer comme prisonniers de guerre. «Dans ces conditions, répliqua le Roi d'un ton sans discussion, que le général von Reichenau me considère comme son premier prisonnier». Quand le Général rappela au Roi que le Führer avait décrété qu'il devait résider à Laeken, il répondit: «Dites à Hitler que le roi Léopold ne veut pas de faveurs particulières et qu'il partagera le sort de son armée; un palais n'est pas l'endroit qu'il faut à un Roi dont les soldats sont prisonniers dans des camps». Mais von Reichenau soutint que le Roi devait se conformer aux ordres d'Hitler et tous les efforts que fit ensuite Léopold pour être placé dans un lieu de détention plus modeste n'obtinrent aucun résultat.

Von Reichenau assura également le Roi — le trompant sur ce point — que ses officiers et soldats allaient être renvoyés dans leurs foyers et seraient autorisés à retourner à la vie civile «aussitôt que possible». Comme Léopold savait que les forces hollandaises avaient obtenu cette autorisation après leur reddition, il n'avait pas de raison de croire qu'il n'en irait pas de même pour ses propres troupes, d'autant plus que le Führer avait ordonné que leur fût réservé un traitement digne de leur courageuse attitude au combat. Mais pour beaucoup de soldats belges, et particulièrement pour les Wallons, «aussitôt que possible» allait s'avérer un temps très long. A propos de cette confrontation, Von Reichenau écrivit dans son journal:

> Aujourd'hui, mon armée a remporté un grand triomphe: un adversaire courageux a déposé les armes. Il y a été forcé par notre supériorité... Suis allé voir le Roi ce matin à 11 heures. Il m'a fait attendre 40 minutes — un dur morceau à avaler! Une entrevue franche. Chapeau bas devant cet homme! Il n'a pas hésité à dire ce qu'il pensait. Moi non plus. Il mérite un traitement correct...

Et, se méprenant complètement sur la situation, von Reichenau ajoute: «Si nous sommes intelligents et ne nous comportons pas en Prussiens, nous pouvons obtenir l'amitié de la Belgique...» Première indication de la politique d'apaisement qui caractérisa les débuts de l'occupation allemande en Belgique.

Avant de quitter Bruges, von Reichenau dit au colonel Schuler, l'officier chargé de la surveillance du Roi: «Veillez à ce que tout se passe bien à Bruxelles; je tiens à ce qu'il en soit ainsi... Souvenez-vous que le Roi est la Belgique et que la Belgique est le Roi... Nous devons avoir les plus grands égards pour cet homme» [375]. Schuler arriva au palais du gouverneur à 4 heures environ et s'installa immédiatement dans une pièce équipée d'un appareil radio branché sur le quartier général du Führer. Une colonne d'infanterie allemande traversait en chantant la place du Bourg toute proche. Un poste de garde fut établi dans la cour du palais et, sous les yeux des passants incrédules, deux sentinelles allemandes ordonnèrent aux gendarmes de l'escorte royale de s'en aller et prirent position devant l'imposant porche d'entrée. Une pluie intermittente accentuait encore l'ombre de la défaite planant sur la vieille ville. Pendant ce temps, le roi Léopold rédigeait une proclamation finale à son armée:

> GQG, le 28 mai 1940
>
> Officiers, sous-officiers, soldats,
>
> Précipités à l'improviste dans une guerre d'une violence inouïe, vous vous êtes battus courageusement pour défendre, pied à pied, le territoire national.
>
> Epuisés par une lutte ininterrompue contre un ennemi très supérieur en nombre et en matériel, nous nous trouvions acculés à la reddition.
>
> L'histoire dira que l'armée a fait son devoir. Notre honneur est sauf. Les rudes combats et les nuits sans sommeil ne peuvent pas avoir été vaines. Je vous recommande de ne pas vous décourager mais de vous comporter avec dignité. Que votre attitude et votre discipline continuent à mériter l'estime de l'étranger.
>
> Je ne vous quitte pas dans l'infortune qui nous accable et je tiens à veiller sur votre sort et celui de vos familles.
>
> Demain, nous nous mettrons au travail avec la ferme volonté de relever la Patrie de ses ruines.
>
> LEOPOLD.

Le même jour, avant que la captivité ne le réduise au silence, le Roi écrivit des lettres personnelles émouvantes au Pape et au président Roosevelt dans lesquelles il s'efforçait d'expliquer la tragédie belge et les raisons qui l'incitaient «à partager le sort de mon armée et de mon peuple». La Belgique, déclara-t-il, avait rempli ses devoirs et tenu ses engagements internationaux en «maintenant scrupuleusement sa neutralité, ensuite en défendant, pied à pied, toute l'étendue de son territoire». Le Roi décrivit alors comment son armée, après s'être repliée de concert avec les armées de ses garants et «s'être dépensée sans compter dans une bataille de quatre jours», le dos à la mer, avait été «brisée sous le poids d'une supériorité écrasante d'effectifs et d'avions».

> Nous nous trouvâmes finalement encerclés sur un territoire extrêmement exigu, habité par une population très dense, envahi déjà par plusieurs centaines de milliers de réfugiés civils, sans abri, sans nourriture, sans eau potable, et refluant d'un endroit à un autre selon les bombardements aériens... Sollicité depuis plusieurs jours de quitter mes soldats, j'ai repoussé cette suggestion qui eût été pour le Chef de l'armée une désertion. De plus, en restant sur le sol national, je désire soutenir mon peuple dans l'épreuve qu'il traverse.

Les deux lettres, de contenu identique, furent largement diffusées en Belgique, mais leur publication fut interdite par la censure en Grande-Bretagne et en France et fut également bloquée aux Etats-Unis.

Le 29 mai, à 10 heures, Albert Devèze, le juriste éminent et ancien ministre qui servait comme officier non loin de là, arriva au palais du gouverneur. Le Roi l'avait convoqué pour le consulter et, après lui avoir décrit les circonstances qui avaient conduit à la capitulation, lui déclara: «Je me considère comme prisonnier, et tant que je serai prisonnier, je m'abstiendrai de toute activité politique». Mais il estimait urgent d'établir avec l'aide d'autorités en la matière les bases légales et constitutionnelles de la capitulation. Il voulait surtout être assuré que l'absence d'une signature ministérielle n'était pas irrégulière. Devèze conseilla au Roi de le charger, lui et deux autres experts juridiques de premier plan, servant également sous les drapeaux, Hayoit de Termicourt (l'Avocat Général) et Joseph Pholien (ancien ministre et juriste éminent) d'étudier la capitulation d'un point de vue légal. Le Roi accepta tout de suite et le 30 mai, les trois juristes remirent un rapport détaillé qui confirmait la légalité et la constitutionnalité des actes du Roi.

Ces conclusions juridiques étaient d'une importance capitale, en raison à la fois de l'autorité inattaquable de leurs auteurs et du moment où elles furent rédigées. Elles n'ont jamais été contestées et quand elles furent connues, elles contribuèrent grandement à l'établissement de la vérité. Un point particulier de cette longue note stipulait que la capitulation avait été une reddition purement *militaire*. Le Roi n'avait ni traité avec l'ennemi ni signé de convention à caractère politique. Son seul acte avait été d'ordonner de déposer les armes, et «lorsque les ministres ont tous quitté le sol national, que les communications avec eux sont devenues impossibles, le chef d'état-major général est investi du pouvoir de décider, en accord avec le Roi, tout ce qui a trait au domaine militaire». Dans une telle situation, un contreseing ministériel n'était pas requis.

Les juristes examinèrent plus en profondeur la nouvelle situation du Roi et conclurent que, puisqu'il avait choisi, en tant que Commandant en Chef, d'aligner son sort sur celui de ses soldats et de devenir prisonnier de guerre, il était, selon l'article 82 de la Constitution, temporairement dans l'impossibilité de régner. Ils déclarèrent néanmoins: «Préférant l'accomplissement de sa tâche militaire à tous les avantages qui se fussent attachés à son départ du sol national, le Souverain nous apparaît comme ayant donné un magnifique témoignage de son courage et de son désintéressement personnel».

Entre-temps, le 29 mai, le colonel Schuler s'était présenté devant le Roi au palais du gouverneur et lui avait déclaré que, pour des raisons politiques supérieures, il devait être transféré à Laeken à 23 heures. Les Allemands avaient décidé d'effectuer ce déplacement de nuit pour éviter des démonstrations de loyalisme et aussi, ce dont le Roi n'avait pas été mis au courant, parce qu'Hitler devait passer par Bruxelles le lendemain et qu'il souhaitait rencontrer son royal prisonnier. Heureusement pour Léopold, les plans d'Hitler furent modifiés et l'entrevue, qu'il n'aurait pu éviter en tant que prisonnier, n'eut pas lieu.

Cette nuit-là, le Roi et Van Overstraeten furent emmenés dans une voiture et sous escorte allemandes. Le voyage de 110 kilomètres de Bruges à Laeken dura cinq heures, à cause des terribles destructions qui jalonnaient la route. Lorsque le groupe épuisé arriva finalement à Laeken, des sentinelles allemandes montaient la garde devant les grilles d'entrée et le drapeau allemand flottait sur le palais. Une obscurité totale régnait suite à une panne de secteur. Une seule chandelle brûlait au milieu du hall lugubre et le Roi vit dans la pénombre la silhouette d'un homme qui lui parut avoir plus de «deux mètres de haut» et qui se tenait dans l'encadrement de la porte. C'était le général von Bock, le commandant du groupe d'armée B qui avait combattu l'armée belge, en grand uniforme, sabre au côté. Il désirait être présenté au Roi et rendre les honneurs à ce vaillant adversaire. Von Bock attendait là depuis des heures. Lorsque Léopold entra dans le palais, il se mit au garde-à-vous, rendit hommage au Roi et à son armée pour leur courageuse résistance en des termes semblables à ceux de von Reichenau, puis, ayant claqué des talons, disparut dans la nuit pour ne jamais réapparaître. Pour Léopold, tout cela avait un aspect complètement irréel. Il ne trouva aucun signe de perturbation dans le palais: tout était exactement comme il l'avait quitté... il y avait un siècle. A la différence près que maintenant, il était prisonnier dans sa propre maison.

Lorsque Léopold se leva plus tard dans la matinée, il était impatient de prendre un peu d'exercice pour se décontracter après ce qu'il venait de vivre, mais Schuler insista pour l'accompagner dans son tour du parc. Avec le corpulent Allemand à sa droite et l'alerte Van Overstraeten à sa gauche, le Roi s'éloigna d'un bon pas. Des pelotons d'infanterie campaient dans le parc, tout autour du palais, et beaucoup de soldats étaient torse nu sous le chaud soleil. Le Roi marchait à vive allure et bientôt l'Allemand se mit à transpirer et à s'essouffler. Comme Léopold et Van Overstraeten remontaient d'un pas toujours aussi rapide la pente qui menait au palais, Schuler se trouva de plus en plus distancé. «J'espère qu'il a compris», murmura le Roi à son compagnon. Ce fut la dernière fois qu'il vit Schuler car ce même après-midi, le colonel Kiewitz se présenta et lui annonça qu'il était envoyé comme attaché spécial à la personne du Roi.

La première entrevue avec Kiewitz fut brève, le Roi déclarant simplement qu'il désirait partager le sort de ses soldats si ceux-ci devaient être faits prisonniers de guerre. L'Allemand présenta ses excuses pour le comportement grossier de Schuler et de ses subordonnés. Il venait de les expulser du palais; ils ne dérangeraient plus le Roi. Léopold pouvait se féliciter de son nouveau surveillant. Kiewitz avait l'élégance de l'ancien diplomate, il parlait couramment français et avait suffisamment de tact pour n'imposer sa présence au Roi que lorsque sa mission l'exigeait. Mais il eut l'occasion, comme d'autres avant lui, de ressentir la froide désapprobation du Roi. Il décrivit plus tard cette première entrevue:

> Le roi Léopold me reçut avec un air extrêmement distant et un regard glacial. Il avait le visage que je lui revis si souvent par la suite, lorsque je me disais à moi-même: «Le Roi a encore tiré ses rideaux aujourd'hui». Un visage impénétrable qui vous arrête net à six pas. C'est l'impression qu'il me faisait ce matin-là. Je m'arrêtai à six mètres du Roi, le saluai et me présentai [376].

Ce matin-là, à dix heures, grâce au brassard de la Croix-Rouge qu'il arborait, un général belge réussit à passer la grille d'entrée malgré l'ordre qui avait été donné aux gardes allemands de ne laisser entrer personne sans laissez-passer. Ce général apportait au Roi une déclaration de loyauté du Procureur Général et la relation d'une manifestation de fidélité de la magistrature tout entière qui s'était déroulée au Palais de Justice. La motion de loyauté, rédigée par le bourgmestre de Bruxelles, Van de Meulebroeck, et signée par 2.441 bourgmestres d'autres communes et villes de tous les coins du pays, était elle aussi un témoignage significatif:

> Sire,
> La Belgique, une nouvelle fois victime d'un sort tragique et immérité contre lequel son armée, sous les ordres de Votre Majesté, l'a vaillamment défendue jusqu'à l'extrême limite de ses forces, tient à affirmer à la face du monde, par la voix de ses mandataires communaux demeurés au pays, son unité morale et son indéfectible fidélité à la personne de son Souverain et à la Dynastie qui a fait la grandeur du pays. En exprimant à Votre Majesté en ces heures douloureuses l'hommage déférent de notre loyalisme fervent et inaltéré, nous avons la certitude de répondre aux sentiments profonds de la population tout entière qui conserve sa confiance dans ses destinées de peuple libre et indépendant.

Des milliers de messages semblables commencèrent à affluer de toutes les régions du pays, émanant d'associations civiles et militaires de tous genres comme aussi de simples citoyens et de soldats. Un recueil anastatique de ces lettres et messages fut publié en 1949. Certains n'étaient que quelques mots griffonnés, d'autres étaient bien présentés et soigneusement rédigés, mais tous affirmaient la loyauté et la foi totale de leurs expéditeurs dans le courage, l'intégrité et l'honneur de leur Souverain. Parallèlement, selon une tradition bien belge, d'immenses bouquets de fleurs étaient déposés devant les grilles du palais jusqu'à ce que les Allemands fassent cesser ces démonstrations. Sans se laisser impressionner, les gens commencèrent alors à porter des badges ou des broches marqués d'un «L», en signe de leur patriotisme et de leur fidélité à la Couronne. Laeken avait maintenant l'aspect d'une prison. Des ordres furent donnés pour qu'aucun Belge ne soit autorisé à y entrer ou en sortir. La garde fut doublée à chaque grille d'entrée.

Le lendemain, 31 mai, le Roi reçut la visite de l'importun Dr Gebhart, accompagné cette fois du ministre d'Etat Meissner, le chef du secrétariat d'Hitler, porteur de plusieurs messages du Führer. L'ambassadeur d'Allemagne en Belgique, von Bulow Schwante, décrivit cette entrevue lorsque les alliés l'interrogèrent à la fin de la guerre: «Je me souviens très clairement que l'un de ces messages était une proposition de rencontre entre Hitler et le Roi, que celui-ci refusa résolument. Ce refus indisposa fortement Hitler contre le Roi».

Plus tard pendant la guerre, après le second mariage du Roi, Gebhart réapparut à Laeken en affirmant être envoyé par Hitler. Comme le Roi l'a raconté à l'auteur, sa femme, la princesse Lilian, était présente lorsque le docteur fut introduit. Ils furent «glacés d'horreur» par les récits dont il se vanta devant eux des expériences qu'il avait effectuées au nom de la science sur des cobayes humains (crimes pour lesquels il devait être pendu par la suite). Il leur fit aussi une description à donner froid dans le dos de certains des actes les plus ignobles commis par ses collègues nazis. Gebhart montra même quelques ampoules de cyanure, expliquant que tous les dirigeants nazis en portaient sur eux. Il les offrit au couple royal en disant: «Mais bien sûr, vous n'en aurez pas besoin pour mourir, n'est-ce pas?» Le Roi et son épouse eurent la sinistre impression qu'il savait qu'ils ne vivraient pas assez longtemps pour raconter cette histoire. Ayant congédié Gebhart, le Roi convoqua Kiewitz et lui dit toute l'horreur et le dégoût que lui inspirait le docteur. Le colonel répondit qu'en fait, il n'était pas envoyé par Hitler, encore qu'il fût un ami intime d'Himmler, que le Roi ne devait plus le recevoir à l'avenir et qu'il le tiendrait lui-même à distance. Lorsque Gebhart essaya une nouvelle fois de voir Léopold, Kiewitz tint sa promesse et refusa de le laisser entrer. Cette décision coûta cher au colonel car elle lui valut l'implacable inimitié de l'ami d'Himmler.

Le jour suivant, 1er juin, le Roi rédigea un memorandum qui établissait les principes auxquels il se rangeait pour toute la durée de l'occupation ennemie:

> Situation de la Belgique vis-à-vis de l'Angleterre et de la France:
> Jusqu'à ce jour, nous avons rempli tous nos engagements de neutralité, de guerre; maintenant, aussi longtemps que notre territoire sert aux hostilités, nous avons le devoir de n'associer le Pays à aucune action contre ceux qui étaient à ses côtés dans la bataille.
>
> Situation de la Belgique vis-à-vis de l'Allemagne:
> Nous ne pouvons que, contraints par la force, accepter que notre territoire reste utilisé au profit des opérations militaires. Donc pas de négociations possibles aussi longtemps que le territoire belge ne cesse de servir aux hostilités.
>
> Situation du Chef de l'Etat:
> Difficile en raison de la mentalité de beaucoup de Belges; de la position prise par le Gouvernement de Poitiers.
> En conséquence, le Chef de l'Etat ne peut poser aucun acte politique aussi longtemps que le territoire sert à des opérations militaires [377].

Deux jours plus tard, le Roi arrêta un code de conduite pour ses compatriotes aussi bien que pour lui-même lorsque Paul Tschoffen, un ancien ministre catholique liégeois, lui eut demandé conseil de la part des personnalités de sa ville quant à l'attitude que les Belges patriotes devaient adopter pendant l'occupation, particulièrement en ce qui concernait le travail dans l'industrie et le commerce. Après son audience, Tschoffen transcrivit exactement ce que lui avait dit le Roi et, après qu'il eut reçu du comte Capelle la confirmation que son texte «interprétait correctement» les déclarations du Roi, il le joignit à une lettre envoyée à W. Hallam Tuck, à l'ambassade des Etats-Unis de Bruxelles [378]:

1. Le Roi, prisonnier avec son armée, se trouve dans l'impossibilité d'exercer librement les fonctions de Chef de l'Etat. Aussi longtemps que cette situation perdurera, il s'interdira de façon absolue d'exercer ses fonctions. Provisoirement, le Roi ne «règne» pas.
2. La Belgique a rempli consciencieusement ses obligations envers ses garants. Il reste à accomplir un devoir: pendant que durera l'occupation, la Belgique doit s'abstenir de rien faire qui, sur le plan militaire, diplomatique ou économique, puisse nuire à la cause des Alliés.
3. Si la dernière phrase du message royal à l'armée annonce que la Belgique, qui est toujours en guerre, va se «remettre au travail», cela ne signifie pas que le Roi conseille ou admette que les Belges travaillent pour l'ennemi. Cette phrase doit s'entendre dans ce sens que doivent être repris les travaux propres à assurer la survie du peuple belge.
   Dans le cas où des travaux entrepris dans ce but serviraient aussi les intérêts de l'occupant, il appartiendra de rechercher en chaque espèce particulière, dans quelle mesure le travail envisagé est nécessaire pour pourvoir aux besoins de la population belge et dans quelle mesure l'occupant peut en tirer profit. On se décidera ou non à reprendre ou à poursuivre ce travail en s'inspirant de l'intérêt de la collectivité belge et de sa position dans ce conflit [369].

Ainsi, dès le début de sa captivité, alors que l'avenir ne se dessinait pas encore, le Roi arrêta, eu égard à sa position constitutionnelle, à son peuple, aux Alliés et aux Allemands, les principes qui, durant toute l'occupation, allaient guider de façon irréprochable son attitude et dont jamais il ne devait s'écarter.

Chapitre XXVII

Le grand mensonge

> Quand les membres du jury, qui s'appelaient M. L'Aveugle, M. Pas-bien, M. Malice, M. Convoîtise, M. Perdant, M. Noble, M. Inimitié, M. Menteur, M. Cruauté, M. Lueur de Haine et M. Implacable réapparurent, chacun d'eux exprima le verdict de culpabilité qu'il avait concocté en son for intérieur et tous alors, unanimement, conclurent qu'il était coupable.
>
> John BUNYAN, *The Pilgrim's Progress*

> Le mensonge avait presque fait le tour du monde avant que la vérité n'ait eu le temps de mettre ses bottes.
>
> SPURGEON.

«Les masses se laisseront toujours abuser par de grands mensonges, car si la plupart des gens s'en permettent de petits, ils seraient honteux d'en proférer de vraiment grands. Ils ne peuvent donc concevoir que quelqu'un puisse avoir le cynisme de falsifier la vérité d'une manière aussi éhontée». Cette vérité-là, fut formulée par Adolphe Hitler mais celui qui allait la mettre en pratique de la manière la plus pernicieuse et la plus impudente, fut Paul Reynaud, le Président du Conseil français.

A 8 h 30 du matin, le 28 mai 1940, Reynaud, la voix nasillarde chargée de venin, se lança sur les ondes dans une diatribe d'où il ressortait, entre autre choses, que l'armée belge:

> venait justement de capituler, sans condition, en rase campagne [380], sur l'ordre de son Roi, sans prévenir ses camarades de combat, français et anglais, ouvrant la route de Dunkerque aux divisions allemandes...
>
> Il y a 18 jours, le même Roi qui, jusque là, avait affecté la même valeur à la parole de l'Allemagne qu'à celle des Alliés, nous avait adressé un appel au secours. A cet appel, nous avions répondu suivant un plan arrêté depuis décembre dernier par les états-majors alliés.
>
> Or, voici qu'en pleine bataille, sans prévenir le général Blanchard, sans un regard, sans un mot pour les soldats français et anglais qui, à son appel angoissé, étaient venus au secours de son pays, le roi Léopold III de Belgique a mis bas les armes. C'est là un fait sans précédent dans l'Histoire...

Reynaud déclara alors: «Le Gouvernement belge m'a fait savoir que la décision du Roi a été prise contre le sentiment unanime des ministres responsables. Il a ajouté qu'il est décidé à mettre au service de la cause commune toutes les forces de son pays...»

Peu après, Radio Paris annonça que Léopold avait été déchu de sa Légion d'Honneur par décret gouvernemental [381].

Le même soir, à 6 heures et dans des circonstances que nous décrivons plus loin, le Premier Ministre belge, Hubert Pierlot, prononça lui aussi un discours radiodiffusé qui, en fait de calomnie et de mensonge, n'avait rien à envier à celui de Reynaud:

> Passant outre à l'avis formel du Gouvernement, le Roi vient d'ouvrir des négociations et de traiter avec l'ennemi. La Belgique sera frappée de stupeur, mais la faute d'un homme ne peut être imputée à la Nation entière. Notre armée n'a pas mérité le sort qui lui est fait...
>
> Le Roi, rompant le lien qui l'unissait à son peuple, s'est placé sous le pouvoir de l'envahisseur. Dès lors, il n'est plus en situation de gouverner...

De cette sinistre légende qui, après la capitulation belge, se répandit de par le monde, colportant partout la défection et la trahison de Léopold, l'unique responsable fut sans conteste Reynaud. Si son discours radiodiffusé n'avait pas faussement accusé Léopold d'avoir capitulé soudainement, en rase campagne, «sans prévenir ses camarades de combat français et anglais» et «sans un regard ni un mot» pour eux, la haute réputation du Roi et de son armée serait demeurée intacte. Si Reynaud en effet, avait dit la vérité, cette vérité qu'il connaissait, le monde libre aurait sans aucun doute continué à applaudir leur bravoure et à leur témoigner autant, si pas davantage, d'estime et de sympathie que par le passé. Car, le jour même où Reynaud les vilipendait publiquement, la presse britannique et mondiale était pleine de louanges pour Léopold et ses troupes. Outre les communiqués militaires, cités au chapitre 25, qui rendaient hommage à l'armée belge pour sa longue et courageuse résistance sur la Lys face aux terribles attaques terrestres et aériennes, la plupart des journaux britanniques du 28 mai reproduisaient le compte rendu par l'Agence Reuter d'une déclaration radiodiffusée la veille à 19 heures à Paris et reprise par la BBC, dans laquelle le Premier Ministre belge faisait encore l'éloge du roi Léopold [382].

Après avoir annoncé que son gouvernement venait de se réunir sur le sol français et qu'il était «unanime pour affirmer sa volonté de continuer le combat aux côtés des Alliés, quoi qu'il arrive», le discours de Pierlot rendait au Roi le bel hommage que voici pour la manière dont il avait mené la Nation et conduit les forces armées:

> «Pour le peuple belge plongé dans les terribles épreuves qui l'assaillent, une figure domine, vers laquelle toutes nos pensées se tournent: celle du Roi.

Plus que jamais, il est l'incarnation de la Nation. Nous lui sommes profondément reconnaissants d'avoir tenté tous les efforts possibles pour épargner à son pays les horreurs de la guerre.

Nous le voyons à présent dans un autre rôle, celui de soldat. Digne successeur du Roi Soldat, il occupe le poste que celui-ci occupa voilà vingt-cinq ans. Pendant de nombreuses années, il a été lui-même préparé à ce rôle. La dure école de la guerre fut sa première initiation. A seize ans, il se battait dans la boue de l'Yser, comme simple soldat de seconde classe.

La vie difficile qu'il a connue depuis, l'effort physique en montagne, ont trempé son cœur et son esprit.

Même au temps où la paix semblait assurée, il n'a jamais cessé de prôner le renforcement de l'Armée et de considérer celle-ci comme la seule sauvegarde de l'indépendance nationale. Lorsque vint l'heure, il prit lui-même la tête des troupes. Tous ceux qui sont revenus du front en ont témoigné: Léopold III est un homme et un chef. Nombreux parmi eux sont des vétérans qui ont connu son père».

Le lendemain, la censure leur ayant interdit de le publier, tous les journaux français passèrent sous silence cet hommage radiodiffusé de Pierlot. Mais aucune interdiction de ce genre ne joua en Grande-Bretagne et la presse d'outre-Manche le commenta abondamment le 28 mai. Le *Daily Mirror*, par exemple, en rendit compte de la manière suivante:

Le Roi des Belges n'a pas quitté ses troupes depuis trois semaines. M. Pierlot, le Premier Ministre belge, a déclaré la nuit dernière à la radio: «Léopold III est un homme et un chef. En cette terrible épreuve, une figure domine toutes nos pensées, celle du Roi. Nous lui sommes reconnaissants d'avoir tout entrepris pour épargner à notre pays les horreurs de la guerre. Il se trouve actuellement parmi ses soldats, comme le digne successeur de son noble père qui, il y a 25 ans, remplissait un devoir identique. Lorsque le danger menaça, il mit toute son énergie dans le renforcement de l'Armée». (Reuter).

Cependant, les allusions à Léopold dans l'édition suivante du *Daily Mirror* et dans d'autres journaux britanniques après que Reynaud l'eut officiellement accusé sur les ondes, lui et son armée, furent de nature toute différente. Quelques heures après l'allocution de Reynaud, Winston Churchill déclara au Parlement que l'armée belge avait «combattu avec un grand courage et qu'elle avait subi et infligé de lourdes pertes» et il recommanda de ne pas prononcer de jugements hâtifs sur l'action du Roi des Belges. Le même soir, Duff Cooper, le ministre de l'Information, déclara à la nation dans une émission radiodiffusée:

Il ne nous appartient pas de blâmer mais seulement de saluer les héros des batailles, qui n'en sont pas moins héroïques parce que leurs efforts ont échoué. L'armée belge était incapable de continuer plus longtemps. Elle a lutté vaillamment, elle a durement souffert, elle n'a cédé que face à une supériorité écrasante. Ce n'est pas l'heure de critiquer ou de récriminer... A cet égard, soyons conscients... de l'une des formes les plus insidieuses de la propagande allemande qui nous incite à rejeter le blâme sur les Français et incite les Français à rejeter le blâme sur nous.

Et pourtant, le matin suivant (29 mai), le *Daily Mirror* fut le premier à rejeter les recommandations des deux ministres. Dépassant tous ses confrères en virulence, il poursuivit la campagne de dénigrement hystérique dont Reynaud avait donné le signal en France le jour précédent. Les commentaires de cette feuille de gauche à sensation dépassèrent en effet largement en goujaterie ceux des autres publications britanniques et même ceux de certains journaux français.

A côté d'une caricature dépeignant Léopold sous les traits d'un serpent portant une couronne surmontée d'une croix gammée, le *Daily Mirror* publia un éditorial au vitriol intitulé «LE ROI DE LA CINQUIÈME COLONNE». Après une référence pleine de mépris à la description radiodiffusée de Pierlot présentant le Roi comme «l'incarnation de la nation» et «un homme et un chef», l'article le traitait de «salaud» pour avoir ordonné la capitulation de l'armée belge et le désignait comme «le plus distingué et le plus accompli de tous les généraux de la cinquième colonne de tous les pays européens jusqu'à ce jour». Il ajoutait que l'allocution radiodiffusée que Pierlot avait prononcée après celle de Reynaud «confirmait la traîtrise et démentait que son gouvernement eût une part quelconque de responsabilité dans la capitulation du Roi...» Dans une autre page du *Daily Mirror,* sous le titre «JE TRAHIRAI» *Cassandra* écrivait:

> Jusqu'à hier, un traître norvégien, le Major Quisling, détenait tous les records d'abjection. Cette triste réputation semble avoir suscité la convoitise de quelque personnage royal et c'est finalement le Roi des Belges qui n'a pu y résister. Quisling a été jeté à bas du trône des traîtres et un Judas royal de plus grande envergure a pris sa place... Par son acte perfide et terrible, Léopold a sali la réputation de sa Maison et déshonoré le magnifique nom de son père. Que penserait Albert Ier de son fils aujourd'hui, s'il était encore vivant pour assister à cette abominable désertion!...
>
> A l'heure où le Roi était en péril et où son pays se trouvait envahi, les alliés se sont précipités à son aide. Ces mêmes soldats qui étaient venus à sa rescousse, il les a cyniquement et brutalement abandonnés à leur sort. Avec un entêtement indigne, ce pitoyable monarque a refusé de discuter une alliance militaire avec les Alliés... l'affreuse explication se dessine en même temps qu'apparaît la perfidie du roi Quisling... C'est comme si son pays avait été vendu avant que la bataille ne commence... Le refus indigné des ministres du Roi de prendre part à cette capitulation ne fait qu'accentuer la responsabilité directe de Léopold dans cette lâche décision. Le Premier Ministre belge lui-même a rejeté le décret par lequel l'armée belge a déposé les armes... Le secret qui a entouré l'acte et la manière sournoise dont les émissaires furent envoyés au Haut Commandement allemand, sans en souffler mot aux généraux alliés qui après tout, étaient ses compagnons d'armes, augmentent encore l'horreur et le

dégoût qu'inspire cette affligeante opération. Le choc causé par cet effondrement est d'autant plus profond si l'on considère la réputation que ce jeune Roi s'était acquise.

Il était physiquement beau et se comportait avec dignité et courage. Sa bravoure était incontestée et son intégrité au-dessus de tout soupçon. Tout cela s'est évanoui en une nuit. Le héros s'est révélé l'artisan de l'une des plus grandes trahisons de l'histoire.

Cassandra profita de l'occasion pour accentuer la venimeuse campagne de dénigrement que le *Daily Mirror* allait mener tout au long de la guerre contre la conduite civile et militaire de la Nation et qui devait à plusieurs reprises mener le gouvernement à menacer ce journal d'interdiction [383]. Après avoir déclaré que tous les pays attaqués par Hitler avaient été «rongés et corrompus de l'intérieur par une cinquième colonne», il lançait:

Des hommes semblables sont aujourd'hui à l'œuvre en Angleterre. Il faut qu'ils cessent d'être protégés par la richesse, l'honneur, la renommée et la réputation... Ils se trouvent peut-être à la Chambre des Lords. Nous avons la preuve qu'ils sont à la Chambre des Communes. Il est certain qu'ils sont dans la finance. Si nous n'extirpons pas le mal nous-mêmes, Hitler nous aura comme il le voudra. Il est temps d'agir. Il ne peut y avoir de merci ou de discrimination dans un enjeu de cette taille [384].

Le même jour, tous les journaux de France et de Grande-Bretagne, et de nombreux autres dans le monde, prenant pour argent comptant le grand mensonge de Reynaud et sa confirmation par Pierlot, condamnèrent Léopold avec des intensités variées dans la véhémence et la parodie, pour avoir abandonné sans le moindre préavis les soldats français et britanniques accourus au secours de son pays. Ainsi, sous le titre «LÉOPOLD... UN QUISLING ROYAL?» le *Candidus* du conservateur *Daily Graphic* déclarait sans ambages: «Léopold a déposé les armes et a couvert son nom d'infamie jusqu'à la fin des temps».

Dans le *News Chronicle* de tendance libérale, Vernon Bartlett demandait si Léopold devait être «ajouté à la liste» des traîtres en tête desquels figurait Quisling et «être désormais connu comme le fils indigne de son grand homme de père?» «Le Premier Ministre nous a exhortés à ne pas porter de jugement hâtif, écrivait Bartlett, mais, une fois de plus, Hitler a remporté une victoire grâce aux méthodes de la cinquième colonne»; il affirmait aussi que Léopold n'avait montré que «peu de sympathie pour les méthodes démocratiques» et que le gouvernement belge avait projeté de réclamer son abdication «s'il hésitait à poursuivre la résistance». L'éditorialiste du même journal déclarait encore: «Les Britanniques sont un peuple tolérant, toujours enclin à l'indulgence, rarement intransigeant dans ses jugements. Mais la reddition du roi Léopold... ne pourra que leur apparaître comme un acte de trahison sans précédent».

Le matin même, dans le *Daily Express* de droite, un article de William Hickey intitulé «UN ROI ET UN PANTIN» s'efforçait d'opposer Léopold, décrit comme pro-germanique, à son père:

> Albert était francophile. Il est mort dans un bizarre accident d'alpinisme. On a accusé des agents nazis: aucune preuve n'a pu être établie. Les Nazis furent également accusés de l'accident de voiture dans lequel la femme de Léopold, Astrid, fut tuée. On a dit qu'ils avaient trafiqué le volant, technique qu'ils ont utilisée pour d'autres assassinats célèbres. Léopold, n'ajoutant pas foi à ces rumeurs, resta pro-Allemand; après la mort de sa femme, il passa toutes ses vacances dans la famille de sa mère en Bavière; il montra peu d'empressement à se rendre en visite à Paris... Tout au début de la guerre, Léopold choisit d'organiser des manœuvres militaires près de la frontière française et non à proximité de la frontière allemande...

Parmi les rares journaux qui accordèrent quelque attention aux conseils de Churchill, Keyes et Duff Cooper et firent preuve d'une relative retenue dans leur condamnation, figuraient le *Daily Telegraph* et le *Times*. Celui-ci, après avoir cité textuellement la déclaration modérée de Churchill au Parlement et les «commentaires cinglants» que «Reynaud a exprimés sur les ondes... en phrases mordantes d'un mépris glacial», commenta dans son éditorial:

> Les critiques émises hier à l'encontre du roi Léopold par M. Reynaud et d'autres personnes étaient nécessaires, ne fût-ce que par justice vis-à-vis de ceux qui, malgré la défection de leur chef, sont déterminés à poursuivre la lutte [385]. Il n'y a toutefois aucune raison de ne pas souscrire à une suspension du jugement final jusqu'à ce que tous les faits soient connus. Ce n'est certainement pas le moment de se livrer à d'inutiles récriminations...

The Times était également le seul à faire allusion au grand combat livré par l'armée belge, malgré la conclusion quelque peu ambiguë de son correspondant de guerre:

> Il ne sert à rien de récriminer. Ce qu'il faut faire, c'est noter avec impartialité que l'armée belge s'est admirablement battue pendant de longs jours et que les Allemands se sont rués sur elle avec une rare violence. Si sa résistance a quelque peu faibli ces derniers jours, l'armée s'est néanmoins bien acquittée de sa mission; si honte il y a, elle ne doit pas retomber sur les troupes.

Les critiques du *Daily Telegraph* furent, elles aussi, relativement modérées bien que ses tentatives pour expliquer ce qui avait pu inciter Léopold à capituler (pas plus que les autres il ne mettait en doute l'affirmation de Reynaud selon laquelle le Roi n'avait prévenu aucun de ses alliés) soient marquées au coin d'une ironie involontaire:

> Bien que la capitulation fût complètement inattendue, les milieux diplomatiques savaient que le Roi des Belges avait adopté peu après le

début de la guerre une attitude peu coopérative... De la rancœur avait dû vraisemblablement s'insinuer en lui, peut-être associée à la crainte indigne qu'il pouvait être abandonné de tous et qu'il avait intérêt à tirer son épingle du jeu.

Tels furent, dans la presse britannique, les commentaires sur la capitulation belge suscités par les allocutions radiodiffusées de Reynaud et de Pierlot. Ce jour-là également, l'émotion du comte de Derby le poussa à déclarer lors d'une réunion de la Chambre de Commerce de Liverpool:

> La lâcheté du roi Léopold — le fils d'un père courageux —, son indifférence complète au bien-être de son pays et à la sécurité d'alliés qu'il avait appelés à la rescousse, le révèlent comme un maître en perfidie et en traîtrise... Les termes sont très durs, mais j'ai le sentiment que la trahison d'un seul homme met en danger la vie de beaucoup d'êtres qui nous sont chers.

Entre-temps, à la Chambre des Lords, la déclaration gouvernementale sur la capitulation belge fut interrompue par Lord Marchwood (l'ancien chef de groupe suppléant, Sir George Penny) qui s'exclama: «Bien que l'on nous demande de suspendre notre jugement, je suis sûr que l'histoire dira que l'action du Roi des Belges est celle d'un traître vil et lâche.»

Comme l'a fait remarquer Spurgeon, «le mensonge avait presque fait le tour du monde avant que la vérité n'ait eu le temps de mettre ses bottes». Ainsi, le journal de Calcutta, *Capital,* tout éloigné qu'il fût du théâtre de la guerre, annonçait le jour suivant:

> Lorsqu'on écrira l'histoire de notre époque, la capitulation du roi Léopold devant Hitler apparaîtra comme l'acte de trahison suprême dans un long chapitre de tromperies, de mensonges et de corruptions... Il a été acheté, tout comme tant d'autres que les Nazis, dans leur longue série de corruptions et de chantages, ont payé au prix qu'ils demandaient... Il n'y a pas d'autre explication possible des faits qui ont déjà pu être établis, entre autres le fait irréfutable que le Cabinet belge s'est unanimement opposé à la décision de rendre les armes.

De nombreux mois s'écoulèrent avant que pût se faire jour une seule bribe de la vérité. Les hommes d'honneur qui savaient et voulaient réfuter les mensonges de Reynaud furent muselés par les gouvernements français et britannique, tandis que les calomniateurs de Léopold, le sachant prisonnier et dans l'incapacité de se défendre, n'en versaient que plus allègrement dans tous les excès de l'ignominie. Mais avant de donner quelques exemples des calomnies qui se mirent à proliférer *urbi et orbi,* il faut se pencher sur la question de savoir comment un seul homme parvint à susciter un tel torrent d'injures empoisonnées et à transformer aux yeux du monde un Roi-soldat, courageux et admiré, en un membre lâche et perfide de la cinquième colonne.

Les histoires hautes en couleur mais, pour la plupart, largement fantaisistes qui circulaient sur la cinquième colonne en Norvège, au Danemark, en Belgique et aux Pays-Bas — et avec le nom de Quisling en leitmotiv —, avaient mis le public en condition de gober la dénonciation de Reynaud. Il avala ses paroles malfaisantes comme un poisson qui avale hameçon, ligne et lest. Son imagination se mit à broder sur le canevas des calomnies proférées par Reynaud. Tout ce que le Roi avait pu faire aussi bien qu'un tas de choses qu'il n'avait jamais faites, tout fut dénaturé et produit comme «preuves» à sa charge. Personne, à aucun moment, ne mit en doute la parole d'un chef allié, nanti de tout le poids et de l'autorité du premier ministère de France, et surtout quand cette parole concernait le Roi d'un petit Etat neutre qui ne s'était joint aux Alliés que contraint et forcé par une dure nécessité. L'opinion publique française avait été soigneusement tenue dans l'ignorance de la corruption et du défaitisme qui régnaient en maîtres derrière la façade du pouvoir en France: les mœurs de ses politiciens, l'inaptitude de ses chefs militaires et par dessus tout, l'ampleur de la défaite militaire. La France était au bord de l'effondrement total, les trois armées alliées étaient encerclées et piégées dans le nord, la perspective de la capitulation devenait chaque jour un peu plus inéluctable et le Corps Expéditionnaire en pleine déroute, tentait, par une dernière manœuvre désespérée, d'évacuer ses troupes via Dunkerque. Le public ne soupçonnait rien. Les communiqués alliés se poursuivaient, paisibles, rassurants.

Quand un crime est commis, — et l'assassinat moral auquel Reynaud s'était abaissé est un crime particulièrement méprisable — il est d'usage d'enquêter sur les motivations, les circonstances et les complices du prévenu. Dans le cas présent, il suffit de remonter quelques jours en arrière pour faire clairement apparaître quels mobiles, quelles circonstances et quels complices avaient poussé Reynaud à agir de la sorte. Dès le 15 mai, il informait sans équivoque Churchill que la France était battue. A partir de ce moment, tout en continuant à exprimer publiquement sa volonté de poursuivre le combat, il avait en privé reconnu devant le général Spears et devant d'autres que, l'inéluctable moment venu, il laisserait à d'autres la charge de négocier la capitulation de la France. Il avait même décidé que la responsabilité en reviendrait au maréchal Pétain.

Le 25 mai, le Comité de Guerre entendait le Généralissime lui faire rapport sur l'état désespéré de la situation militaire. Le Président du Conseil l'informait en même temps qu'il proposait au gouvernement d'examiner les termes d'une paix avec l'Allemagne avant la désintégration totale de l'armée française. Le Comité pria alors Reynaud de s'envoler pour Londres et de demander au gouvernement britannique s'il serait disposé à relever la France de son engagement à ne pas conclure une paix séparée avec l'Allemagne. Le jour suivant, les ministres du Cabinet britannique apprirent de la bouche du Président du Conseil qu'il considérait la situation de la France comme «sans espoir» et qu'il ne voyait pas d'autre solution que d'abandonner le combat.

Reynaud, étant maintenant à la fois Premier Ministre et ministre de la Guerre, recevait donc, comme Weygand, les nouvelles incessantes décrivant la situation critique de l'armée belge, en même temps que les rapports français couvrant d'éloges la résistance désespérée de cette dernière face aux «massives» attaques de l'armée et de la force aérienne allemandes [386]. Le 26, Weygand et Reynaud reçurent également, par l'intermédiaire du général Champon, l'avertissement personnel de Léopold signalant que «la situation de l'armée belge est extrêmement grave» et que «les limites de la résistance sont près d'être atteintes». Ce même jour, Reynaud reçut un avertissement plus direct et plus précis encore sur l'imminence de la capitulation de l'armée belge de la bouche même de Paul-Henri Spaak qui avait quémandé une place dans l'avion ramenant le Président du Conseil à Paris après son entrevue fatidique avec le Cabinet britannique à Londres. Pendant le vol, Spaak fit part à Reynaud de ce que les quatre ministres belges s'étaient séparés du Roi le jour précédent, à Wijnendaele, parce que l'armée belge bousculée de toutes parts était sur le point d'être submergée et contrainte à capituler et que Léopold avait décidé de rester avec son armée et son peuple.

Le matin suivant (le 27) à 10 h 05, Weygand reçut le message de Champon l'avertissant que l'armée belge était au bord de la désintégration et à 18 h 05 — dix heures avant la capitulation — parvint à Vincennes un télégramme du «colonel Morel, en provenance du front nord/est» rapportant que Champon avait téléphoné pour dire: «Le Roi des Belges a envoyé un parlementaire au Haut Commandement allemand pour demander à quelles conditions il pourrait être mis fin aux hostilités entre l'armée belge et l'armée allemande». Le message ajoutait que Champon avait informé le Chef d'Etat-Major belge que la discussion de ces conditions devrait se dérouler en présence des représentants qualifiés des trois armées nationales, puisque celles-ci formaient un seul bloc. Le message de Champon se terminait en demandant que le général Blanchard soit mis au courant (il était incapable de le situer ou de prendre contact avec lui) et en disant qu'il attendait des ordres.

Au contraire du colonel Davy, qui réussit à faire parvenir un de ces messages d'avertissement au War Office en téléphonant de La Panne, vingt minutes avant le départ de la mission belge, Champon ne parvint pas à obtenir la ligne pour Paris avant son départ. Weygand a lui-même décrit les «moyens invraisemblables et détournés» qui avaient dû être utilisés pour envoyer des messages dans les deux sens, étant donné les consternantes déficiences des communications. En effet, le seul lien qui le reliait aux commandants de l'armée dans le nord étaient les liaisons radio de l'Amirauté française avec l'amiral Abrial à Dunkerque, avec lequel Champon maintenait un contact précaire et indirect par téléphone et «parfois même par l'intermédiaire de l'ambassadeur de France à Londres» [387].

Simulant une surprise quasi risible quand on sait le nombre d'avertissements qui lui étaient parvenus du front, Weygand écrit avec aplomb, dix ans après, dans ses mémoires: «cette nouvelle tomba comme un coup de foudre, rien n'ayant pu me faire prévoir une telle décision, aucun avis, aucune allusion» [388]; or, les avertissements reçus l'avaient même conduit à informer le gouvernement français deux jours plus tôt que les *trois armées* encerclées dans le nord étaient au bord de la défaite et de la capitulation. De plus, quelques heures auparavant, lors de sa conférence du matin avec Reynaud et Pétain, Weygand avait déclaré, selon Baudouin qui était présent: «Non seulement les Anglais n'attaquent pas mais ils se replient, et les Belges sont en train de céder. Comment éviter le désastre?» [389]

Peu après avoir reçu le message de Champon, Weygand se rendit en hâte au bureau de Reynaud, au ministère de la Guerre. Il y trouva, outre le Président du Conseil, le maréchal Pétain et le général Spears. Dans ses mémoires, ce dernier jette une lumière révélatrice non seulement sur l'état de décomposition de la Troisième République, mais aussi sur le comportement de ses chefs militaires et politiques pendant les derniers jours de celle-ci. Dans le chapitre relatif à cette journée particulière, Spears rapporte la gêne qu'il éprouva en entendant Weygand attribuer «le désastre du nord» au «refus de combattre» de Gort et parler de la «défection anglaise»; et il ajoute: «Il ne faisait plus de doute pour moi que Weygand chercherait, quoi qu'il arrive, à imputer à la Grande-Bretagne la responsabilité du présent». Sur ce terrain, le Généralissime était pleinement soutenu par Reynaud et ses ministres. Tous ne cessaient de rabâcher, rappelle Spears, que la situation militaire catastrophique de la France était due à la retraite, opérée par Gort, d'Arras en direction des ports, ainsi qu'à l'apport insuffisant de la Grande-Bretagne en forces terrestres et aériennes.

Quelques heures plus tôt, Spears avait trouvé Reynaud «pâle, sans ressort, fatigué, abattu», tandis qu'il racontait les discussions qu'il avait eues avec le Cabinet britannique à Londres le jour précédent. Le Président du Conseil reconnaissait qu'il avait signalé aux ministres britanniques que Paris pouvait être pris d'un jour à l'autre par une colonne de panzers et que la situation de la France était «désespérément critique». Il avait été plus déprimé encore par la perspective de l'entrée en guerre de l'Italie et de la capitulation belge, que Spaak lui avait annoncée, comme étant imminente. Lorsque Reynaud déclara pour la deuxième fois que, bien que lui voulût «aller jusqu'au bout, d'autres, qui n'étaient pas du même avis, pouvaient le remplacer et traiter avec les Allemands», Spears fut «sérieusement alarmé» et réagit avec vigueur. Il dit vertement au Président du Conseil que les Britanniques jetaient toutes leurs ressources dans la bataille (il n'apprit lui aussi que deux jours plus tard que l'évacuation de Dunkerque battait son plein depuis l'après-midi du jour précédent) — mais qu'il était peu probable qu'ils continuent dans cette voie s'ils pensaient que Reynaud était sur le point de passer la main à ceux qui voulaient jeter l'éponge. Un tel acte serait effectivement considéré, prévint-il, comme une «manière détournée de nous trahir et de trahir la France» [390].

Reynaud était visiblement au bout du rouleau et le sermon de Spears n'était pas particulièrement de nature à lui relever le moral, car il savait que la défaite française était imminente et qu'ayant juré de ne pas abandonner la partie, il n'aurait bientôt plus qu'à transmettre la charge de Président du Conseil à Pétain, ce que les Anglais considéreraient comme une trahison. Et c'est dans cette disposition d'esprit, le mot de trahison lui bourdonnant encore aux oreilles et le désespoir dans l'âme, qu'il apprit par Weygand que Léopold avait envoyé un messager aux Allemands.

Sa réaction à l'annonce que lui fit le Généralissime fut instantanée. Les Belges ne lui étaient plus d'aucune utilité sur le terrain, mais, comme boucs émissaires, ils ne pouvaient tomber plus à point. L'occasion s'offrait enfin, providentielle, de faire endosser par d'autres et ses propres erreurs et celles de tous ceux qui, à brève échéance, auraient été considérés comme les responsables de la défaite française. Ce rôle de bouc émissaire, il avait jusque là successivement tenté de l'attribuer aux seize généraux français (y compris le Commandant en Chef) qu'il avait cassés et déshonorés, puis à la «perfide Albion» pour sa «désertion» et sa «retraite en direction des ports». S'il parvenait maintenant à convaincre les Britanniques de soutenir sa position anti-Belge, cette hache de guerre pourrait être enterrée — provisoirement du moins — et les deux alliés, au lieu de s'accuser mutuellement de leurs propres défaillances, pourraient s'unir et mettre tout sur le dos de l'armée de leur petit allié et de son Roi qui, prisonnier de guerre, ne pourrait de toute façon pas se défendre.

En conséquence, sans la moindre hésitation et avec force démonstration d'étonnement et d'indignation, l'homme qui, si récemment encore, se montrait disposé à passer outre aux garanties données à la Belgique de protéger son inviolabilité en faisant avancer sur son sol les forces françaises en même temps que les britanniques, se lança dans la plus cabotine des diatribes, stigmatisant d'une «voix de furie» le Roi, sa «trahison» et sa capitulation «sans un mot d'avertissement». «Jamais il n'y a eu de telle trahison dans l'Histoire, hurlait Reynaud. Penser que c'est l'homme au secours duquel nous volions est une chose incroyable. C'est monstrueux, absolument monstrueux» [391]. Reynaud tenait le bouc émissaire parfait. A partir de ce moment, il allait continuer sans pitié et sans scrupules à flétrir le Roi comme un traître et un déserteur, donnant ainsi le coup d'envoi à la légende qui, pendant des années, devait noircir le nom de Léopold.

Au cours de la discussion qui suivit, Weygand déclara que «l'acte de désertion» du Roi, comme il le décrivit dans sa réponse à Champon, était «une bonne chose, puisqu'elle nous permettra de rejeter la responsabilité de la défaite sur les Belges». Dans ses mémoires, Reynaud fait allusion au «jugement outrageant» que le Généralissime «porta sur l'armée belge» à cette occasion. (Ce n'est que quatre ans après la guerre que Weygand fit partiellement amende honorable devant un groupe d'officiers belges) [392]. Les participants à la réunion se mirent alors d'accord sur la formulation d'une communication destinée aux Commandants en Chef alliés, qui fut expédiée à 20 heures par l'Amirauté française: «Les gouvernements français et britannique ordonnent d'un commun accord à leurs Commandants en Chef, le général Blanchard et Lord Gort, de défendre l'honneur de leurs drapeaux en se dissociant entièrement de l'armistice belge».

Plus tard dans la soirée, Weygand fit rapport au Conseil des Ministres qui s'était réuni d'urgence au palais de l'Elysée. Au mépris total de la vérité, le généralissime répéta qu'il n'avait reçu aucun avertissement au sujet du cessez-le-feu belge (qui n'était pas encore en vigueur) et affirma que celui-ci avait «détruit toute possibilité de réaliser son plan». Il ajouta que cette décision avait fortement accru les risques de désastre pour l'armée française, qu'il avait laissé pressentir au Comité de Guerre du 25. Evidemment, en ce qui concernait le Plan Weygand, le Généralissime expliqua que la «retraite des Britanniques en direction des ports» l'avait forcé à y renoncer, encore que ni lui ni Reynaud ne fussent alors au courant que l'opération Dynamo avait commencé l'après-midi précédent.

C'est grâce à la publication ultérieure par les Allemands des archives d'Etat françaises retrouvées dans des wagons de chemin de fer abandonnés, que nous savons exactement ce qui s'est dit lors de cette réunion du gouvernement français, le soir du 27 mai. Le procès verbal officiel en décrit ainsi le déroulement:

> M. Frossard (ministre de l'Information) suggéra que le gouvernement belge, qui s'était réfugié en France, dépose le roi Léopold.
>
> M. Georges Mandel proposa une action encore plus forte: «La réponse la plus efficace à la capitulation du Roi est de mobiliser les

400.000 Belges qui sont en âge de l'être. Le gouvernement belge doit les mettre à notre disposition».

M. Paul Reynaud: «Mais quel est le pouvoir du gouvernement belge sans la signature du Roi? Il ne peut même pas émettre un décret! Mais il y a le Congo Belge et je me réserve le droit d'en faire une monnaie d'échange!»

A un moment, Frossard déclara: «Je pense aux répercussions de la capitulation belge sur l'opinion publique française... Que pouvons-nous faire pour éviter un effondrement du moral des Français? Nous devons provoquer une réaction psychologique». La réponse de Reynaud fusa aussitôt: «Je parlerai sur les ondes à 8 h 30 demain matin». Ainsi donc, tout était là, les motifs, les mobiles, l'occasion. Il ne lui restait plus qu'à choisir ses complices.

Avant de lancer son attaque contre le Roi et son armée, Reynaud prit soin d'obtenir l'approbation des ministres belges réfugiés. Pierlot, Spaak et Denis (accompagnés par Le Tellier, l'ambassadeur de Belgique) furent donc convoqués devant Reynaud, Pétain et Weygand qui les saluèrent raides «comme des statues». Et là, «comme en face d'un tribunal» [393], le quatuor aussi peu à l'aise que possible eut droit à une harangue au cours de laquelle Reynaud, déversant toute sa rancœur, leur exprima tout ce qu'il pensait de l'attitude du Roi et de l'armée belge.

Devant cette tirade, Pierlot promit avec componction que le gouvernement belge poursuivrait la lutte aux côtés de la France et de la Grande-Bretagne. En fait, il ne faisait ainsi que confirmer la résolution prise quelques heures plus tôt par le Conseil des Ministres averti de l'imminente défaite de l'armée belge, qu'il avait d'ailleurs reprise dans son propre discours enregistré moins d'une heure auparavant à Radio-Paris avec les références élogieuses que l'on sait au leadership exemplaire du Roi. Tandis que le général Denis, ne pouvant retenir ses larmes, protestait face à cet outrage à l'honneur de l'armée belge et de son Commandant en Chef, Pierlot, dans une volte-face remarquable (selon Paul Baudouin qui fut témoin de la scène) déclara qu'il était en «complet désaccord avec le Roi et que celui-ci avait trahi la Belgique» [394].

Le processus d'intimidation n'était pas terminé pour autant. Aux premières lueurs de l'aube, Pierlot et Spaak furent tirés de leurs lits pour s'entendre dûment réprimander à la résidence privée de Reynaud. Là, comme l'a relaté Spaak, le Premier Ministre français dit aux ministres belges qu'il annoncerait à la radio dans quelques heures la nouvelle de la capitulation belge au peuple français «dans des termes tels que la sécurité des dizaines de milliers de nos compatriotes à cette époque réfugiés en France pouvait être mise en danger»; que son discours déchaînerait inévitablement la «colère populaire» contre eux;

qu'il ne pouvait pas répondre de leur sécurité et que le gouvernement belge ferait mieux de préciser sans retard quelle était sa position. «Que faire? écrivit Spaak. Sur le sol étranger où le Président du Conseil nous traitait comme des coupables, notre situation n'était guère enviable». Peu enviable, mais exactement telle que Léopold la leur avait prédite s'ils cherchaient refuge en France.

Les ministres belges étaient placés devant deux possibilités: ou ils s'opposaient à Reynaud et refusaient d'avaliser l'attaque et la calomnie lancées contre leur chef d'Etat et leur armée ou ils se soumettaient bassement devant ce fatras d'intimidation et de chantage. Malheureusement, ils optèrent directement pour la seconde, à la restriction près que, comme Spaak en témoigna plus tard, Pierlot rejeta quand même la demande du Premier Ministre français d'annoncer, au nom du gouvernement belge, la destitution du Roi et l'adoption de la Constitution française. Après avoir obtenu de Reynaud l'autorisation pour Pierlot de parler à la radio immédiatement après lui, les deux ministres se précipitèrent à l'ambassade de Belgique. Ils y préparèrent un discours dans lequel ils flétrissaient l'honneur et la réputation de leur Souverain plus encore que ne l'avait fait Reynaud car ils y prétendaient maintenant qu'ils s'étaient opposés à la capitulation actuelle et que le Roi avait agi à l'encontre de leurs conseils.

Spaak a relaté comment il dicta la déclaration à un boy scout qui se trouvait à l'ambassade en l'avertissant: «Mon garçon, ce que je vais vous dicter n'est ni gentil, ni réjouissant». «Ce n'était en effet pas gentil, écrit le biographe de Spaak, car il était dorénavant aussi acculé que Reynaud à trafiquer la vérité. Au lieu de laver le Souverain des affronts infligés à son honneur de soldat en expliquant que la capitulation était devenue inévitable et que les ministres s'étaient seulement opposés à sa décision de rester auprès de ses troupes, Spaak laissa entendre que ses collègues et lui partageaent globalement la condamnation du Roi et de la capitulation militaire.» [395]. La première — et la plus modérée — mouture du discours que préparèrent Spaak et Pierlot annonçait:

> Le Roi vient d'ouvrir avec l'ennemi des négociations en vue de la cessation des hostilités. Cette décision a été prise à l'encontre de l'avis formel et unanime du gouvernement. Il ne lie pas le pays, puisque le Roi ne peut exercer aucun pouvoir sans ses ministres. La Belgique apprendra la fatale nouvelle avec une douloureuse stupeur.

Reynaud avait promis aux ministres belges que leur allocution radiodiffusée suivrait la sienne. Mais peu avant 8 heures, il téléphona pour dire que Pierlot ne pourrait pas parler avant midi. Lorsque Reynaud occupa les ondes une demi-heure après, chacune de ses phrases et de ses inflexions de voix étaient calculées pour mettre à exécution sa menace de dresser la «colère populaire» contre son allié belge. Sans un seul mot favorable pour la résistance obstinée et stoïque de l'armée belge, sans la moindre sympathie pour la population vaincue, Reynaud déversa contre les Belges le vitriol de ses invectives. Il détruisit d'un coup le prestige immense acquis par eux au cours de la guerre 1914/18 et en fit les «putois du monde», pour reprendre les termes de Pierlot.

Reynaud ne se contenta pas d'insulter Léopold, il laissa entendre que l'armée belge tout entière était déshonorée. «C'est à nos soldats que nous pensons. Ils peuvent dire, eux, que leur honneur est intact... ils ont donné mille exemples d'héroïsme... Nos chefs et nos soldats forment un bloc dans lequel le pays a une confiance totale et qui fera, demain, l'admiration du monde».

Et c'est ainsi, par cet amalgame de mensonges, de demi-vérités et de vérités tronquées que Reynaud falsifia le désastre belge aux yeux du monde. Le grand mensonge était en route. Dans ses mémoires, Spaak déclare qu'en écoutant le discours de Reynaud, il lui vint plus de larmes qu'il n'en avait versées depuis l'enfance et qu'il éprouva un extraordinaire sentiment de honte collective. L'allocution de Reynaud terminée, Pierlot et lui n'en modifièrent pas moins le texte qu'ils avaient préparé. Non seulement celui-ci se faisait l'écho des paroles outrageantes qui venaient d'être prononcées mais, dans les charges mensongères contre le Roi, il allait encore au-delà de ce qu'avait dit Reynaud.

«Le grand mensonge, écrit le biographe de Spaak, devait encore être aggravé... Alors que le Français s'était contenté de le dénoncer — par des insinuations et des intonations — pour avoir déposé les armes, eux ajoutèrent l'accusation bien plus grave qu'il «traitait avec l'ennemi» [396]. Ainsi, «Le Roi vient d'ouvrir des négociations avec l'ennemi en vue d'une cessation des hostilités», dans la version originale, devint dans le discours que prononça finalement Pierlot: «Passant outre à l'avis formel du gouvernement, le Roi vient d'ouvrir des négociations et de traiter avec l'ennemi». Ceci, ajouté au fait d'avoir donné l'ordre du cessez-le-feu contre l'avis de son gouvernement, devenait «l'acte que nous déplorons». «La Belgique apprendra la fatale nouvelle avec une douloureuse stupeur» devint «La Belgique sera frappée de stupeur, mais la faute d'un homme ne peut être imputée à la Nation entière. Notre armée n'a pas mérité le sort qui lui est fait».

Il fallut attendre 18 heures pour que le Premier Ministre français autorise enfin Pierlot à radiodiffuser son discours, après le lui avoir fait postposer à plusieurs reprises, insistant chaque fois pour qu'on y apporte des amendements rendant son contenu encore plus défavorable au Roi. Tel qu'il fut prononcé, il doit avoir pleinement satisfait Reynaud. Non seulement il confirmait ses mensonges et semblait justifier ses propres accusations contre le Roi, mais de plus il les renforçait. Outre l'accusation d'avoir capitulé contre l'avis de son gouvernement et de traiter avec l'ennemi, Pierlot flétrissait les actions attribuées au Roi comme illégales et anticonstitutionnelles. Il déclarait ensuite que puisque Léopold s'était placé sous le pouvoir de l'envahisseur, il n'était plus en situation de gouverner; le gouvernement en conséquence libérait tous les officiers de l'armée, les diplomates, les agents du gouvernement et les fonctionnaires civils de leur serment d'obéissance au Roi. En dénonçant ainsi son souverain et en publiant ce décret, Pierlot déchaîna contre lui-même et contre les autres ministres en exil la haine furieuse non seulement de la population belge, mais surtout celle de tous les serviteurs loyaux de la couronne, qu'ils fussent civils ou militaires. Un officier d'état-major décrit ainsi la scène au GQG belge lorsque leur parvint la nouvelle du décret de Pierlot:

> La décision royale n'avait pas suscité la moindre critique, tant notre fidélité à l'égard du Roi n'avait d'égale que l'admiration que nous éprouvions pour lui...
>
> Une histoire incroyable et monstrueuse volait de l'un à l'autre: la radio française avait informé les officiers belges que le gouvernement Pierlot les avait libérés de leur serment d'obéissance au Roi.
>
> Ce dernier outrage surpassait en énormité tous les précédents; beaucoup d'officiers exprimèrent ouvertement leur colère et leur dégoût... Le général Michiels, chef d'état-major, rassembla tous les officiers et dénonça en quelques mots les lâches accusations de félonie prononcées contre le Commandant en Chef de l'armée. D'une voix creuse et étouffée, il nous demanda de resserrer les rangs autour de notre chef, le Roi, et de renouveler notre serment de fidélité et d'obéissance.
>
> Tous les officiers présents s'écrièrent avec une émotion et une conviction intenses: «Nous le jurons! Longue vie au Roi! Longue vie au Roi!» La plupart d'entre nous avaient peine à refouler leurs larmes. La pièce vibrait d'une exaltation indescriptible.

Des manifestations similaires d'allégeance au Roi — et de réprobation pour ses calomniateurs — se déroulèrent dans toute l'armée. En Belgique, en France et au Congo, des officiers de tous rangs réfutèrent les accusations lancées contre le Roi et l'armée, rendirent hommage aux deux pour leur conduite courageuse et honorable et exhortèrent leurs hommes à demeurer fidèles à leur Souverain.

Etant donné les préjugés extrêmes que les calomnies de Reynaud parvinrent à susciter dans le monde, et particulièrement en France et en Grande-Bretagne, à l'encontre du Roi des Belges et de son armée, il faut se tourner du côté de leurs adversaires allemands et de certains observateurs américains, français et anglais objectifs pour avoir une appréciation correcte et impartiale de la part que prirent les Belges à la campagne des dix-huit jours de mai 1940. La majorité des comptes rendus britanniques reflètent les vitupérations auxquelles Pownall continua de se livrer contre les Belges et leur Roi. Ses carnets ne furent pas publiés avant 1972, mais les *Despatches* de Gort, les mémoires de guerre de Winston Churchill et surtout *The Official History*, furent tous écrits sous son influence. Les assertions injustes et inexactes qui parsèment ces publications ont été par conséquent répercutées par toute une série d'auteurs qui, sans chercher plus loin, se les sont transmises les uns aux autres dans leurs écrits sur le sujet.

Par contre, les affirmations de témoins oculaires tels que l'amiral Keyes et le colonel Davy ont été largement ignorées. En plus de ses rapports, mémoranda et souvenirs, dont des extraits ont été donnés plus haut, Davy écrit ce qui suit au général belge Nyssens, en septembre 1949: «Les militaires au courant étaient très impressionnés par les performances de l'armée belge en 1940. Certains s'attendaient à ce qu'elle fût balayée en une semaine par le premier rush allemand... Très peu s'attendaient à ce qu'elle fournît pareil effort. Et aucun ne s'attendait à ce que les dix-neuf divisions, dont six n'avaient été mobilisées que quelques mois auparavant, se comportent comme des formations expérimentées». Davy concluait en exprimant sa confiance, qui allait malheureusement se révéler bien peu fondée, que lorsque *The Official History* de la campagne serait écrite, «on rendrait pleinement justice à l'armée belge pour sa très courageuse performance».

Parmi la poignée d'historiens britanniques qui se sont donnés la peine d'étudier des témoignages de première main et ont rendu justice aux Belges et à leur Roi — en soulignant que sans leur résistance prolongée, il n'y aurait peut-être pas eu de sauvetage pour le Corps Expéditionnaire — figurent Sir Basil Liddell Hart et le docteur Brian Bond, dont les écrits sur le sujet sont des modèles d'exactitude et d'impartialité.

Un autre témoin oculaire important — un Américain cette fois — fut le lieutenant-colonel Duncan Brown, attaché militaire des Etats-Unis en Belgique, qui affirma lorsque la bataille fut terminée:

> L'armée belge se battit obstinément sur des positions de repli successives et se retrouva finalement complètement isolée, le dos à la mer. Son artillerie avait combattu avec une extrême efficacité, ses grandes unités étaient bien dirigées. Elle dut cependant s'incliner, n'ayant en fait ni force aérienne ni protection anti-aérienne à opposer à l'aviation allemande. La capitulation du Roi des Belges, le 28 mai, était le seul choix possible. Ceux qui disent le contraire n'ont vu ni la bataille, ni la force aérienne allemande. J'ai vu les deux.

Curieusement, certains des plus ardents défenseurs du Roi furent des Français, parmi lesquels se distingue un certain capitaine de corvette, de Maupeou, qui commandait les unités navales françaises à Ostende. Le 30 mai 1940, il écrivit de Londres à sa femme: «Partout je défends le roi Léopold qu'on salit indignement. Ses ministres n'ont aucun droit de prétendre représenter mieux que lui la Belgique. Je les ai vus à Ostende terrorisés par les bombardements, en fuyards, alors que le Roi est resté bravement et dignement tout près du feu, au milieu de ses troupes. C'est faux de dire qu'il a trahi. La partie était de toute manière désespérée et *pas à cause de lui.* Je conjure tout le monde d'attendre avant de juger et je crois qu'on a fait un peu attention à ce que j'ai dit. Vu aussi à Londres le cher amiral Keyes, qui pense bien ainsi, comme du reste tous les témoins oculaires de bonne foi qui étaient sur place...»

Un autre officier français qui se sentit obligé de défendre l'honneur de Léopold et de ses soldats fut l'écrivain et courageux leader de la résistance, le colonel Rémy [397]. De fait, celui-ci écrivit *Le dix-huitième jour* dans le but de «faire publiquement réparation» au Roi et à l'armée belge, car en tant que Français, il avait conscience que l'outrage constitué par le «tissu de mensonges» et les «lâches calomnies» qui les avaient déshonorés, avait pris naissance en France, dans la bouche même du chef du gouvernement. Le livre de Rémy est donc non seulement une chronique très bien documentée des événements et une défense complète du Roi et de son armée, c'est aussi un réquisitoire cinglant contre Reynaud et ses «complices» français et belges qui, en injuriant Léopold, ont «détourné la colère des Français contre un Souverain dont la loyauté vis-à-vis de notre pays et de la Grande-Bretagne ne vacilla pas un seul instant» [398].

Parmi les quelques écrivains de langue anglaise qui firent un compte rendu honnête et circonstancié de la performance des Belges figure l'historien américain Telford Taylor dont les commentaires sur «leur défense pleine de détermination et bien dirigée» et leur «retraite habilement réalisée... malgré une pluie meurtrière de bombes», ont déjà été cités. Dans sa conclusion finale, il écrit: «Le jugement sur l'armée belge doit certainement être *très bien...* Pendant dix-huit jours, l'armée de Léopold tint bon contre la marée allemande, luttant vaillamment, même lorsque le cours de la bataille générale eut scellé le sort de la Belgique. Si la qualité de la performance belge s'était répétée dans d'autres pays, l'ampleur des conquêtes allemandes aurait été réduite». Telford Taylor s'en prend à Lord Alanbrooke pour le flot d'allusions négatives faites à l'armée belge — sans preuves à l'appui — dans son livre *The Turn of the Tide* «et dont il faudrait conclure que l'Etat-major belge était totalement incompétent et que les troupes manquaient de combativité» [399].

Dans son excellente biographie, le général Sir David Fraser décrit Alanbrooke comme étant, en dépit de ses grandes qualités, un être pessimiste et hypercritique. Ces traits de caractère furent particulièrement visibles au cours du séjour peu heureux que fit, avant Dunkerque, le Corps Expéditionnaire sur le continent. Le général Brooke s'y montra profondément déprimé par les déficiences de ses troupes et celles de leur Haut Commandement, et rongé par sa défiance vis-à-vis des Français et des Belges en même temps que par son anxiété au sujet de son fils gravement malade.

Le général Fraser se montra toutefois plus indulgent qu'Alanbrooke et la plupart des autres militaires britanniques dans ses appréciations au sujet du Roi des Belges et de son armée. Bien qu'il n'aille pas jusqu'à reconnaître que le Corps Expéditionnaire ne s'en fût pas sorti sans leur résistance courageuse et prolongée, il concède que «l'armée belge avait passé un dur moment, soumise sans répit aux bombardements». Fraser souligne également que, bien que le gouvernement britannique eût ordonné à Gort d'évacuer le Corps Expéditionnaire le 26 mai, il n'en informa pas les Belges et qu'il est donc «déplacé» et «illogique» de critiquer le Roi pour avoir capitulé le 28. Il précise alors:

> C'est particulièrement malvenu lorsque l'on considère que dès le 20 mai, le roi Léopold, jugeant avec perspicacité la situation stratégique et prévoyant le dilemme qui allait se poser aux Britanniques de savoir sur quel flanc maintenir le contact avec les Alliés, avait explicitement dit avoir bien conscience qu'il ne pourrait pas demander au Corps Expéditionnaire de maintenir le contact avec lui par des actions qui porteraient préjudice à la sécurité des troupes britanniques... [400].

A l'opposé de cette reconnaissance tardive et partielle de la contribution désintéressée des Belges au sauvetage du Corps Expéditionnaire — la première à émaner d'un général britannique, quarante-deux ans après les faits [401] —, les Allemands se sont montrés, comme le rappelle Telford Taylor, «plus respectueux» et ne tardèrent pas à exprimer leur admiration pour la vaillance et l'abnégation des troupes belges.

Hitler lui-même fut amené à déclarer: «Sur le front ouest, si l'on fait la part des choses, ce furent les Belges qui offrirent la plus forte résistance aux Allemands et qui leur infligèrent les plus lourdes pertes». Il montra son admiration pour l'armée belge et son Commandant en Chef en ordonnant «que leur soit réservé un traitement digne des courageux combattants qu'ils ont été»; et dans une lettre à Mussolini, il écrivit: «Le soldat belge a en général combattu très courageusement. Au début, cette ténacité était stupéfiante...» Dans le même sens, le général Westphal écrit dans son livre sur l'armée allemande à l'ouest: «Il était étonnant de voir que plus la fin approchait, plus les Belges faisaient preuve de pugnacité».

En ce qui concerne l'offensive de la sixième armée, von Reichenau affirma que «les combats les plus durs dans les premiers jours se déroulèrent le long du canal Albert», tandis que von Bock dans ses carnets de guerre, écrivit que «les vingt-deux divisions belges défendirent leur pays avec ténacité et grand courage, en utilisant au mieux leurs nombreuses forteresses et fortifications...» On trouve une autre opinion ennemie (quoique désobligeante pour les Britanniques) exprimée dans l'histoire de la dix-huitième division allemande, *Notre route vers la mer*: «Les Belges, qui couvrirent la lâche retraite des Anglais avec une bravoure extraordinaire... opposèrent une résistance opiniâtre à notre poursuite». Pour finir, l'important dissident allemand Ulrich von Hassell, cite dans son journal un ami lui ayant dit: «Parmi nos adversaires, ce furent les Belges qui combattirent le mieux».

Les Allemands ne reconnurent pas de moins bonne grâce les qualités combatives du soldat britannique lorsque celui-ci fut soumis à leur pression sur le front; dans une lettre à Mussolini, Hitler déclara en effet que les Britanniques s'étaient montrés à la hauteur de leurs prédécesseurs de la première guerre mondiale en se montrant «très courageux et tenaces en défense» mais ajoutant qu'ils étaient «maladroits en attaque et piètrement commandés». Mais comme Pownall lui-même dut l'admettre dans son journal [402]: «Nous n'avons pas eu à supporter d'aussi graves attaques que d'autres.» [403] Mais si les troupes britanniques eurent par la suite bien des occasions de montrer aux Allemands leurs qualités militaires, ce fut dans une large mesure grâce à la couverture fournie naguère par l'armée belge pour leur sauvetage, sous ce que l'amiral Keyes a nommé «le commandement éclairé du roi Léopold».

Bien que les autorités militaires officielles en Grande-Bretagne n'aient jamais publiquement reconnu que le roi Léopold et son armée avaient, par leur résistance prolongée, sauvé le Corps Expéditionnaire, un général du Commonwealth ayant suivi des cours pour officiers supérieurs en Angleterre après la guerre, a révélé que la doctrine officielle enseignait que la courageuse résistance des Belges face au déferlement de forces très supérieures avait empêché le noyau de l'armée britannique d'être coupé de la côte, et donc permis à cette armée de rembarquer et de «survivre pour se battre un autre jour».

Mais l'expert militaire mondialement connu Liddell Hart estima qu'une telle discrétion n'était pas de mise dans la mesure où l'opinion publique devait être éclairée et, comme le rapporta le *Times* du 10 novembre 1960, il fit un exposé au King's College de Londres dans lequel il déclara carrément que «l'armée britannique à Dunkerque avait été sauvée de l'anéantissement par le Roi des Belges Léopold». L'article poursuivait: «Le capitaine Liddell Hart a dit que la thèse de Sir Arthur Bryant selon laquelle le sauvetage de l'armée britannique était principalement dû à Lord Alanbrooke ne résistait pas à l'examen. L'un des facteurs de salut fut la halte provisoire des panzers ordonnée par Von Rundstedt à hauteur du canal devant Dunkerque et la transformation de cette halte en un arrêt de trois jours décidé par Hitler. L'autre facteur fut que *la malheureuse armée belge* absorba le poids de l'attaque frontale des Allemands par le nord. Le temps que le front belge fût contourné, les Britanniques avaient réussi à se mettre hors d'atteinte et à trouver refuge à Dunkerque. La pression et le danger sur le front d'Alanbrooke ne furent *jamais tels qu'il l'a imaginé.* Mais si le roi Léopold avait quitté la Belgique le 25 mai 1940, comme l'en pressaient ses ministres et M. Churchill, l'armée belge aurait probablement capitulé immédiatement au lieu de combattre jusqu'à la nuit du 27 mai. Si cela s'était passé ainsi, les Britanniques auraient eu très très peu de chance d'échapper à l'encerclement. On peut donc sans exagération affirmer qu'ils ont été sauvés par le roi Léopold, ce roi Léopold que la Grande-Bretagne et la France allaient bientôt traîner si ignominieusement dans la boue».

Chapitre XXVIII

Le bouc émissaire

«Faisons... retomber nos péchés sur le Roi!»
William SHAKESPEARE, *Henry V.*

Pendant ce temps à Paris, en vue d'atténuer le côté assassinat d'un Souverain qui s'était si étroitement modelé sur l'image de son père, Pierlot mena un groupe de ministres et de parlementaires belges devant la statue du roi Albert, place de la Concorde. Et là, devant le monument drapé de noir pour la circonstance, en présence de la presse internationale et d'une foule de gens, ils se livrèrent à une «cérémonie expiatoire» tandis que fusaient les cris de «lâche» et de «traître» et que Pierlot déposait une couronne au pied de la statue. Ensuite, dans le but d'aligner les représentants diplomatiques et consulaires de la Belgique à travers le monde sur la politique anti-léopoldiste du gouvernement, Spaak envoya de son ministère des Affaires Etrangères une série de télégrammes donnant un compte rendu partial de la rupture entre le Roi et son gouvernement et prétendant notamment qu'il avait l'intention de jouer un rôle politique dans le pays envahi.

Si l'allocution radio de Pierlot réussit à détourner la réprobation du monde libre de son gouvernement pour la reporter sur le Roi, ses effets furent exactement inverses en Belgique où Léopold était révéré comme un héros et où il le resta pour la grande majorité de la population. En fait, lorsque le peuple belge entendit la philippique de Pierlot dans la foulée du discours de Reynaud, une tempête d'indignation horrifiée éclata dans tout le pays et ce fut au tour des ministres absents d'être traités de «lâches», de «traîtres» et de «déserteurs». Comme Pierlot et ses collègues l'apprirent bientôt, en salissant leur Souverain, ils avaient fait naître dans le cœur de leurs compatriotes une haine plus grande encore à leur égard que celle qu'ils vouaient à Reynaud.

«La conviction était quasi universelle, écrivit Paul Stuye dans son excellente chronique de l'occupation, que la capitulation avait été à la fois un acte inévitable et une résolution sage... M. Pierlot atteignit le sommet de l'impopularité et l'on peut sans doute affirmer qu'en dépit de la violence traditionnelle de nos luttes de partis, jamais homme d'Etat ne fut aussi honni par la grosse majorité de ses compatriotes» [404]. Comme le rappelle Spaak, l'impopularité des ministres absents dans leur pays occupé leur fut brutalement rapportée quelques jours plus tard, lorsque le premier de leurs compatriotes arrivant de Belgique, un officiel de la Croix Rouge du nom de Pelgrims de Grand-Bigard, leur dit: «Vous ne devez vous faire aucune illusion, la Belgique entière est derrière le Roi, vous êtes détestés, ou — pour employer une expression un peu grossière — vous êtes vomis; on trouve que vous avez agi d'une manière scandaleuse» [405]. Par contre, comme l'écrit Jean Stengers: «La popularité de Léopold III, en cet été de 1940, est en effet immense. Chez beaucoup, c'est de l'idolâtrie. On lui est reconnaissant d'avoir mis fin à un massacre devenu inutile. On l'admire d'avoir voulu partager le sort de ses soldats. Comme il a subi des outrages que l'on trouve profondément odieux..., on est profondément de cœur avec lui» [406]. Et Paul Struye ajoute: «Le pays presque tout entier se rallia autour du Roi. Ce fut un mouvement d'une spontanéité, d'une unanimité et d'une intensité exceptionnelles dans nos annales. Jamais, sans doute, on n'avait assisté à une telle exaltation du loyalisme dynastique».

Le prisonnier de Laeken fut grandement réconforté par l'évidence que son peuple était uni comme il ne l'avait jamais été dans sa fidélité au Roi, évidence qui se manifestait jusqu'à son palais-prison par un flot sans cesse croissant de messages de dévouement et de soutien, accompagnés d'une avalanche de fleurs. Mais loin d'éprouver de l'amertume, Léopold songeait à la manière de dissiper les malentendus et de combler le fossé qui le séparait de ceux qui l'avaient abandonné, désavoué et dénoncé.

Lorsque l'ambassadeur des Etats-Unis, John Cudahy, rendit visite au Roi à Laeken, le 30 mai, il raconte que bien qu'il fût profondément meurtri par la dévastation brutale de son pays et les souffrances de son peuple, «il n'y avait dans son maintien aucun signe de faiblesse. Ses yeux reflétaient la même honnêteté résolue et il gardait, pareil à naguère, ce port militaire très droit qui toujours en lui indiquerait le soldat. Il parla longuement et en détails de la débâcle qui avait causé un tel désastre au pays. Il évoqua sans une once d'amertume les critiques et la condamnation de ses ennemis comme si, dans toute guerre, il fallait s'attendre à la calomnie» [407]. Parmi les autres personnes qui, au cours de cette période tragique, relevèrent la longanimité du Roi vis-à-vis de ses accusateurs, il faut citer la baronne Carton de Wiart, l'une des dames d'honneur de la reine Elisabeth. Après la guerre, la baronne raconta à l'auteur qu'un jour où elle se promenait avec le Roi dans le parc de Laeken, au début de sa captivité, elle fit remarquer qu'il devait être furieux contre les ministres qui avaient fui en France et s'étaient retournés contre lui. Mais le Roi répondit: «Non, je ne suis pas fâché contre mes ministres; en fait, je ne souhaiterais qu'une chose: qu'ils soient en Belgique pour se défendre des accusations bien plus graves dont ils sont l'objet ici».

Peu après la capitulation, le Primat de Belgique écrivit une importante lettre pastorale qu'il fit lire dans toutes les églises du pays. Elle eut un grand retentissement sur l'opinion publique en Belgique et dans les autres pays qui y firent écho, bien qu'elle fût censurée en France et en Grande-Bretagne et ignorée aux Etats-Unis.

> Nos très chers frères,
>
> L'épreuve tragique que nous traversons vient de s'aggraver à l'extrême par les accusations très pénibles formulées à Paris contre sa Majesté le roi Léopold III, et dont l'écho a douloureusement atteint la masse du peuple belge.
>
> Pour dissiper, si possible, le néfaste malentendu et obtenir de source directe les éclaircissements nécessaires, nous avons cru de notre devoir de chercher à voir le Souverain en personne. Le Roi a bien voulu nous recevoir et nous a permis de rendre publiques les déclarations suivantes:
>
> 1. La décision qu'il a dû prendre, au matin du 28 mai, de déposer les armes, était imposée par la situation, devenue absolument intenable, de l'armée belge. Encerclées irrémédiablement sans espoir d'aide efficace de la part des Alliés, nos troupes, si elles avaient continué la lutte, étaient tout simplement vouées à l'extermination, entraînant dans leur sort les centaines de milliers de civils entassés sur un minuscule bout de terrain...
>
> 2. Cette décision d'ordre essentiellement militaire, le Roi l'a prise comme Chef Suprême de l'Armée Belge, en plein accord avec son chef d'état-major, et sur les indications de celui-ci. Il n'a posé aucun acte politique, n'a conclu aucun traité, ni aucune convention quelconque, même militaire, avec l'ennemi... Il a agi dans la conviction, corroborée par l'avis concordant de trois juristes belges éminents, qu'il avait le droit de le faire en vertu des pouvoirs que la Constitution confère au Roi en cette matière...
>
> 3. Il est contraire à la vérité de prétendre que le Commandant des forces alliées n'ait pas été mis au courant de la situation intenable de l'armée belge et de la nécessité pour elle de cesser le combat. L'odieuse incrimination de félonie tombe donc à faux...
>
> Pour notre part, nous sachant d'accord avec les sentiments de la masse presque unanime du peuple belge, nous gardons à notre Roi notre respect, notre fidélité et notre confiance. Nous demandons aux prêtres de continuer à réciter les prières liturgiques prescrites pour le Roi... Nous voudrions que tous les Belges conscients de la gravité de l'heure présente demeurent unis et solidaires autour du Roi, personnification suprême de la Patrie en danger... Plus que jamais, confions-nous donc en la miséricorde

infinie du Sacré-cœur de Jésus et disons avec le psalmiste: «Même si nous marchons à l'ombre de la mort, nous ne craignons aucun mal, car tu es avec nous».

Ces manifestations de fidélité du peuple belge se situaient vraiment aux antipodes des déclarations et des actes de Pierlot et Spaak. Alors que le Roi emprisonné à Laeken «sous le pouvoir de l'envahisseur» agissait avec une correction méticuleuse et refusait d'accomplir toute démarche compromettante, à Paris, le duo continuait sa campagne de dénigrement. Attribuer cette attitude au choc et à la confusion serait charitable mais faux, car rien ne vient étayer cette thèse. Leur comportement résultait de ce que les ministres avaient pris conscience, dans la nuit de panique du 27 mai, que se soumettre aux demandes du Président du Conseil français constituait la solution la plus bénigne pour eux.

Tous les actes et déclarations des deux ministres belges visaient maintenant à obtenir les faveurs des Français et à détourner la vague de colère suscitée par Reynaud vers celui qui n'était pas en mesure de se défendre lui-même ou de répondre à leurs accusations. L'honneur de leur Roi était devenu une monnaie d'échange. Quelques mois plus tard, Spaak essaya de justifier la manière dont ils avaient jeté Léopold dans la fosse aux lions en affirmant que «la déclaration du gouvernement a évité un désastre» et qu'elle avait valu à Pierlot «le témoignage de gratitude des innombrables Belges qui avaient senti passer sur eux la menace des camps de concentration (français), et peut-être pire encore». Mais, comble de dérision, leur honteuse soumission au chef du gouvernement français ne fit pas grand-chose pour atténuer les éclats hystériques d'injures et de violence contre les *sales Belges* qu'avait provoqués l'allocution radio de Reynaud, car en accréditant et en aggravant encore ses fausses accusations, ils en avaient augmenté et la vraisemblance et les effets. En fait, la persécution de la masse des pitoyables réfugiés belges en France se poursuivit de manière aussi intense. Ces gens sans aide furent chassés de leurs logements, on leur jeta des pierres, on les malmena, on les railla, on leur cracha dessus et on les molesta, tandis que leurs voitures et souvent d'autres biens leur étaient confisqués. De nombreux aviateurs belges furent emmenés, menottes aux poignets, et jetés en prison, et les 200.000 jeunes gens en âge de prendre les armes qui avaient été envoyés en France pour y subir un entraînement furent enfermés dans des baraquements et traités comme des prisonniers de camps de concentration.

En dépit du chaos créé par la guerre, il y avait encore moyen de communiquer de diverses façons entre la France et la Belgique. En premier lieu, la radio, particulièrement celle du Vatican et des pays neutres tels que la Suisse et la Suède, diffusait des nouvelles et des communiqués des deux camps. C'est ainsi que le Roi prisonnier et son peuple furent rapidement au courant de l'attitude diffamatoire adoptée par leur gouvernement en exil et si celui-ci à son tour s'en donnait la peine, il pouvait recevoir les dernières nouvelles de Belgique et connaître l'évolution de la situation, grâce aux sources à la fois de l'ennemi et des pays neutres. Les informations de la radio allemande, par exemple, qui étaient très écoutées, avaient annoncé en termes élogieux que l'armée belge avait déposé les armes dans une capitulation honorable après s'être courageusement battue contre des forces nettement supérieures et que le Führer avait décrété qu'elle devait être traitée en conséquence et que son royal Commandant en Chef devait être emprisonné à Laeken. Elles ne faisaient aucune allusion à des pourparlers entre le Roi et les envahisseurs.

Mais dans leur volonté d'apaiser les Français et de justifier la sinistre légende qu'ils avaient créée avec l'aide de Reynaud, Pierlot et Spaak refusèrent de voir les signes de plus en plus nombreux prouvant la fausseté de leurs accusations et s'efforcèrent au contraire de les accentuer lors de tendancieuses interviews qu'ils accordèrent à la presse. «Les ministres, écrit le biographe de Spaak, étaient irrésistiblement entraînés d'une insinuation à une demi-vérité, d'une demi-vérité à un mensonge, d'un mensonge à une calomnie» [408]. Bien que Spaak admît six semaines plus tard que le gouvernement belge «ne s'était pas opposé à la reddition de l'armée, celle-ci étant devenue inévitable», il déclara, dans une interview accordée à l'agence américaine United Press deux jours après la capitulation que la situation militaire ne la justifiait pas: «Pour cela, nous n'étions pas d'accord avec une capitulation, et le Cabinet décida de ne pas rester plus longtemps à Wijnendaele, parce que cela aurait donné l'apparence d'une approbation de notre part à la capitulation». Mais en travestissant ainsi une vérité, Spaak à son insu en dévoila une autre: à savoir que le mobile principal des quatre ministres belges lorsqu'ils se séparèrent du Roi avait été d'éviter d'être considérés «aux yeux de l'histoire», pour reprendre les termes de Pierlot à Wijnendaele, comme les responsables qui auraient pris la décision inévitable de capituler.

Entre autres déclarations, Spaak prétendit face à la presse que le «Roi avait subi l'influence pro-allemande du général Van Overstraeten, une véritable éminence grise». Il semble que ces propos aient inspiré un journaliste belge de Paris qui écrivit le lendemain dans *Le Journal* que Léopold était un «lâche», coupable de «félonie délibérée» et de «trahison» et traita De Man de «complice du Roi», de même que le général Van Overstraeten, «un autre traître».

L'impatience des ministres belges se dépensant tous azimuts pour donner à leur version des événements, c'est-à-dire celle où ils apparaissaient comme des héros et le Roi comme un gredin, la plus grande publicité possible, amena l'agence officielle d'informations française, *Havas*, à publier un communiqué favorable à leur cause. Comme il était attribué «à des sources politiques belges» et décrivait des réunions où seuls le Roi et ses quatre ministres demeurés au pays avaient été présents, il était clair qu'il émanait de ces derniers et qu'il reflétait l'analyse du gouvernement belge soutenu par celui de la France. Les correspondants du monde entier, le considérant comme de source sûre et apparemment authentique, s'en inspirèrent donc sans le remettre en question et en l'enjolivant le cas échéant d'anecdotes encore plus odieuses sur le Roi.

La dépêche d'*Havas* commençait par déclarer: «La trahison du Roi ne doit pas seulement être envisagée sous le simple aspect militaire. On se trouve en présence d'une félonie préméditée». Elle affirmait ensuite que depuis des années, Léopold poursuivait «une politique nettement personnelle... par le truchement de ministres qu'il abusait», puis, qu'il avait «interdit à ses ministres de quitter le territoire et notamment de se rendre en France, évitant à tout prix que des contacts personnels puissent s'établir...» *Havas* prétendait alors que «pour paralyser l'opinion publique qui, en Belgique, était favorable aux Alliés, le roi Léopold tenta d'imposer la censure de la presse». Le Roi était également accusé d'avoir refusé à ses ministres de «dénoncer l'envahisseur» au Parlement, comme le roi Albert l'avait fait en 1914, et qu'il n'avait même pris «aucun contact avec le gouvernement» le 10 mai.

Suivait une version extrêmement déformée des comptes rendus de Spaak et de Pierlot sur leurs relations avec le Roi pendant la campagne des dix-huit jours. Selon ce texte, le but de Léopold en essayant de garder le gouvernement et «tous les représentants des forces morales et économiques» en Belgique était de «les exposer ainsi à être pris par l'ennemi». La dépêche affirmait encore que les ministres avaient insisté pour que le Roi «parte avec eux si la nécessité s'en faisait sentir» et qu'ils lui avaient reproché «de ne pas suivre les directives du général Weygand». Elle soutenait ensuite que le Roi avait dit que l'armée était trop fatiguée pour exécuter ces directives et que les ministres avaient répondu que «les affirmations du Roi étaient inexactes. Le moral de l'armée et son aptitude au combat étaient excellents». On affirmait aussi que le général Denis avait dit au Roi que «la capitulation en rase campagne était en contradiction absolue avec les règlements militaires» et qu'en les violant, il déshonorerait la Belgique.

La dépêche continuait ainsi: «Le Premier Ministre tenta un dernier effort pour empêcher le Roi de capituler... Le Roi déclara qu'il était résolu à faire la paix afin de conserver une indépendance relative. M. Pierlot, dans une suprême tentative, avertit le Roi qu'il s'apprêtait à violer la Constitution qu'il avait solennellement juré d'observer. A grand-peine, les ministres finirent par gagner l'Angleterre». Le communiqué rapportait ensuite l'accueil réservé par le gouvernement belge à Paris le 26 mai, à la requête du Roi d'obtenir des arrêtés en blanc signés par un ministre et, au sujet de cette dernière initiative, citait «une importante figure politique belge» qui avait déclaré que «c'était une fourberie de plus avant la félonie suprême». On affirmait finalement que le Roi avait ordonné à son armée de cesser le feu «en plein accord avec ses complices, le général Van Overstraeten et M. Henri De Man».

Appuyées par les deux gouvernements, les calomnies proliférèrent. Les accusations les plus ignobles furent lancées contre le bouc émissaire dans tous les coins du monde, les média français prenant, comme de juste, la tête du peloton. Léopold ne fut pas seulement dénoncé comme un lâche, un traître, un félon, un fasciste et un membre de la cinquième colonne, mais qualifié de libertin et accusé d'avoir causé la mort de son père et de sa femme.

Les ministres belges réussirent parfaitement à se disculper aux dépens de leur Roi si l'on en juge par l'article de *L'Action Française* où Léon Daudet écrivait: «Rien ne pourrait égaler en horreur ou en splendeur les fermes paroles de M. Pierlot annonçant au monde par la radio, l'acte d'odieuse ignominie perpétré par le fils félon du Roi Chevalier.» Dans une autre édition, ce journal affirmait: «Maintenant que les Belges ont jugé, condamné et exécuté ce déserteur, la Monarchie pourra retrouver toute sa vertu.»

Pour n'être pas en reste, un groupe de dix-neuf journalistes belges qui avaient fui en France — dont l'un portait bien son nom de Hasty * — publièrent le manifeste suivant: «Le roi Léopold III a trahi son pays... En capitulant, il a effacé d'un seul trait la page sublime que le roi Albert, son père, avait inscrite dans notre histoire. La Belgique meurtrie se sent aujourd'hui couverte de honte, mais elle ne peut se résoudre à accepter, au milieu de ses souffrances, le déshonneur qui lui est infligé aujourd'hui par un traître. Elle demande à la France de ne pas la juger d'après un roi félon... Le Roi est mort. Vive la Belgique». Un autre manifeste fut publié par trois professeurs de gauche de l'Université de Bruxelles qui se trouvaient à Paris et qui dénonçaient «l'abominable trahison de l'ex-roi Léopold III..., le fils indigne d'Albert Ier». Même Maeterlinck, l'un des plus grands écrivains belges, qui avait écrit pendant la Grande Guerre des poèmes à la gloire du roi Albert, fit

* N.d.T.: Hasty, en anglais, signifie (départ) précipité.

paraître une déclaration sous sa signature dans Marianne, «l'hebdomadaire de l'élite intellectuelle». Elle fut publiée avec un dessin caricaturant une célèbre toile de Goya où l'on voyait Léopold sur l'échafaud, avec une croix gammée et une corde autour du cou. Reprenant l'allégation de Reynaud selon laquelle «la trahison n'avait pas de précédent dans l'histoire», Maeterlinck attribuait cet acte au sang allemand de Léopold et, ayant stigmatisé sa «stupidité et sa bassesse», déclarait que «le nom de Judas est trop flatteur pour son auteur». Il terminait en rendant hommage au «gouvernement belge dont l'attitude avait sauvé l'honneur de la Belgique».

En Grande-Bretagne également, la campagne anti-Léopold, qui avait été lancée dans la presse le 29 mai, battait maintenant son plein. «L'ignoble désertion» de «Léopold le Renégat» était due à son «sang Hohenzollern»; il était sous la sinistre influence de sa mère Wittelsbach ou de sa «sœur fasciste», la princesse héritière d'Italie, elle-même manipulée par Mussolini. Il avait eu «une maîtresse allemande introduite auprès de lui par la Gestapo». Les «trente pièces d'argent» que le Führer comptait payer à ce «royal Judas Iscariote» comme prix de sa trahison n'étaient rien de moins que «la triple couronne des Pays-Bas, de la Belgique et du Luxembourg». Léon Degrelle, le leader rexiste, était présenté comme le meilleur ami et complice de Léopold. Aucun père ni aucune mère, écrivait un journaliste, «ne baptisera plus son fils Léopold avant deux cents ans». Les caricatures montraient le Roi poignardant John Bull dans le dos ou conduisant Hitler jusqu'à la Manche: «Désolé, Monsieur, je ne peux pas vous mener plus loin». La vision d'une Astrid agonisante apparut à pas moins de quatre spirites de Londres. Mais le coupable existait-il réellement? Un ingénieux journal illustré affirma, photographies à l'appui, que quand Astrid mourut en 1935, son mari avait péri avec elle et qu'on lui avait substitué un sosie dénommé Gustav Oldendorff. «Ce plan a été manigancé par Hitler luimême, qui l'a d'ailleurs appliqué à d'autres rois, généraux et hommes d'Etat». Les anciens se mirent de la partie. Lloyd George écrivit: «On peut fouiller en vain dans les noires annales des rois les plus réprouvés de la terre pour trouver un exemple plus misérable de perfidie et de poltronnerie». Et H. G. Wells de déclarer: «S'il est coupable, il doit mourir. Qu'est-ce qu'une vie par rapport au soulagement qu'éprouvera le monde devant une telle exécution!»

En tête des rumeurs de boue figurait, de manière assez surprenante, le journaliste britannique bien connu, Alexander Werth qui, dans les colonnes des média intellectuels de gauche, allait entretenir sa vendetta contre Léopold jusqu'au milieu des années cinquante. Le 28 mai 1940, Werth écrivit: « J'ai toujours considéré Léopold comme une mauvaise graine, un pro-Nazi, un pro-Degrelle, un pro-Mussolini, et il a fait de la bien basse besogne pendant l'affaire d'Abyssinie... Les hommes du Corps Expéditionnaire disent qu'il a une maîtresse allemande envoyée par la Gestapo — je les ai entendus dire cela il y a déjà bien longtemps... Je suppose qu'il est donc rentré dans son palais royal avec sa bonne amie allemande, etc...» [409]

Mais parmi toutes les manifestations suscitées par l'allocution radio de Reynaud, l'une des plus odieuses fut le roman de Dennis Wheatley, *The Black Baroness.* Dans ce récit imaginaire des aventures d'un héros des services secrets, Gregory Sallust, Wheatley introduisit plusieurs personnages réels, dont Léopold, et tous les ingrédients puisés dans les affabulations les plus délirantes à son sujet. Mettant dans la bouche du Roi tout le répertoire «approprié», il le dépeignit comme un poltron, un hystérique, un débile amoureux d'Hitler, et pris au piège de cette voluptueuse Baronne Noire, introduite auprès de lui par la Gestapo, tandis que l'un des personnages représentait sa mère, la reine Elisabeth, comme «une pro-nazie enragée» [410].

Comme nous l'avons vu, dans les premières heures qui suivirent le discours de Pierlot accusant le Roi d'avoir traité avec l'ennemi, Léopold avait déjà prouvé qu'il n'en était rien. Après que le Roi eut consulté Albert Devèze, les trois éminents juristes approchés déclarèrent: «la dramatique erreur qui consiste à accuser le Roi d'avoir traité avec l'ennemi et d'avoir ainsi violé son serment doit être rectifiée par tous les moyens possibles et sans retard... Nous estimons en conscience que, dans l'intérêt supérieur de la Patrie..., la vérité doit être rétablie et le prestige du Roi intégralement restauré».

Comme ses visiteurs avaient pu s'en rendre compte, Léopold, quoique profondément meurtri et affligé, ne ressentait cependant ni amertume, ni animosité envers ses ministres fourvoyés. Il parlait de malentendu à dissiper et de brèche à réparer plutôt que de cassure définitive. Ainsi, afin de mettre le gouvernement réfugié au courant de ce qui s'était réellement passé et du soutien qu'il avait reçu non seulement du peuple, mais aussi des plus hautes autorités juridiques, militaires et religieuses, le Roi envoya son chef de cabinet, Louis Frédéricq, accompagné de son aide de camp, le colonel van Caubergh, en Suisse. Ceux-ci étaient porteurs d'un volumineux dossier de documents destinés à confirmer que: le Roi n'avait pas capitulé prématurément ou sans en avertir ses alliés; qu'il n'avait pas traité avec l'ennemi, comme on l'avait insinué; et qu'en tant que prisonnier de guerre, il ne pouvait régner mais qu'il déléguait ses pouvoirs au gouvernement, seul représentant de la Belgique. Ces documents comprenaient notamment le rapport du chef de l'état-major sur la campagne, tous les ordres du jour du Roi et le texte complet des conclusions des juristes.

Le Roi pensait évidemment qu'une fois que ses ministres auraient appris la vérité, le malentendu qui les séparait pourrait être dissipé.

Plus encore, si, comme il paraissait aller de soi, ils révélaient cette vérité au monde, certains des dommages causés à sa propre réputation, à celle de son armée et à celle de la Nation pourraient être réparés.

Il n'était pas possible à Frédéricq, ne disposant pas de visa, d'entrer en France pour remettre le dossier en mains propres aux ministres, mais il fut en mesure de faire venir à Berne le vicomte Berryer, conseiller à l'ambassade de Belgique à Paris, qui avait un visa pour la Suisse. Ils se rencontrèrent le 2 juin à la légation belge, où en présence du comte Louis d'Ursel, le ministre de Belgique, les émissaires du Roi firent à Berryer un exposé détaillé des faits et lui remirent les documents à transmettre aux ministres émigrés en France.

Au vu du tort immense que Pierlot, Spaak et d'autres membres du gouvernement et du Parlement lui avaient causé, la longanimité du Roi était tout à fait remarquable. Frédéricq en effet, commença par dire à Berryer: «Le Roi n'a pas l'intention d'entrer en lutte avec le gouvernement. Son attitude a plus de dignité, il ne veut pas à un coup répondre par un autre coup. Le Roi a conscience de la situation difficile dans laquelle les accusations de Reynaud ont placé les Belges en France» [411]. Le chef de cabinet affirma alors, si l'on en croit le compte rendu de Berryer, que «le Roi reconnaissait la légalité du Gouvernement et qu'il était moralement à ses côtés contre l'envahisseur». Frédéricq déclara ensuite que le Roi se rangeait à la décision des trois juristes et qu'il s'y conformerait scrupuleusement: aussi longtemps qu'il restait prisonnier de guerre, il était selon l'article 82 de la Constitution, *dans l'impossibilité de régner,* et il n'entreprendrait aucune action royale ou politique tant qu'il serait en captivité et que le pays demeurerait sous l'occupation ennemie [412].

Comme Berryer le questionnait, Frédéricq insista particulièrement sur le fait qu'il était complètement faux que le Roi eût «traité avec l'ennemi», ainsi que l'avait dit Pierlot dans son allocution radiodiffusée du 28 mai. Le chef de cabinet expliqua aussi que le Roi n'avait demandé le contreseing d'un ministre sur un arrêté en blanc que pour le cas où, en l'absence de tous ses ministres, il aurait été amené à poser un acte imprévu «pour le bien de la Belgique» et que son intention n'avait pas du tout été de former un nouveau gouvernement sous l'occupation.

Ayant reçu tous ses apaisements et sur la véritable position et sur les vraies intentions du Roi, le vicomte Berryer expédia immédiatement un message codé aux ministres en France. Il leur donnait toutes les précisions sur les informations et les documents qu'il avait reçus du chef de cabinet et les mettait au courant du désir du Roi de clore le malentendu tragique qui avait séparé les Belges de l'intérieur de ceux de l'étranger. Cela fait, le vicomte repartit en hâte pour la France afin d'y faire rapport au gouvernement belge. Mais avant qu'il fût parvenu à destination, une lamentable cascade d'événements avait entraîné Pierlot et Spaak dans un bourbier encore plus profond. Déjà, depuis qu'ils avaient pris congé du Roi à Wijnendaele, ils avaient par leurs actes et leurs déclarations séditieuses, causé de très importants dommages. «Mais il ne fallut qu'une semaine, écrit le biographe de Spaak, pour que fût commis le préjudice final et qu'au tort déjà causé à l'honneur du Roi par les demi-vérités et les mensonges qui s'étaient échappés de leurs bouches, les ministres ajoutassent l'insulte directe et publique.» [413].

Le samedi 31 mai, se tint à la mairie de Limoges (à 190 kilomètres au nord-est de Bordeaux) une session des deux chambres du Parlement belge. L'indignation et l'hostilité suscitées par Pierlot et Spaak contre le Roi au sein des parlementaires belges en France étaient telles que plusieurs d'entre eux — en particulier ceux de la gauche à tendance républicaine — réclamèrent sa destitution, voire son exécution, et l'abolition complète de la monarchie en faveur de la république. L'idée même d'une semblable session ne semblait pas opportune aux yeux de Pierlot et de ses ministres, mais comme ils craignaient la voir, en leur absence, échapper à leur contrôle, «le gouvernement, comme le fit remarquer Spaak à sa manière onctueuse, crut qu'il serait imprudent de ne pas y assister».

On n'aurait pu choisir meilleur moyen pour démontrer aux Français que les politiciens belges corroboraient collectivement la condamnation de leur Roi prononcée par Reynaud. Ce n'était pas une assemblée plénière puisque seuls 72 sénateurs sur 167 et 114 députés sur 202 y participèrent, mais leur nombre était suffisant pour faire l'effet d'une solidarité impressionnante. Lorsque les ministres belges arrivèrent à Limoges en provenance de Poitiers où ils venaient d'installer leur gouvernement en exil, ils furent salués par une grande foule aux cris de «Vive la République belge!» et de «Vive Pierlot!». Au prix de la trahison de leur Roi, remarque J.H. Huizinga dans *Mr Europe*, ils étaient devenus des héros populaires» [414].

Le ton fut immédiatement donné par le maire de Limoges, une personnalité de gauche, qui présidait le comité d'accueil des dignitaires locaux et prononça le discours de bienvenue. C'était un mélange d'insultes à l'adresse du Roi et de louanges pour le gouvernement belge en exil. Le maire dénonça avec passion en Léopold «un traître non seulement à ses alliés mais aussi à son peuple» et évoqua «la conscience française, soulevée de dégoût pour la félonie du roi Léopold». Il n'y eut aucune protestation de la part des politiciens belges présents ni même, fait plus significatif encore, de celle de leur Premier Ministre. Au contraire, ils applaudirent le maire français et Pierlot répondit par un speech pour remercier la municipalité de son accueil. Le président de la Chambre belge, qui trois semaines plus tôt avait assuré Léopold de l'«indéfectible fidélité» de son Parlement, lui emboîta le pas et, se faisant l'écho du maire, déclara que Léopold «avait violé les principes de l'honneur militaire».

Les débats commencèrent avec Spaak qui fut prié de raconter à l'assemblée ce qui s'était passé depuis que le Parlement s'était réuni pour la dernière fois à Bruxelles le 10 mai. Comme le fait remarquer son biographe, on aurait pu s'attendre à ce que Spaak saisisse cette occasion pour mettre une sourdine aux accusations que Pierlot et lui avaient formulées en public «pour des raisons d'Etat», puisqu'une semaine s'était écoulée sans qu'aucun rapport ne vienne confirmer que le Roi avait effectivement commis ce dont on l'accusait. «En réalité, relate Huizinga, Spaak fit le contraire. A l'injustice, il ajouta l'insulte... ce n'était pas un discours bien préparé ou une rétrospective impartiale des récents événements... mais un compte rendu improvisé prononcé sans notes et au cours duquel l'orateur se libéra de toutes les émotions de cette dramatique période... au point de se laisser emporter par elles» [415]. Le long discours décousu qu'il prononça ne fit que l'enfoncer dans l'attitude qu'il avait adoptée. Excité au plus haut point, confus, inconséquent, il tenta de donner à son auditoire un récit palpitant des relations entre Léopold et son gouvernement au cours des événements qui avaient conduit à la capitulation, rejetant toute la faute sur le Roi et s'efforçant de faire avaliser par l'assemblée le comportement de ses ministres. «Nous avons vécu dix jours tellement douloureux, commença Spaak, au milieu d'anxiétés si grandes, avec l'horreur de voir naître petit à petit des idées et des résolutions politiques que nous considérions comme tellement désastreuses que mes collègues et moi, qui avons vécu les derniers jours en Belgique, avons épuisé, je crois, toutes les sommes de nos émotions possibles et de notre indignation». Tandis que Spaak se livrait à ce qui n'était ni son premier ni son dernier exercice d'éloquence démagogique, il fut fréquemment interrompu par l'assistance.

Les déclarations ultérieures de Spaak montrent qu'il regretta par la suite ses propos inconsidérés, encore que jamais il ne se rétractât ou s'en excusât. Bien au contraire, Pierlot et lui se comportèrent ensuite comme s'ils n'avaient jamais dénoncé leur Souverain ou dénigré en quoi que ce fût sa conduite et sa réputation. Ils prétendirent même qu'ils avaient depuis le début défendu le Roi et protesté contre ces «odieuses accusations», comme Pierlot les appela plus tard. «Jamais les membres du Gouvernement, écrivit Spaak, à peine six semaines plus tard, n'ont cru et n'ont dit que le Roi s'était rendu coupable d'une trahison. Ils ont, au contraire, vigoureusement combattu cette thèse absurde et injurieuse». Et en février 1941, Spaak écrivit à un correspondant à Lisbonne: «Nous avons collaboré de toutes les manières possibles à la défense du Souverain... Très certainement, on a été terriblement injuste en France et même en Angleterre. On a cherché et on a trouvé un responsable».

Le procès-verbal [416] de l'assemblée révèle cependant qu'à Limoges, Spaak accusa par deux fois le Roi de trahison — «ce mot, dit-il, me brûle les lèvres et me serre la gorge» — même s'il admit charitablement que «quand on dit que cette trahison a été préméditée longuement à l'avance, il faut dire que ce n'est pas vrai». Spaak parla également de «la perte de tout sens moral» du Roi; des «injures» dont ils avaient usé; des «mots horribles de déshonneur, de désertion et de trahison qui sont sortis de nos lèvres en présence même de celui qui allait accomplir cet acte».

Il déclara alors que les quatre ministres avaient trouvé les raisons du Roi «folles, sottes, plus: criminelles», qu'ils lui avaient dit qu'il serait considéré comme «traître et déshonoré» s'il abandonnait la cause alliée et qu'ils s'étaient trouvés en face d'un «cas de déficience physique et morale». Il dit même en guise de dérision que le Roi «n'était pas un général». Quant à leur dernière entrevue à Wijnendaele (où il était lui-même au bord de l'effondrement), Spaak décrivit le Roi comme «échevelé, hagard, les yeux pleins de larmes, la mâchoire contractée». Ensuite, il accusa le Roi d'avoir prédit «avec une perspicacité qui aujourd'hui apparaît presque comme horrible» l'évolution de la bataille et d'avoir obéi de manière trop précise au Commandant Suprême français sous les ordres duquel les Belges, comme les Britanniques, avaient promis d'opérer.

Par leurs interjections, les autres ministres présents approuvèrent le récit de Spaak. Comme les membres du gouvernement étaient les seuls à détenir des informations de première main, il n'est pas étonnant que les sénateurs et les députés crurent apprendre la vérité et marquèrent rapidement leur approbation aux actes du gouvernement. Il n'est pas davantage surprenant que lorsque la vérité se fit pleinement jour, ils aient pour la plupart cherché, dans la honte et la gêne, à transmettre à leur Souverain leurs excuses et leurs attestations de fidélité et de dévouement.

La température du débat monta rapidement. Quand tout le monde eut reconnu que le Roi était dans l'impossibilité (et plusieurs, dont Spaak, ajoutèrent qu'il n'en avait pas l'étoffe morale) de régner, il y eut une discussion passionnée, au milieu des interpellations et des quolibets, sur la procédure correcte à suivre. «Déchéance de la Couronne», fut une suggestion soutenue avec ferveur. Les extrémistes marxistes, y compris Max Buset [417] et Arthur Gailly, furent plus explicites. «Qu'il soit exécuté!» (le compte rendu relève: «Très bien! Très bien!» sur certains bancs). Un certain nombre de discours plus responsables, notamment un exposé du plus vieux parlementaire présent, le comte Carton de Wiart, influèrent à peine sur l'atmosphère d'hystérie généralisée, bien que Pierlot, qui ne se laissa pas emporter par ce flux, persuadât l'assemblée qu'elle n'avait pas le pouvoir légal de détrôner le Roi; en fait, il mit ses collègues en garde contre une motion qui reporterait une telle décision à une future assemblée plénière, car, souligna-t-il, quand les chambres viendraient à se réunir au grand complet dans un lieu ad hoc, elles pourraient bien leur reprocher d'avoir anticipé cette décision.

Curieusement — et ceci, comme le fait remarquer son biographe J.H. Huizinga, était symptomatique de son état de confusion mentale —, Spaak adjura alors son auditoire de suspendre son jugement sur les accusations qu'il venait de lancer contre le Roi, et s'abstint également de répéter que la capitulation avait été signée sans justification véritable, ce qui avait pourtant été affirmé par Pierlot dans son allocution radiodiffusée et confirmé par les deux ministres devant la presse. En fait, lorsque Spaak en vint à ce moment de son récit, il dit à l'assemblée: «Je n'ai rien à dire sur ces événements». Pierlot et lui n'en votèrent pas moins en faveur de la résolution que le Président de la Chambre soumit à l'assemblée: «Les sénateurs et représentants belges résidant en France, exprimant à l'unanimité leurs sentiments: flétrissent la capitulation dont Léopold III a pris l'initiative et dont il porte la responsabilité devant l'histoire..., se déclarent solidaires du Gouvernement qui a constaté l'impossibilité juridique et morale pour Léopold III de régner». En quittant la mairie, les sénateurs et les députés de Belgique, ayant ainsi tout fraîchement dénoncé leur Roi, furent applaudis par les citoyens de Limoges. La résolution, accablante pour lui, qu'ils venaient de voter, fut immédiatement communiquée aux médias et diffusée par le ministère des Affaires Etrangères de Spaak dans tous les postes diplomatiques belges de l'étranger.

Par leur participation à l'hystérique assemblée de Limoges, Pierlot et Spaak s'étaient mis autour du cou une chaîne qui ne tarderait pas à les embarrasser et qui allait se révéler difficile à ôter, même après la guerre. Comme ils l'avaient reconnu, ils ne possédaient aucune preuve que le Roi eût agi de manière inconstitutionnelle ou incorrecte. Mais, cédant à une panique bien plus profonde que la seule inquiétude pour les réfugiés belges en France, ils avaient cédé aux pressions de Reynaud (comme, il faut bien le dire, Churchill allait bientôt le faire aussi) et, par pur opportunisme, avaient publiquement déshonoré leur Roi. Les conséquences de leurs actes devaient leur apparaître presque immédiatement, en provenance directe du pays.

L'assemblée de Limoges s'était réunie trop vite. Elle était à peine terminée que le vicomte Berryer arrivait de Berne et remettait aux ministres les messages que lui avait confiés le chef de cabinet du Roi. Le compte rendu de Berryer sur cette entrevue [418] est un bel exemple de la comédie humaine. Les preuves que le vicomte leur apportait et l'acceptation du Roi de s'effacer devant eux et de les reconnaître comme le gouvernement légal de la Belgique, stupéfièrent Pierlot et les membres de son cabinet. Qu'avaient-ils fait? Ils réalisèrent avec horreur qu'ils avaient été trop loin et trop vite dans une mauvaise direction.

Pierlot tenta le premier de se justifier en arguant que le Roi avait changé d'attitude dès le moment où ses ministres l'avaient quitté en pleine bataille. Cela ne rompit pas la glace avec Berryer. Le Premier Ministre, avec son esprit rigoriste, admit rapidement qu'il était satisfait de la position du Roi et des conclusions des juristes. Camille Gutt soutint que le Roi avait modifié ses vues pour les adapter à la conviction que les alliés seraient victorieux. Spaak, de manière caractéristique, se déclara «enchanté». A ce moment, ses sentiments de sympathie pour le Souverain, que l'accumulation de ses infidélités n'avait pas réussi à étouffer entièrement, refirent surface et il s'élança pour appeler Paul Baudouin, le nouveau secrétaire d'Etat au Quai d'Orsay, pour demander que «la France arrête d'attaquer le Roi et les opérations de l'armée belge». Auguste De Schrijver, fermement soutenu par le comte d'Aspremont Lynden, exigea que la querelle avec le Roi soit close immédiatement, que les réfugiés belges soient tout de suite informés et que les documents ramenés par le vicomte Berryer soient rendus publics de par le monde. Un autre ministre, Frans Van Cauwelaert, dit en privé à Berryer qu'il se rangeait maintenant aux arguments du Roi, et qu'il se sentait très embarrassé par sa participation à Limoges. Il estimait avoir été trompé par le gouvernement (c'est-à-dire Pierlot et Spaak) et que ces deux ministres devaient endosser la responsabilité de leurs erreurs. Ces réactions aussi diverses que significatives révèlent le fascinant portrait de groupe de ministres ne faisant officiellement qu'un aux commandes d'une politique dévoyée, mais réagissant chacun selon son tempérament une fois placés devant l'erreur d'aiguillage.

La prise de conscience de Pierlot et de Spaak fut cependant assez brève. Quel qu'ait pu être leur trouble d'un moment, il n'en modifièrent pas pour autant la direction prise. Leur réaction devant ces nouveaux documents à l'évidence irréfutable et dont ils avaient accepté la validité, devait permettre, comme un test par l'acide, de mesurer leur intégrité. C'était cette réaction que Léopold attendait. C'était elle que Berryer, De Schrijver et les autres ministres exigeaient. Mais Pierlot et Spaak réalisèrent rapidement qu'ils étaient pris au piège de leurs propres agissements. Après les allocutions radiodiffusées du 28 mai, leurs déclarations diffamatoires à la presse internationale et l'outrageante assemblée de Limoges, comment eussent-ils pu rendre publique la vérité sans se saborder eux-mêmes? Les conclusions des juristes à elles seules auraient déjà suffi à détruire le tissu de mensonges conçu par Reynaud. Pierlot et Spaak non seulement s'opposèrent donc à la publication des preuves qui justifiaient le Roi, mais ils résistèrent encore obstinément à la pression de leurs collègues ministres et de certains parlementaires qui voulaient qu'on rétablisse publiquement son honneur et sa réputation.

Avec le recul, on peut constater qu'en ne réhabilitant pas immédiatement Léopold, ils causèrent un grave préjudice au Roi de même qu'à la réputation de la Belgique et de son armée. Le temps fut un facteur essentiel. Les 2 et 3 juin, l'opinion britannique et américaine au sujet du Roi, bien qu'ondoyante et désenchantée, n'était en tout cas pas définitive [419]. La première annonce de la capitulation faite par Churchill avait laissé la question en suspens. Si le Premier Ministre belge, avec le plein appui de son gouvernement, avait immédiatement donné écho aux preuves concluantes ramenées par le vicomte Berryer, les résultats auraient été extrêmement favorables dans le monde entier, pour leur pays comme pour le Roi. Si Pierlot avait eu le courage et l'intégrité de proclamer la vérité telle qu'il la connaissait maintenant, Churchill n'aurait pu dénoncer Léopold comme il le fit le 4 juin au Parlement, quelles qu'aient pu être les pressions de Reynaud pour qu'il prononce ce discours. Il est très douteux que la noire légende naissante eût pu être immédiatement et entièrement enrayée, mais si Pierlot avait révélé les faits exacts et Churchill persévéré dans son attitude de compréhension vis-à-vis de la Belgique et de son Roi, les mensonges de Reynaud se seraient retournés contre lui.

Mais Pierlot et Spaak, comme le fait remarquer le biographe de ce dernier, «étaient allés trop loin pour se rétracter publiquement de la *dramatique erreur...* commise en accusant le Roi d'avoir traité avec l'ennemi et capitulé sans raison valable. Maintenant qu'ils savaient les deux accusations dénuées de fondement, il était trop tard pour rétablir la vérité et rendre justice à leur Souverain diffamé» [420]. De plus, totalement compromis avec la France comme ils étaient à présent, la publication des documents qui lavaient de tout soupçon le bouc émissaire choisi par Reynaud aurait été «inopportune». Pierlot préféra se limiter à prononcer le 8 juin une allocution radio où il répéta simplement que, le Roi étant dans l'impossibilité de régner, tout le pouvoir exécutif reposait maintenant sur le gouvernement. «Au nom de mes compatriotes, déclara-t-il, accueillis au foyer de la France, je veux exprimer notre profonde gratitude... pour le réconfort, fait de large compréhension et de fraternité, prodigué à nos réfugiés». Ce n'était qu'un effort de plus pour s'assurer les bonnes grâces des Français. En effet, les réfugiés belges étaient encore traités comme des parias même si les flagorneries des deux ministres envers Reynaud avaient, dans une certaine mesure, contribué à adoucir leur sort.

Chapitre XXIX

La légende noire

«La première victime, lorsqu'éclate une guerre, est la vérité».

Le sénateur Hiram JOHNSON,
dans un discours prononcé
au Sénat américain en 1917

Le 28 mai, à 8 h 30 environ, au moment où, à Paris, Reynaud prononçait à la radio son infâmante allocution, Sir Roger Keyes et le colonel Davy débarquaient de leur vedette lance-torpilles à Harwich. Alors que la Belgique vivait un véritable holocauste, la Grande-Bretagne ignorait encore tout des sinistres réalités de la guerre. La nation anglaise était totalement inconsciente des immenses revers que subissaient les alliés en France et dans les Flandres et elle ne savait pas davantage qu'on s'efforçait désespérément depuis deux jours de sauver le Corps Expéditionnaire via Dunkerque et la mer. Il est extrêmement important pour l'histoire de Léopold que ces deux officiers soient arrivés indemnes en Angleterre car ils étaient les seuls témoins oculaires dont les témoignages auraient pu tuer la légende noire dans l'œuf si seulement ils avaient pu parler. Toute l'accusation de Reynaud reposait sur l'affirmation que le Roi s'était rendu sans prévenir ses alliés, et cette affirmation était fausse. Si Keyes et Davy n'avaient pas été réduits au silence par les autorités, ils auraient pu laver Léopold de cette accusation fondamentale et, du même coup, de toutes les accusations de désertion, de trahison, de lâcheté, de pro-nazisme, etc. qui en découlèrent.

Les deux officiers se rendirent directement en train d'Harwich à Londres pour y faire leur rapport. Ce furent pour Davy des heures dramatiques.

> J'arrivai au War Office qui semblait complètement désorganisé. Je marchais... en direction du bureau du CIGS lorsque je me heurtai à

l'officier des relations publiques. Il portait le communiqué officiel qu'il devait remettre à la presse comme chaque matin. «Regardez ceci», me dit-il... J'examinai le communiqué et n'en crus pas mes yeux. Il y était question de la traîtrise du Roi des Belges, de la reddition sans avertissement et d'autres aspects de la capitulation belge... «Vous ne pouvez pas publier cela», lui dis-je. Il me répondit que le CIGS l'avait approuvé. Je lui dis que je me rendais justement chez le CIGS et je gardai le communiqué serré dans ma main. Le CIGS n'était pas dans son bureau, de sorte que je fus introduit chez Sir James Grigg, le sous-secrétaire d'Etat. Je lui dis que le communiqué était absurde et il dit qu'il avait été approuvé par le secrétaire d'Etat, et il m'emmena chez Eden. Il n'était pas là: il se trouvait au numéro 10. Grigg me conduisit donc jusque là. Il poussa une porte rembourrée de vert, disparut dans une pièce et en ressortit peu après avec Eden et Dill.

Je répétai que si une telle absurdité était publiée, les Britanniques n'arriveraient jamais à la faire oublier. Ils repassèrent de l'autre côté et après quelques minutes, Dill revint et me demanda d'entrer. J'étais très fatigué et il ne me vint pas à l'esprit qu'il s'agissait d'une réunion de cabinet avant que j'aperçoive Churchill assis derrière le bureau. On me plaça entre Eden et Dill et le Premier Ministre me lança: «Qu'est-ce qui se passe, colonel Davy? J'entends que vous n'aimez pas mon communiqué». J'expliquai mes objections et lui dis qu'il me semblait difficile de laisser subsister dans le communiqué de pareilles déformations de la vérité. Il me posa plusieurs questions statistiques au sujet des pertes belges... Il se mit à écrire et lut ensuite un communiqué entièrement nouveau qui comprenait les mots: «Il est trop tôt pour juger...» et ne contenait plus aucune allusion à la traîtrise et à l'absence d'avertissement. Il me regarda et dit: «Qu'est-ce que vous en pensez, colonel Davy?» — «C'est meilleur, Monsieur», répondis-je et toute la salle éclata de rire. Churchill me sourit et je sortis. Je me rendis à notre appartement de Dolphin Square, où je me rasai et mangeai un hareng en guise de petit déjeuner [421].

Pendant ce temps, comme le relate son journal, l'amiral Keyes était accueilli à Liverpool Street Station et emmené directement au 10 Downing Street où il vit le Premier Ministre seul à seul pendant quelques minutes. Quant au cabinet, il l'interrogea pendant cinq minutes à peine «sans lui avoir laissé le temps de préparer un rapport». «Il n'était pas question, écrit Keyes, de blâmer le roi Léopold d'avoir capitulé». En fait, il s'aperçut que Churchill ignorait que son télégramme envoyé si tardivement la veille à 15 heures, pour signaler que Britanniques et Français étaient en train d'abandonner le Roi et son armée à leur sort, n'était parvenu ni à Léopold ni à lui-même. (Keyes, en effet, n'en avait reçu une copie qu'à son arrivée en Angleterre le matin même). Churchill aurait difficilement pu espérer que les Belges, après avoir reçu ce message, poursuivent encore longtemps leur résistance, remarque l'Amiral dans ses carnets, car ce message «donnait au Roi le droit d'entreprendre toute action qu'il jugerait nécessaire pour épargner à son armée un sacrifice et des épreuves supplémentaires» et il «aurait dû, en toute logique, avoir été communiqué au Roi le matin du 26, en même temps que Lord Gort recevait l'ordre de se replier vers la côte».

Comment les ministres britanniques auraient-ils pu critiquer ou blâmer Léopold et ses troupes alors qu'ils se trouvaient en présence de l'homme qui les avait si bien tenus au courant de la rude bataille que menaient les Belges pour permettre à leurs alliés de s'échapper vers la côte? Comment auraient-ils pu, en sa présence, leur reprocher d'avoir été submergés et d'avoir dû rapidement capituler? Churchill n'avait-il pas télégraphié: «Nous admirons beaucoup l'attitude du Roi» et «Nous demandons aux Belges de se sacrifier pour nous»? En réalité, les ministres — et surtout Anthony Eden —, loin d'éprouver des griefs contre Léopold, devaient plutôt se sentir coupables de la façon dont ils les avaient trompés, l'Amiral et lui. Après tout, ils leur avaient délibérément caché la désertion du Corps Expéditionnaire et avaient deux jours plus tôt ordonné à Gort de ne pas en informer l'armée belge.

Lorsque l'Amiral de la Flotte, âgé de soixante-huit ans, arriva directement de la gare à Downing Street pour faire rapport au Premier Ministre, il était très fatigué après une période «d'extrême tension, sans véritable sommeil», comme il l'écrivit par la suite à Churchill, «et sans la moindre préparation ni le temps de rassembler mes pensées». Keyes était désolé de ne pas pouvoir, au cours des quelques minutes qui lui étaient attribuées, donner un compte rendu adéquat de ce qui s'était passé en Belgique et rendre justice au Roi et à son armée en expliquant avec quel courage et quelle résistance ils s'étaient efforcés de «protéger les mouvements du Corps Expéditionnaire». En fait, placé devant la plus grande urgence qu'eut jamais connue la Nation puisque l'avenir entier de l'armée britannique et du Commonwealth était en jeu, le cabinet était bien trop préoccupé pour prêter convenablement attention à l'Amiral. Le général Ironside n'était pas le seul à penser, comme il l'avait déclaré le 17 mai, que l'évacuation du Corps Expéditionnaire par les ports de la Manche était une «proposition impossible» et que l'Empire britannique était sur le point de s'effondrer. En effet, personne en haut lieu — pas même Churchill — ne croyait à ce moment-là qu'il serait possible d'évacuer plus de quelques milliers de soldats britanniques du périmètre de Dunkerque. La veille, peu après que l'amiral Keyes eut joint Churchill au téléphone pour le prévenir de l'imminente reddition de l'armée belge, le cabinet avait examiné la proposition de Lord Halifax, secrétaire aux Affaires Etrangères, de faire un appel à Mussolini pour intervenir auprès d'Hitler en faveur d'un «règlement général» de paix. Halifax estimait en effet qu'il valait mieux «accepter une offre qui sauverait le pays d'un désastre évitable» que de prendre le risque de deux ou trois mois d'attaques aériennes. Il déclara d'autre part, selon les «papiers Colville», que «notre objectif ne doit plus être l'écrasement de l'Allemagne, mais plutôt la préservation de notre propre intégrité et indépendance». Selon ces mêmes sources, Churchill «n'éleva aucune objection contre une démarche de ce genre auprès de Signor Mussolini».

Quelques jours plus tôt, Churchill avait envisagé la possibilité d'une défaite, et d'un gouvernement britannique — dont il aurait démissionné — forcé d'entamer des pourparlers avec l'ennemi, comme le révèlent son questionnaire aux chefs d'état-major et ses lettres au Président Roosevelt. Ainsi donc, lorsque l'amiral Keyes arriva au 10 Downing Street le matin du 28 mai, le Cabinet — y compris Churchill — croyait qu'il avait très peu d'espoir de sauver l'armée britannique de France et que les perspectives d'éviter une défaite totale étaient dès lors très minces. Il est donc à peine surprenant que les ministres accordèrent une si faible attention à l'Amiral et à sa tentative de les éclairer au sujet de la courageuse résistance du Roi et de l'armée belge, avant qu'ils fussent acculés à se rendre.

Si le Premier Ministre s'abstint alors de toute critique du fait de la capitulation de Léopold, il parut, par contre, relate Keyes, «très outré que le Roi ait refusé de venir avec moi». Aux sérieux préjugés que nourrissait déjà Churchill contre les Belges en raison de leur politique d'indépendance et du refus qu'ils avaient opposé aux forces franco-britanniques de pénétrer sur leur territoire avant l'invasion, se mêlait maintenant le dépit de n'avoir pas réussi à placer Léopold sous son aile, comme les autres personnalités royales et hommes d'Etat réfugiés. C'est au cours de cette réunion que Churchill exprima ce que Brian Bond appelle «pour parler de manière euphémique, une vision plutôt sélective de l'histoire récente des relations anglo-franco-belges» [422]. «Il ne fait aucun doute, déclara le Premier Ministre, que l'histoire critiquera le Roi pour nous avoir entraînés dans la destruction de la Belgique. Mais ce n'est pas à nous de le juger». La veille au soir (le 27), lors d'une réunion du Comité de la Défense, Churchill avait affirmé qu'on ne pouvait reprocher à Léopold d'avoir demandé un cessez-le-feu, mais que son action «bouclait la boucle des infortunes où nos alliés nous ont précipités...» Et au cours d'une réunion du cabinet, la même nuit, il déclara que, même si ce n'était pas une action «héroïque» de la part du Roi, une paix séparée avec l'Allemagne était «sans doute la meilleure chose qu'il puisse encore faire pour son pays». Churchill ajouta enfin, avec son franc-parler significatif, que la capitulation belge «pourrait déclencher la colère des Français» et les réveiller de leur «état actuel d'hébétude». Quant aux Britanniques, la nouvelle de la capitulation belge «ferait beaucoup pour préparer le public aux mauvaises nouvelles» [423].

Mais ces réflexions modérées n'avaient rien de comparable aux opinions que Churchill exprimait en privé sur Léopold et les Belges, ou dans plusieurs de ses communiqués. En fait, certains de ceux-ci étaient si «corrosifs, pour ne pas dire calomnieux», selon un article du *Times* du 19 mai 1981, que Whitehall défendit leur publication jusqu'en 1996. Mais, grâce à la distraction de certains «trieurs de chiendent», des chercheurs en histoire ont récemment découvert au *Public Records Office* quelques-unes de ces communications qui révèlent tant l'ampleur des préjugés de Churchill contre le Roi et son peuple que ses nombreuses erreurs d'interprétation. Dans un procès-verbal daté du 8 avril 1945, par exemple, Churchill décrit Léopold comme «un spécimen plutôt débile... et donc un parfait représentant de la nation belge qui a vainement cherché à rester en dehors de cette guerre, en oubliant tout ce qu'elle devait à ceux qui l'ont sauvée pendant la dernière guerre». Et le 27 mai 1944, il écrivit à Anthony Eden, le ministre des Affaires Etrangères:

> Compte tenu des millions de tombes françaises et britanniques qu'il y a en Belgique, et que ce pays a été sauvé des horreurs de l'annexion allemande grâce aux efforts que nous avons consentis pour lui, je considère son attitude au cours des années d'avant-guerre comme singulièrement ingrate et désinvolte... En réalité, j'estime qu'ils étaient les plus méprisables de tous les neutres de cette époque... Cela ne m'a cependant pas empêché de mesurer mes mots en parlant de la capitulation de l'armée belge, décidée par le Roi des Belges sans le moindre égard pour le sort de toutes les forces qui étaient accourues à sa rescousse aussi vite qu'elles l'ont pu (compte tenu de la politique de ce pays). En fait, j'ai très peu de sympathie pour eux, à côté de ce que je peux ressentir pour tous les pays envahis et piétinés par les Huns [424].

Tandis que Keyes s'exprimait si brièvement devant le cabinet, il ignorait encore que Reynaud avait accusé le roi Léopold de traître pour avoir capitulé sans avertir préalablement ses alliés et que Churchill avait approuvé un communiqué reprenant les mensonges calomnieux du Premier Ministre français. Ce n'est qu'après cette réunion qu'il apprit par Davy la dramatique aventure de ce dernier au 10 Downing Street. Les deux officiers furent en tous cas désolés de n'avoir pas eu la possibilité de faire tout ce qu'ils auraient souhaité pour rétablir la vérité sur les événements de Belgique et stigmatiser ainsi les mensonges de Reynaud. Leur succès, même s'il n'allait être que provisoire, fut tout de même plus grand qu'ils n'avaient osé l'espérer. En effet, lorsque Churchill prit la parole à la Chambre des Communes l'après-midi, il parla en termes relativement modérés:

> Je n'ai pas l'intention de suggérer à la Chambre que nous devrions profiter des circonstances pour juger l'action du Roi des Belges et sa compétence en tant que Commandant en Chef de l'armée belge. Cette

armée s'est battue très courageusement et a subi et infligé de lourdes pertes. Le gouvernement belge s'est dissocié de l'action du Roi et en s'affirmant comme le seul gouvernement légal de la Belgique, il a formellement annoncé sa décision de continuer la guerre aux côtés des alliés...

Peu après leur arrivée à Londres, on fit clairement comprendre à Keyes et à Davy qu'en tant qu'officiers en service [425], il n'était pas question pour eux de faire des déclarations publiques sur leur mission en Belgique. Le gouvernement alla même jusqu'à envoyer un officier de la division MI5 des services secrets au domicile de Keyes à Chelsea pour lui rappeler cette interdiction et lui demander tous les papiers relatifs à sa mission. Comprenant que s'il obéissait, il ne serait jamais en mesure d'établir la vérité, l'Amiral de la Flotte dit à l'officier de revenir quelques jours plus tard, lorsqu'il aurait eu le temps de mettre ces papiers en ordre après la bousculade des dernières semaines. Il se hâta de placer la majorité de ses documents en lieu sûr et lorsque l'officier revint, il n'eut droit qu'à quelques papiers symboliques. Mais quand on pense quel était le statut de Sir Roger, cet épisode sinistre avait de quoi inquiéter.

En tant qu'officier loyal, Keyes ne pouvait effectivement pas rendre publics les détails de sa mission de liaison, mais il était aussi membre du Parlement et, en cette qualité, il fit la déclaration suivante devant les correspondants de la Chambre des Communes: «On a dit certaines choses très dures dans ce pays comme en France au sujet du roi Léopold. J'ai confiance que l'on s'abstiendra de juger ce très vaillant soldat jusqu'à ce que tous les faits soient connus». Cette recommandation de Keyes fut largement diffusée dans la presse internationale.

Un journal cependant fit la sourde oreille à ces appels à la modération. Le 30 mai, le *Daily Mirror* publia un autre éditorial rempli de vitriol et dirigé cette fois contre le roi Léopold et l'Amiral. Se moquant de l'appel de Keyes (mais pas de ceux de Churchill ou de Duff Cooper) en faveur d'une suspension de jugement, le journal s'en prit à l'Amiral pour avoir défendu le Roi. On ne peut pas dire que Keyes «appartient à la grande muette, affirmait l'article, vu qu'il a souvent manifesté une regrettable tendance à jacasser et à exprimer des «vues» que personne ne lui demande». (Comme parlementaire, il avait souvent pris la parole en faveur du renforcement de la défense du pays, s'élevant contre le *désarmement unilatéral total* réclamé par les Travaillistes et la méprisable politique d'apaisement de Chamberlain). Quant à l'appel de l'Amiral d'attendre que «tous les faits soient connus» pour juger, l'éditorialiste demandait: «Quels faits? Les faits ne sont-ils pas connus? Quels sont-ils? Que ce *très vaillant soldat* n'a pas requis, avant la guerre, l'aide préventive des Alliés, qu'il a refusé de conférer avec eux et qu'il a protégé certaines influences fascistes en Belgique». Il affirmait ensuite qu'après s'être finalement décidé à appeler les Alliés en Belgique, Léopold avait déposé les armes sans les prévenir, «trahissant ainsi son Commandant en Chef et s'exposant lui-même à être abattu comme déserteur et comme traître».

L'éditorial s'adressait alors à Sir Roger («s'il veut bien s'arrêter de jacasser pour écouter un moment»): «Que diable faisiez-vous à Bruxelles? N'avez-vous pas senti l'odeur du Roi Rat? La puanteur de la traîtrise?... Vous ne connaissiez pas un seul déserteur alors que vous en aviez un sous les yeux? N'étiez-vous pas en train de faire du lèche-bottes et des courbettes à Bruxelles dans le palais du Roi Rat?» Il demandait enfin à l'Amiral de ne pas «venir caqueter à propos de vaillants soldats et de jugements en suspens» et d'avoir le cran de revenir sur ses propos. «Tant que vous ne le ferez pas, nous devrons réviser notre conception de la bravoure. Aussi longtemps que vous ne ravalerez pas vos paroles, nous devrons suspendre notre jugement à votre sujet».

L'Amiral estima que si cette diatribe frappait surtout un homme incapable de répliquer, il était libre, lui, de répondre à ces affirmations calomnieuses devant les tribunaux. Là, il aurait la possibilité de révéler ce qui s'était réellement passé en Belgique, de se justifier personnellement et, chose bien plus importante, de rendre justice au Roi. Il assigna donc le *Daily Mirror* en justice. Mais en attendant, il devait utiliser d'autres moyens dont l'un pouvait être une déclaration publique du Premier Ministre. Or, justement, Churchill devait faire le 4 juin, un exposé parlementaire sur l'état de la guerre. Excellente occasion pour lui, pensa l'Amiral, de poursuivre ses réflexions modératrices du 28 mai en réfutant complètement les accusations lancées contre Léopold. Le matin du 4, Keyes envoya donc une lettre au Premier Ministre: «Mon cher Winston, je sais quelles lourdes responsabilités reposent sur vos épaules...», et de rappeler à Churchill qu'il n'avait pas été en mesure, lors des quelques minutes qu'on lui avait données, de faire un compte rendu correct des événements de Belgique. Suivait par conséquent un résumé concis des points dominants de la campagne, avec une référence particulière aux «efforts incessants de Léopold pour faciliter les opérations du Corps Expéditionnaire» et aux combats violents et coûteux que les Belges avaient menés pour protéger son repli vers la côte. «Cette armée, écrivait Keyes, fut tenue d'une main ferme grâce à l'autorité naturelle et encourageante du roi Léopold; et elle s'est battue courageusement pendant 18 jours, dans les conditions déprimantes d'une retraite imposée». Il rappelait alors à Churchill ce qui d'une part n'aurait pas manqué d'arriver au Corps Expéditionnaire «si le Roi était parti, comme ses ministres le lui demandaient avec insistance...», et d'autre part tous les avertissements successivement donnés par le Roi pour faire comprendre que son armée serait forcée de se rendre une fois que les alliés l'auraient laissée à son sort. Keyes, pour conclure, exprimait l'espoir que le Premier Ministre ne permettrait plus «le dénigrement sans retenue d'un Roi courageux, *dans le but de relever le moral des Français,* dont les armées belge et britannique ont chèrement payé la rupture sur la Meuse». Dans un post-scriptum, il annonçait à Churchill qu'il avait assigné le *Daily Mirror* en justice. En 1951, Winston Churchill attaqua lui-même le *Daily Mirror* en diffamation, après que celui-ci l'eut traité de «fauteur de guerre». Le journal fut condamné à s'excuser et à payer des dommages et intérêts.

Comme nous l'avons vu, lors d'une réunion du Cabinet le 27 mai, Churchill avait exprimé l'espoir que la capitulation de l'armée belge ne déclencherait pas seulement la colère des Français, mais «ferait beaucoup pour préparer le public aux mauvaises nouvelles». Le public fut donc tenu dans l'ignorance complète de la tentative désespérée de sauver les hommes du Corps Expéditionnaire des plages de Dunkerque, jusqu'à la fin de l'évacuation. En effet, aucune mention ne fut faite de l'«Opération Dynamo» avant le 4 juin à 14 h 23, lorsque l'Amirauté annonça officiellement qu'elle avait été menée à bonne fin. Le retour sain et sauf de l'essentiel de l'armée britannique, quoique délestée de ses armes et de son équipement, suscita l'espoir chez Churchill et son gouvernement que la défaite pourrait maintenant être conjurée. Mais au lieu de répondre à l'appel de l'Amiral pour disculper le roi Léopold et son armée et les créditer de leur contribution majeure au «miracle de Dunkerque», le Premier Ministre décida, dans sa déclaration au Parlement, de suivre l'exemple de Reynaud et d'exploiter la tragédie belge à fond, pour trouver un bouc émissaire à l'humiliante défaite subie par le Corps Expéditionnaire. Cet après-midi là donc, Keyes était assis à sa place de député à la Chambre des Communes, lorsqu'il s'aperçut tout à coup avec une stupéfaction horrifiée que le discours qu'il était en train d'écouter dénonçait le roi Léopold d'une manière plus extrême encore que celle de Reynaud. Elle était ponctuée de cris tels que «Honte!» et «Trahison!» qui fusaient depuis les bancs de la Chambre.

> Soudainement, sans consultation préalable, sans le moindre avertissement, sans l'accord de ses ministres et de sa propre initiative, il a envoyé un émissaire au commandement allemand, il a capitulé et mis en péril tout notre flanc et nos moyens de retraite. J'ai demandé à la Chambre il y a une semaine de suspendre son jugement parce que les faits n'étaient pas clairement établis, mais j'estime qu'il n'y a à l'heure actuelle plus aucune raison qui nous empêche de formuler notre propre opinion sur ce pitoyable épisode. La capitulation de l'armée belge a forcé les Britanniques à couvrir leur flanc jusqu'à la mer, en un temps minimum et sur

> une longueur de plus de 50 kilomètres. Sans cette manœuvre, nous nous retrouvions coupés et nous aurions tous partagé le sort auquel le roi Léopold a condamné la plus belle armée jamais constituée par son pays. Notre flanc se trouvant ainsi découvert, ... le contact entre les Britanniques et deux des trois corps de la première armée française se trouvant encore plus loin de la côte que nous a fatalement été rompu, menaçant de nombreuses troupes alliées de ne plus pouvoir atteindre la mer.

Pour parfaire sa destruction de l'honneur et de la réputation de cet allié courageux, dont il avait si récemment «beaucoup admiré» la conduite loyale et désintéressée et à qui il avait demandé de «se sacrifier pour nous», Churchill dit à la Chambre: «Si ce dirigeant et son gouvernement ne s'étaient pas eux-mêmes dissociés des Alliés qui avaient sauvé leur pays de l'anéantissement au cours de la Grande Guerre, s'ils n'avaient pas cherché refuge dans ce qui s'avéra une neutralité fatale, les armées françaises et britanniques auraient pu dès le début sauver non seulement la Belgique, mais peut-être la Pologne» [426].

Ayant choisi de rejeter cyniquement toute la faute sur le roi Léopold et son armée en affirmant que leur capitulation «avait exposé tout notre flanc et nos moyens de retraite», avant de décrire, pour la première fois, «le miracle de la délivrance» à Dunkerque sans faire aucune mention de la résistance des Belges qui avaient protégé le flanc du Corps Expéditionnaire et son échappée vers la côte durant les deux premiers jours de cette «délivrance» —, Churchill créa l'impression complètement fausse que le cessez-le-feu des Belges avait au contraire précédé, mis en péril et même provoqué l'évacuation du Corps Expéditionnaire. Churchill savait pourtant parfaitement que la fuite du Corps Expéditionnaire n'aurait pas été possible sans la résistance prolongée des Belges. N'étant plus alors à un mensonge près, il déclara ensuite que la capitulation belge avait entraîné l'encerclement d'environ la moitié de la première armée française, qui avait dès lors été forcée de se rendre. Il condamna enfin le Roi pour avoir agi exactement comme lui-même avait conseillé à Gort, Brooke et Alexander de le faire si le Corps Expéditionnaire venait à se trouver dans des circonstances identiques: se rendre «pour éviter un massacre inutile».

Ainsi prit encore un peu plus consistance la noire légende du roi Léopold. Les accusations de Churchill calquées sur celles de Reynaud et encore embellies de son chef, allaient en un clin d'œil faire le tour du monde, et elles circulent toujours aujourd'hui. En 1940, les propos de Churchill faisaient autorité et étaient acceptés sans l'ombre d'une hésitation par tous. De nos jours encore, rares sont ceux qui savent exactement ce qui s'est passé. Si Churchill avait dit la vérité, telle qu'il la connaissait parfaitement, l'allocution radio de Reynaud, ce Reynaud qui, très peu de temps après allait être totalement discrédité [427], aurait été effacée et la réputation de Léopold rétablie dans son intégrité. On en eut la preuve un an plus tard, lorsqu'à l'issue du procès intenté par l'amiral Keyes au *Daily Mirror,* le simple exposé des faits prononcé devant la Haute Cour de Justice constitua à lui seul aux yeux du monde l'apologie de la loyauté, de l'honneur, du courage et de la réputation du roi Léopold.

Comme les paroles fatales qui diffamaient et déshonoraient le Roi des Belges avaient été exprimées de manière solennelle par le Premier Ministre au Parlement et dûment enregistrées dans le *Hansard,* elles n'auraient pu être effacées que par une rétractation complète et officielle, ce que Churchill évidemment n'accepta jamais de faire. La situation délicate ainsi engendrée empêcha toute amende honorable de la part des milieux officiels et le gouvernement s'en tint à une politique du silence.

La France étant défaite, Reynaud discrédité et la réputation de Léopold ayant été blanchie devant la Haute Cour de Justice, certaines personnes privées, des écrivains ou même des membres du gouvernement britannique ne manquèrent pas de rappeler au public que Winston Churchill avait recommandé de suspendre tout jugement au sujet du Roi jusqu'à ce que les faits soient connus. Tous semblaient avoir oublié ou alors, omettaient diplomatiquement de dire, que le Premier Ministre avait presque immédiatement failli lui-même à sa propre recommandation.

Pourquoi Churchill prononça-t-il ce verdict alors qu'il le savait faux et monstrueusement injuste? En fait, il le fit délibérément et par pur opportunisme politique. Ses préjugés contre le Roi étaient tels qu'il n'hésita pas longtemps à se joindre à la campagne de Reynaud qui faisait des Belges et de leur Roi les boucs émissaires des malheurs, des échecs et des défaites militaires de la France et de la Grande-Bretagne. Bien plus, le débordement d'injures lancées par les deux alliés à la face de cette petite nation et de son Souverain, réussit à réduire et à détourner l'aigreur qui grandissait entre eux et fournit à ces deux grandes puissances un dérivatif tout trouvé à leurs propres mécomptes [428].

Il est clair pourtant que la dénonciation de Churchill ne bénéficia pas du soutien de ses collègues de cabinet et de ses conseillers. Ainsi Duff Cooper, Anthony Eden, Lord Halifax, Sir Alexander Cadogan même, insistèrent pour qu'on ne s'en prenne pas à la capitulation belge — et ils ne furent pas les seuls —. Lorsque, par exemple, le ministre belge Camille Gutt appela le 30 mai le secrétaire aux Affaires Etrangères et lui garantit que «le gouvernement belge, quoi qu'il arrive, est décidé à aller jusqu'au bout», Halifax le remercia et lui dit: «Je n'ai pas l'intention de condamner votre Roi. Je suis sûr que sa décision était dictée par des motifs honorables». Cadogan lui aussi, comme le rapporte son journal, avait «insisté pour qu'il n'y ait aucune récrimination» de la part du Foreign Office, lorsqu'il apprit la capitulation belge [429], C'est lui et son chef qui avaient, en définitive, lu la lettre du 25 mai de Léopold à George VI et avaient rédigé la réponse de ce dernier.

Que Churchill ait ou non lu la lettre de Keyes datée du 4 juin avant de prononcer sa condamnation, ne change rien à l'affaire. Il était déjà au courant de tous les faits, même si Gort et Pownall, revenus en Angleterre, rendaient les Belges responsables de la défaite de leur armée [430]. Dans ses mémoires, Churchill élude cet épisode peu honorable et ne fait qu'une brève allusion à sa deuxième déclaration à la Chambre. Il explique cette volte-face de la modération à la dénonciation par le fait que le gouvernement français lui «avait exprimé son inquiétude» devant sa première déclaration qui «contrastait abruptement avec celle de M. Reynaud». Il écrit qu'il se sentit donc forcé «par égard pour notre allié français mais aussi pour le gouvernement belge maintenant à Londres (celui-ci était en fait toujours en France et ses derniers effectifs n'allaient rejoindre Londres que cinq mois plus tard) de mettre la vérité en pleine lumière» [431].

En fait, les passages de son livre *The Second World War* consacrés à Léopold III et à son armée sont, tant du fait de ses omissions que de son travestissement des faits réels, si malhonnêtes et si trompeurs, que son fils Randolph, si l'on en croit l'archiduc Otto de Habsbourg qui assistait à cette prise de bec et la décrit dans son livre *Naissance d'un Continent*, lui lança un jour: «Ce que vous avez écrit à ce sujet n'est qu'un tissu de mensonges, et vous le savez bien». Churchill prit un ton provocant pour reconnaître: «Bien sûr que c'étaient des mensonges, mais vous ne devez pas oublier que l'histoire d'une période est ce que le meilleur auteur en a écrit. Je suis et je reste cet auteur et par conséquent, ce que j'ai écrit sera considéré comme la vérité» [432]. Après la guerre, lorsque le Roi et la princesse Lilian rencontrèrent Randolph Churchill à Cuba, celui-ci leur dit: «Je m'étonne que vous consentiez à serrer la main à un membre de ma famille», et comme ils lui demandaient pourquoi, il leur répondit: «Parce que mon père s'est comporté d'une manière abominable envers Votre Majesté».

Dans le même ordre d'idées, Churchill devait dire à Staline lors de la conférence de Téhéran en novembre 1943: «En temps de guerre, la vérité doit toujours être entourée d'une garde de mensonges».

Sa déclaration à la Chambre entrait donc dans cette catégorie. En réalité, les pressions qu'il subissait de la part des Français pour déformer et oblitérer la vérité avaient commencé une semaine plus tôt. Le 29 mai, le cabinet avait reçu un message de Sir Ronald Campbell, l'ambassadeur de Grande-Bretagne à Paris, disant:

1. Le Conseiller de presse signale que le ministre français de l'Information l'a instamment prié de faire le maximum pour qu'on n'accorde aucune importance dans la presse et à la radio britanniques, et que l'on ne fasse aucune référence dans les informations françaises de la BBC, aux déclarations de l'amiral Keyes devant les groupes de la Chambre des Communes demandant une suspension du jugement sur le roi Léopold.
2. Monsieur Frossard craint que l'attitude adoptée par l'amiral Keyes soit considérée comme un pardon du défaitisme et donc comme un encouragement à celui-ci au moment où l'opinion française se redresse de colère (ce qui améliore le moral) par dégoût devant cette apparente traîtrise [433].
3. Les cercles officiels français sont de plus en plus convaincus de la traîtrise du Roi, mais, en dehors du bien-fondé de cette affaire, j'ai confiance que vous ferez le maximum pour répondre à la demande de Monsieur Frossard.

«L'apparente traîtrise» et le «en-dehors du bien-fondé de cette affaire» révèlent que les auteurs de cette demande n'étaient nullement convaincus de la véracité des déclarations du Premier Ministre français. Dans une phrase qui est presque un pastiche du troisième paragraphe de Sir Ronald, le général Spears écrit dans *Assignment to Catastrophe:* «Tout à fait en dehors du bien-fondé de cette affaire, il était clair que le gouvernement français espérait tirer quelque chose de ce désastre, à tout le moins un bouc émissaire, et qu'il y voyait l'occasion de détourner l'attention de la population des déficiences de ses propres dirigeants militaires». Spears relate alors combien Reynaud était irrité et contrarié par les bonnes références au roi Léopold et à son armée données le 28 mai par Churchill, Duff Cooper et Keyes, et comment il harcela Spears au cours de toute la semaine suivante pour qu'il prie le Premier Ministre britannique de s'aligner sur sa propagande et de rejeter lui aussi toute la faute sur Léopold, ce que Spears fit complaisamment. Le 30 mai, après avoir évoqué un «déchaînement» de l'opinion française contre l'Angleterre si l'on n'évacuait pas autant de Français que de Britanniques, Reynaud manifesta à nouveau sa contrariété et son irritation devant l'attitude de Churchill à l'égard de Léopold. Spears expliqua que, l'Angleterre étant une monarchie, il convenait d'approcher le Premier Ministre britannique d'une autre manière que le Premier Ministre de la République française.

Pendant ce temps, à Londres, Sir Alexander Cadogan écrivait dans son journal en date du 30 mai: «Le Premier Ministre va à Paris demain matin. Les Français décampent et rejettent la faute sur nous. Il doit les réconforter et les maintenir dans la lutte ou nous devons nous séparer d'eux et nous battre seuls». Cadogan avait déjà noté, *avant* l'annonce de la capitulation belge, que Churchill avait exprimé l'opinion que la

Grande-Bretagne serait peut-être mieux sans les Français et que lui-même, Cadogan, et d'autres personnes occupant de hautes fonctions partageaient le même sentiment.

Le lendemain à Paris, lors du Conseil de Guerre Suprême convoqué pour discuter de l'état désespéré de la situation militaire, particulièrement dans le périmètre de Dunkerque, Reynaud saisit l'occasion pour adjurer de nouveau le Premier Ministre britannique de rendre lui aussi Léopold responsable des désastres militaires des Alliés. «Il ne faut pas oublier, dit-il, que le terrible danger que courent les troupes à Dunkerque et la perte de nombreuses divisions françaises, perte menaçante pour la sécurité de la France, sont directement imputables à la défection du Roi des Belges... Ce sont des faits qu'on ne peut passer sous silence par correction vis-à-vis des armées et des peuples français et britanniques». Et c'est ainsi que, dans son souci d'apaiser Reynaud et de maintenir la France dans la lutte le plus longtemps possible comme dans son espoir de prendre le contrôle de la flotte française lorsque ce pays viendrait à succomber, Churchill céda à ses demandes. Le 4 juin, en vertu de ce qu'il considérait comme les vraies priorités, il accablait Léopold plus rudement encore que ne l'avait fait Reynaud, pour se retrouver par la suite dans l'impossibilité de se rétracter ou de faire le moindre acte d'amende honorable.

On saisit un peu mieux les motifs qui poussèrent Churchill à avoir recours aux moyens les plus vils pour arriver à ses fins, ainsi que son refus d'admettre qu'il avait agi de la sorte et sa totale absence de remords, quand on examine quelques-unes de ses déclarations de l'époque. En 1942, pour expliquer les douteuses tractations du gouvernement britannique avec l'amiral Darlan, membre du gouvernement de Vichy, il cita le vieux proverbe grec orthodoxe: «Mes enfants, il vous est permis, en cas de danger extrême, de marcher avec le diable jusqu'à ce que vous ayez traversé le pont». Et une autre fois: «Si Hitler envahissait l'enfer, je ferais au moins une allusion favorable au diable à la Chambre des Communes. Je n'ai qu'un but, la ruine d'Hitler, et ma vie en est très simplifiée». A cet égard, il critiqua le Foreign Office qui «essayait de se livrer en matière de politique à des raffinements sans aucun rapport avec la tragique simplicité et la grandeur du temps et des enjeux qui s'affrontaient». Et finalement, à propos des rétractations, il déclara au Parlement le 2 décembre 1954: «J'espère que la Chambre se souviendra que j'ai fait ce que j'ai rarement fait: exprimer mes regrets formels pour une observation que j'ai faite... dans un discours».

Sir Roger Keyes fut si choqué par les attaques injustes et mensongères de son vieil ami contre le roi Léopold qu'il écrivit au secrétaire privé du roi George, Sir Alexander Hardinge, joignant à sa lettre une copie pour Churchill, avec prière de la remettre au Roi. Dès qu'il eut achevé la constitution d'un dossier complet sur sa mission, il l'envoya également à Buckingham Palace. Sa Majesté avait convoqué séparément l'amiral et le colonel Davy à Buckingham Palace dès leur retour en Angleterre et avait reçu de chacun un compte rendu intégral de la campagne de Belgique et du comportement de Léopold au cours de celle-ci. Après avoir pris connaissance des faits véritables et longuement questionné les deux hommes, le Roi exprima sa sympathie pour Léopold et déclara que sa conduite des opérations militaires avait été irréprochable. Il fit les mêmes réflexions à Harry Hopkins le jour où, comme on l'a relaté plus haut, ils se réfugièrent dans un abri antiaérien à Buckingham Palace et évoquèrent le départ involontaire des Pays-Bas de la reine Wilhelmine. «Il exprima toute sa sympathie pour le Roi des Belges, écrivit Hopkins au président Roosevelt, et n'eut guère, voire aucune critique à formuler sur son comportement de Commandant en Chef, mais, en tant que Roi, il pensait qu'il aurait dû quitter son pays et installer son gouvernement autre part» [434]. Il y a là quelque ironie car le roi George avait toujours maintenu que lui-même ne quitterait jamais l'Angleterre, quoi qu'il pût arriver. Et de fait, lorsqu'on suggéra à la reine Elizabeth que les deux princesses soient envoyées en Amérique, Sa Majesté répondit, paraît-il: «Les princesses ne peuvent s'en aller sans moi; or, je ne pourrais quitter le Roi, et bien sûr, le Roi ne partira jamais». Il est à cet égard significatif que Churchill, comme Premier Ministre, ait déclaré dans l'«Humble Address» qu'il prononça au Parlement le 15 mai 1945:

> ... Si l'on en était arrivé à une ultime résistance à Londres, une éventualité que l'on dut un moment considérer, je ne doute pas que Sa Majesté en serait venue à se défaire de son habituelle correction constitutionnelle et à ne pas tenir compte des conseils de ses ministres.

Ayant vérifié les faits auprès de Keyes et de Davy, le roi George savait maintenant que son cousin n'était pas seulement innocent des accusations de Reynaud, Churchill et d'autres, mais qu'il avait ordonné aux Belges de résister le plus longtemps possible, favorisant ainsi l'évacuation du Corps Expéditionnaire qui s'effectuait depuis déjà deux jours quand Léopold s'était enfin résigné à capituler. Il n'y eut donc jamais de «rupture» entre la famille royale britannique et le roi Léopold, comme le prétendirent si souvent les média par la suite. En fait, chaque fois que l'occasion se présenta, le roi Georges et plus tard la reine Elizabeth II, prouvèrent que leur affection et leur estime pour lui étaient demeurées intactes. Comme le relate le biographe officiel de George VI, le Roi «éprouvait une affection sincère pour son jeune cousin belge» et «ces sentiments d'amitié étaient réciproques» [435].

Léopold fut cependant désolé que George VI n'ait pu empêcher Churchill de soutenir, avec tout l'impact du gouvernement britannique, la campagne de dénigrement lancée contre lui par Reynaud. Léopold n'avait-il pas, après tout, écrit dès le 25 mai à son homologue royal pour le prévenir ouvertement, en même temps que le cabinet, de l'imminence de la capitulation de son armée et de son intention de partager le sort de celle-ci? Il estimait donc que George VI aurait pu insister pour que son Premier Ministre soutienne la vérité sur ces événements plutôt que de la déformer. Si l'on avait rendu publique l'existence de cette lettre d'avertissement de Léopold à George VI, ou seulement divulgué sa teneur, les allégations de Reynaud se seraient effondrées. Mais comme nous l'avons vu, les préjugés de Churchill étaient tels qu'il avait résolument décidé de se rallier aux fausses accusations du Premier français au lieu de les réfuter. Et comme il avait quasiment monopolisé la direction de la guerre, il n'accordait qu'une attention très restreinte aux démarches de ses collègues de cabinet ou de n'importe qui d'autre.

En ce qui concerne le roi George, on signala en privé à l'amiral Keyes que Sa Majesté était «furieuse» contre les responsables de cette campagne diffamante pour Léopold, mais on ignore si elle en fit le reproche à Churchill. Si son père, George V, était souvent intervenu de manière énergique auprès de son gouvernement, notamment au sujet de monarques étrangers comme le roi Constantin de Grèce [436], il est possible que son fils ne se soit pas senti en mesure d'intervenir sur le plan politique, complètement dominé par Churchill comme il l'était alors.

Mais le roi George n'hésita pas à prendre fermement parti dans des questions qui relevaient de ses prérogatives royales. Ainsi, lorsque l'on suggéra que fut retiré au Roi des Belges son titre de colonel en chef du cinquième régiment royal des Dragons d'Inniskilling, le Roi refusa sèchement et ordonna que Léopold continuât à bénéficier de tous les honneurs, privilèges et égards qui lui étaient dus à ce titre, et avec l'approbation complète du régiment, il maintint pareillement cette position lorsque Whitehall suggéra que le roi Baudouin remplace son père comme colonel en chef, lors de son accession au trône en 1951. George VI rejeta tout aussi fermement la proposition de rayer Léopold de la liste des chevaliers de la Jarretière et de mettre en berne sa bannière dans la chapelle St George au château de Windsor.

Ce fut donc pour accomplir les vœux du roi George que les «Skins» formèrent une garde d'honneur aux funérailles du roi Léopold, le 1er octobre 1983, qu'ils portèrent fièrement son cercueil jusqu'à sa dernière demeure dans la crypte de Laeken, et qu'un émouvant office se déroula à sa mémoire, suivi de la présentation de sa bannière de la

Jarretière, en présence de la Reine, du duc d'Edimbourgh et du prince et de la princesse de Liège, quelques semaines plus tard dans la chapelle St George de Windsor.

Lorsqu'il essaya pour la deuxième fois de rétablir la réputation du Roi, Keyes essuya un nouvel échec. Il avait appris que Gort, à son retour de Dunkerque, avait attribué la défaite du Corps Expéditionnaire à la capitulation de Léopold. En cette journée agitée du 4 juin, il rendit donc visite à Gort pour essayer de le convaincre de présenter un tableau objectif et correct des événements, et il le quitta avec l'impression que leur conversation «avait quelque peu clarifié l'atmosphère». Quand il entendit cependant que Gort et ses officiers continuaient à lancer les mêmes accusations contre les Belges et leur Roi, il réagit avec vigueur et écrivit le 12 juin à l'ancien Commandant en Chef:

> Depuis que je vous ai vu, j'ai entendu que vous avez attribué la responsabilité presque totale de vos malheurs au fait que votre flanc gauche avait été exposé, sans que le roi Léopold vous eût averti qu'il était sur le point de capituler. Pensez-vous réellement que ce soit là une déclaration honnête, au vu des demandes répétées qui vous furent adressées les 26 et 27 mai pour obtenir l'aide du Corps Expéditionnaire afin d'empêcher le contournement du flanc gauche de l'armée belge, une aide que vous n'avez pas pu fournir? Et que dire des avertissements qui vous furent adressés, de même qu'au gouvernement, à partir du 20 mai? Le Roi vous y expliquait qu'il serait forcé de capituler si les armées britanniques et belges étaient disjointes, ce qu'il considérait comme inévitable dans le cas où l'attaque britannique vers le sud était maintenue. Et le CIGS et vous-même ne partagiez-vous pas la même opinion à ce moment-là?

Keyes joignait à cette lettre un compte rendu détaillé des événements de Belgique à partir du 19 mai ainsi que les copies des télégrammes échangés entre le Premier Ministre, Gort et lui-même, et les quartiers généraux britannique et belge. Ces documents démontraient une fois de plus que si Léopold n'avait pas rejeté les appels de ses ministres d'abandonner son armée et n'avait pas combattu jusqu'au 28 mai, l'armée de Gort aurait difficilement pu s'échapper du champ de bataille. La réponse de Gort laissa l'Amiral sur sa faim: il se contentait d'avouer que le compte rendu de Keyes contenait certains passages qui différaient de ses propres «souvenirs». Ayant perdu la plupart de ses notes dans le chaos de la retraite vers Dunkerque [437], il fut incapable de prouver sa propre version des événements ou de réfuter un seul des faits avancés par Keyes. Gort terminait en se disant d'accord avec l'appel initial de l'Amiral qu'il fallait suspendre tout jugement jusqu'à ce que les faits soient établis. «Je pense, écrivait-il, qu'il vaudrait mieux laisser cette question de côté jusqu'à la fin des hostilités». Keyes répliqua laconiquement:

> J'acceptais le principe de laisser reposer l'enquête jusqu'à la fin de la guerre. Mais, tant d'officiers du Corps Expéditionnaire et d'autres vont

depuis répétant ce que vous avez affirmé — avant que je ne vous envoie les documents destinés à vous prouver à quel point vos condamnations du roi Léopold sont incorrectes — que je pense que la vérité doit être rendue publique si tous ces racontars persistent.

Moins d'un mois après la capitulation belge et l'évacuation de Dunkerque, la France fut battue. La Grande-Bretagne se concentra dès lors sur sa propre survie. Mais pour l'amiral Keyes, qu'animait un sens aigu de la justice, une chose passait avant toute autre: l'établissement de la vérité historique et la réhabilitation sans délai de la réputation de Léopold, d'autant plus que, la France s'était effondrée, les prétextes pour masquer les faits, s'étaient effondrés avec elle, sauf respect pour la réputation du Corps Expéditionnaire et de son Commandant en Chef. Le 1er juillet, il entreprit donc de nouvelles démarches en remettant à Lord Halifax, sous les ordres duquel il avait été officiellement affecté en tant qu'officier spécial de liaison auprès du roi Léopold, un dossier encore plus étoffé que celui qu'il avait remis à Gort, lui demandant que le gouvernement fasse une déclaration pour réhabiliter le Roi des Belges. Mais Keyes n'obtint pas plus du secrétaire aux Affaires Etrangères que de Churchill ou de Gort. Ses plaidoyers et ses argumentations se heurtèrent chaque fois à un mur.

Il était évident que le gouvernement était décidé à ne pas revenir sur la question. Pour Churchill et ses complaisants collègues de cabinet — maintenant confrontés à la bataille d'Angleterre —, les lamentables événements de mai 1940 en France et en Belgique étaient un grand sujet d'embarras sur lequel il leur paraissait essentiel de jeter un voile de silence. Car si l'affaire de la capitulation belge avait dû être ouvertement soumise à un nouvel examen, non seulement la deuxième déclaration de Churchill au Parlement serait apparue comme une grossière déformation des faits, mais les déficiences de la formation et de l'équipement de l'armée, le contrôle inepte que Gort et Pownall avaient exercé sur le Corps Expéditionnaire et le fait qu'ils avaient abandonné leurs alliés en pleine bataille sans les prévenir, auraient été étalés au grand jour. Il semblait donc y avoir peu d'espoir de voir Léopold officiellement réhabilité et qu'aussi longtemps que durerait la guerre, il était condamné à rester le «Roi félon» de la légende noire.

Chapitre XXX

L'odyssée de Pierlot et Spaak

L'un se nommait Obstiné et l'autre Souple.
John BUNYAN, *The Pilgrim's Progress*

Comme l'avait prévu le roi Léopold, l'effondrement total des armées françaises ne tarda pas. Quinze jours après la capitulation belge, les divisions d'Hitler entraient dans Paris. Le 16 juin, elles étaient près de la Loire. A l'est, la ligne Maginot était non seulement contournée mais cassée en deux. Les divisions de panzers fonçaient vers Lyon et Valence. Le 14 juin déjà, le jour où les Allemands entraient dans Paris, Reynaud, acculé, proposait à Weygand d'ordonner la capitulation de toute l'armée française, ce qui ne «lierait que l'armée et laisserait les mains libres au gouvernement» — exactement ce dont, quinze jours plus tôt, il avait accusé Léopold. Weygand rejeta la proposition avec mépris: «Je refuse d'éclabousser nos couleurs de cette honte!» Et lorsque Reynaud renouvela son appel et proposa même de donner au Commandant en Chef un ordre écrit pour déposer les armes, Weygand refusa énergiquement.

Pierlot et Spaak se trouvaient à présent face à un autre dilemme. A Wijnendaele, Sir Roger Keyes avait noté que le Roi «était absolument convaincu que l'armée française s'effondrerait dans les deux ou trois semaines, qu'il y aurait des troubles intérieurs en France et que le gouvernement français nous abandonnerait». Comme il l'avait dit aux quatre ministres, Léopold avait surtout refusé de les accompagner en France parce qu'il était convaincu qu'ils seraient entraînés dans l'effondrement de ce pays, ce que lui-même estimait devoir éviter à tout prix. Le Roi avait également confié à Keyes qu'il était sûr que dans cette situation, les ministres «perdraient la tête». Cette prédiction s'était donc réalisée, mais le pire restait à venir. Pierlot et Spaak, en effet, allaient maintenant faire à nouveau machine arrière au cours d'un voyage qui n'aurait rien à envier aux pérégrinations de l'Odyssée.

Au moment où la débâcle française atteignait son apogée, deux voies s'ouvraient à Pierlot et à Spaak. Sans hésiter, ils choisirent la moins honorable. Lorsque son armée avait dû capituler, ce n'était pas seulement à la France mais aux *Alliés* — à la Grande-Bretagne autant qu'à la France — que le gouvernement belge avait promis de continuer la lutte. Pierlot l'avait déclaré dans sa première allocution radio le 28 mai, et lorsque Spaak prit le relais à Limoges le 31, il avait confirmé au milieu des applaudissements que ses collègues et lui soutiendraient les alliés de toutes leurs forces, quoi qu'il arrive. «*A côté des Alliés*, criait-il, *jusqu'au bout!*» Que devinrent ces engagements lorsque la France s'effondra? Les entendit-on annoncer qu'ils continuaient la guerre avec l'allié encore debout? Les vit-on se rendre à Londres? Non point. Avant même que la reddition française fût devenue effective, les ministres décidèrent que «tout était perdu» et que, comme la France, ils devaient essayer de négocier avec les Allemands.

On connaît avec précision le moment où cette décision fut prise. Le jeune ministre de la Santé, Marcel-Henri Jaspar, a décrit de manière très vivante la réunion cruciale que le gouvernement belge tint le 18 juin (l'armistice franco-allemand ne fut signé que le 21). Le local choisi était, selon ses propres termes, «un misérable sale trou» dans une «misérable petite maison» de Bordeaux. «L'odeur âcre des cigares bon marché remplissait l'atmosphère,... le plafond était taché, la porte ne fermait pas... Au fur et à mesure que nous changions de ville, nos lieux de rendez-vous augmentaient de laideur, à l'unisson du reste de la volonté décomposée du Gouvernement... Notre propre désintégration semblait se refléter dans notre entourage... L'air tout entier était surchargé de lassitude et de désespoir. La lutte était terminée. Je pouvais lire sur les visages de mes collègues que leurs nerfs avaient été mis en pièces, maintenant leurs cœurs flanchaient...»

La veille, à 12 h 30, le maréchal Pétain avait, dans une allocution poignante, annoncé à la radio qu'il avait repris la charge de Premier Ministre et qu'il comptait négocier le jour même avec les Allemands afin de mettre un terme aux hostilités. Peu après, Paul Baudouin confirmait en privé à Spaak que la France était au bord de l'effondrement et qu'elle cherchait à conclure un armistice. La réaction de Pierlot fut immédiate et catégorique. Lors de la réunion du cabinet, il lut un memorandum qu'il avait préparé: «J'ai retourné le problème plusieurs fois. Nous ne partirons pas pour l'Angleterre. La France a jeté l'éponge. Nous abandonnerons la lutte avec elle». Spaak déclara alors: «Notre mandat est rempli. Nous avons fait notre devoir». «Et l'armée?» demanda Jaspar. «L'armée, répondit le général Denis, recevra les mêmes instructions que l'armée française et elle devra y obéir». «C'était fini, poursuit Jaspar, cette abdication était complète et irréparable. Ces hommes étaient brisés. En vain, j'ai rappelé des décisions prises par le Parlement le 10 mai à Bruxelles, confirmées à Limoges le 31. J'ai répété aux ministres leurs propres paroles, prononcées à Poitiers... La proposition du Premier Ministre fut acceptée avec une majorité écrasante. M. Spaak, ministre des Affaires Etrangères, la soutenait fermement... Je prenais une attitude diamétralement opposée à celle de mes collègues, exceptés MM. De Vleeschauwer et Gutt. Ils partageaient mon point de vue... Je pris la résolution que moi, en tout cas, je ne seconderais jamais une politique de capitulation... Je désirais continuer la guerre... Nous partîmes pour l'Angleterre» [438]. Mais que Jaspar s'en fût allé hâtivement (avec sa femme, à bord d'un navire britannique) sans dire un mot à quiconque et qu'il eût, le 23 juin, lancé à la BBC de Londres, un grandiloquent «appel à tous les Belges libres» pour continuer la lutte sous sa houlette, déclencha la fureur de Pierlot et ses collègues. Le gouvernement ne pouvant pas, dans la pratique, démettre Jaspar de ses fonctions puisqu'il s'agissait là d'une prérogative royale, Pierlot publia un communiqué dans lequel il déclarait que Jaspar ayant «abandonné son poste et son administration sans avertir ses collègues et étant parti pour Londres pour des raisons de convenance personnelle» (Pierlot sous-entendait par là que Jaspar n'avait agi ainsi que parce que sa femme était juive), ses pouvoirs avaient été transférés au ministre de l'Intérieur et qu'il n'était plus considéré comme un membre du gouvernement. Il proclama encore par la suite que le gouvernement «désavouait, d'une façon absolue, toutes les déclarations ou initiatives de M. Marcel-Henri Jaspar» et que, contrairement à ce qu'il avait dit, il se trouvait en France et non en Angleterre.

Bordeaux avait été choisi comme le siège du gouvernement belge en exil parce que l'administration centrale française s'y était déjà installée et que la politique de Pierlot et son cabinet était de s'attacher comme des sangsues aux Français. Rien pourtant ne les retenait à Bordeaux. Ils n'étaient pris dans aucun piège. Ils auraient pu très facilement partir pour l'Angleterre, puisque la Belgique possédait une grande flotte marchande et qu'ils avaient réquisitionné pour y loger un navire belge ancré dans la Gironde, le *Baudouinville*, qui pouvait parfaitement les emmener, eux et leurs familles, en Angleterre. Les Britanniques avaient de plus prévu des moyens de transport par air et par mer, dont un croiseur, pour évacuer l'administration belge et ses familles, mais Pierlot et Spaak déclinèrent leurs offres. La preuve de ce refus est fournie par Albert De Vleeschauwer, le ministre catholique des Colonies, qui, comme Gutt et Jaspar, avait «protesté avec énergie» contre la décision de ses collègues de jeter l'éponge et de négocier un traité de paix avec l'Allemagne et avait préconisé que le gouvernement gagne l'Angleterre pour continuer la lutte aux côtés de ce pays. Francis Aveling, le chargé d'affaires britannique qui était resté en contact avec le gouvernement belge en exil après que son ambassadeur se fut rendu aux Allemands, avait fort surpris De Vleeschauwer la veille en lui demandant [439]: «Pourquoi vos collègues ne vont-ils pas à Londres?» Et Aveling d'expliquer que le gouvernement britannique avait mis trois avions et un croiseur à leur disposition, «mais qu'ils refusaient de venir». De Vleeschauwer fut stupéfait: ni Pierlot ni Spaak ne lui avaient soufflé mot de cette possibilité dont ils n'avaient manifestement pas l'intention de profiter.

Le Congo représentait maintenant le plus important capital libre de la Belgique et De Vleeschauwer était décidé non seulement à protéger ses intérêts mais aussi à mettre ses immenses ressources à la disposition des Britanniques pour soutenir leur effort de guerre et les aider à poursuivre le combat. Il décida donc de quitter immédiatement la France et ses défaitistes collègues, pour mettre ce projet à exécution. Il n'était évidemment pas question de révéler ses intentions réelles à Pierlot ou au groupe de cinq ministres qui, à l'instar du Premier Ministre, préféraient pactiser avec les Allemands plutôt que de se rendre en Angleterre. S'il leur en avait parlé, ils ne l'auraient jamais laissé partir. Pierlot accepta toutefois, ô ironie, que De Vleeschauwer parte séance tenante pour l'Amérique «en vue de sauvegarder les intérêts du Congo». Mieux, il le nomma «Administrateur-général des Colonies» (le Congo et le Rwanda-Urundi), doté de pouvoirs égaux à ceux du Roi, et lui remit deux lettres confirmant son autorité absolue sur les colonies. Deux membres du cabinet qui rejoignirent plus tard De Vleeschauwer à Londres lui révélèrent les raisons qui avaient poussé le groupe Pierlot à lui accorder toutes ces prérogatives. Lors d'une visite à Washington en novembre 1942, De Schrijver déclara à un collègue: «On décida d'envoyer De Vleeschauwer avec le maximum de pouvoirs au Congo pour protéger celui-ci contre les Anglais», tandis que le comte d'Aspremont Lynden déclarait en octobre 1944: «De Vleeschauwer avait été envoyé pour *sauver le Congo*, c'est-à-dire en réalité empêcher qu'il ne tombe sous la coupe anglaise ou française» [440]. (On sait aujourd'hui que le gouvernement belge avait eu vent des rumeurs circulant au sujet des plans de l'administration Chamberlain visant à soudoyer Hitler en lui offrant une partie du Congo Belge, en mars 1938).

Armé de ces pouvoirs gigantesques, le loyal et patriotique De Vleeschauwer [441] quitta Bordeaux l'après-midi même, traversa la frontière espagnole le 19 juin et atteignit Londres, via Lisbonne, le 4 juillet. Il n'est pas exagéré de dire que lorsque De Vleeschauwer quitta la France, il emportait dans ses bagages l'honneur et le destin de la

Belgique, car ce fut grâce à ses initiatives et à celles de l'ambassadeur de Belgique à Londres, le baron Cartier de Marchienne, autre personnage tout aussi redoutable, que Pierlot et Spaak se laissèrent finalement persuader — après cinq mois de marasme et de vaines tentatives pour convaincre les Nazis de reconnaître leur gouvernement — de rejoindre Londres et de se replacer aux côtés de la Grande-Bretagne et de ses alliés.

Entre-temps, à Bordeaux, Pierlot, Spaak et leur cabinet désemparé s'étaient réfugiés à bord du *Baudouinville*. Et sur le pont de ce navire, les ministres démoralisés passaient leur temps à débattre et à se quereller — au point que, comme le reconnut Spaak, «Nous regrettions tous le Roi pour harmoniser nos différences!» [442]. Le 19 juin, le salon principal du *Baudouinville* fut aménagé en salle de réunion où les ministres belges pouvaient «attendre dignement» les délégués allemands qui, espéraient-ils, allaient bientôt arriver pour conclure avec eux un traité de paix.

La boucle se refermait. Les irréprochables ministres qui avaient dénoncé leur Souverain pour son défaitisme et pour avoir «traité avec l'ennemi» n'essayaient rien d'autre maintenant et par tous les moyens imaginables. Ils avaient fini par comprendre que sans la collaboration du Roi, ils étaient impuissants du point de vue constitutionnel. Oubliant alors tout ce qu'ils avaient dit sur l'impossibilité morale et juridique où se trouvait leur Souverain de régner et la résolution adoptée dans ce sens par l'assemblée de Limoges, ils s'adressèrent au Roi comme s'il était toujours en pleine possession de ses prérogatives royales et lui demandèrent d'apporter son soutien à leurs efforts de négociation avec les Allemands, pour qu'ils puissent rentrer en Belgique occupée.

Il ne vint apparemment pas à l'esprit de Pierlot ou de Spaak qu'ils devaient des excuses au Roi pour les insultes, dont ils l'avaient si généreusement et publiquement abreuvé. Et de fait, ils prétendirent simplement qu'ils n'avaient jamais dit un seul mot contre lui et ne donnèrent jamais la moindre marque de regret ou de rétraction.

Le 18 juin, le gouvernement belge envoyait un premier télégramme à transmettre au Roi à Laeken via le ministre d'Argentine à Berne; le lendemain, ils en expédièrent deux autres, l'un par la même voie, l'autre par le nonce apostolique. Ces messages signifiaient la décision du gouvernement de cesser toutes les hostilités contre les Allemands, que le sort des officiers et soldats belges «devait être identique» à celui des Français, et qu'ils proposaient «d'envoyer un des ministres auprès du Roi afin que celui-ci, avec la signature de ce ministre, puisse constituer un ministère habilité pour entamer les négociations de paix avec l'Allemagne». Après ces préliminaires, Spaak écrivit le 24 à Paul Baudouin au Quai d'Orsay:

> Dès que l'armistice sera devenu effectif entre la France et l'Allemagne, je vous serais reconnaissant de faire savoir au gouvernement allemand que le gouvernement belge est désireux d'entrer en contact avec lui pour négocier... les questions relatives aux officiers, soldats et civils belges se trouvant en France.
>
> Le gouvernement est prêt également à négocier les conditions d'un armistice entre l'Allemagne et la Belgique, mais avant de s'engager dans cette voie, il estime indispensable de prendre contact à Bruxelles, avec le Roi, et demande, à cet effet, un sauf-conduit pour deux de ses membres.

Spaak envoya aussitôt deux messages identiques à Berlin; le premier fut expédié via l'ambassadeur d'Espagne en France, l'autre par radio, du Haut Commandement français à celui des Allemands. Heureusement pour Pierlot, Spaak et le gouvernement belge, les Nazis les ignorèrent superbement ainsi que toutes les autres offres de soumission et de collaboration dont ils les bombardèrent par tous les canaux de communication possibles et imaginables au cours des semaines qui suivirent.

Le 20 juin, Spaak envoya un télégramme à l'ambassadeur de Belgique à Londres, le baron de Cartier de Marchienne, pour lui demander d'informer le gouvernement britannique que le gouvernement belge avait décidé d'abandonner la lutte, mais qu'il remerciait la Grande-Bretagne d'avoir honoré la garantie qu'elle avait donnée à la Belgique. Pour reprendre les termes de l'historien belge Jean Stengers, «c'est l'adieu aux Anglais».

Cartier de Marchienne était le doyen du corps diplomatique de Londres et il bénéficiait d'un prestige immense. Il était résolument pro-britannique et ouvertement fidèle à son Roi et à son pays. Il est correctement décrit par Jean Stengers comme «un grand seigneur diplomate — un roc» [443]. Lorsque le baron reçut le message défaitiste de Spaak, il le modifia de façon à lui donner un ton moins définitif avant de se rendre au Foreign Office et de «le lire à Lord Halifax». Cela permit à Cartier de répondre à Spaak l'après-midi même de la manière suivante:

> Secrétaire d'Etat me prie vous engager différer toute décision irrémédiable jusqu'à ce que vous ayez pu prendre contact direct avec Gouvernement britannique. Il suggère que le Gouvernement belge vienne ici, ou au moins certains Ministres, et fait observer que si vous cédez maintenant, vous perdez tout, tandis que si vous continuez la lutte, vous sauvegarderez avenir parce Empire britannique a grande chance de triompher finalement. Il ajoute que si vous abandonnez la lutte maintenant, nos intérêts à l'étranger seraient compromis et colonie irrémédiablement perdue.» [444]

Dans le récit qu'il fit de cette entrevue avec l'ambassadeur de Belgique, Lord Halifax rapporte que Cartier lui dit qu'il avait toujours regretté que le gouvernement belge se fût installé en France plutôt qu'en Angleterre. Il était évident, poursuivit le baron, que l'administration Pierlot avait été profondément affectée par la débâcle française et le pessimisme qui régnait en France. Comme Cartier était convaincu qu'une autorité belge indépendante devait subsister, il demanda à la Grande-Bretagne de l'aider à faire prendre à son gouvernement une attitude plus ferme. Halifax donna donc instruction à l'ambassadeur de Grande-Bretagne en France, Sir Ronald Campbell, d'insister fortement auprès des ministres belges pour qu'ils se rendent en Angleterre et de les avertir que, s'ils se rendaient aux Allemands, les Britanniques «se laveraient les mains» des intérêts de la Belgique et veilleraient — le cas échéant par la force des armes — à ce que le Congo ne tombe pas sous le contrôle de l'Allemagne [445].

Bien que ces pressions n'aient eu que peu, voire aucun effet sur les ministres belges en France, l'initiative de Cartier permit au moins que la porte entre les deux gouvernements demeurât ouverte. Mais pendant ce temps, loin de croire que les Britanniques avaient la moindre chance de survivre, et encore moins de gagner la guerre, Pierlot et Spaak se comportaient comme s'ils étaient déjà vaincus. (Dans une note rédigée en février 1941, Spaak tenta de justifier les réactions défaitistes de son gouvernement en ce 18 juin en déclarant que Paul Baudouin les avait persuadés que les Britanniques allaient eux aussi vraisemblablement solliciter la paix, étant donné qu'une intervention américaine était improbable). C'est à cause de cette attitude que les bateaux belges qui auraient pu contribuer à l'évacuation, en furent empêchés. Aucun effort ne fut tenté pour transférer des troupes belges de l'autre côté de la Manche, bien que de nombreux bateaux belges et britanniques fussent disponibles. Au contraire, ces transferts furent interdits. Les 2.400 hommes de la septième division d'infanterie belge, par exemple, qui attendaient de s'embarquer pour l'Angleterre, à St Nazaire et à Brest, en furent empêchés par le gouvernement belge. C'est ce qui incita Churchill le 18 juin à donner des instructions pour «mettre la main par la force sur tout navire belge se trouvant à notre portée». Lorsque l'Italie déclara la guerre à la France, il y avait des troupes belges dans le sud, mais elles ne furent pas autorisées à se battre, sous le prétexte que la Belgique n'était pas en guerre avec l'Italie.

Avant même que la France fût défaite, les ministres belges avaient rejeté une démarche du gouvernement britannique proposant d'entraîner et d'équiper en vue de reprendre le combat les membres de leur force aérienne qui viendraient en Angleterre. Ce refus se mua rapidement en dénonciation des aviateurs qui avaient traversé la Manche — certains à bord de leur avion — et qui furent considérés comme déserteurs. Plusieurs de ces aviateurs se battirent brillamment et furent d'ailleurs décorés; quelques-uns furent tués dans la bataille d'Angleterre. A la mi-juillet, la persécution de ces hommes courageux prit une forme concrète. Sur les ordres du gouvernement Pierlot, une cour martiale de la force aérienne belge condamna plusieurs de ces pilotes à la dégradation, à de lourdes peines de prison et à des amendes pour «désertion» (c'est-à-dire fuite en Angleterre) et «vol de matériel». Ce n'est qu'en 1948 que ce jugement monstrueux fut rectifié par le ministère belge de la Défense, dans un communiqué qui rendait hommage au comportement et réhabilitait les noms de sept officiers et sous-officiers de la Force Aérienne et d'un lieutenant d'artillerie.

Dès le premier jour de leur arrivée à Bordeaux, les ministres sombrèrent dans un désespoir qui n'allait faire que croître. Il était évident que la France ayant succombé, le gouvernement Pétain, pas plus que les Allemands et leurs propres compatriotes, ne pouvaient plus rien pour eux. Lorsqu'ils demandaient des entrevues, on leur imposait des heures d'attente humiliante dans des bureaux annexes et ils étaient reçus par des officiers subalternes. «Ce désordre dans les choses, écrit Spaak dans ses *Combats inachevés,* commençait à susciter le désordre dans les esprits». A la fin de sa vie, Spaak fut d'une franchise remarquable au sujet de l'état de désespoir où ses collègues et lui avaient sombré. Dans une interview à la télévision belge en 1968, par exemple, il confessa que lors de leur séjour en France: «Nous avons commis un certain nombre d'erreurs... Nous pensions que nous étions défaits... Nous pensions que nous avions perdu la guerre... que c'était fini... C'était la débandade». [446] Spaak poursuivit en admettant qu'il était si démoralisé qu'il manifestait son indifférence aux discussions de ses collègues à Vichy en «se couchant sur le canapé, la tête contre le mur» ou, comme il le raconta à son biographe, Huizinga: «Je tournais le divan vers le mur pour leur montrer mon dos» [447].

Les ministres descendaient à toute allure la pente glissante qui les menait à la reddition totale et à la collaboration avec les Allemands. Léopold au contraire s'en tenait fermement aux principes qu'il s'était lui-même fixés: s'abstenir de toute activité politique, refuser tout contact avec la hiérarchie nazie et rappeler à ceux qui venaient le consulter, comme Paul Tschoffen, que le pays était toujours en état de guerre, que les Belges ne devaient entreprendre que les travaux nécessaires à la survie du peuple et ne devaient rien faire sur les plans militaire, politique ou économique qui pourrait nuire à la cause alliée. Lorsque le chef de Cabinet du Roi, le baron Frédéricq, demanda s'il autoriserait son fils à se joindre à l'armée belge en France, Léopold répondit: «Naturellement». Et quand le chef de sa Maison Militaire, le général Tilkens, proposa de recruter des jeunes gens pour un service actif en Grande-Bretagne, le Roi donna son assentiment. Ces attitudes si opposées laissent plutôt songeur quand on pense qu'après la libération de la Belgique, ce furent Léopold et sa Maison et non les ministres Pierlot et Spaak qui furent accusés de défaitisme et de collaboration avec l'ennemi...

Le lendemain, 24 juin, Pierlot et Spaak envoyèrent deux autres messages à Laeken, via le nonce apostolique à Vichy et l'ancien ambassadeur d'Espagne en Belgique, dans lesquels ils répétaient leur désir de rétablir le contact avec le Roi «dans le but de régler les intérêts belges avec le gouvernement allemand». Dans le même temps, Pierlot, qui n'avait jusqu'alors reçu aucune réponse à ses messages formels au Roi, tenta une approche plus personnelle. Le 26 juin, il convoqua le vicomte Berryer et lui remit une lettre et un message oral à transmettre au Roi par l'intermédiaire de son chef de cabinet à Laeken: «Nous pensons qu'il y a deux choses urgentes à faire, écrivait Pierlot: négocier avec les Allemands le retour des Belges, soldats et civils, qui se trouvent en France, et négocier les conditions d'un armistice ou d'une convention concernant la Belgique». Pierlot ajoutait: «Nous ne voulons rien faire sans connaître l'avis du Roi. Si le Roi estime qu'il est utile et possible de former un nouveau gouvernement, nous sommes prêts naturellement à donner notre démission».

Dans le document qui résumait le message oral de Pierlot et que Berryer remit à Frédéricq, Berryer écrivait qu'il avait été «chargé d'exposer verbalement au Roi la position du Gouvernement» et de «demander à sa Majesté si Elle recevrait éventuellement deux ministres». On lui avait également demandé «dans un esprit de conciliation et en vue de faciliter toute décision que le Roi pourrait prendre pour l'avenir du Pays, d'offrir la démission du Cabinet Pierlot». Les ministres avaient aussi prié Berryer d'obtenir du Roi «des avis et des ordres» et avaient «malgré l'impopularité dans laquelle ils savent être tenus, exprimé le désir de rentrer tous en Belgique et de pouvoir y expliquer leur conduite» [448]. C'était un véritable acte d'humilité, mais Pierlot était trop fier et obstiné pour présenter des excuses ou faire amende honorable sur la manière dont il avait sali l'honneur et la réputation de son Souverain.

Ainsi, toutes les responsabilités auraient été restituées au Roi s'il l'avait voulu. Les histoires inventées pendant et après la guerre et qui le représentent comme un monarque collaborant avec les Allemands auraient pu être réfutées sur-le-champ sur base de la lettre de Pierlot ou sur celle des nombreuses autres suggestions qui lui furent faites au cours des mois suivants par des hommes honorables et bien intentionnés, parmi lesquels des ministres en exercice aussi bien que d'anciens ministres, qui souhaitaient voir le Roi former un gouvernement à Bruxelles. Il aurait été très facile et parfaitement constitutionnel pour le

Roi d'accepter la proposition du Premier Ministre de dissoudre son gouvernement en France et de former, comme il le suggérait, un nouveau gouvernement à Bruxelles (pas nécessairement collaborateur mais acceptable aux yeux de l'occupant), et de signer un traité de paix avec les Allemands. Et pourtant, bien que le Roi s'en tînt fermement aux principes qu'il s'était fixés et n'ait cédé à aucune de ces propositions, ses détracteurs n'ont pas cessé, jusqu'à ce jour, de le condamner, de façon totalement illogique, pour avoir suivi une politique carrément à l'opposé de celle que prônait son défaitiste gouvernement en exil [449].

Avant que les ministres aient pu recevoir la réponse du Roi — en fait, dès que Berryer fut parti pour Bruxelles avec leurs messages —, ils décidèrent d'agir directement, sans le Roi, pour parvenir à leurs fins et négocier avec l'ennemi. Le 27 juin, Pierlot prononça un discours radiodiffusé à l'intention de «tous les Belges» pour leur dire que la guerre était terminée, que leur gouvernement cherchait à entrer en négociation avec l'Allemagne et s'employait à les rapatrier tous. Le texte de cette déclaration parut le lendemain dans la presse française.

Conformément à son plan de remettre la Belgique en activité sous l'«Ordre Nouveau» nazi, le gouvernement belge entreprit dès lors tous les efforts nécessaires, en collaboration avec le pouvoir occupant, pour ramener tous les civils et les militaires en Belgique occupée. Un décret publié le 30 juin sous la signature de Pierlot ordonna donc à tous les départements gouvernementaux et à leur personnel évacués en France, y compris les Finances, l'Agriculture, les Travaux Publics, les Affaires Etrangères et les services du Premier Ministre, de rentrer immédiatement en Belgique. Du point de vue allemand, l'aspect le plus intéressant de la décision des ministres était à coup sûr la démobilisation et le rapatriement en Belgique de toutes les troupes belges en France. Ainsi, après avoir refusé d'envoyer ces troupes en Angleterre, et après avoir rejeté la proposition du général Van Daele, le commandant des forces belges en France qui suggérait de les envoyer au Congo, via le Maroc, ils préférèrent obtenir la collaboration de la Commission d'armistice allemande pour les rapatrier tous en Belgique.

Dans une proclamation à l'armée, le général Denis, le ministre de la Défense, affirma: «Aujourd'hui, il ne s'agit plus de lutter: il faut travailler à reconstituer la Patrie», et dans une autre: «Il faut que tout le monde sache que nous espérons tous, du premier au dernier, rentrer chez nous. Rien n'est négligé pour que cela soit le plus tôt possible». Denis persuada même les Allemands de permettre à une délégation militaire belge de rentrer à Bruxelles pour activer le rapatriement, la démobilisation et le passage des troupes en Belgique sous contrôle allemand, ce qui eut pour conséquence que nombre de ces hommes furent aiguillés vers des stalags en Allemagne ou mis, par la suite, au travail forcé dans ce pays.

Ainsi reprirent le chemin du bercail, outre tous les civils et militaires belges, tous les services gouvernementaux et tout le matériel évacué (véhicules motorisés, machines, matériel roulant de chemin de fer, équipement et personnel) de même que les ressources techniques et le personnel de la radio belge. Antoine Delfosse, le ministre des Communications, et le seul membre du gouvernement à être resté en Belgique (sa fuite ayant été bloquée par la progression ennemie) reçut des Allemands la permission de traverser toute la France pour superviser le retour de la radio belge en Belgique. Les agents qui s'occupèrent de ces différents retours étaient parfois douteux. Le dirigeant communiste Lahaut [450], par exemple, reçut une voiture et un laissez-passer spécial pour parcourir la France afin de rameuter les travailleurs belges et les inciter à rentrer en Belgique où ils travailleraient pour l'Ordre Nouveau ou seraient envoyés comme travailleurs «volontaires» ou forcés en Allemagne. Suite à «l'alliance impie» conclue entre Staline et Hitler et jusqu'à l'invasion allemande de la Russie, les Nazis et les communistes agirent main dans la main. Staline, en effet, envoya ses «plus cordiales félicitations» à Hitler pour le «succès magnifique» de son armée dans la conquête des Pays-Bas, de la Belgique et de la France, avant de présenter, le 26 juin, un ultimatum à la Roumanie et d'annexer la Bessarabie le lendemain, en vertu des clauses secrètes sur les «sphères d'influence» du pacte germano-soviétique.

Pierlot fit encore une nouvelle tentative de négociation avec l'Allemagne nazie. Le 3 juillet, il eut une entrevue avec l'ancien ambassadeur de Belgique à Berlin, le vicomte Davignon, et lui demanda avec une grande amabilité mais beaucoup d'insistance de se rendre à Berne, d'entrer en contact avec le ministre d'Allemagne et d'entamer des négociations d'armistice avec le Reich. Il lui décrivit, en les regrettant, les échecs de ses précédentes démarches entreprises par le biais de divers diplomates, ainsi que la démarche de Spaak auprès de Paul Baudouin. Le gouvernement français avait promis de transmettre leur demande de négociations de paix à la Commission d'armistice franco-allemande de Wiesbaden, mais rien ne s'était hélas! matérialisé.

Davignon, qui était un fidèle serviteur du Roi, fut naturellement prudent. Les manières enveloppantes de Pierlot étaient inhabituelles et sa hâte lui semblait suspecte. L'ambassadeur déclina donc cette mission, prétextant qu'il ne savait pas qui il représenterait puisque, le vicomte Berryer n'étant pas encore revenu de Bruxelles, on ignorait toujours l'opinion du Roi. Pierlot s'arrangea néanmoins pour fournir un visa suisse à Davignon, mais ses efforts furent vains car peu de temps après, le vicomte retourna en Belgique pour faire rapport au Roi.

Autre signe de la déliquescence du gouvernement Pierlot: depuis la fameuse réunion de Limoges, ses membres n'avaient plus eu aucun contact avec les sénateurs et les députés établis dans cette ville. Dans l'ignorance complète où ils étaient de la politique et des actes de leur gouvernement, les parlementaires envoyèrent à Vichy, où les ministres avaient déménagé pour être associés plus étroitement à l'administration Pétain, le vice-président du Sénat, Raymond Leyniers. Celui-ci était chargé de leur rapporter la déclaration qu'ils attendaient depuis si longtemps. Lorsqu'il rendit compte de ses contacts à une session des deux chambres à Limoges, le 8 juillet, Leyniers déclara que Pierlot avait parlé «avec clarté, précision et compréhension».

Mais si le message que Pierlot fit parvenir aux parlementaires était effectivement clair, il n'était pas pour autant enthousiasmant. Il fallait bien comprendre, disait-il, que les Belges devaient s'habituer à une nouvelle mentalité, le point de vue d'un peuple conquis. Au mieux, on pouvait s'attendre à ce que la Belgique continue à exister, selon un statut de semi-indépendance, absorbée dans un *Zollverein* et gouvernée par un Gauleiter. Leyniers répéta alors avec force que le gouvernement implorait les parlementaires de se mettre dans la tête qu'ils formaient une nation vaincue et qu'ils devaient s'adapter à cette réalité.

Au beau milieu de ces activités, le 10 juillet, le vicomte Berryer revint avec une réponse de Laeken, qui coupa l'herbe sous les pieds des ministres. Cette réponse, transmise par le chef de cabinet de Léopold, était catégorique. «La situation du Roi n'a pas changé. Le Roi ne pose pas d'acte politique et ne reçoit pas d'hommes politiques. La Croix-Rouge s'occupe du rapatriement des Belges». M. Frédéricq avait «indiqué», affirma Berryer, que le Roi n'était pas favorable à un retour en Belgique de Pierlot et de ses collègues; il estimait en effet que «s'ils voulaient être logiques avec eux-mêmes, ils devraient se rendre en Angleterre». Spaak lui-même reconnut plus tard que l'attitude du Roi les avait sauvés: «Il nous a évité de commettre une faute très grave» [451]. Il fut effectivement heureux pour eux que le Roi eût opposé cette fin de non-recevoir à leurs manœuvres importunes car s'il n'avait pas agi de cette manière, nul ne sait jusqu'où ils auraient pu descendre sur la pente glissante empruntée par Pétain et Laval. Il est néanmoins peu vraisemblable qu'Hitler se fût prêté à n'importe quel marchandage avec le gouvernement Pierlot, même si le Roi avait soutenu ce dernier. La politique allemande voulait une Belgique soumise et tranquille, une zone de productivité pour le *Reich*, et l'on savait très bien à Berlin que la population de la Belgique occupée n'éprouvait que mépris et ressentiment envers Pierlot et ses collègues. Pourquoi les Allemands se seraient-ils embarrassés de ces hommes de paille? Mais il est quasiment certain que si Hitler avait accepté leur collaboration, ils auraient été descendus par l'histoire comme des Quislings.

Bien avant la fin juin donc, Pierlot, Spaak et la plupart de leurs collègues ministres avaient publié des déclarations affirmant que la guerre était terminée pour la Belgique et ils avaient cherché par tous les moyens possibles à prendre langue avec les Allemands. Le 10 juillet — le jour où leur parvint le message du roi Léopold —, Spaak écrivit ce que l'on ne peut guère considérer autrement que comme une lettre rampante à Monsieur Aunos, l'ambassadeur d'Espagne à Bruxelles. Après avoir décrit comment il s'était replié en France «pour continuer cette guerre que je trouvais évitable, bête et mal engagée», Spaak dit à l'ambassadeur que toutes les tentatives effectuées pour prendre contact avec les Allemands avaient échoué. «Le Gouvernement allemand... nous ignore complètement; nous sommes pour lui inexistants». Et de poursuivre avec une présomption à vous laisser pantois: «Notre seul désir est de faciliter ses tâches (du Roi) et de l'aider, si possible, à sauver quelque chose dans le désastre où nous avons été entraînés». L'ambassadeur, le gouvernement de Franco pouvaient-ils accorder leur aide?

L'apathie et le désespoir croissants où sombrèrent les ministres réfugiés une fois que leur personnel administratif fut rentré en Belgique et que s'avérèrent vaines toutes leurs tentatives de négociation avec les Allemands transparaissent on ne peut plus clairement dans le compte rendu de la rencontre qui mit en présence le 18 juillet à Bruxelles, Antoine Delfosse et le comte Capelle. Le ministre des Communications venait juste de rentrer à Bruxelles après avoir supervisé le retour en Belgique du matériel et du personnel de la radio et des communications, et il cherchait à obtenir une audience du Roi.

A Vichy, Delfosse avait rencontré ses collègues, Spaak, Eugène Soudan, Léon Matagne et le comte d'Aspremont Lynden qui tous lui avaient demandé d'offrir leurs démissions au Roi à son retour en Belgique. Selon le compte rendu de cette rencontre par Capelle, Delfosse avait trouvé ses collègues privés de leurs collaborateurs administratifs, «extrêmement abattus et découragés; ils sont inactifs et regardent l'avenir avec appréhension» [452]. Delfosse demanda à Capelle d'informer le Roi qu'il était à sa disposition, en tant que ministre nanti de ses pleins pouvoirs, pour contresigner ses décrets, et notamment ceux qui concernaient la démission de ces quatre membres du cabinet Pierlot et la nomination de nouveaux ministres.

Si le Roi l'avait voulu, il aurait donc pu, avec la contre-signature de Delfosse, reprendre ses prérogatives, dissoudre l'administration Pierlot et former un nouveau gouvernement à Bruxelles, le tout en conformité parfaite avec la loi et la constitution. La réponse du Roi illustre une fois de plus son attachement à ses principes. Il refusa poliment d'accorder une audience à Delfosse, rappelant que «le Roi est, en effet, un prisonnier et a pris pour règle de ne recevoir aucun homme politique», comme l'écrivit Capelle dans la lettre de refus qu'il adressa au ministre, au grand dam de ce dernier.

On aura noté que toutes les tentatives d'entamer des négociations avec l'ennemi émanèrent de Pierlot et de Spaak et non des Allemands. Le 18 juillet, Hitler publia un décret sans appel:

> Le gouvernement Pierlot a fait appel à plusieurs reprises au gouvernement allemand pour entamer des négociations sur le retour des réfugiés et en faveur d'un armistice officiel. Le point de vue du Führer est qu'il n'y a pas de gouvernement belge. Toutes les demandes des autorités belges pour entrer en contact avec nous doivent être rejetées.

Deux jours plus tard, le gouverneur militaire allemand à Bruxelles décréta qu'aucun membre du gouvernement belge en exil ne serait autorisé à rentrer en Belgique, pour quelque raison que ce fût. Est-ce en réaction à ces deux *Diktats* humiliants que l'attitude publique des ministres belges vis-à-vis du Roi prit un nouveau virage à 180 degrés? Peut-être bien. Car le lendemain, 21 juillet, jour de la fête nationale belge, Pierlot, dans une vaine tentative de regagner les faveurs du peuple belge, lança l'appel suivant devant un vaste rassemblement de réfugiés belges et de délégations du Congo:

> Nous souhaitons ardemment que la pensée qui domine tous les Belges soit celle de l'union nationale autour du Roi.

On était bien loin de Limoges... Et ce thème de la fidélité au Roi, Pierlot et Spaak allaient le clamer à tous les vents pendant les quatre années de leur odyssée, jusqu'à ce que, de retour au pays libéré en septembre 1944, ils se retournent encore une fois contre lui pour des motifs d'opportunisme politique et personnel.

Pendant ce temps, et en dépit de l'ordre d'Hitler d'ignorer toute démarche de la part des ministres belges, ceux-ci s'efforcèrent encore une fois d'établir le contact avec la hiérarchie nazie. Mais on peut mesurer l'étendue de leur désespoir quand on sait que, pour ce faire, ils en furent réduits à se tourner vers Léon Degrelle, le dirigeant rexiste qui allait devenir l'un des plus importants collaborateurs de Belgique et qui pour lors croupissait dans une prison française où eux-même l'avaient fait enfermer!

Ce furent donc Pierlot, Spaak et l'oncle de ce dernier, Paul-Emile Janson, le ministre libéral de la Justice — et non les Allemands comme l'affirme cyniquement Degrelle dans ses mémoires — qui intercédèrent auprès du maréchal Pétain pour qu'il fût extirpé de sa geôle: «en dépit du fait, persifle Degrelle, que ces modernes Ponce Pilate m'avaient si honteusement livré à la police militaire française deux mois auparavant» [453]. C'était effectivement Janson qui, ayant ordonné le 10 mai la détention sans jugement de Degrelle et d'un grand nombre de ses partisans, de communistes et d'autres suspects, les avait envoyés en France où, selon les mémoires de Degrelle, ils avaient été brutalement incarcérés et où plusieurs d'entre eux, y compris des femmes et des enfants, avaient été abattus par des soldats français.

Dès que les Français eurent libéré Degrelle, les ministres belges approchèrent son collègue, le leader et écrivain rexiste, Pierre Daye, le remercièrent avec déférence pour l'aide qu'il leur avait apportée dans la libération de Degrelle et lui présentèrent leurs excuses pour avoir emprisonné «à tort» ce dernier. Non contents de demander à Daye de leur obtenir son «pardon et réconciliation», ils supplièrent les deux dirigeants rexistes d'entamer, au nom de leur gouvernement, des négociations avec l'ami de Daye, Otto Abetz, qui avait représenté la cinquième colonne en France et qui occupait maintenant le poste d'ambassadeur d'Allemagne à Paris. Le 25 juillet, avant que les deux rexistes ne partent pour Paris, Janson écrivit officiellement à Daye sur du papier à en-tête du ministère de la Justice, une lettre dans laquelle, après avoir réitéré la gratitude des ministres et leurs arguments en faveur d'une réconciliation avec les rexistes «dans un esprit de concorde nationale», il déclarait:

> Je vous confirme que nous sommes prêts à remettre notre démission et à renoncer définitivement à toute activité politique. Comme M. Pierlot l'a dit dans son discours de dimanche, le Gouvernement considère que sa dernière tâche est d'assurer le retour des Belges au pays.
>
> Tout cela, vous pouvez le dire en notre nom tant à Bruxelles qu'à Paris où nous vous engageons vivement à entamer les négociations envisagées.
>
> Enfin, en ce qui concerne la presse en pays occupé..., si pour votre part, vous pouviez contribuer à conserver aux journaux publiés à Bruxelles un caractère aussi belge que possible, vous rendriez incontestablement un service signalé au pays.

Cette nouvelle tentative de Pierlot, Spaak et Janson pour s'insinuer dans les bonnes grâces de la hiérarchie nazie fut aussi peu couronnée de succès que les précédentes. Le 1er août enfin, ils atteignirent le fond du gouffre lorsque la Banque de France refusa d'honorer les chèques du gouvernement belge et que, le même jour, Pétain reçut l'ordre de ses vainqueurs de rompre les relations diplomatiques avec les pays sous domination allemande. Les ministres se retrouvaient donc rejetés par les Nazis, rejetés par la France, rejetés par leur Roi et honnis par la population de leur propre patrie. Mais leurs compatriotes restés en Belgique n'étaient pas les seuls à se tourner contre Pierlot et Spaak, car, comme le relate le biographe de ce dernier, les parlementaires et les autres ministres qui avaient trouvé refuge en France «quittaient rapidement le bateau de Pierlot qui sombrait» [454]. Ces ministres avaient été fort heurtés par le refus obstiné de Pierlot et Spaak de réhabiliter publiquement le Roi après qu'ils eussent appris que les accusations lancées contre lui étaient fausses. Ils écrivirent d'ailleurs tous par la suite des lettres d'excuse à Léopold, affirmant qu'ils avaient été induits en erreur par le Premier Ministre et le ministre des Affaires Etrangères et décrivant, dans une lettre de De Schrijver notamment, leurs efforts infructueux pour convaincre les deux hommes de rétablir l'honneur et la réputation du Roi. Ce n'est que lorsque Pierlot et Spaak eurent quitté la France, quelques semaines plus tard, que leurs collègues furent en mesure de faire une déclaration unanime pour désavouer l'«inqualifiable» accusation de trahison qui avait été lancée contre le Roi et réclamer une union nationale autour de la Couronne.

Les parlementaires qui avaient si bruyamment vilipendé leur Roi à Limoges avaient également très tôt réalisé qu'ils s'étaient horriblement fourvoyés et qu'ils avaient enfourché le mauvais cheval. Et eux aussi rejetèrent sur Pierlot et Spaak la responsabilité de leur déconfiture. «Nous avons publiquement formulé un jugement à un moment tragique... basé sur le discours prononcé par M. Spaak, déclara Frans Van Cauwelaert, le président de la Chambre. Nous devons reconnaître que nous nous sommes trompés».

Parmi les cent cinquante sénateurs et députés qui prirent part à l'infâme débat de Limoges, cent quatorze se rétractèrent par la suite et présentèrent leurs excuses au Roi, tandis que la grande majorité de tous les parlementaires faisaient pareillement amende honorable, à la fois individuellement et collectivement. L'une de ces lettres d'excuses fut, ô ironie, signée par un groupe de socialistes animé par Achille Delattre qui, cinq ans plus tard, allait réclamer l'abdication du Roi dans le cadre de la campagne menée après guerre par la gauche pour le détrôner.

La situation où se retrouvèrent Pierlot et Spaak n'était pas des plus heureuses. «Bannis» par le peuple belge, ignorés par les Nazis, arrêtés par le Roi dans leurs tentatives de négocier avec l'ennemi et traités de manière méprisante par les Français, voilà qu'ils s'étaient maintenant aliéné leurs collègues et les membres des deux chambres. Vers qui se tourner à présent? Les espoirs de rentrer en Belgique avec l'approbation du Roi et des Allemands avaient été brisés. Démissionner? Rentrer à la maison par la petite porte comme simples citoyens? L'attitude hostile et méprisante de leurs compatriotes rendait cette perspective peu agréable... Il ne leur venait pas à l'esprit de se rendre en Angleterre et de répondre ainsi aux appels croissants qui les y invitaient d'Outre-Manche, parce que, comme le déclara, Pierlot la tête entre les mains, à l'un de ses compatriotes, Hugh Ansiaux: «Comment pouvons-nous reprendre la lutte alors que nous avons dit que nous l'abandonnions?» [455] Enfin, comme Pierlot le reconnaît dans ses mémoires, ils se rendaient compte que sans le Roi, «nous ne représentions plus rien» [456].

Dans diverses capitales du monde, les diplomates et autres représentants belges se plaignaient de n'avoir reçu de leur gouvernement ni nouvelle ni aucune réponse à leurs demandes de renseignements depuis le 21 juin. Un diplomate, après avoir plusieurs fois et vainement tenté d'entrer en contact avec Spaak (il avait même essayé le télégramme à réponse payée par l'expéditeur) fit observer: «Vichy ne donne plus aucun signe de vie». Quant au comte d'Ursel, ministre de Belgique à Berne, il rapporta au comte Capelle que le gouvernement n'avait plus communiqué avec lui depuis qu'il avait quitté Poitiers, et que ses collègues d'autres capitales et lui n'avaient plus été payés depuis le 10 mai.

Il était assez piquant mais heureux pour Pierlot et Spaak qu'au moment même où ils essayaient, eux, si désespérément, de persuader les Nazis d'accepter leur collaboration, leur collègue De Vleeschauwer consacrait toute son énergie à collaborer sans réserve avec les Britanniques. En fait, il avait commencé à agir dans ce sens dès son arrivée à Lisbonne, le 24 juin. Le premier acte de De Vleeschauwer fut d'appeler l'ambassadeur de Grande-Bretagne, Sir Walford Selby, et après lui avoir montré ses lettres de créance en tant qu'Administrateur-général des Colonies et seul ministre habilité à traiter avec le monde libre, il lui demanda de faire savoir à Whitehall qu'il était «décidé à fournir la plus grande assistance possible à la cause britannique». Parallèlement, il télégraphia à l'ambassadeur de Belgique à Londres qu'il avait décidé de «collaborer sans réserve avec l'Angleterre».

Lorsque De Vleeschauwer endossa cette lourde responsabilité d'un «gouvernement à un seul ministre» (dont la politique était diamétralement opposée à celle du Cabinet Pierlot), il eut la chance de s'adjoindre un bras droit d'une égale loyauté et d'un même caractère indomptable en la personne de Fernand Van Langenhove qui, en qualité de secrétaire général au ministère des Affaires Etrangères, jouissait du statut d'ambassadeur. Van Langenhove s'était séparé du camp défaitiste de Spaak à Vichy pour rejoindre De Vleeschauwer à Lisbonne, et fut pour le ministre des Colonies d'une aide inappréciable dans l'accomplissement des multiples charges gouvernementales auxquelles il était confronté. «Vous serez mon ministre des Affaires Etrangères!» lui dit ainsi De Vleeschauwer. C'est de cette redoutable paire que l'ancien ministre des Pays-Bas à Bruxelles, qui les rencontra à Lisbonne, a pu écrire: «Ce sont à l'heure actuelle les seuls restes qui subsistent de l'esprit de combat du gouvernement Pierlot».

Dans une lettre personnelle écrite le 4 juillet à l'ex-Premier Ministre Georges Theunis, alors ambassadeur extraordinaire aux Etats-Unis, Van Langenhove décrit bien la situation:

> «Le gouvernement belge est représenté en pays libre par un de ses membres. Celui-ci a un mandat légal. On ne peut contester son autorité... Les ministres demeurés en France sont sans doute sur le point de voir expirer leurs pouvoirs; en tout cas, en ce qui concerne l'étranger, il n'existe plus comme représentant autorisé du gouvernement belge, que M. De Vleeschauwer; c'est lui qui tient notre drapeau».

L'arrivée inattendue de De Vleeschauwer dans un pays libre fut un immense soulagement pour le baron de Cartier. Au milieu de la situation épouvantablement difficile créée par la campagne de dénigrement de Reynaud contre Léopold et son armée et de la décomposition de l'administration Pierlot en France, il avait «tenu la place» comme seul représentant légitime de la Belgique. Voilà qu'apparaissait un ministre belge non défaitiste qui n'était pas seulement doté de pouvoirs exceptionnels mais qui, comme Cartier lui-même et la communauté belge loyale de Grande-Bretagne, voulait se consacrer au maintien de l'honneur et de la dignité de leur Roi et leur pays et veiller à ce que la Belgique et le Congo demeurassent aux côtés de la Grande-Bretagne et de ses alliés.

Quelques jours seulement s'étaient écoulés depuis que Cartier avait, sous sa forme édulcorée, transmis à Lord Halifax, le défaitiste message d'abandon de Spaak. Le danger avait grandi de voir dans cet intervalle le gouvernement britannique «dégommer» le gouvernement, légitime mais potentiellement collaborateur, de Pierlot et reconnaître un régime illégal dirigé par le ministre démis de ses fonctions, Marcel-Henri Jaspar, et comprenant plusieurs politiciens belges d'extrême gauche qui avaient fui en Angleterre.

Il n'y avait jamais eu de «gouvernement belge» à Londres, évidemment, même si Winston Churchill devait après la guerre, réaffirmer dans *Their Finest Hour* la déclaration erronnée qu'il avait faite devant le Parlement, le 4 juin 1940, que le gouvernement belge se trouvait maintenant à Londres» [457]. Avant même la capitulation belge, le Premier Ministre s'était montré très impatient de voir se matérialiser son souhait d'un «gouvernement belge libre» en Angleterre, comme cela avait été le cas de la Tchécoslovaquie, de la Pologne, des Pays-Bas, du Luxembourg et de la Norvège. Il était capital à ses yeux que des groupes émigrés insoumis, représentant tous les pays conquis par les Nazis, se placent eux-mêmes sous l'aile de la Grande-Bretagne, non seulement pour des raisons de prestige ou pour collaborer à l'effort de guerre, mais surtout pour mettre à sa disposition les biens dont ils disposaient encore. C'était particulièrement souhaitable dans le cas de la Belgique à cause de son énorme richesse en or et en devises, de ses 450.000 tonnes de marine marchande et des ressources quasi illimitées en matières premières qu'offrait sa colonie du Congo et dont l'Angleterre avait désespérément besoin.

Aussi, lorsque Churchill avait appris que le gouvernement belge refusait de rallier l'Angleterre et essayait de négocier avec l'ennemi, n'avait-il pas tardé à envisager la reconnaissance d'un «gouvernement belge libre» composé de Belges d'Angleterre disposés à entrer dans ses vues, sans considération aucune pour leurs appartenances politiques ou leur réputation dans leur pays et à l'étranger. Le Foreign Office, face au foisonnement des politiciens belges réfugiés qui à présent jouaient des coudes pour se voir reconnus comme les dirigeants belges libres en Grande-Bretagne, se montrait cependant plus circonspect.

Comme on peut s'en rendre compte en lisant les minutes interdépartementales qui circulaient au sein du Foreign Office, les activités de Marcel-Henri Jaspar n'étaient pas sans causer quelque inquiétude à Whitehall ni sans provoquer une «agitation considérable et une confusion énorme» dans la communauté belge d'Angleterre [458]. En dépit du fait que le cabinet Pierlot eut retiré à Jaspar tous ses pouvoirs ministériels et l'eut désavoué, il publiait des «décrets» au nom du «gouvernement belge de Londres» et essayait de mettre sur pied divers départements gouvernementaux avec lui-même comme Premier Ministre. Jaspar avait même demandé à Cartier de Marchienne d'être son ministre des Affaires Etrangères, comme le baron, le sourire en coin, le raconta à Lord Halifax le 24 juin au Foreign Office [459]. Cartier avait demandé à voir le secrétaire aux Affaires Etrangères non seulement pour lui parler de l'arrivée de De Vleeschauwer à Lisbonne et de ses sentiments pro-britanniques mais lui rappeler aussi qu'en sa qualité d'ambassadeur de Belgique, il était le seul représentant légal du royaume à Londres et que les revendications de Jaspar à cet égard étaient dénuées de fondement.

En fait, le Foreign Office n'avait pas besoin d'être convaincu que Jaspar n'avait aucun partisan parmi ses compatriotes au pays ou à l'étranger et qu'il «ne convenait absolument pas comme leader belge», ainsi que le disait Francis Aveling dans un rapport, ajoutant que l'ex-ministre était considéré «dans les cercles politiques belges comme un charlatan et un aventurier» [460]. Et en effet, les tentatives de Jaspar pour apparaître, à l'instar du général de Gaulle, comme le *premier résistant belge* (ainsi qu'il se nommait lui-même) et sa grandiloquente «proclamation» émaillée de phrases telles que «le temps n'est pas aux larmes, mais à l'action» et «plutôt la mort que l'esclavage», dans laquelle il exhortait tous les Belges à poursuivre la lutte sous son autorité, n'avaient suscité que des réactions négatives, railleuses ou hostiles.

L'ambassadeur des Etats-Unis à Londres, Joseph Kennedy, par exemple, écrivit que Jaspar «n'avait aucun soutien parmi la population belge» et qu'il était «un petit politicien de la pire espèce, malhonnête et rongé d'ambition personnelle» [461].

Le Foreign Office eut encore quelques migraines et la communauté belge loyaliste connut quelques nouveaux moments «d'inquiétude et de confusion» lorsque le 26 juillet, un autre prétendant au leadership du «gouvernement belge libre» apparut à Londres. C'était l'ancien ministre Camille Huysmans, républicain avéré, et autre extrémiste de gauche qui devait épisodiquement intervenir dans l'histoire du roi Léopold. Huysmans prit immédiatement la direction du groupe des politiciens belges d'extrême gauche qui avaient fui en Angleterre dans le but de former un gouvernement belge républicain à Londres. En l'espace de quelques jours, Huysmans prit la tête de ce groupe qu'il proclama lui-même, sans le moindre semblant de légalité, «le gouvernement belge de Londres». Celui-ci fut également nommé le «cabinet Huysmans-Jaspar», l'ex-ministre marxiste et l'ex-ministre libéral de gauche ayant constitué une alliance plutôt inconfortable, quoique — comme le dit Huysmans à Lord Halifax — il voulait bien servir dans un gouvernement *avec*, mais non sous Jaspar.

Le secrétaire aux Affaires Etrangères britannique était conscient que la réputation d'Huysmans et de certains de ses camarades était encore pire que celle de Jaspar, ainsi qu'en témoigne la volumineuse documentation du Foreign Office à ce propos. Dans une note destinée à Aveling par exemple, Halifax écrit que Huysmans «avait une très mauvaise réputation en Belgique», où il avait dirigé la deuxième Internationale marxiste et que, comme bourgmestre d'Anvers, «il avait abandonné son poste» [462]. (Huysmans avait été l'un des premiers à fuir en France, avec sa cadillac et son chauffeur). Il était également présenté comme «très impopulaire» en Belgique et y ayant de «nombreux ennemis». Parmi les arguments avancés contre Huysmans par ses adversaires britanniques et belges figurait le fait que le peuple belge, «passionnément dévoué» à son Roi, ne tolérerait jamais un républicain révolutionnaire comme membre de son gouvernement. On pouvait dire la même chose de la plupart des membres du «cabinet» Huysmans puisqu'il comprenait des extrémistes marxistes républicains tels que Max Buset et Arthur Gailly, qui, à l'assemblée de Limoges, avaient crié le plus fort pour qu'on instaure une république belge de style soviétique et qu'on exécute le Roi, et qui continueraient à l'attaquer avec les pires moyens jusqu'à, et même après, son abdication en 1951. Ce groupe comptait aussi deux femmes redoutables aux mêmes convictions: Mesdames Hubin et Isabelle Blume, une fougueuse révolutionnaire surnommée *la passionata* dont il sera davantage question par la suite.

Cartier de Marchienne et les patriotes belges compétents avec lesquels il était en contact à travers le monde étaient naturellement atterrés à l'idée que les Britanniques pourraient reconnaître un «gouvernement» constitué de ces «indésirables» et ils faisaient le maximum pour écarter cette éventualité. Un tel gouvernement, déclara Georges Theunis dans un télégramme envoyé de Washington, aurait un «caractère illégal et éventuellement révolutionnaire... (et) augmenterait (la) discorde entre les Belges» [463]. Et De Vleeschauwer écrivit plus tard au comte d'Ursel, ministre de Belgique à Berne, que le gouvernement britannique avait envisagé de reconnaître «un Gouvernement révolutionnaire, composé des parlementaires belges dont certains à tendance franchement républicaine très remuants à Londres et à qui serait remis l'or de la Banque considéré comme propriété ennemie» [464].

Lorsque De Vleeschauwer arriva à Lisbonne le 24 juin, Jaspar se sentait assez sûr d'être reconnu comme leader d'un nouveau gouvernement belge à Londres pour câbler au ministre des Colonies: «Viens, rejoins-moi, nous gouvernerons ensemble». De Vleeschauwer ignora évidemment ce message présomptueux, mais Cartier de Marchienne était si ennuyé par les agissements de Jaspar, Huysmans et compagnie qu'il envoya immédiatement un homme de confiance à Lisbonne pour mettre De Vleeschauwer en garde contre eux et le prier de venir tout de suite à Londres pour rétablir la légalité.

Avant de quitter Lisbonne pour Londres dans l'avion britannique qui avait été mis à sa disposition, De Vleeschauwer expédia une série de télégrammes destinés à restaurer la confiance dans la Belgique et dans ses dirigeants. Son principe était que le gouvernement belge, fidèle à son Roi, continuerait la lutte aux côtés des Britanniques et que toutes les ressources du Congo seraient utilisées à cette fin. Dans ses messages qui confirmaient son autorité gouvernementale aux représentants de la Belgique à l'étranger, De Vleeschauwer, très intelligemment, promit de payer leurs traitements à partir de la même source. Il leur ordonna également de n'accepter aucune instruction provenant directement ou indirectement d'un territoire occupé par l'ennemi, incluant la France de Vichy dans cette catégorie. Enfin, à la surprise comme à la satisfaction des créditeurs de la Belgique et de tous ceux qui, dans le monde, la considéraient déjà comme une nation défunte, il déclara que le Congo paierait toutes les dettes de la mère patrie.

Lorsque De Vleeschauwer arriva à Londres le 4 juillet, il fut accueilli à bras ouverts non seulement par Cartier de Marchienne et la communauté belge légitimiste, mais aussi par le gouvernement britannique. Et de fait, le ministre belge allait se découvrir l'objet d'une attention constante, et de bien des empressements car, en sa qualité d'Administrateur-général d'un Congo aux richesses énormes, et en tant que seul membre légitime du gouvernement belge en liberté, il valait évidemment la peine d'être quelque peu courtisé. Introduit par Cartier, il avait, au bout d'une semaine, rencontré, déjeuné ou dîné avec Winston Churchill, Lord Halifax, Lord Lloyd (le secrétaire aux Colonies), Hugh Dalton, Lord Woolton, Sir Archibald Sinclair et Duff Cooper (le ministre de l'Information). De Vleeschauwer eut également des conversations avec Clement Attlee (le Vice-Premier ministre socialiste), Sir Alexander Cadogan, Lord Camrose (du *Daily Telegraph)* et d'autres hommes influents, y compris l'ambassadeur des Etats-Unis et des hommes d'Etat hollandais. A chacune de ces entrevues, a-t-il raconté, on lui posait la question embarrassante: «Où est votre Gouvernement? Pourquoi ne vient-il pas ici?» [465]

De Vleeschauwer avait été précédé de rapports favorables remis à Lord Halifax par Sir Walford Selby, Francis Aveling et d'autres qui le décrivaient comme un «homme bien», «de notre bord» et le «seul membre décidé du gouvernement Pierlot», celui-ci étant «démoralisé» et probablement prêt à entamer «bien vite des négociations avec l'Allemagne». Il fut donc bien reçu lorsqu'il appela Halifax au Foreign Office le lendemain de son arrivée. La première préoccupation de De Vleeschauwer fut de définir les bases de sa collaboration avec le gouvernement britannique. Comme Halifax le signala dans une note destinée à Aveling, le ministre belge déclara qu'il était venu «en allié et en ami», nantis de tous les pouvoirs d'un membre de son gouvernement «pour proposer tout ce qu'il pouvait offrir à la cause alliée» [466]. Il ajoutait cependant qu'il agissait «dans la plus stricte légalité pour le Roi et pour son pays» et ne voulait donc rien avoir à faire avec un quelconque «gouvernement» belge illégal ou un «comité national» ou des gens qui affirmaient, comme Jaspar, en avoir formé un. De Vleeschauwer souligna également dès le début que ses compagnons et lui étaient parfaitement fidèles à leur Roi et qu'ils regrettaient profondément les déclarations diffamatoires que Reynaud avait proférées contre lui à la radio. Ils approuvaient totalement la position adoptée par Léopold: à savoir que, comme prisonnier des Allemands, il «était provisoirement dans l'impossibilité de régner» et n'exercerait aucun pouvoir jusqu'à ce que la Belgique recouvre sa liberté.

Quand Halifax demanda à De Vleeschauwer pourquoi ses collègues de Vichy ne venaient pas en Angleterre, il répondit qu'ils étaient démoralisés et «n'avaient ni la volonté, ni le pouvoir de gouverner». Ils avaient l'impression que leur tâche était finie et ne demandaient plus qu'à démissionner, mais le problème était qu'il n'y avait personne pour recevoir leurs démissions! Et par-dessus tout, ils ne voulaient en aucun cas agir de manière à contrecarrer toute action que le Roi pourrait décider en Belgique. De Vleeschauwer déclara, cependant, qu'il «ne désespérait pas» de convaincre certains de ses collègues de venir le rejoindre à Londres pour continuer la lutte aux côtés de la Grande-Bretagne et de ses alliés. Entre-temps, poursuivait-il, il utiliserait ses pouvoirs non seulement pour gouverner le Congo, mais aussi pour régler toutes les autres questions relevant du gouvernement belge, y compris les finances, la diplomatie et les forces armées belges en Grande-Bretagne [467].

Le point culminant de la visite en trombe de De Vleeschauwer à Londres fut sa première rencontre avec Winston Churchill, à l'heure du déjeuner au 10 Downing Street, le 8 juillet. Selon le récit que fit le ministre belge de cette entrevue capitale, il fut chaleureusement accueilli par Churchill et, comme ils se serraient la main, il déclara: «Je vous apporte... sur ces deux mains, ce que nous sommes, ce que nous avons et ce que nous pouvons», mais, après avoir répété qu'il agissait «dans la légalité et pour le Roi et la patrie», il prévint Churchill que si le gouvernement britannique reconnaissait le régime Huysmans-Jaspar: «Je me retirerai et vous n'obtiendrez plus rien de moi. En fait, vous ne provoquerez pas seulement la discorde entre les Belges, mais vous susciterez la colère et la haine de la population de notre pays occupé contre ceux que vous soutiendrez et ainsi, par ricochet, contre vous-mêmes» [468]. De Vleeschauwer revint sur ce point lors d'une entrevue ultérieure avec Hugh Dalton, le ministre socialiste de l'Economie de Guerre: «Nous avons un Gouvernement légal dont je suis le mandataire. Un comité en lieu et place de notre Gouvernement serait illégal... je n'y collaborerais pas; je vous apporte tout dans la légalité; vous n'auriez rien de plus, pas un kilo de cuivre de plus par ce comité» [469].

Bien que Winston Churchill ait penché en faveur de la reconnaissance du «gouvernement» illégal d'Huysmans et Jaspar et qu'il ait eu à subir les pressions des membres travaillistes de son cabinet pour agir dans ce sens, il fut positivement impressionné par De Vleeschauwer et par son attitude résolue. Il déclara rapidement: «Nous sommes d'accord, nous avons confiance en vous» [470]. De Vleeschauwer trouva Churchill dans un état de vive émotion, avec les larmes aux yeux, car il avait ordonné la veille la destruction de la flotte française à Mers-El-Kébir et attendait avec inquiétude les réactions du continent. Le ministre belge rassura Churchill du mieux qu'il put et un rapport excellent s'établit entre les deux hommes.

Lorsque Churchill posa l'inévitable question sur les intentions des autres ministres belges, De Vleeschauwer déclara: «L'activité de la Belgique, pour le moment, c'est moi!», ce à quoi le Premier Ministre répondit: «Vous êtes un peu mince tout seul» [471]. De Vleeschauwer promit qu'il essayerait de persuader au moins trois ministres, Pierlot, Spaak et Gutt, de le rejoindre à Londres. Peu après, Pierlot, alarmé d'apprendre que De Vleeschauwer «sortait du cadre de sa mission» et engageait le gouvernement belge dans une collaboration avec les Britanniques, lui envoya un télégramme lui demandant de rejoindre tout de suite ses collègues à Vichy.

De Vleeschauwer assura immédiatement Churchill qu'il n'avait pas l'intention d'obéir aux instructions de Pierlot car il savait bien ce qui lui arriverait s'il retournait en France. Il ne répondit pas à ce télégramme et lorsque, quatre mois plus tard, après l'avoir finalement convaincu de venir à Londres, il demanda des explications à Pierlot, celui-ci répondit piteusement: «Nous avions tous décidé de démissionner et de mettre fin à notre participation à la guerre, et nous vous désirions avec nous» [472].

Dans l'intervalle, De Vleeschauwer avait envoyé à Pierlot et à ses collègues de Vichy une série de messages les adjurant de le rejoindre à Londres pour continuer le combat. Mais sans réponse d'aucun d'entre eux, il convint avec Churchill et Halifax de retourner sur le continent — mais pas en France — pour essayer d'arracher certains de ses collègues à leur retraite de Vichy. Avant de partir, il obtint leur garantie de ne reconnaître aucun «gouvernement» belge ou «comité national» pendant son absence. Mais ils le prévinrent qu'ils pourraient en arriver là si quelques-uns des ministres belges en fonction n'arrivaient pas en Angleterre dans un proche avenir.

Le 16 juillet, De Vleeschauwer s'envola pour le Portugal et de là se rendit à San Sebastian en Espagne où se trouvaient les trois enfants de Léopold. Lors de son passage précédent il leur avait rendu visite à la frontière au moment de leur arrivée en Espagne le 20 juin. Il était maintenant en mesure de prendre les dispositions nécessaires en vue de leur retour en Belgique, que venaient d'autoriser les Allemands. Il en profita pour écrire, le 28 juillet, une longue lettre au Roi, qu'il remit à la princesse Joséphine-Charlotte pour qu'elle la transmette à son père.

Le ministre commençait par exprimer sa loyauté et son dévouement à son Souverain et rapportait ce qu'il avait entrepris et tenté d'entreprendre «pour mon Roi et mon pays». Il mettait Léopold au courant de tous les événements qui s'étaient déroulés depuis qu'il avait quitté ses collègues à Vichy, sans toutefois mentionner leurs activités déloyales et défaitistes de mai et juin, où il n'avait joué aucun rôle. Il rendait un hommage particulier à Cartier de Marchienne pour le soutien résolu qu'il avait apporté à leur cause «pour le Roi et la Patrie dans la légalité». Telle était leur devise, affirma De Vleeschauwer, ajoutant que la Belgique devait concentrer tous ses efforts, dans la limite de ses moyens, pour soutenir ceux dont la victoire rétablirait sa liberté et celle de son Roi. «Nous fournirons à l'Empire Britannique, poursuivait-il, tous les produits qui peuvent lui être utiles... La prospérité de la Colonie sera une preuve certaine de la vitalité de la Belgique; elle sera d'une aide précieuse pour la mère patrie quand celle-ci aura recouvré sa liberté». De Vleeschauwer terminait sa lettre par ces mots: «Je prie Dieu d'aider Votre Majesté et de protéger notre Belgique bien-aimée que je désire tant voir de nouveau libre sous la souveraineté de mon Roi vénéré» [473].

Entre-temps, de Lisbonne et de Madrid, De Vleeschauwer continuait à bombarder les ministres belges à Vichy de messages urgents, sans obtenir de réponse. («Ils ne se souciaient même plus de lire vos câbles, mon cher», lui dira plus tard Camille Gutt). Ils s'efforcèrent par contre de «ramener» De Vleeschauwer dans la France de Vichy, en obtenant pour lui un visa d'entrée du gouvernement Pétain, mais il était bien trop avisé pour tomber dans le piège.

De Vleeschauwer réussit finalement, avec maintes difficultés, à persuader Pierlot, Spaak et Gutt de le rencontrer au Perthus, à la frontière franco-espagnole. Il fut aidé en cela par deux diplomates belges qui avaient leurs libres entrées dans la France de Vichy et par l'ambassadeur de Grande-Bretagne à Madrid, Sir Samuel Hoare, qui mit à sa disposition les services des renseignements attachés à son ambassade. De Vleeschauwer dut attendre sur le bord de la route, du côté espagnol, toute la journée du 1er août et encore la matinée du 2 avant que les trois ministres ne se montrent, ce qui évidemment suscita la méfiance des gardes-frontières français et espagnols. Mais il réussit à persuader ces derniers qu'il était un professeur d'université belge (ce qui était vrai) et qu'il voulait conférer avec certains «parents et amis» vivant en France, sans entrer dans ce pays. Grâce aux relations amicales qu'il venait d'établir avec ces officiels, il fut autorisé à avoir une réunion avec Pierlot, Spaak et Gutt dans les locaux de la douane française située dans le no man's land, lorsque ceux-ci arrivèrent enfin le 2 août dans l'après-midi.

La discussion de deux heures et demie qui suivit eut une importance capitale pour l'histoire de la Belgique, car lorsqu'elle se termina, l'argumentation passionnée de De Vleeschauwer était finalement venue à bout des réticences de Pierlot et de Spaak et, il avait réussi à les convaincre de le rejoindre à Londres «bientôt». Bien que De Vleeschauwer pût à juste titre revendiquer le succès de cette opération de persuasion, c'est finalement, comme on le verra, l'influence du Roi qui les détermina à s'extirper de leur refuge de Vichy. Après cette rencontre, Pierlot et Spaak retournèrent à Vichy, censément pour mettre de l'ordre dans leurs affaires, avec la promesse de venir à Londres «dans deux semaines... avec certains collègues peut-être» [474].

Camille Gutt, le ministre des Finances, que les émissaires et les messages de De Vleeschauwer, de Cartier, de Theunis et d'autres avaient déjà convaincu de se rendre en Angleterre, put entrer en Espagne et, grâce à un visa de voyageur ordinaire, raccompagner De Vleeschauwer à Londres. Gutt avait toutefois longuement tergiversé et plusieurs fois changé d'opinion avant d'en arriver à cette décision. S'étant joint à ses collègues en mai et en juin pour stigmatiser Léopold, il adressa le 13 juillet au souverain une lettre pleine de confusion et de componction où il regrettait sa déloyauté et sa défection et où il «demandait» au Roi de le rappeler à Bruxelles. Mais dans les lettres et les télégrammes qu'il envoya le même mois à un ami en Amérique, il déclara non seulement que la «guerre était perdue», mais aussi qu'il lui était «impossible» de rentrer en Belgique, quelque envie qu'il en eût, à cause de sa réputation de «Juif, de libéral et de banquier». Et cependant, Gutt, dans ses mémoires, laisse entendre que ce fut lui, et non De Vleeschauwer, qui prit l'initiative de reconstituer enfin, deux mois plus tard, le gouvernement belge pro-Alliés de Londres.

Chapitre XXXI

Les renégats

«Ces ministres caméléons, épuisés par leurs changements de couleur.»

Alfred FABRE-LUCE, *Une Tragédie Royale*

Lorsque Pierlot et Spaak revinrent à Vichy, leur résolution toute neuve fondit comme neige au soleil et ils commencèrent à regretter les promesses faites à De Vleeschauwer. Entre «bientôt» et «immédiatement», il y avait de la marge, car les futurs chefs du «gouvernement belge de Londres» montraient une singulière léthargie à l'idée de quitter la paix et le relatif confort de la France non occupée pour se retrouver dans une Grande-Bretagne en lutte. Contaminés par le défaitisme qui régnait à Vichy, les deux ministres se sentaient aussi rejetés par le monde entier, par leurs collègues, par les Allemands, par les Français, par leur propre peuple et surtout par leur Souverain. Comment poser le moindre acte sans les conseils, l'approbation et le soutien du Roi? Car il était le seul qui comptait en Belgique, étant «quasiment sanctifié dans l'opinion publique», comme l'écrivait Vanderpoorten dans une lettre à un ami [475].

Les ministres souhaitaient désespérément regagner la faveur du Roi ou du moins ne pas aggraver leurs rapports déjà si compromis en prenant des décisions à l'encontre de ses désirs. Maintenant qu'Hitler avait interdit à tout membre du gouvernement Pierlot de rentrer en Belgique, deux solutions seulement s'offraient encore à eux: demeurer en France et démissionner ou partir pour l'Angleterre. Après environ trois semaines de paralysie, Pierlot et Spaak, incapables de prendre une décision, firent donc une nouvelle tentative pour «s'informer des désirs du Roi et, si possible, recueillir ses instructions» et dépêchèrent dans ce but un nouvel émissaire à Laeken. Ils choisirent pour cette mission le commandant Georges Hannecart qui, en tant que «commissaire général au rapatriement», était autorisé par les Allemands à circuler librement entre le France et la Belgique [476]. La réponse de Laeken n'était toujours pas arrivée que Pierlot et Spaak se trouvèrent une nouvelle fois assaillis de demandes urgentes émanant de Grande-Bretagne et d'Amérique et les pressant de gagner Londres sans autre délai.

Le 13 août, De Vleeschauwer et Gutt télégraphièrent. Le gouvernement britannique hésitait à reconnaître la validité de leurs pouvoirs, particulièrement en matière financière, tant que Pierlot et Spaak ne seraient pas à Londres et le Foreign Office les avait prévenus que s'ils ne venaient pas rapidement, il serait forcé de reconnaître un «Comité National» belge [477].

Trois jours plus tard, le 16 août, Gutt télégraphia de nouveau à Pierlot et à Spaak. «Des questions financières vitales demeuraient insolubles» sans leur présence à Londres et si l'arrivée des deux ministres était encore retardée, la Grande-Bretagne «reconnaîtrait le Gouvernement Jaspar auquel serait transféré propriété de l'or détenu par la Banque d'Angleterre». Un message encore plus pressant fut envoyé de Londres le lendemain, signé par De Vleeschauwer, Gutt et Cartier de Marchienne. Ils «insistaient» pour que Pierlot et Spaak remplissent immédiatement leur promesse, et hâtent une venue qui «seule évitera préjudice irréparable pour présent et avenir». Et enfin, le 20 août, De Vleeschauwer et Gutt envoyèrent à Pierlot et Spaak ce qui constituait une sorte d'ultimatum:

> Votre silence depuis seize jours malgré tous nos câbles et lettres nous fait redouter que vous ne vouliez ou ne pouviez pas partir malgré votre promesse et que vous soyez acculés démission.
>
> Prolongation situation actuelle amènera soit disparition tout Gouvernement ce qui serait catastrophique pour immenses intérêts belges extérieurs matériels moraux politiques y compris colonies, soit reconnaissance Gouvernement Jaspar-Huysmans-Dens-Buset-Wauters disposant encaisse.
>
> Votre séjour France ou démission n'améliorera en rien votre situation à Bruxelles et causera ici préjudice irréparable alors que présence d'un Gouvernement régulier permettrait régler questions belges actuelles nombreuses importantes urgentes et préparer grand avenir... Câblez si vous venez ou non...
>
> Nous vous attendons anxieusement.» [478]

On avait maintenant suffisamment fait comprendre à Pierlot et Spaak que s'ils ne venaient pas rapidement, le gouvernement britannique non seulement reconnaîtrait un «gouvernement» belge composé en grande partie de marxistes et de républicains, mais aussi considérerait les deux ministres comme partisans de l'autre camp, selon le principe bien connu que «celui qui n'est pas avec nous est contre nous». Mais cette épée de Damoclès suspendue au-dessus de leurs têtes ne parvint pas davantage à faire s'ébranler notre paire de ministres. A la série de messages reçus de Londres, ils répondirent simplement, le 20 août: «Impossible décider pour le moment». Ils attendaient les recommandations du Roi [479].

Le même jour exactement, le commandant Hannecart, l'émissaire envoyé par Pierlot et Spaak au roi Léopold pour obtenir ses «avis et instructions», se présentait à Laeken chez le général Tilkens, le chef de la Maison Militaire du Roi. Il lui rapportait que les ministres belges à Vichy étaient très désemparés et complètement inertes et que Pierlot et Spaak en particulier ne parvenaient pas à se décider à rejoindre leurs deux collègues dans Londres assiégée. Pierlot en fait avait déclaré qu'il ne se rendrait à Londres que s'il obtenait la garantie que sa femme et ses huits enfants puissent faire le voyage en sécurité tandis que Spaak s'inquiétait à propos de sa famille restée en Belgique [480]. Au cours de la longue discussion qui s'ensuivit, Hannecart fut fortement impressionné par la position résolument pro-britannique de ce collaborateur de confiance du Roi et par sa conviction que l'Allemagne serait en définitive vaincue par les Anglais. A la fin de leur entrevue, Tilkens demanda à Hannecart de revenir le lendemain lorsqu'il serait en mesure de lui communiquer la réponse du Roi à la démarche du Premier Ministre [481].

Le commandant Hannecart avait été chargé par Pierlot de s'enquérir de vive voix si le Roi souhaitait voir le gouvernement «donner sa démission en bloc et se dissoudre en territoire français» ou s'il préférait «envoyer un ou deux ministres à Londres avec Pierlot... continuer la politique d'aide aux Alliés», après qu'auraient démissionné ceux qui restaient en France. Pierlot avait également remis à Hannecart une longue lettre pour le Roi et divers documents, y compris un «projet de proclamation». Il y avait joint également les copies des lettres que Spaak et lui-même avaient reçues de Cartier de Marchienne, de Theunis et d'autres personnes leur demandant de venir soutenir De Vleeschauwer et Gutt à Londres, pour «sauvegarder les intérêts belges» et pour éviter qu'un «gouvernement» républicain ne s'établisse dans la capitale anglaise [482].

La lettre de Pierlot informait le Roi que les ministres belges réfugiés se sentaient forcés de «dissoudre le gouvernement» étant donné que les Français leur avaient coupé les vivres, et qu'ils avaient cessé de les reconnaître et de collaborer avec eux. Pierlot soumettait donc à l'approbation du Roi le «projet de proclamation au peuple belge» annonçant la dissolution du gouvernement belge qu'il souhaitait publier. Ce texte commençait par rendre un bel hommage au Roi pour avoir «énergiquement stimulé» le renforcement de la puissance militaire et de la sécurité du pays par sa politique d'indépendance armée durant les années d'avant-guerre. Cette proclamation disait que «l'armée», après avoir résisté à l'invasion pendant dix-huit jours, «avait été forcée de capituler et (que) le Roi, qui la commandait, avait partagé le sort de ses soldats et été fait prisonnier». Glissant en souplesse sur la période de confusion et d'«informations tendancieuses» qui avait suivi, le texte affirmait qu'en ayant exercé les pouvoirs du Souverain selon l'article 82, puisque celui-ci était prisonnier, «le gouvernement n'avait pas agi contre le Roi, mais il avait été obligé d'agir sans lui». Les efforts du gouvernement pour rapatrier les deux millions de civils et de soldats belges étaient alors décrits, assortis du commentaire suivant: «Le Roi, prisonnier, ne put prendre de décision à ce sujet». Etant donné les difficultés financières et autres que connaissent les ministres, poursuivait le texte, ils se trouvent dans l'impossibilité de remplir leurs obligations. Ils délèguent donc au comité du rapatriement les pouvoirs nécessaires pour lui permettre d'achever sa tâche et «renoncent à exercer leurs fonctions». La proclamation se teminait par cet appel: «Restez unis, autour du Roi, symbole de la Patrie indépendante. La Belgique vivra» [483].

En transmettant au Roi les documents de Pierlot, ainsi que sa demande verbale de directive à propos de l'éventuel départ à Londres du Premier et de certains autres ministres, le général Tilkens rapporta également au Souverain tout ce qu'il avait appris du commandant Hannecart et résuma le tout dans sa «note au Roi» [484]. Léopold disposait donc d'absolument tous les éléments concernant les situations respectives des ministres belges de Vichy et de Londres, et leurs divergences d'attitude.

Nonobstant le fait que par leur inqualifiable comportement, Pierlot et Spaak avaient perdu toute crédibilité et qu'ils étaient l'objet de l'opprobre général, le Roi estima qu'ils n'en devaient pas moins rejoindre De Vleeschauwer et Gutt à Londres et y rétablir un gouvernement légal aux côtés de la Grande-Bretagne et de ses alliés.

Comme de nombreux auteurs belges, par parti pris anti-léopoldiste ou aveuglement idéologique, ont ignoré, nié ou contesté ces faits ou ont cherché à en discréditer les principaux témoins, il convient de souligner ici que le témoignage fourni par le général Tilkens et le commandant Hannecart est inattaquable et n'a jamais été sérieusement contesté.

Dans une déclaration totalement authentifiée [485], le Commandant rapporte que lorsqu'il revint à Laeken au lendemain de sa première entrevue, le général Tilkens lui rapporta l'entretien qu'il avait eu avec Léopold. Tilkens lui dit qu'après discussion et examen des divers documents et messages de Pierlot, le Roi avait conclu: «D'accord pour que M.M. Pierlot et Spaak aillent à Londres, les autres ministres restant en France».

> Mais, poursuit Hannecart, le général Tilkens déclara alors que le Roi étant prisonnier et se refusant à toute intervention politique, il n'était pas possible de faire connaître à Vichy cette réponse, car si celle-ci était rendue publique, elle pourrait entraîner de terribles représailles contre la Belgique.

Tilkens et Hannecart tombèrent alors d'accord sur une formule pour transmettre la réponse du Roi aux ministres. C'est pourquoi, lorsque le Commandant retourna à Vichy et fit rapport au cabinet le 23 août, il déclara:

> Le Roi est prisonnier et ne peut donc donner d'avis politique; le général Tilkens, personnellement, estime que les ministres doivent se rendre à Londres; il ajoute qu'il connaît suffisamment la position prise par le Roi pour affirmer que le Roi est du même avis que lui.»

Ayant communiqué cette position aux ministres, le Commandant ne laissa subsister aucun doute quant aux désirs de Léopold et «leur révéla que le Roi avait approuvé leur départ pour Londres». Hannecart rapporte dans son récit que Spaak lui dit alors que, réflexion faite, «il serait peut-être préférable de partir d'abord pour l'Amérique, puis seulement à Londres, de façon à ne pas compromettre le gouvernement français et à ne susciter aucunes représailles contre les ministres belges qui resteraient en France. Le prétexte d'un voyage en Amérique serait l'organisation de fournitures alimentaires à la Belgique».

Cela étant dit, Pierlot persuada les huit ministres qui devaient rester en France de lui remettre chacun sa démission «pour la présenter au Roi dès que les circonstances le permettraient». Spaak et Pierlot n'ayant par ailleurs fait aucun effort pour convaincre un seul de leurs collègues ainsi proscrits de se joindre à leur envol vers la liberté, les deux ministres obtinrent du cabinet de pouvoir se rendre en «Amérique en vue de pourvoir au ravitaillement de la Belgique», et «ensuite en Angleterre», en temps voulu. Léopold fut informé par l'intermédiaire de la légation belge à Berne de la «dissolution du gouvernement Pierlot en France» et du «départ pour les Etats-Unis» du Premier Ministre et du ministre des Affaires Etrangères.

Ce qu'il en était exactement des véritables motifs et intentions des deux ministres demeura toujours obscur. Il est impossible de savoir s'ils avaient dès ce moment l'intention de gagner l'Angleterre et pourquoi ils ne se rendirent pas en Amérique comme promis puisque leurs explications à ce sujet ne furent par la suite jamais concordantes. Alors que Pierlot, énigmatique, déclara qu'un «détour par l'Amérique» avait dû être écarté parce qu'ils avaient été retenus trop longtemps en Espagne, Spaak prétendit qu'ils n'avaient jamais eu l'intention d'honorer l'engagement solennel donné à leurs collègues d'aller en Amérique, quoi qu'il arrivât!

Mais les circonstances qui ont entouré leur départ de Vichy quelques heures après réception des recommandations du Roi sont, elles, parfaitement claires. Il est évident en effet que c'est mus par ce facteur capital que Spaak et Pierlot (accompagnés de la femme et des huit enfants de ce dernier) prirent finalement la route en direction de la frontière espagnole, le 24 août, puisque, comme nous l'avons vu, ils refusaient auparavant de quitter Vichy faute «d'avis et d'ordres» émanant du Roi.

Le voyage espagnol des deux ministres évoque irrésistiblement l'image de Don Quichotte Pierlot et de Sancho Pança Spaak, perpétuellement en butte à des moulins à vent. Tout tournait mal pour eux là où leurs prédécesseurs avaient pourtant passé sans problème. L'Espagne ne tenant pas à les accueillir, ils reçurent l'ordre de rentrer en France. Mais Pierlot s'accrocha et ils durent rester quelques jours dans le no man's land entre les frontières. Après avoir parlementé avec les douaniers et attendu quelques jours de plus en rationnant leur nourriture (Spaak s'était muni d'une grande manne bourrée de menues gourmandises telles que du pâté de foie gras), ils se virent autorisés à se rendre à Gérone, puis à Barcelone. Mais, placés sous surveillance policière, ils étaient pratiquement prisonniers dans leur hôtel, et leur espoir de sortir d'Espagne s'amenuisait de jour en jour.

Pendant ce temps, la femme de Pierlot et sa vaste famille, dont les passeports étaient en ordre, poursuivaient le voyage de leur côté. Spaak était maintenant au bout du rouleau aussi bien physiquement que mentalement. Une dame belge a raconté des années plus tard à l'auteur qu'elle avait vu le ministre des Affaires Etrangères assis dans sa voiture, terrassé par une crise de larmes, alors qu'il était retenu à la frontière.

Entre-temps, à Londres, De Vlesschauwer, Gutt et Cartier avaient à faire face, dans les pires difficultés, à l'impatience grandissante du Foreign Office devant l'absence de Pierlot et de Spaak et à la campagne d'intrigues que menaient contre eux Huysmans, Jaspar et compagnie. Jaspar tentait constamment de discréditer les deux ministres légitimes et l'ambassadeur, par des lettres et des «manifestes» les taxant de «défaitistes», «non représentatifs», etc. Jaspar, Huysmans et ses camarades marxistes se plaignaient auprès du Foreign Office et auprès d'un peu tout le monde que De Vleeschauwer n'était «qu'un ministre junior» et un «catholique flamand» et Gutt, un «financier juif sans parti» qui n'appartenait même pas au Parlement, de sorte que les deux ministres «n'étaient nullement représentatifs de la Nation dans son ensemble». Ces arguments recevaient une écoute assez bienveillante de la part de certains fonctionnaires du Foreign Office, même si ce n'était, comme le nota un officiel, qu'«une façon de forcer la main au gouvernement belge pour qu'il prenne enfin la bonne direction». Le Foreign Office assortit donc sa menace de reconnaître le «gouvernement» Huysmans-Jaspar si Pierlot et Spaak n'arrivaient pas bientôt à Londres, d'une forte pression sur De Vleeschauwer et Gutt (et sur Pierlot et Spaak lorsqu'ils apparurent enfin) pour qu'ils nomment des ministres issus d'autres partis politiques et d'autre communautés.

En fait, le Foreign Office mettait pratiquement dans le même panier tous les membres et partisans du gouvernement Pierlot pour lesquels, à l'exception peut-être de De Vleeschauwer et de Cartier de Marchienne, il n'éprouvait que très peu de considération, mais il en avait moins encore pour leurs adversaires gauchisants qui résidaient à Londres et qui n'éveillaient chez eux que méfiance et antipathie. Si Gutt avait été tout d'abord bien reçu parce qu'il était ministre des Finances et qu'il acceptait de mettre les richesses en or et en devises de la Belgique à la disposition de la Grande-Bretagne, il avait rapidemment suscité les critiques de Makins, d'Aveling et d'autres, qui le trouvaient «intolérant et dictatorial» [486]. Le Foreign Office déplorait aussi que le *gouvernement à deux* fût «un peu mince», comme l'avait dit Churchill lors de sa première entrevue avec De Vleeschauwer; il estimait également «totalement inacceptable», selon Makins, que le «gouvernement belge fut constitué d'un Juif sans parti et d'un catholique flamingant, sans un seul Wallon» [487]. Mais c'étaient Pierlot et Spaak qui, comme on peut le constater dans les documents du Foreign Office, étaient vraiment les moins considérés.

Lorsque De Vleeschauwer, Gutt et Cartier (qui n'avaient jamais été tout à fait convaincus que Pierlot et Spaak tiendraient leur promesse de venir à Londres) demandèrent à Lord Halifax d'aider ces derniers à sortir d'Espagne, l'attitude dédaigneuse du Foreign Office vis-à-vis des deux ministres ressort de sa correspondance inter-départementale. Dans une note datée du 4 septembre, par exemple, William Strang relatait que Sir Samuel Hoare avait reçu l'ordre de demander au gouvernement espagnol de laisser Pierlot et Spaak quitter le pays mais sans insister au point de compromettre les relations économiques de la Grande-Bretagne avec l'Espagne «pour le salut de ce misérable gouvernement belge». C'est une épithète que l'on retrouve dans une autre note écrite par Makins à Halifax le 29 septembre:

> M. Pierlot et M. Spaak ne méritent pas beaucoup d'égards, mais il est certain qu'un gouvernement belge légalement constitué et établi à Londres sous notre contrôle est la seule solution satisfaisante au problème belge.
>
> Même si le matériau est minable, on ne peut qu'espérer qu'il s'améliorera... Je recommande donc de faire le maximum pour extirper de là ces misérables ministres [488].

Pendant ce temps, le 2 septembre, De Vleeschauwer profitait d'un discours largement diffusé qu'il prononça à Liverpool pour affirmer sa fidélité et son dévouement à son Souverain.

> «Notre première pensée va au royal prisonnier de Laeken, au chef de tous les Belges tant au-dehors de la Belgique occupée qu'à l'intérieur de celle-ci, à Sa Majesté le roi Léopold III... Notre Roi, qui après avoir conduit lui-même son armée au combat dès le début, a voulu partager le sort de ses soldats lors de la reddition du 28 mai, a été fait prisonnier comme eux. Comme ses officiers de l'active, Il continue à être prisonnier et Se conduit en toutes circonstances comme prisonnier sans faire aucun acte dans la gestion politique de notre pays.»

Ce discours fut suivi un mois plus tard d'une allocution commune de De Vleeschauwer et Gutt, radiodiffusée depuis Londres en flamand et en français, dans laquelle ils affirmaient au peuple belge qu'ils étaient «le seul gouvernement belge légal et les seuls ministres nommés par le Roi». Ils déclaraient ensuite: «Nous voulons une Belgique libre et un Roi libre... Pour atteindre ce but, nous combattrons côte à côte avec la Grande-Bretagne, jusqu'à la victoire finale.»

Après avoir souligné que la Belgique n'avait ni conclu d'armistice, ni signé de traité de paix et avoir décrit le magnifique esprit du peuple britannique de même que la vaillante contribution des aviateurs belges à la lutte de la Grande-Bretagne pour la liberté, les deux ministres terminaient sur ces mots:

> La Belgique est prisonnière. Vive la Belgique!
> Le Roi est prisonnier. Vive le Roi! [489]

Et ils ne rataient pas une occasion de réfuter les attaques infamantes que l'on continuait à lancer contre leur Souverain. Ainsi, dans une réplique indignée à la grotesque diatribe de H. G. Wells contre Léopold, dont nous avons déjà parlé, Gutt écrivit dans un journal du dimanche: «Lorsqu'il est resté avec son armée, le Roi était motivé par le désir hautement honorable de partager le sort de ceux qui avaient combattu sous son commandement... Il est depuis lors idolâtré par l'armée belge et la population toute entière de la Belgique».

De Vleeschauwer et Gutt avaient à présent perdu tout espoir que Pierlot et Spaak arrivent jamais en Angleterre et poussés par cette conviction, ils prirent le taureau par les cornes. Le 1er octobre, ils annoncèrent non seulement qu'ils reprenaient à leur compte tous les portefeuilles ministériels mais aussi qu'ils engageaient les ressources de la Belgique et de ses colonies dans l'effort de guerre du Commonwealth britannique. Ils s'opposèrent toutefois fermement à la pression britannique visant à leur faire nommer d'autres ministres. Gutt assuma les fonctions de ministre des Finances, des Affaires Etrangères et de la

Défense tandis que De Vleeschauwer devenait Premier Ministre en exercice et reprenait tous les autres ministères.

Quelques jours plus tard en Espagne, Pierlot et Spaak, dont le moral était au plus bas à la perspective de ne pouvoir quitter ce pays si peu hospitalier, éprouvèrent brusquement un regain de dynamisme en apprenant que leur sécurité risquait d'être mise en péril par une prochaine visite de Himmler à Franco. Avec l'aide de quelques jeunes Belges entreprenants du consulat de Belgique et des services secrets britanniques, les deux ministres réussirent le 18 octobre, à quitter leur hôtel de Barcelone sans être repérés pendant que leurs surveillants se trouvaient à un match de football, et à gagner le Portugal où il ne leur resta d'autre solution que de se rendre en Angleterre.

Le mode d'évasion ne fut guère attrayant. Ils durent traverser l'Espagne et les montagnes de la frontière dans une cachette spécialement aménagée derrière la cabine d'un conducteur de camion. Pendant des heures, le corpulent Spaak et le rigide Pierlot restèrent assis face à face dans leur minuscule cellule, osant à peine respirer parce qu'un policier espagnol était monté dans le véhicule et se trouvait assis à quelques centimètres d'eux.

Pierlot sortit son chapelet et se mit à prier. Quant à Spaak l'incroyant, il rappelle à sa façon bien à lui dans ses mémoires qu'il invoqua Mahomet, Confucius et Bouddha, se disant que, vu les circonstances, il valait mieux prendre les garanties les plus larges possibles. Ils franchirent enfin sains et saufs les postes douaniers et se retrouvèrent au Portugal. Le roi Léopold a rapporté à l'auteur que Spaak, l'exubérant Spaak, lors de leur première entrevue après la guerre, lui raconta qu'à ce moment, Pierlot avança la main, dans l'intention évidente de la mettre sur le genou de Spaak et qu'il la retira vivement comme pour chasser de son esprit une telle manifestation de chaleur humaine.

Le 24 octobre 1940, l'avion britannique qui amenait Pierlot et Spaak de Lisbonne atterrit à Bournemouth. Le trouble des deux ministres au moment où leur avion approcha des rivages de la Grande-Bretagne en guerre est facile à imaginer. Comment allaient-ils être accueillis? Ils se rendaient douloureusement compte qu'ils s'étaient totalement compromis en dénonçant leur Souverain et en essayant vainement d'inciter les Allemands à accepter la soumission de leur gouvernement; ils savaient aussi que leur comportement en France avait causé un préjudice irréparable à la réputation de leur Roi, de leur pays et de leur armée. C'est pourquoi ils avaient non seulement été «vomis» par le peuple belge, ils s'étaient aussi aliénés leurs collègues ministériels et s'étaient attirés le mépris du gouvernement britannique et de la communauté loyaliste des Belges de Londres. L'avenir politique des deux ministres devait effectivement leur paraître plutôt sombre.

Si réticents qu'aient été les deux compères à entreprendre leur voyage, une fois en Angleterre, ils n'eurent plus l'occasion de tergiverser. Ils avaient été tenus à bout de bras par la position loyale et pro-alliée de Cartier, de la communauté belge et des deux ministres, De Vleeschauwer et Gutt. Ils se virent par conséquent forcés de donner leur total accord à une double proposition: l'allégeance à leur Roi et l'engagement en faveur de la cause alliée et de l'effort de guerre.

Le professeur Cammaerts a décrit à l'auteur la scène dont il fut témoin lorsque Pierlot et Spaak arrivèrent tout fourbus à l'Ambassade de Belgique. Le moment était délicat pour ces hommes qui s'étaient montrés si versatiles dans leurs allégeances. Le distingué baron de Cartier, entouré des membres les plus éminents de la communauté belge, souhaita la bienvenue aux deux ministres, gauches et mal à l'aise sous les regards inquisiteurs de leurs compatriotes restés loyaux. L'ambassadeur expliqua délicatement que les politiciens qui avaient quitté leur pays et dénoncé leur Roi n'étaient guère populaires en Belgique où le peuple était à la dévotion de Léopold. Spaak n'eut pas une seconde d'hésitation. De l'air et du ton profondément convaincus de l'orateur chevronné, l'homme aux sincérités successives s'écria: «Je suis pour le Roi!»

Comment, quand on songe à ce que fut le comportement de Pierlot et de Spaak après la capitulation belge, comment fut-il possible au gouvernement britannique de récupérer ces deux ministres et de les présenter à l'opinon publique comme des dirigeants alliés loyaux et sur qui l'on pouvait compter? Ils avaient rejeté les appels de Churchill à continuer la lutte en Angleterre, ils avaient déclaré que la Belgique vaincue n'était plus en guerre, et ils avaient opiniâtrément tenté de négocier avec les Nazis. A leur stupéfaction et à leur immense soulagement, force leur fut de constater que les Britanniques étaient prêts à fermer les yeux sur ces égarements et à les reconnaître comme les ministres principaux du gouvernement belge en exil. Le pragmatique Churchill, nous l'avons vu, ne lésinait pas sur les moyens pour parvenir à ses fins. Malgré son aversion pour cette paire de délinquants, il désirait les prendre sous son aile à Londres parce qu'ils étaient les représentants légaux du peuple belge et, surtout parce que, ce faisant, il mettait à la disposition de la Grande-Bretagne les immenses ressources en or, devises, navires et matières premières que possédait la Belgique dans son territoire d'outremer. La reconnaissance du gouvernement Pierlot apportait donc aux Britanniques le double avantage de ressources dont ils avaient un besoin extrême et l'apport moral et psychologique de la Belgique à leur effort de guerre. Le gouvernement britannique annonça donc franchement la couleur dès le début. Pierlot et Spaak ne furent pas longs à comprendre ce qu'on attendait d'eux pour passer l'éponge et reconnaître leur gouvernement et ils remplirent sans attendre leur part du contrat.

Une série d'accords économiques et financiers signés avec empressement par l'administration Pierlot mirent ainsi à la disposition de la Grande-Bretagne toutes les ressources de l'opulent Congo. Tout l'or de la Belgique ainsi que ses valeurs étrangères et congolaises prirent le chemin de la nécessiteuse Banque d'Angleterre [490] tandis qu'à l'horizon se profilait l'immense potentiel en uranium de l'*Union Minière du Haut Katanga* [491]. Dans les carnets de Sir Alexander Cadogan, en date du 24 décembre 1940, on trouve à ce sujet une note qui en dit long: «Eté voir H. Wilson et R.V. Hopkins au sujet de nos difficultés financières aux Etats-Unis et de l'or belge et hollandais dont nous devons essayer de nous emparer» [492]. Le succès des Britanniques fut total dans cette affaire. En effet, outre l'or et les valeurs mentionnées plus haut, ils réussirent à faire en sorte qu'un trésor de 260.000.000 $ appartenant à la Banque de France et détenu à la *Federal Reserve Bank* de New York fût saisi au profit du gouvernement belge qui le remit aussitôt à la Grande-Bretagne. (De l'or belge d'une valeur de 65.000.000 de livres sterling, expédié en Angleterre à bord d'un navire français, avait été cédé aux Allemands. Un tribunal américain autorisa donc en contrepartie la saisie de l'or français). Mais au cours de ces négociations entre les deux gouvernements, où les Belges eurent droit à peu de concessions et les Britanniques à des avantages très substantiels, ces derniers posèrent comme condition que la Belgique abandonne sa «répréhensible» politique d'indépendance de l'avant-guerre. La thèse qui faisait de cette politique la responsable de l'évolution désastreuse des événements en Europe était très pratique pour permettre aux Britanniques de se disculper et tous les arguments que les ministres belges avancèrent pour sa défense tombèrent dans les oreilles de sourds.

Conscients de l'opprobre général où on les tenait, Pierlot et Spaak réagirent de manières différentes. Alors que Spaak s'efforçait de rétablir son image ternie et essayait d'entrer dans les bonnes grâces du gouvernement britannique en exécutant tout ce qu'on exigeait de lui, la blessure de Pierlot était telle qu'il traita de haut, obstinément, tous ceux qu'il eut l'occasion de rencontrer durant ces années de guerre à Londres. Les commentaires de ceux avec qui les deux ministres eurent ainsi à faire montrent à suffisance qu'aucune de ces attitudes n'eut la faveur de l'*establisment* britannique. Le professeur Mallesion, par exemple, un officier supérieur du SOE (Special Operations Executive) confia à l'auteur à quel point Pierlot par son intransigeance et un manque de souplesse qui frisait la grossièreté, exaspérait tous ceux qui devaient traiter avec lui, de Winston Churchill au dernier fonctionnaire. Quant à Spaak, on peut voir ce que l'*establisment* pensait de lui et comment il comptait s'en servir dans le rapport que Francis Aveling remit à Lord Halifax après sa première entrevue avec le ministre belge des Affaires Etrangères le 23 octobre. Sa dramatique fuite hors d'Espagne avait manifestement rehaussé le moral de Spaak de plusieurs crans car Aveling le trouva dans un état d'euphorie, «plein d'énergie et de bonnes intentions», ce qui incita le diplomate à suggérer au gouvernement de Sa Majesté de lui prodiguer «encouragements et conseils» afin que Spaak soit poussé «dans la bonne direction» et puisse «contribuer ainsi à la cause commune». Mais Aveling poursuivait en décrivant Spaak comme «un homme très ambitieux, qui ne s'embarrassait guère de scrupules ou de principes politiques et qui avait à se refaire une réputation», ajoutant qu'il faisait l'objet «d'une grande méfiance de la part des socialistes belges qui le considéraient comme un opportuniste politique et comme le principal responsable de la faiblesse qu'avait témoignée le gouvernement Pierlot» [493].

Aveling ne fut donc nullement surpris de constater lors de ses réunions ultérieures avec Cartier, Pierlot et Spaak que ce dernier rendait aux socialistes belges toute leur antipathie. En fait, comme Aveling le signala à Halifax, les deux ministres résistèrent fermement aux pressions des Britanniques visant à leur faire nommer des ministres supplémentaires issus des partis socialiste et libéral (y compris Huysmans et Jaspar) aussi bien que du Parti catholique, et ceci en vue de rendre leur gouvernement plus représentatif. Les ministres persistaient dans leur refus sous prétexte que ces nominations seraient anticonstitutionnelles puisque le Roi seul pouvait nommer des ministres, mais leur véritable raison résidait en fait dans leur volonté d'exclure leurs coriaces adversaires d'extrême-gauche du groupe Huysmans-Jaspar, et le fait aussi que d'anciens ministres catholiques aussi éminents que Van Zeeland, Theunis et Van Cauwelaert refusaient d'entrer dans, comme le disait Aveling, «un gouvernement aussi discrédité que celui de M. Pierlot». Dans leurs conversations avec les officiels et ministres britanniques, Churchill compris, Pierlot et Spaak ne rataient pas une occasion de dénigrer leurs bêtes noires, Jaspar et Huysmans, répétant qu'ils avaient abandonné leurs postes respectifs, qu'ils étaient méprisés, qu'ils n'avaient aucun partisan et que, par conséquent, ils étaient tout à fait inacceptables comme ministres.

Lors d'une réunion à laquelle Aveling avait convoqué Spaak pour demander — en vain — que ce quatuor se gonfle de quelques unités, Spaak reconnut que ce gouvernement présentait des insuffisances et qu'il ne bénéficiait d'aucun soutien en Belgique, mais il déclara qu'au moins il était légal et constitutionnel. Spaak ajouta que dans de telles circonstances, Pierlot aurait dû en temps normal démissionner. Lorsqu'Aveling fit remarquer que Spaak était le seul socialiste du gouvernement, le ministre admit que sa position dans le Parti n'était «pas forte» et qu'il «ne pouvait pas être considéré comme totalement représentatif du parti». Huysmans, l'ancien ministre socialiste et le doyen des politiciens belges de Londres, était, déclara Spaak, un candidat évident pour un poste ministériel mais sa nomination était exclue du fait de «ses nombreux ennemis» et parce que «l'opinion publique, entièrement acquise au Roi, serait choquée par la présence dans le cabinet d'un républicain notoire». Pierlot et Spaak ne devaient jamais céder aux pressions des Britanniques et le quatuor fut donc formellement, quoique à contrecœur, reconnu par le gouvernement de Sa Majesté comme le gouvernement belge en exil.

C'est encore Aveling qui, à l'issue d'une autre réunion avec Pierlot et Spaak, le 22 octobre, résuma ainsi l'attitude et la politique des deux ministres à l'égard de Léopold. «Le Roi, déclara Pierlot, se considère comme prisonnier de guerre et refuse absolument de s'engager dans n'importe quelle activité politique». Il n'y a pas eu de communication publique entre le Roi et nous, continua Pierlot, même si des messages oraux ont été transmis et ramenés par des émissaires. Le Premier Ministre affirma alors que le transfert du gouvernement en Angleterre avait été approuvé par le Roi (ce qui détruit la thèse d'auteurs belges, tels que Jean Stengers, qui prétendent encore que Léopold ne donna pas son approbation à ce transfert ou ne transmit pas ses souhaits à Pierlot par l'intermédiaire du commandant Hannecart).

Pierlot dit ensuite que le Roi était apparemment bien traité, mais qu'il était prisonnier dans son palais. Il ne pouvait communiquer avec personne, ni sortir du parc, ni recevoir quiconque sans l'autorisation d'un officier allemand. Spaak intervint pour affirmer que la situation du Roi vis-à-vis des Allemands devenait de plus en plus difficile parce que ceux-ci commençaient à le considérer comme un obstacle à leurs plans pour la Belgique. Au début, reprit Pierlot, les Allemands espéraient que la présence du Roi contribuerait à faire accepter l'occupation par la population belge, mais il était convaincu que le Roi ne ferait rien qui risquerait de compromettre l'indépendance de la Nation et qu'il s'attacherait fermement à son statut de prisonnier. Pierlot conclut en disant qu'on lui avait fait savoir que le Roi accordait une importance capitale au maintien par le gouvernement belge d'une autorité légale et constitutionnelle [494].

Quelques jours après l'arrivée de Pierlot et de Spaak à Londres, le gouvernement britannique, bien qu'il fût dans l'impossibilité d'apporter un quelconque démenti aux paroles de Churchill prononcées au Parlement contre Léopold, se laissa convaincre par l'ambassadeur de Belgique qu'un geste discret tenant compte de la nouvelle politique du gouvernement Pierlot de fidélité au Roi emprisonné serait apprécié. Le

3 novembre 1940, jour de l'anniversaire du Roi, le vice-maréchal du corps diplomatique, Sir John Monk, convoqua donc Cartier de Marchienne pour lui remettre un message de bons vœux destiné au Roi. Spaak, ravi, mit immédiatement les postes diplomatiques belges au courant de l'attitude favorable du gouvernement britannique. (Les occupants de ces postes ont d'ailleurs dû, en 1940, ressentir une perplexité grandissante devant le flot d'informations contradictoires qui leur étaient transmises!) L'ambassadeur de Belgique envoya alors une copie de la lettre pastorale du cardinal Van Roey à Winston Churchill dont le secrétaire répondit: «Soyez assuré que le gouvernement de Sa Majesté comprend l'attitude de Sa Majesté le Roi des Belges». Mais l'attitude obstinément hostile du Premier Ministre britannique envers le Roi, son refus de retirer les accusations lancées contre lui, et la nécessité de protéger la réputation de Gort et du Corps Expéditionnaire, empêchèrent toute rétractation publique ou amende honorable de la part du gouvernement britannique.

En février 1941, et de façon assez paradoxale au vu de ce qui précède, Churchill envoya à Léopold un message personnel où il lui disait son admiration pour «sa dignité et sa force d'âme». L'existence de cette lettre ne fut connue que par la découverte, dans les archives nationales des Etats-Unis, d'une copie envoyée à Washington au secrétaire d'Etat, Cordell Hull, assortie de la demande que le président Roosevelt envoie lui aussi un encouragement similaire à Léopold.

En fait l'inconséquence de Churchill n'était qu'apparente et son explication fort simple. Anthony Eden, qui avait remplacé Halifax comme secrétaire aux Affaires Etrangères, avait rapporté lors d'une réunion du cabinet que Spaak craignait toujours voir son Souverain — comme Pierlot et lui l'en avaient vainement prié! — «conclure un accord avec les Allemands et former une sorte de gouvernement» [495]. Spaak aurait dû, évidemment, connaître assez le Roi pour savoir qu'il ne reviendrait jamais sur sa parole. Mais Churchill, présumant de façon assez insultante que la résolution de Léopold avait besoin d'être soutenue, adressa sur la suggestion d'Eden la lettre suivante au Roi:

> Depuis le cataclysme de l'été dernier, lorsque la marée allemande paraissait devoir nous engloutir tous, j'ai entendu parler avec admiration de la dignité et de la grandeur d'âme avec laquelle Votre Majesté a refusé de collaborer avec l'envahisseur ou d'abandonner son statut de prisonnier de guerre.
>
> Au cours des derniers mois pendant lesquels nous avons brisé l'immense attaque aérienne lancée contre ce pays..., et grâce à l'assistance des Etats-Unis qui afflue sans discontinuer, les chances d'une victoire deviennent encore plus sûres. Cette perspective signifie aussi la libération de la Belgique.
>
> L'espoir le plus sincère du gouvernement de Sa Majesté, comme celui des ministres fidèles de Votre Majesté, est de voir Votre Majesté maintenir

fermement, quelle que soit l'offre qui pourrait lui être faite, son refus de collaborer avec un tyran dont la défaite est certaine.

Au nom du peuple britannique, j'envoie à Votre Majesté un message d'espoir et de confiance [496].

Si le gouvernement britannique conservait en public un silence absolu sur Léopold, le gouvernement belge de Londres qui, entraîné par Cartier, De Vleeschauwer et Gutt, s'était engagé sur le thème de la loyauté au Roi, à la Patrie et aux Alliés quand Pierlot et Spaak s'attardaient encore sur le continent, n'était pas lié par de telles contraintes et l'on n'entendit pas de plus grands royalistes en paroles que le Premier Ministre et son ministre des Affaires Etrangères fraîchement débarqués. Quels qu'aient pu être leurs véritables sentiments ou intentions, on les verrait rivaliser durant les quatre années de leur séjour à Londres en déclarations de loyauté et de dévouement au Roi. Spaak à cet effet ne perdit pas une seconde. Reprenant ses fonctions à Londres, l'un de ses premiers actes fut d'envoyer un télégramme, le 27 octobre, au comte d'Ursel, ministre de Belgique à Berne: «Le Gouvernement forcé par les circonstances d'agir sans pouvoir consulter le Roi est bien loin d'agir contre le Roi. Ses mots d'ordre sont au contraire: Union nationale autour du Roi. Pour une Belgique libre, pour un Roi libre.»

Trois semaines plus tard, dans le but de noyer le poisson quant au complet retournement de la politique du gouvernement Pierlot qui reprenait le parti des Alliés et en revenait à son attitude d'allégeance au Roi d'avant la capitulation, Spaak se livra à un sophisme de première catégorie sous la forme d'une «directive» à tous les représentants de la Belgique dans le monde.

«Je sens qu'il est essentiel, commençait Spaak, d'établir clairement la position du Roi, du gouvernement, de la Belgique et de sa colonie». Il «rendait hommage» au Roi pour avoir pris la décision de partager le sort de ses troupes, décrivait les tentatives infructueuses des ministres de le faire changer d'avis, puis expliquait qu'ils avaient quitté la Belgique le 25 mai «pour continuer le combat». Ils n'avaient plus eu aucun contact avec le Roi pendant trois jours, jusqu'à ce qu'ils aient appris la capitulation par une «communication de M. Paul Reynaud», communication «tendancieuse et pleine d'inexactitudes».

Les ministres, poursuivait Spaak, avaient alors reçu des documents comprenant notamment les conclusions de trois éminents juristes qui ne leur «avaient laissé aucun doute sur les intentions et la situation du Roi» qu'il définissait de la manière suivante: «Le Roi est prisonnier de guerre et provisoirement dans l'impossibilté de régner». En capitulant, «il a accompli un acte purement militaire. Il n'a jamais voulu être qu'un prisonnier de guerre. Il n'a pas formé de gouvernement à Bruxelles. Il évite soigneusement toute action politique. Il ne gouverne pas et n'a pas le désir de gouverner».

Spaak glissait alors sur les cinq mois de défaitisme qui s'étaient écoulés avant que Pierlot et lui ne prennent le chemin de Londres. Il ne mentionnait ni l'allocution diffamatoire prononcée à la radio par le Premier Ministre, ni l'assemblée de Limoges, ni que les ministres, en dépit des documents reçus le 3 juin et qui lavaient Léopold de toutes les accusations lancées contre lui, n'avaient jamais rien fait pour retirer les leurs ou pour rétablir son honneur et sa réputation. Spaak passait également sous silence — et pour cause — les déclarations répétées du groupe Pierlot que la guerre était perdue, et leurs efforts obstinés — dans lesquels ils avaient tenté d'impliquer le Roi — en vue de négocier avec les Nazis.

Après plusieurs pages au contenu falsifié par l'omission de tous ces faits indignes, Spaak résumait comme suit la nouvelle position pro-Léopold et pro-britannique de son gouvernement:

1. La capitulation de l'armée le 28 mai était inévitable. La continuation de la lutte aurait amené des sacrifices humains hors de proportion avec les résultats militaires possibles.
2. Le Roi a voulu partager le sort de ses soldats et de son peuple, pour maintenir leur moral et alléger leurs souffrances.
3. Le Roi, prisonnier de guerre, ne gouverne pas, n'accomplit aucun acte politique.
4. Le gouvernement s'est retiré en pays libre, en France d'abord, en Angleterre ensuite, pour continuer la guerre, accomplissant ainsi la mission qui lui avait été confiée par la nation unanime.
5. Les ministres, réunis en Conseil par application de l'article 82 de la Constitution, exercent le pouvoir exécutif et le pouvoir législatif.
6. Le gouvernement est forcé par les circonstances d'agir sans pouvoir consulter le Roi, mais il n'agit pas contre le Roi. L'attitude du Roi prisonnier et du gouvernement en Angleterre ne se contredisent pas et elles ne s'opposent pas.
7. Tous ceux qui ont prêté serment de fidélité au Roi doivent respecter ce serment. Ce serment implique, dans les circonstances présentes, l'obéissance au gouvernement.
8. L'état de guerre existe toujours entre la Belgique et l'Allemagne. Chaque Belge doit tirer de cet état de choses toutes les conséquences.
9. L'Italie, ayant accompli vis-à-vis de la Belgique des actes caractérisés d'hostilité, le gouvernement belge règle ses rapports avec elle sous l'angle de la réciprocité.
10. Sans être juridiquement alliée à la Grande-Bretagne, la Belgique est intimement associée à la lutte que mène cette dernière. Elle lui apporte toute l'aide dont elle est capable en vue de la victoire finale.
11. Le Congo suit la même politique que la Belgique.
12. Les mots d'ordre du gouvernement sont: toute l'aide possible à la Grande-Bretagne en vue de la victoire commune.

Pour une Belgique indépendante.
Pour un Roi libre.
Londres, le 22 novembre 1940.
Le ministre des Affaires Etrangères,
P. H. Spaak.

Même le plus ardent des royalistes aurait du mal à trouver quoique que ce soit à redire dans les passages de cette directive faisant état des actions passées, de la situation présente et des intentions futures du Roi. Mais quand Spaak, quatre années plus tard, changea de camp une nouvelle fois, il allait écrire, avec la même lucidité, sur le même sujet, dans un sens diamétralement opposé.

Que la chaleur de ses protestations de fidélité au Roi tout au long de ses années d'Angleterre ait été au moins partiellement sincère est bien l'un des traits curieux du caractère de Paul-Henri Spaak. Lorsque débarquant à Londres, il fut, à l'ambassade de Belgique, confronté au comité d'accueil de ses compatriotes demeurés loyaux et qu'il proclama: «Je suis pour le Roi», le ton de sa voix était à la fois lourd d'incertitude et de culpabilité. Mais sa nature ondoyante et diverse l'aida à facilement faire sienne cette allégeance. Derrière tous ses changements de peau, il y avait, profondément enracinés, le respect et l'affection qu'il éprouvait pour Léopold. Au moment de la capitulation belge, son intérêt personnel supplanta un petit temps ces sentiments, mais une fois qu'il fut arrivé à Londres, c'est avec soulagement qu'il les estima de nouveau très sortables. Et c'était bien dans son genre aussi de ne pas sembler percevoir toute l'opposition qu'il y avait entre ses soudaines et multiples déclarations d'allégeance à Léopold et ses précédents agissements. Cette vérité-là était la vérité de son cœur et à ce moment ne s'interposait aucun problème d'intérêt personnel pour l'empêcher d'en être convaincu. Mais après la libération et son retour à Bruxelles, les pressions politiques de la gauche l'incitèrent à tourner casaque une fois de plus et à jouer un air différent. Il soutint alors que sa loyauté vis-à-vis du Roi pendant les années de Londres n'avait été qu'un artifice, nécessité par la guerre, et que ses déclarations dans ce sens étaient «une vérité officielle alors qu'elle n'était pas la vérité». Sans doute avait-il oublié la lettre personnelle écrite à son Souverain en novembre 1941 ou alors pensa-t-il qu'elle ne serait jamais divulguée:

> «Sire,
>
> Une possibilité d'écrire quelques mots à Votre Majesté s'offrant à moi, je la saisis avec empressement. Je rentre d'un voyage aux Etats-Unis où j'ai représenté la Belgique à la Conférence internationale du Travail. Partout où j'ai rencontré des compatriotes, j'ai développé les quelques idées suivantes qui forment l'essentiel de la politique suivie par le Gouvernement...
>
> Le Roi, par son refus obstiné de collaboration avec l'ennemi, est non seulement le symbole de la résistance passive de la Belgique occupée. Il est devenu aussi un élément important de la résistance active. Soyez-lui fidèles, comme nous le sommes nous-mêmes.
>
> Nous pensons souvent à Votre Majesté, à ses peines, à ses épreuves, à son isolement si dur et je suis convaincu que mes collègues sont d'accord avec moi pour lui dire d'avoir confiance dans un avenir qui sera meilleur...

Votre Majesté et ses ministres se sont séparés dans de tragiques circonstances; les événements survenus depuis ont permis de rectifier, de part et d'autre, bien des erreurs et bien des malentendus.

Mes collègues et moi-même nous faisons tout ce qui est possible pour travailler à l'union des Belges, pour les rapprocher dans l'amour du pays et de ses institutions, dont la monarchie constitutionnelle reste la plus importante et les sentiments pour la personne même de Votre Majesté sont aujourd'hui ce qu'ils étaient avant le 10 mai: un respectueux et loyal dévouement. Que Votre Majesté ait confiance en nous.»

Pour ceux qui lisent cette lettre des années plus tard en se remémorant le Spaak de 1950 qui, au mépris de la volonté de la majorité démocratiquement exprimée, excitait des foules d'émeutiers à détrôner le Roi, il est difficile de ne pas éprouver du dégoût devant une hypocrisie aussi flagrante. Et pourtant, vu son caractère et son tempérament, il est parfaitement possible qu'en écrivant cette lettre, il pensait ce qu'il disait, de même qu'il n'y a aucune raison valable de croire que la chaleur de son estime pour le Roi ne fût pas authentique.

On imagine mal, par contre, le caractère flegmatique et peu imaginatif de Pierlot être le siège de sentiments aussi complexes que ceux de Spaak mais il partagea certainement le soulagement de ce dernier de se voir intégré à Londres dans le camp qui pourrait bien, finalement, s'avérer le vainqueur. En ce qui le concerne, Pierlot suivit obstinément la nouvelle politique de solidarité avec les Alliés et de loyauté envers le Roi, adoptée par son gouvernement comme maintenant d'ailleurs par les communistes qui effectuèrent un virage à 180 degrés après l'invasion allemande de la Russie. Ainsi, le 14 février 1941, à l'Institut Royal des Affaires Internationales, Pierlot réfutait méticuleusement les accusations lancées par Reynaud contre Léopold. Il qualifia ces accusations «d'odieuses» et affirma: «Jamais le gouvernement belge n'a consenti à s'y associer. Nous savions que le Roi obéissait à ce qu'il estimait être son devoir et que sa conduite était inspirée par les préoccupations les plus élevées... Le Roi est prisonnier de guerre... Il a refusé d'exercer sa fonction de Souverain sous le contrôle de l'envahisseur... Cette attitude du Roi constitue une protestation permanente contre le fait accompli. Elle est un symbole, un encouragement, de plus en plus, elle est le centre de la résistance en Belgique tout entière».

Etait-ce bien le Pierlot qui avait eu de si violentes discussions avec son Roi avant la capitulation, le Pierlot de Limoges, le Pierlot de Vichy, qui maintenant proclamait que la décision de Léopold de capituler n'avait pas été prise sans que plusieurs avertissements eussent été donnés aux Alliés et que la reddition de l'armée isolée avait été inévitable et totalement justifiée? Etait-ce bien Spaak qui prononçait ce discours radiodiffusé à destination de la Belgique lors du premier anniversaire de l'invasion: «Nous pensons à vous, à vos prisonniers, au plus

Grand et à tous les autres... Serrez-vous autour du Roi prisonnier. Restez-lui fidèles. Il représente la Patrie pour vous, comme pour nous qui sommes ici et qui travaillons pour vous». Tels étaient les refrains sans cesse repris par les principaux ténors. Le même jour, Spaak prenait fait et cause pour le roi Léopold dans une longue et fervente lettre au *Daily Telegraph* du 10 mai 1941. C'était la réfutation indignée d'un article que ce journal avait publié contre le Roi, l'accusant entre autres gracieusetés, de ses «tragiques maladresses» dans le cadre du maintien de la neutralité belge, et lui reprochant d'avoir «abandonné l'alliance militaire avec la France» et de s'être prétendument «opposé» à la prolongation de la ligne Maginot jusqu'à la mer. Dans un exposé succinct des faits, Spaak prit bien soin de justifier et de louer toutes les décisions politiques et toutes les actions de Léopold depuis que celui-ci avait accédé au trône [497].

Chapitre XXXII

La réhabilitation

N'oublions pas les Belges groupés autour du roi Léopold qui, avec une ferme dignité, se cantonne dans sa position de prisonnier de guerre. Ils incarnent à nouveau l'esprit de résistance qui inspira toute la Nation belge lors d'une épreuve antérieure.

Anthony Eden,
secrétaire aux Affaires Etrangères, le 24 juin 1941

L'admiration de Sir Roger Keyes pour Winston Churchill avait été très échaudée par la manière scandaleuse dont celui-ci avait traité le Roi des Belges et son armée. Le Premier Ministre prouva cependant bientôt que le respect qu'il éprouvait pour le vieil Amiral s'était encore accru en raison des services exceptionnels que celui-ci avait rendus sur les champs de bataille belges. Sans se laisser impressionner par la défaite qu'avait subie l'armée britannique sur le continent, le désordre qui y régnait et la pénurie d'armement qu'elle connaissait depuis son miraculeux retour en Grande-Bretagne, Churchill décida immédiatement de mener «une offensive vigoureuse, hardie et sans répit contre tout le littoral allemand», et il en donna l'ordre au général Ismay, le 6 juin 1940. Comme il l'écrivit plus tard à Anthony Eden, Churchill voulait ainsi contribuer à «donner du nerf à la guerre, l'orienter de façon positive et surmonter l'inertie qui avait permis à l'ennemi de prendre le pas sur nous en chaque occasion». «Churchill reconnaissait en Keyes un esprit de combat selon son propre cœur, écrit Cecil Aspinall-Oglander dans son excellente biographie, *Roger Keyes,* et il était décidé à l'avoir à ses côtés» [497].

En conséquence, le 17 juillet, malgré l'opposition de certains officiers d'active formalistes et partisans de la défensive, Churchill créa un nouveau Commandement des Opérations Inter-armes et plaça Keyes à sa tête. (Le général des Royal Marines, Sir Allan Bourne, qui, quelques semaines plus tôt, avait mis sur pied une petite force d'intervention rapide accepta volontiers d'être le second de Keyes). «Churchill estima alors, continue Aspinall-Oglander, que si l'on voulait obtenir des progrès rapides et définitivement balayer la politique du *ne rien faire* que prônaient les mollassons, il fallait mettre à la tête des nouvelles formations, un officier du rang le plus élevé possible dont le nom à lui seul entraînerait les adhésions et dont la réputation de leader galvaniserait tous ses hommes... Churchill avait la plus vive admiration pour les qualités de chef de Keyes et désirait depuis des mois lui confier un commandement actif» [498].

Comme premier responsable des Opérations Inter-armes, Keyes mit sur pied la vaste organisation qui étudia et développa les techniques et la pratique de la guerre amphibie, mais il forma et entraîna également une force importante de commandos, planifia des opérations en conséquence et s'employa à fournir tous les bateaux, barges de débarquement, armes et équipement nécessaires pour les réaliser.

Bien que Keyes bénéficiât de toute la confiance et du soutien total de Churchill, le Premier Ministre lui-même ne parvenait pas à vaincre l'inertie et la répugnance de la bureaucratie de Whitehall, avec ses sous-commissions sans fin, face au concept d'Opérations Inter-armes et aux plans dressés par les deux hommes pour lancer contre l'ennemi une série d'audacieuses opérations amphibies. Celles-ci comprenaient notamment l'opération *Workshop*, la prise de l'île fortifiée italienne de Pantellaria, mal défendue mais d'une haute importance stratégique, que Keyes avait été prêt à déclencher en décembre 1940, avant que les Allemands ne renforcent la défense de cette île avec leurs Stukas et leurs U-Boats. Aux mains des Britanniques, cette petite île, avec ses hangars souterrains, aurait constitué un porte-avions insubmersible et une base très précieuse sur la route vers Malte. Mais une fois que les Allemands s'y furent installés, elle devint une épine très gênante dans le pied des Britanniques. Churchill voulait absolument que cette opération dont les effets, déclarait-il, «seraient électrisants et conforteraient grandement notre position sur la Méditerranée centrale» fût menée à bien. Mais le projet fut saboté et finalement annulé, alors que les commandos se trouvaient déjà à bord des navires d'assaut, par ceux que Churchill appelait les «champions de la négation», avec à leur tête, l'ancien chef d'état-major de Keyes en Méditerranée, l'amiral Sir Dudley Pound. Devenu Premier Lord de l'Amirauté, cet Amiral qui incarnait tout à fait la tendance «sécurité d'abord», n'était pas présent quand les chefs d'états-majors avaient approuvé l'opération. Et l'on perdit ainsi, à une époque où les actions de la Grande-Bretagne étaient au plus bas, une brève et précieuse occasion de remporter une victoire retentissante.

Keyes avait créé une magnifique force de frappe de dix régiments de commandos excellemment entraînés et pressés d'en découdre. Elle fut, elle aussi, sabotée et ne put, à l'exception de quelques raids réussis, réaliser aucune des opérations envisagées. Les commandos furent maintenus dans une inactivité débilitante, dispersés à l'étranger, affectés à des tâches pour lesquelles ils n'étaient pas faits et à plusieurs reprises, véritablement démantelés.

Après quatorze mois de rivalités, de jalousies, de frustrations et de déceptions de toutes sortes, Keyes écrivit à Churchill qu'il lui était impossible de remplir convenablement ses fonctions de commandant des Opérations Inter-armes si on ne lui en fournissait pas en même temps les moyens. Mais Pound et son équipe étaient décidés à couper les ailes à cet officier au prestige immense, au courage et au charisme incontestés. Aussi lorsqu'en septembre 1941, il se vit offrir le poste de «conseiller des Opérations Inter-armes», il déclina l'offre et ce fut son successeur, le capitaine Lord Louis Mountbatten, RN, qui reçut le titre avec le grade de commodore [499].

Mais Churchill prouva à quel point il estimait la contribution que Keyes avait pu apporter à la poursuite victorieuse de la guerre en dépit de l'obstruction d'hommes de moindre valeur, en lui rendant hommage à plusieurs reprises dans *The Second World War* et en recommandant sa candidature à la pairie que Keyes obtint le 1er janvier 1943. Et lorsque, le 27 avril 1950, Churchill inaugura, avec une émotion qu'il n'essaya pas de cacher, le mémorial à l'Amiral de la Flotte, à côté de la tombe de Nelson dans la crypte de la cathédrale Saint Paul, il déclara dans un discours émouvant:

> Au cours de la dernière guerre, comme chef des Opérations Inter-armes, il donna une impulsion essentielle à la guerre amphibie. Il rayonnait de lui cet esprit commando auquel nous devons tant d'actions d'éclat. Il fut, dès les tout premiers jours, l'âme et le moteur de cette immense œuvre qui conçut et fabriqua des moyens de débarquement de toute espèce sans lesquels les plus grandes victoires des Alliés occidentaux n'eussent jamais pu être remportées [500].

Mais tandis que, durant cet automne, cet hiver et ce printemps 1940-1941, l'amiral Keyes se colletait avec tous ces problèmes dans son quartier général des Opérations Inter-armes, son action en diffamation contre le *Daily Mirror* franchissait lentement une série d'étapes. Le brillant et fameux Sir Patrick Hastings, KC, fut choisi comme l'avocat de Sir Roger. Mais l'affaire irait-elle vraiment devant le tribunal? Le *Daily Mirror* revenait sur son éditorial — peut-être Léopold n'était-il pas un Roi Rat et l'amiral un laquais obséquieux — et proposait de clore l'affaire en publiant des excuses ouvertes à Keyes. C'était passer à côté de la question, puisque son objectif principal était de disculper totalement et publiquement le Roi. Rappelant la demande faite par lui à la presse le 28 mai à la Chambre des Communes, de postposer tout jugement sur les actions de Léopold, il donna instruction à son conseil d'exiger que quel que soit l'accord auquel on parviendrait, celui-ci stipule que cette demande était complètement justifiée. Il exigea en outre qu'une somme substantielle soit versée à des œuvres de bienfaisance et que le journal publie ses excuses au Roi et à lui-même. Les négociations se poursuivirent jusqu'en octobre. Le *Daily Mirror* fit prudemment machine arrière sur l'argument du «commentaire honnête» — reconnaissant que ses remarques à propos de Léopold ne pouvaient pas être prouvées — et confirma son intention de faire «amende honorable» à Keyes. Cela ne l'empêcha toutefois pas de continuer à calomnier le Roi et sa famille, puisque le 28 décembre 1940 il publiait encore un article diffamatoire sous le titre «Traitor King's sister a fascist» (la sœur fasciste du Roi félon). Il demanda également une réduction des dommages et intérêts sous prétexte qu'il avait agi sur base de sources d'information apparemment incontestables (l'allocution radio de Reynaud sans doute).

Le *Daily Mirror* refusa de payer en justice plus de 1.000 guinées, somme que Keyes et ses conseillers estimèrent totalement inadéquate. Quoi qu'il en fût, Keyes saisit l'occasion qui se présentait pour réfuter au cours d'un procès public les calomnies proférées contre Léopold et lui-même et obtenir ainsi la plus large publicité possible pour la déclaration qu'il ferait lui-même à la barre des témoins. Il y résumait avec force les faits qui réfutaient les accusations du *Daily Mirror*, mais en évitant soigneusement tout ce qui eut pu mettre dans l'embarras Gort ou le Premier Ministre. Pour être correct envers Churchill, Keyes lui envoya une copie de ce projet de texte en le priant de donner son avis.

Ce geste amical fut désastreux. Le 12 mars, une réponse lui parvint du secrétaire de Cabinet, Sir Edward Bridges. Il avait été décidé, après un examen attentif, écrivait-il, «qu'il ne serait pas dans l'intérêt public» de remuer la question. Le Premier Ministre demandait donc que l'affaire fût retirée du tribunal. Cela revenait à interdire officiellement que lumière soit faite sur le roi Léopold et la capitulation de l'armée belge. La seule voix de Grande-Bretagne capable ou désireuse de rendre justice au Roi était donc ainsi virtuellement réduite au silence. Keyes se rendit en hâte chez Sir Edward Bridges pour demander des explications, mais ce ne fut que pour y recevoir une nouvelle tuile. Bridges l'informa de la publication imminente des *Despatches* officielles de Lord Gort. Bien que l'Amiral n'eût plus eu de contact avec Gort depuis leur échange aigre-doux du mois de juin précédent, il réalisa ce que cela signifiait: les événements seraient présentés du seul point de vue auto-justificatif de Gort et de Pownall sans aucune référence au versant belge de la médaille. Et une autre crainte tourmentait Keyes. Si ce rapport officiel comprenait des déclarations inexactes ou partiales, il se verrait obligé de les démentir publiquement au départ de ses propres notes et comptes rendus. Il écrivit donc à

Bridges le 18 en soulignant combien il serait déplorable que les *Despatches* à paraître de Gort ne fussent pas honnêtes et précises et, à l'appui de ses dires, lui envoya son dossier détaillé sur la campagne de Belgique.

L'Amiral maintenant devenait gênant pour Churchill. Le Premier Ministre ne souhaitait qu'une chose, c'est que l'on ne parlât plus de cette attaque dénuée de fondement qu'il avait lancée contre le Roi des Belges à la Chambre des Communes le 4 juin. Il décida donc de charger quelqu'un d'obtenir le silence de Keyes. Le 24 mars, Bridges écrivit à l'Amiral pour lui demander le rencontrer le Vice-Premier Ministre, le dirigeant travailliste Clement Attlee, et le secrétaire d'Etat à la Guerre, le capitaine Margesson, pour discuter avec eux de toute l'affaire. L'après-midi du 25, Keyes rencontrait donc Attlee dans son bureau de Great George Street.

Sir Edward Bridges n'avait pas réussi à persuader Keyes d'annuler le procès. Les deux ministres y parviendraient-ils? Le dossier remis à Bridges était clair. Si l'affaire passait devant le tribunal, les *Despatches* de Gort en sortiraient fameusement discrédités. Quant aux accusations de Churchill à la Chambre des Communes, elles seraient purement et simplement réduites à néant. Le Premier Ministre voulait à tout prix éviter de tels ennuis. Le seul moyen de réduire Keyes au silence était, comme l'avait fait Bridges dans sa lettre du 12, d'invoquer «l'intérêt national». Attlee et Margesson lui représentèrent donc les difficultés qui surgiraient, pour le Premier Ministre et le gouvernement, si l'affaire faisait l'objet d'une audience publique au beau milieu de la lutte à mort que se livraient la Grande-Bretagne et l'Allemagne. Keyes était déchiré entre deux loyautés. Mais il pouvait difficilement ignorer une requête émanant directement du Premier Ministre. Il se vit donc finalement contraint de retirer son action en justice, «pour éviter, comme il le dit, le risque éventuel d'être soumis à un contre-interrogatoire au sujet des déclarations faites par le Premier Ministre le 4 juin».

Mais il y mit une condition. En échange de son acceptation de régler l'affaire de cette façon, Keyes obtint un important engagement verbal des deux ministres. Il ne faudrait rien trouver dans les *Despatches* de Gort qui, selon ses propres termes, «rejetterait la responsabilité des malheurs de l'armée britannique sur une quelconque erreur que le roi Léopold et l'armée belge auraient pu éviter ou sur la capitulation belge après la disjonction des armées belge et britannique». Ayant reçu ces assurances, Keyes donna immédiatement instruction à ses conseillers juridiques de conclure l'affaire à l'amiable. Il dut donc accepter la somme dérisoire de 1.000 guinées que le *Daily Mirror* avait payée au tribunal et renoncer aux dommages et intérêts bien plus élevés qu'un jury, compte tenu de sa haute réputation et de l'énormité de la diffamation, lui aurait probablement accordés si l'affaire avait été jugée. Lorsqu'il apprit cette décision, Attlee visiblement soulagé, écrivit à

Keyes: «Margesson et moi sommes très contents d'apprendre que vous proposez de conclure l'affaire à l'amiable».

Mais Keyes allait éprouver une mauvaise surprise supplémentaire. Il s'arrangea pour obtenir — discrètement — une copie des épreuves des *Despatches* de Gort. Il fut consterné de constater, à la lecture, que les deux ministres n'avaient pas tenu leur engagement du 25 mars: les *Despatches* étaient truffées de préjugés contre le Roi des Belges et son armée. Les Français par contre ne faisaient l'objet d'aucune critique ou d'aucun blâme. Les sacrifices consentis par les soldats belges et leur Commandant en Chef et les durs combats menés par eux pour permettre au Corps Expéditionnaire de s'échapper n'étaient nulle part reconnus. On prétendait ou sous-entendait au contraire, entre autres allégations, que ceux-ci avaient refusé de se replier sur l'Yser. Ils n'avaient pas davantage prévenu Gort de l'imminence de la capitulation et celle-ci avait provoqué une brèche de 30 kilomètres sans défense sur la gauche du Corps Expéditionnaire, exposant ce dernier à un danger mortel. Aucune mention évidemment de déficiences ou de manquements de la part du Corps Expéditionnaire ou de son Haut Commandement ou du fait qu'ils avaient omis de mettre leurs alliés français et belges au courant de leur rembarquement.

Dans le but de mettre le maximum de gens influents au courant de toute la vérité sur la campagne de Belgique, surtout au sein du War Office, Keyes avait déjà envoyé des copies de son dossier à plusieurs personnalités importantes, y compris aux échelons supérieurs de la hiérarchie militaire. Selon le cas, il leur demanda de faire tout ce qui était en leur pouvoir pour veiller à ce que les *Despatches* donnent un compte rendu honnête, correct et exempt de préjugés du rôle joué dans cette campagne par le roi Léopold et l'armée belge. La réponse qu'il reçut du général Haining est on ne peut plus significative.

War Office
Whitehall
S.W.1.
8 avril 1941

Cher Sir Roger,

Je vous retourne le dossier que vous m'avez prêté l'autre jour après notre entrevue. Il est extrêmement intéressant.

Je crains qu'en raison de ma position et de la nature très politique de l'affaire — qui doit être traitée comme telle —, il ne me soit pas possible de faire quelque chose.

Merci de m'avoir donné accès à ce dossier.

Sincèrement vôtre,
(signé) A.H. Haining.

A l'Amiral de la Flotte Sir Roger Keyes, GCB, KCVO, DSO, ADC,
Directeur des Opérations Inter-armes,
Bureau du War Cabinet,
Great George Street
S.W.1.

La question était en effet devenue essentiellement politique. Lorsque Gort fut envoyé à Gibraltar, le texte de ses *Despatches* fut, comme le révèle son biographe, «expurgé» à son insu par un département gouvernemental de la propagande. Sous divers prétextes, dont notamment la «pénurie de papier» et le souhait du gouvernement de ne pas offenser le «régime Pétain-Weygand de Vichy», sa publication fut bloquée jusqu'en octobre 1941 [501]. En fait, comme on l'a mentionné plus haut, la politique officielle était de refaire une virginité aux Français et l'orientation de la propagande visait donc à les louer plutôt qu'à les blâmer après leur effondrement militaire, le gouvernement britannique inondant même d'honneurs et de décorations des dirigeants français tels que le général Weygand, le général Blanchard et l'amiral Abrial. Les auteurs de documents du genre des *Despatches* de Gort s'abstenaient donc dans la foulée de critiquer les Français. Mais ils n'avaient pas du tout les mêmes contraintes en ce qui concernait les Belges. Au contraire, ils se voyaient plutôt encouragés par certains éléments de l'*establishment* militaire à faire porter par le Roi des Belges et son armée le poids de la défaite du Corps Expéditionnaire.

Quand il eut examiné la version des *Despatches* qu'il s'était procurée, Keyes éleva une vigoureuse protestation auprès de Sir Edward Grigg, le sous-secrétaire parlementaire au War Office. Publiées sous leur forme actuelle, écrivit-il à Grigg le 18 avril, elles constitueront rien moins qu'un «outrage». Certains passages peuvent facilement être réfutés, et leur publication telles quelles serait d'autre part «extrêmement préjudiciable à la réputation britannique de courtoisie et de fair play». Keyes demanda à Grigg d'insister pour que Gort apporte au texte les rectifications indispensables. Dans le cas contraire, il se verrait obligé de se rendre au Cabinet de Guerre et de faire tout ce qui était en son pouvoir pour stopper la publication de l'actuelle version des *Despatches.*

En plus de son dossier sur la campagne de Belgique, Keyes fournit à Grigg une réfutation solidement étayée des paragraphes offensants des *Despatches.* Le 9 mai, Grigg renvoya le tout accompagné d'une lettre «Privée et Personnelle» qui plongea l'amiral dans la désolation. Il ne serait apporté aucune modification aux *Despatches* et leur publication ne souffrirait plus aucun délai. Keyes tenta immédiatement, mais en vain, de voir le ministre de la Guerre, Margesson. Le 12, il lui écrivit avec la plus grande franchise et conclut par cet avertissement:

> Etant donné votre décision de publier les *Despatches* dans leur état actuel en dépit de ma protestation, je m'estime maintenant libre d'entreprendre tout ce qui me paraît nécessaire au rétablissement de la vérité, afin de préserver notre réputation d'honnêteté et de fair play.

Le ministre de la Guerre — et derrière lui, fatalement, tout le Cabinet de Guerre — donna sa pleine et entière approbation à toutes les malhonnêtetés et toutes les inexactitudes contenues dans les *Despatches* de Gort. Keyes le ressentit comme un flagrant abus de confiance: il avait, sur la foi des assurances gouvernementales, renoncé à son action en diffamation contre le *Daily Mirror*, et ces assurances étaient foulées aux pieds. Certes il avait prévenu Margesson qu'il entreprendrait tout ce qu'il estimait nécessaire pour rétablir la vérité, mais il se voyait dans l'impossibilité de poursuivre l'affaire plus loin par les canaux officiels. Il ne pouvait pas non plus revenir sur son accord pour régler l'affaire à l'amiable, car toutes les dispositions avaient déjà été prises et l'annonce du règlement par la cour était fixée à la mi-juin, soit à peine un mois plus tard.

Keyes reporta alors tous ses espoirs sur son propre cas de diffamation, et comme on le verra, finit par obtenir par ce biais tout ce que ses autres efforts n'avaient pu lui rapporter. Enregistrée comme affaire *Keyes versus Daily Mirror Newspapers Limited*, l'audience se déroula devant le magistrat Tucker à la King's Bench Division de la Haute Cour le vendredi 13 juin 1941. Keyes, vêtu de l'uniforme de l'Amiral de la Flotte avec ses six rangées de médailles, était assis à côté de son avoué, en face de ses deux conseils, Sir Patrick Hastings et M. Valentine Holmes. M. G.O. Slade représentait les défendeurs. Le fond de l'affaire n'étant pas contesté, la procédure était de pure forme et aucun témoin n'était appelé à la barre. Il appartenait à Sir Patrick d'annoncer l'accord intervenu et de souligner les faits et les événements qui réfutaient les accusations de l'éditorial du *Mirror*. L'avocat de la défense devait alors répondre en présentant les excuses adéquates. Armé de la déclaration préparée par Keyes, Sir Patrick, tout en exposant sobrement le cas de son client, brossa devant les auditeurs présents dans la paisible salle d'audience londonienne, un tableau très parlant du drame qui s'était joué sur le champ de bataille belge treize mois plus tôt autour de la figure du roi Léopold.

Sir Patrick calmement présenta les moments-clés de la campagne et termina en détaillant les avertissements répétés que les Alliés avaient reçus du roi Léopold au sujet de sa capitulation imminente. L'amiral Keyes s'estimait donc parfaitement habilité, ajouta Sir Patrick, à demander une suspension de jugement sur le Roi et il avait été naturellement offensé par l'article agressif du *Daily Mirror*. Les défendeurs avaient réalisé depuis que leurs critiques étaient dénuées de fondement et «souhaitaient en conséquence faire amende honorable à Sir Roger Keyes, qui n'avait rien fait d'autre que d'agir en conformité avec les plus hautes traditions de l'honneur et de la justice».

Dans sa réponse, M. Slade reconnut que l'attitude de Sir Roger vis-à-vis du roi Léopold avait été parfaitement justifiée et il lui présenta des excuses sincères au nom des défendeurs. Mais, continua-t-il, il était clair qu'une injustice très grave avait été commise à l'encontre du Roi des Belges qui lui aussi n'avait agi qu'«en conformité avec les plus hautes traditions de l'honneur et de la justice». En conséquence de quoi, les défendeurs souhaitaient également présenter au Roi leurs excuses les plus sincères et les plus respectueuses. M. Slade s'assit. Après avoir donné son assentiment à l'accord intervenu et au retrait de la plainte, Maître Tucker prononça ces paroles finales:

> Tout ce qu'il me reste à dire est que cette action en diffamation, au contraire de beaucoup d'autres, semble avoir servi une cause extrêmement utile. Elle aboutit à des conclusions qu'il était nécessaire de tirer et qui certainement en réjouiront beaucoup.

Lorsque l'amiral Keyes sortit du tribunal, il était un homme heureux. Il avait obtenu satisfaction pour lui-même mais surtout, après une année de campagne décourageante, il venait d'atteindre son principal objectif. Ce qu'il avait été impossible d'obtenir par le gouvernement britannique avait été gagné par les procédures sages et impartiales de la Loi.

Tout compte fait, la déclaration de Sir Patrick Hastings au tribunal était sensationnelle. Non seulement elle détruisait les mensonges qui couraient sur le roi Léopold mais levait du même coup le voile du secret imposé par le gouvernement et réfutait hardiment les versions officielles qui allaient apparaître dans des récits tels que les *Despatches* de Gort. Pour une presse gavée de communiqués lénifiants, de rapports de guerre routiniers et des comptes rendus du ministère de l'Information, cette déclaration était inestimable. Dès le lendemain, chaque journal britannique mettait l'affaire à la une, avec des titres percutants. «La Haute Cour restaure la réputation du roi Léopold: Londres avait connaissance du projet de capitulation», titrait l'un. Et un autre: «Le roi Léopold avait prévenu la Grande-Bretagne qu'il allait capituler». Pour tous les commentateurs, le Roi avait été justifié de manière retentissante. Certains journaux se posaient des questions sur le silence du gouvernement et sur le fait que cette réhabilitation avait dû être le fait d'une personne privée. De nombreux journalistes reconnurent avoir sali la réputation de Léopold et firent amende honorable. Ainsi, sous le titre «Léopold réhabilité», un grand article reproduit dans plusieurs journaux déclarait notamment: «Lorsque les Huns seront battus et que nous pourrons écrire l'histoire complète de cette guerre, le monde entier apprendra que parmi les plus courageux et les plus loyaux amis de la cause alliée figurait bien le Roi des Belges, Léopold. Son nom a été traîné dans la boue. Moi-même, avec d'autres, je l'ai traité de *roi Quisling*. Nous avons tous été trompés. Le moins que nous puissions faire est de nous excuser et d'expliquer avec précision ce qui s'est passé en ces jours fatals qui ont conduit au cessez-le-feu des Belges».

Les officiels britanniques avaient été convaincus qu'en retirant l'affaire des mains de la justice, ils pourraient éviter une publicité malvenue sur les véritables circonstances de la capitulation belge. Voilà que cette certitude était brutalement anéantie. L'argumentation de Sir Patrick était à peine moins efficace que l'aurait été le témoignage personnel de l'Amiral à la barre des témoins. Keyes avait veillé à ne pas mettre Churchill et Gort dans l'embarras par ses déclarations. Des passages de celles-ci étaient pourtant de nature à susciter des interrogations gênantes sur la véracité et l'honnêteté du discours prononcé par Churchill au Parlement le 4 juin 1940 ou sur les passages offensants des *Despatches* de Gort. Le gouvernement ne pouvait pas interdire à la presse britannique de relater une affaire passée devant la Haute Cour mais il disposait d'une arme pour en limiter la portée et il l'utilisa; il suffisait de museler la BBC. Duff Cooper qui, en tant que ministre de l'information, avait prononcé le 28 mai 1940 un discours radiodiffusé pour rendre hommage à l'armée belge et à sa résistance courageuse, et qui avait alors déclaré: «Ce n'est pas l'heure de critiquer ou récriminer», révéla par la suite que la principale pression visant à empêcher la BBC d'évoquer la réhabilitation du Roi des Belges et de son armée était venue du War Office. Cette volonté officielle de cacher la vérité fut cause que la réhabilitation de Léopold ne connut pas le retentissement souhaitable. Nombreux furent les journaux étrangers, par exemple, ou les personnes en Europe occupée et les fonctionnaires britanniques d'outremer dont les informations dépendaient des émissions de la BBC, qui restèrent dans l'ignorance de cet important rebondissement. L'auteur de ces lignes par exemple, qui était à l'époque officier de la Royal Navy en mer, n'en entendit absolument pas parler. Mais la femme de l'Amiral s'était abonnée à un service de presse international et un flot d'articles lui arriva bientôt de tous les coins du monde. Des titres tels que «Léopold réhabilité par la Cour de Londres» et «Léopold était un héros», prouvaient largement le succès obtenu à l'étranger par l'action en diffamation. Mais les coupures de presse révélèrent que bien souvent, les sources d'information des journaux en question s'étaient limitées à des Belges ou à d'autres personnes à Londres qui leur avaient envoyé des télégrammes pour répercuter les conclusions de la Haute Cour.

L'opinion mondiale sembla se retourner complètement et l'on consacra beaucoup d'encre au rétablissement de l'honneur et de la réputation du Roi. Des excuses aussi spontanées et généreuses que celles de la presse britanniques furent faites dans des journaux du monde entier et de toutes les tendances politiques. Plusieurs de ces journaux citaient in extenso l'exposé lu devant la Cour par Sir Patrick Hastings ou en résumaient les points essentiels. Tous s'accordèrent pour dire qu'une grave injustice avait été commise envers le Roi en 1940 et que l'action en diffamation intentée par l'Amiral avait réhabilité l'honneur de son nom. Mais le correspondant du *Johannesburg Star* releva avec beaucoup de pertinence: «Quelqu'un peut-il m'expliquer pourquoi il était nécessaire de garder cette information pendant plus d'un an et de permettre ainsi que le Roi des Belges soit méjugé par le reste du monde?»

Des centaines de lettres en provenance du monde entier parvinrent également à l'Amiral pour le féliciter chaleureusement du succès de son action. Elles arrivaient de manière continue, écrites par des Belges, des Britanniques et des étrangers, allant de l'homme et la femme du peuple aux personnes occupant les positions les plus élevées. La plupart d'entre elles déclaraient qu'elles n'avaient jamais cru les mensonges répandus sur le Roi et ne lui avaient jamais retiré leur confiance. Elles exprimaient toutes leur gratitude sincère et leurs félicitations à l'Amiral pour avoir obtenu gain de cause, et s'assortissaient bien souvent de commentaires caustiques à l'égard du *Daily Mirror.*

Parmi toutes ces lettres, deux d'entre elles procurèrent à l'Amiral une satisfaction toute particulière. La première était de la reine Elisabeth de Belgique. Arrivé en temps utile et par des voies clandestines, son mot lui disait que le Roi et elle avaient appris l'action intentée devant la Haute Cour et ses résultats. L'autre lettre fut écrite au 10 Downing Street, le 18 juin 1941:

> Mon cher Roger,
>
> Je veux vous envoyer ce mot pour vous dire à quel point je me réjouis de ce que votre action en faveur du Roi des Belges ait été ainsi couronnée de succès. Cela doit être pour vous une source de satisfaction profonde... J'espère que le roi Léopold apprendra ce qui s'est passé. Ce sera, j'en ai le sentiment, une lueur de réconfort dans un monde sans aménité.
>
> J'espère que vos fils sont sains et saufs.
>
> Vôtre,
> Clementine S. Churchill.

Il est clair que le roi Léopold jouissait du plein soutien et de la totale sympathie de Madame Churchill et de son fils Randolph. Mais l'homme qui avait déclaré à Keyes: «Nous admirons beaucoup l'attitude du Roi», et télégraphié à Gort: «Nous demandons aux Belges de se sacrifier pour nous» ne chercha jamais la moindre occasion de revenir publiquement sur ses diffamations. Il continua au contraire à cautionner la légende discréditée et à poursuivre sa gratuite vendetta jusqu'à la fin de ses jours.

Cette attitude traduit un aspect curieux de la personnalité diverse de Churchill. Au début du deuxième volume de ses mémoires de guerre,

Their Finest Hour, il donne la morale de son œuvre: «En temps de guerre: résolution. Dans la défaite: défi. Dans la victoire: magnanimité. Dans la paix: bonne volonté». Il est toutefois étrange de constater que la magnanimité est une qualité qu'il pratiqua rarement. Par la force des choses, Churchill commit d'autres fautes, erreurs de jugement et paroles injustes, pendant qu'il fut au pouvoir. Mais il fit toujours preuve d'une nette répugnance à les reconnaître par la suite. Au moins Churchill eut-il le mérite d'être cohérent dans son attitude vis-à-vis de Léopold, au contraire de la girouette qui écrivit une autre lettre à Sir Roger Keyes après la conclusion heureuse de son action en diffamation.

Ministère
des
Affaires Etrangères
et du
Commerce Extérieur
de
Belgique

13.6.1941

Mon cher Amiral,

The Star nous apporte la déclaration de votre avocat, celle de son adversaire, celle du juge, et la nouvelle du gain de votre procès.

Permettez-moi de vous féliciter.

Permettez-moi aussi de vous remercier.

Je sais tout ce que mon pays vous doit, d'efforts courageux et désintéressés. En permettant à la vérité d'être connue, vous ne contribuez pas seulement à rendre justice à un homme, vous servez la cause de tout un peuple.

Aucun Belge, moi moins que tout autre, ne l'oubliera.

Veuillez agréer, mon cher Amiral, l'assurance de mes sentiments respectueusement dévoués.

(signé) P. H. Spaak.

Depuis qu'il était arrivé à Londres, Spaak avait essayé d'approcher l'Amiral de la Flotte dans l'espoir d'établir des relations amicales avec l'homme qui était si intime du Roi et qui occupait à présent l'important poste de directeur des Opérations Inter-armes. Spaak voulait avoir l'occasion de s'expliquer et peut-être de persuader Keyes de parler positivement de lui à l'*establishment* britannique et éventuellement à Léopold, car il était très contrarié de n'avoir pas réussi à se réhabiliter aux yeux du monde et de son Souverain. En réalité, Pierlot et lui, malgré l'abondance de leurs discours en faveur du Roi et des Alliés, n'avaient été capables de regagner l'approbation et la confiance ni de leurs compatriotes en Belgique et à l'étranger, ni même des milieux britanniques et Alliés et de leurs dirigeants. Le temps passait et Spaak ne faisait aucun progrès en ce sens; il persévérait donc dans ses efforts

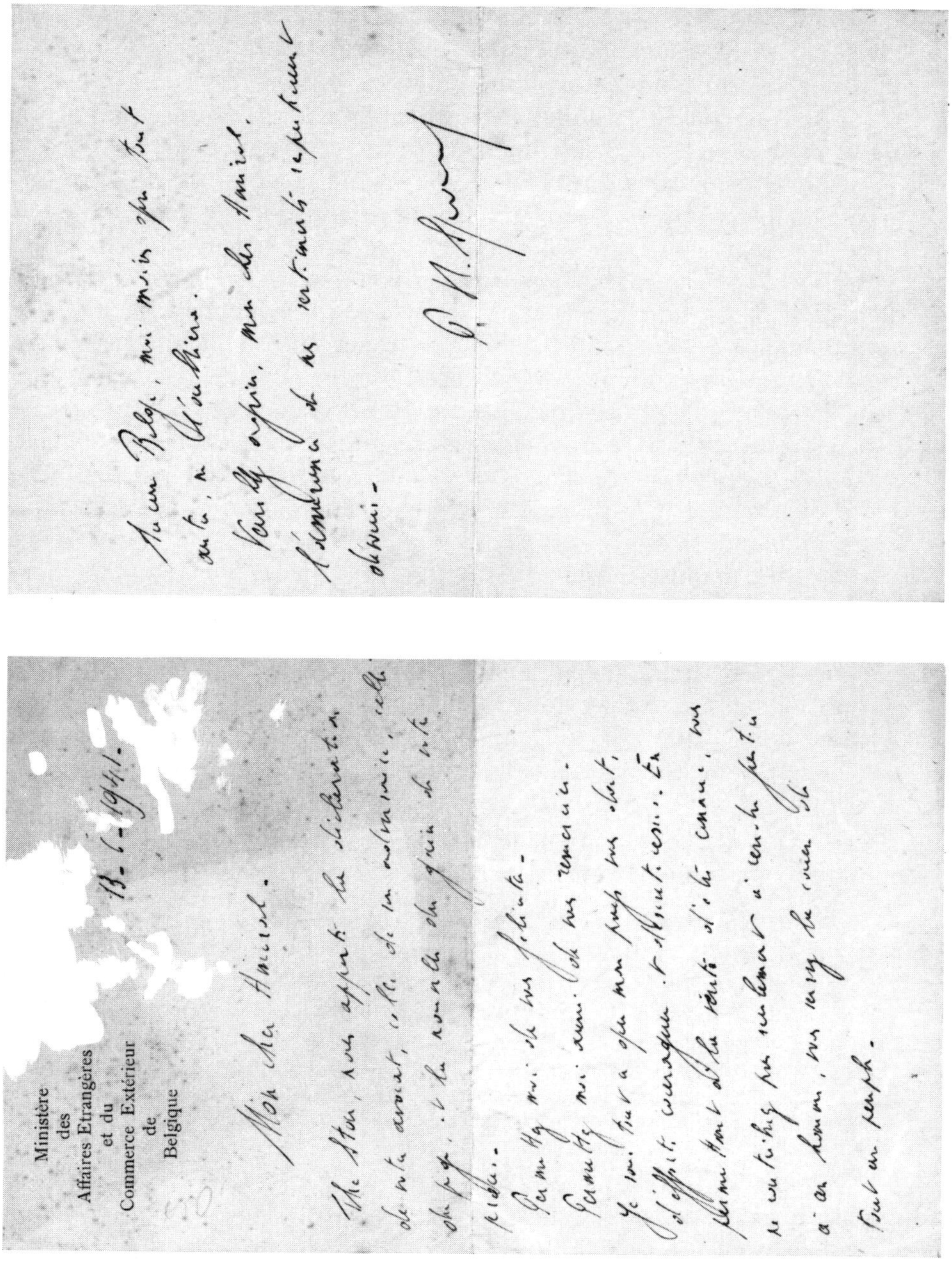

Ministère
des
Affaires Etrangères
et du
Commerce Extérieur
de
Belgique

13-6-1941.

Mon cher Amiral.

Fac-similé de la lettre du 13.6.1941 de Spaak à l'amiral Keyes (archives de l'auteur).

d'être bien vu de Keyes. Maintenant que l'Amiral avait réussi à déclencher une forte réaction publique en faveur de Léopold, il désirait encore plus entrer dans ses bonnes grâces.

C'est ainsi que le 21 juillet 1941, Spaak adressa à l'Amiral une lettre de sa main et en français. Il lui disait qu'il avait souvent essayé d'avoir une conversation avec lui et qu'il regrettait beaucoup de n'y être pas parvenu. L'Amiral ne pourrait-il pas venir un jour déjeuner ou dîner avec lui? Mais ces «approches enjôleuses», comme Keyes les qualifia, laissèrent l'Amiral de marbre. Une autre communication assez particulière qui lui parvint de la part de Spaak reçut le même accueil. Cette lettre était envoyée par Mme Simone Dear, une Belge mariée à un Anglais, qui fut l'amie intime de Spaak durant ses années de guerre en Angleterre et qu'il épousa par la suite. Pendant ce temps à Bruxelles, le Roi essayait et finit par obtenir la libération de l'épouse de Spaak emprisonnée par les Allemands ainsi que celle du chanoine Pierlot, le frère du Premier Ministre, en intervenant auprès du gouverneur militaire allemand.

La lettre manuscrite de Mme Dear révèle qu'après avoir vainement téléphoné à Sir Roger pour obtenir une entrevue, elle écrivit cinq pages à la machine qu'elle joignit à son envoi. Ces pages dactylographiées n'étaient rien de moins qu'une plaidoirie solidement charpentée en faveur de son ami Spaak dont Mme Dear résumait les années d'activité comme ministre de la Couronne. Elle y exprimait son admiration, non seulement pour Spaak, mais aussi pour le Roi et l'Amiral, et concluait ainsi:

> Ces lignes ont été écrites par amour pour l'Angleterre et la Belgique et avec la ferme conviction que vous êtes, Sir Roger, l'un des seuls à avoir pris tout de suite, dans ce pays, la défense d'un homme que j'admire et en qui je crois! Le roi Léopold voulait collaborer avec l'Angleterre et il avait raison! Mais si ses ministres n'ont pas compris ce raisonnement et n'ont pas suivi ses plans, ils ne doivent pas être condamnés à jamais! Parmi eux, Spaak était l'homme que le Roi avait choisi et qu'il préférait! Spaak a lui-même beaucoup d'affection pour le roi Léopold et il l'admire immensément. Je suis sûre que vous les aiderez tous deux à rétablir une forte collaboration qui sera bien nécessaire à la Belgique après la guerre.

Après un long rappel de l'épisode d'avant l'invasion qui avait vu le Roi effectuer des approches informelles en direction des Britanniques sans en prévenir ses ministres, Mme Dear écrivait: «J'ai tenté de faire comprendre à Spaak qu'après tout, le roi Léopold s'était montré tout à fait correct durant tout cet épisode, mais que c'était son ministre des Affaires Etrangères... qui avait manifestement manqué de prévoyance et de caractère...» Mais le passage clé était la manière dont elle expliquait qu'elle «espérait que le moment était peut-être enfin venu d'une meilleure compréhension entre les deux gouvernements et du rétablissement de la réputation et du crédit de la Belgique. Car si la politique du Roi était juste, l'honnêteté de Spaak dans l'exercice de ses fonctions, j'en suis absolument sûre aujourd'hui, était scrupuleuse et inspirait l'énergie qu'il mettait dans la poursuite de ses plans». Spaak, prétendait-elle, était de nouveau dans l'erreur au moment de l'invasion. La «bataille pour la mer» fut perdue à Sedan! Le Roi s'en rendit compte immédiatement: pas les politiciens!» Le comportement de Pierlot et de Spaak vis-à-vis de Léopold au moment de la capitulation était dû à des malentendus et aux machinations des Français. Mme Dear dressait un tableau pittoresque de la manière dont Reynaud avait intimidé les ministres belges et les avait incités à prononcer la déplorable allocution radiodiffusée du 28 mai. Elle décrivait comment ils avaient été traînés devant Reynaud, Pétain et Weygand, qui se tenaient droits *comme des statues* et qu'ils s'étaient crus «devant un tribunal».

Mme Dear traçait alors une caricature des trois autres ministres belges, Pierlot, Gutt et De Vleeschauwer, puis présentait Spaak comme «le meilleur homme que la Belgique ait jamais eu», ajoutant: «Il y a quinze jours, il avait encore l'impression que le Roi, en un sens, l'avait abandonné. Je crois lui avoir fait comprendre que le Roi avait pu penser exactement la même chose!» Elle décrivait également la situation de Spaak à Londres comme celle d'«un chômeur assez bien payé». Mais il n'était «pas du tout heureux» de la situation du gouvernement belge en Angleterre qu'il estimait toujours «très précaire». «Il a vraiment l'impression que le Foreign Office en particulier ne l'informe pas de la même façon que les autres gouvernements alliés... Mais, comme tout être humain de sa dimension qui a chèrement payé ses erreurs, il a besoin d'aide, de confiance et d'amis».

Le triomphe de l'Amiral devant la Haute Cour ne fut pas un fait unique dans l'histoire de la réhabilitation de Léopold en 1941. D'autres actions furent menées en sa faveur cet été-là. Quelques jours après la divulgation dans la presse de certaines vérités sur la capitulation belge grâce à l'affaire Keyes, le nom de Léopold fit de nouveau la une des journaux. Mais cette fois, les articles se basaient sur la publication du livre du professeur Emile Cammaerts, *Le Prisonnier de Laeken* [502].

Cammaerts, un grand patriote belge, érudit, écrivain et poète, avait vécu en Angleterre, pays dont il était devenu amoureux, depuis la première guerre mondiale [503]. Sa foi dans le courage et l'intégrité de son Souverain n'avait jamais vacillé et de concert avec le baron de Cartier et d'autres Belges éminents de Londres, il avait mis toute son ardeur à préserver l'honneur du Roi dès le moment où celui-ci avait été traîné dans la boue. En plus d'articles et de brochures, il s'était attelé à un travail que la critique du *Times* définit comme «une justification intégrale de la conduite de son Roi». Cammaerts avait soigneusement rassemblé une masse de données irréfutables à l'appui desquelles il expliquait et justifiait de la manière la plus impartiale l'action de Léopold depuis son accession au trône jusqu'à sa captivité. Dans le texte et les appendices, Cammaerts inséra des extraits de tous les discours significatifs de Léopold et il publia pour la première fois en Grande-Bretagne ce que le *Times* appela la «noble lettre» écrite par le Roi au Pape et au président Roosevelt le 28 mai 1940 ainsi que la lettre pastorale du cardinal Van Roey et d'autres documents importants. La majorité de ces documents indispensables pour une juste appréciation de la question, se trouvaient depuis longtemps en Grande-Bretagne et en Amérique, mais ils n'avaient été ni publiés ni même mentionnés dans la presse de ces pays, sans doute parce qu'ils ne collaient pas avec la légende de la trahison de Léopold qui s'y était si largement répandue.

Sans tenir compte des règlements qui interdisaient aux officiers de l'active d'écrire en temps de guerre quoi que ce soit à l'usage du public et sans se soucier des conséquences éventuelles, Sir Roger Keyes rédigea une introduction très franche pour ce livre. Il y décrivait point par point, dans une version détaillée de sa déclaration au tribunal, les pensées et les actes de Léopold, tels qu'il en avait été témoin durant les 18 jours qui séparèrent l'invasion de la Belgique de la capitulation. Ce texte concluait en disant que les Belges avaient toutes les raisons d'être «fiers de leur Roi, car il s'était révélé un vaillant soldat, un allié loyal et un vrai fils de ses admirables parents». Jusqu'en ce milieu de l'année 1941, tout ce matériau avait été caché au public. Le livre de Cammaerts, étayé par le prestigieux témoignage de Keyes, donna un élan nouveau à la vague puissante qui déferlait maintenant en faveur de Léopold. Des journaux qui s'étaient joints à la condamnation générale du Roi accordaient maintenant beaucoup de place à sa réhabilitation et à ses louanges.

Une des réactions typiques de la presse populaire à la publication du *Prisonnier de Laeken* fut celle du *Sunday Graphic* du 22 juin 1941. Sous les titres «Le livre pour vos week-ends: la légende d'une trahison royale» et «Léopold de Belgique n'était pas un traître», le *Graphic* déclarait: «Cammaerts raconte l'histoire de Léopold avec rigueur et simplicité, démolissant, fait après fait, la *légende léopoldienne* de la trahison. Calmement mais efficacement, il justifie les actions de son Roi et laisse ensuite au lecteur et à l'histoire le soin de poser leur verdict... Nous pouvons nous fier à son analyse de Léopold. Nous pouvons également nous fier au témoignage de l'amiral Sir Roger Keyes qui a écrit la préface». D'autres journaux adoptèrent le même ton. Le *Times* du 25 juin 1941, par exemple, consacra plusieurs colonnes à une recension du *Prisonnier de Laeken* et à un article de fond intitulé «La réhabilitation du roi Léopold». Hommage lui était rendu pour son «refus loyal de collaborer avec le conquérant allemand» qui «mettait ses motivations au-dessus de tout reproche». La recension du *Times* soulignait que les «injures empoisonnées» dont parle Sir Roger Keyes (bien placé, comme officier de liaison auprès de Léopold III, pour constater les faits) persistent encore de nos jours».

> La réhabilitation éloquente et énergique de M. Cammaerts, affirmait toujours le *Times*, rend un service capital aux alliés; car les Allemands ont essayé d'exploiter toute critique du roi Léopold dans leur propre intérêt... Ni ses propos ni ses actes ne méritaient qu'on le traite si facilement de Quisling lorsqu'il prit la dure mais inévitable décision de capituler... M. Reynaud, soutient M. Cammaerts, cherchait un bouc émissaire. Il a trouvé le Roi des Belges. Et il l'a accusé d'avoir, par sa capitulation, prétendument exposé et mis en danger de mort l'aile gauche de la ligne alliée. Les preuves qui nous sont maintenant fournies par M. Cammaerts et par d'autres sources sont claires et incontestables. Les troupes belges se sont battues courageusement; le Roi, leur Commandant en Chef, a loyalement exécuté les ordres du généralissime français. Loin d'omettre de prévenir de ses intentions, il a, sans tarder, fait connaître l'épreuve terrible à laquelle ses soldats étaient soumis et la décision qu'ils seraient forcés de prendre, s'ils n'obtenaient pas rapidement des secours... A la lecture de cette réhabilitation que l'auteur nous propose avec tant de conviction érudite et un tel sens des responsabilités, la majorité des lecteurs reconnaîtront que le roi Léopold s'est comporté en allié courageux et loyal.

Ce fut Spaak qui, on le reconnaîtra bien là, lança la vaste opération de réhabilitation suivante qui à son tour déclencha une nouvelle vague d'articles sympathisants. En juillet 1941, le ministère des Affaires Etrangères de Spaak, établi à Eaton Square, publia un fort volume intitulé *La Belgique: Compte rendu officiel des événements de 1939-1940* (la copie de l'auteur contient encore un billet avec les compliments de Spaak). Ce texte soigneusement rédigé et documenté retrace sans rien laisser dans l'ombre toute l'histoire de la Belgique et du Roi, jusqu'à la capitulation de son armée. En fait, il n'est qu'un grand éloge de Léopold et les dernières lignes disent ceci: «Comme il l'avait proclamé dans le but de renforcer le courage de ses soldats au moment le plus crucial de la bataille, le Commandant en Chef a depuis lié son sort à celui de son armée. Par la dignité de son attitude, dans la situation de prisonnier à laquelle il s'est lui-même condamné, par son refus d'admettre le fait accompli, il s'est montré l'incarnation d'un peuple qui refuse la servitude.» [504]

L'ouvrage débute par une explication convaincante de la politique d'indépendance armée de la Belgique avant la guerre dans le contexte de la situation internationale, et du rôle que le Roi y a joué. Il décrit ensuite avec fierté l'action du Roi dans l'organisation de l'effort de réarmement de la Belgique et la conduite de la résistance nationale aux menaces et à l'attaque finale des Allemands. Le compte rendu détaillé de la campagne des dix-huit jours qui suit est étayé par des documents, des cartes, des plans et des photographies. Les circonstances de la capitulation de l'armée belge, y compris les nombreux avertissements reçus par les Britanniques et les Français sur son caractère inévitable et imminent, sont sobrement exposées, sans une once de critique ou de récrimination au sujet du comportement des dirigeants politiques et militaires alliés. Tous les ordres du jour, proclamations et télégrammes du Roi sont cités. Les 22 appendices comprennent une série de documents d'un grand intérêt politique et militaire, dont plusieurs inédits, et le livre se termine par la relation détaillée du procès en diffamation de Sir Roger Keyes et de sa conclusion. On n'y trouve toutefois aucune allusion à un quelconque désaccord entre le Roi et les ministres, aucune référence à la réunion de Wijnendaele du 25 mai 1940 ou à la fuite de Pierlot, Spaak et leurs collègues ce jour-là. L'allocution calomnieuse de Pierlot prononcée à la radio française le 28 mai 1940 et le comportement hystérique du Parlement tronqué à Limoges sont également passés sous silence.

En écartant toute référence à leurs activités depuis le 10 mai, Pierlot et Spaak espéraient évidemment qu'elles demeureraient confidentielles et qu'on finirait par les oublier, ce qui se produisit en fait jusqu'à ce que, sept ans plus tard, leurs attaques renouvelées contre le Roi incitent les Belges loyalistes à dénoncer la mauvaise conduite des deux ministres en France. Jusque là, quantité de gens, même à des postes élevés, ignoraient, dans le monde libre, que Spaak et Pierlot avaient tourné casaque lorsque la France s'était effondrée et qu'ils n'avaient été tirés du sillage de Pétain et Laval que par le refus du Roi de soutenir leurs efforts de négociation avec l'ennemi. Ils ignorèrent également qu'ils ne s'étaient rendu à Londres pour continuer la guerre aux côtés des Alliés qu'après que le Roi leur eut recommandé de le faire. C'est une ironie de l'histoire que Spaak, l'homme qui, en 1950, se mettrait à la tête de bandes d'émeutiers pour réclamer la destitution du Roi, se soit impliqué à ce point dans cette publication officielle qui révélait le manque total de fondement de ses propres attaques contre son Souverain.

Mais à l'époque dont nous parlons, Pierlot et Spaak en étaient encore à espérer que leurs incessantes déclarations de fidélité et de dévouement au Roi parviendraient à les faire monter dans le train de la nouvelle popularité de Léopold et à accroître du même coup le sentiment de leur propre pouvoir et de leur importance. En août 1941, par exemple, l'euphorie de Spaak s'exprima dans des envolées de ce genre: «L'année dernière, on opposait le Roi à son gouvernement, les Belges restés au pays à ceux qui luttaient au dehors. Tous ces nuages, tous ces malentendus se dissipent... Maintenant, justice est rendue à l'armée, au Roi, au pays». Et à nouveau, en novembre 1941: «Le Roi prisonnier de guerre, en refusant de coopérer, de quelque façon que ce soit, avec le pouvoir occupant, est un symbole vivant pour son peuple».

Tel fut, quelles qu'en aient été l'intention et la valeur, le ton de toutes les déclarations publiques du gouvernement Pierlot au cours des années de guerre passées à Londres. Le 1er janvier 1944, Pierlot annonçait encore le rétablissement sans condition de toutes les prérogatives du Roi «dès que ce sera matériellement possible et sans attendre une heure»; et il ajouta: «Nous remettrons entre les mains du Roi la charge que nous avons assumée jusqu'au bout et les responsabilités du pouvoir seront transmises à nos successeurs, conformément aux règles de la Constitution». Il s'exprima de même deux mois plus tard lorsqu'il affirma que les successeurs du gouvernement seraient des «hommes qui ont vécu en Belgique et qui sont plus proches des aspirations de la population». Pierlot, regardant en arrière, songeait évidemment avec quelque appréhension au sort du gouvernement belge exilé en 1918. Quand le roi Albert était rentré avant eux dans la capitale libérée, le peuple avait rejeté les politiciens qui avaient fui à l'étranger pour se tourner vers ceux qui étaient restés à leur place en Belgique occupée. A partir de ce moment et au fur et à mesure que se rapprochait la libération du pays, des plans furent ourdis dans les coulisses par certains éléments du cabinet Pierlot, à l'opposé de ce qui se proclamait tout haut avec tant de ferveur et tant de respect apparent pour la Couronne et la Constitution. En réalité, après leur retour en Belgique libérée en 1944, Pierlot, Spaak et leurs partisans allaient renier toutes ces belles promesses et Spaak en particulier utiliserait toute son énergie pour tenir le Roi éloigné du trône qu'ils avaient juré de lui restituer.

Mais dans la Grande-Bretagne en guerre, si Churchill lui-même n'abandonna jamais ses préjugés vis-à-vis de Léopold, de nombreuses personnalités du monde allié exprimèrent leur admiration et leur estime pour le Roi des Belges au fil des mois qui suivirent la reconnaissance par les Alliés de Pierlot et consorts comme le gouvernement belge en exil et la réhabilitation du Roi obtenue par l'amiral Keyes et d'autres personnes. Ainsi, en mai 1941, à Brazzaville, le général de Gaulle fit un éloge public du roi Léopold «que tous les Français libres saluent avec respect pour la dignité avec laquelle il accepte la captivité», et termina son discours sur ces mots: «Vive la Belgique! Vive le roi Léopold!» Ce n'est toutefois qu'après la réhabilitation obtenue par Keyes que certains hommes d'Etat britanniques jugèrent bon de lui rendre de semblables hommages. Le 25 juin 1941, l'éditorial du *Times* déclarait: «... L'opinion alliée reconnaîtra que le Roi a mérité l'hommage qui lui a été rendu hier par M. Lyttleton ainsi que par M. Eden dans son dernier discours prononcé à la Mansion House, lorsqu'il a dit que les Belges sont dans nos pensées «rassemblés autour du roi Léopold qui se cantonne avec une dignité sans faille dans sa position de prisonnier de guerre. Ils incarnent à nouveau l'esprit de résistance qui a animé toute la nation belge lors d'une épreuve précédente».

Sur une autre page, sous le titre «Hommages au roi Léopold», le *Times* rapportait:

> Le toast au «Roi des Belges» fut levé avec un vif enthousiasme lors d'un déjeuner en l'honneur du gouvernement donné par la Chambre de Commerce britannique en Belgique, hier, à l'hôtel Savoy. Le président de l'Office du Commerce, M. Oliver Lyttleton, a rendu hommage au roi Léopold pour son ferme refus de collaborer avec les Allemands et pour l'exemple, digne de son père le roi Albert, qu'il a donné au peuple belge.

Dès le 31 mars 1941, le président Roosevelt avait fait l'éloge de Léopold dans un message au peuple belge: «Les Belges sont de tout cœur avec leur gouvernement de Londres et leur courageux roi Léopold, prisonnier des Nazis détestés. Les Américains pensent à l'avenir, au jour où le Roi sera bientôt en mesure de répéter: «Notre cause est pure. Vive la Belgique!» Comme l'avait affirmé le *Times*, la réhabilitation avait rendu un service capital aux Alliés en empêchant les Allemands d'exploiter à leur profit les critiques émises contre le roi Léopold. Mais quand enfin se lèvera le jour de la libération, certains membres du gouvernement belge en exil exploiteront ces critiques dans leur campagne pour renverser le Roi et les Américains ne seront pas les derniers à les y aider.

L'opinion du monde a toujours eu la fâcheuse tendance d'écouter les politiciens les plus forts en voix. Cette opinion s'était dressée contre le Roi en écoutant les voix de Reynaud, Churchill et Pierlot. Elle tourna de nouveau en sa faveur après que Pierlot et Spaak eurent jugé utile de revenir aux côtés des Alliés et de reprendre leur attitude loyaliste. Lorsque Spaak en 1950 entraînera une foule en émeute jusqu'aux grilles du château de Laeken, elle se retournera une dernière fois contre lui.

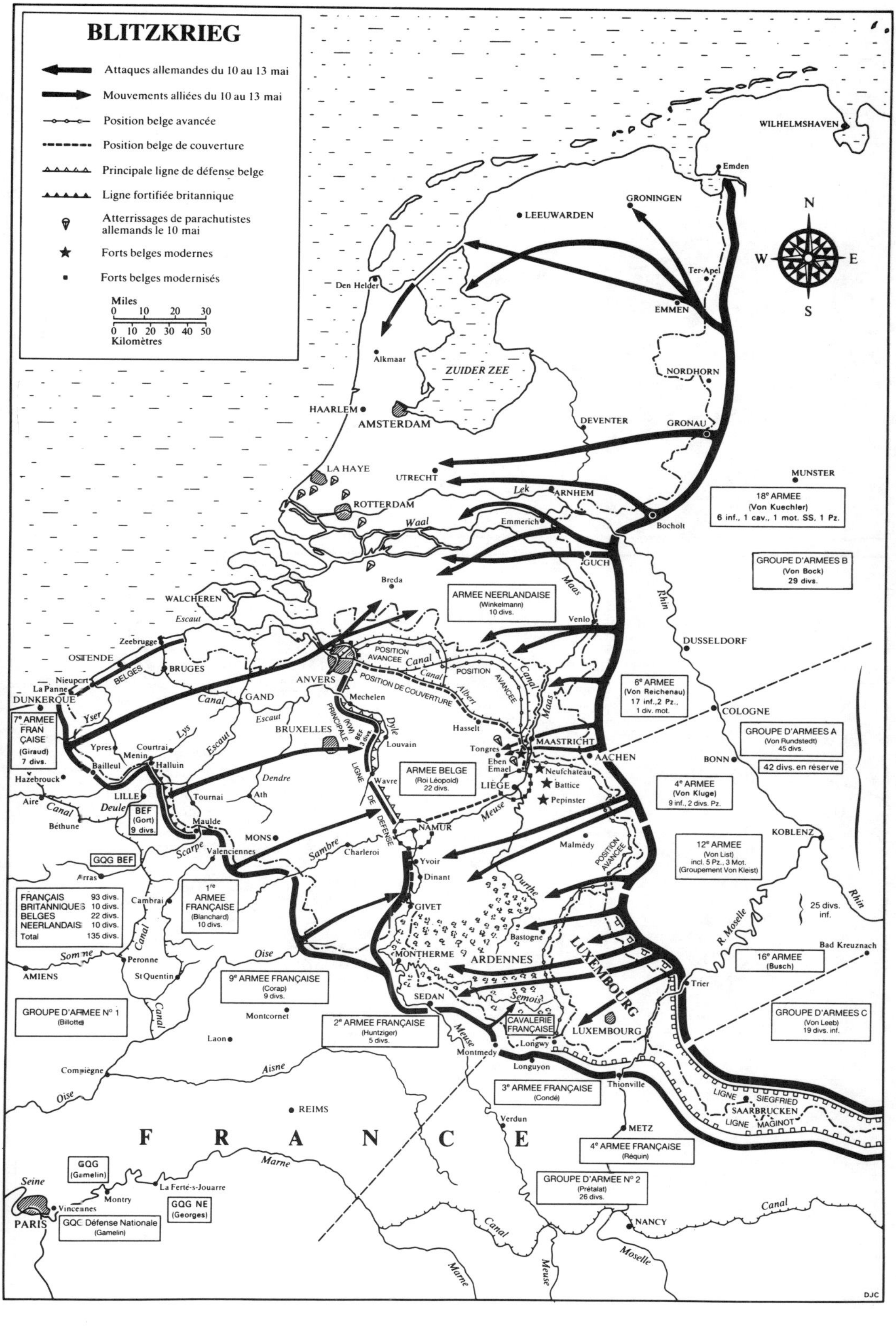

BLITZKRIEG
Attaques allemandes du 10 au 13 mai
Mouvements alliées du 10 au 13 mai
Position belge avancée
Position belge de couverture
Principale ligne de défense belge
Ligne fortifiée britannique
Atterrissages de parachutistes allemands le 10 mai
Forts belges modernes
Forts belges modernisés
Miles
0 10 20 30
0 10 20 30 40 50
Kilomètres
N
W
E
S
WILHELMSHAVEN
Emden
GRONINGEN
LEEUWARDEN
Ter-Apel
Den Helder
EMMEN
Alkmaar
ZUIDER ZEE
NORDHORN
HAARLEM
AMSTERDAM
DEVENTER
GRONAU
LA HAYE
UTRECHT
MUNSTER
Lek
ARNHEM
ROTTERDAM
18e ARMEE
(Von Kuechler)
6 inf., 1 cav., 1 mot. SS, 1 Pz.
Waal
Emmerich
Bocholt
GUCH
GROUPE D'ARMEES B
(Von Bock)
29 divs.
Breda
Maas
ARMEE NEERLANDAISE
(Winkelmann)
10 divs.
WALCHEREN
Rhin
Escaut
Venlo
DUSSELDORF
Zeebrugge
OSTENDE
BELGES
BRUGES
POSITION AVANCEE
Canal
Canal
POSITION
AVANCEE
Albert
Canal
6e ARMEE
(Von Reichenau)
17 inf.,2 Pz.,
1 div. mot.
Nieuport
La Panne
DUNKERQUE
ANVERS
POSITION DE COUVERTURE
Mechelen
Canal
GAND
Maas
COLOGNE
7e ARMEE FRANÇAISE
(Giraud)
7 divs.
Yser
Escaut
BRUXELLES
PRINCIPALE (KW)
BEF 3 divs.
Dyle
Hasselt
GROUPE D'ARMEES A
(Von Rundstedt)
45 divs.
Ypres
Lys
Courtrai
Menin
Escaut
Louvain
Tongres
MAASTRICHT
AACHEN
Bailleul
Halluin
LIGNE DE DEFENSE
ARMEE BELGE
(Roi Léopold)
22 divs.
Eben Emael
Neufchateau
BONN
42 divs. en réserve
Hazebrouck
Dendre
Wavre
LIEGE
Battice
4e ARMEE
(Von Kluge)
9 inf., 2 divs. Pz.
Aire
LILLE
Tournai
Ath
Pepinster
Canal
Deule
BEF
(Gort)
9 divs.
Meuse
Béthune
Maulde
NAMUR
MONS
Malmédy
POSITION AVANCEE
KOBLENZ
Scarpe
Valenciennes
Sambre
Charleroi
12e ARMEE
(Von List)
incl. 5 Pz., 3 Mot.
(Groupement Von Kleist)
GQG BEF
Yvoir
Arras
Dinant
Ourthe
FRANÇAIS 93 divs.
BRITANNIQUES 10 divs.
BELGES 22 divs.
NEERLANDAIS 10 divs.
Total 135 divs.
Cambrai
1re ARMEE FRANÇAISE
(Blanchard)
10 divs.
GIVET
R. Moselle
25 divs.
inf.
Rhin
Bastogne
Canal
Somme
Oise
MONTHERME
ARDENNES
LUXEMBOURG
Bad Kreuznach
Peronne
16e ARMEE
(Busch)
AMIENS
St Quentin
9e ARMEE FRANÇAISE
(Corap)
9 divs.
Trier
SEDAN
Semois
GROUPE D'ARMEE No 1
(Billotte)
Canal
Montcornet
2e ARMEE FRANÇAISE
(Huntziger)
5 divs.
CAVALERIE FRANÇAISE
LUXEMBOURG
GROUPE D'ARMEES C
(Von Leeb)
19 divs. inf.
Laon
Meuse
Longwy
Montmedy
Longuyon
Compiègne
Aisne
3e ARMEE FRANÇAISE
(Condé)
Thionville
Oise
LIGNE SIEGFRIED
SAARBRUCKEN
LIGNE MAGINOT
REIMS
Verdun
METZ
F R A N C E
4e ARMEE FRANÇAISE
(Réquin)
GQG
(Gamelin)
Marne
Seine
La Ferté-s-Jouarre
GROUPE D'ARMEE No 2
(Prétalat)
26 divs.
Montry
Vincennes
GQG NE
(Georges)
Canal
PARIS
GQG Défense Nationale
(Gamelin)
NANCY
Canal
Moselle
Marne
Meuse
DJC

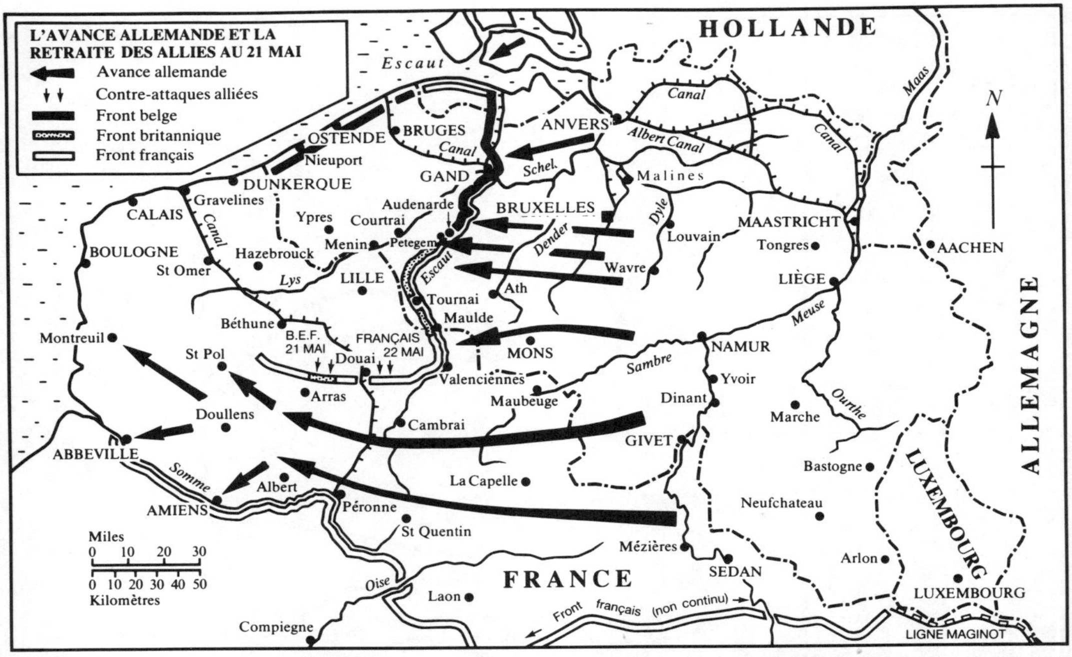
L'AVANCE ALLEMANDE ET LA RETRAITE DES ALLIES AU 21 MAI
Avance allemande
Contre-attaques alliées
Front belge
Front britannique
Front français
HOLLANDE
Escaut
Canal
Maas
ANVERS
Albert Canal
Canal
OSTENDE
BRUGES
Nieuport
Canal
GAND
Schel.
Malines
DUNKERQUE
CALAIS
Gravelines
Canal
Ypres
Courtrai
Audenarde
BRUXELLES
Dyle
Louvain
MAASTRICHT
BOULOGNE
Hazebrouck
Menin
Petegem
Dender
Tongres
AACHEN
St Omer
Lys
LILLE
Escaut
Wavre
LIÈGE
Ath
Tournai
Maulde
Meuse
Béthune
B.E.F. 21 MAI
FRANÇAIS 22 MAI
Montreuil
MONS
NAMUR
St Pol
Douai
Valenciennes
Sambre
Arras
Maubeuge
Yvoir
Dinant
Doullens
Ourthe
Marche
Cambrai
GIVET
ABBEVILLE
Somme
Albert
La Capelle
Bastogne
AMIENS
Péronne
Neufchateau
St Quentin
Miles
0 10 20 30
0 10 20 30 40 50
Kilomètres
Mézières
Arlon
FRANCE
SEDAN
Oise
Laon
LUXEMBOURG
Front français (non continu)
Compiegne
LIGNE MAGINOT
ALLEMAGNE
N

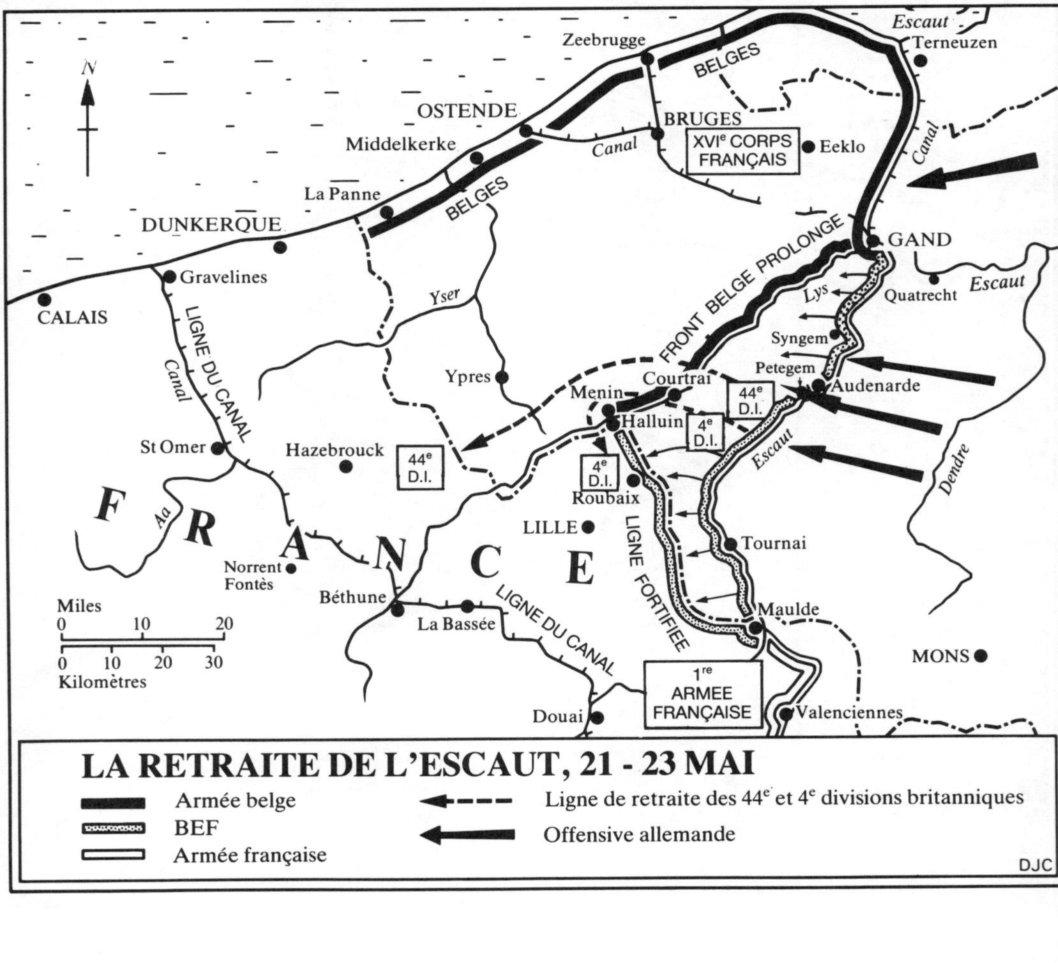
Escaut
Terneuzen
Zeebrugge
BELGES
OSTENDE
BRUGES
XVIe CORPS FRANÇAIS
Eeklo
Middelkerke
Canal
Canal
La Panne
BELGES
DUNKERQUE
GAND
FRONT BELGE PROLONGE
Gravelines
Escaut
Lys
Quatrecht
CALAIS
Yser
LIGNE DU CANAL
Syngem
Canal
Petegem
Ypres
Courtrai
Audenarde
Menin
44e D.I.
Halluin
4e D.I.
Escaut
St Omer
Hazebrouck
44e D.I.
4e D.I.
Dendre
Roubaix
F R A N C E
Aa
LILLE
LIGNE FORTIFIEE
Tournai
Norrent Fontès
Béthune
Maulde
La Bassée
LIGNE DU CANAL
Miles
0 10 20
0 10 20 30
Kilomètres
MONS
1re ARMEE FRANÇAISE
Douai
Valenciennes
N
LA RETRAITE DE L'ESCAUT, 21 - 23 MAI
Armée belge
BEF
Armée française
Ligne de retraite des 44e et 4e divisions britanniques
Offensive allemande
DJC

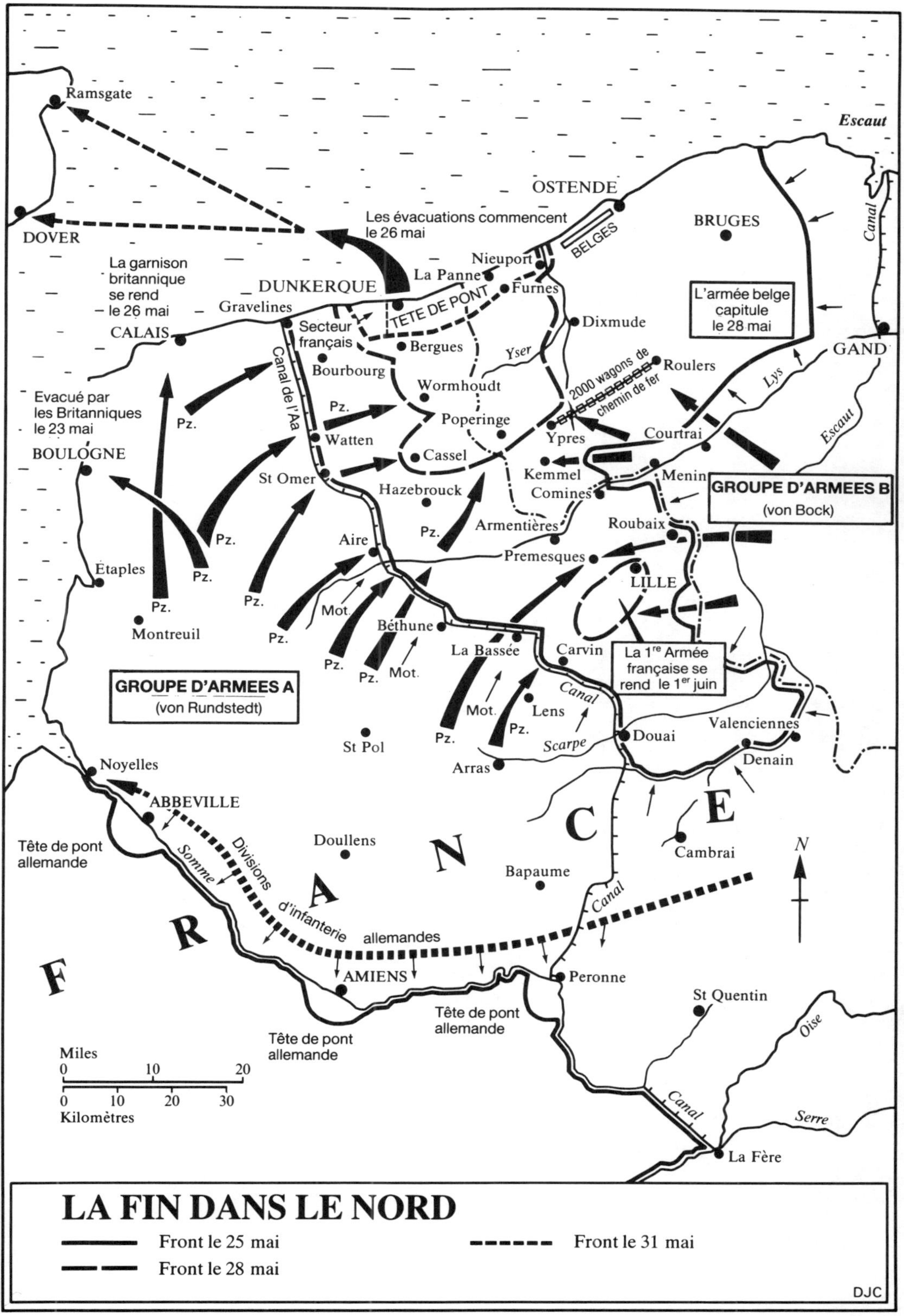

LA FIN DANS LE NORD

Front le 25 mai
Front le 28 mai
Front le 31 mai

DJC

ANNEXE 1

*Discours de Winston Churchill lors de l'inauguration du mémorial à l'Amiral de la Flotte, Lord Keyes, GCB, KCVO, CMG, DSO *, et à son fils, le lieutenant-colonel Geoffrey Keyes, VC, MC **, à côté de la tombe de Nelson, dans la crypte de la cathédrale St Paul de Londres, le 27 avril 1950.*

Nous voici réunis ici aujourd'hui pour inaugurer la plaque commémorative qui proclame et perpétue l'admiration de notre génération déchirée par la guerre pour ces deux Anglais héroïques, le premier, un grand commandant de la Marine, le second, un jeune colonel décoré de la *Victoria Cross* à titre posthume ***. Ce mémorial se veut aussi l'expression de la fidèle affection dont

* N.d.T.: GCB: Grand Cross of the most honourable Order of the Bath.
KCVD: Knight Commando of the Royal Victorian Order.
CMG: Companion of the most distinguished Order of St Michaël and St. George.
DSO: Distinguished Service Order.

** Lorsque Sir Roger Keyes fut nommé directeur des Opérations Inter-armes en juillet 1940, l'un des premiers à s'engager dans les Commandos alors constitués fut son fils aîné, Geoffrey, des Royal Scots Greys. Après avoir obtenu la Military Cross en juin 1941 pour une vaillante action en Syrie où son commandant avait trouvé la mort, Geoffrey prit, à 24 ans, la tête de ce qui restait du onzième commando écossais, avec le grade de lieutenant-colonel en exercice. Le 17 novembre 1941, alors que les commandos du Moyen-Orient étaient sur le point d'être démantelés, Geoffrey fut tué en accomplissant le fameux «raid Rommel» qu'il dirigeait et qu'il avait lui-même planifié. Il s'agissait non seulement de faire sauter le quartier général de l'Afrika Korps de Beda Littoria, à 400 kilomètres derrière les lignes ennemies, mais aussi de capturer ou de tuer le général Rommel, Commandant en Chef ennemi, à la veille de l'offensive de la huitième armée britannique. Après avoir débarqué d'un sous-marin et parcouru 20 kilomètres en terrain montagneux, la petite force expéditionnaire surgit dans le bâtiment où demeurait Rommel et tua et blessa de nombreux Allemands. Mais Rommel était en Italie cette nuit-là: le message allemand codé annonçant cette nouvelle arriva au Caire trop tard pour qu'il fut encore possible d'annuler le raid. Mais celui-ci frappa et stupéfia les Allemands et les incita à retenir de nombreuses troupes pour la défense de leurs arrières. Geoffrey Keyes fut décoré de la *Victoria Cross* à titre posthume.

*** N.d.T.: La *Victoria Cross* est la décoration la plus rare et la plus prestigieuse qui existe en Grande-Bretagne. Elle implique, en contact avec l'ennemi, un véritable acte d'héroïsme et un mépris total de la mort. Pendant toute la guerre 1914-1918, il n'en a été décerné que 628 dont 187 à titre posthume, pendant toute la guerre 1939-1945, 182 dont 83 posthumes. Au 25 janvier 1985, il ne subsistait plus que 67 porteurs de la «V.C.». La V.C. se porte avant *toute* autre décoration civile ou militaire quel qu'en soit le grade. Derrière le nom, son sigle figure avant tous les autres, avant même celui de la Jarretière. Les croix de cette décoration sont, depuis l'origine, fondues dans le bronze de canons pris aux Russes lors du siège de Sébastopol en 1855. Sur chaque croix se trouvent gravés le leurs nombreux amis et, parmi eux, ceux qui les ont le mieux connus, entourent leur mémoire.

J'ai été, pendant plus de trente ans, l'un des amis les plus intimes de l'Amiral. Lorsque j'entrai à l'Amirauté en 1911, il était déjà un officier de premier rang, ayant en charge notre flotte de sous-marins à une époque où cette arme nouvelle et terrible commençait à bouleverser le monde naval...

Mais il nous faut remonter au début du siècle pour retrouver les circonstances où, pour la première fois, le jeune lieutenant allait se distinguer de façon martiale. Investissant de sa propre initiative avec une poignée de trente hommes le fort chinois du fleuve Pei Ho, qu'une troupe de 4.000 assaillants alliés n'avaient pas été jugés suffisants pour attaquer, il réussit à ouvrir la voie au renfort des garnisons européennes assiégées dans Tientsin. A dater de ce jour et jusqu'à la fin de sa vie, l'amiral Keyes ne conquit la gloire qu'au travers du danger et ne s'abandonna à son goût intense pour l'action que parvenu au plus haut degré de l'habileté navale et de l'efficacité technique.

Il était toujours à la pointe du progrès naval et personne plus que lui n'a stimulé le développement tactique des flottes de destroyers, de nos sous-marins et avant tout de la Flotte Aérienne. Ses exploits en mer et sur terre susciteront toujours l'enthousiasme de la jeunesse britannique et sont aussi riches d'enseignements pour les dirigeants de la Royal Navy. Le splendide fait d'armes qu'il conçut et accomplit il y a trente-deux ans en bloquant et en neutralisant l'entrée de la base des sous-marins allemands de Zeebrugge, d'où les U-boats s'élançaient à l'attaque de nos lignes de défense, restera longtemps dans les annales. Cet exceptionnel exemple d'audace et d'organisation se retrouve à chaque période des soixante années de service et de dévouement que Roger Keyes consacra à la Navy et à la Nation qu'il aima si bien.

Pendant la dernière guerre, comme chef des Opérations Inter-armes, il donna une impulsion essentielle à la guerre amphibie. C'est lui qui insuffla cet esprit «Commando» auquel nous devons tant d'épisodes glorieux. Il anima et suscita dès les premiers jours le vaste dessein et la construction des barges de débarquement de toutes les sortes, une œuvre qui vint à point nommé pour procurer aux alliés occidentaux les victoires les plus marquantes et sans laquelle celles-ci n'auraient jamais été obtenues.

Par maints côtés, son esprit et son exemple semblent ressusciter à l'époque si dure et si tragique que nous vivons, la personnalité éclatante et l'âme invinciblement audacieuse de Nelson lui-même.

La plaque commémorative que je vais inaugurer est un ornement de plus pour les murs de notre célèbre cathédrale. L'éclat de l'honneur et du devoir qui en émane servira, au fil des ans, d'inspiration et de phare pour nos générations à venir.

nom, le grade et le régiment du porteur ainsi que la date de l'exploit pour lequel il a été décoré. (Précisions dues à l'amabilité du Chevalier Guy Scheyven, de Bruxelles, que nous remercions vivement.)

ANNEXE II

Le blocage de Zeebrugge, le 23 avril 1918

> Une petite force navale, conduite par un homme de courage et d'imagination et formée par lui à rejeter toute idée d'échec, avait affronté des risques prodigieux et remporté un succès stupéfiant. L'histoire de Zeebrugge, indissolublement liée au nom de Roger Keyes, sera certainement impérissable car elle est non seulement un exemple de ce que peut une habile coordination jointe à une exécution impeccable, mais aussi l'illustration de l'héroïsme britannique porté à son plus haut niveau, et le récit de l'un des plus audacieux exploits de l'histoire de la guerre navale.
>
> Cecil Aspinall-Oglander. *Roger Keyes.*

Le raid épique du jour de la St Georges, qui bloqua l'entrée du canal reliant Zeebrugge à Bruges, à une quinzaine de kilomètres à l'intérieur des terres, et coinça ainsi les nombreux navires de guerre et sous-marins qui y mouillaient, rendit le vice-amiral Roger Keyes, son organisateur et son chef, célèbre dans le monde entier. Mais on connaît beaucoup moins la contribution plus importante encore de Keyes à la victoire finale de 1918 lorsqu'il parvint à bloquer le passage des U-Boats allemands dans le Pas-de-Calais. La suprématie de ces submersibles dans la zone qui constituait la ligne de sécurité alliée de l'Atlantique avait mené les Alliés au bord de la défaite. Au cours du seul mois d'avril 1917, les U-Boats avaient coulé plus de 620.000 tonnes de navires alliés. La situation était en fait si grave que Sir John Jellicoe, Premier Lord de la Mer, lança en juin un appel au Cabinet de Guerre: si l'on ne parvenait pas à priver les Allemands de l'usage des ports belges comme bases avancées pour leurs sous-marins, les alliés ne seraient plus en mesure de poursuivre la guerre en 1918, faute de bateaux. En 1914, les Alliés n'ayant pas réalisé l'importance stratégique du littoral belge ni soutenu comme il aurait fallu les courageux efforts du roi Albert et de son armée pour conserver cette partie de la côte, les Allemands étaient parvenus à s'assurer le contrôle du littoral belge jusqu'à Nieuport. Le triangle des ports de Zeebrugge, Bruges et Ostende s'était alors transformé en une succession de nids de guêpes fortement défendus d'où s'élançaient navires de guerre légers et sous-marins ennemis pour attaquer les patrouilles et les bateaux des Alliés. A l'automne de 1917, les Britanniques avaient plusieurs fois et de façon très coûteuse tenté de reprendre ces bases mais toutes ces offensives se soldèrent par l'échec dans la boue et le bain de sang tragique de Passchendaele. Le port intérieur artificiel de Bruges était d'un prix inestimable pour les Allemands. Il leur était possible d'y abriter, maintenir et réparer jusqu'à 35 navires légers tels que des destroyers et des dragueurs de mines, et aussi 30 sous-marins dont la plupart étaient protégés par des abris de béton. La plupart des U-Boats partaient de Bruges via Zeebrugge et la Manche pour gagner leurs terrains de chasse dans l'Atlantique car ce trajet était plus court de plusieurs jours par rapport à celui que devaient effectuer les U-Boats basés en Allemagne. L'amiral Bacon, commandant la patrouille de Douvres, s'étant convaincu qu'aucun U-Boat ne pouvait traverser les défenses sous-marines sophistiquées qui couvraient le Pas-de-Calais, ceux-ci purent circuler en toute impunité jusqu'à ce que Keyes eût pris le relais de l'Amiral. En fait, les sous-marins ennemis franchissaient depuis lontemps ce barrage de filets et de mines au rythme d'un par nuit, en naviguant furtivement en surface. Il fallut attendre que Jellicoe soit remplacé par Sir Rosslyn Wemyss en décembre 1917 pour que l'on remédiât à cette situation désastreuse. La première action de Wemyss fut de mettre son directeur des Plans, Roger Keyes, à la tête de la patrouille de Douvres, promouvant celui-ci au rang de vice-amiral à l'âge jamais vu de 46 ans. Keyes s'était déjà distingué comme jeune lieutenant durant la révolte des Boxers en 1900, puis dans chacun des postes importants qu'il avait occupés au cours d'une ascension météorique. En janvier 1915, le commodore Keyes avait été nommé chef d'état-major auprès du Commandant en Chef de la flotte anglo-française à qui Winston Churchill avait donné pour mission de forcer le détroit des Dardanelles sans débarquement militaire . La patrouille de Douvres était une force importante. C'était à elle qu'il incombait de soutenir le flanc maritime des armées alliées — tenu par les Belges — en contrant l'intense activité que les ennemis déployaient au départ de leurs bases navales et aériennes des Flandres. Elle protégeait les bateaux qui transportaient des millions d'hommes et de grandes quantités de matériel de guerre au travers du Pas-de-Calais et, surtout, empêchait la flotte des U-Boats d'utiliser le raccourci de la Manche pour atteindre l'Atlantique. Pour assumer ces multiples responsabilités, Keyes disposait d'une flotte de 168 navires de guerre, allant du plus vieux navire de combat et du patrouilleur doté de canons de 38 cm à la vedette côtière pouvant atteindre les 40 nœuds. Il avait également sous ses ordres les ports de Douvres et de Dunkerque avec tout leur équipement, y compris les champs d'aviation et les bases d'hydravions, ainsi qu'une puissante force de bombardiers, chasseurs, avions de reconnaissance et forteresses aériennes du Royal Naval Air Service. A son arrivée à Douvres, Keyes insuffla à son nouveau commandement une activité et une efficacité jamais vues. Le trafic des U-Boats dans la Manche fut complètement stoppé en quelques mois. Comme il avait d'autre part fallu mettre un terme aux efforts désespérés pour reprendre les bases ennemies de sous-marins dans les Flandres, Keyes se mit immédiatement à l'œuvre pour bloquer les prédateurs dans leurs tanières. Il faut noter, car c'est assez typique de son avant-gardisme, que l'Amiral, conscient de l'importance de l'aviation, fit personnellement une reconnaissance aérienne à basse altitude audessus de ses objectifs.

Les batailles aussi violentes que spectaculaires qui firent rage dans et autour de Zeebrugge et d'Ostende la nuit du 23 avril 1918 ainsi que les résultats qui en découlèrent ont été amplement décrits dans plusieurs livres qui font autorité *.

* Voir *The Blocking of Zeebrugge* par le capitaine A.F.B. Carpenter VC (Herbert Jenkins), *Zeebrugge*, par Barrie Pitt (Cassell), *The Zeebrugge Raid*, par Philipp Warner (William Kimber) et *The Naval Memoirs of Admiral of the Fleet Sir Roger Keyes* (Thornton Butterworth).

On n'en donnera donc ici qu'un bref compte rendu. L'attaque navale directe contre ces deux puissantes forteresses — hérissées (comme tout le littoral) de centaines de canons — ne fut possible qu'abondamment enveloppée de brouillard artificiel. L'objectif principal fut atteint à Zeebrugge lorsque deux des trois navires de blocage, de vieux croiseurs remplis de béton, furent coulés dans l'embouchure du canal, bloquant celui-ci et prenant au piège tous les U-Boats et tous les navires de guerre mouillant à Bruges. Pour détourner l'attention de l'ennemi et s'emparer des canons qui dominaient dangereusement la ligne d'approche du port où se trouvaient les navires de blocage, des détachements navals et de la «Royal Marine» furent, sous un feu meurtrier, débarqués du vieux croiseur *Vindictive*, sur le môle long de 2,5 kilomètres. Entre-temps, le sous-marin C3, bourré d'explosifs, se glissait sous le viaduc d'acier qui reliait le môle au rivage et le faisait sauter.

Les Allemands ayant déplacé une balise flottante de première importance, l'opération secondaire du blocage d'Ostende qui devait avoir lieu la même nuit échoua. Une autre tentative fut lancée le 9 mai avec la carcasse délabrée du *Vindictive* mais elle échoua aussi, son capitaine ayant été tué au moment crucial. Mais cela ne changea rien au succès final de l'opération puisque le canal d'Ostende ne pouvait de toutes façons plus être emprunté par les U-Boats, navires lance-torpilles et destroyers désormais bloqués à Bruges par l'opération réussie de Zeebrugge. Les effets du blocage de Zeebrugge auraient été plus grands encore si l'amiral Keyes avait pu bombarder la flotte prisonnière avec ses quatre escadrilles de bombardiers bimoteurs. Mais malheureusement, trois semaines plus tôt, les 3.000 avions, les 103 forteresses aériennes et les 67.000 hommes de la RNAS avaient été transférés à la RAF pour être déployés ailleurs. 78 vaisseaux de tous calibres prirent part à ces deux raids et Keyes mena les opérations depuis le destroyer *Warwick*. Les seules pertes à déplorer furent un destroyer et deux vedettes. Sur une force de 1.780 hommes et officiers de la Royal Navy et des Royal Marines — tous volontaires —, 214 furent tués et 383 blessés. Onze hommes et officiers furent décorés de la *Victoria Cross* pour leur héroïsme, 209 autres reçurent d'autres décorations et 283 furent cités à l'ordre du jour. Roger Keyes fut fait chevalier de l'Ordre du Bain, remercié par le Roi, le Cabinet et le Parlement, et comblé d'honneurs par les nations alliées. En 1919, il fut fait Baronnet et obtint 10.000 livres sterling pour les remarquables services qu'il avait rendus à la Nation.

La nouvelle de cette sensationnelle victoire navale galvanisa le pays car il n'y avait pas eu de Trafalgar dans cette guerre et le Jutland, le seul engagement vraiment important, s'était terminé sur une impasse et un sentiment de frustration. L'impression que la Navy avait enfin entrepris une action positive et que l'esprit de Drake et de Nelson était toujours vivant, insuffla un formidable regain d'énergie à une population fatiguée par la guerre, et au moral bien abattu de l'armée. Depuis plusieurs mois, les nouvelles en provenance du front n'égrenaient que des pertes croissantes et d'interminables mouvements de retraite. Le 21 mars, les Allemands avaient provoqué une brèche à Saint-Quentin, et Ludendorff menaçait Paris. Le 11 avril encore, Sir Douglas Haig avait prévenu du terrible danger que courait la Nation «en ce moment critique», dans son fameux ordre du jour «le dos au mur». Si Zeebrugge fut par conséquent le stimulant dont les Alliés déprimés avaient un furieux besoin, il fut aussi le moment où la chance vira de bord, le lever de rideau de cinq mois de victoires qui allaient mener à l'armistice de novembre 1918. Inversément, ce fut un coup accablant pour les Allemands tant du point de vue psychologique que du point de vue matériel. Pratiquement en effet, ce blocage réduisit de moitié la menace mortelle que faisaient peser les U-Boats sur la ligne alliée de l'Atlantique en forçant les Allemands à opérer à partir d'Heligoland Bight et à lancer des raids de plus courte durée. Psychologiquement, cette opération de Zeebrugge ôta à l'armée allemande son sentiment d'invincibilité et sa conviction que l'effondrement des alliés était proche. En fait, Ludendorff fut si contrarié par la menace portée ainsi à son flanc droit qu'il affecta plusieurs de ses troupes à la protection de la côte. Le 5 juin, il s'arrêtait à seulement 65 kilomètres de Paris, faisait retraite peu après et se rendait définitivement cinq mois plus tard. Les Allemands, naturellement, diffusèrent de faux rapports sur le raid de Zeebrugge, affirmant qu'il s'était soldé par un échec complet. Le message codé qu'ils envoyèrent ce matin-là n'en annonçait pas moins que le canal de Zeebrugge était bloqué et ordonnait à toutes les unités d'utiliser d'autres ports. Les photographies aériennes aussi bien que les témoignages oculaires avaient prouvé que l'opération avait réussi à bloquer de très nombreux U-Boats pendant un temps considérable et avait quasiment neutralisé Zeebrugge. Malgré cela, il y eut après la guerre une tendance, même parmi certains historiens officiels britanniques, à accorder un crédit injustifié aux douteuses conclusions allemandes sur le raid. Nul ne nia cependant que ce fut un immense succès psychologique et le pivot de la guerre. En fait, ainsi que l'écrivit un historien officiel, «Zeebrugge étendit brusquement la perspective de la victoire des combattants au monde entier qui entrevit alors la fin inévitable». Les Belges furent particulièrement soulagés par ce coup étourdissant infligé à la force d'occupation navale et militaire des Allemands, qui leur fit entrevoir une rapide libération. Ils n'ont pas oublié, et chaque année, commémorent le raid du jour de la saint Georges devant les monuments soigneusement entretenus érigés à Zeebrugge et à Ostende, et réservent un accueil chaleureux aux héros qui s'y rendent en nombre tous les ans plus réduit. Lorsqu'en 1983, seuls six vétérans assistèrent à la cérémonie et à l'inauguration du nouveau mémorial de Zeebrugge, et que leur doyen, un ancien combattant de 83 ans, déclara: «Nous devenons malheureusement tous trop vieux pour revenir encore», les autorités belges et les associations d'anciens combattants leur affirmèrent qu'elles n'en continueraient pas moins à commémorer le raid «comme un acte de foi du peuple belge».

ANNEXE III

Discours du roi Léopold adressé par radio aux Etats-Unis, le 27 octobre 1939 (Extraits)

«Convaincu que mon pays défend la civilisation par l'attitude qu'il a prise en présence du conflit qui a éclaté en Europe, je crois pouvoir me borner à exposer à mes auditeurs américains cette attitude qui correspond entièrement à la volonté, au courage et à l'honneur de mon peuple. En ma qualité de Chef d'Etat, je suis heureux d'avoir l'occasion d'établir avec précision les faits suivants:

En 1939, la Belgique a proclamé sa position d'indépendance et chacun de ses trois grands voisins en a pris acte. Ils sont allés plus loin, en nous donnant spontanément des assurances formelles qu'ils respecteraient notre territoire et garantiraient l'indépendance de la Belgique. La déclaration de neutralité du Gouvernement Belge, faite au début de la guerre, a été l'aboutissement logique de cette politique...

Nous n'avons aucune ambition territoriale. Nous n'avons été mêlés ni de près ni de loin à l'origine du conflit qui divise l'Europe.

Si la Belgique y était entraînée, son territoire serait transformé en champ de bataille; étant donné son peu d'étendue, ce sort la livrerait à la destruction totale, quelle que soit l'issue de la guerre.

Côte à côte avec la Hollande, elle forme un îlot pacifique dans l'intérêt de tous. Située à la croisée des marches de l'Europe occidentale, une Belgique neutre, loyale – et forte, comme elle l'est aujourd'hui – remplit une mission essentiellement pacifique; elle limite l'extension du champ de bataille... Elle constitue... une citadelle de paix et un élément de conciliation qui, seule, peut sauver notre civilisation de l'abîme vers lequel la précipiterait une guerre générale.

Nous voyons avec clarté nos devoirs et nos droits; nous attendons l'avenir avec une fermeté sereine et une conscience que rien ne peut troubler; nous sommes prêts à faire respecter notre indépendance de toutes nos forces.

Il y a aujourd'hui exactement vingt-cinq ans que l'armée belge, sortant d'un dure bataille, arrêtait, sous les ordres du roi Albert, mon père, la marche d'une invasion cruelle.

Si nous étions attaqués, – et que Dieu nous préserve d'un tel sort – au mépris des engagements solennels et catégoriques qui nous ont été donnés en 1937 et renouvelés à la veille de la guerre, nous nous battrions sans hésitation, mais avec des moyens décuplés; et cette fois encore, le pays entier serait derrière l'armée...

Qu'il me soit permis d'espérer que la nation américaine, dont nous nous sentons si près par des aspirations communes, par des institutions semblables, nous aide et nous soutienne dans notre attitude pour le bien du pays au service de la civilisation.»

ANNEXE IV

Memorandum du Brigadier George Davy sur la collaboration entre l'armée et la RAF

La RAF, le plus jeune des trois services et indépendant seulement depuis la fin de la première guerre mondiale, souffrait encore de problèmes de croissance. Sa hiérarchie avait d'une part tenté de jeter les bases d'une stratégie aérienne autonome en avance sur l'époque et avait d'autre part cherché, avec un succès mitigé, à persuader les soldats que le soutien tactique de la RAF à l'armée ne devait pas être plus que tactique et aller au-delà de reconnaissances d'artillerie. Les hommes n'étaient donc ni formés ni équipés en vue d'attaques terrestres ou de bombardements de soutien rapproché. Ces sujets, de même que toute suggestion de formation technique inter-armes, étaient tabous durant les années qui précédèrent la guerre dans les académies où l'on s'exprimait d'ordinaire librement comme au Camberley Staff College; la RAF ne voulait tout simplement pas en discuter et les officiers qui avaient des idées à ce sujet étaient considérés comme indélicats s'ils en disaient trop. On laissa donc les Allemands nous montrer comment il fallait faire, dans les premières années du conflit. De notre côté, ce fut une escadrille sud-africaine très motivée venue du désert, équipée de Marylands, qui plus d'une année après, commença à effectuer des bombardements de soutien rapproché. Au cours de la campagne de Belgique, je me souviens très bien des expressions déçues et frustrées des officiers du GQG lorsque la BBC annonça que la RAF avait bombardé des gares de triage à Hamm et en d'autres endroits éloignés au cœur de l'Allemagne.

Commentaires du Général Major Sir John Kennedy sur le même sujet *

Comme membre de la Commission de Planification commune, j'ai été impliqué, l'année qui précéda la guerre, dans la préparation de nombreux plans et estimations diverses... Le rôle qu'était appelé à jouer la force aérienne était une constante pomme de discorde dans nos discussions. L'état-major général et l'état-major naval s'opposaient tous deux aux fanatiques efforts de l'état-major aérien cherchant à nous imposer sa théorie que la guerre pouvait dépendre de l'action des forces aériennes sans aucune aide ou presque des deux autres services. Nous avons lutté de toutes nos forces mais en vain pour qu'on mette sur pied des forces aériennes spécialisées, correctement entraînées et équipées en vue de soutenir des opérations navales et militaires. L'introduction d'une telle politique était considérée par l'état-major aérien comme «une prostitution de la force aérienne», ainsi que me le dit un jour un officier supérieur du ministère de l'Air. Cette lutte se poursuivit longtemps encore au cours de la guerre. Les politiciens étaient davantage séduits par la doctrine de la force aérienne et les soldats et marins ne parvinrent jamais à convaincre, avant comme pendant la guerre, le Cabinet ou le Comité de la Défense de régler la querelle dans le sens que nous estimions correct.

* *The Business of War*, Hutchinson & Co. 1957.

ANNEXE V

Mission militaire n° 1, Vincennes

RAPPORT DU BRIGADIER GEORGE DAVY

Cette mission était celle du War Office auprès du général Gamelin et son chef était le général-major Sir Richard Howard-Vyse. A partir de décembre 1939, le duc de Windsor fut attaché à la mission. J'étais son G.S.O.1. Tous les matins, le général et moi allions voir le général Gamelin et son «répartiteur de cabinet». Chaque jour, moi-même ou l'un des G.S.O.2. s'envolait pour le War Office, passait une nuit à Londres et revenait le lendemain. A deux reprises au cours de l'hiver, le duc de Windsor inspecta le front français; la première fois, accompagné de John de Salis, il se rendit sur la ligne Maginot, au sud de Metz. La deuxième, il inspecta l'extrémité nord de la ligne Maginot et la partie centrale du front, y compris Sedan et Mézières et je l'accompagnai dans ce déplacement. Le général Gamelin et son chef de cabinet, le colonel Petitbon, avaient chacun un bureau distinct. Le reste du cabinet, trois lieutenants-colonels et deux majors, partageaient un local plus vaste qui servait également de salle des cartes. Gamelin y vint plusieurs fois lorsque je m'y trouvais et il y exposait ses idées. Durant les premières semaines, le cabinet était assez cachottier au sujet des dispositions françaises. Lorsqu'ils apprirent à nous connaître, ils ne dissimulèrent plus leur carte et je mémorisai progressivement chacune des quelque 80 divisions de la France de l'est jusqu'à ce que nous eûmes reconstitué une carte quasi identique au War Office. Au fur et à mesure que se précisait le schéma des dispositions, des défenses et des plans français, que nous en discutions avec l'état-major de Gamelin et que nous visitions diverses parties du front, plusieurs éléments inquiétants se faisaient jour. Tous furent signalés au War Office. Parmi les plus importants figuraient:

— Le manque de profondeur du système de la ligne Maginot et de son extension septentrionale le long de la frontière belgo-luxembourgeoise.
— La faible puissance de feu des ouvrages principaux.
— L'absence de défenses dans le secteur de la Meuse et la répartition très éparse des troupes sur le front de la neuvième armée.
— L'absence de toute position préparée à l'arrière de la ligne Maginot.
— L'absence d'une masse de manœuvre de réserve.

Tous ces points furent évoqués de manière diplomatique et amicale avec Gamelin et son état-major par Howard-Vyse et moi-même. Ils étaient très aimables et tolérants, pensant évidemment que, sur la terre ferme, nous n'étions pas une grande nation militaire comme eux. Mais ils étaient atteints de deux maladies incurables qui finalement s'avérèrent fatales. La première était l'obsession Maginot. Rien ne pouvait ébranler leur conviction que la ligne

Maginot était invincible, y compris dans son extension septentrionale vers la mer. «Avez-vous quelques défenses à l'arrière de la ligne Maginot, devant Paris par exemple?» demandions-nous. «Non, non, répondaient-ils, ce n'est pas nécessaire; il y a la ligne Maginot!» Une fois, comme nous insistions, ils montrèrent une série de collines sur la carte et nous dirent qu'elles avaient fait l'objet d'une reconnaissance; aucun aménagement n'y était prévu. Nous soulevions alors l'idée d'un vaste rassemblement de quelque douze divisions en réserve dans la région de Metz et évoquions la masse de manœuvre. Il n'y avait rien de ce genre. Les divisions en réserve étaient considérées comme des renforts, prenant la relève sur la ligne au cours de la drôle de guerre et remplaçant des divisions fatiguées pendant les combats. Quelle était la nécessité, disaient-ils, d'une masse de manœuvre? Ils balayaient la frontière de la main: «La ligne Maginot!» Certaines des divisions de réserve furent effectivement intégrées à la septième armée au début de l'année nouvelle... Mais elles n'étaient pas destinées à être utilisées comme une masse de manœuvre en réserve; leur rôle était d'intervenir dans l'avance de la ligne alliée sur la Dyle. La septième armée devait se mouvoir le long de la côte belge pour venir en aide aux Hollandais. Et elle le fit, même si ses efforts furent en grande partie gaspillés. Mais il n'y eut jamais de masse de manœuvre disponible pour réagir contre la pénétration de Guderian. La deuxième maladie était tout aussi profonde et à peine moins grave. Elle se résumait à la conviction inébranlable qu'il n'y aurait pas plus de deux divisions ennemies à traverser l'Ardenne en direction du front de la Meuse et que, de toutes façons, les routes étaient impraticables pour des blindés. Nous avons débattu là-dessus pendant des mois... C'est sur ces bases qu'ils estimèrent impossible toute progression allemande à travers l'Ardenne. Il n'était par conséquent pas nécessaire de prévoir des défenses élaborées dans le secteur de la Meuse. Le fleuve était infranchissable. La destruction des ponts était une certitude et une poignée d'hommes suffirait à surveiller cette partie du front.

Le War Office était tenu au courant de nos inquiétudes. Lorsque le duc de Windsor fit son tour d'inspection suivant, qui comprenait le front du général Huntziger, je fus attaché à sa personne comme officier d'état-major. Dans le rapport officiel signé par lui et transmis par Howard-Vyse au CIGS, toutes nos craintes étaient clairement expliquées. Je doute cependant qu'on ait jamais entrepris une démarche de haut niveau à ce sujet auprès des Français; je doute d'ailleurs tout autant que, l'eût-on faite, cette démarche eût rencontré quelque succès car il n'y avait pas plus accrochés qu'eux à leurs maladies. Le coup qui procura la victoire aux Allemands fut aussi bien la traversée de la Meuse. Dans les deux ou trois jours qui suivirent, chaque général français, en apprenant la nouvelle, se métamorphosait en un homme battu, privé de foi et plongé dans le désespoir. Même les très rares qui nourrissaient certaines inquiétudes à propos de la ligne Maginot, savaient que c'était tout ce qu'ils avaient et, comme Reynaud lui-même le reconnut, une fois la ligne contournée, l'issue ne faisait dès cet instant plus aucun doute. Avec leurs dirigeants ainsi déjà vaincus, il n'est pas étonnant que la résistance et la cohésion des troupes du front de la Meuse — et en fait des autres fronts — se soient effondrées.

ANNEXE VI

Le blocage de Zeebrugge, mai 1940

LES CARNETS DE L'AMIRAL

Le 25 mai 1940

Je me suis rendu à la mission britannique après le déjeuner et y ai trouvé deux officiers navals français qui me racontèrent rouges de confusion, que notre tentative de bloquer Zeebrugge avait échoué. Au cours de ces derniers jours, j'avais été en contact avec l'Amirauté et j'avais visité Zeebrugge et Ostende pour m'assurer que les dispositions adéquates avaient bien été prises pour le blocage des canaux de ces deux ports. J'avais réclamé le blocage immédiat de Zeebrugge et conseillé d'attendre pour Ostende, que le dernier bateau eût quitté le port. J'avais en effet estimé qu'il était parfaitement possible d'y décharger des munitions et des vivres et de les apporter en camions au Corps Expéditionnaire. Pendant ce temps, à la grande contrariété des autorités militaires belges, les Français sous les ordres de l'amiral français de Dunkerque qui dès le début avait pris le commandement des deux ports et de la côte, avaient miné les portes d'écluses de Zeebrugge et les écluses d'Ostende. Le Roi me donna toutefois le pouvoir de faire tout ce que je jugerais nécessaire. Deux navires de blocage arrivèrent d'Angleterre durant la nuit du 24 au 25 mais les autorités navales françaises avaient oublié d'en informer le général français qui commandait les troupes cantonnées le long de la côte. Comme par ailleurs elles l'avaient prévenu que les Allemands pourraient tenter un débarquement par la mer, quand les navires de blocage et les destroyers qui les escortaient arrivèrent, ils furent violemment pris à partie par des canons de campagne et des mitrailleuses. L'officier aux commandes, pensant, lui, assez naturellement que les Allemands s'étaient emparés de l'endroit et que ses équipages ne pourraient plus s'échapper, fit couler ses navires au large du môle pendant que les destroyers de l'escorte s'éloignaient. Je me rendis immédiatement à Zeebrugge et m'aperçus que, selon mes directives, on avait fait sauter les portes d'écluses extérieures tandis que celle de l'intérieur était encore intacte; j'arrivai juste à temps pour arrêter les Français qui s'apprêtaient à la faire sauter malgré les protestations des autorités belges qui faisaient valoir qu'à marée haute, la zone occupée par les troupes belges et françaises à l'est serait inondée. Je veillai alors à ce qu'une immense grue soit coulée devant la porte intérieure, ce qui bloquerait le canal quelque temps, et c'était ce que je pouvais faire de mieux pour le moment. Pendant que j'étais là, nous fûmes violemment attaqués par deux bombardiers allemands volant à basse altitude et qui lâchaient sur Zeebrugge et Ostende un tapis de lourdes bombes incendiaires.

J'avais promis de parler au Premier Ministre à La Panne ce soir-là et en traversant Ostende pour m'y rendre, je vis que les réservoirs d'essence et les wagons des installations pétrolières de Texaco avaient pris feu sous les bombes. Le grand hôpital militaire était également la proie des flammes. A mon arrivée à La Panne, je téléphonai au Premier Ministre. Je lui dis que le général Dill s'en retournait et que je ne pouvais rien faire pour forcer le roi Léopold ou la reine Elisabeth à quitter leur pays. Je dis également à l'Amirauté que je pensais que le navire de blocage d'Ostende serait coulé dans l'écluse de Zeebrugge et que s'ils ne pouvaient pas en procurer un autre, nous devrions nous en remettre aux Français pour saboter les écluses d'Ostende. Mais à ce moment, j'étais déjà arrivé à la conclusion qu'il était plus facile de bloquer ces deux ports contre la volonté allemande que d'y parvenir avec la collaboration française!

Dans une lettre à sa femme, l'amiral Keyes décrivit comment il avait échappé de justesse à la mort lorsque des Stukas avaient «largué de lourdes bombes *très* près de nous; ils revinrent à la charge mais nous avions eu le temps de nous réfugier dans l'un des abris construits par les Allemands en 1918 pour se prémunir contre nos bombardements». Après le fiasco décrit ci-dessus, l'Amirauté adopta les propositions de Sir Roger et des navires de blocage furent effectivement coulés à Zeebrugge et à Ostende.

ANNEXE VII

LA CAPITULATION ET SES SUITES

Extraits d'un compte rendu donné au *British Survey* par un officier d'artillerie de réserve belge (professeur d'université dans le civil) qui s'était échappé en Angleterre en juillet 1940.

Les Allemands ne sont pas si invincibles qu'ils le paraissent à distance. Leur infanterie est bonne mais pas aussi bonne peut-être qu'en 1918; certainement pas aussi bonne que les quelques bons régiments belges comme les Chasseurs Ardennais. L'artillerie allemande a été nettement surclassée par les Belges. Les contre-batteries efficaces étaient rares. Devant Gand, une batterie de howitzers belges de 155 mm, soumise au tir d'une batterie allemande similaire, ouvrit immédiatement le feu en tirant beaucoup plus vite et beaucoup mieux, et au bout de quinze minutes, elle avait réduit au silence les canons ennemis l'un après l'autre. Les Allemands reconnaissent eux-mêmes les ravages causés de leur côté par les tirs belges qui furent le plus fort obstacle à leur progression... La capitulation n'aurait pas pu être évitée. A partir du 22 mai, le front tenu par l'armée belge fut étendu dans le but de libérer des troupes britanniques pour une contre-attaque dans le sud, à 80 kilomètres. Chaque faible division devait tenir entre 7 et 9 kilomètres et il n'y avait pas de réserves. Les bombardements intensifs en piqué, l'intense pression de l'ennemi au sol, aucun signe d'avions alliés... tels étaient les éléments généraux de la bataille de six jours de la Lys. Le 27 mai, les munitions commencèrent à manquer. L'artillerie qui était à ma droite s'arrêta de tirer d'un coup à 15 heures. Les munitions et d'autres fournitures devaient venir de l'arrière; mais notre arrière n'avait que 25 kilomètres de profondeur et ne représentait qu'une toute petite partie du pays, ce qui explique pourquoi les munitions faisaient défaut. Par ailleurs, les 800.000 personnes qui habitent normalement cette bande de terre très peuplée avaient plus que doublé sous l'afflux des réfugiés, sans parler de l'armée. La même après-midi, l'infanterie à ma droite, qui n'était plus soutenue par ses canons, commença à céder. A 17 heures, il y avait une brèche de 8 kilomètres dans la ligne du front et le quartier général n'avait pas un seul bataillon organisé pour la colmater. Les tactiques les plus fantaisistes, que nous avions été forcés d'utiliser à plusieurs reprises déjà, le furent de nouveau. L'artillerie, sans infanterie pour la protéger, s'accrocha à sa position et résista aux Allemands, toute seule, pendant un certain temps. Mes propres canons fonctionnèrent pour cette ultime résistance de 19 h 15 à 20 h 50. Lorsque les munitions furent épuisées, il faisait presque nuit et le désastre fut reporté de quelques heures. Nous nous sommes retirés quelques kilomètres en arrière et nous sommes préparés à reprendre le combat à 4 heures. Mais aucune munition n'arriva. A 5 heures, nous avons appris que tout était fini... Je ne pense pas qu'une résistance organisée aurait pu durer plus de douze heures encore. Elle aurait coûté la vie à des milliers de soldats et à dix fois plus de civils, et cela sans raison. Nous attendions depuis presque une semaine une nourriture mauvaise et insuffisante qui venait en grande partie des stocks britanniques de Dunkerque. J'ai tué trois chevaux en un jour et j'en ai échangé quelques autres avec des paysans contre des pommes de terre... Il n'y avait pas de gardes allemands et nos hommes étaient commandés par leurs propres officiers. Finalement, les instructions arrivèrent au sujet de la démobilisation. Tous les prisonniers flamands devaient être relâchés, tous les Wallons demeurer prisonniers... Parmi les Wallons, il fallait libérer tous ceux qui travaillaient dans l'agriculture, l'industrie, le commerce et les services publics, tous les médecins, les policiers, etc., bref, pratiquement tout le monde sauf les avocats et les professeurs... Entre-temps, tous les officiers, les sous-officiers et les soldats d'active avaient été envoyés comme prisonniers en Allemagne jusqu'à la fin de la guerre. Il existe un profond ressentiment envers les officiels qui ont abandonné leurs postes. Cela ne concerne pas seulement les autorités locales mais aussi les bureaux de poste et les représentants des banques qui ont décampé avec de l'argent liquide et les médecins qui ont fait de même avec du matériel hospitalier et du radium. Cela concerne plus nettement encore le gouvernement Pierlot qui fut le premier à s'enfuir. Ce gouvernement est haï et méprisé par tous les Belges de Belgique. Les Allemands n'en savent rien. Cela n'a pas d'influence sur les Belges du sud de la France qui, s'estimant eux-mêmes piégés dans la fuite, se hâtent maintenant de rentrer à la maison. Beaucoup d'histoires sont répandues sur les maladresses désespérantes du gouvernement durant la période de la résistance belge et après. La plus grande erreur de Pierlot fut toutefois l'attitude qu'il a adoptée vis-à-vis du Roi après la capitulation. Après un moment d'hésitation, due à son ignorance de la situation militaire véritable, l'immense majorité de la population s'est ralliée autour du Roi... Comme Commandant de l'armée, il a préféré s'attacher à ses hommes et partager leur sort — lequel était celui de la majorité de son peuple... Forcé de prendre une décision, il a choisi la voie la plus douloureuse, qui suppose la plus grande rigueur, les pires dangers et les plus lourdes responsabilités. Le Roi est prisonnier maintenant. Quand il reçoit des visiteurs, il insiste toujours sur la nature purement militaire de sa reddition... Les Allemands sont considérés partout et par tous comme des ennemis. On reconnaît leur bon comportement actuel mais on ne s'y fie pas. Chacun espère qu'ils seront vaincus en définitive... Les sentiments publics envers les Français et les Britanniques sont plus variables... Il ne fait aucun doute qu'il existe en surface un sentiment hostile vis-à-vis de ces deux pays et la raison la plus évidente en est la déception de n'avoir pas été aidé efficacement contre l'ennemi commun. Les Britanniques sont de plus accusés de nombreux actes gratuits, de destructions inutiles et de pillages... D'une manière générale, les troupes britanniques sur le continent se comportent souvent avec brutalité: c'est important à savoir dans le cadre d'opérations futures, d'autant plus que les troupes d'occupation allemandes témoignent d'une certaine retenue. La France et la Grande-Bretagne sont considérées comme des alliés de la Belgique, menant le même combat, avec le même idéal. Les traditions profondément enracinées de la dernière guerre, accentuées par la haine générale pour le gouvernement nazi, ne laissent aucun doute à ce sujet.

ANNEXE VIII

The Daily Telegraph, 10 mai 1941

LA BELGIQUE ET SA NEUTRALITE LES «MALADRESSES TRAGIQUES» DEMENTIES

Le Ministre belge des Affaires Etrangères à l'éditeur du *Daily Telegraph:*

Monsieur,

Dans l'article de M. J.B. Firth paru dans le *Daily Telegraph* de ce matin, on affirme que la sécurité de l'Etat belge a été gravement compromise par des erreurs politiques commises bien avant la guerre. On affirme également qu'une maladresse encore plus tragique a été commise par le roi Léopold lorsqu'en 1936, il a abandonné l'alliance militaire avec la France et basé toute sa politique sur le strict respect de la neutralité belge. Ces allégations sont complètement contraires aux faits:

1. La Belgique, qui avait conclu en 1920 un accord militaire limité avec la France, n'a jamais eu d'alliance avec ce pays. A partir de 1926, elle fut, comme la Grande-Bretagne, l'une des signataires du traité de Locarno. Comme la Grande-Bretagne, elle était obligée de fournir une assistance militaire à l'Allemagne dans le cas d'une agression française comme de fournir cette même assistance à la France en cas d'agression allemande.
2. Une fois de plus, je dois nier avec insistance l'allégation selon laquelle la Belgique s'est opposée au prolongement de la ligne Maginot.
3. La Belgique a été formellement libérée de ses engagements du traité de Locarno par l'Angleterre et la France. Par leur déclaration commune du 24 avril 1937, ces deux puissances manifestèrent leur acceptation totale de la position adoptée par la Belgique.
4. Cette position fut adoptée, non pour «baser tout sur le strict respect de la neutralité belge», mais pour faire accepter au pays de nouveaux et grands sacrifices militaires: la construction des puissantes fortifications de la frontière orientale et l'extension à 17 mois du service militaire obligatoire pour tous, ce qui eut pour résultat que 46% de la population masculine entre 20 et 45 ans se retrouvèrent sous les armes et que l'armée mobilisée compta 650.000 hommes. Cet effort militaire était certainement aussi grand que celui de toute autre puissance, toutes proportions gardées. La position adoptée par la Belgique n'a pas empêché le gouvernement belge de faire clairement comprendre à l'automne 1939 que la Belgique, quoique libre de toutes obligations, ne demeurerait pas indifférente si seuls les Pays-Bas étaient attaqués. A ma connaissance, aucun autre petit Etat neutre n'a adopté d'attitude semblable.

5. Une alliance franco-belge n'aurait rien empêché de ce qui s'est produit en 1940. La cause fondamentale était la supériorité écrasante, dans les airs surtout, des Allemands sur l'Angleterre et la France, supériorité qui a empêché l'assistance promise à la Belgique, — qui était, croyez-moi, bien préparée —, de se montrer efficace.
6. Le gouvernement belge a toujours assumé, dans le respect de la Constitution, la complète responsabilité de la politique étrangère de la Belgique et, depuis 1936, la politique adoptée a fait l'objet du soutien grandissant d'une immense majorité parlementaire. C'est donc grossièrement déformer les faits que de rendre le roi Léopold responsable de cette politique. Lorsque le roi Léopold fut forcé, après 18 jours de combats acharnés, de capituler avec son armée, il n'a pas «abandonné la partie». Il a senti qu'il ne pouvait pas quitter l'armée qu'il avait commandée et qui ne pouvait pas, elle, s'échapper ou rembarquer. Il est devenu prisonnier de guerre et son refus d'exercer tout pouvoir sous l'occupation ennemie est le symbole de la résistance que les Belges en territoire occupé opposent à l'envahisseur.

Votre obéissant serviteur,
P. H. SPAAK,
Ministre belge des Affaires Etrangères,
105, Eaton Square, SW1. 9 mai.

ANNEXE IX

Evening Standard
Vendredi, 3 Janvier 1969

M. SPAAK FAIT LA VERITE SUR LE ROI LEOPOLD ET SON DEPART POUR LONDRES

Sam White, depuis Paris

Paris, vendredi.

Même si cela se produit avec un quart de siècle de retard, c'est une bonne chose que M. Paul-Henri Spaak, l'honorable homme d'Etat belge, ait finalement raconté la vérité au sujet des événements de 1940 où il a joué, dans la réécriture ultérieure de l'histoire, ce qu'on pourrait appeler un rôle véritablement légendaire. Il a choisi pour ce faire une apparition à la télévision où il fut d'une franchise presque gênante et qui a bénéficié de trop peu d'attention en France et en Grande-Bretagne, deux pays qui se sont partagé la fabrication du mythe et qui ont depuis lors conservé un silence total sur les faits. M. Spaak, qui a été depuis 30 ans soit ministre des Affaires Etrangères, soit Premier Ministre, et qui a dominé la politique étrangère de la Belgique, s'est retiré de la vie politique en 1965. Depuis lors, il travaille pour une entreprise multinationale américaine. Les événements évoqués par M. Spaak dans ses confessions télévisées ont trait à la capitulation de l'armée belge en 1940, à la fuite subséquente du gouvernement belge dans le refuge provisoire qui lui fut alloué à Bordeaux par le gouvernement français et à sa décision ultérieure de se rendre à Londres. Certains des faits relatifs à ces divers épisodes ont pendant longtemps éveillé les plus grands soupçons.

Ils n'ont cependant jamais été confirmés par l'un ou l'autre des principaux acteurs du drame encore qu'ils aient été exhumés comme facteurs essentiels au cours des amères querelles de l'après-guerre au sujet de l'éventuel retour du roi Léopold en Belgique. Léopold connaissait les faits mais — et c'est tout à son honneur —, il a conservé un strict silence à leur sujet durant le conflit et, en réalité, jusqu'à aujourd'hui. M. Spaak a commencé par révéler que, contrairement à la légende, la politique de neutralité de la Belgique avant la guerre n'avait pas été imposée par un monarque pro-Allemand à un gouvernement réticent mais qu'elle avait été pleinement soutenue par ce gouvernement et par M. Spaak lui-même... M. Spaak confirme — contrairement à la version inventée par le Premier Ministre français à l'époque, M. Paul Reynaud, et imposée par celui-ci à un Churchill réticent — que le Roi, comme Commandant en Chef, avait dûment averti ses alliés de son intention de capituler. Mais la plus étonnante des révélations de M. Spaak concerne la décision du gouvernement belge de se rendre en Grande-Bretagne. Il n'hésite pas à dire à ce propos qu'après l'effondrement de la France, le gouvernement belge était convaincu que les Allemands avaient gagné la guerre. Sa conclusion unanime était qu'il fallait entamer des négociations de paix avec les Allemands. Le gouvernement demanda alors au roi Léopold la permission de rentrer à Bruxelles... N'étant pas en mesure de rester en France, ni en mesure de rentrer en Belgique, le gouvernement belge n'avait d'autre choix que de s'envoler pour Londres. «Nous avons été sauvés par le refus du Roi de nous écouter», a conclu M. Spaak.

Notes et sources

1. La situation du souverain britannique était similaire jusqu'à l'accession au trône de Georges Ier qui, par son manque d'intérêt pour la politique et sa faible autorité, permit la montée progressive d'un Premier Ministre qui hérita ou usurpa par la suite une grande partie du pouvoir politique de la Couronne.

2. Pierre Daye, *Léopold II*, Arthème Fayard, Paris 1934.

3. Emile Cammaerts, *The Keystone of Europe*, Peter Davies, 1939.

4. B. H. Liddell Hart, *History of the World War*, Faber and Faber, 1924.

5. Le général Baratier, *Le Temps*.

6. Le général Brécard, *En Belgique auprès du Roi Albert*, Calmann-Lévy, Paris, 1934.

7. Le général Azan, *Les Belges sur l'Yser*, Berger-Levrault, Paris, 1929.

8. Lors de son mariage en 1926, Léopold insista pour que Miss George ait l'une des meilleures places dans la cathédrale et lorsqu'il la vit, il la salua chaleureusement en la prenant par les épaules et en l'embrassant. La presse internationale fut intriguée par cette vieille dame sans élégance que le prince Léopold et le duc de Gloucester nommaient si respectueusement «Ma'am» et elle en conclut qu'elle était de sang royal. La rumeur se répandit qu'elle était une parente du roi George qui voyageait incognito.

9. *Les Carnets de Guerre d'Albert 1er, Roi des Belges*, Charles Dessart, 1944.

10. Comme l'écrit Harold Nicolson dans *King George V:* «Le roi craignait que M. Lloyd George, avec sa véhémence impulsive, ne rejette l'ouverture des Allemands avec une violence telle qu'elle renforcerait les convictions des militants de Berlin et s'aliénerait les modérés aux Etats-Unis».

11. Les avions et navires de guerre de la Patrouille de Douvres, soumirent à un bombardement incessant les Allemands qui affrontaient l'armée belge. Lorsque celle-ci passa à l'offensive, les avions pour la première fois dans l'histoire, parachutèrent des vivres et des munitions au-dessus de ses unités avancées.

12. Le 18 mars 1915, la flotte anglo-française commandée par le Vice-amiral de Robeck, avec le commodore Roger Keyes comme chef d'état-major, réduisit les forts des Dardanelles à l'impuissance. Une série de mines non détectées lui ayant causé de lourdes pertes, Robeck refusa de tenter le passage du détroit sans soutien à terre, en dépit de l'insistance de Keyes. Une occasion de victoire fut ainsi perdue. Après la guerre, le ministre turc de la Guerre, Enver Pacha, déclara: «Si les Britanniques avaient fait preuve de plus de courage..., ils auraient atteint Constantinople». Son chef d'état-major général, reconnaissant que leurs réserves de munitions étaient presque épuisées, partageait cette opinion. Dans son livre, *Gallipoli*, Alan Moorehead conclut: «A la lumière de ces informations, la campagne cesse d'être une maladresse ou un pari imprudent. Elle devient au contraire l'opération la plus audacieuse de toute la guerre et ses résultats auraient même dépassé les prévisions». Il terminait en disant que Keyes avait laissé ouverte derrière lui «une discussion sans fin sur ce qui se serait passé s'il avait été, lui, l'Amiral au commandement et Robeck son chef d'état-major».

13. En guise de diversion à son parcours épuisant, Léopold, qui était devenu un alpiniste accompli, gravit le volcan Chalinagongo, haut de 3.350 mètres.

14. Chose étonnante, Léopold II, qui avait mis le Congo en valeur et en fit, avec ses immenses richesses, cadeau à son pays, ne s'y rendit jamais.

15. Des histoires à sensation furent néammoins publiées dans la presse – surtout en Grande-Bretagne – affirmant que le Roi avait été assassiné ou même qu'il s'était suicidé.

16. G. H. Dumont, *Léopold III, Roi des Belges*, Charles Dessart, 1944.

17. Le 14 janvier 1918, le maréchal Haig écrivit de France à sa femme au sujet du ministre de la Guerre, Lord Derby: «J'ai appris qu'on l'appelait à Londres le *sympathique Judas!*»

18. Le comte Capelle, *Au service du Roi, 1940-45,* Charles Dessart.

19. *Daily Telegraph.* Compte rendu par H. D. Ziman de *Mr Europe* par J.H. Huizinga.

20. Henri De Man, *Cavalier Seul,* Editions du Cheval Ailé, Genève, 1948.

21. Voir annexe IX, pour la «rétractation» de Spaak.

22. Spaak quitta brusquement un de ces conseils d'administration en 1970 lorsqu'il fut «arraché», comme l'écrivit le *Sunday Times* du 23.7.1972, «par un ami de la famille épouvanté» du frauduleux *Real Estate Fund of America* avant que celui-ci ne fît banqueroute et que son fondateur, Jerome Hoffman, ne fut condamné à la prison en Amérique.

23. Lorsque Spaak était ministre des Affaires Etrangères dans les années cinquante, il reçut un coup de téléphone de Sir George Labouchère, l'ambassadeur de Grande-Bretagne, qui s'annonça: «Ici Labouchère». «Bon. Envoyez-moi deux kilos de bœuf» répliqua Spaak. On lui attribue également la remarque suivante: «On me dit souvent que je ressemble à Winston Churchill et que je parle anglais comme Charles Boyer. J'aimerais bien que ce fût l'inverse».

Il est assez caractéristique de la nature généreuse de Léopold que, en dépit de tout le mal qu'il lui avait fait, il invita Spaak à dîner pour le congratuler lorsque celui-ci, après la guerre, fut nommé Secrétaire général de l'OTAN et reçut le Prix Charlemagne.

24. Alfred Fabre-Luce, *Une Tragédie Royale. L'Affaire Léopold III,* Flammarion, Paris 1948.

25. Paul-Henri Spaak, *Combats inachevés,* Vol. 1, Fayard, Paris, 1969.

26. Hubert Pierlot, *Pages d'Histoires, Le Soir,* du 5 au 19 juillet 1947.

27. Winston S. Churchill, *The Gathering Storm. The Second World War,* Vol. 1, Cassel, 1948.

28. L'un des partisans et des plus proches collaborateurs de Churchill était l'Amiral de la Flotte, Sir Roger Keyes, qui était entré au Parlement en 1931 comme député de Portsmouth Nord pour y faire campagne en faveur du renforcement des forces armées de la Couronne – et surtout de la Royal Navy et de son département aérien – afin de prémunir le pays de la guerre.

29. Le major L. F. Ellis, *The War in France and Flanders, 1939-1940. The Official History,* HMSO, 1953.

30. En 1951, Sir Alexander Cadogan écrivit à Lord Templewood: «... parmi tous les responsables des forces terrestres, de la marine et de l'aviation que j'ai interrogés à ce sujet, je ne pense pas en avoir trouvé un seul qui n'estimait pas que *l'apaisement* était la bonne solution. *(The Diaries of Sir Alexander Cadogan.)*

31. En dépit des divergences idéologiques publiquement exprimées entre les deux systèmes autoritaires, les Russes entraînaient des pilotes militaires allemands en secret depuis 1927, en échange d'avions et de techniciens spécialisés. Une usine de Junkers fut même installée près de Moscou.

32. William L. Shirer, *Berlin Diary 1934-41,* Hamish Hamilton, 1941.

33. Dr Paul Schmidt, *Hitler's Ubersetzer, Statist auf Diplomatischen Bühne 1923-1945,* Heinemann, 1951.

34. *Documents diplomatiques français,* 1932-1939.

35. Keith Feiling, *Life of Neville Chamberlain,* Macmillan, 1946.

36. «Je fais le maximum, nuit après nuit, écrivait Geoffrey Dawson, le rédacteur en chef du *Times,* le 23 mai 1937 à l'un de ses correspondants à l'étranger, pour retirer du journal tout ce qui pourrait heurter les susceptibilités (allemandes). Je ne vois vraiment rien dans tout ce qui a été imprimé depuis plusieurs mois dont ils pourraient s'offusquer...» John Evelyn Wrench, *Geoffrey Dawson and our Times.*

37. Pownall, dont il sera question plus loin comme chef d'état-major du Corps Expéditionnaire britannique en France et en Belgique, était à l'époque l'un des membres du secrétariat du Comité de la Défense de l'Empire.

38. *Chief of Staff.* The Diaries of Lieutenant-Général Sir Henry Pownall. Vol. 1, 1933-1940, Edited by Brian Bond, Leo Cooper, 1972.

39. Voir annexe VIII.

40. J.K. Miller, *Belgian Foreign Policy Between Two World Wars, 1919-1940,* Bookman Associates, New-York, 1951.

41. Résumé des points forts du discours du roi Léopold à ses ministres, le 14 octobre 1936:

«Notre politique militaire comme notre politique extérieure, qui nécessairement détermine la première, doit se proposer non de préparer une guerre plus ou moins victorieuse à la suite d'une coalition, mais d'écarter la guerre de notre territoire.

La réoccupation de la Rhénanie, en faussant les accords de Locarno dans la forme et dans le fond, nous a presque replacés dans notre position internationale d'avant-guerre.

Notre situation géographique nous commande d'entretenir un appareil militaire de taille à dissuader un quelconque de nos voisins d'emprunter notre territoire pour attaquer un autre Etat. En s'acquittant de cette mission, la Belgique concourt d'une manière éminente à la paix de l'Europe occidentale; et elle se crée ipso facto un droit au respect et à l'aide éventuelle de tous les Etats qui ont intérêt à cette paix.

Sur ces bases, je crois l'opinion publique belge unanime. Mais nos engagements ne doivent pas aller au-delà. Toute politique unilatérale affaiblirait notre position à l'extérieur, susciterait — à tort ou à raison — la division à l'intérieur. Une alliance, même purement défensive, ne conduit pas au but; car si prompt que pourrait être le secours d'un allié, il n'interviendrait qu'après le choc de l'envahisseur, qui sera foudroyant.

A moins de disposer elle-même du système de défense capable de lui résister, la Belgique se verrait dès le début profondément envahie et tout de suite saccagée...

C'est pourquoi nous devons, comme l'a dit récemment le Ministre des Affaires Etrangères, poursuivre une politique «exclusivement et intégralement belge».

Cette politique doit viser résolument à nous placer en dehors des conflits de nos voisins; elle répond à notre idéal national. Elle peut se soutenir par un effort militaire et financier raisonnable et elle ralliera l'adhésion des Belges, tous animés d'un intense et primordial désir de paix...

Qu'ils se rappellent de quel poids décisif l'observation scrupuleuse par la Belgique de son statut de neutralité pesa en notre faveur et en faveur des alliés pendant toute la guerre. Notre situation morale eût été incomparablement plus faible à l'intérieur et le monde ne nous eût pas voué la même sympathie, si l'envahisseur avait pu tirer argument d'une alliance de notre part avec un de ses adversaires.

C'est donc, je le répète, uniquement à nous préserver de la guerre, d'où qu'elle vienne, que doit répondre notre système militaire; et il importe que l'opinion publique en reçoive l'assurance indiscutable.

Notre statut militaire, issu de la loi de milice de 1929, excellente à divers égards, ne répond plus aux possibilités nouvelles d'une attaque brusquée. Il n'assure ni la défense permanente de nos frontières, ni la sécurité de la mobilisation, ni celle de la concentration de l'armée. Une irruption plus ou moins inopinée pourrait, en quelques heures, conquérir de précieux gages et paralyser sans retour le gros de nos forces. Il faut remédier d'urgence à cette organisation défectueuse. C'est pour en arrêter les moyens que je vous ai réunis...»

42. *Documents on British Foreign Policy, 1919-39. Second Series,* Vol. XVIII, HMSO.

43. C.P. 296 (37), 3 décembre 1937.

44. Paul Reynaud, *La France a sauvé l'Europe,* 1947. *Au cœur de la mêlée,* 1951, Flammarion, Paris.

45. Miller, ouvrage déjà cité.

46. *The Belgian Campaign and the Surrender of the Belgian Army.* Publié par la Belgian-American Education Foundation, Inc., New-York, 1940.

47. *The Diaries of Sir Alexander Cadogan*, 1938-1945, Cassel, 1971.

48. Schmidt, ouvrage déjà cité.

49. Dans le but d'attiser les ardeurs guerrières, Hitler avait ordonné une parade de blindés dans la capitale, au jour tombant, quand les Berlinois se répandraient dans les rues pour rentrer à la maison. Le résultat fut un fiasco intégral, comme l'a raconté William L. Shirer dans *Journal berlinois*: «J'imaginais les scènes que j'avais vues se dérouler en 1914 lorsque les foules en liesse, dans ces mêmes rues, jetaient des fleurs sur les soldats en marche... Mais aujourd'hui, elles se cachaient dans le métro, refusaient de

regarder et la poignée d'individus qui se trouvaient là gardaient un silence total. Ce fut la plus frappante manifestation contre la guerre à laquelle il m'ait jamais été donné d'assister». Shirer décrivit alors la scène au cours de laquelle Hitler passa ses troupes en revue d'un balcon de la Chancellerie: «Il n'y avait pas deux cents personnes. Hitler paraissait sinistre, puis furieux, et il rentra rapidement à l'intérieur... Ils (le peuple allemand) sont furieusement contre la guerre». Dans *Hitler's Übersetzer*, le docteur Schmidt exprime une impression semblable: «L'apathie et la mélancolie de la population berlinoise dont il (Hitler) put se rendre compte... fit sur lui une impression profonde». Après Munich, il nota que son maître «était profondément déçu. Le peuple allemand... au lieu de manifester sa joie à la perspective de prendre les armes contre l'ennemi... avait témoigné de manière très nette son aversion pour la guerre et son bonheur de voir la paix maintenue».

50. William L. Shirer vit Hitler quelques jours plus tôt et le décrivit ainsi: «Il semblait avoir un tic particulier... Il avait d'horribles poches noires sous les yeux. Il semblait au bord de la dépression nerveuse, comme je l'ai noté dans mes carnets ce soir même». *The Rise and Fall of The Third Reich.*

51. Les faits relatifs au mouvement anti-Hitler sont encore peu connus, bien que les minutes du procès de Nuremberg et les témoignages des rares survivants des purges de la Gestapo de 1944 soient maintenant disponibles. Voir *The Conspiracy against Hitler in the Twilight War*, par Harold Deutsch, et *The History of the German Resistance*, par Peter Hoffman.

52. Shirer, ouvrage déjà cité.

53. En 1942, l'opposition tenta de faire sauter l'avion dans lequel Hitler revenait du front russe. Cette tentative échoua d'un cheveu, le froid de la haute altitude ayant bloqué le mécanisme de la bombe à retardement de fabrication britannique que les conjurés avaient reçue de l'*Abwehr* de l'amiral Canaris.

54. Témoignage fourni par le colonel Goethals (l'attaché militaire belge à Berlin jusqu'en mai 1940) au procès de von Falkenhausen.

55. Feiling, ouvrage déjà cité.

56. Feiling, ouvrage déjà cité.

57. *Le journal de Ciano, 1939-1943*, Heinemann, 1947.

58. Winston S. Churchill, *Their Finest Hour. The Second World War*, Vol. 2.

59. Churchill, Vol. 1, déjà cité.

60. La Russie fournit plus d'un million de tonnes de pétrole aux Allemands pendant la première année de la guerre.

61. Le 31 mars 1939, Chamberlain avait certifié à la Chambre des Communes que le gouvernement britannique accorderait à la Pologne «tout le soutien possible» dans le cas où elle résisterait à une attaque. Mais le 25 août, un vrai traité d'alliance était signé entre les deux Nations.

62. Major-général Sir Edward Spears, *Assignment to Catastrophe*, Vol. 1, Heinemann, 1954.

63. A comparer avec les commentaires de Sir Harold Nicolson sur l'attitude du roi George V au début de la première guerre mondiale: «Le roi George n'était ni pro-Français, ni pro-Russe, ni pro-Allemand: il était indéfectiblement pro-Britannique». *King George V.*

64. De tous les pays neutres d'Europe, la Belgique fut probablement le pays le plus touché par la guerre et le blocus. Son commerce fut très affecté et son état permanent de semi-mobilisation suscita d'énormes dépenses. La Belgique a peu de ressources naturelles et sa prospérité dépend fortement de sa capacité à importer des matières premières. La seule façon pour elle de payer ses importations était d'exporter des produits finis, mais les restrictions des alliés sur le commerce international des marchandises provoquèrent un désastre économique. L'activité du port d'Anvers était presque complètement bloquée. Au cours du mois de septembre, 258 bateaux entrèrent dans le port au lieu des 1.025 durant le même mois de l'année précédente.

65. *The Belgian Campaign*, ouvrage déjà cité.

66. *Recueil de documents établi par le Secrétariat du Roi concernant la période 1936-1949.*

67. Voir annexe III.

68. La bande étroite de territoire hollandais entre la Belgique et l'Allemagne sur la rive orientale de la Meuse, au nord-ouest d'Aix-la-Chapelle, qui devait être traversée par les forces allemandes attaquant la Belgique au nord de Liège.

69. Le Plan Schlieffen prévoyait également une ruée massive et rapide à travers la Belgique, mais son but était différent: la destruction complète de l'armée française par un mouvement d'encerclement venant du sud.

70. Harold Deutsch, *The Conspiracy against Hitler in the Twilight War*, Minnesota University Press, 1968.

71. Harold Deutsch, ouvrage déjà cité.

72. Le fait que de si nombreux changements furent apportés à ces plans eut de malheureuses conséquences. Le chef de département du major Sas à La Haye devint de plus en plus sceptique. Lorsque Sas lui envoya un message l'avertissant de la date de l'invasion allemande de la Norvège, il négligea malheureusement le renseignement et omit de le signaler aux Britanniques, aux Français, aux Norvégiens ou aux Danois. Il fut tout aussi peu impressionné quand Sas l'avertit de l'imminence du *Blitzkrieg*, quelques heures avant son déclenchement le 10 mai 1940.

73. Erich Kordt et son frère Théo, jeunes diplomates catholiques fervents et profondément anti-Nazis, avaient longtemps joué un rôle de résistance au sein du service des Affaires Etrangères allemand. En fait, Erich avait formé en 1934 le cœur du noyau de la résistance situé à la Wilhelmstrasse dont von Weizsäcker allait progressivement prendre la direction lorsqu'il serait devenu secrétaire d'Etat en 1938. Cette année-là, Erich, avec l'accord de von Weizsäcker, rédigea à l'adresse du gouvernement Chamberlain l'appel qui l'adjurait de se montrer ferme pendant la crise de Munich. Ce message fut secrètement transmis à Lord Halifax au cours de la nuit du 7 septembre par Théo, alors chargé d'affaires à l'ambassade d'Allemagne à Londres. La plupart de leurs amis anti-hitlériens furent massacrés après l'échec de leur attentat en 1944. Les frères Kordt, se trouvant hors de portée des sbires d'Himmler (Erich était en Chine et Théo en Suisse), survécurent et purent raconter leur histoire.

74. Il y eut un événement presque aussi sensationnel le lendemain, 9 novembre. Le capitaine Best et le major Stevens des services secrets britanniques, qui pensaient avoir affaire à des agents des généraux dissidents allemands dans la ville hollandaise de Venlo, à la frontière allemande, s'aperçurent que leurs contacts étaient des SS. Ceux-ci les forcèrent à traverser la fontière pour aller en Allemagne. Ces deux événements distincts furent immédiatement liés par le ministère de la Propagande de Goebbels pour «prouver» que c'étaient les Britanniques qui avaient tenté d'assassiner le Führer, ce qui sema la confusion et le désarroi dans la hiérarchie véritable de l'opposition, l'assassin raté étant un solitaire, sans lien avec aucun des groupes dissidents. Malheureusement, le tarissement de toutes les sources d'explosifs, même celles de l'*Abwehr*, empêcha Erich Kordt qui comptait sur le colonel Oster pour lui fournir une bombe en vue de l'assassinat du Führer, d'exécuter leur projet trois jours plus tard.

75. Harold Deutsch, ouvrage déjà cité.

76. Harold Deutsch, ouvrage déjà cité.

77. Telford Taylor, *The March of Conquest*, Simon and Schuster, New York, 1958.

78. *The Memoirs of Ernst von Weizsächer*, Head of the Foreign Office, 1938-1943, Gollancz, 1951.

79. *The von Hassell Diaries, 1938-1944*, Hamish Hamilton, 1948.

80. Telford Taylor, ouvrage déjà cité.

81. Il est assez incroyable que, compte tenu de la défaite rapide et brutale que les Allemands infligèrent à l'armée polonaise et de l'infériorité des forces terrestres et aériennes alliées, Winston Churchill (Premier Lord de l'Amirauté) et le général Ironside (le CIGS) aient estimé que ce «serait une bonne chose» si les Allemands déclenchaient sans attendre leur *Blitzkrieg* à l'ouest.

82. Benoist-Méchin, *Soixante jours qui ébranlèrent l'Occident*, Albin Michel, Paris, 1956.

83. Le général-major J.F.C. Fuller, *The Second World War*, Eyre and Spottiswoode, 1947.

84. En mars 1940, le ministre français de l'Intérieur, Albert Sarraut, déclarait au Sénat: «Les propagandes communiste et nazie ne doivent pas être séparées. Ce sont des

avions allemands qui jettent des tracts communistes au-dessus de la France et la radio communiste se trouve en Allemagne... Cette propagande ennemie exploite les misères, les souffrances de la guerre...»

85. John de Courcy, *Behind the Battle*, Eyre and Spottiswoode, 1942.

86. Gordon Waterfield (correspondant de l'agence Reuter auprès de l'armée française), *What Happened in France*, John Murray, 1940.

87. Shirer, ouvrage déjà cité.

88. Von Weizsäcker, ouvrage déjà cité.

89. *The Daily Telegraph*, 25 août 1939. Lettre à l'éditeur.

90. *Le Figaro*, 19 juin 1945.

91. En réalité, en 1940, la France possédait au moins autant de chars que les Allemands, la plupart plus lourds mais aussi plus lents que ceux de l'ennemi. Mais la stratégie des Français comme d'ailleurs celle des Britanniques consistait à les disperser par petits groupes au travers de l'armée, pareils à des boîtes à pilules lentes à manœuvrer et destinés à soutenir l'infanterie, comme pendant la guerre 1914-18. Lorsque le *Blitzkrieg* déferla sur la France en mai, aucune des divisions blindées en formation cette année-là n'était complètement équipée ou entraînée au combat. Au contraire des chars allemands, les chars français ne pouvaient pas communiquer entre eux et encore moins coordonner leurs opérations avec celles d'autres unités, notamment la force aérienne. Comparativement à une division blindée française, qui comprenait 150 chars, une division de Panzers allemande comptait, outre ses 260 chars, une brigade d'infanterie motorisée flanquée d'un bataillon de troupes motocyclistes, des voitures blindées, des véhicules de reconnaissance et de l'artillerie de campagne autonome et anti-aérienne. Et il fallait encore ajouter à cela une batterie de canons anti-aériens de 88 mm qui pouvaient également être utilisés contre des objectifs terrestres et se montraient d'une efficacité terrible. Une division de Panzers était ainsi complètement autarcique. Des ateliers mobiles, des équipes de réparation et des réserves de pétrole accompagnaient les unités mécanisées ou étaient fournies par la *Luftwaffe* pour soutenir les Panzers qui pénétraient loin derrière les lignes ennemies.

92. Paul Baudouin, *Neuf mois au Gouvernement* (mars 1940 à janvier 1941).

93. Ellis, ouvrage déjà cité.

94. Ibidem.

95. *The Memoirs of Field Marshal Viscount Montgomery*, Collins, 1958.

96. Arthur Bryant, *The Turn of the Tide*. Basé sur les carnets de guerre du maréchal vicomte Alanbrooke, Collins, 1957.

97. J.R. Colville, *Man of Valour*. La vie du maréchal vicomte Gort, VC, Collins, 1972.

98. La France ne possédait que 549 chasseurs parmi lesquels 131 étaient considérés comme anciens, 186 bombardiers dont 175 anciens et 377 avions de reconnaissance dont tous à l'exception de 61 étaient anciens, quand la guerre éclata.

99. Robert Jackson, *The Air War over France*, Ian Allan, 1974.

100. Brian Bond, *France and Belgium, 1939-1940*, Davis Poynter, 1975.

101. Ellis, ouvrage déjà cité.

102. Ibidem.

103. Ibidem.

104. Bond, ouvrage déjà cité.

105. *Chief of Staff*, ouvrage déjà cité.

106. Bond, ouvrage déjà cité.

107. Ellis, ouvrage déjà cité.

108. Bond, ouvrage déjà cité.

109. *Les relations militaires franco-belges, de mars 1936 au 10 mai 1940*. Editions du Centre National de la Recherche Scientifique, Paris, 1968.

110. Bond, ouvrage déjà cité.

112. Léopold évidemment, ne réalisait absolument pas à quel point le Corps Expéditionnaire était réduit, mal équipé et sous-entraîné, ni que les forces aériennes françaises et britanniques se retrouveraient complètement paralysées face à l'écrasante maîtrise aérienne de l'Allemagne.

113. Bryant, ouvrage déjà cité.

114. Von Hassell, ouvrage déjà cité.

115. Le lieutenant-colonel George Davy, à qui incombera plus tard la responsabilité de la mission militaire britannique auprès du Haut Commandement belge, écrivit dans un rapport sur ses prestations en tant que GSO 1 de la mission britannique près le quartier général de Gamelin à Vincennes, que les Français «étaient un peu cachottiers» au sujet de leurs plans et de leurs dispositions et qu'ils ne dévoilèrent leurs cartes murales que «quand ils eurent appris à nous connaître». Voir annexe V.

116. Spears, Vol. 1, ouvrage déjà cité.

117. Dans son journal, Pownall décrit Hore-Belisha comme un «Juif obscur, un tonneau vide et un charlatan en politique». Brian Bond, l'éditeur de ce journal, fait allusion aux «tracasseries puériles» auxquelles Gort et Pownall se livraient pour compliquer la vie d'Hore-Belisha lorsqu'il était leur hôte sur le front occidental en 1939. Parallèlement, Pownall essayait de dresser les éditeurs de presse britannique et le secrétaire privé du roi George, le major (plus tard Lord) Hardinge, contre le secrétaire d'Etat à la Guerre, essayant ainsi de faire progresser le «complot des généraux» qui visait à le démettre de ses fonctions. Le jovial Lord Gort était moins ouvertement chauvin que Pownall mais l'inimitié des deux généraux envers leur ministre de la Guerre n'en finit pas moins par provoquer la chute de ce dernier. Sir John Colville écrit à ce sujet dans *Man of Valour:* «Gort était nettement à blâmer» pour ne pas accorder à Hore-Belisha «tout le crédit qui lui était dû» et «pour souvent confondre principes et préjugés». Une grande part de ces préjugés contre son supérieur civil provenait, dit Colville, du fait que Gort était «ce genre d'Anglais qui accepte les étrangers comme une regrettable nécessité, mais estime détestables les traits et les tendances étrangères chez un compatriote».

118. *Daily Telegraph* du 31 mars 1973, compte rendu du Journal de Pownall: *Taking the Lid off the War Office.*

119. Pour un compte rendu complet de cette mission de reconnaissance, voir le texte du général-major F.H.M. Davidson, *My mission to Belgium, 1940,* dans le *Journal of the Royal United Service Institute,* décembre 1969.

120. Ces craintes étaient justifiées, car les Allemands obtinrent de sources françaises plusieurs documents et de nombreuses informations concernant cette liaison militaire secrète franco-belge. *Nuremburg Documents,* Vol. 41, Ribbentrop, 221, 223, 228, 232, 233, 240.

121. *The Liddell Hart Memoirs,* Vol. 2, Cassell, 1965.

122. Ellis, ouvrage déjà cité.

123. John Cudahy écrivit une série d'articles qui parurent dans le *Sunday Express* en novembre et décembre 1940. Voir également les déclarations de Cudahy dans *The Belgian Campaign and the Surrender of the Belgian Army.*

124. Von Hassell, ouvrage déjà cité.

125. Spaak, Vol. 2, ouvrage déjà cité.

126. Après le 10 mai, Reinberger et Hoenmanns furent envoyés en Angleterre, puis au Canada. Ils furent, pendant leur absence, condamnés à mort. Frustré de ces victimes expiatoires, Hitler «envoya dans le désert» le général Felmy, commandant de la *Luftflotte 2,* et son chef d'état-major, Kammhuber.

127. Paul Reynaud, *Au cœur de la mêlée,* ouvrage déjà cité.

128. Von Hassell nota dans son journal: «J'ai appris par Ilse Goering que Hermann était hors de lui depuis plusieurs jours».

129. Le brouillon original écrit au crayon de la main du Roi se trouve dans les archives de l'Amiral. Voir fac-similé p. 346.

130. Ceci donne de Chamberlain un aperçu extraordinaire. Keyes écrivit en effet sur le brouillon original de son message: «Ai téléphoné à Winston Churchill qui a trouvé la requête raisonnable et l'a transmise au Premier Ministre qui a, lui, refusé de l'examiner».

131. Le maréchal Ironside, *The Ironside Diaries,* Constable, 1962.

132. Churchill, Vol. 1, ouvrage déjà cité.

133. B.H. Liddell Hart, *History of the Second World War,* Cassell, 1970.

134. Baudouin, ouvrage déjà cité.

135. Pour la description par Churchill de l'insistance avec laquelle son «grand ami» Sir Roger Keyes pria l'Amirauté de décider contre Trondheim l'action rapide, audacieuse et décisive qui aurait pu mettre en déroute les faibles forces allemandes et changer le cours de la campagne, voir *The Gathering Storm.*

136. *The Times*, 21 juin 1940.

137. Le journal de Sir Alexander Cadogan en date du 5 juin 1940 dit ceci: «Le Roi de Norvège a envoyé un message exaspérant. Prêt à faire un *Léopold.* Rédigé réponse lui demandant de n'être ni un âne ni un traître. Ai reçu l'approbation de W.S.C. et Neville».

138. *Cadogan Diaries*, ouvrage déjà cité.

139. Churchill, Vol. 1, ouvrage déjà cité.

140. Ibidem.

141. Benoist-Méchin, ouvrage déjà cité.

142. Ibidem.

143. Baudouin, ouvrage déjà cité.

144. William L. Shirer, *The Collapse of the Third Republic.* (Compte rendu de cet épisode par M. Lazareff cité dans cet ouvrage), Secker and Warburg, 1970.

145. Spears, Vol. 1, ouvrage déjà cité.

146. Le général Gamelin, *Servir*, Plon, Paris, 1946-47.

147. Comme Pierlot le souligna avec beaucoup de justesse au Sénat le 16 avril, après huit mois de guerre la Grande-Bretagne, la France et l'Allemagne conservaient intacts leurs forces et leurs territoires mais dès le premier jour où éclateraient vraiment les hostilités, la Belgique serait complètement ravagée.

148. Churchill, Vol. II, ouvrage déjà cité.

149. Bond, ouvrage déjà cité.

150. Le 1er mai 1940, un tract rédigé par l'Internationale communiste fut distribué dans les démocraties:

Travailleurs du monde! Dans l'atmosphère sinistre d'une nouvelle guerre impérialiste..., il devient évident que les petits pays neutres sont une monnaie d'échange pour les impérialistes. En réponse à la brutale violation des pays scandinaves, l'Allemagne a envoyé ses troupes au Danemark et a occupé des positions stratégiques en Norvège. Les canailles capitalistes entraînent les nations dans une nouvelle boucherie mondiale impérialiste... Pour échapper à la catastrophe préparée par la bourgeoisie, il n'y a pas d'autre moyen que de lutter contre la guerre impérialiste.

151. Deutsch, ouvrage déjà cité.

152. Voir carte en fin de volume.

153. Voir annexe IV.

154. Voir, par exemple, *The Diary of a Staff Officer.*

155. Jackson, ouvrage déjà cité.

156. Lorsque les Allemands envahirent la Belgique en 1914 (sans violer le territoire hollandais), ils purent traverser la Meuse au nord de Visé sans être trop retardés étant donné que l'anneau des forts de Liège n'était pas achevé. Pour empêcher qu'un mouvement similaire ne se reproduise et barrer les approches orientales de Liège, les Belges avaient modernisé à grands frais toutes les forteresses existantes autour de Liège et de Namur et construit les trois grands forts modernes de Neufchâteau, Battice et Pépinster, à l'initiative du roi Albert et du roi Léopold.

157. Hitler s'intéressa personnellement et contribua à planifier la prise impromptue des ponts et des points statégiques belges et hollandais, malgré le scepticisme et les doutes que montrait son Haut Commandement vis-à-vis de la réalisation de ces coups.

158. Un lieutenant et cartographe belge, Joseph Dombret, avait traîtreusement vendu les plans d'Eben-Emael et d'autres forteresses aux Allemands avant d'être arrêté et jugé en 1939.

159. Emile Cammaerts, *The Prisoner at Laeken. King Leopold, Legend and Fact.* Avec une préface de l'Amiral de la Flotte, Sir Roger Keyes, Bt. GCB KCVO CMG DSO, Cresset Press, 1941.

160. Le général Van Overstraeten, *Albert 1er-Léopold III. Vingt ans de politique militaire belge, 1920-1940.* Desclée de Brouwer, Bruges, 1946.

161. Von Richthofen était un cousin de l'as de la première guerre mondiale.

162. Telford Taylor, ouvrage déjà cité.

163. Von Weizsäcker, ouvrage déjà cité.

164. Spaak, ouvrage déjà cité.

165. Le discours de l'Amiral lui valut plus de 400 lettres d'approbation, d'admiration et de gratitude; plusieurs d'entre elles répercutaient l'opinion de correspondants lui déclarant que «M. Churchill vous est très largement redevable de sa situation actuelle».

166. Harold Nicolson, *Diaries and Letters, 1939-45,* Collins, 1967.

167. Keith Feiling, ouvrage déjà cité.

168. Spears, Vol.I.

169. Baudouin, ouvrage déjà cité.

170. Ceci était l'heureux résultat de la collaboration secrète entre Belges et Britanniques que la plupart des comptes rendus britanniques ignorent ou nient. «Monty», qui était perfectionniste, confia toutefois à Alan Brooke que cette progression «avait été réglée comme du papier à musique».

171. «Je sentais, écrivait Gort dans ses *Despatches,* que les ressources offertes par l'aviation ne seraient pas suffisantes pour couvrir les exigences du Corps Expéditionnaire durant les opérations»; et plus loin: «Les reconnaissances tactiques devinrent quasiment impossibles sans soutien des chasseurs». Le 12 mai, le groupe des chasseurs de la force aérienne du Corps Expéditionnaire était déjà réduit à 50 avions.

172. Le 5 mai 1943, lors d'un débat à la Chambre des Lords, Lord Beaverbrook tenta vainement de surmonter l'opposition du ministère de l'Air aux bombardiers en piqué. Keyes décrivit la scène: «Je prévoyais le désastre... et j'ai appelé le Premier Ministre...Je n'obtins d'abord ni sympathie ni aide. Plutôt contrarié, je tins alors le téléphone à bout de bras par la fenêtre et lui dis: *Pouvez-vous entendre ces choses désagréables? Cela rugit ainsi tout au long de la journée».* Dans *Unexpected,* le général Brownrigg écrit qu'il trouva l'attaché militaire britannique «encore tout secoué par la conversation qu'il venait d'entendre dans son bureau entre Sir Roger Keyes et le Premier Ministre à Londres. L'amiral avait apparemment stigmatisé en termes non équivoques ce qu'il considérait comme le soutien aérien inadéquat que nous avions procuré à l'armée belge».

173. *Belgium, The Official Account of What Happened, 1939-1940.* Publié pour le compte du ministère belge des Affaires Etrangères par Evans Bros, 1941.

174. «Les quartiers généraux... se trouvaient dispersés dans une dizaine de villages couvrant une superficie d'environ 65 kilomètres carrés... Ils comprenaient en septembre 1939 plus de 500 officiers et 2.000 soldats et sous-officiers. En mai 1940, ils étaient encore bien plus nombreux... Cet essaimage, joint à un réseau totalement inadéquat de téléphones (manipulé principalement par des Ecossais plutôt bourrus), ne facilitait pas les choses... Je ne pense pas qu'il y ait jamais eu dans l'histoire militaire de GQG plus dispersé que celui-là...» *Unexpected,* Lieutenant-général Sir Douglas Brownrigg (alors général adjoint du Corps Expéditionnaire).

175. Une division «verte» était cantonnée derrière la ligne Maginot à la fois pour acquérir l'expérience de la bataille et «convaincre les soldats français qu'une armée britannique existait bel et bien en France». J.R. Colville, biographe de Gort, dans *Man of Valour.*

176. Anonyme. *The Diary of a Staff Officer* (Officier de liaison des renseignements de l'aviation) au quartier général avancé du nord, 1940, Methuen, 1941.

177. Pownall, ouvrage déjà cité.

178. «Cette fois au moins, écrivit le *Times* le 11 mai, il n'y a pas eu de surprise stratégique. Les armées de Hollande et de Belgique et celles des alliés dans le nord de la France ont préparé et mis au point leurs plans. Elles étaient toutes hier matin en état d'alerte, de sorte qu'une phrase, un seul mot de passe au téléphone, aurait suffi à mettre la machine en marche». Mais le 29 mai, le lendemain de la capitulation de l'armée belge, le *Times* se contredit sans vergogne: «Pétri de craintes, le gouvernement belge refusa d'harmoniser avant l'invasion, ses plans de défense avec ceux des alliés. Il avait cependant dû prévoir aussi clairement que nous la possibilité d'une attaque non provoquée. Lorsque l'assaut finalement se produisit, ils n'en demandèrent pas moins immédiatement l'aide de la Grande-Bretagne et de la France. Nous ne pûmes faire autrement que de l'accorder tout de suite et de nous efforcer d'improviser pour la Belgique une défense qui aurait pu être systématiquement planifiée».

179. Colville, ouvrage déjà cité.

180. Journal de Pownall, ouvrage déjà cité.

181. Winston Churchill se persuada également que l'entrée des Alliés en Belgique, qu'ils étaient décidés à réaliser par la force s'ils n'y avaient pas été priés, leur donnait le rôle de «libérateurs». Ses mémoires précisent en effet clairement: «Le premier groupe d'armées avec les Britanniques au centre, au lieu de se tenir derrière ses fortifications, se précipita en Belgique pour une vaine (parce que tardive) mission de sauvetage». *The Second World War,* Volume 2.

182. Peter Hadley, *Third Class to Dunkirk,* Hollis and Carter, 1944. Voir également *Dunkirk. The Necessary Myth,* de Nicholas Harman, Hodder and Stoughton, 1980.

183. Destructions en Belgique pendant la campagne des 18 jours. Le *Courrier de Genève* du 22 février 1941, rapportant les conclusions de la Commission Belge de la Reconstruction, publia les informations suivantes:

Sur l'ensemble du territoire, on estime que 500 communes seulement, sur 2500, sont intactes...9832 maisons ont été détruites, 24156 sérieusement endommagées et 117000 atteintes plus légèrement. Pour autant que nous ayons des renseignements à ce sujet, la Belgique a perdu 352 usines. Une centaine de gares sont touchées. Le nombre de ponts et de tunnels détruits est double de celui relevé... pour la France: il atteint le chiffre élevé de 1455.

Plus de 10000 kilomètres de route ont finalement été rendus impraticables de sorte que certaines régions sont aujourd'hui entièrement privées de moyens de communication... Selon les informations reçues au cours de cette enquête, l'aspect général de la Belgique évoque celui de la Grande Guerre et le travail de reconstruction est immense.

Quand on sait que la Belgique a une superficie de 30447 kilomètres carrés et une population d'environ 8300000 habitants, on saisira mieux l'ampleur du dommage qu'elle a subi en élevant proportionnellement tous ces chiffres à l'échelle de grands pays comme la France, l'Angleterre ou l'Allemagne.

184. Shirer, *Berlin Diary,* ouvrage déjà cité.

185. Lorsque le général Needham rentra en Angleterre, il écrivit à Sir Roger qu'à son avis le roi Léopold «avait nettement mieux appréhendé la situation que les responsables des efforts alliés en Belgique».

186. *Royal United Services Institution Journal,* février, 1954.

187. Après la guerre, un chercheur en histoire belge, J. Verhaeghe, apprit par l'ancien attaché de presse à l'ambassade de Grande-Bretagne à Bruxelles que ce dernier avait reçu le 11 mai 1940 la visite de deux officiers britanniques du GQG de Gort. Ceux-ci apportaient des affiches où se trouvaient imprimées des instructions pour la population belge. L'attaché de presse fut d'avis que sa formulation agressive paraissait plus destinée à un ennemi qu'à un pays ami. Avec l'accord de l'ambassadeur, il rectifia donc en grande partie le texte.

188. Montgomery, ouvrage déjà cité.

189. Ibidem.

190. Colville, ouvrage déjà cité.

191. Bryant, ouvrage déjà cité.

192. Montgomery, ouvrage déjà cité.

193. Lettre écrite par Montgomery le 25 août 1952 au biographe de Gort, J.R. Colville, mais qui n'est pas citée dans *Man of Valour.*

194. Nigel Hamilton, *Monty. The Making of a General, 1887-1942,* Hamish Hamilton, 1981.

195. *Mémoires de guerre* du général de Gaulle, Vol.I.

196. Brigadier L.A. Hawes, *The Story of the «W» plan. The Army Quarterly.*

197. Spears, ouvrage déjà cité.

198. «A l'échelon qui était le mien, écrivit Gamelin dans une lettre à *L'Aurore* en novembre 1949, à quoi aurait pu servir une radio?»

199. Montgomery, ouvrage déjà cité.

200. Bryant, ouvrage déjà cité.

202. Le journal de Brooke montre qu'il pensait à tort que la Belgique avait donné son accord, dès le début du «Plan D», à la démarcation des forces belges et britanniques... connue sous le nom de ligne Gamelin».

203. Telford Taylor, ouvrage déjà cité.

204. Colville, ouvrage déjà cité.
205. Pownall, ouvrage déjà cité.
206. L'auteur a rencontré le chauffeur belge de l'amiral en 1950. Cet homme s'était peu avant rendu sur la tombe de l'amiral à Douvres et y avait déposé des fleurs. Il a affirmé que le compteur kilométrique de la Packard de l'amiral marquait 6.000 kilomètres à la fin de la campagne des 18 jours. Il gardait le souvenir d'une série de trajets agités et dangereux, effectués à toutes les heures du jour et de la nuit et souvent sous les bombardements. Les deux Belges qui lui étaient indispensables s'attachèrent beaucoup à l'amiral et ne purent cacher leur émotion lorsqu'il prit congé d'eux dans les dramatiques circonstances de l'aube du 28 mai. L'amiral fut profondément ému par le dévouement de ces deux hommes et en parla souvent par la suite.
207. Telford Taylor, ouvrage déjà cité.
208. S.A.R. la princesse Wilhelmine des Pays-Bas, *Lonely But Not Alone,* Hutchinson, 1959.
209. Sir John Wheeler-Bennett, *King George VI. His Life and Reign,* Macmillan, 1959.
210. *The White House Papers of Harry L. Hopkins,* Editeur: Robert E. Sherwood, Eyre and Spottiswoode, 1948-49.
211. Princesse Wilhelmine, ouvrage déjà cité.
212. La reine Wilhelmine dut se résigner à l'exil, dans un cottage de Roehampton d'abord et ensuite dans une maison de campagne nommée Stubbings à Maidenhead. Elle passa une guerre malheureuse, sa détresse atteignant un point extrême lorsque l'armée britannique, à la suite d'une occasion manquée, ne réussit pas à libérer la totalité de son pays, entraînant la mort par inanition de nombreux Hollandais. La Reine fut également très affectée lorsque les dirigeants alliés empêchèrent les forces armées hollandaises, qui avaient pourtant sous leur commandement superbement contribué à l'effort de guerre, de libérer les territoires d'outremer de la Hollande dans l'Est asiatique. Les Alliés non seulement refusèrent d'aider les Hollandais à reprendre possession de leurs colonies, mais contrecarrèrent encore activement leurs efforts. La Reine fut très touchée par tous ces événements et par la manière dont son pays avait été traité par les alliés victorieux et, en 1948, elle se résolut à transmettre la Couronne et à abdiquer en faveur de sa fille, la princesse Juliana.
213. B.H. Liddell Hart, *The Other Side of the Hill,* Cassell, 1948.
214. *Sunday Pictorial,* 22 mars 1959.
215. Dans *Une tragédie royale,* Fabre-Luce affirme que, d'après des chiffres établis en Grande-Bretagne, 300.000 personnes furent tuées par les Nazis aux Pays-Bas durant l'occupation, alors qu'en Belgique, où la présence du Roi prisonnier contribua à protéger la population, ce chiffre fut de 23.000.
216. Spears, ouvrage déjà cité.
217. Montgomery, ouvrage déjà cité.
218. Voir annexe VI.
219. Van Overstraeten, ouvrage déjà cité.
220. Il s'agit peut-être de Kim Philby, l'espion soviétique, qui était alors correspondant de guerre du *Times* auprès du Corps Expéditionnaire.
221. Sir Lancelot présente son livre, *An Ambassador in Bonds,* comme la «narration d'un épisode unique de la période contemporaine, l'arrestation, la mise au secret et l'internement subséquent d'un ambassadeur». Il n'est pas étonnant que les Allemands aient décrété qu'Oliphant avait perdu son immunité diplomatique en se cachant d'eux, mais ils le traitèrent aimablement et lui permirent de mener une existence confortable et relativement libre en Allemagne avant de le rapatrier seize mois plus tard. Mais, écrit Oliphant, les Allemands «suscitaient mon indignation... Dès le début, je sentis donc qu'il était de mon devoir d'adopter une attitude intransigeante... et de protester constamment contre la manière dont j'étais traité».
222. Les neuvième et deuxième armées françaises furent mises en déroute les 14 et 15 mai; «l'opération Dynamo» débuta le 26 mai; l'armée belge capitula le 28 mai et l'armistice français fut signé le 21 juin 1940.
223. Le 30 avril, l'attaché militaire français à Berne apprit par l'opposition allemande et les services secrets suisses que la *Wehrmacht* attaquerait à l'ouest entre le 8 et le

10 mai, avec Sedan comme «axe principal du mouvement». Cette information fut immédiatement transmise à Gamelin et à Georges et l'adjoint de l'attaché rendit une visite personnelle aux généraux le 3 mai pour s'assurer qu'ils avaient bien reçu le message. La même information fut transmise au GQG français par d'autres sources sérieuses mais elle ne fut pas prise en considération.

224. Voir le rapport du colonel Davy, annexe V.

225. Jackson, ouvrage déjà cité.

226. Le correspondant de guerre du *Daily Telegraph* rapporta le 7 mai 1940, alors qu'il se trouvait à Malmédy, près de la frontière germano-belge: «Des méthodes ingénieuses pour empêcher la pénétration rapide des forces mécanisées allemandes en cas d'invasion ont été imaginées par l'armée belge dans les vallées boisées de l'Ardenne, le long de la frontière germano-belge. Les routes qui relient la Belgique à l'Allemagne ont été complètement bloquées par des arbres abattus sur des largeurs de 100 mètres et plus. Les routes ne sont plus qu'une masse de troncs de sapins et de branches entremêlées et débarrasser tout cela sous le feu des canons belges bien dissimulés ne sera pas une tâche facile. La plupart de ces travaux ont été effectués récemment (vendredi et samedi derniers) et les routes qui étaient encore ouvertes jeudi sont maintenant infranchissables. Il ne reste qu'une seule route dégagée pour le trafic motorisé et une autre pour les trams. L'abattage des arbres représente une perte de plusieurs millions de francs pour l'industrie locale du bois. A d'autres endroits, les routes ont été obstruées par des masses de cailloux et de blocs de pierre reliés par du ciment et disposés de telle manière qu'une voiture doit ralentir au pas pour se faufiler parmi ces obstacles. Dans cette région sauvage de collines, de forêts de sapins et de torrents — très différente du paysage plat de Hollande —, une armée d'invasion ne peut utiliser que les routes et les lignes de chemin de fer, et il semble y avoir peu de risques actuellement que les défenses belges soient submergées par une attaque soudaine. Le moral des forces frontalières belges m'a paru excellent. L'armée belge est bien entraînée dans la tradition de ses victoires de 1918 sur les Allemands à Merkem, Passchendaele et Staden, et n'est visiblement pas habitée par la peur habituelle aux neutres devant la machine de guerre allemande».

227. Heinz Guderian, *Panzer Leader*, Michael Joseph, 1952.

228. Alistair Horne, *To Lose a Battle*, Macmillan, 1969.

229. Guenther Blumentritt, *Von Rundstedt. The Soldier and the Man*, Odhams, 1952.

230. Le colonel de Bardies, *La Campagne de 1939-1940*, Arthème Fayard, Paris, 1947.

231. Ibidem.

232. Le major Jacques Minart, *P.C. Vincennes*, Berger-Levrault, Paris, 1945.

233. André Beaufre, *1940: The Fall of France*, Cassell, 1967.

234. Gamelin, ouvrage déjà cité.

235. *The Diary of a Staff Officer*, ouvrage déjà cité.

236. Albert Kammerer, *La vérité sur l'Armistice*, Médius, Paris, 1944.

237. Minart, ouvrage déjà cité.

238. Dans une allocution radiodiffusée, Reynaud stigmatisa publiquement les généraux et accusa Corap, tout à fait faussement, d'avoir omis de détruire les ponts de la Meuse. Le général, qui s'était vainement plaint de l'insuffisance de ses ressources en hommes et en matériel avant l'attaque des Allemands, fut disculpé par la suite et réintégré dans ses fonctions par un tribunal militaire.

239. Reynaud, ouvrage déjà cité.

240. Baudouin, ouvrage déjà cité.

241. Feiling, ouvrage déjà cité.

242. «Sur les quais..., écrivit Alfred Fabre-Luce dans le *Journal de la France*, les passants s'étonnent d'un nuage bas qui laisse pleuvoir des fragments de papier noirci». Roger Peyrefitte, un témoin oculaire, a décrit la scène au quai d'Orsay de la manière suivante: «Sur la pelouse, Paul Reynaud et Mandel, ce dernier livide, attendaient qu'on arrose de pétrole les archives rassemblées en tas sur la pelouse puis attisaient le feu avec des outils de jardinage». Pertinax rappelle que «si grande était l'impatience de Reynaud et de son entourage que lorsque le feu n'allait pas assez vite, il empoignaient des tas de papiers et les jetaient dans la Seine». «A Varsovie, à Oslo, continue Fabre-Luce, la *Wehrmacht* en a fait une riche moisson. Averti par ce précédent, le Quai veut éviter la publication d'un nouveau

Livre Blanc. Mais il ne s'agit pas seulement de dérober à l'ennemi des secrets d'Etat. Les responsables de la déclaration de guerre pensent aussi à la Haute-Cour qui siégera un jour en France. Il faut qu'elle manque de preuves...» Mais tous ces efforts frénétiques des dirigeants politiques français ne servirent à rien. Les Allemands trouvèrent des copies des documents brûlés et d'autres papiers considérés comme secrets d'Etat abandonnés dans un wagon de chemin de fer, sur une voie de garage à Charité-sur-Loire. Ils les publièrent en temps voulu sous forme d'un Livre Blanc qui contient des preuves inconfortables à charge de Reynaud et autres. Lorsqu'il fut critiqué pour avoir suscité et exigé qu'on prenne des mesures urgentes pour détruire les archives d'Etat, Reynaud nia s'être comporté de cette manière et accusa Alexis Léger, le secrétaire général, d'avoir donné l'ordre de les brûler sans le prévenir. Mais Peyrefitte conclut: «Les erreurs du quai d'Orsay demandaient une fraîche et sanglante victime. Paul Reynaud rejeta la responsabilité de la panique sur le secrétaire général et ce dernier fut sacrifié pour avoir obéi». L'infortuné Léger fut congédié le jour suivant et eut le douteux honneur d'être le premier en date des boucs émissaires civils de Reynaud.

243. Churchill, Vol. 2, ouvrage déjà cité.

244. En fait, Hermann Goering avait déjà demandé le 15 mai à un diplomate suédois de se rendre à Paris et de proposer à Reynaud des conditions de paix modérées, s'il demandait immédiatement l'armistice (voir chapitre 20).

245. Colville, ouvrage déjà cité.

246. Marc Bloch, *Strange Defeat*, Norton Library, New York, 1968.

247. En 1917, le gouvernement belge, avec la pleine approbation du roi Albert, refusa de se joindre au pacte de Londres, aux termes duquel la France, la Grande-Bretagne et la Russie acceptaient de ne pas conclure de paix séparée avec les Allemands.

248. *Recueil*, ouvrage déjà cité.

249. Ibidem.

250. Le 18 mai, le *Times* de Londres publia ce rapport en provenance de Belgique (et émanant des services de Pierlot): «Le Premier Ministre a été reçu par le Roi. Il l'a trouvé calme. Il partage les souffrances de son peuple, mais sans le montrer, complètement absorbé par le dur devoir qui est le sien. Il dirige les opérations, contrôle chacune d'entre elles et se préoccupe profondément du sort de ses troupes dont il connaît fort bien la condition morale et physique. Chacun d'entre nous, négligeant ses propres infortunes, doit s'inspirer d'un exemple aussi héroïque. Tous sont déterminés, sous le commandement de notre Souverain, à demeurer fermes jusqu'à la victoire».

251. Pownall, ouvrage déjà cité.

252. *Recueil*, ouvrage déjà cité.

253. Le matin du 16 mai, selon le journal d'Ironside, Gamelin, dans une conversation téléphonique avec le CIGS britannique, utilisa l'expression: «Tout est perdu».

254. Kammerer, ouvrage déjà cité.

255. *The Diary of a Staff Officer*, ouvrage déjà cité.

256. Ironside ne confia pas cela qu'à son journal. Le 19 mai, il dit à Anthony Eden: «Ceci est la fin de l'Empire britannique», comme le rapporte ce dernier dans ses mémoires, *The Reckoning*.

257. Ironside, ouvrage déjà cité.

258. Le lieutenant-général Sir Douglas Brownrigg, *Unexpected. A Book of Memories*, Hutchinson, 1942.

259. Voir annexe V.

260. Brigadier George Davy, mémoires inédits.

261. Ellis, ouvrage déjà cité.

262. Extrait du *Supplementary Report* du lieutenant-colonel George Davy: «Le manque de confiance du Corps Expéditionnaire (dans les Belges) fut illustré par l'arrière-garde sur la Dendre où le lieutenant-colonel Horrocks avait disposé ses troupes de l'arrière en face des Allemands. Du côté gauche, vers l'arrière, ces troupes formaient une courbure en direction d'un front où il pensait que se trouvaient des Belges, mais il n'en était pas sûr. En réalité, la moitié de sa force était tournée vers la gauche. Je savais qu'il s'y trouvait des Belges... Mais il n'y avait aucun officier de liaison britannique avec eux. Je m'y rendis moi-même, en dépit des conseils d'un major d'une batterie antichar qui me

dit que je me dirigeais droit sur les Allemands. La division belge des Chasseurs envoya rapidement un officier au colonel Horrocks, il y eut des visites de part et d'autre et certains réajustements furent apportés aux plans. Bien que ce ne fût pas mon travail, je vis la nécessité d'une intervention et la liaison fut établie. Elle n'empêcha malheureusement pas l'un de nos postes de la gauche de tirer sur un sous-officier belge à motocyclette. Le poste se trouvait encore en face des Belges. Si je n'avais pas pris la précaution de déployer l'Union Jack que je transportais toujours sur mon stick de polo, ils m'auraient probablement tué de même sur le chemin du retour. Une nouvelle fois, la quarante-quatrième division se trouvait en face des Belges comme les Allemands à la veille de leur retraite de l'Escaut. Ils tuèrent un officier de liaison belge qui venait les voir. A mon avis, il devait être entendu que les formations voisines des armées alliées, au niveau des brigades ou même des bataillons, échangent automatiquement des officiers de liaison sans qu'il soit nécessaire de le leur dire. La division du général Montgomery n'avait pris aucune mesure en ce sens et son arrière-garde étant de plus mal orientée, si je n'étais pas intervenu personnellement en compagnie du commandant de la division des Chasseurs Ardennais, ces divisions contiguës se seraient repliées sur des lignes divergentes et elles auraient ainsi créé un trou de 25 kilomètres au milieu du front allié. Le commandant de la division belge enfin ne savait pas que le général Montgomery comptait se replier, alors même que la division britannique était déjà en mouvement. Les Belges tentèrent souvent d'envoyer des officiers de liaison dans nos divisions de flanc mais ils se heurtèrent à des difficultés parce que le GQG ignorait ou répugnait à divulguer la situation géographique de ses quartiers généraux divisionnaires. Il était difficile d'obtenir ce genre d'informations et les télégrammes codés qui les demandaient restaient sans réponse. Les officiers du GQG semblaient ne pas être au courant».

263. Tous les incidents ne furent pas aussi graves que celui de la Dendre mais les commentaires suivants d'un membre de la mission Needham illustrent bien le genre de malentendus qui surgissaient provoqués par les différences de motivations, de langues et de tempéraments entre les deux nations et que la mission s'efforçait d'aplanir:

17 mai: le général Van Overstraeten et un autre général belge sont venus, très irrités parce qu'un officier britannique, revolver au poing, a fait sauter le pont de Vilvorde (dans la zone belge), obligeant les Belges à se retirer... il semble aussi que l'un des ponts dynamités par les Britanniques n'est qu'à moitié détruit. 21 mai: le major belge Defraiteur a adjuré la mission britannique de ne pas faire sauter la centrale électrique de Zwevegem car cela n'est d'aucune utilité stratégique. Cette politique britannique de la terre brûlée a provoqué de graves frictions car elle ne semblait pas tenir compte du fait que les Belges allaient devoir continuer à vivre dans leur pays.

264. Colville, ouvrage déjà cité.

265. Bond, ouvrage déjà cité.

266. Les *Despatches* de Lord Gort. Supplément à *The London Gazette*, 17 octobre 1941.

267. Brownrigg, ouvrage déjà cité.

268. Allusion aux diverses organisations de gauche «Paix» (ou pacifistes) qui, comme leurs pendants contemporains, avaient réclamé le désarmement unilatéral de leur pays.

269. William L. Langer, *Our Vichy Gamble*, Alfred A. Knopf, New York, 1947.

270. Baudouin, ouvrage déjà cité.

271. Ironie du sort, Maxime Weygand était peut-être du même sang que le Roi des Belges. Nombreux sont en effet ceux qui croient que sa mère était l'impératrice Charlotte, veuve du malchanceux Maximilien du Mexique et sœur de Léopold II. Il était manifestement fier de sa probable origine royale qu'il ne confirma ni ne nia jamais. Sa naissance fut enregistrée à Bruxelles en 1867 comme «sans origines» et il reçut en France l'éducation d'un jeune homme fortuné, pour sortir de St Cyr en 1888 dans le quatrième régiment des Dragons.

272. Commandant J. Weigand, *The Role of Général Weigand*. Conversation avec son fils, Eyre et Spottiswoode, 1948.

273. Baudouin, ouvrage déjà cité.

274. Le général Maxime Weygand, *Recalled to Service*, Heinemann, 1952.

275. Baudouin, ouvrage déjà cité.

276. Churchill, Vol. 2, ouvrage déjà cité.

277. Maréchal de l'air Sir John Slessor, *The Central Blue*, Cassell, 1956.

278. Churchill, Vol. 2, ouvrage déjà cité.

279. A l'époque où Churchill assurait pratiquement seul la direction générale de la guerre, les trois ministres de service n'étaient pas membres de son Cabinet de Guerre, n'assistaient pas aux réunions de la Commission des chefs d'états-majors et n'avaient aucune responsabilité en matière de plans ou d'opérations.

280. *The Memoirs of General the Lord Ismay*, Heinemann, 1960.

281. Pownall, ouvrage déjà cité.

282. Ironside, ouvrage déjà cité.

283. Ellis, ouvrage déjà cité.

284. Slessor, ouvrage déjà cité.

285. Churchill, Vol. 2, ouvrage déjà cité.

286. Ironside, ouvrage déjà cité.

287. Ellis, ouvrage déjà cité.

288. Churchill, Vol. 2, ouvrage déjà cité.

289. Voir cartes en fin de volume.

290. Ironside, ouvrage déjà cité.

291. Bryant, ouvrage déjà cité.

292. Le 23 mai, le communiqué britannique annonçait: «L'armée belge a fortement contribué au succès de la bataille en cours», et les jours suivants, les journaux britanniques et même certains journaux français firent l'éloge des troupes belges.

293. Ce téléphone «sûr» se trouvait dans la villa royale où résidait la reine Elisabeth; il avait été installé pour le roi Albert durant la première guerre mondiale.

294. Ce télégramme fut apparemment dicté par Churchill le 20 mai, mais daté et expédié le lendemain. Weygand se déplaça dans le nord le 21.

295. Le général Weygand, ouvrage déjà cité.

296. Van Overstraeten, ouvrage déjà cité.

297. *Rapport de la Commission d'Information instituée par S.M. le Roi Léopold III, le 14 juillet 1946.*

298. Weygand, ouvrage déjà cité.

299. Van Overstraeten, ouvrage déjà cité.

300. Weygand, ouvrage déjà cité.

301. Ibidem.

302. C'était le jour où Ironside signala à Churchill, selon ce dernier, que le Corps Expéditionnaire «n'avait eu jusqu'alors que 500 pertes environ». *Their Finest Hour.*

303. Commandant Weygand, ouvrage déjà cité.

304. Le général Weygand, ouvrage déjà cité.

305. Commandant Weygand, ouvrage déjà cité.

307. Spears, Vol. 1, ouvrage déjà cité.

308. Le général Weygand, ouvrage déjà cité.

309. La «faible profondeur» de l'Escaut fut considérée par Billotte, Van Overstraeten et l'historien officiel, le Major Ellis, notamment, comme un fallacieux prétexte pour justifier le repli du Corps Expéditionnaire à partir de ce fleuve.

310. La précision des articles de Pierlot, écrits si longtemps après, est à vrai dire suspecte. Il affirme par exemple que les ministres «rencontrèrent immédiatement les généraux Weygand et Billotte» dès leur arrivée à Ypres à 15 heures, alors que Billotte n'arriva en fait qu'à 17 heures.

311. Pierlot, ouvrage déjà cité.

312. Bryant, ouvrage déjà cité.

313. Ellis, ouvrage déjà cité.

314. Bond, ouvrage déjà cité.

315. Commandant Weygand, ouvrage déjà cité.

316. Keyes écrivit dans une lettre à sa femme: «Mon retour fut absolument affreux et je ne tiens plus à me retrouver sur la route la nuit. J'ai dit à Winston le matin suivant que si j'étais plus utile vivant que mort, il valait mieux qu'il ne m'oblige pas à refaire cela!»

317. Commandant Weygand, ouvrage déjà cité.

318. Spears, ouvrage déjà cité.

319. Wheeler-Bennett, ouvrage déjà cité.

320. Le général Weygand, ouvrage déjà cité.

321. Baudouin, ouvrage déjà cité.

322. Spears, ouvrage déjà cité.
323. Baudouin, ouvrage déjà cité.
324. Reynaud, ouvrage déjà cité.
325. Dans sa recension de la traduction anglaise des mémoires de Paul Reynaud, A.J.P. Taylor écrivit sur la campagne des six semaines de 1940: «Chaque politicien français et chaque général français a relaté son expérience de ces semaines dramatiques. Mais leurs récits auraient été plus utiles... s'ils s'en étaient tenus à la narration au lieu de chercher à rejeter la faute sur les autres... Chaque témoignage français de 1940 est un fragment d'un litige gigantesque et non la restitution d'expériences réunies dans la sérénité. Les mémoires du Premier Ministre... sont naturellement les plus litigieux, les plus sujets à controverse. Tout le monde a accusé Paul Reynaud et il a renvoyé cette accusation sur tout le monde.

Peu après la guerre, il a publié deux gros volumes sous le titre dramatique mais faux: «La France a sauvé l'Europe»; à quoi le lecteur était censé ajouter: «et Paul Reynaud a sauvé la France». Il a ensuite fourré tout cela dans un ouvrage encore plus gonflé... Il interrompt sa narration pour y insérer des éléments à sensation... les notes jaillissent comme champignons après la pluie. Les conversations dans des antichambres, dans des ascenseurs, dans des taxis, des épigrammes rédigés en pleine nuit, des murmures au petit matin, il fait flèche de tout bois; et finalement, le livre ressemble à une valise qui ne sera jamais fermée, quel que soit le nombre des personnes qui s'assoient dessus. Plus perspicace que jamais, il fut le premier à réaliser que la bataille de France était perdue... il cacha à ses collègues du cabinet que les Britanniques accepteraient un armistice pour la France à certaines conditions. La France aurait pu obtenir un armistice plus favorable s'il avait été conclu plus tôt...»
326. Spears, ouvrage déjà cité.
327. Ibidem.
328. Feiling, ouvrage déjà cité.
329. Cadogan, ouvrage déjà cité.
330. Spears, ouvrage déjà cité.
331. Bond, ouvrage déjà cité.
332. Ibidem.
333. Pownall, ouvrage déjà cité.
334. Van Overstraeten, ouvrage déjà cité.
335. Bond, ouvrage déjà cité.
336. Van Overstraeten, ouvrage déjà cité.
337. De Man, ouvrage déjà cité.
339. Le major Defraiteur devint ministre de la Défense dans un gouvernement d'après-guerre.
340. Allusion à l'allocution radiodiffusée de Pierlot, prononcée à Paris, qui condamnait le Roi pour avoir capitulé sans raison valable et sans avertissement.
341. *Rapport,* ouvrage déjà cité.
342. Spaak, ouvrage déjà cité.
343. Henri-François Van Aal, *Télé-mémoires de De Vleeschauwer, Gutt, Spaak,* CRISP, Bruxelles, 1971.
344. Spaak, ouvrage déjà cité.
345. J.H. Huizinga, *Mr Europe. A political Biography of Paul Henri Spaak,* Weidenfeld and Nicolson, 1961.
346. Pour stimuler davantage le moral, un message fut diffusé à la radio annonçant aux troupes que si leurs ministres avaient jugé bon de partir à l'étranger, le Roi demeurait avec elles et qu'il était plus que jamais «l'incarnation d'une Belgique libre et indépendante».
347. Van Overstraeten, ouvrage déjà cité.
348. L'article fut publié le 29 janvier 1969.
349. De Man, ouvrage déjà cité.
350. Bond, ouvrage déjà cité.
351. Pownall, ouvrage déjà cité.
352. Ellis, ouvrage déjà cité.

353. Le 20 août 1940, Montgomery écrivit à Keyes, alors directeur des Opérations Inter-armes, qu'il avait reçu ces ordres — «première nouvelle» que l'on évacue le Corps Expéditionnaire — le 26 à 16 heures. Sa lettre se terminait sur ces mots: «Si vous désirez un bon Corps bien vaillant pour frapper un coup à l'étranger, j'espère que vous ne m'oublierez pas!»

354. Churchill, Vol. 2, ouvrage déjà cité.

355. Anthony Eden, *The Eden Memoirs*, Vol. 2, *The Reckoning*, Cassell, 1965.

356. Il est curieux que, dans son journal de la campagne, Pownall pas une seule fois ne mentionne le colonel Davy ni aucun de ses officiers, pas plus que la mission Needham. Le fait que «l'opération Dynamo» débuta le 26 mai est également passé sous silence, ce qui donne l'impression que la retraite et le rembarquement du Corps Expéditionnaire ne commencèrent que deux jours plus tard.

357. Ellis, ouvrage déjà cité.

358. En dépit des communications mal accueillies de Keyes sur Léopold, Churchill se donna la peine d'écrire à sa femme, le 27: «Ma chère Eva, un mot pour vous dire que je parle avec Roger tous les jours. Il accomplit un travail formidable. J'ai pensé que vous seriez heureuse de le savoir. P.S. Il recevra bientôt l'ordre de rentrer.

359. Van Overstraeten, *Albert 1er — Léopold III*, 1946, et *Dans l'étau*, Plon, Paris, 1960.

360. La formulation de ce télégramme a visiblement été inspirée par Spaak qui, le jour précédent, avait trouvé place dans l'avion qui ramenait Reynaud de Londres à Paris. Sa phraséologie est en effet similaire à celle qu'utilisa Spaak dans ses allusions ultérieures à cette question. En fait, l'ambassadeur de Belgique, le baron Cartier de Marchienne, nia fermement que lui-même ou quiconque à l'ambassade ait jamais prétendu ou déclaré que le roi Léopold «considérait la guerre comme perdue» et qu'il envisageait une «paix séparée». En réalité, comme l'a écrit dans son livre: *The League of London*, Hans Roger Madol, un historien luxembourgeois, diplomate et vieil ami du roi Albert, qui se trouvait à Londres pendant la guerre: «Le baron de Cartier qui avait connu le roi Léopold depuis sa jeunesse ne crut pas un mot des accusations de M. Reynaud au sujet de la loyauté du Roi. Le baron de Cartier et l'équipe de l'ambassade, de même que la colonie belge de Grande-Bretagne avec à sa tête le professeur Cammaerts, prirent résolument le parti de leur Roi que l'Amiral de la Flotte, Sir Roger Keyes, défendit avec tant d'habileté durant et après cette période tragique». (*The League of London*, Hutchinson)

361. Ironique retour des choses, le 15 février 1942, le laconique général Percival dut, en sa qualité de Commandant en Chef, rendre sans conditions Singapour et ses 85.000 hommes confrontés à une force d'invasion japonaise de 30.000 hommes dans des circonstances nettement moins critiques. Winston Churchill décrit cet épisode comme «le plus grand désastre et la pire capitulation de l'histoire de l'empire britannique».

362. Pas plus tard que le 23 septembre 1984, dans une lettre au *Sunday Telegraph*, Colville répéta cette erreur de fait parmi d'autres. Il y ajouta quelques calomnies malveillantes destinées à ridiculiser et à discréditer feu l'Amiral de la Flotte, Lord Keyes.

363. Colville, ouvrage déjà cité.

364. Les *Despatches* de Gort, ouvrage déjà cité.

365. Pownall, ouvrage déjà cité.

366. Le journal de Pownall en date du 31 mai, après son retour en Angleterre (passage non repris dans *Chief of Staff*).

367. Lorsque l'amiral Keyes prit congé du roi Léopold à 22 heures le 27 mai, six heures avant la capitulation, il fit remarquer que le poème «If» de Rudyard Kipling semblait particulièrement convenir au Roi dans ces circonstances tragiques. Le Roi demanda alors à l'amiral s'il pouvait écrire le poème à son intention, ce qu'il put faire de mémoire. En 1952, quand le roi Baudouin eut accédé au trône, Sa Majesté montra à l'auteur une copie encadrée de «If» sur le mur de son bureau.

368. Van Overstraeten, *Albert 1er — Léopold III*, ouvrage déjà cité.

369. Van Overstraeten, *Dans l'étau*, ouvrage déjà cité.

370. Par exemple, deux semaines plus tard seulement, 8.000 hommes de la cinquante-et-unième division des Highland, après avoir lutté vaillamment, se rendirent au général Rommel à St Valéry, où ils se trouvaient acculés à la mer. Un an plus tard, les troupes

aéroportées allemandes envahissant la Crète capturèrent 12.000 Britanniques. En 1942, les Britanniques subirent des défaites plus humiliantes encore. En février, il y eut la capitulation honteuse de Singapour et de sa garnison de 85.000 hommes en face d'une force japonaise de 30.000 hommes. Et en juin, Rommel captura en un jour la forteresse et le port de Tobrouk, ses 33.000 défenseurs et d'immenses réserves de vivres, carburant, munitions, armes, blindés et véhicules de transport. Cette victoire lui permit d'ailleurs de fameusement renflouer l'Afrika Korps alors très diminué et d'entrer en Egypte avec des véhicules dont pas moins de 80% avaient été pris aux Britanniques.

371. Kennedy et Landis, *The Surrender of King Leopold,* Joseph P. Kennedy Memorial Foundation, 1950.

372. Le compte rendu de Pownall est transcrit dans *The Second World War* de Winston Churchill, Vol. 2. Voir également *Chief of Staff.*

373. Robert Delmarcelle, *La Libre Belgique,* une série d'articles relatant ses rencontres avec le colonel Werner Kiewitz, du 22 au 26 décembre 1948.

374. Dans son livre, *Le dix-huitième jour,* l'auteur français et héros de la résistance, le colonel Rémy, évoque cet épisode en s'inspirant d'une description que le commandant Rombauts en avait faite en 1966 lors d'une réunion d'un groupe de résistants auquel ils avaient tous deux appartenu. (*Le dix-huitième jour. La Tragédie de Léopold III, Roi des Belges,* Editions France Empire, Paris, 1976.

375. En 1949, le magazine allemand *Der Stern* publia un article de Heinz Schroter, l'un des correspondants de guerre présents, décrivant la rencontre historique.

376. Delmarcelle, articles déjà cités.

377. *Recueil,* ouvrage déjà cité.

378. W. Hallam Tuck, membre éminent de la communauté américaine et homme d'affaires vivant depuis vingt ans en Belgique, était attaché à l'ambassade des Etats-Unis. Le très intéressant récit que Tuck fit des événements au cours de cette période est rapporté dans *The Belgian Campaign,* publié par la «Belgian-American Educational Foundation», dont il était le représentant bruxellois.

379. *Recueil,* ouvrage déjà cité.

380. La phrase «en rase campagne» connote la honte et le déhonneur absolus. Ainsi, lorsque le général Georges fut interrogé par la Commission d'Enquête Parlementaire sur la tentative ultérieure de Reynaud de persuader le généralissime Weygand de rendre aux Allemands toute l'armée française *en rase campagne,* il déclara qu'une telle capitulation «est infâme pour le chef d'une armée... L'article 234 du code de justice militaire la punit de mort et de dégradation». Et le général Georges de rappeler la reddition du maréchal Bazaine à Metz en 1870, qui lui valut la sentence de mort. Weygand et Georges n'encoururent pourtant ni blâme ni sanction pour avoir autorisé le général Condé à se rendre avec 400.000 hommes des deuxième, troisième et cinquième armées lorsque celles-ci furent encerclées le 22 juin.

381. Après la défaite de la France, le gouvernement français restitua officiellement la *Légion d'honneur* au roi Léopold, sur l'insistance du général Weygand.

382. Des recherches méticuleuses dues à un enquêteur de la télévision flamande en Belgique, Jérôme Verhaeghe, ont récemment établi que cette allocution a été prononcée le 27 mai à 19 heures, en français et en flamand, sur la fréquence 1293 de l'émetteur de Paris qui avait été attribuée à la radio belge et qu'elle fut retransmise par la BBC le même soir.

383. Dans son livre *Publish and be damned,* Hugh (devenu Lord) Cudlipp relate les faits suivants sur le rôle du *Daily Mirror* pendant la guerre, alors qu'il en était l'éditorialiste:

Le 20 mars 1942, le secrétaire du Parti Travailliste, Herbert Morrison, informa le Parlement qu'il avait averti les éditeurs responsables du *Daily Mirror* et du *Sunday Pictorial* que ceux-ci seraient interdits, comme l'avait été le journal communiste *Daily Worker,* «s'ils continuaient sur leur lancée»; ceci en vertu de la réglementation 2D concernant «un journal qui systématiquement publiait des articles visant à susciter l'opposition à la poursuite victorieuse de la guerre». Ces journaux, déclara Morrison, «cherchent à exploiter la soif de sensation sans se soucier de l'intérêt national ou de l'effet préjudiciable à l'effort de guerre, ont publié à plusieurs reprises des interprétations fausses et injurieuses, déformé et exagéré des déclarations et commis des généralisations irresponsables... Une critique raisonnable sur des points et des personnes spécifiques est une chose; la dénonciation générale et violente visant manifestement à miner l'armée et à déprimer la population en est une autre». Dix-huit mois plus tôt, à la Chambre des Communes, le ton du *Daily Mirror* et de son petit frère, *The Sunday Pictorial,* avait été qualifié par le Premier Ministre, Winston Churchill, de «si vicieux et si malveillant» qu'il serait presque indécent même appliqué à l'ennemi. Quelques jours plus tard, Clement Attlee, le Vice-Premier Ministre travailliste, convoqua Cecil King, un des directeurs, et H.G. Bartholomew, l'éditeur du *Daily Mirror,* à Whitehall et les accusa d'exercer «d'une influence subversive qui, en ces moments critiques, pourrait mettre en danger l'effort de guerre de la Nation». En janvier 1941, Churchill revint à la charge dans une lettre à Cecil King: «Il y a un esprit de haine et de malice contre le gouvernement... qui surpasse tout ce que j'ai jamais vu dans le journalisme anglais. Il faudrait penser en ces temps difficiles que certaines haines devraient être réservées à l'ennemi». Churchill déclara alors que les activités et les méthodes des deux journaux étaient celles de la cinquième colonne. Mais en dépit d'une enquête intensive, le gouvernement ne réussit pas à découvrir l'identité des bailleurs de fonds du *Daily Mirror.*

384. Le 2 juin, le petit frère du *Mirror,* le *Sunday Pictorial,* déclarait: «Vint alors le coup de Jarnac. Le roi Léopold, un traître quasiment confiné dans son palais en raison de ses sympathies nazies lors de mon séjour à Bruxelles il y a une semaine, a remis son pays, son armée et son honneur aux mains de l'ennemi. Il pensait qu'il aurait également dû faire capituler le Corps Expéditionnaire».

385. Allusion aux ministres belges réfugiés en France.

386. Après la guerre, le colonel Thierry, qui était responsable du département des communications du secrétariat du Premier Ministre français, fit la déclaration suivante au professeur Jacques Pirenne à Genève: «Mon service a capté les communications téléphoniques du roi Léopold III avec le général Blanchard... lui annonçant la situation désespérée de l'armée belge et sa capitulation imminente. Ces messages, transcrits ou pris sur disques, étaient transmis immédiatement au Président du Conseil et au Ministre de la Guerre. M. Paul Reynaud a donc su, lorsqu'il prononça son discours le 28 mai, qu'il n'était pas exact que le Roi eût capitulé sans prévenir ses alliés».

387. Commandant Weygand, ouvrage déjà cité.

388. Le général Weygand, ouvrage déjà cité.

389. Baudouin, ouvrage déjà cité.

390. Spears, ouvrage déjà cité.

391. Ibidem.

392. Dans une lettre au président de l'Association Nationale des Officiers de Réserve Belges, datée du 22 avril 1949, le général Weygand écrivit: «Je ne peux nier que la décision du Commandement Belge de se retirer du combat suscita ma violente réprobation. Je savais que l'armée belge se battait dans des conditions difficiles contre un ennemi très offensif, mais elle n'était pas la seule dans cette situation. Cinq ans plus tard, je suis revenu des prisons allemandes. J'ai examiné les faits et pris connaisance de la correspondance de l'Amiral Keyes. Ils m'ont informé. A cette date (le 27 mai) l'armée belge était dans une situation critique. Son aile droite, menacée d'encerclement, ne pouvait pas être plus longtemps soutenue par le Corps Expéditionnaire qui avait déjà amorcé son mouvement de retraite sur Dunkerque. Aucune force française n'était en mesure de fournir un support de quelque importance. Le Commandement belge s'est cru, sans aucun doute, abandonné par ses alliés. Voilà qui explique sa décision».

393. Ces phrases furent utilisées dans une lettre écrite plus tard à Sir Roger Keyes au nom de Spaak. Voir chapitre 32.

394. Baudouin, ouvrage déjà cité.

395. Huizinga, ouvrage déjà cité.

396. Ibidem.

397. Parmi les ouvrages français dont les auteurs réhabilitent le roi Léopold et démontrent la fausseté des accusations de Reynaud, on peut citer notamment *Une Tragédie royale* d'Alfred Fabre-Luce, *Soixante jours qui ébranlèrent l'Occident* de Benoist-Méchin et *Léopold III ou le choix impossible* de Robert Aron. (L'auteur a aidé M. Aron en lui procurant des informations et des documents mais Aron mourut tragiquement

avant d'avoir achevé son manuscrit et revu avec l'auteur la matière qu'il y avait insérée. Il en résulte que le livre contient de nombreuses imprécisions et de mauvaises interprétations sur les missions de l'amiral Keyes et du docteur Stein comme d'ailleurs sur d'autres questions).

398. Rémy, ouvrage déjà cité.

399. Telford Taylor, ouvrage déjà cité.

400. David Fraser, *Alanbrooke*, Collins, 1982.

401. Lors d'une interview avec Barry O'Brien (le *Daily Telegraph* du 30 septembre 1983), peu après la mort du roi Léopold, Lady Allenby révéla que son ami, le général Sir Otto Lund, avait toujours soutenu que le Roi avait contribué à sauver le Corps Expéditionnaire grâce à ses avertissements personnels à Alanbrooke (avertissements donnés en présence de Lund) et grâce au fait qu'il avait entraîné son armée à résister au maximum. Lund avait donc été «furieux» d'apprendre les injustes accusations selon lesquelles Léopold avait capitulé sans avertissement et exposé ainsi le flanc du Corps Expéditionnaire. Lady Allenby poursuivit en disant qu'elle avait été «hantée pendant des années» par ce témoignage et l'injustice commise à l'encontre de Léopold, mais que le général Lund avait estimé «qu'il ne serait pas correct» de rendre ces faits publics pour réhabiliter le Roi. Exprimant les mêmes sentiments, le major général vicomte Monckton écrivait le 7 octobre 1984, dans une lettre au *Sunday Telegraph*: «J'éprouve encore un sentiment de culpabilité à la pensée des accusations qui ont été proférées contre l'armée belge et le Roi. J'étais à l'époque jeune officier de cavalerie et si j'ai pu m'échapper à Dunkerque c'est largement grâce au courage de l'armée belge qui a couvert notre retraite.

Les Belges nous avaient avertis depuis 36 heures qu'ils n'avaient plus d'autre choix que de se rendre mais les Britanniques n'avaient jamais averti le Roi que leur propre départ avait commencé depuis deux jours. Le livre de Lord Keyes sur le roi Léopold soulage ma conscience. La vérité, «cette première victime de la guerre» finit donc tout de même par l'emporter».

Il n'aura ainsi fallu pas moins de quarante-quatre ans pour qu'un officier rescapé du Corps Expéditionnaire reconnaisse publiquement qu'il a dû son salut à la résistance prolongée du roi Léopold et de l'armée belge...

402. Pownall, ouvrage déjà cité.

403. L'éditeur du journal note: «Cela était parfaitement vrai et aurait dû rendre l'auteur de ces lignes plus charitable dans ses commentaires sur les Belges et la première armée française».

404. Paul Struye, *L'évolution du sentiment public en Belgique sous l'occupation allemande*, Lumière, Bruxelles, 1945.

405. *Télé-Mémoires*, ouvrage déjà cité.

406. Jean Stengers, *Léopold III et le Gouvernement. Les deux politiques belges de 1940*, Duculot, Paris-Gembloux, 1980.

407. Cudahy, ouvrage déjà cité.

408. Huizinga, ouvrage déjà cité.

409. Alexander Werth, *The Last Days of Paris*, Hamish Hamilton, 1940.

410. *The Black Baroness* fut publié pour la première fois à la fin de 1940, époque où le roi Léopold avait déjà été publiquement disculpé et où il se voyait loué par, notamment, le gouvernement belge en exil. L'ouvrage fut réédité pendant dix années encore après la fin de la guerre. Dans la scène clé, qui se déroule au GQG belge le 27 mai, voici comment Wheatley imagine son scenario. Gregory Sallust et la belle Erika, «la nouvelle amie de Léopold», qui travaille pour les alliés, essaient d'empêcher le Roi de signer l'acte de reddition accompagné d'une lettre d'Hitler que viennent de lui apporter «deux émissaires allemands». Sallust supplie Léopold «terrifié» par les bombes qui tombent aux alentours, de venir avec lui en Angleterre. «Je ne peux pas, je ne peux pas!» crie le Roi affolé... «Non, non, non! Les émissaires allemands attendent en haut... Je vais en finir avant qu'ils nous tuent tous». Erika déclare alors: «Sire, si vous apposez votre signature sur ce papier, vous entrerez dans l'histoire comme un traître et un lâche. Vous ne pouvez pas faire cela...» Elle essaie de l'empêcher de signer le document fatal, mais elle est abattue par la baronne Black qui surgit de derrière un rideau. «Le Roi tient maintenant le corps inerte entre ses bras. *Vous l'avez tuée! Vous l'avez tuée!* cria-t-il hystérique à la

baronne. *Je vous tuerai pour avoir fait cela!»* La baronne glissa son pistolet automatique encore fumant dans la poche de sa veste de soie et «fit la révérence aussi calmement que si Léopold lui avait proposé de sortir dîner. *Comme il plaira à votre Majesté,* dit-elle de sa voix douce et musicale...» Une nouvelle volée de bombes explosant à l'extérieur, «le Roi griffonne sa signature, jette son porte-plume à terre et crie en direction du vacarme: *Voila! Voilà votre papier! Et pour l'amour de Dieu, arrêtez cet horrible bombardement! — Tout de suite, Sire.* L'Allemand se courbe d'un air rigide et s'empare du papier. *Nous pouvons envoyer un message à notre quartier général dans dix minutes environ».*

411. Comte Capelle, *Dix-huit ans auprès du roi Léopold,* Fayard, Paris, 1970.

412. *Recueil,* ouvrage déjà cité.

413. Huizinga, ouvrage déjà cité.

414. Ibidem.

415. Ibidem.

416. *Contribution à l'étude de la Question Royale,* Groupe National Belge.

417. Plus tard président du Parti Socialiste et l'un des principaux responsables du renversement du Roi après la guerre.

418. *Recueil,* ouvrage déjà cité.

419. Le 30 mai, l'ambassadeur de Belgique à Londres, le baron Cartier de Marchienne, télégraphia à Spaak: «L'amiral Keyes a défendu attitude Roi durant Conseil Cabinet et a été cause que Premier Ministre suspendu jugement. Amiral et son officier auprès G.Q.G sont remplis d'éloges et s'attachent à justifier action Roi. Notre situation était, d'après eux, désespérée, par suite extension front et malgré résistance héroïque armée. Rumeur trahison fausse. Roi est resté pour partager sort des troupes. J'estime qu'il faut sauvegarder avenir en évitant action injurieuse envers Roi... Se méfier violentes réactions françaises. Opinion anglaise beaucoup plus réservée».

420. Huizinga, ouvrage déjà cité.

421. Davy, ouvrage déjà cité.

422. Bond, ouvrage déjà cité.

423. CP 65/7, 28 mai, DC n°10 et CP 65/7, 27 mai 1940.

424. Notes personnelles du Premier Ministre, M.689/4, 27 mai 1941. 369A.

425. En mars 1940, Keyes et les autres amiraux de la Flotte avaient été réintégrés dans l'active.

426. Churchill, dans ses notes du 27 mai 1944 mentionnées plus haut, révèle une fois de plus ses préjugés et ses erreurs de jugement au sujet de la Belgique: «Si elle avait agi avec vigueur conjointement avec la France, l'action de celle-ci aurait pu s'en trouver stimulée. Au début de la guerre, ses armées auraient pu être placées dans une position stratégique nettement meilleure que celles qui furent possibles par la suite et l'horrible brèche de Sedan se serait présentée de façon tout à fait différente pour l'ennemi.

427. Le scandale et la disgrâce frappèrent rapidement Reynaud. Le 16 juin 1940, il présenta sa démission au président Lebrun et lui conseilla de prendre le maréchal Pétain pour former un nouveau gouvernement, sachant parfaitement bien que Pétain demanderait aux Allemands de conclure un armistice. Le Président suivit immédiatement ce conseil. Bien que Reynaud persista le reste de sa vie à nier avoir donné ce conseil à Lebrun — il le nia même sous serment lorsqu'il fut interrogé par une Commission d'Enquête Parlementaire en 1950 —, il s'était trahi lui-même dans une lettre à Pétain le 18 mai 1941: «Il y a un an, j'ai pris la responsabilité... de conseiller au Président de la République de vous choisir pour me succéder...» Après avoir quitté ses fonctions, il obtint du nouveau Premier Ministre le poste d'ambassadeur de France à Washington, acceptant ainsi de représenter aux Etats-Unis le gouvernement collaborateur de Vichy (dont il allait toujours par la suite affirmer s'y être opposé). Mais Pétain revint sur cette nomination lorsqu'il apprit que deux des chefs de cabinet de Reynaud en route pour l'Amérique avaient été arrêtés en Espagne et s'étaient vu confisquer leurs bagages par les autorités espagnoles. L'embarras de Reynaud fut extrême: les valises en effet contenaient des secrets d'Etat, des documents privés, de l'or en barre, des titres au porteur et dix-huit millions de francs en espèces qu'il avait retirés des fonds secrets du gouvernement et enfin, les bijoux et les valeurs de sa maîtresse, la comtesse de Portes. Mais le «discrédit de Reynaud atteignit son comble», comme l'écrivit un grand journal britannique, lorsque

la voiture dans laquelle il voyageait fit un accident et que sa maîtresse fut tuée. La presse mondiale parla de sa liaison avec cette femme célèbre et ces mêmes journaux qui avaient pris pour argent comptant sa calomnieuse allocution radio sur le roi Léopold se tournèrent alors contre lui et flétrirent sa réputation. Les scandales de sa vie publique et privée firent la joie des échotiers à sensation et les histoires les plus scabreuses coururent sur la sinistre influence que la comtesse était censée avoir exercée sur Reynaud au cours des dernières semaines du régime. On y évoquait aussi les relations de la Comtesse avec Otto Abetz qui avait joué le rôle d'une cinquième colonne à Paris jusqu'au 10 mai et qui devint ambassadeur d'Allemagne en France après la défaite de ce pays. Le 3 août 1945, Hanson Baldwin écrivit dans le *New York Times* que les efforts que Reynaud et les autres dirigeants français, anxieux de se débarrasser de la responsabilité de la défaite française, déployaient «pour justifier leurs actes et leur donner une explication rationnelle dans leurs mémoires et au cours du procès du maréchal Henri-Philippe Pétain, sont tronqués sur le plan historique, dénaturés sur le plan juridique et tout à fait écœurants sur le plan humain».

428. Dans une lettre à l'auteur écrite en 1984, le capitaine John Litchfield, de la Royal Navy, écrivit: «J'étais un planificateur adjoint dans le bunker du Cabinet de Guerre de Churchill à l'époque et je me souviens très bien de la stupéfaction et de l'incrédulité que je ressentis et exprimai devant les accusations perverses qui étaient lancées contre le roi Léopold pour sauver la face des Français et la réputation de Gort. Mon journal de ces jours agités contient tout ce que vous dites dans votre récit».

429. Cadogan, ouvrage déjà cité.

430. Celui qui orchestra la campagne visant à faire porter par les «maudits étrangers» le poids de la défaite du Corps Expéditionnaire était le général Mason MacFarlane, directeur des Renseignements militaires de Gort et chargé des relations avec la presse (et par la suite parlementaire travailliste). Dès le 27 mai, le général, à peine revenu de Dunkerque, dit à Sir Harold Nicolson du ministère de l'Information, comme celui-ci l'a relaté dans son journal, qu'il voulait sauver la réputation de l'armée britannique en accusant les Belges et les Français. Mais comme la politique du ministère était de «ressusciter la réputation des Français», ainsi que le rappelle Ian McLaine dans *Ministry of Morale*, Mason McFarlane concentra ses accusations sur les Belges dans une série de conférences de presse «confidentielles».

431. Churchill, Vol. 2, ouvrage déjà cité.

432. Archiduc Otto de Habsbourg, *Naissance d'un continent*, Bernard Grasset, Paris, 1975.

433. Toutes les déclarations qui témoignaient d'une quelconque considération ou sympathie pour le roi Léopold et son armée, y compris celles de Churchill, Duff Cooper et Keyes, furent brutalement supprimées par la censure française.

434. Hopkins (*The White House Papers*), ouvrage déjà cité.

435. Wheeler Bennett, ouvrage déjà cité.

436. Sir Harold Nicolson, *King George V. His Life and Reign*, Constable, 1952.

437. Selon l'*Official History*, plusieurs furent délibérément détruits, quelques-uns furent laissés à Boulogne, d'autres furent perdus et d'autres prirent feu par accident.

438. *Evening Standard*, 27 septembre 1940.

439. Dans une minute du Foreign Office datée du 10 juin 1940, Aveling signala que Pierlot avait reconnu devant lui que la reddition de Léopold était pleinement justifiée et irréprochable sur le plan constitutionnel. Son gouvernement de plus approuvait que le Roi, en tant que prisonnier de guerre, eût reconnu être dans l'impossibilité de régner.

440. Stengers, ouvrage déjà cité.

441. De Vleeschauwer ne se trouvait pas à Paris lorsque Reynaud avait forcé Pierlot et Spaak à dénoncer et à désavouer le roi Léopold. Il n'était pas davantage présent à Limoges lorsqu'ils incitèrent l'assemblée à stigmatiser le Roi, car, de Belgique, le 18 mai, il était immédiatement parti installer le gouvernement en exil à Sainte Adresse, près du Havre, (là où il s'était établi pendant la première guerre mondiale). En fait, De Vleeschauwer ne se départit jamais de sa loyauté vis-à-vis du Souverain et, jusqu'à sa mort en 1971, il défendit vigoureusement l'honneur et la réputation du Roi. En tant que ministre de l'Intérieur en 1949, par exemple, c'est lui qui organisa la Consultation populaire sur le retour de Léopold de son exil forcé, de même que le retour du Roi en Belgique l'année suivante, puisqu'il était responsable du respect de la loi et de l'ordre.

442. Spaak, ouvrage déjà cité.
443. Stengers, ouvrage déjà cité.
444. *Ambassade à Londres.* Les archives secrètes de l'ambassade de Belgique à Londres de mai à octobre 1940, sélectionnées en vue d'une diffusion limitée par le ministère des Affaires Etrangères.
445. *Foreign Office Archives.* Public Records Office, Kew.
446. *Télé-Mémoires,* ouvrage déjà cité.
447. Huizinga, ouvrage déjà cité.
448. *Recueil,* ouvrage déjà cité.
449. Voir, par exemple, *Léopold III et le Gouvernement: Les Deux Politiques Belges de 1940,* par Jean Stengers, 1980.
450. C'est Lahaut qui cria: «Vive la République» lors de la cérémonie d'accession au trône du roi Léopold et qui le répéta le jour de l'intronisation du roi Baudouin. Il fut assassiné peu après par un inconnu.
451. Voir également l'annexe IX pour la «confession» de Spaak à la télévision en 1969: «Nous avons été sauvés par le refus du Roi de nous écouter».
452. *Recueil,* ouvrage déjà cité.
453. Léon Degrelle, *La cohue de 1940,* Robert Crausaz, Lausanne.
454. Huizinga, ouvrage déjà cité.
455. Stengers, ouvrage déjà cité.
456. Pierlot, ouvrage déjà cité.
457. Cette déclaration incorrecte fut suprimée dans la version du livre de Winston Churchill que *Le Soir* publia en feuilleton en Belgique, après la guerre.
458. PRO FO
459. Ibidem.
460. Ibidem.
461. *United States National Archives.*
462. PRO FO.
463. *Recueil,* ouvrage déjà cité.
464. Ibidem.
465. *Télé-Mémoires,* ouvrage déjà cité.
466. PRO FO.
467. *Télé-Mémoires.*
468. Ibidem et *Recueil,* déjà cité.
469. *Recueil,* déjà cité.
470. *Télé-Mémoires,* ouvrage déjà cité.
471. Ibidem.
472. *Recueil,* ouvrage déjà cité.
473. Ibidem.
474. Ibidem.
475. *Recueil,* ouvrage déjà cité.
476. *Supplément au Recueil de Documents.*
477. *Rapport Pierlot.* Rapport confidentiel sur les relations entre le Roi et le Gouvernement en 1940-41, rédigé par Pierlot. Une traduction anglaise d'une copie obtenue par le O.S.S (Services Secrets des USA) se trouve aux Archives Nationales à Washington.
478. *Ambassade à Londres,* ouvrage déjà cité.
479. Ibidem.
480. *Recueil,* ouvrage déjà cité.
481. *Supplément au Recueil,* déjà cité.
482. *Recueil,* déjà cité.
483. Ibidem.
484. Ibidem.
485. *Supplément au Recueil,* ouvrage déjà cité.
486. PRO FO.
487. Ibidem.
488. Ibidem.
489. *Recueil,* ouvrage déjà cité.

490. La valeur de l'or belge d'outremer était de 23 milliards 300 millions de francs belges. Fernand Baudhuin, *L'économie belge sous l'occupation, 1940-44.*

491. Lorsque les Allemands envahirent la Belgique, ils s'emparèrent d'un stock de 600 tonnes d'oxyde d'uranium. La production d'uranium du Congo devint extrêmement intéressante pour les Britanniques et les Américains au cours des dernières étapes de la guerre, quand les travaux sur la bombe atomique commencèrent à porter leurs fruits. Voir Margaret Gowing, *Britain and Atomic Energy, 1939-45,* Macmillan.

492. Cadogan, ouvrage déjà cité.

493. PRO FO.

494. PRO FO.

495. PRO Cabinet 1941, n°10.

496. Archives nationales des Etats-Unis, 855.001.

497. Cecil Aspinall-Oglander, *Roger Keyes,* la biographie de l'Amiral de la Flotte, Lord Keyes de Zeebrugge et Douvres, GCB, KCVO, CMG, DSO, The Hogarth Press, 1951.

498. Ibidem.

499. Bien que Mountbatten eût été fait par la suite chef des Opérations Inter-armes, il souffrit du même manque de pouvoir effectif que Keyes. Il fut ainsi tenu en grande partie responsable de la coûteuse débâcle du raid de Dieppe, le 19 août 1942, alors qu'il n'avait pas eu le contrôle général de l'opération.

500. Voir annexe I.

501. Colville, ouvrage déjà cité.

502. Cammaerts, ouvrage déjà cité.

503. Le fils du professeur Cammaerts, Pieter, sergent à la RAF, fut tué lors d'une opération en mars tandis qu'un autre fils, Francis, ayant rejoint le *Special Operations Executive*, termina la guerre comme lieutenant-colonel avec une DSO, après avoir brillamment servi la résistance en France.

504. *Belgium,* ouvrage déjà cité.

Autres sources bibliographiques utilisées:

Roi Léopold III, *Albert Ier, mon père*, Revue Générale, Bruxelles, octobre 1975.

Gilbert Kirschen, *Entretiens avec le Roi Léopold. Réflexions sur l'éducation d'un prince*, Revue Générale, Bruxelles, janvier 1984.

Jean Vanwelkenhuyzen, *Le problème belge vu par Charles de Gaulle*, Revue Générale, Bruxelles.

Baron Pierre van Zuylen, *Les mains libres*, Desclée de Brouwer, Paris 1950.

J. Wullus-Rudiger, *Les origines internationales du drame belge*, Vanderlinden, Bruxelles, 1950.

Princesse Marie-José, *Albert et Elizabeth de Belgique, mes Parents*, Plon 1971.

S. Cunliffe-Owen, *Elisabeth, Queen of the Belgians*, Herbert Jenkins, 1954.

Jacques Pirenne, *Mémoires et notes politiques*, André Gérard, 1975.

Robert Goffin, *Was Leopold a Traitor*? Hamish Hamilton, 1941.

J. Wullus-Rudiger, *Défense de la Belgique, 1940,* Alfred Bador, 1940.

De Fabribeckers, *La Campagne de l'Armée belge en 1940*, Rossel, Bruxelles.

William L. Shirer, *The Rise and Fall of the Third Reich*, Secker & Warburg, 1959.

Roger Motz, *Belgium Unvanquished*, Lindsay Drummond, 1942.

David Devine, *The Nine Days of Dunkirk*, Faber & Faber, 1959.

The Goebbels Diaries, Hamish Hamilton, 1948.

The Ribbentrop Memoirs, Weidenfeld & Nicolson, 1954.

Ciano's Diary, 1937-1938, Methuen, 1952.

Piers Brendon, *Winston Churchill, A Brief Life*, Secker & Warburg, 1984.

Ronald Lewin, *Churchill as Warlord*, Batsford, 1973.

Martin Gilbert, *Finest Hour, Winston S. Churchill, 1939-1941*, Heinemann, 1983.

Bibliographie relative à l'Amiral de la Flotte Lord Keyes:

Cecil Aspinall-Oglander, *Roger Keyes,* The Hogarth Press, 1951.
Peter Fleming, *The Siege at Pekin*, Rupert Hart-Davis, 1960.
Alan Moorehead, *Gallipoli*, Hamish Hamilton, 1956.
Sir Roger Keyes, *Adventures Ashore and Afloat*, with a Foreword by Winston S. Churchill, Harrap, 1939.
Sir Roger Keyes, *Naval Memoirs, 1910-1915* and *1916-1918*, Thornton Butterworth, 1933 and 1935.
Professor Paul G. Halpern (Editor), *The Keyes Papers*, Volumes I, II and III, The Navy Records Society, 1972, 1980 and 1981.

Sources iconographiques:

Nous remercions le service photographique du Centre de Recherches et d'Etudes Historiques de la Seconde Guerre Mondiale à Bruxelles qui nous a fourni les photos (23 à 33) relatives à la campagne du 10-28 mai 1940. Les autres photos illustrant cet ouvrage proviennent des archives indiquées ci-après, les documents étant implicitement numérotés de 1 à 40 dans l'ordre de leur placement:

Photo Speaight, London: 5
Photo Actualit, Bruxelles: 6, 16
Photo Georges Mahy, Anvers: 9
Photo Associated Press, London: 10
Photo Patriote Illustré: 12A
Photo Keystone: 12B, 14, 17
Photo Graphopresse, Bruxelles: 18
Real Photo: 19
Photo Acta, Bruxelles: 20
Photo Dédé: 21

Les autres photos et documents reproduits dans ce livre proviennent des archives de l'auteur.

Index

Table des matières